DIE TIROLER WIRTSCHAFT AUF DEM WEG INS 21. JAHRHUNDERT
150 JAHRE WIRTSCHAFTSKAMMER TIROL

# TIROLER WIRTSCHAFTSSTUDIEN

*Schriftenreihe der Jubiläumsstiftung*

*der Kammer der gewerblichen Wirtschaft*

*50. Folge*

# Die Tiroler Wirtschaft auf dem Weg ins 21. Jahrhundert

## 150 Jahre Wirtschaftskammer Tirol

Herausgegeben von
Adolf Leidlmair
Werner Plunger
Christian Smekal

UNIVERSITÄTSVERLAG WAGNER · INNSBRUCK

Schriftleitung der Reihe: Univ.-Prof. Dr. ADOLF LEIDLMAIR, Innsbruck

Die Deutsche Bibliothek – CIP-Einheitsaufnahme

Die Tiroler Wirtschaft auf dem Weg ins 21. Jahrhundert : 150 Jahre
Wirtschaftskammer Tirol / hrs. von Adolf Leidlmair .... - Innsbruck : Wagner, 2001
(Tiroler Wirtschaftsstudien ; Folge 50)
ISBN 3-7030-0354-5



Die Schutzhülle des Buches wurde von CATRIN WILFINGER, Studentin der Werbe- und Design-Akademie des Wirtschaftsförderungsinstitutes (Wifi) im Rahmen eines Wettbewerbes zur vorliegenden Festschrift gestaltet.

Die Farbaufnahmen im Anhang des Beitrages von Gert Ammann wurden von Egon Wurm, Fotograf in Innsbruck, erstellt.

Die einzelnen Beiträge geben die jeweilige Meinung der Autoren wieder.

ISBN 3-7030-0354-5



Herstellung: Grasl Druck & Neue Medien, A-2540 Bad Vöslau

Printed in Austria

# Vorwort der Herausgeber

Am 13. Januar 1851 fand die konstituierende Versammlung der Innsbrucker Handels- und Gewerbekammer statt. Die Wirtschaftskammer Tirol feiert also heuer ihr 150-jähriges Bestehen als gesetzliche Interessenvertretung der Tiroler Wirtschaft. Diesem Anlass entsprechend beauftragte das Präsidium der Kammer in der Sitzung vom 16. Februar 1999 Kammerdirektor Dr. Werner Plunger mit der Herausgabe einer Festschrift „150 Jahre Wirtschaftskammer Tirol". Zur Veröffentlichung des Werkes wurde die Folge 50 der „Tiroler Wirtschaftsstudien – Schriftenreihe der Kammer der gewerblichen Wirtschaft" reserviert, die zum 100-Jahr-Jubiläum gegründet worden war.

Sehr gerne nahmen in weiterer Folge Univ.-Prof. Dr. Adolf Leidlmair und Univ.-Prof. Dr. Christian Smekal die Einladung zur Mitwirkung an der Herausgeberschaft der Festschrift wahr. Beiderseits können Univ.-Prof. Dr. Adolf Leidlmair als Schriftleiter der Tiroler Wirtschaftsstudien und Univ.-Prof. Dr. Christian Smekal als Wirtschafts- und Finanzwissenschaftler der Universität Innsbruck auf eine lange berufliche und persönliche Verbundenheit mit dem Wirken der Tiroler Wirtschaftskammer zurückblicken.

Die ursprüngliche Überlegung bestand darin, die Jubiläumsschrift als Band IV des im Jahre 1951 erschienenen dreibändigen Werkes „Tiroler Wirtschaft in Vergangenheit und Gegenwart – Festgabe zur 100-Jahrfeier der Tiroler Handelskammer" zu konzipieren. Auch inhaltlich sollte die Festschrift an ihre Vorgängerin anknüpfen. Die Dynamik und Vielschichtigkeit der Wirtschaftsentwicklung unseres Landes und die Breite der von der heutigen Tiroler Wirtschaftskammer wahrgenommenen wirtschafts-, gesellschafts- sowie kulturpolitischen Aufgaben verdeutlichten aber, dass eine ausschließliche Fortschreibung weder angebracht noch möglich war. So präsentiert sich die nun vorliegende Festschrift „Die Tiroler Wirtschaft auf dem Weg ins 21. Jahrhundert – 150 Jahre Wirtschaftskammer Tirol" als ein eigenständiges Werk, welches nicht nur als Dokumentation historischer und zeitgeschichtlicher Entwicklungen, sondern in vielen seiner Beiträge auch als Zukunftsvision für unser Land verstanden werden möchte. Dieser besonderen Herausforderung gerecht zu werden, war nur mit einer Autorenschaft möglich, welche ihr Fachwissen mit der Bereitschaft zur Mühe und inhaltlichen Akribie verband. Den Autorinnen und Autoren der Festschrift gilt daher der besondere Dank der Herausgeber. Der unterschiedliche fachliche sowie persönliche Hintergrund der Autorenschaft und das dadurch begründete weite Meinungsspektrum spiegelt sich natürlich auch im Inhalt der einzelnen Beiträge wider.

Das Jahr 2001 ist nicht nur ein Jubiläumsjahr in der Geschichte der Wirtschaftskammer Tirol, sondern stellt vor allem in organisationspolitischer Hinsicht einen Meilenstein in der Entwicklung der gesetzlichen Interessenvertretung dar. Im Sinne eines partnerschaftlichen Föderalismus werden Bundeswirtschaftskammer und Landeskammern einen wesentlichen Schritt in der Organisationsentwicklung vollziehen, die Aufgabenwahrnehmung in Interessenvertretung und Service grundlegend verändern und an die Anforderungen einer neuen Zeit anpassen. Die Wirtschaftskammer Tirol wird sich zukünftig noch verstärkt auf ihre Kernkompetenzen im Bereich der regionalen Wirtschaftspolitik konzentrieren. In dieser Hinsicht repräsentiert die Festschrift auch Abschluss und Neubeginn einer Epoche der Kammergeschichte gleichermaßen. Für die Bereitstellung des erforderlichen finanziellen Rahmens sind die Herausgeber dem Präsidium der Wirtschaftskammer Tirol zu Dank verpflichtet.

Unser Dank gebührt auch Herrn Mag. Stefan Garbislander für seine Unterstützung in redaktionellen Belangen und der Werbe- und Design-Akademie des Wirtschaftsförderungsinstitutes für die Gestaltung des Schutzumschlages der Festschrift. Dem Universitätsverlag Wagner, insbesondere Frau Dr. Mercedes Blaas, danken wir für die gewohnt angenehme und unkomplizierte Art der Zusammenarbeit.

Die Herausgeber übergeben die Festschrift mit der Hoffnung und dem Wunsch der Öffentlichkeit, dass die Erwartungen einer sehr vielschichtigen Leserschaft erfüllt werden und ein neuer Denkanstoß für die weitere Entwicklung unseres Landes vermittelt werden kann.

ADOLF LEIDLMAIR WERNER PLUNGER CHRISTIAN SMEKAL

Innsbruck, im Januar 2001

# Zum Geleit

Als das Kölner Institut „Empirica Delasasse" im Jahr 1999 einen Standortvergleich unter 247 europäischen Regionen präsentierte, kam es in der Kategorie „Qualität des Lebensumfeldes" zu einem eindeutigen Ergebnis: Tirol liegt auf Platz Eins!

Zu einem qualitätvollen Lebensumfeld gehört neben einer soliden sozialen, kulturellen und ökologischen Basis ganz wesentlich eine gesunde wirtschaftliche Entwicklung. All das zu schaffen, ist in Tirol in den letzten 50 Jahren hervorragend gelungen. Ihren Beitrag dazu haben Tausende Tirolerinnen und Tiroler in ganz unterschiedlicher Weise geleistet.

Vor allem wer Arbeit schafft, handelt sozial. Arbeitsplätze entstehen aber nicht durch Ämter und Behörden, sondern durch den Einsatz mutiger und innovativer Unternehmer. Nur starke Betriebe sind verlässliche Arbeitgeber und die Politik schafft die Rahmenbedingungen für ihre erfolgreiche Arbeit. Tirol hat eine der niedrigsten Arbeitslosenraten in ganz Europa. Das wird auch so bleiben – durch mutige und innovative Unternehmerpersönlichkeiten und eine moderne, vorausschauende Wirtschaftspolitik. Tirol soll ein attraktiver Standort für Industrie und Gewerbe bleiben.

Die mittelständische Wirtschaft bildet dabei ein stabiles Rückgrat. Denn wir wissen, dass unsere Klein- und Mittelbetriebe unser Land immer krisensicher gemacht haben: Durch Innovation, Fleiß und – nicht zu vergessen – gut ausgebildete und motivierte Mitarbeiterinnen und Mitarbeiter. Das Land Tirol wird den Betrieben unbürokratisch zur Seite stehen, damit sie fit bleiben, um auf den regionalen und internationalen Märkten weiterhin bestehen zu können.

Es ist aber auch immer wieder neuer Unternehmergeist gefragt – jungen Menschen mit neuen Ideen und frischer Kraft muss der Weg in die Selbständigkeit erleichtert werden. Sie sind der Grundstein für den Wohlstand von morgen. Investitionen in neue Technologien, die Chancen neuer Märkte nützen, auf bewährte Tiroler Qualität setzen, moderne Trends rechtzeitig erkennen, der Zukunft mit Optimismus entgegensehen und -gehen. Zupacken anstatt jammern. Das sind unsere Leitsätze für ein effizientes Wirtschaften, das uns einen breiten Wohlstand sichert.

Wirtschaften heißt immer auch, soziale Verantwortung zu tragen. Eine gesunde und florierende Wirtschaft gibt uns die Möglichkeit, denen zu helfen, die dazu nicht selbst in der Lage sind. Wir dürfen sie nicht nur versorgen, sondern wir müssen ihnen auch Mut machen, die Herausforderungen der Zukunft anzunehmen und nicht im Warteraum an den Geleisen in die Zukunft zu verharren und den Zug zu versäumen.

Die Wirtschaftskammer Tirol, die im Jahre 2001 ihr 150-jähriges Bestehen als gesetzliche Interessenvertretung der gewerblichen Wirtschaft Tirols feiert und auf eine verdienstvolle Vergangenheit verweisen kann, wird sich mit den Tiroler Betrieben den neuen Herausforderungen stellen müssen. Dass sie dazu bereit ist, hat sie immer wieder gezeigt. Als Tiroler Landeshauptmann bin ich stolz auf die aktive und gestalterische Kraft, die von der Wirtschaftskammer Tirol zum Wohle der Menschen in unserem Lande ausgeht.

Die Festschrift der Wirtschaftskammer Tirol ist für mich vor allem ein geeigneter und würdiger Anlass, den Tausenden Unternehmerinnen und Unternehmern, ihren Mitarbeiterinnen und Mitarbeitern, aber auch den Organen der Wirtschaftskammer Tirol für die stets sehr enge und fruchtbare Arbeit zum Wohle unseres Landes Tirol meine allergrößte Anerkennung und Wertschätzung zum Ausdruck zu bringen und uns allen viel Erfolg für die Zukunft zu wünschen.

Dr. Wendelin Weingartner
Landeshauptmann von Tirol

# Zum Geleit

„Nur die seltenen Epochen der menschlichen Geschichte, in denen die kulturellen Leistungen in den Bereich allgemeiner Wertung aufstiegen und nicht nur als minder geschätzte Füllsel geduldet wurden, haben auch die gewerbliche Wirtschaft jene Schätzung finden lassen, die ihrem Wesen und ihrer Bedeutung entspricht.
Mit Befriedigung wollen wir feststellen, dass die Erkenntnis dieser Bedeutung und des Wertes wirtschaftlicher Zielsetzungen und Erfolge immer mehr Überzeugungskraft gewonnen haben.“

Komm. Rat Fritz Miller, Präsident der Handelskammer Tirol (1945–1960)

Als Komm. Rat Fritz Miller anlässlich der Festgabe „Tiroler Wirtschaft in Vergangenheit und Gegenwart“ zur 100-Jahrfeier der Tiroler Handelskammer im Jahre 1951 die eben angeführten Zeilen verfasste, war die politische und ökonomische Stabilität unseres Landes nach den Wirren des zweiten Weltkrieges noch nicht wieder gefestigt und die zukünftige Entwicklung Tirols in jeder Hinsicht mehr als ungewiss.

Eine Voraussage, dass zukünftige Generationen weitgehend ein Leben in wirtschaftlichem Wohlstand und sozialem Frieden – eingebettet im demokratischen Verbund einer europäischen Familie – vorfinden würden, würde wohl von manchen damaligen Zeitgenossen als sehr kühn oder sogar als verwegen bezeichnet worden sein. Dies galt umso mehr, als durch die dunklen Realitäten der ersten Hälfte des 20. Jahrhunderts ja hierfür in keiner Weise Hilfestellung oder gar Vorbildwirkung zukam. Zumindest blieb die eindringliche Erkenntnis, zukünftig völlig neue Wege im politischen und wirtschaftlichen Zusammenleben zu beschreiten.

Zieht man heute – wiederum 50 Jahre später – Resümee über die Entwicklung Tirols, so kann unser Land mit berechtigtem Stolz auf die Qualität seiner Gesellschaft, seines Wirtschaftens und auf die neu gewonnene, tiefe Verbundenheit mit den europäischen Partnern als Errungenschaften seiner Bürgerinnen und Bürger hinweisen. Möglich wurde dieser Werdegang Tirols nur durch das Zusammenwirken eines innovativen, sich fortlaufend neuen Herausforderungen bewussten Unternehmertums und seiner sich durch Loyalität, Einsatzbereitschaft und hohe fachliche Kompetenz auszeichnenden Arbeiter und Angestellten. Der Erfolg dieses schöpferischen Zusammenwirkens ist nicht zuletzt auch auf das Wirken der Wirtschaftskammer Tirol als gesetzliche Interessensvertretung der gewerblichen Wirtschaft zurückzuführen, welche in ihrem aufrichtigen Bekenntnis zu marktwirtschaftlichen Prinzipien niemals auf ihre soziale und gesellschaftspolitische Verantwortung verzichten wollte.

Mit diesem stolzen Bekenntnis soll in keiner Weise von den natürlich auch heute in unserem Lande vorhandenen Problemen und Unzulänglichkeiten und ihrer wirtschaftlichen, sozialen sowie ökologischen Dimension abgelenkt oder deren Thematisierung gar unterdrückt werden. Ganz im Gegenteil – jeder Zeitabschnitt ist durch seine ihm eigenen Herausforderungen für Gesellschaft und Wirtschaft gekennzeichnet. Momente des Innehaltens und der Bewusstwerdung des bislang Erreichten sind aber unverzichtbare Quelle neuen Tatendrangs und Voraussetzung, sich eben diesen Herausforderungen in zeitgemäßer Weise zu stellen.

Die vorliegende Festschrift „Die Tiroler Wirtschaft auf dem Weg ins 21. Jahrhundert“ zur 150-Jahrfeier der Wirtschaftskammer Tirol im Jahre 2001 soll für diesen notwendigen Moment des Hinterfragens würdiger Anlass und kritsches Forum gleichermaßen sein. An dieser Stelle möchte ich den drei Herausgebern der Festschrift, Univ.-Prof. Dr. Leidlmair, Kammerdirektor Dr. Plunger, Univ.-Prof. Dr. Smekal, allen Autorinnen und Autoren und dem Koordinator der Festschrift Mag. Garbislander meinen ganz persönlicher Dank für das Gelingen dieses Werkes aussprechen. Für den inhaltlichen Aufbau des Werkes orientierten sich die Herausgeber der Festgabe an der bewährten Dreigliederung ihrer Vorgängerin aus dem Jahre 1951. Auf diese Weise soll die Kontinuität der Dokumentation bewahrt und zudem der Wandel in Themen- und Problemstellungen nicht nur für zeitgeschichtlich interessierte Leserinnen und Leser nachvollziehbar sein.

Der erste Abschnitt der Festschrift widmet sich der Entwicklung der Wirtschaftskammer Tirol, welche als Interessenvertretungs- und Serviceinstitution für Tirols gewerbliche Wirtschaft sowohl in ihrer Organisation als auch in ihrer Aufgabenstellung immer auch ein Spiegel ihrer Zeit war. Der Wandel von der Tiroler Handelskammer zur Tiroler Wirtschaftskammer zu Beginn der 1990er Jahre symbolisiert hierbei viel mehr als eine bloße Änderung in der Organisationsbezeichnung, sondern ist auch Ausdruck eines möglichst weit ausgelegten Verständnisses von Wirtschaft und der damit verbundenen hohen Verantwortlichkeit für die Menschen in unserem Land. Wird über die Rolle und Funktion der Wirtschaftskammer Tirol in der Gesellschaft unseres Landes diskutiert, darf diese breite Verantwortlichkeit, welche sich u. a. auch in den bildungs- und kulturpolitischen Aktivitäten der Wirtschaftskammer Tirol niederschlägt, nicht vergessen werden.

Eine wesentliche Intention dieser Festschrift liegt in der Darstellung und kritischen Diskussion der vielfältigen strukturellen Veränderungen, welche die Tiroler Wirtschaft als solche und die einzelnen Branchen im speziellen in den vergangenen fünf Jahrzehnten erfahren haben. Will man ein umfassendes Verständnis gewinnen sowohl für gegenwärtige Erfolge als auch für die Probleme der Tiroler Wirtschaft oder gar Lehren und Rückschlüsse für wirtschaftliche Zukunftsfragen erlangen, darf man sich einer solcherart detaillierten Analyse nicht entziehen. Gewerbe und Handwerk, Tourismus, Industrie, Handel, Verkehrswirtschaft sowie die Finanz- und Kreditwirtschaft prägten und prägen jeweils auf ihre Art die Tiroler Wirtschaftsstruktur. Tirols Wirtschaftsbranchen bilden durch die hohe Qualität ihrer Produkte und ihre internationale Wettbewerbsfähigkeit die Grundlage von ökonomischer Wertschöpfung und damit von sozialem Wohlstand für unser Land.

Eine rein statistische Darstellung struktureller Entwicklungsmuster wäre in ihrer Aussagekraft über den Wandel der Tiroler Wirtschaft sehr beschränkt, es bedarf darüber hinausgehend immer auch der fachlichen Diskussion, zum Teil sogar des pointierten Diskurses, um auf diese Weise wirklich verwertbare Einsichten und Lehren erzielen zu können. Diese Feststellung gilt um so mehr für jene branchenübergreifenden Themen- und Problembereiche, welche entweder aufgrund spezifisch vorgegebener bzw. gewachsener Rahmenbedingungen für Tirols Wirtschaft auf Dauer handlungsrelevant sind oder für die zukünftige Sicherung des Wirtschaftsstandortes Tirol als besonders vordringlich erscheinen. Es ist ein wesentliches Anliegen der vorliegenden Festschrift, gerade in diesen Themenbereichen breite Diskussionen zu initiieren und zu intensivieren.

So werden alleine schon aufgrund der besonderen topographischen Struktur Tirols mit seiner sehr beschränkten Dauersiedlungsfläche und der hohen Sensibilität des Alpenraumes Fragen im Zusammenhang mit Raumordnung und Grundverkehr immer auch über eine bedeutende wirtschaftspolitische Komponente verfügen. Eine offene und möglichst breit geführte Diskussion dieser Fragen ist und wird auch zukünftig im vitalen Interesse unseres Landes sein. Zugleich verstehen sich die für die Wettbewerbsfähigkeit Tirols so wichtigen Zukunftsthemen, wie die politische und wirtschaftliche Stellung unseres Landes im zusammenwachsenden Europa oder die Positionierung Tirols als attraktiver Standort der „neuen Technologien“, als gemeinsamer Diskussions- und Handlungsauftrag aller für unser Land aktiven Kräfte.

Die Wirtschaftskammer Tirol wird – so wie in den vergangenen 150 Jahren – auch in Zukunft eine bedeutende dieser aktiven und gestalterischen Kräfte im Dienste unserer Heimat sein. Hierbei wird sie sich immer wieder neuen Herausforderungen und Aufgaben stellen und sich in ihren Strukturen anzupassen haben. Das ist auch gut so. Die gegenwärtige Reform der Wirtschaftskammer Tirol am Beginn eines neuen Zeitabschnitts ist eindrucksvolles Zeugnis, dass diese Herausforderungen als Chance für die Zukunft erkannt werden. Denn nur auf diese Weise wird die Wirtschaftskammer Tirol das von den Unternehmerinnen und Unternehmern in sie gesetzte Vertrauen zum Wohle unseres Landes auch weiterhin erfüllen können.

Dr. Hansjörg Jäger
Präsident der Wirtschaftskammer Tirol

# Inhalt

# Kapitel I

# Von der Tiroler Handelskammer zur Wirtschaftskammer Tirol

# 50 Jahre Interessenpolitik im Dienst der Tiroler Wirtschaft

Werner Plunger / Rainer Nick

## 1. Entwicklungsgeschichte der Wirtschaftskammer Tirol von 1950 bis 2000

Werner Plunger

> „Die Tiroler Handelskammer war stets nur ein Rad im Getriebe der großen Apparatur, die eine Gemeinschaft benötigt, um ihren Bestand zu behaupten.“ [1]

Dem Abriss über 50 Jahre Geschichte der Wirtschaftskammer Tirol 1950 bis 2000 wird ein Zitat des Kammeramtsdirektors Dr. Albin Oberhofer vorangestellt, weil damit einerseits deutlich zum Ausdruck gebracht werden soll, dass die vorliegende Festschrift an das Sammelwerk „Tiroler Wirtschaft in Vergangenheit und Gegenwart – Festgabe zur 100-Jahr-Feier der Tiroler Handelskammer“ anschließt. Andererseits dokumentiert das Zitat augenfällig das Selbstverständnis der Kammer bei der Wahrnehmung ihrer Funktion als Interessenvertretung der gewerblichen Wirtschaft. Der Beitrag behandelt ausschließlich die Tiroler Entwicklung. Zur österreichischen Wirtschaftskammerorganisation wird auf die Arbeit von Herbert Reiger verwiesen.[2] Der Bericht stützt sich vornehmlich auf die Protokolle der maßgeblichen Kammerorgane (Kammervollversammlung und Vorstand) sowie auf das eigene Erleben des Autors, der der Wirtschaftskammer Tirol seit 30 Jahren als Mitarbeiter in verschiedenen Aufgabenbereichen angehört.

### 1950 bis 1960: Der Wiederaufbau

Diese Periode ist gekennzeichnet vom festen Willen zum Wiederaufbau der Tiroler Wirtschaft, der spürbaren Solidarität unter allen Wirtschaftskreisen auch bei oftmals unterschiedlichen Standpunkten sowie von einem einmütigen Bekenntnis zur wirt-

---

1 Albin Oberhofer, Die Kammerorganisation seit 1945 und ihre heutige Gestalt, in: Hermann Gerhardinger u. a. Tiroler Wirtschaft in Vergangenheit und Gegenwart, Band 2, Innsbruck 1951, 266.

2 Herbert Reiger, 150 Jahre österreichische Wirtschaftskammerorganisation, in: Wirtschaftspolitische Blätter 6/1998, 542–547.

schaftlichen Selbstverwaltung. Die Protokolle der Vollversammlungen belegen dies eindrucksvoll.

So hat beispielsweise Präsident Kommerzialrat Fritz Miller zur Unterstützung der Stabilisierungspolitik durch den „Kamitz-Plan“ die „Disziplin in der Wirtschaft“ angesprochen. Er hat nicht nur die Gewerkschaften aufgerufen, keine Forderungen nach Lohnerhöhung zu stellen, sondern ebenso an die heimische Industrie appelliert, „von Preiserhöhungen mit Rücksicht auf die dadurch mögliche Gefährdung der Wirtschaftspolitik abzusehen.“[3] Der Wille zum wirtschaftlichen Wiederaufbau in Tirol war nicht zuletzt – sicherlich auch beeinflusst durch weltpolitische Ereignisse wie dem Korea-Krieg, dem Ungarn-Aufstand oder der Suez-Krise – begründet in einem ebenso klaren Eintreten für das Ordnungssystem der sozialen Marktwirtschaft, für deren Erhaltung „als einer Ordnung in Freiheit“ die Unternehmerschaft Sorge tragen müsse.[4]

Zur unternehmerischen Solidarität ist an die Schaffung eines Altersunterstützungsfonds zur Sicherung der Altersversorgung für in Not geratene Unternehmer zu erinnern, der sowohl aus Beiträgen der Kammermitglieder als auch der Kammer selbst gespeist wurde.[5] Er hatte bis zum Inkrafttreten des Selbständigen-Pensionsversicherungsgesetzes am 1. 1. 1958 Bestand und wurde am 30. 6. 1958 liquidiert.[6]

Das Bekenntnis zur wirtschaftlichen Selbstverwaltung zieht sich in dieser Zeit wie ein roter Faden durch die öffentlichen Aussagen der Spitzenrepräsentanten der Tiroler Handelskammer. So sind die Ausführungen des Präsidenten Kommerzialrat Fritz Miller vor der ersten, neugewählten Vollversammlung am 22. November 1950 mit dem Titel „die Aufgabe der Handelskammer im Staate“ überschrieben.[7] Ebenso bekräftigte Kammeramtsdirektor Dr. Oberhofer, dass „die Selbstverwaltung mit einem starken und lebendigen Verantwortungsbewusstsein gegenüber dem Volk und Staat verbunden sein muss.“[8] In seinem Bericht über 10 Jahre Kammertätigkeit 1950 bis 1960 hat Präsident Miller die Arbeit der Handelskammer vor dem Hintergrund einer falschen Beurteilung in der Öffentlichkeit wie folgt charakterisiert: Sie sei „eben auch im wesentlichen eine immateriell-geistige, organisatorisch-gestaltende Tätigkeit, deren volkswirtschaftlicher Leistungswert dem oberflächlichen Blick verborgen bleibt.“[9] Dem ist auch heute nichts

---

[3] Fritz MILLER, Bericht zur 7. Kammervollversammlung, in: Protokolle der Vollversammlungen 1950–1955, 117.

[4] Fritz MILLER, Bericht zur 9. Kammervollversammlung, in: Protokolle der Vollversammlungen 1955–1960, 508.

[5] Tagesordnungspunkte 9–11 der 4. Kammervollversammlung, in: Protokolle der Vollversammlungen 1950–1955, 42–46.

[6] Tagesordnungspunkt 5 der 8. Kammervollversammlung, in: Protokolle der Vollversammlungen 1955–1960, 477–478.

[7] Tagesordnungspunkt 7 der 1. Kammervollversammlung, in: Protokolle der Vollversammlungen 1950–1955, 9.

[8] Tagesordnungspunkt 8 der 3. Kammervollversammlung, in: Protokolle der Vollversammlungen 1950–1955, 41.

[9] Tagesordnungspunkt 5 der 11. Kammervollversammlung, in: Protokolle der Vollversammlungen 1955–1960, 565.

weiter hinzuzufügen, außer dem Hinweis auf die aktuelle Feststellung Herbert Reigers, dass „diese Tätigkeit der Verbände im Vorfeld von Regierung und Parlament ein entscheidender Beitrag zur Realisierung des Gemeinwohls ist".[10]

Über die Tätigkeit der Kammer gibt vor allem der Bericht von Präsident Miller vor der 11. geschäftsordnungsmäßigen Vollversammlung 1960 Auskunft[11], der als überaus interessantes Dokument der eigenen Beurteilung durch die Verantwortungsträger dieses Dezenniums zu werten ist. Erwähnt wurden damals (die in Klammer angefügte Jahreszahl gibt die aus den Protokollen feststellbaren Beschlussdaten wieder):

Errichtung des ersten Bezirksstellennetzes in eigenen Gebäuden mit Ausnahme von Schwaz (1951 bis 1957); Neubau des Wirtschaftsförderungsinstitutes in der Egger-Lienz-Straße (1958); ursprünglich sollte das neue Wirtschaftsförderungsinstitut auf einem Grundstück in der Sillgasse 15 errichtet werden, das dann dem sozialen Wohnbau gewidmet wurde (1954); Umgestaltung des Parterres (Festssaal und Ausstellungssaal) im Haus Meinhardstraße 14 (1958); Ausbau der Hotelfachschule Villa Blanka (1959); Einrichtung des Lehrlingswettbewerbs (als erste Kammer in Österreich, 1951); Schaffung des Kleingewerbekreditfonds (1953); Neubeginn der Innsbrucker Messe (1950); Errichtung der Tiroler Zollfreizone (1951/1956); Neubau der Innsbrucker Markthalle (1958) und Eintritt der Kammer als Gesellschafterin gemeinsam mit der Landeslandwirtschaftskammer.

Von der Kammer sind seit jeher maßgebliche regionalpolitische Impulse und Anregungen ausgegangen. So beispielsweise: Einrichtung der Brenner-Kommission für die Belebung der Brennerbahn (1953); Bemühungen um den Ausbau der Brenner-Bundesstraße (1956); Eintreten für den Bau einer Autobahn Kufstein-Brenner (1958) und den Ausbau der „Rampenstrecke" mit Europabrücke (1959), was nicht zuletzt auch Anlass für den Auftrag an Wilfried Kirschl zur Schaffung des Gemäldes „Bau der Europabrücke" im Foyer des Festsaales gewesen sein dürfte;[12] Unterstützung der Errichtung der Felbertauernstraße (1958); Erarbeitung eines Sofortprogramms für die sogenannten Entwicklungsgebiete Imst, Landeck, Lienz und Reutte (1959); Befürwortung der „europäischen Wirtschaftsintegration" durch Abbau der Zollgrenzen (1953) und für den Beitritt Österreichs zur EFTA (1960) mit dem Fernziel „einer Einigung Europas auf wirtschaftlichem und politischem Gebiet als einer Lebensnotwendigkeit für unseren Kontinent";[13] Forderung nach dem Ausbau der Universität Innsbruck, insbesondere „der betriebswirtschaftlichen Abteilung der juridischen Fakultät" sowie nach Errichtung einer technischen Hochschule (1960).

In organisationsrechtlicher Hinsicht ist schließlich zu erwähnen, dass bei den ersten Kammerwahlen nach dem 2. Weltkrieg (7. Mai 1950) Kommerzialrat Fritz Miller am

---

[10] REIGER, 150 Jahre österreichische Wirtschaftskammerorganisation (wie Anmerkung 2), 545.

[11] Tagesordnungspunkt 5 der 11. Kammervollversammlung (wie Anmerkung 9), 563–565.

[12] Tagesordnungspunkt 1 der 11. Kammervollversammlung (wie Anmerkung 9), 562.

[13] Fritz MILLER, Wirtschaftsbericht zur 10. Kammervollversammlung, in: Protokolle der Vollversammlungen 1955–1960, 540.

7. 7. 1950 formell zum Präsidenten gewählt wurde[14], nachdem ihn die erste Landesregierung im Jahre 1945 bei ihrer Konstituierung zum provisorischen Präsidenten bestellt hatte. Er wurde in dieser Funktion bei den Handelskammerwahlen 1955 (24. und 25. April 1955) in der konstituierenden Vollversammlung am 5. 10. 1955 bestätigt.[15] Kammeramtsdirektor war während dieser Periode Dr. Albin Oberhofer, der ab 1952 auch das Mandat eines Landtagsabgeordneten ausübte.

## 1960 bis 1970: Das Wirtschaftswunder

Diese Periode der Kammergeschichte ist tatsächlich gekennzeichnet vom sogenannten Wirtschaftswunder und seinen vielfältigen Auswirkungen auf die Wirtschaft und Gesellschaft unseres Landes. Reale Wachstumsraten von 6,1 % über das ganze Jahrzehnt, zu Ende der Siebzigerjahre sogar von 6,5 % (1969)[16], kennzeichnen die Phasen der Hochkonjunktur, die heute für uns unvorstellbar sind. Sie wurden lediglich, beginnend 1963, von konjunkturellen Abschwächungstendenzen unterbrochen, denen man auf Bundesebene mit den sogenannten Wachstumsgesetzen und dem legendären Koren-Plan entgegenwirkte. Schon sehr früh hat man auch auf die Probleme des Wohlfahrtsstaates hingewiesen, der „bald jeden Menschen glauben ließe, dass Eigeninitiative, Selbsthilfe und Eigenvorsorge überflüssig geworden seien."[17]

In der Tiroler Handelskammer sah man sich mit neuen Entwicklungen konfrontiert, denen man mit neuen regionalpolitischen Strategien zu begegnen versuchte. An erster Stelle ist wohl die dynamische Fremdenverkehrsentwicklung mit der „unkontrollierten Betriebszunahme"[18] und ihren wirtschaftsstrukturellen Folgen zu erwähnen. Hiezu trat am 1. 1. 1963 das Tiroler Fremdenverkehrsgesetz in Kraft, das in seiner ersten Fassung, insbesondere die Beitragsgruppenverordnung, auf heftige Kritik der Wirtschaft stieß.[19] Die Novelle 1964 trug dem teilweise Rechnung. Die Verschärfung der weltweiten touristischen Konkurrenz führte 1968 zur Gründung einer „Werbegemeinschaft"[20] der sogenannten Fremdenverkehrs-Sonderwerbung als Vorläuferin der heutigen Tirol Werbung. Land Tirol, Kammer und gastgewerbliche Fachgruppen leisteten dazu ihren finanziellen Beitrag.

Ein völlig neues Phänomen zeigte sich bei einer Arbeitslosenrate von rd. 2,1 % (1961) im Mangel an Arbeitskräften und dem dadurch bedingten steigenden Einsatz

---

14 Tirols gewerbliche Wirtschaft, 4. Jahrgang Nr. 28/15. Juli 1950, 2 u. 3.

15 Tirols gewerbliche Wirtschaft, 9. Jahrgang Nr. 40/8. Oktober 1955, 1.

16 Franz AUBELE, Bericht zur wirtschaftspolitischen Lage, TO-Punkt 4 der 10. Kammervollversammlung, in: Protokolle der Vollversammlungen 1965–1970, 5 u. 6.

17 Heinrich MENARDI, Bericht zu aktuellen Wirtschaftsfragen, TO-Punkt 4 der 7. Kammervollversammlung, in: Protokolle der Vollversammlungen 1961–1965, 5.

18 Heinrich MENARDI, Bericht zu aktuellen Wirtschaftsfragen (wie Anmerkung 17), 7.

19 Ebd.

20 Heinrich MENARDI, Rückblick und Ausblick, TO-Punkt 4 der 11. Kammervollversammlung, in: Protokolle der Vollversammlungen 1965–1970, 5.

von Gastarbeitern. Es wäre sicherlich zu wenig gewesen, zur Behebung der Arbeitsmarktprobleme nur eine Resolution[21] zu verabschieden; von der Kammer wurden vor allem zur Milderung des Facharbeitermangels eine Reihe von bildungspolitischen Maßnahmen ergriffen: ein eigenes Schulungsreferat (1961) wurde geschaffen. Die 1963 eröffnete 1. Baustufe des Wirtschaftsförderungsinstitutes wurde um einen weiteren Trakt ergänzt (1968). Das Schul- und Internatsgebäude der Tiroler Gastwirte- und Hotelfachschule Villa Blanka wurde in Betrieb genommen (1964) und 1969 wurde dort schließlich der Neubau des Schulhotels eröffnet.

1964 bildete die Tiroler Wirtschaft erstmals mehr als 10.000 Lehrlinge aus. Es liegt auf der Hand, dass sich die Kammer in mehrfachen Interventionen für den Ausbau des Berufsschulwesens in Tirol aussprach und selbst die Errichtung von Lehrlingsheimen und Berufsschulinternaten finanziell unterstützte[22], ebenso die Einrichtung der Glasfachschule Kramsach (1963) und den Ausbau der Schnitzschule Elbigenalp (1967) maßgeblich förderte.

Strukturpolitische Fragen standen in dieser Zeit wiederholt im Mittelpunkt der Beratungen der Kammerorgane, wobei die hohe Diskussionsbereitschaft und -kultur besonders hervorzuheben ist. Sie zeigt sich beispielsweise in gezählten 16 Wortmeldungen zum Bericht des Präsidenten in der 8. geschäftsordnungsmäßigen Kammervollversammlung am 4. 12. 1968, in der sich Präsident Menardi vor allem mit dem Strukturwandel im Handel auseinandersetzte und die Neuansiedlung industrieller Klein- und Mittelbetriebe, etwa in Osttirol, sowie die Notwendigkeit der weiteren Industrialisierung Tirols[23] in den Mittelpunkt seiner Betrachtungen stellte. Damals regte er auch die Schaffung einer Kreditgarantiegemeinschaft an, die 1970 mit der Tiroler Bürgschaftsgemeinschaft (TBG)[24], mit Land Tirol und Kammer als Partner, verwirklicht wurde. Hilfreich für die Entscheidungsfindung in regionalpolitischen Fragen war die Einrichtung regelmäßiger Konjunkturtests des Statistischen Referates der Kammer und von Reihenuntersuchungen des betriebswirtschaftlichen Referates des Wirtschaftsförderungsinstitutes (1964). Im Bereich der Außenwirtschaft bewährte sich das Accordino bereits durch 20 Jahre (1969) und das Wirtschaftsförderungsinstitut unterstützte die Exportbemühungen der Wirtschaft durch einen eigenen Tiroler Exportkatalog (1962).

Wie schon in der vergangenen Periode engagierte sich die Kammer auch in diesen Jahren nachhaltig in der Verkehrspolitik. Forderungen nach dem Ausbau des Telefonnetzes (1964) oder nach dem zweigleisigen Ausbau der Arlbergstrecke (1962) und der weiteren Modernisierung der Brennerbahn (1964), weiters nach einer Städteschnellverbindung Wien-Innsbruck über Rosenheim (1968) und dem Ausbau des Güterbahnhofs

---

21 TO-Punkt 5 der 11. Kammervollversammlung, in: Protokolle der Vollversammlungen 1961–1965, 12.

22 Heinrich MENARDI, Rückblick und Ausblick (wie Anmerkung 20), 6.

23 Heinrich MENARDI, Bericht zu aktuellen Wirtschaftsproblemen, TO-Punkt 4 der 8. Kammervollversammlung, in: Protokolle der Vollversammlungen 1965–1970, 7.

24 TO-Punkt 5 der 10. Kammervollversammlung (wie Anmerkung 16), 13.

Hall i. T. standen hier ebenso im Vordergrund wie das ständige Eintreten für ein modernes Tiroler Straßennetz mit guten Anschlüssen an die europäischen Verkehrswege. Dabei war nicht die Unterstützung des internationalen Güteraustauschs in einer arbeitsteiligen Wirtschaft das primäre Ziel der verkehrspolitischen Bemühungen, sondern anfänglich fremdenverkehrspolitische Überlegungen (infrastrukturelle Notwendigkeit, nachdem 85 % aller einreisenden ausländischen Gäste mit Kraftfahrzeugen kamen[25] und dementsprechend auch Zuteilung der Straßenbaumittel gemäß der Leistungskraft des Tourismus[26]) und dann die Angst vor „einer gewissen Gefahr der Umfahrung“[27] Tirols im Nord-Südverkehr mit seinen nachteiligen gesamtwirtschaftlichen Auswirkungen. Die Brennerautobahn ist zu dieser Zeit nahezu fertig gestellt (1971), der Bau der Inntalautobahn begonnen (1966), die Felbertauernstraße ihrer Bestimmung übergeben (1967), alles Verkehrswege, für deren Realisierung sich die Kammer immer wieder stark gemacht hat. Es verwundert daher auch nicht, dass der Geschäftsführer der Verkehrssektion der Kammer, Dr. Heinz Knoflach, 1964 zum Geschäftsführer der Brennerautobahngesellschaft bestellt wurde.

Weitere Kammerinitiativen dieser Periode sind: der Neubau der Bezirksstelle Schwaz und der Neubau der Bezirksstelle Lienz (1965), der Beitritt zum Verein für Konsumenteninformation – Landesstelle Tirol (1965); die Gründung der Tiroler Volkswirtschaftlichen Gesellschaft (1967); die Gründung des Instituts für Verkehr und Tourismus (1970); die Gründung der Arbeitsgemeinschaft Junge Wirtschaft (1967); die Errichtung des Kongresshauses Innsbruck mit der Kammer als Gesellschafterin der Betriebsgesellschaft (1969).[28]

Im Berichtszeitraum sind folgende Veränderungen in der Kammerführung eingetreten: Bei den Kammerwahlen am 15. und 16. Mai 1960 ist der Obmann der Verkehrssektion, Kammerrat Heinrich Menardi, dem fast 80-jährigen Präsidenten Kommerzialrat Fritz Miller in dieser Funktion nachgefolgt. Er wurde in der Vollversammlung am 1. 12. 1960 gewählt[29] und nach den Kammerwahlen 1965 (25. und 26. April 1965) in der konstituierenden Vollversammlung am 8. Juli 1965 als Präsident wiedergewählt.[30] Kammeramtsdirektor Dr. Albin Oberhofer ist am 27. 9. 1962 plötzlich im 58. Lebensjahr verstorben. Zu seinem Nachfolger wurde mit Wirkung vom 1. 10. 1962 Dr. Hans Santer bestellt.[31]

---

[25] Heinrich MENARDI, Rückblick und Ausblick (wie Anmerkung 20), 5.

[26] Heinrich MENARDI, Bericht zu TO-Punkt 4 der 5. Kammervollversammlung, in: Protokolle der Vollversammlungen 1961–1965, 6.

[27] Heinrich MENARDI, Bericht zu aktuellen Tagesfragen, TO-Punkt 4 der 9. Kammervollversammlung, in: Protokolle der Vollversammlungen 1965–1970, 6.

[28] Heinrich MENARDI, Rückblick und Ausblick (wie Anmerkung 20), 4–8.

[29] Tirols gewerbliche Wirtschaft, 14. Jahrgang Nr. 48/49 vom 3. 12. 1960, 1–5.

[30] Tirols gewerbliche Wirtschaft, 19. Jahrgang Nr. 28 vom 10. 7. 1965, 1–3.

[31] TO-Punkt 1 der 5. Kammervollversammlung, in: Protokolle der Vollversammlungen 1961–1965, 4.

## 1970 bis 1980: Die Grenzen des Wachstums

Dieses Dezennium ist weltweit gekennzeichnet von schmerzlichen Anpassungsprozessen in der Wirtschaft, die in Österreich mit geänderten politischen Verhältnissen einhergingen. Der vorstehend erwähnte Titel des 1972 erschienenen Buches von D. Meadows erinnert uns an die beiden Energie- bzw. Erdölkrisen, die in dieser Zeit bewältigt werden mussten, ebenso wie an die Geburtsstunde des Umweltschutzes als neuer gesellschafts- und wirtschaftspolitischer Kategorie.

Dies alles fand auch in der Kammerarbeit seinen Niederschlag. 1971 wird ein eigenes Referat für Umweltschutz eingerichtet, das vielfältige Aktivitäten, beispielsweise die Einrichtung einer Abfall- und Recyclingbörse oder die Durchführung von Mitgliedersprechtagen in Umweltschutzangelegenheiten entfaltete. In gleicher Weise drängten sich seit 1971 die Fragen der Raumordnung in den Mittelpunkt des Interesses. Regionalpolitische Studien für alle Tiroler Bezirke (beginnend 1972 mit Imst) des 1972 neu eingerichteten Referates für Statistik und Dokumentation oder die Prognose über den Raumbedarf der Innsbrucker Wirtschaft (1973) und der Raumordnungs-Leitfaden für die Wirtschaft (1975) belegen die Einbeziehung von Raumordnungsfragen in die Kammerarbeit ebenso, wie die wiederholten Diskussionen in den Vollversammlungen über Nahversorgung und „Großraumläden“ bzw. Einkaufszentren (mit dem Wunsch nach einer entsprechenden Regelung im Tiroler Raumordnungsgesetz und nach Erlassung eines Fachkonzepts des Handels für Tirol[32]) oder über das Appartementhausproblem.[33]

Die Rohstoff- und Energieknappheit und der damit verbundene Preisauftrieb haben dazu geführt, dass allein die Tiroler Wirtschaft im Zeitraum von November 1973 bis Oktober 1974 Mehrkosten von rd. 1 Milliarde Schilling verkraften musste.[34] Die Auseinandersetzung mit Energiefragen war damit geboten. Sie zeigt sich beispielsweise in einem Diskussionspapier der Kammer zum Tiroler Energiekonzept (1974), in einer ablehnenden Resolution der Vollversammlung gegen die Vereinheitlichung der Stromtarife in Österreich zur Wahrung eines wesentlichen Standortvorteils der Tiroler Wirtschaft (1971), weiters im konsequenten Eintreten für den forcierten autonomen Ausbau der Wasserkraft in Tirol (1978) sowie für die Errichtung eines Pflichtnotstandslagers für Mineralölprodukte in Kramsach (1979).

Die zu Beginn der Siebzigerjahre auf Bundesebene eingetretenen politischen Veränderungen rückten auch in der Kammer ordnungspolitische Fragen immer wieder in den Vordergrund. Sie gipfelten in der Beschlussfassung eines Grundsatzprogramms

[32] Heinrich MENARDI, Bericht zu TO-Punkt 4 der 3. Kammervollversammlung, in: Protokolle der Vollversammlungen 1975–1980, 4 und Diskussionsbeitrag zu TO-Punkt 5 der 6. Kammervollversammlung, in: Protokolle der Vollversammlungen 1975–1980, 14

[33] Fritz WILBERGER, Diskussionsbeitrag zu TO-Punkt 4 der 6. Kammervollversammlung, in: Protokolle der Vollversammlungen 1970–1975, 13.

[34] Heinrich MENARDI, Diskussionsbeitrag zu TO-Punkt 4 der 8. Kammervollversammlung, in: Protokolle der Vollversammlungen 1970–1975, 9.

(1978), in dem sich die Kammerorganisation verpflichtet, „mit der Problemlösungskapazität der sozialen Marktwirtschaft zum gesellschaftlichen Fortschritt beizutragen".[35]

Zur Erinnerung: In diese Periode fallen beispielsweise 1974/75 die erste tiefgreifende Rezession der Nachkriegszeit, die permanenten politischen Auseinandersetzungen über die wirtschaftspolitischen Ziele, Geldwertstabilität oder Vollbeschäftigung[36], die etappenweise Reduktion der Arbeitszeit auf 40 Wochenstunden (1975), das Inkrafttreten des Arbeitsverfassungsgesetzes und des Entgeltfortzahlungsgesetzes (1974), weiters die Reform der Gewerbeordnung (1973) und die Umstellung auf das System der Mehrwertsteuer (1973). Über die Bedeutung und den Einfluss der Sozialpartnerschaft auf Bundesebene, die in dieser Zeit eine besondere Bewährungsprobe zu bestehen hatte, berichtet Herbert Reiger.[37] In Tirol wurden damals fallweise Treffen der Präsidenten der Interessenvertretungen institutionalisiert und für besondere Sachfragen sogenannte Schlichtungsstellen, z. B. zum gemeinnützigen Wohnbau, eingerichtet.[38]

Die wirtschaftliche Entwicklung in Tirol gestaltete sich in dieser Periode relativ günstig. So lagen die realen Wachstumsraten im Zeitraum 1975 bis 1980 im Schnitt bei rund 4,6 % gegenüber rd. 3 % bundesweit.[39] Die strukturpolitischen Anstrengungen wurden von der Kammer dementsprechend verstärkt, und zwar durch den Aufbau einer Bezirksstelle Innsbruck-Land (1971); die Einrichtung eines fremdenverkehrspolitischen Referats (1972), von dem auch das erste Tiroler Fremdenverkehrskonzept ausgearbeitet wurde (1973); die Initiierung bzw. Mitfinanzierung von neuen Förderungsinstrumenten wie der Zinsenzuschussaktion für Investitionskredite im Produktionssektor (1978), die Ausweitung des Haftungsvolumens der TBG (1972/1976) oder die Innovationsförderungsaktion gemeinsam mit dem Forschungsförderungsfonds (1979) und dem Tiroler Erfinderpool (1972/1980); das Eintreten für ein Beratungs- und Entwicklungsmanagement für Betriebsansiedlung (1977), basierend auf der Kammerstudie „Arbeitsplätze in Tirol" (1977), die bis zum Jahr 1986 einen Bedarf von rd. 40.000 zusätzlichen Arbeitsplätzen prognostizierte; die erstmalige Ausarbeitung eines Forderungskatalogs an den neugewählten Landtag (1979). Aufgrund der Assoziierungs-Verträge Österreichs mit der EWG (1972) erfährt das Accordino einen Bedeutungswandel[40]

---

[35] Herbert SWITTALEK, Die Tätigkeit der Tiroler Handelskammer im Dienste der Wirtschaft, TO-Punkt 4 der 11. Kammervollversammlung, in: Protokolle der Vollversammlungen 1975–1980, 7 und Karl KEHRER, Referat zu TO-Punkt 4 der 10. Kammervollversammlung, in: Protokolle der Vollversammlungen 1975–1980, 7.

[36] Stefan KOREN, Der wirtschaftliche Anpassungsprozess in Österreich, TO-Punkt 4 der 7. Kammervollversammlung, in: Protokolle der Vollversammlungen 1975–1980, 5–7.

[37] Herbert REIGER, 150 Jahre österreichische Wirtschaftskammerorganisation (wie Anmerkung 2), 544 u. 545.

[38] Heinrich MENARDI, Grundsatzerklärung zur konstituierenden Kammervollversammlung, in: Protokolle der Vollversammlungen 1975–1980, 9.

[39] Herbert SWITTALEK, Die Tätigkeit der Tiroler Handelskammer (wie Anmerkung 35), 5.

[40] Heinrich MENARDI, Bericht zu wirtschaftspolitischen Fragen, TO-Punkt 4 der 5. Kammervollversammlung, in: Protokolle der Vollversammlungen 1970–1975, 5.

(Verlagerung auf Agrarprodukte, Erweiterung der bilateralen Zusammenarbeit auf Fragen von gemeinsamem Interesse, z. B. Telefontarife).

In der Tiroler Verkehrspolitik verfolgt die Kammer ihren Weg konsequent weiter. Straßenbauprojekte wie der Weiterbau der Inntalautobahn nach Westen (1973), der Arlberg-Tunnel (1978 eröffnet), der Pass Thurn (1971) und die Fernpassstrecke (1973/79) werden in der Kammervollversammlung angesprochen. Dort wird auch erstmals (1973) das Projekt der „Brenner-Flachbahn" bzw. der Brenner-Basistunnel als zukunftssweisendes „Projekt für die späten Neunzigerjahre"[41] vorgestellt, nachdem es von der Kammer bereits 1967 anlässlich der 100-Jahrfeier der Brennereisenbahn zur Diskussion gestellt wurde.

Organisationsintern hat die Kammer in dieser Zeit ihr Neubauprogramm mit den Bezirksstellen Imst (1972), Kitzbühel (1972), Saalbau in Lienz (1978) und Kufstein (1979) fortgesetzt. Für Landeck und Reutte wurden entsprechende Grundstücke gesichert. Das Wifi wurde durch eine 3. Baustufe erweitert (1975), das Erweiterungsareal südwestlich der Karwendelbahn angekauft (1980). Im Hauptgebäude in der Meinhardstraße wurde eine Tiefgarage errichtet und im Haus Nr. 14 Lift und Stiegenhaus generalsaniert (1973) sowie die Raumkapazität durch den Ankauf eines Geschoßes (3. Stock) im Zentrum Kreid erweitert (1973). In der Villa Blanka wurde das neue Direktionsgebäude errichtet (1979). Die EDV hielt im Bereich der Mitglieder- und Lehrlingsdaten – im Jahr 1979 betreute die Lehrlingsstelle rd. 16.000 Lehrlinge! – sowie Buchhaltung (1974) in der Kammer Einzug. Die Wahlen 1975 wurden erstmals EDV-unterstützt abgewickelt. Im März 1975 feiert die Kammer in festlichem Rahmen ihr 125-Jahr-Jubiläum. Die Umgestaltung der Kammerzeitung und der Ausbau der Presseabteilung haben zu einer Verbesserung der Mitgliederinformation geführt (1977). Organisationsrechtlich brachte die 6. Handelskammergesetz-Novelle (1979) Neuerungen wahlrechtlicher Vorschriften und vor allem eine Erweiterung der Finanzierungsbasis durch die sogenannte Kammerumlage 2 (Dienstgeberbeitrag zum Familienlastenausgleichsfonds). Nicht unerwähnt soll bleiben, dass sich – wie schon 1967 bei einer Urabstimmung – 1973 wieder 82,2 % aller Mitglieder gegen die verpflichtende Einbeziehung in eine Krankenversicherung der Selbständigen ausgesprochen haben. 1977 kam es dann zur Einbeziehung auch der Tiroler Gewerbetreibenden in die Pflichtkrankenversicherung.

Bei den Kammerwahlen 1970 (19. 4.) und 1975 (20. und 21. 4.) wurde Präsident Heinrich Menardi durch die Wahl-Vollversammlungen am 7. 7. 1970 bzw. 9. 7. 1975 in seiner Funktion einstimmig bestätigt.[42] Mit Wirkung vom 1. 1. 1972 hat der Kammervorstand Dr. Herbert Swittalek zum Nachfolger des in den Ruhestand getretenen Kammeramtsdirektors Dr. Hans Santer bestellt.[43]

---

[41] Heinrich MENARDI, Bericht zu aktuellen wirtschaftspolitischen Fragen, TO-Punkt 4 der 8. Kammervollversammlung, in: Protokolle der Vollversammlungen 1975–1980, 7.

[42] Tirols gewerbliche Wirtschaft, 24. Jahrgang Nr. 28/29 vom 11. 7. 1970, 1–7 und Tirols gewerbliche Wirtschaft, 29. Jahrgang Nr. 28 vom 12. 7. 1975, 1–5.

[43] TO-Punkt 1 der 5. Kammervollversammlung, in: Protokolle der Vollversammlungen 1970–1975, 4.

## 1980 bis 1990: Die drei Präsidenten

Die erste Hälfte des Dezenniums war durch einen verflachenden Wachstumstrend[44] gekennzeichnet. Im Periodendurchschnitt erreichte das Wirtschaftswachstum jährlich 4,2 % real. Die Entwicklung wurde vor allem durch Strukturprobleme in der Sachgüterproduktion, insbesondere in der Textilindustrie, aber auch durch den rückläufigen Sommertourismus beeinflusst. Die vermehrt auftretenden Unternehmenskrisen führten zu einer kammerpolitischen Grundsatzerklärung über die Problematik von Firmensanierungen[45] und zur Einrichtung eigener Sanierungsberatungen des betriebswirtschaftlichen Referates des Wirtschaftsförderungsinstitutes.[46] Neu waren in dieser Phase die Veränderungen am Arbeitsmarkt durch steigende Arbeitslosenraten und die verstärkten Anstrengungen der Wirtschaft zur Sicherung der Jugendbeschäftigung, bedingt durch die demographische Entwicklung. Dies zeigte sich in wiederholten Appellen der Kammer an die Tiroler Betriebe zur Einstellung von Jugendlichen.[47] Insgesamt ging es in dieser Periode auch auf regionaler Ebene darum, nach den Turbulenzen der Siebzigerjahre, Wachstum und Beschäftigung abzusichern.

Die Landeshauptleute von Tirol haben wiederholt in der Kammervollversammlung das Wort ergriffen (beispielsweise Eduard Wallnöfer 1965, 1968, 1974). Dipl.-Ing. Alois Partl hielt dort 1987 ein Grundsatzreferat über „Die Wirtschaft in der Tiroler Landespolitik".[48] Die Wirtschaft selbst hat ihre Anliegen und Wünsche an die Landespolitik in zwei Programmen 1984 und 1989 formuliert und dem Tiroler Landtag überreicht. Die regionalpolitischen Initiativen im engeren Sinn konzentrierten sich vor allem auf die entwicklungsschwachen Landesteile. Mit einer eigenen Studie (1982) initiierte die Kammer das Sonderförderungsprogramm für den Bezirk Lienz, das von Bund und Land Tirol gemeinsam finanziert wurde (1984), mit dem gleichen Ziel wurde auch eine Untersuchung samt Forderungsprogramm für den Bezirk Landeck erstellt (1985).

Doch nicht nur den peripheren Regionen galt das besondere Augenmerk der Kammer. 1985 kam es zur Errichtung einer eigenen Bezirksstelle samt Ausschuss für Innsbruck-Stadt, die sich gemeinsam mit der Bezirksstelle Innsbruck-Land für die regionalpolitischen Belange des Tiroler Zentralraumes engagierte. Weiters ist in diesem Zusammenhang die von der Kammer beauftragte Studie der Universität Innsbruck zur Wirt-

---

[44] Heinrich MENARDI, Diskussionsbeitrag zu TO-Punkt 4 der 6. Kammervollversammlung, in: Protokolle der Vollversammlungen 1980–1985, 6.

[45] Heinrich MENARDI, Diskussionsbeitrag zu TO-Punkt 4 der 4. Kammervollversammlung, in: Protokolle der Vollversammlungen 1980–1985, 8.

[46] Helmut KATZENBERGER, Bericht zu TO-Punkt 4 der 9. Kammervollversammlung, in: Protokolle der Vollversammlungen 1980–1985, 6.

[47] Tirols Gewerbliche Wirtschaft, 36. Jahrgang Nr. 22/23 vom 5. 7. 1982, 1 ebenso 38. Jahrgang Nr. 21/22 vom 28. 5. 1983, 1.

[48] Alois PARTL, Die Wirtschaft in der Tiroler Landespolitik, 6. Kammervollversammlung, in: Protokolle der Vollversammlungen 1985–1990, 5–9.

schaftsförderung des Landes zu erwähnen (1986), die zu einer Neuordnung durch Verstärkung der indirekten Förderungsmaßnahmen und der Regionalisierung geführt hat.[49]

Sowohl regional- als auch energiepolitische Erwägungen waren bestimmend für das nachhaltige Eintreten der Kammer für die Realisierung des Speicherkraftwerkes Dorfertal (1983) bzw. der modifizierten Projektvariante Kals – Matrei (1987). Die Vollversammlung war der Ansicht, dass die Verwirklichung des Kraftwerkes und der Nationalpark Hohe Tauern miteinander vereinbar wären. Sie hat dazu eine Resolution des Bezirksausschusses Lienz vom 15. 10. 1984 einhellig unterstützt.[50] Zur Erhöhung der Versorgungssicherheit durch Diversifizierung des Energieträger-Einsatzes und aus umweltpolitischen Überlegungen hat die Kammer die Versorgung Tirols mit Erdgas konsequent verfolgt und unterstützt (1980/1987).

In der Verkehrspolitik tritt die Transitdiskussion zunehmend in den Vordergrund. 1984 kommt es noch zu einer Demonstration der Transportwirtschaft zur Beschleunigung der Grenzabfertigung am Brenner. 1988 zeigt die Kammer in ihren Räumen eine Ausstellung mit dem Titel „Verkehrsland Tirol – Traum oder Wirklichkeit", um auf die Brückenfunktion unseres Landes zu den Wirtschaftsräumen nördlich und südlich des Brenners hinzuweisen. Ende 1989 wird schließlich ein generelles Nachtfahrverbot, ausgenommen lärm- und schadstoffarme Lkws, für die Brennerroute erlassen. Die Kammer hat sich in dieser Frage immer als Mittlerin zwischen Schiene und Straße verstanden, im Bewusstsein, dass die Verkehrsbelastungen „nicht nur für Mensch und Umwelt, sondern auch für die Wirtschaft existenzgefährdend sind".[51] Deshalb wurde auch die Realisierung des Projektes des Brennerbasistunnels überwiegend gemeinsam mit den Schwesterkammern München, Bozen, Trient und Verona betrieben, wozu 1987 eine eigene Vereinbarung unter diesen Kammern abgeschlossen wurde. Diese konsequente Haltung wurde auch von der Landespolitik positiv anerkannt.[52] 1988 ist Baubeginn für die Bahn-Südumfahrung Innsbruck/Hall, sozusagen als erstes Teilstück der nördlichen Zulaufstrecke.

In dieser Periode wurden von der Wirtschaft die Bestrebungen zur Teilnahme am EG-Binnenmarkt mit dem Endziel eines EU-Beitritts Österreichs intensiviert. Die Kammervollversammlung hat hiezu eine Resolution an die Bundeswirtschaftskammer einstimmig verabschiedet.[53] Zur Belebung der Außenwirtschaft finanzierte die Kammer die Einrichtung eines Universitätslehrganges für Exportkaufleute (1981).

Aus dem Bereich der Kammer selbst ist Folgendes zu berichten: Nach dem Inkrafttreten des Arbeiter-Abfertigungsgesetzes, mit dem es ab 1984 zur vollen Angleichung

---

[49] Hansjörg JÄGER, Bericht zu TO-Punkt 4 der 11. Kammervollversammlung, in: Protokolle der Vollversammlungen 1985–1990, 9.

[50] Walter FREY, Diskussionsbeitrag zu TO-Punkt 4 der 11. Kammervollversammlung, in: Protokolle der Vollversammlungen 1980–1985, 11.

[51] Hansjörg JÄGER, Bericht zu TO-Punkt 4 der 11. Kammervollversammlung (wie Anmerkung 49), 9.

[52] Alois PARTL, Die Wirtschaft in der Tiroler Landespolitik (wie Anmerkung 48), 7.

[53] Resolution betreffend den EG-Beitritt zu TO-Punkt 4 der 6. Kammervollversammlung, in: Protokolle der Vollversammlungen 1985–1990, 13.

der Abfertigungsansprüche der Arbeiter an jene der Angestellten kam, wurde 1980 eine Selbsthilfeaktion eingerichtet und 1983 weiter ausgebaut. Sie sollte vor allem den Tiroler Klein- und Mittelbetrieben die Erfüllung dieser neuen sozialpolitischen Verpflichtungen erleichtern. Damit im Zusammenhang, aber auch zur Verbreiterung der Finanzierungsbasis der Kammer, erfolgte aufgrund der 7. HKG-Novelle eine Anhebung der KU2 (1984).

Zur Unterstützung der technologischen Entwicklung in den Tiroler Betrieben richtete die Kammer 1986 ein Technologie- und Innovationszentrum (TIZ) im Wirtschaftsförderungsinstitut ein. Sie zählte auch zu den Trägern der Nova-West-Messe für Technologie und Innovation, die 1987 erstmals im Congress Innsbruck veranstaltet wurde.

Um der arbeitssuchenden Jugend die Berufswahl zu erleichtern, kam es 1990 zur Einrichtung des Berufsinformationszentrums (BIZ). Welch hohen Stellenwert die Kammer der Förderung des Berufsnachwuchses eingeräumt hat, zeigt sich darin, dass das BIZ im vormaligen Ausstellungssaal des Kammergebäudes eingerichtet wurde, der damals mit einer Frequenz von mehreren tausend Besuchern jährlich ein wesentlicher Imageträger der Kammer war.

Die Büroflächen des Kammerhauptgebäudes haben 1982 durch den Ankauf des zweiten Stocks im Zentrum Kreid eine wesentliche Erweiterung erfahren. Der Raumbedarf hatte sich durch den Ausbau einzelner Abteilungen (beispielsweise Arbeits- und Sozialrecht, Öffentlichkeitsarbeit usw.) erhöht. 1983 erfolgte die Gründung der Arbeitsgemeinschaft „Frau in der Wirtschaft“, womit nicht zuletzt der Tatsache Rechnung getragen wurde, dass der Frauenanteil unter den Kammermitgliedern bei rund einem Drittel liegt.

Die Erneuerung des Bezirksstellennetzes wurde mit den Neubauten in Landeck (1984) und Reutte (1986) fortgesetzt, die Villa Blanka durch einen Klassentrakt und Turnsaal (1987) erweitert. Der Aus- und Umbau des Kammerhauptgebäudes in der Meinhardstraße wurde mit einem offenen Ideenwettbewerb (1986) gestartet. Sein Siegerprojekt hat Architekt Andreas Egger 1990 grundlegend überarbeitet.

Zu Ende des Dezenniums verstärkte sich österreichweit die Kritik am Kammerwesen und insbesondere an der gesetzlichen Mitgliedschaft. Auch in Tirol musste man sich dieser Kritik stellen und den Mitgliedern das Wesen einer umfassend repräsentativen Interessenvertretung verdeutlichen – nämlich, dass „die Geschlossenheit der gewerblichen Wirtschaft in einer gesetzlichen Pflichtorganisation ihr erst die notwendige Stellung und Stärke in der Sozialpartnerschaft, aber auch in der Wirtschafts- und Gesellschaftspolitik des Staates, gibt“.[54] 1990 wurde daher unter Beiziehung einer externen Beratungsfirma ein Reorganisationsprojekt unter dem Slogan „Unsere Kammer mit Zukunft“ begonnen, um die Tiroler Handelskammer als starke Interessenvertretung der Wirtschaft und als effizientes Dienstleistungsunternehmen neu zu positionieren.[55]

[54] Luis BASSETTI, Gebarungsbericht zu TO-Punkt 5 der 11. Kammervollversammlung, in: Protokolle der Vollversammlungen 1985–1990, 12.

[55] Hansjörg JÄGER, Bericht zu TO-Punkt 4 der 11. Kammervollversammlung (wie Anmerkung 51), 9.

Der Zwischentitel weist bereits darauf hin, dass die Geschicke der Kammer im Zeitraum 1980 bis 1990 von drei Präsidenten geleitet wurden. Nachdem sich 1980 die wahlwerbenden Gruppen auf sogenannte Einheitslisten geeinigt hatten, kam es zu keiner förmlichen Wahlhandlung, insbesondere auf Fachgruppenebene. Präsident Heinrich Menardi wurde in der Wahlvollversammlung am 4. 7. 1980 in seiner Funktion einstimmig bestätigt.[56] Komm.-Rat Heinrich Menardi ist sodann am 22. Jänner 1984, kurz vor Vollendung des 65. Lebensjahres und fast ein Vierteljahrhundert an der Spitze der Tiroler Wirtschaft wirkend, plötzlich verstorben.[57] Geschäftsführender Präsident durch rund 10 Wochen war Ing. Helmut Katzenberger. In der Kammervollversammlung am 2. April 1984 wurde Dr. Carl Reissigl zum Nachfolger gewählt.[58] Bei den Kammerwahlen 1985 (21. und 22. 4.) wurde Dr. Carl Reissigl als Präsident bestätigt.[59] Bei den Landtagswahlen 1989 wurde Dr. Carl Reissigl in die Funktion des Landtagspräsidenten berufen. Er hat daher das Amt des Kammerpräsidenten zurückgelegt.[60] Die Kammervollversammlung am 27. 11. 1989 hat in der Folge Dr. Hansjörg Jäger einstimmig zum neuen Präsidenten gewählt.[61]

## 1990 bis 2000: Die Erneuerung

Bei der Kurzcharakterisierung dieses Dezenniums stehen zwei Ereignisse markant im Vordergrund: Der mit 1. 1. 1995 erfolgte Beitritt Österreichs als Vollmitglied der Europäischen Union und der mit der Präsidentschaft von Dr. Hansjörg Jäger eingeleitete Prozess der Erneuerung und Organisationsentwicklung in der Kammer.

Die Tiroler Wirtschaft war seit jeher eine konsequente Verfechterin der europäischen Integration. Dies belegt nicht zuletzt der vorliegende Abriss der Kammergeschichte, insbesondere die visionäre Aussage des Präsidenten Fritz Miller, der schon frühzeitig die „Einigung Europas … als eine *Lebensnotwendigkeit* für unseren Kontinent“ (vgl. S. 19) erkannt hat. Sozusagen als „modernes Pendant“ sei die Feststellung von Präsident Dr. Hansjörg Jäger angeführt, der die EU-Volksabstimmung vom 20. 6. 1994 als eine „für uns alle *lebenswichtige* Entscheidung“[62] treffend charakterisiert hat.

Der Beitritt hatte vielfältige Konsequenzen für die Kammerarbeit. Als Vorbereitung der Mitglieder auf den neuen Wirtschaftsraum von rund 370 Millionen Menschen

---

[56] Tirols Gewerbliche Wirtschaft, 34. Jahrgang, Nr. 28/29 vom 12. 7. 1980, 1–3.

[57] Trauersitzung der Kammervollversammlung am 27. 1. 1984, in: Protokolle der Vollversammlungen 1980–1985, 1–7.

[58] TO-Punkt 5 der 9. Kammervollversammlung, in: Protokolle der Vollversammlungen 1980–1985, 7 und 8.

[59] Tirols Gewerbliche Wirtschaft, 40. Jahrgang, Nr. 28/29 vom 13. 7. 1985, 1–5.

[60] TO-Punkt 4 der 10. Kammervollversammlung, in: Protokolle der Vollversammlungen 1985–1990, 9.

[61] TO-Punkte 6 und 7 der 10. Kammervollversammlung (wie Anmerkung 60), 13–15.

[62] Hansjörg Jäger, Bericht zu TO-Punkt 2 der 9. Kammervollversammlung, in: Protokolle der Vollversammlungen 1990–1995, 8.

war es schon 1992 zur Einrichtung eines Referates für EG-Beratung gekommen. Dieses wurde unmittelbar nach dem Beitritt durch ein Euro-Info-Center (EIC) als vertraglich zuerkannter Einrichtung (insgesamt 7 in ganz Österreich) der Generaldirektion XXIII der Europäischen Kommission abgelöst. Durch maßgebliche Mitwirkung einzelner Bezirksstellen erfolgte die Gründung grenzüberschreitender Euregios, z. B. Reutte-Allgäu, Wetterstein-Karwendel-Zugspitzgebiet, die vor allem auch eine verstärkte Kooperation mit den angrenzenden Industrie- und Handelskammern, z. B. Augsburg-Schwaben oder München und Oberbayern bei der Abwicklung von EU-Programmen zur Folge hatte. Erwähnenswert, weil die bestehende räumliche Distanz offensichtlich kein Hindernis für eine erfolgreiche Kooperation bildet, ist die von der EU geförderte Zusammenarbeit der Kammern Nordschwarzwald, Montlucon in Frankreich und der Tiroler Wirtschaftskammer auf dem Gebiet der Umweltschutzausbildung. Dass sich die Kammer weiterhin als Motor der europäischen Integration sieht, zeigt die 1999 beauftragte Studie des Österreichischen Instituts für Wirtschaftsforschung (Univ.-Prof. Dr. Helmut Kramer) über die „Bedeutung von Ostöffnung und Osterweiterung für die Tiroler Wirtschaft“. Die geänderten Rahmenbedingungen durch den gemeinsamen Binnenmarkt bedeuteten de facto das Ende des Accordino. Um die jahrezehntelangen engen Beziehungen zum Wohle der Wirtschaftskreise nördlich und südlich des Brenners neu zu beleben, vereinbarten die Präsidenten der vier Accordino-Kammern (Bozen, Trient, Vorarlberg und Tirol) die Einrichtung einer „Ständigen Konferenz“ (1994), durch die in der Folge gemeinsame regionalwirtschaftliche, bildungspolitische und soziale Projekte initiiert und abgewickelt wurden.

Die wesentlichen Weichenstellungen zum Erneuerungsprozess der Kammer wurden zu Beginn dieser Periode mit dem sogenannten INFORA-Projekt vorgenommen. Ziel war es, die Selbstverwaltung auf allen Ebenen zu stärken: „Für die Mitglieder muss sich dies in wirkungsvoller Interessenvertretung und hervorragenden Serviceleistungen zeigen; für den Funktionär in einer klaren strategischen Ausrichtung der Kammer und in der Unterstützung seiner Arbeit durch qualifizierte leistungsbereite Mitarbeiter; für die Gesellschaft muss Selbstverwaltung im konsequenten Eintreten für Marktwirtschaft, sozialen Ausgleich und eine lebenswerte Umwelt bestehen.“[63] Die seither eingeleiteten Organisationsentwicklungsmaßnahmen waren vielfältig und umfassend, sodass sie hier im Einzelnen nicht wiedergegeben werden können, dies um so weniger, als sonst kein ausgewogenes Bild in der Darstellung der einzelnen Perioden vermittelt würde. Zusammenfassend gesagt, es wurden also professionelle Managementsysteme in der Kammer eingerichtet, neue Formen der Aufbau- und Ablauforganisation umgesetzt, zukunftsorientierte Serviceleistungen angeboten, die Kundenschnittstellen zu den Mitgliedern verbessert, die Umstellung auf die Informations- und Kommunikationstechnologie vollzogen und eine moderne Funktionärsentwicklung eingerichtet.[64]

[63] Werner PLUNGER, Bericht zum Stand der Kammerreform, 4. Kammervollversammlung, in: Protokolle der Vollversammlungen 1990–1995, 13.

[64] Siehe die Berichte zu TO-Punkt 4 der 11. Kammervollversammlung, in: Protokolle der Vollver-

Geradezu augenfällig zeigte sich die Erneuerung im Bauprogramm, das in diesem Dezennium realisiert wurde: Wifi 5. Baustufe (1991 bis 1993) und Generalsanierung des Werkstättengebäudes (1994), Umbau und Sanierung der Hauptgebäude Meinhardstraße 12 und 14 (1992 bis 1994), Erweiterungsbau der Bezirksstelle Kitzbühel gemeinsam mit der Stadtgemeinde (1992), Ankauf des ersten Stockwerks im Zentrum Kreid zur Erweiterung der Bürokapazitäten (1992), Neubau der Bezirksstelle Schwaz (1993), Umbau und Sanierung der Innsbrucker Markthalle (1993), Umbau der Internate in der Villa Blanka (1996 und 1999), Saalbau in der Bezirksstelle Landeck gemeinsam mit der Stadtgemeinde (1997), Neubau der Bezirksstelle Lienz (1998) und umfassende Renovierung der Bezirksstelle Imst (1999). Von welchem Geist all diese Baumaßnahmen beseelt waren, kommt wohl am besten in der Charakterisierung der Bezirksstelle Lienz in der Zeitschrift „Architektur – aktuell“ zum Ausdruck: „Das Haus ist ein Glücksfall: als jüngstes, neuestes ‚Gesicht‘ der Wirtschaftskammer Tirol verkörpert es eine beispielshafte Haltung.“[65]

Die Reformen wurden organisationsrechtlich entsprechend abgesichert. Die 8. HKG-Novelle (1991) führte zum weiteren Ausbau der kammerinternen Demokratie, gleichzeitig aber leider zur Aufhebung der verfassungsrechtlichen Bestandsgarantie der Handelskammern.[66] Mit der 10. HKG-Novelle (1993) erfolgte die Umbenennung in Wirtschaftskammer als Kurzbezeichnung, damit verbunden war in der Folge auch die Einführung eines einheitlichen Erscheinungsbilds bzw. Corporate Design. Seither firmiert also die Kammer als „Wirtschaftskammer Tirol“ und führt das gemeinsame Logo der gesamten Wirtschaftskammerorganisation. Mit der 10. HKG-Novelle kam es auch zur Einführung einer neuen Kammerumlage (KU1), die als umsatzbezogene Finanzierungsbasis nach dem Wegfall der Gewerbesteuer und dem Auslaufen des Außenhandelsförderungsbeitrages erforderlich wurde. Mit der 11. HKG-Novelle (1994) erfolgte die Umstellung der KU1 auf den umsatzsteuerlichen Vorsteuerabzug. Die EU-Konformität dieser Umlage wurde vom Europäischen Gerichtshof mit Urteil vom 19. 2. 1998 bestätigt. Diese Umstellung in der Finanzierungsbasis machte auch einen kammerinternen Finanzausgleich zwischen den Landeskammern und der Bundeswirtschaftskammer erforderlich, der bedingt durch die Mitgliederstruktur für die Kammer Tirol seither zu einem erheblichen Einnahmenrückgang führt.

Schließlich ist am 1. 1. 1999 das neue Wirtschaftskammergesetz (WKG) in Kraft getreten, das den Rechtsbestand des Handelskammergesetzes mit seinen 11 Novellen ersetzt, die Kammerautonomie stärkt und die Möglichkeit zu einer strukturellen Erneuerung, insbesondere auf Fachorganisationsebene, eröffnet. Hier stehen die Wirt-

---

sammlungen 1990–1995, 5–11 und TO-Punkt 4 der 11. Kammervollversammlung, in: Protokolle der Vollversammlungen 1995–2000.

[65] Renate BENEDIKTER-FUCHS, Wirtschaftskammer Tirol, Bezirksstelle Lienz, Osttirol, in: Architektur – aktuell, 219/220 September 1998, 137.

[66] Herbert REIGER, 150 Jahre österreichische Wirtschaftskammerorganisation (wie Anmerkung 2), 546.

schaftskammern mit den bisher ergriffenen Maßnahmen (Fachorganisationsordnung 1999) sicher erst am Anfang des Weges einer weiteren Straffung der Organisationsstruktur.

Das im ersten Kapitel dieses Beitrages erwähnte eindrucksvolle Bekenntnis zur Selbstverwaltung hat in dieser Periode ein ebenso beeindruckendes Gegenstück im Ergebnis der im November 1995 in der Tiroler Kammer und in der Folge in allen Wirtschaftskammern durchgeführten Mitgliederbefragungen erhalten. Bedingt durch die sich verschärfende Kritik an der Pflichtmitgliedschaft und aufgrund entsprechender Festlegungen im Programm der Bundesregierung wurde „von Tirol aus diese Befragung für den Herbsttermin vorangetrieben".[67] Das Ergebnis dieser Offensivstrategie hat der Kammerführung Recht gegeben. 13.082 Tiroler Unternehmerinnen und Unternehmer, nur knapp 400 weniger als anlässlich der Wirtschaftskammerwahlen im Frühjahr 1995, von denen sich 80,72 % für die Beibehaltung der gesetzlichen Interessenvertretung durch die Wirtschaftskammer und ihre Unterorganisationen ausgesprochen haben, verkörpern einen überwältigenden Vertrauensbeweis! Er war Auftrag und Basis für die Fortsetzung des Reformkurses in der Tiroler Kammer.

Neben der bereits erwähnten Änderung des Organisationsrechts zeigte sich dies auch in der 1998 erfolgten Erneuerung des Dienstrechts der Mitarbeiterschaft der Kammer, insbesondere in der grundlegenden Gehalts- und Pensionsreform samt Einrichtung einer betrieblichen Pensionskasse (1999).

Die Wachstumsentwicklung der Tiroler Wirtschaft war in dieser Periode überwiegend unbefriedigend. Sie erreichte im Jahresmittel 1991 bis 1997 nur knapp 1,5 %, womit Tirol gegenüber dem Bundesdurchschnitt seinen bisherigen Vorsprung einbüßte. Die Notwendigkeit eines verstärkten regionalpolitischen Einsatzes der Kammer lag daher auf der Hand. In diesem Sinne wurden 1994/1995 unter Einbeziehung der regionalen Wirtschaftskreise für alle Tiroler Bezirke Wirtschaftsleitbilder ausgearbeitet, die 1999/2000 unter dem Titel „Wirtschaftsinitiativen 2000+" eine umfassende Aktualisierung erfahren haben. Zu Recht kann sich die Kammer als Motor der regionalen Technologieentwicklung bezeichnen, denn die Realisierung der Tiroler Technologiezentren ab 1992 mit Tech-Tirol, Osttiroler Wirtschaftspark, IC-Reutte, Lantech usw. liegt vorrangig in den Händen der Kammer.

Auch die Tiroler Sozialpartner haben sich durch Konzepte und beauftragte Studien (Neue Arbeitsmarktpolitik 1996; Die produzierende Wirtschaft Tirols, Univ.-Prof. Werner Clement 1997) um Entwicklungsimpulse für die heimische Wirtschaft bemüht. Besonders forciert wurden in diesem Zusammenhang die sogenannte Clusterbildung (z. B. Kleinwasserkraftwerke, Medizintechnik, alpine Technologien) und das Destinationsmanagement im Tiroler Tourismus. Nach zähem Ringen leistete die gewerbliche Wirtschaft Tirols ihren Beitrag zur Förderung der Berglandwirtschaft im Wege einer

---

[67] Hansjörg JÄGER, Berichte zu TO-Punkt 4 u. 5. der 2. Kammervollversammlung, in: Protokolle der Vollversammlungen 1995–2000, 6.

befristeten Erhöhung der Tourismusabgabe (1992), damit wurde unter anderem auch der Impuls zur Gründung der Agrarmarketing Tirol gegeben.

Die engagierte Auseinandersetzung mit regionalpolitischen Fragen zeigt sich in dieser Periode in einer bis dahin unbekannten Resolutions- und Antragsflut (bis zu 20 in der 8. Kammervollversammlung der Funktionsperiode 1995–2000), mit der in den Kammervollversammlungen als „Wirtschaftsparlament" aktuelle bundes- und landespolitische Probleme diskutiert und Lösungsansätze erarbeitet wurden.

In der Verkehrspolitik setzte die Kammer ihr großes Engagement fort und fand dabei Unterstützung durch die Handelskammern der Brenner-Achse von München bis Verona, die sich als sogenannte Aktionsgemeinschaft für einen raschen Bahnausbau, die Realisierung des Brenner-Basistunnels, gemeinsam einsetzten (1991). Weitere Verkehrsthemen dieses Dezenniums waren beispielsweise: der „Transitvertrag" Österreichs mit der EWG (1992), die Eröffnung der Bahn-Südumfahrung Innsbruck (1994), der Staatsvertrag Bund/Land Tirol zur Unterinntal-Bahntrasse (1997), die Diskussion um die Unterinntal-Maut bzw. das Mautstretching (1998) usw.

„Es tut der Wirtschaft im Lande gut, dass zwischen der Politik und der Wirtschaft in Tirol ein Naheverhältnis und ein unmittelbarer Zugang besteht."[68] Dies zeigt sich darin, dass Landeshauptmann Wendelin Weingartner in dieser Zeit bei nahezu allen Kammervollversammlungen anwesend war. Die Kammer hat die Anliegen der Tiroler Wirtschaft in mehreren Programmen (1990/1994/1999) an die Landespolitik herangetragen. Sie hat bestimmend am Tiroler Wirtschaftsleitbild und der Errichtung der Zukunftsstiftung (1998) mitgewirkt. Einen besonderen Impuls für die Landesentwicklung bewirkte die 1998 von Univ.-Prof. Dr. Buchberger gemeinsam mit prominenten Auslandstirolern im Auftrag der Kammer ausgearbeitete Studie „Zukunftsgedanken Tirol". Daraus hat sich die Initiative für ein „internationales Zentrum für Informations- und Kommunikationstechnologie Tirol – ICT-Tirol" (1999) entwickelt. Zur Bereitstellung von Risikokapital für innovative Unternehmensgründungen errichteten 1997 Land Tirol, Kreditwirtschaft und Kammer die Tiroler Unternehmensbeteiligungsgesellschaft (TUB).

Der Bedeutung des Humankapitals und der Bildung als Entwicklungspotential der Tiroler Wirtschaft wurde durch die Beteiligung der Kammer am Management Center Innsbruck – MCI (1994), weiters durch die Gründung bzw. Mitträgerschaft an der Fachhochschule Verfahrens- und Umwelttechnik (1998) sowie durch die Initiierung der Fachhochschule Tourismus (1999) Rechnung getragen. Eine Sponsoring-Vereinbarung mit der Sozial- und Wirtschaftswissenschaftlichen Fakultät der Universität Innsbruck zur Förderung von Dissertationen und Diplomarbeiten (1997 bis 2001) rundet das bildungspolitische Spektrum ab.

Ein besonderes Anliegen war es der Kammer, die Wirtschaftsgesinnung im Lande anzuregen und durch objektive und sachliche Aufklärung die Stellung des Tiroler Unternehmers in Wirtschaft und Gesellschaft zu stärken und zu verdeutlichen. Dies er-

[68] Wendelin WEINGARTNER, Diskussion zu TO-Punkt 3 der 9. Kammervollversammlung, in: Protokolle der Vollversammlungen 1995–2000, 20.

folgte im Rahmen der Aktion „Pro Wirtschaft Tirol“ (seit 1994), durch so genannte „Tage der Wirtschaft“ in allen Bezirkshauptorten (seit 1995), durch die Herausgabe einer Wirtschaftszeitung an alle Tiroler Haushalte (seit 1998), durch ein periodisches, repräsentatives „Monitoring“ zum Wirtschaftsklima in Tirol (seit 1997) und – die Erwähnung sei gestattet – als anerkanntes gesellschaftliches Ereignis durch den „Ball der Wirtschaft“, der seit 1997 im Congress Innsbruck durchgeführt wird.

Organisationsintern (der Bericht schließt mit dem Ende der Funktionsperiode 1995 bis 2000) wurde Präsident Dr. Hansjörg Jäger bei den Kammerwahlen 1990 (22. und 23. April) und 1995 (26. und 27. März) in seiner Funktion durch die Wahl-Vollversammlungen am 19. Juli 1990 bzw. 12. Juni 1995 bestätigt.[69] Mit Wirkung vom 1. Jänner 1991 hat der Kammervorstand Dr. Werner Plunger als „Direktor“ (8. HKG-Novelle) zum Nachfolger des in den Ruhestand getretenen Kammeramtsdirektors Dr. Herbert Swittalek bestellt.[70]

## 2. Wirtschaftskammer Tirol: Interessenausgleich – Interessenvertretung – „Machtfaktor“ – Ideenwerkstatt

Rainer Nick

Wer ist die Tiroler Wirtschaftskammer, was macht die Tiroler Wirtschaftskammer, welchen Einfluss hat die Tiroler Wirtschaftskammer? Je nach Blickwinkel, je nach Erfahrung oder je nach politischer und persönlicher Interessenlage werden diese Fragen unterschiedlich beantwortet werden. Mit Recht – denn die österreichischen Wirtschaftskammern (Bund und Länder) sind in der Tat etwas höchst Komplexes, durchaus auch Kompliziertes und in vielfältigster Weise mit dem politischen System Österreichs verknüpft. Auch derjenige, der sich der Tiroler Wirtschaftskammer analytisch nähert, wird schnell feststellen, dass diese Tiroler Interessenorganisation der gewerblichen Wirtschaft keineswegs einen leicht zu verstehenden, homogenen Block unternehmerischer Interessenartikulation darstellt.

### Vom Interessenausgleich zur Interessenvertretung

Das Agieren der Wirtschaftskammerorganisation war und ist gekennzeichnet durch den Interessenausgleich zwischen den verschiedenen Unternehmergruppen. Und gerade darin liegt eine ganz wesentliche Funktion von Interessenverbänden für moderne politische Systeme überhaupt. Sie sollen als Mittler zwischen Staat und Gesellschaft

---

[69] TW-Tirols Wirtschaft, Nr. 29/30 vom 20. 7. 1990, 1–5 und Tiroler Wirtschaft, die Wochenzeitung der Wirtschaftskammer Tirol, Nr. 25 vom 23. 7. 1995, 6 und 7.

[70] TO-Punkt 10 der 5. Vorstandssitzung in: Protokolle der Vorstandssitzungen 1985–1990, 13–15.

fungieren, sie sollen die Interessen verschiedener gesellschaftlicher Gruppen aufgreifen und in den politischen Willensbildungsprozess in geordneter Form einfließen lassen. Es geht also darum, durch Aggregation einen überschaubaren Katalog entstehen zu lassen, der dem politischen System als Paket konsistenter Forderungen präsentiert werden kann.[71]

Ist die Mitgliedschaft in einer Interessenorganisation aber vielfältig, zum Teil von stark konkurrierenden und differierenden Gesichtspunkten geprägt, umso schwieriger, aber auch umso wertvoller für die Gesellschaft und das politische System wird diese harte Arbeit des innerverbandlichen Interessenausgleichs. Die Tiroler Wirtschaftskammer hat die letzten Jahrzehnte diese Arbeit im Interesse des politischen Systems Tirols und Österreichs geleistet, oft unbedankt von anderen Akteuren des Systems und vor allem oft auch unbedankt von den eigenen Mitgliedern. Anfang der achtziger Jahre wurde in einer Studie über die Tiroler Wirtschaftsverbände u. a. folgendes zusammenfassend formuliert: „Das Agieren der Handelskammerorganisation ist gekennzeichnet durch den Interessenausgleich der verschiedenen Unternehmergruppen. Daraus folgt, dass die Konflikte innerhalb der Handelskammer nicht entlang parteipolitischer Zugehörigkeit verlaufen, sondern vor allem zwischen den einzelnen Sektionen ausgetragen werden müssen. Der tägliche Interessenausgleich zwischen den Bereichen der gewerblichen Wirtschaft bestimmt die Tätigkeit der Tiroler Handelskammer stärker als die Auseinandersetzung mit den Arbeitnehmerverbänden oder die Interessenvertretung gegenüber staatlichen Organen. Da die Handelskammer in erster Linie auch Serviceleistungen für ihre Mitglieder erbringt, führt diese Konzentration auf den Interessenausgleich dazu, dass die Tiroler Handelskammer in ihrer Außenwirkung und Selbstdarstellung keinen dynamischen Eindruck hinterlässt.“[72]

Soweit der Befund zu Beginn der achtziger Jahre. Bedingt durch die veränderten Rahmenbedingungen des politischen Wettbewerbs in Österreich seit 1986, bedingt durch eine veränderte Medienlandschaft und damit bedingt durch neue, professionellere Formen der Selbstdarstellung und vor allem auch durch ein verändertes Rollenverständnis vieler Führungspersönlichkeiten der Tiroler Wirtschaftskammer müsste dieses Analyseergebnis heute sicherlich abgeschwächt werden, was die Außenwirkung der Tiroler Wirtschaftskammer betrifft. Dieser Befund hat aber im Grundsatz nach wie vor seine volle Berechtigung. Und dies fühlen, sehen und kritisieren auch nach wie vor viele Mitglieder der Wirtschaftskammer. Sie wünschen sich, wie zahlreiche quantitative und qualitative Befragungen der Unternehmerschaft zeigen, stets ein kräftigeres Aufstampfen ihrer Interessenvertretung. Sie vergessen dabei aber zumeist jene auch für sie selbst so wichtige Funktion des internen Interessenausgleichs, der eben den schnel-

---

[71] Siehe Klaus von Beyme, Interessengruppen in der Demokratie, München 1980; Thomas von Winter, Interessenverbände im gesellschaftlichen Wandel, in: Thomas Jäger / Dieter Hoffman (Hrsg.), Demokratie in der Krise? Zukunft der Demokratie, Opladen 1995.

[72] Rainer Nick, Die Tiroler Wirtschaftsverbände, in: Journal für Sozialforschung 4 (1983), 467–468.

len, pointierten und harten Auftritt oft kaum möglich macht, ohne größere Konflikte in der eigenen Organisation geradezu herbeizurufen.

Deshalb gilt auch festzuhalten, was Smekal/Fink wie folgt formulierten: „Gerade bei den Wirtschaftskammern ist der interne Interessenausgleich mit externen Kosten verbunden. Diese externen Kosten resultieren aus dem Umstand, dass die Entscheidungen der Kammerführung auch dann für ein Mitglied verbindlich sind, wenn ein Mitglied mit den Entscheidungen nicht zufrieden ist."[73] Aber gerade die Steuerungsfähigkeit von Verbänden bemisst sich eben an ihrer Fähigkeit, die Interessen ihrer Mitglieder zu vereinheitlichen und die Loyalität ihrer Mitglieder zu gemeinsamen Zielen und Zwecken zu sichern. Dabei gilt ganz allgemein, dass die Kompromissfähigkeit von Unternehmerverbänden (z. B. im Vergleich zu Gewerkschaften) durch die klareren Eigeninteressen ihrer Mitglieder einerseits und durch die größere Kompetitivität untereinander oft erschwert wird.[74]

Die Tiroler Wirtschaftskammer hat – betrachten wir den Zeitraum seit 1945 – immer eine sehr heterogene, vielfältige Struktur zum Teil schwer integrierbarer Interessen zusammengeführt. Für diese Heterogenität sollen nur drei Bereiche angeführt werden:

1. Die Vielzahl der Wirtschaftsbranchen – sprich die augenblicklich 131 Fachgruppen, welche die Interessen der einzelnen Unternehmungen einer Sparte vertreten. In diesem Zusammenhang sei übrigens an dieser Stelle auch einmal darauf hingewiesen, dass diese Unternehmungen einer Sparte selbstverständlich auch und in erster Linie Konkurrenten auf ihren Märkten sind und bestenfalls in zweiter Linie Verbündete für gemeinsame Interessen. Dieses Konkurrenzverhältnis zueinander auf den Märkten des unternehmerischen Alltags trifft selbstverständlich auch auf die Unternehmungen aus verschiedenen Sparten zu. Von außen betrachtet, wird diese interne Konkurrenzsituation als zentrale Rahmenbedingung der Arbeitgeber-Interessenvertretung häufig negiert, stellt aber einen wichtigen Unterschied zur Organisation von Arbeitnehmerinteressen dar.
2. Die Unterschiedlichkeit der Betriebsgrößen – sprich die Tatsache, dass die Interessenlagen und unternehmerischen Lebenswelten der Inhaber von Klein- und Kleinstbetrieben meist völlig anders liegen als diejenigen von größeren Betrieben. Wer über Unternehmer in Tirol spricht, sollte sich deshalb auch immer vor Augen halten, dass fast 30 % aller Unternehmer (= Mitglieder der Tiroler Wirtschaftskammer) gar keine Beschäftigten haben, dass ca. 20 % aller aktiven Unternehmer nur einen und ebenfalls fast 30 % nur zwei bis fünf Beschäftigte haben. Nur ca. 1000 Betriebe (weniger als 3 % aller Unternehmen in ganz Tirol) verfügen überhaupt über mehr als 30 Beschäftigte.

---

[73] Christian SMEKAL / Christof FINK, Zur Effizienz der Mitgliedschaft in den Wirtschafts- und Arbeiterkammern, in: Anton PELINKA / Christian SMEKAL (Hrsg.), Kammern auf dem Prüfstand, Wien 1996, 32.

[74] Siehe Franz TRAXLER, Gewerkschaften und Unternehmerverbände in Österreichs politischem System, in: Herbert Dachs u. a. (Hrsg.): Handbuch des politischen Systems Österreichs, Wien 1992.

3. Die Vielzahl von Funktionsträgern in der Tiroler Wirtschaftskammer – sprich eine Organisation mit über 1000 von der Basis gewählten Vertretern funktioniert naturgemäß anders als eine Organisation mit wenig Dutzend Funktionären (etwa die Arbeiterkammer). Hinzu kommt, dass diese Hundertschaften von meist ehrenamtlichen Funktionären in einem komplizierten Stufenverfahren auch die höheren Ebenen der Kammer-Repräsentanten legitimieren. Angesichts dieser Vielzahl von zu berücksichtigenden ehrenamtlichen Funktionären relativiert sich auch der Bewegungsspielraum des ebenfalls vielschichtigen hauptamtlichen Apparats, dessen Mitarbeiter de facto einer Art doppelten Loyalitätsverpflichtung ausgesetzt sind – zum einen als unselbständig Beschäftigte den Organisationsstrukturen des „Amtes" und andererseits den Umsetzungswünschen „ihrer" Funktionäre, sprich Unternehmer aus den einzelnen Sektionen und Fachgruppen.

Beispiele für die Heterogenität und Vielschichtigkeit der Tiroler Wirtschaftskammer ließen sich noch viele benennen, allein wenn man über die strukturellen Differenzen der verschiedenen Branchen nachdenkt oder über die unterschiedliche Interessenlage eingesessener Betriebe einerseits und neuer, junger, auf den Markt drängender Unternehmen andererseits. Die erbrachte Leistung eines formell wie informell organisierten Interessenausgleichs, die dadurch überschaubar und verhandelbar gemachten Interessen und ihre geordnete Artikulation – darin liegt in der Tat eine große Leistung der Tiroler Wirtschaftskammer für das politische System Tirols und darüber hinaus für ganz Österreich.

Ein Blick in die gesellschaftliche Gegenwart und Zukunft lässt aber auch für die Tiroler Wirtschaftskammer neue Herausforderungen vor allem im Sinne der Interessenaggregation und Interessenartikulation erkennen. In der modernen Gesellschaft lässt sich eine alle Lebensbereiche durchziehende – über die Arbeitswelt hinausgehende – Ausdifferenzierung von Lebens- und Interessenlagen feststellen. Je größer die Gegensätze zwischen den gesellschaftlichen Interessen ihrer einzelnen Mitglieder werden, desto schwieriger wird es für die Verbände, die innere Integrationsaufgabe zu bewältigen. Vor allem die zunehmende Ausdifferenzierung, Spezialisierung und Flexibilisierung der Arbeitswelt sowie die Individualisierung der Lebensentwürfe in der postmodernen Gesellschaft bedingen eine weitere Differenzierung der Interessen und erschweren damit die Schaffung jenes Konsenses, der für die verbandliche Interessenpolitik und Sozialpartnerschaft unabdingbar ist.

In dem Maße, wie die Erosion der traditionellen Milieus voran schreitet, sinkt auch die Bindungsfähigkeit der Verbände. An die Stelle der quasi selbstverständlichen Verbandsloyalität durch Gruppenzugehörigkeit tritt die Frage nach Kosten und Nutzen einer Verbandsmitgliedschaft. Da die Gruppensolidarität für die Rekrutierung der Mitglieder also immer weniger ausschlaggebend ist, versuchen die großen Verbände in Österreich seit einiger Zeit vor allem über Serviceangebote, ihre kritischen Mitglieder zu halten und neue von der Sinnhaftigkeit der eigenen Organisation zu überzeugen. Diese Strategie erweist sich in der politischen Praxis oft nicht als ausreichend, aber sie stellt zumindest eine Verzögerung der Loyalitätsaufkündigung dar.

Vor allem auch die Konsumgesellschaft hat diese Individualisierung beschleunigt[75], deren Herausforderung sich zunehmend auch die Tiroler Wirtschaftskammer stellen muss. In der Wahlforschung gilt längst – in Anlehnung an moderne Marketingüberlegungen der Konsumgüterindustrie – die Analyse der verschiedenen Lebensstilgruppen (u. a. nach Konsum-, Freizeit-, Kommunikationsverhalten) als zielführende Leitplanke für politische Entscheidungen. Der moderne, immer typischere Wähler/Bürger ist demnach immer weniger dadurch geprägt, womit er sein Geld verdient, sondern immer mehr dadurch, wofür er sein Geld ausgibt. Für berufsständische Organisationen, die ihr Wesen grundlegend von der beruflichen Tätigkeit ihrer Mitglieder ableiten, ist damit das entscheidende Dilemma bereits klar umrissen: Immer mehr ihrer Mitglieder definieren sich immer weniger über ihre berufliche Stellung, womit berufsständische Organisationen gleichsam automatisch einen relativen Bedeutungsverlust erleiden.

Durch zunehmendes Spezialistentum und leichteren Informationszugang (z. B. Internet) werden des weiteren Dezentralisierungs- und Individualisierungstendenzen in Gang gesetzt, die hierarchischen Organisationsformen wie den österreichischen Interessenverbänden zunehmend Schwierigkeiten machen werden. Wie auch die interne Diskussion über die Sinnhaftigkeit der Pflichtmitgliedschaft zeigt, wird gerade auch von Wirtschaftstreibenden immer stärker eine Strategie der individuellen Interessenwahrnehmung vorangetrieben. Zudem leiden die großen Interessenverbände als ursprünglich auch ideologiegeleitete Organisationen ähnlich wie die Parteien unter der Erosion der alten politischen Ideologien. Damit verschwindet eine der letzten und wichtigsten Motivationsformen der Zugehörigkeit zu einem Verband. So sind heute viele Leistungen einer Interessenvertretung selbstverständlich geworden und kalkulieren die Mitglieder heute stärker als früher Kosten und Nutzen einer Mitgliedschaft. Auch viele Mitglieder der Tiroler Wirtschaftskammer empfinden keine automatische Pflicht der Zugehörigkeit zu ihrer Interessenorganisation mehr. Vielmehr macht sich häufig eine Art Versicherungsmentalität breit: Mitgliedschaft nur für einen etwaigen Notfall.

Vor diesem Hintergrund gilt daher für die Wirtschaftskammern in Österreich das folgende Zitat: „Insgesamt skizzieren die Datenbilder den Eindruck einer zwar seriösen und in Grenzen sympathischen Organisation, der es aber an entsprechender Durchsetzungsfähigkeit und innovativer Kraft mangelt und deren bürokratisches Erscheinungsbild dem einzelnen Mitglied nur beschränkt Mitsprache- und Einflussraum lässt.“[76]

Dieser Befund aus der Sicht der eigenen Mitglieder gilt letztlich auch für die Tiroler Wirtschaftskammer. Die Führung der Tiroler Wirtschaftskammer kann für sich allerdings in Anspruch nehmen, viele der gesellschaftlichen und politischen Entwicklungen frühzeitig erkannt zu haben. Zweifelsohne nicht ganz freiwillig, denn wie viele

---

[75] Siehe Manfred PRISCHING, Die Sozialpartnerschaft – Modell der Vergangenheit oder Modell für Europa, Wien 1996.

[76] Firtz PLASSER / Peter A. ULRAM, Akzeptanz und Unterstützung sozialpartnerschaftlicher Interessenvertretung in Österreich, in: PELINKA / SMEKAL, Kammern auf dem Prüfstand (wie Anm. 73), 88.

Umfragen aus dem Bereich der Wirtschaftskammern belegen, waren die Tiroler Unternehmer schon besonders früh besonders kritisch – auch gegenüber der eigenen Organisation. Reformen im eigenen Wirkungsbereich und das Initiieren und Vorantreiben von Veränderungen in der Gesamtorganisation kennzeichnen daher die Tiroler Wirtschaftskammer seit vielen Jahren. Diese Bemühungen der augenblicklichen Kammerführung wurden auch von den Tiroler Unternehmern honoriert, etwa wenn man die Wahlerfolge der Liste Hansjörg Jäger – Tiroler Wirtschaftsbund (mehr als 70 % Zustimmung) oder die Ergebnisse der Mitgliederbefragung als Maßstab heranzieht. Wahlerfolge, die auch im gesamtösterreichischen Rahmen Spitzenwerte darstellen. Dass die Wahlbeteiligung der Mitglieder der Tiroler Wirtschaftskammer bei ca. 50 % zum Liegen kommt, kann allerdings nicht befriedigen, da nicht nur temporäres politisches Desinteresse, sondern auch Distanz, Abwanderung und Widerspruch auf diese Art und Weise zum Ausdruck gebracht werden. Auch die Tiroler Wirtschaftskammer wird deshalb gut beraten sein, die neuen Herausforderungen der gesellschaftlichen, wirtschaftlichen und politischen Entwicklungen genau zu beobachten und anzunehmen.

## Interessenvertretung als Machtfaktor

Wenn wir fragen, wem gegenüber die Tiroler Wirtschaftskammer die Interessen ihrer Mitglieder vertritt und welche neueren Entwicklungen hier sichtbar werden, so zeigt sich ein sehr vielfältiges Modell. Denn einerseits ist die Tiroler Wirtschaftskammer eingebunden in den Gesamtkomplex der Wirtschaftskammern Österreichs, andererseits agiert sie als völlig selbständige Einheit (auch mit eigenständiger politischer Legitimation ihrer Kammerfunktionäre und Kammerspitze).

Ansprechpartner für die Tiroler Wirtschaftskammer sind daher selbstverständlich alle Gremien und Entscheidungsträger in der gesamtösterreichischen Organisation und in den anderen Landeskammern. Dadurch bedingt sitzen Tiroler Vertreter in zahlreichen österreichweiten Gremien, um dort die spezifische Interessenlage der Tiroler Wirtschaft und ihrer Unternehmen einzubringen. Da die Tiroler Wirtschaft durch eine sehr spezifische Struktur gekennzeichnet ist, kommt dieser Form der Interessenvertretung in der Gesamtorganisation für bestimmte Sektoren – man denke nur an den Tourismus oder die Verkehrswirtschaft – allergrößte Bedeutung zu. Die Tiroler Wirtschaftskammer verfügt gerade in diesen Bereichen seit Jahrzehnten auch über ein sachpolitisches Spezialistentum, was ihr automatisch Einfluss in ganz Österreich verschafft. Auch in den zahllosen Reformdiskussionen und -prozessen im Bereich der Wirtschaftskammer in den neunziger Jahren nahm die Tiroler Kammerführung nachweisbar stets eine treibende und offensive Position ein.

Einen wahren Machtfaktor stellt die Tiroler Wirtschaftskammer aber in der Tiroler Politik dar. In der ersten Hälfte des Jahres 2000 wurden zum Beispiel 32 Führungspersönlichkeiten der Tiroler Politik gefragt, für wie einflussreich sie die Tiroler Wirtschaftskammer im politischen System Tirols halten. Das Resultat war eindeutig: Alle Entscheidungsträger schätzen den Einfluss der Wirtschaftskammer sehr hoch ein, wobei auffällt, dass gerade jene, die nicht unmittelbar in einem politischen Naheverhältnis zur Wirtschaftskammer standen, besonders überzeugt vom großen politischen Einfluss der Tiroler Wirtschaftskammer waren. Die Gründe für diese Reputation liegen einerseits in einer jahrzehntelangen starken Verknüpfung mit dem politischen System Tirols im engeren Sinne (interner Lobbyismus) und andererseits in der Expertenrolle der Tiroler Wirtschaftskammer sowie in ihrer Rolle als Anstoßgeber und Mit-Financier zahlreicher landespolitischer Maßnahmen.

Hinzu kommt, dass die spezifisch österreichische Form der Sozialpartnerschaft auf Länderebene zwar ebenfalls existiert, aber insbesondere in Tirol und Vorarlberg keineswegs dieselbe bedeutende Rolle einnimmt wie in Gesamtösterreich von der Nachkriegszeit bis circa in die zweite Hälfte der neunziger Jahre. Denn die Bedeutung der österreichischen Sozialpartnerschaft basiert neben grundlegenden atmosphärischen Effekten primär auch auf der Zentralisation und Konzentration der daran teilnehmenden Interessenorganisationen und in einem breiten sachpolitischen Mitentscheidungsfeld (Nebenregierung). Die sozialpartnerschaftliche Entscheidungsmaterie auf Tiroler Landesebene war demgegenüber immer deutlich eingeschränkter, wenn man unter Sozialpartnerschaft die gemeinsame und einstimmige Entscheidungsfindung der großen Interessenorganisationen versteht und nicht nur den Einfluss einzelner Interessenorganisationen oder die gesetzliche bzw. freiwillige Beteiligung in den verschiedensten Einrichtungen und Gremien des Landes. In diesem Sinne sind die Tiroler Interessenverbände schon länger weniger sozialpartnerschaftlich als vielmehr interessenpolitisch-lobbyistisch orientiert.

Die für die österreichische Sozialpartnerschaft konstitutive Tatsache, dass man die vier beteiligten Großverbände auch eindeutig den beiden traditionellen großen politischen Lagern zuordnen konnte (und daher der Parteienstaat ohne Gesichtsverlust Kompetenzen an die Sozialpartnerschaft delegieren konnte), trifft auf das politische System Tirols seit circa zwei Jahrzehnten bereits nicht mehr zu. Die Tiroler Wirtschaftskammer über die Mehrheitsfraktion Wirtschaftsbund und die Landeslandwirtschaftskammer über die dominante Mehrheitsfraktion Bauernbund sind auch in Tirol parteipolitisch klar dem Lager der Volkspartei zuordenbar. Auf der Seite der großen Arbeitnehmerorganisationen ist aber durch die Mehrheit des ÖAAB/FCG in der Tiroler Arbeiterkammer kein einheitliches parteipolitisches Gegengewicht wie auf Bundesebene vorhanden. Hinzu kommt, dass die parteipolitischen Mehrheitsverhältnisse in Tirol seit Jahrzehnten durch die Dominanz der Tiroler Volkspartei gekennzeichnet sind und dadurch ebenfalls völlig andere Rahmenbedingungen des politischen Agierens herrschen wie im großkoalitionär geprägten Österreich bis zum Ende der neunziger Jahre.

Die Tatsache, dass Arbeiterkammerführung und Wirtschaftskammerführung seit vielen Jahren dem gleichen parteipolitischen Lager zurechenbar sind, hat aber die grundsätzliche Konfliktlage zwischen Wirtschaftskammer und Arbeiterkammer nicht kalmiert, sondern eher zu einer besonders lautstarken Profilierung von seiten der Arbeiterkammer geführt. Ein Sachverhalt, der damit gleichzeitig zu einer Positionsstärkung der Wirtschaftskammerführung beitrug. Denn die Schaffung dieser Konkurrenzsituation zwischen Wirtschaftskammer und Arbeiterkammer in der politischen Öffentlichkeit trug zweifelsohne dazu bei, verstärkt Zusammenhalt und Loyalität im Lager der Tiroler Unternehmerschaft zu erzeugen. So entstand die paradoxe Situation, dass das lautstarke Auftreten eines Sozialpartners (auch gegenüber der eigenen Partei) die Kohäsion im Inneren sowie die Einflussmöglichkeiten der Tiroler Wirtschaftskammer im politischen System durchaus stärkte.

Auch im Bereich der gesetzlich verankerten Einflussmöglichkeiten (Begutachtung von Gesetzes- und Verordnungsentwürfen, Vertretung in Dutzenden von Beiräten und Kommissionen – zumeist nicht im Rahmen der „autonomen Sozialpartnerschaft", sondern unter Beteiligung staatlicher Stellen) kommt der Tiroler Wirtschaftskammer eine sehr große Bedeutung zu, die zum einen in ihrer politischen Stärke und zum anderen in der fachlichen Kompetenz ihrer ehrenamtlichen wie vor allem auch hauptamtlichen Vertreter liegt. Diesen Wettbewerbsvorteil nutzte die Tiroler Wirtschaftskammer – hierin sehr ähnlich den Wirtschaftskammern anderer Bundesländer – seit 1945 sehr konsequent, wie z. B. die Rolle der Tiroler Wirtschaftskammer in der Raumordnungspolitik oder in der Tiroler Tourismuspolitik eindrucksvoll belegt.

Die Verflechtung mit dem politischen System zeigt sich vor allem auch in der personellen Dimension: Viele führende Vertreter der Tiroler Wirtschaftskammer (aus dem Funktionärs- wie auch hauptamtlichen Bereich) waren nach 1945 gleichzeitig oder in unmittelbarem zeitlichem Konnex Mitglieder von Landesregierung, Landtag, Nationalrat, Bürgermeister etc. Dieser Sachverhalt war allerdings kein Tiroler Spezifikum, sondern im Vergleich mit den östlichen Bundesländern und vor allem der gesamtösterreichischen Tradition eher schwächer ausgeprägt. Vor allem ist feststellbar, dass es in Tirol viel früher als in Gesamtösterreich zu einer Entflechtung dieses Aspektes des internen Lobbyismus gekommen ist. Die Präsidenten der großen Tiroler Interessenvertretungen ebenso wie die leitenden Mitarbeiter dieser Interessenvertretungen sitzen schon seit Jahren nicht mehr im Landtag, Nationalrat oder Bundesrat. Dies kann aber keineswegs als ein Bedeutungsverlust z. B. der Tiroler Wirtschaftskammer interpretiert werden. Denn die Mitgliedschaft in den gesetzgebenden Körperschaften bedeutete zwangsläufig auch ein Einbinden in parteipolitische Sachzwänge. Insbesondere mit der veränderten parteipolitischen Konkurrenzsituation nach 1986 wirkte dieser Verflechtungsaspekt zwischen den Sozialpartnern, den Parteien und dem parlamentarischen Regierungssystem durchaus auch kontraproduktiv und trug massiv zur Kritik am Kammerstaat bei. So ist heute ein Rückzug der Spitzenvertreter der Interessenverbände aus den gesetzgebenden Körperschaften österreichweit feststellbar und wird auch als ein wichtiger Reformschritt interpretiert. In diesem Sinne nahm die Tiroler Wirtschaftskammer auch hier in den letzten Jahren eine Vorreiterrolle ein, indem sie auf die veränderten gesellschaftlichen und politischen Rahmenbedingungen rechtzeitig reagierte.

Der Weg vom internen Lobbyismus hin zum externen Lobbyismus bedeutet eine grundsätzliche Veränderung der Struktur des politischen Systems in Österreich. Auch die Tiroler Wirtschaftskammer muß deshalb insbesondere unter dem Aspekt der Europäisierung der Politik verstärkt zu Mitteln des externen Lobbyismus greifen, muss sich mit den Methoden und Gesetzmäßigkeiten des externen Lobbyismus im Land, im Nationalstaat wie auf europäischer Ebene vertraut machen.

## Interessenvertretung durch Ideenwerkstatt

Die Tiroler Wirtschaftskammer hat sich in den letzten Jahren vermehrt als interessante Ideenwerkstatt für das wirtschaftliche und politische System Tirols profiliert. Auf diese Weise gelingt es ihr zunehmend, neben der tagespolitischen Lobbyingtätigkeit entscheidend auf die Zukunftsstrukturen des Landes Tirol Einfluss zu nehmen. Diese Strategie kann eingeschlagen werden, weil politische Parteien mit ihrer zwangsläufig an kurzen Wahlperioden orientierten Planung ebenso wie oft nur eingeschränkt agieren könnende Verwaltungen zunehmend einen gesellschaftspolitischen Raum für Ideen aus Interessenvertretungen frei machen. Zudem scheint es der Tiroler Wirtschaftskammer offensichtlich immer wieder zu gelingen, in Projekten politischen Willen mit internem Know-how und externem Expertenwissen zu verbinden, um dann mit diesen Ideen in eine politische Lücke vorzustoßen. Modernes Lobbying versteht sich hier also sehr erfolgreich als Mitgestalten von Zukunftsstrukturen, in denen die eigenen Mitglieder neue und bessere Chancen im Wettbewerb vorfinden.

So ändern sich in veränderten wirtschaftlichen und gesellschaftlichen Bedingungen in Österreich nicht nur Arbeitsweise, sondern auch Arbeitsinhalte der Interessenverbände. „Das korporatistische System kann nicht mehr Hauptaugenmerk darauf legen, wirtschaftliche Aggregate zu beeinflussen, es muss sich auf komplizierte Politikfelder wie Strukturpolitik, Wettbewerbspolitik, Industriepolitik und Technologiepolitik – und natürlich auf die neuen Themen einlassen.“[77]

Die Anliegen der Tiroler Wirtschaft, die seit 1979 jeweils am Beginn einer Legislaturperiode gegenüber der Tiroler Landesregierung, dem Landtag und der Landesverwaltung im Rahmen eines Maßnahmenkataloges vorgebracht werden, können als ein zusammenfassendes Beispiel dieser Art von interessenverbandspolitischem Verständnis genannt werden.

### Exkurs: Die Anliegen der Tiroler Wirtschaft an den Tiroler Landtag

Die in den Anliegen der Tiroler Wirtschaft[78] vorgebrachten Maßnahmen sind bezüglich ihrer Realisierung zumeist auf eine mittelfristige Perspektive ausgelegt, so dass sich auch die Umsetzungserfolge dieses „Lobbyinginstruments“ am besten im Zeitablauf nachvollziehen lassen. Neben diesem Lobbyinggedanken dienten und dienen die „Anliegen der Tiroler Wirtschaft“ – insbesondere die statistische Situationsanalyse – immer auch als Orientierungshilfe für die mit wirtschaftlichen Fragen befassten Man-

---

[77] Prisching, Die Sozialpartnerschaft (wie Anm. 75), 203–204.

[78] Bislang erschienen die „Anliegen der Tiroler Wirtschaft an den Tiroler Landtag“ in den Jahren 1979, 1984, 1989, 1994 sowie 1999.

datare; zudem sind die angeregten Maßnahmen niemals als eindimensionale Forderungen zu sehen, sondern verpflichten die Wirtschaftskammer Tirol, ihrerseits intensiv und verantwortungsbewusst an deren Umsetzung mitzuwirken.

Zentrale Anliegen wurden von der Tiroler Wirtschaft in den vergangenen beiden Jahrzehnten insbesondere für die Bereiche „Standortpolitik", „Bildung- und Qualifikation" sowie für die Verbesserung der „Marktwirtschaftlichen Rahmenbedingungen" formuliert. Die folgende Übersicht bietet einen Einblick in die zahlreichen von der Wirtschaftskammer Tirol forcierten Maßnahmen.[79]

Standortpolitik:
- Konzentration der Wirtschaftsförderungsmaßnahmen (1984, 1989, 1994)
- verstärkte Betriebsansiedelungsaktivitäten (1984, 1989, 1994, 1999)
- verstärkte Initiierung von Kooperationen („Cluster") zwischen Klein- und Mittelbetrieben (1999)
- Auf- und Ausbau regionaler Impuls- und Technologiezentren (1994, 1999)
- Maßnahmen zur Erhaltung der kommunalen Nahversorgung (1999)
- leistungsfähigere Verkehrsabwicklung im Straßenbereich und im Bereich der Schiene (1989, 1994, 1999)

Bildung und Qualifikation:
- Einrichtung von Fachhochschulstudiengängen (1994, 1999)
- Einrichtung von Technologie-Kollegs (1989)
- Ausbau der Tourismusschule Villa Blanka (1989, 1994, 1999)
- Ausbau der Universität Innsbruck (1989)
- Forcierung der berufsbegleitenden Weiterbildung (1989, 1994, 1999)
- Verbesserung der Berufsschulen und ihrer technischen Ausstattung (1989, 1994)
- Ausbau der Berufsinformation (1989, 1994)
- Forcierung des Telelearnings (1999)

Marktwirtschaftliche Rahmenbedingungen:
- eine Reduktion der öffentlichen Eigenregiearbeiten (1979, 1984, 1989, 1999)
- Verbesserung der öffentlichen Auftragsvergabe (1979, 1984, 1989, 1999)
- Verwaltungsvereinfachung und Beschleunigung von Verwaltungsverfahren (1979, 1984, 1989, 1999)
- Flexiblere Ladenöffnungszeiten (1994)
- Privatisierung der öffentlichen Wirtschaft (1989, 1994)
- Steuerliche Entlastung des Unternehmenssektors
- Verbesserung der Wohnbauförderung

[79] Die in Klammer angeführten Jahreszahlen geben Auskunft, in welchen Legislaturperioden die angeführten Maßnahmen besonders von der Wirtschaftskammer Tirol forciert wurden.

Weitere spezifische Forderungen (u. a.):

- Förderung der Jugendbeschäftigung (1979, 1984, 1989, 1994, 1999)
- Reform des Tiroler Lichtspielegesetzes (1979, 1984)
- Sicherung der Energieversorgung (1979, 1984)
- Verbesserung der Infrastruktur der Abfallwirtschaft (1989, 1994)

In allen angeführten Bereichen konnte die Wirtschaftskammer Tirol in den vergangenen beiden Jahrzehnten zahlreiche Anliegen zugunsten der Tiroler Wirtschaft durchsetzen. Die an dieser Stelle angeführten und diskutierten Bereiche sollen beispielgebend die Politik der Interessenvertretung durch die Wirtschaftskammer Tirol näher erläutern. In diesem Zusammenhang kann man auch erkennen, dass es sich bei den „Anliegen der Tiroler Wirtschaft" u. a. um einen mittelfristigen Prozess der Interessenvertretung und des Lobbying handelt.

So konnten im Bereich der gewerblichen Wirtschaftsförderung im Laufe der 1990er Jahre eine eingehenden Evaluation und in weiterer Folge eine Neustrukturierung der Fördermaßnahmen Tirols im Sinne erhöhter Transparenz und Treffsicherheit der einzelnen Unterstützungsmaßnahmen (sogenanntes Wifö-Basis- und Sonderprogramm) erreicht werden.

Zur Unterstützung der Tourismusbranche konnte die Wirtschaftskammer Tirol in den vergangenen beiden Jahrzehnten gezielte Förderaktionen – beispielsweise Zuwendungen für die Regionalisierung im Tourismus, Förderung von Personalunterkünften sowie die Tiroler Wirtshaus-Förderaktion – beim Land Tirol initiieren. Die Rolle der Wirtschaftskammer Tirol für die Tourismusentwicklung unseres Landes wird u. a. durch die fortwährende Weiterentwicklung des Qualifizierungsangebotes durch den Ausbau der Tourismusschule Villa Blanka und die Realisierung des Fachhochschulstudienganges „Unternehmensführung in der Alpinen Tourismuswirtschaft" besonders deutlich.

Zur Schaffung und Erhaltung einer leistungsfähigen Verkehrsinfrastruktur konnten u. a. der Bau der neuen Bahntrasse im Unterinntal und der weitere (Aus-)Bau von Lawinengalerien erwirkt werden; die Ausdehnung der Brennermaut auf das Unterinntal wurde bislang erfolgreich verhindert.

Für den Erhalt der Nahversorgung wurde im Jahre 1998 die Initiative „Pro Nahversorgung" gestartet, welche den Erhalt der gewachsenen Nahversorgungsstrukturen durch Bildung von Versorgungsgemeinschaften und Erarbeitung gemeinsamer Marketing-Projekte zum Ziel hat.

Als wesentlicher Schritt zur Verwaltungsvereinfachung für Tirols Unternehmen kann der Abschluss des Pakts „Wirtschaft und Verwaltung" zwischen dem Land Tirol und der Wirtschaftskammer Tirol im Jahre 1998 angeführt werden. Ziel des Pakts ist, die Auswirkungen der gesetzlich verursachten Bürokratie zu lindern. Im Rahmen des Pakts wurden insbesondere verfahrenskonzentrierende und koordinierende Maßnahmen festgelegt, welche die Dauer von Verfahren nicht nur beträchtlich verkürzen, sondern auch zu einer spürbaren Verbesserung der Situation des Genehmigungsgewerbes führen.

Verbesserungen konnten auch im Bereich der öffentlichen Auftragsvergabe erzielt werden. Als Erfolg kann in diesem Zusammenhang die Novelle des Tiroler Vergaberechts im Jahr 2000 angesehen werden, welche nun den Unabhängigen Verwaltungssenat (UVS) als neue Nachprüfungsbehörde vorsieht und die vielfach mangelnde Transparenz des bisherigen Nachprüfungsverfahrens überwindet.

Die „Anliegen der Tiroler Wirtschaft" spiegeln zudem immer auch den Wandel in den wirtschaftspolitischen Aktionsfeldern der Wirtschaftskammer Tirol wider. So waren viele für die Legislaturperiode 1989–1994 forcierten Maßnahmen deutlich durch die beginnende Integration unseres Landes in die EG bzw. EU geprägt. Seit Beginn der Legislaturperiode 1994–1999 strebt die Wirtschaftskammer Tirol vor allem technologiepolitische Maßnahmen (insbesondere im Bereich der Informations- und Kommunikationstechnologien) sowie die Verbesserung im Ausbildungs- und Qualifizierungsangebot, beispielsweise im Rahmen eines weiteren Ausbaus des Fachhochschulwesens, an.

Diese Strategie der Ideenwerkstatt sollte die Tiroler Wirtschaftskammer keineswegs verlassen. Interne Veränderungen im augenblicklichen Reformprozess der Bundeswirtschaftskammer wie der Länderkammern sollten darauf konzentriert werden, sich insbesondere im übertragenen Wirkungsbereich so weit wie möglich zu entbürokratisieren, um den Mitgliedern stets den Unterschied zur öffentlichen Verwaltung sichtbar zu machen. Außerdem sollte man das gewünschte „cut-back" dazu nutzen sich aus eher interessenfernen Bereichen und Gremien zurückzuziehen, um Zeit, Geld und manpower für eben diese erfolgversprechende Strategie der Ideenwerkstatt zu gewinnen.

Insbesondere die Tiroler Wirtschaftskammer wird sich aber aufgrund der geographischen Lage Tirols auch verstärkt einer internationalen Lobbyingtätigkeit widmen müssen. Dies betrifft zum einen den unmittelbaren Raum um Tirol: Die süddeutschen Bundesländer, die Europaregion Tirol, der norditalienische Raum, dies sind wichtige Märkte für Tirols Unternehmen und folgerichtig auch ein wichtiges Aktionsfeld einer Tiroler Interessenvertretung der Wirtschaft. Zum anderen scheint die rhetorische Frage „Vom Korporatismus zum Lobbyismus? Die Zukunft der Verbände zwischen Globalisierung, Europäisierung und Berlinisierung"[80] eigentlich schon beantwortet. Auch wenn in Österreich wie in Deutschland der Begriff „Lobbying" noch sehr negativ besetzt scheint, so wird das, was er umschreibt, zur Durchsetzung österreichischer und Tiroler Interessen auf der europäischen Bühne unumgänglich sein. Sich dabei aus Tiroler Sicht nur auf nationale Drähte zu verlassen, scheint höchst problematisch. So müssen sich alle Interessenorganisationen an die neue Welt des europäischen Lobbyismus gewöhnen und so muß das „Euro-Lobbying" als fester Bestandteil Eingang in die Strategien einer erfolgreichen Interessenvertretung der Tiroler Wirtschaft finden.

---

[80] Ulrich von ALEMANN, Vom Korporatismus zum Lobbyismus? in: Aus Politik und Zeitgeschichte B 26–27 (2000), 3.

## Schrifttum

ALEMANN, Ulrich von, Vom Korporatismus zum Lobbyismus? In: Aus Politik und Zeitgeschichte B 26–27 (2000), 3.
BENEDIKTER-FUCHS, Renate, Wirtschaftskammer Tirol, Bezirksstelle Lienz, Osttirol. In: Architektur-aktuell, 219/220 September 1998, 137.
BEYME, Klaus von, Interessengruppen in der Demokratie. München 1980.
HANDELSKAMMER TIROL, Protokolle der Kammer-Vollversammlungen 1950–1955.
HANDELSKAMMER TIROL, Protokolle der Kammer-Vollversammlungen 1955–1960.
HANDELSKAMMER TIROL, Protokolle der Kammer-Vollversammlungen 1961–1965.
HANDELSKAMMER TIROL, Protokolle der Kammer-Vollversammlungen 1965 bis 1970.
HANDELSKAMMER TIROL, Protokolle der Kammer-Vollversammlungen 1970–1975.
HANDELSKAMMER TIROL, Protokolle der Kammer-Vollversammlungen 1975–1980.
HANDELSKAMMER TIROL, Protokolle der Kammer-Vollversammlungen 1980–1985.
HANDELSKAMMER TIROL, Protokolle der Kammer-Vollversammlungen 1985–1990.
NICK, Rainer, Die Tiroler Wirtschaftsverbände. In: Journal für Sozialforschung 4 (1983), 467–468.
OBERHOFER, Albin, Die Kammerorganisation seit 1945 und ihre heutige Gestalt. In: GERHARDINGER, Hermann u. a. Tiroler Wirtschaft in Vergangenheit und Gegenwart, Band 2. Innsbruck 1951, 266.
PLASSER, Fritz / ULRAM, Peter A., Akzeptanz und Unterstützung sozialpartnerschaftlicher Interessen-vertretung in Österreich. In: PELINKA, Anton / SMEKAL, Christian (Hrsg.), Kammern auf dem Prüfstand. Wien 1996, 88.
PRISCHING, Manfred, Die Sozialpartnerschaft – Modell der Vergangenheit oder Modell für Europa. Wien 1996.
REIGER, Herbert, 150 Jahre österreichische Wirtschaftskammerorganisation. In: Wirtschaftspolitische Blätter 6/1998, 542–547.
SMEKAL, Christian / FINK, Christof, Zur Effizienz der Mitgliedschaft in den Wirtschafts- und Arbeiter-kammern. In: PELINKA, Anton / SMEKAL, Christian (Hrsg.), Kammern auf dem Prüfstand. Wien 1996, 32.
TIROLS GEWERBLICHE WIRTSCHAFT, 4. Jahrgang Nr. 28/15. Juli 1950, 2 u. 3.
TIROLS GEWERBLICHE WIRTSCHAFT, 9. Jahrgang Nr. 40/8. Oktober 1955, 1.
TIROLS GEWERBLICHE WIRTSCHAFT, 14. Jahrgang Nr. 48/49 vom 3. 12. 1960, 1–5.
TIROLS GEWERBLICHE WIRTSCHAFT, 19. Jahrgang Nr. 28 vom 10. 7. 1965, 1–3.
TIROLS GEWERBLICHE WIRTSCHAFT, 24. Jahrgang Nr. 28/29 vom 11. 7. 1970, 1–7.
TIROLS GEWERBLICHE WIRTSCHAFT, 29. Jahrgang Nr. 28 vom 12. 7. 1975, 1–5.
TIROLS GEWERBLICHE WIRTSCHAFT, 36. Jahrgang Nr. 22/23 vom 5. 7. 1982, 1.
TIROLS GEWERBLICHE WIRTSCHAFT, 38. Jahrgang Nr. 21/22 vom 28. 5. 1983, 1.
TIROLS GEWERBLICHE WIRTSCHAFT, 34. Jahrgang, Nr. 28/29 vom 12. 7. 1980, 1–3.
TIROLS GEWERBLICHE WIRTSCHAFT, 40. Jahrgang, Nr. 28/29 vom 13. 7. 1985, 1–5.
TW – TIROLS WIRTSCHAFT, Nr. 29/30 vom 20. 7. 1990, 1–5.
TIROLER WIRTSCHAFT, die Wochenzeitung der Wirtschaftskammer Tirol, Nr. 25 vom 23. 7. 1995, 6 und 7.
TRAXLER, Franz, Gewerkschaften und Unternehmerverbände in Österreichs politischem System. In: Herbert Dachs u. a. (Hrsg.), Handbuch des politischen Systems Österreichs. Wien 1992.
WINTER, Thomas von, Interessenverbände im gesellschaftlichen Wandel. In: JÄGER, Thomas / HOFF-MANN, Dieter (Hrsg.), Demokratie in der Krise? Zukunft der Demokratie. Opladen 1995.
WIRTSCHAFTSKAMMER TIROL, Protokolle der Kammer-Vollversammlungen 1990–1995.
WIRTSCHAFTSKAMMER TIROL, Protokolle der Kammer-Vollversammlungen 1995–2000.

Das folgende Übersicht bildet die Fortsetzung der „Verzeichnisse der Präsidenten und Kammeramtsdirektoren der Tiroler Handelskammer seit 1851“ im Anhang der Festgabe „Tiroler Wirtschaft in Vergangenheit und Gegenwart“ zur 100-Jahrfeier der Tiroler Handelskammer, Band II Kammergeschichte (S. 267–269)

## Verzeichnis der Präsidenten der Tiroler Handelskammer/Wirtschaftsammer seit 1951

| Lfd. Nr. | Zuname u. Vorname | Beruf | Wohnort | Geburtsdaten | Sterbedaten | Präsident von – bis | Anmerkung |
|---|---|---|---|---|---|---|---|
| 12 | MILLER Fritz<br>Kommerzialrat | Dipl.<br>Optiker | Innsbruck | 27. 12. 1880<br>Innsbruck | 13. 06. 1973<br>Innsbruck | 1945–1960 | Gemeinderat der Stadt Innsbruck;<br>Generalrat der Österreichischen Nationalbank |
| 13 | MENARDI Heinrich<br>Kommerzialrat | Autobus-<br>unternehmer | Innsbruck | 13. 02. 1919<br>Innsbruck | 22. 01. 1984<br>Innsbruck | 1960– 1984 | Generalrat und Zensor der Österreichischen Nationalbank |
| 13a | KATZENBERGER Helmut<br>Ing. Kommerzialrat | Industrieller | Seefeld | 05. 03. 1915<br>München | 09. 06. 1990<br>Innsbruck | 1984 | geschäftsführender Präsident;<br>Vizepräsident der Österreichischen Industriellen-vereinigung, Landesgruppe Tirol |
| 14 | REISSIGL Carl<br>Dr. Kommerzialrat | Kaufmann | Innsbruck | 14. 01. 1925<br>Innsbruck | | 1984– 1989 | Präsident des Tiroler Landtages;<br>Abgeordneter zum Tiroler Landtag |
| 15 | JÄGER Hansjörg<br>Dipl.-Kfm. Dr. Kommerzialrat | Kaufmann | Innsbruck | 06. 06. 1938<br>Bad Ischl | | 1989– | Präsident der Innsbrucker Messe;<br>Aufsichtsratsvorsitzender der Logistikzone Tirol |

## Verzeichnis der Kammeramtsdirektoren/Direktoren der Tiroler Handelskammer/Wirtschaftskammer seit 1951

| Lfd. Nr. | Zuname u. Vorname | Geburtsdaten | Sterbedaten | Kammeramtsdirektor von – bis | Anmerkung |
|---|---|---|---|---|---|
| 8 | OBERHOFER<br>Dr. jur. Albin | 19. 02. 1904<br>Innsbruck | 27. 09. 1962<br>Innsbruck | 1947–1962 | Angeordneter zum Tiroler Landtag;<br>Mitglied der Tiroler Landesregierung (Landesrat) |
| 9 | SANTER<br>Dr. jur. Hans | 12. 01. 1906<br>Bozen | 09. 08. 1997<br>Innsbruck | 1962–1971 | Obmann des Überwachungsausschusses der Tiroler Gebietskrankenkasse |
| 10 | SWITTALEK<br>Dr. jur. Herbert | 08. 03. 1925<br>Wien | | 1972–1990 | Obmannstellvertreter der Tiroler Gebietskrankenkasse |
| 11 | PLUNGER<br>Dr. jur. Werner | 07. 08. 1942<br>Innsbruck | | 1991– | Stellvertreter eines Beisitzers des Kartell-Obergerichts beim Obersten Gerichtshof in Wien |

## Summaries

Die Entwicklungsgeschichte der Wirtschaftskammer Tirol ist in den vergangenen 50 Jahren untrennbar mit den Veränderungen der politischen und wirtschaftlichen Rahmenbedingungen verbunden. So war die Periode von 1950 bis 1960 insbesondere durch ein klares Bekenntnis zum wirtschaftlichen Wiederaufbau und zur unternehmerischen Selbstverwaltung geprägt. Der Zeitabschnitt von 1960 bis 1970 war von überdurchschnittlichen Wirtschafts-Wachstumsraten gekennzeichnet – eine Entwicklung, die nicht zu Unrecht als „Wirtschaftswunder" bezeichnet wurde. In diese Zeit fielen beispielsweise die Initiierung der „Fremdenverkehr-Sonderwerbung" als Vorläuferin der heutigen „Tirol Werbung" sowie der Ausbau des Wirtschaftsförderungsinstitutes (Wifi) und der Hotelfachschule Villa Blanka. In den 70er Jahren wurden die Aktivitäten der damaligen Handelskammer insbesondere durch die beginnenden wirtschaftlichen Strukturprobleme gekennzeichnet. In dieser Zeit wurden beispielsweise gemeinsam mit dem Land Tirol die Tiroler Bürgschaftsgemeinschaft (1971) und der Tiroler Erfinderpool (1972) gegründet. Die Veränderungen am Arbeitsmarkt in den 80er Jahren erforderten verstärkte regionalwirtschaftliche Initiativen sowie Maßnahmen zur Bekämpfung der steigenden Arbeitslosigkeit. Zur Unterstützung der technologischen Entwicklung richtete die Kammer beispielsweise ein Technologie- und Innovationszentrum (TIZ) ein (1986). Die Entwicklung und Arbeit der Wirtschaftskammer Tirol seit 1990 wird vor allem durch dem in Jahr 1995 erfolgten Beitritt Österreichs zur Europäischen Union, den technologiepolitischen Aufbruch des Landes und die organisatorische Erneuerung der Kammer geprägt. In dieser Periode beteiligte sich die Wirtschaftskammer Tirol u. a. an der Gründung regionaler Technologiezentren sowie am Aufbau eines modernen Fachholschulwesens. Mit ihren regionalen Wirtschaftsleitbildern (1999) entwickelte die Kammer zudem neue Zukunftsperspektiven für Tirol und seine Bezirke.

Der tägliche Interessenausgleich zwischen den verschiedenen Bereichen der gewerblichen Wirtschaft bestimmte und bestimmt das Agieren der Wirtschaftskammer ungleich mehr als die Tätigkeit der anderen Sozialpartner – insbesondere der Arbeitnehmerverbände. Die „interne Konkurrenzsituation" (die Mitgliedsunternehmen sind untereinander Konkurrenten auf ihren Märkten) und die oft sehr gegensätzliche Interessenlage zwischen Inhabern von Klein- und Kleinstbetriebe und denjenigen von größeren Betrieben kennzeichnen die Heterogenität der Wirtschaftskammerorganisation. Die zunehmende Individualisierung der Gesellschaft und der merkliche Rückgang an Gruppensolidarität stellt die Wirtschaftskammer am Übergang ins 21. Jahrhundert vor eine besondere Herausforderung und erfordert eine verstärkte Positionierung der Wirtschaftskammer als „Ideenwerkstatt" für die Wirtschaft.

The history of the Tyrolean Chamber of Commerce has been deeply connected with the change of the political and economic framework during the past 50 years. The strong belief in economic recovery and entrepreneurial self-administration have left a mark on the period between 1950 and 1960. The 1960s were characterised by an above-average economic growth – a development which was appropriately called "Wirtschaftswunder". For instance the so-called "Special-tourist-advertising Campaign" as the predecessor of the today's "Tirol Werbung" as well as the extension of the "Wirtschaftsförderungsinstitut"(Institute for Economic Development) and of the "Hotel School Villa Blanka" was initiated in this time. In the 1970s the activities of the former "Handelskammer" were mainly characterised by the structural problems of the economy. Together with the regional government of the Tyrol the "Tyrolean Guaranty Community" (1971) and the "Tyrolean Inventor-Pool" (1972) were founded in this time. In the 1980s the changes at the labour-markets required specific regional economic policies as well as measures to fight against the increasing unemployment. To support the technological development in the Tyrol the Tyrolean Chamber established for instance the "Centre for Technology an Innovation" in 1986. Since 1990 Austria's joining the European Union in 1995, the technological "break-through" of the whole country as well as the organisational renewal of the Cahmber have left a mark on the the development of the Tyrolean Chamber. In this period the Tyrolean Chamber has taken part in the foundation of several regional Technology Parks as well as in the establishment of modern "Professional Studies" in economics and technology (Fachhochschulstudiengänge). With its regional Wirtschaftsleitbilder (1999) the Chamber has developed also new future prospects for the whole country and its (nine) districts.

In relation to other pressure groups (especially to the employee associations) the acting of the Chamber of Commerce is much more characterised by balancing the different interests among the varied groups of members. The heterogeneity of the Chamber's structure has its roots in the market competition among its members (so-called "internal competition") and in the frequent conflicting interests between the small/smallest entrepreneurs and the medium and large-sized companies. The increasing individualisation of the society as well as the noticeable decrease in group-solidarity are great challenges for the Chamber on the edge of the 21st century. To overcome those challenges the Chamber should strengthen its position as a "think-tank" for the economy and the companies.

* * *

Lo sviluppo della Camera di Commercio di Innsbruck negli ultimi 50 anni è legato inscindibilmente ai mutamenti delle condizioni politiche ed economiche. Il periodo tra il 1950 e il 1960 fu caratterizzato in particolare da una chiara adesione al programma di ricostruzione economica e all'autonomia amministrativa delle imprese. Gli anni tra il 1960 e il 1970, all'insegna di una crescita economica superiore alla media, furono definiti a ragione come il decennio del «miracolo economico». E'a questo decennio che risalgono ad esempio gli inizi dell' Ente di promozione turistica del Tirolo, precursore dell'attuale Tirol-Werbung nonché l'ampliamento del WIFI (Istituto di promozione economica) e della scuola superiore alberghiera «Villa Blanca». Ma è sempre in questi anni che la Camera di Commercio comincia ad affrontare i primi problemi strutturali. Sono gli anni in cui vennero fondati in cooperazione con la Regione Tirolo la «Cooperativa di fideiussione» (1971) e il «Pool inventori tirolesi» (1972). I cambiamenti del mercato del lavoro negli anni ottanta hanno reso necessari maggiori interventi economici a livello regionale nonché misure adeguate contro la disoccupazione. Nel 1986 la Camera istituisce il TIZ, Centro innovazioni tecnologiche del Tirolo, ai fini di sostenere lo sviluppo tecnologico. Lo sviluppo successivo a partire dagli anni novanta è caratterizzato dall'adesione dell'Austria all'Unione Europea nel 1995, da un nuovo approccio di politica tecnologica e dalla ristrutturazione della Camera. In questi anni la Camera di Commercio di Innsbruck promuove la fondazione di diversi centri tecnologici sul territorio regionale e l'istituzione delle scuole tecniche superiori. Con la pubblicazione delle Linee di sviluppo economico (1999) la Camera delinea nuovi scenari di sviluppo economico.

L'equilibrio di interessi tra i vari settori economici e commerciali ha determinato e determina tuttora l'operato della Camera in misura assai più notevole rispetto alle attività delle altre parti sociali, in particolare delle federazioni dei lavoratori. La situazione di «concorrenza interna» (per cui le imprese membri sono al contempo concorrenti sui loro mercati) e gli interessi spesso contradditori tra piccole e grandi aziende segna a fondo il carattere eterogeneo dell'organizzazione della Camera. Il crescente processo di individualizzazione della società e il chiaro venir meno della solidarietà di gruppo pone la Camera agli inizi del XXI secolo di fronte a sfide particolari nel senso di un più forte posizionamento nella sua funzione di «laboratorio di idee» per l'economia.

# Der Bildungsauftrag der Wirtschaftskammer Tirol

Hansjörg Jäger / Werner Steger

> Echte Bildung ist nicht Bildung zu irgendeinem Zwecke, sondern sie hat, wie jedes Streben nach Vollkommenem, ihren Sinn in sich selbst.
>
> Hermann Hesse

## 1. Einleitung

Bei einem Beitrag, der sich mit dem Bildungsauftrag der Wirtschaftskammer Tirol befasst, ist es notwendig, sich zunächst einmal mit dem Begriff der Bildung näher auseinander zu setzen. Ganze Generationen von Bildungspolitikern haben sich immer wieder um Definitionen für Bildung bemüht. Bei einer Durchsicht verschiedenster Beispiele aus der jüngeren Vergangenheit lässt sich eines aber klar sagen: Bildung lässt sich nicht zeitunabhängig fassen. Das bedeutet in der Praxis, dass das Definieren des Bildungsbegriffes zu einem Dauerauftrag geworden ist, oder wie es der damalige deutsche Bundespräsident Roman Herzog im Jahr 1996 einmal formuliert hat: „Bildung muss ein ‚Megathema' werden, wenn wir uns in der Wissensgesellschaft des nächsten Jahrhunderts behaupten wollen."

Bildung gilt allgemein als Garant dafür, dass sich Menschen human, demokratisch, mobil, tolerant, kultiviert, sozial … verhalten, sie ihrem Leben Sinn geben und somit zufriedener, vielleicht sogar glücklicher, selbstbewusster und erwerbstüchtiger werden. Bildung wird somit auch mit wirtschaftlicher Prosperität in Zusammenhang gebracht: „Mehr Bildung!" gehört zu den Standardempfehlungen von Sanierern und Reformern, sowohl in Industrie- wie in Entwicklungsländern. Bildung wird auch als die Antwort auf unsere behauptete oder tatsächliche Orientierungslosigkeit angesehen. So darf es nicht weiter wundern, wenn sowohl laufend neue Bildungsprogramme in die Welt gesetzt werden, wie z.B. SOCRATES, ERASMUS, COMET, LINGUA, PETRA, FORCE, LEONARDO, um nur einige zu erwähnen, als auch der zukunftsorientierten Entwicklung der Bildungssysteme viel Beachtung und Bedeutung zukommt, wofür etwa die Einrichtung bzw. der Ausbau von entsprechenden Institutionen, wie die UNESCO oder das CEDEFOP stehen.

Wenn man nunmehr den Versuch unternimmt, die aktuellen Beispiele der Definition des Bildungsbegriffes etwas zu analysieren, so stellt sich heraus, dass Bildung sich als ein lebenslanger Prozess versteht, in dem sich einzelne Menschen immer wieder mit ihrer regionalen, sozialen, wirtschaftlichen, technischen, ökologischen, kulturellen … Umwelt auseinandersetzen, Eigenerfahrungen mit Fremderfahrungen verknüpfen, dabei Hilfe zur Selbsthilfe annehmen – ohne sich vereinnahmen zu lassen, selbstbestimmt ihre Kompetenzen/Fähigkeiten/Fertigkeiten ausbauen, sich über ihr Tun als Person weiterentwickeln, dabei ihre Beobachtung schärfen, sowohl was die eigene Situation betrifft als auch die nähere und weitere Umgebung.

Der gebildete Mensch ist demnach ein lebenslang lernbereiter und lernfähiger, einer, der in der Lage ist, seine eigenen Stärken und Schwächen realistisch einzuschätzen, sich auf dieser Basis den Außenbedingungen/-forderungen zu stellen, sein Leben selbstbewusst und eigenständig zu gestalten. Dazu gehört, sich als bedeutsam erkanntes Handlungswissen anzueignen – allein, im Team, durch Heranziehung von Experten.

Lernen ist also der Kern jeglicher Bildung, ob Allgemeinbildung oder Berufsbildung, formale oder materielle Bildung, Bildung von Kindern, Jugendlichen, Erwachsenen oder Senioren, Bildung von Eliten oder von Benachteiligten, Bildung im ländlichen oder städtischen Bereich.

Trotz dieser Definition sollte der Bildungsbegriff erhalten bleiben und nicht durch den Lernbegriff ersetzt werden. Gebildete Menschen sind zwar lernbereit und lernfähig, sie unterwerfen sich aber nicht unkritisch irgendwelchen Bildungsangeboten, sondern sie reflektieren ihr Lernen, d.h. sie stellen es in weitere Zusammenhänge, indem sie immer wieder fragen:

- Wozu lerne ich?
- Was bringt dieses Lernen mir bzw. meiner näheren Umwelt – materiell, ideell, persönlichkeitsbildend?
- Wie lässt sich das lebenslang notwendig gewordene Lernen aus meiner Lebenssituation heraus organisieren?[1]

Gerade dazu hat ja die europäische Kommission das Weißbuch „Lehren und Lernen – Auf dem Weg zur kognitiven Gesellschaft", Weißbuch zur allgemeinen und beruflichen Bildung, anlässlich des von den Europäern zum lebenslangen Lernen erklärten Jahres 1996 herausgegeben. Dabei werden neben Situationsanalysen auf breiter Diskussionsbasis Aktionsleitlinien entwickelt, z.B. zur Förderung der Aneignung neuer Kenntnisse. Schon in der Einleitung weist die Kommission auf die besondere Bedeutung der Entwicklung der Informations- und Kommunikationstechnik hin und zählt sie zu den drei zentralen Herausforderungen des sich gegenwärtig vollziehenden technologischen und wirtschaftlichen Wandels der Welt.

Genau hier setzt nunmehr der Bildungsauftrag der Wirtschaftskammer Tirol an und es soll im Folgenden versucht werden – nach einem eher kurz gehaltenen Beitrag über die gesetzlichen Grundlagen – , anhand des breiten Bildungsspektrums in Tirol auf die

---

[1] Ilsedore WIESER, Bildung an der Schwelle zum 3. Jahrtausend. In: Hansjörg HERBER / Franz HOFMANN (Hrsg.), Schulpädagogik und Lehrerbildung, Innsbruck-Wien 1998, 35–39.

Beteiligung bzw. Einflussnahme der Wirtschaftskammer auf die verschiedenen Ebenen des Bildungsangebotes in Tirol näher einzugehen; im letzten Kapitel möchten wir noch einen Blick in die Zukunft wagen, eine, wie sich herausgestellt hat, sehr spannende und interessante Herausforderung.

Von maßgeblicher Bedeutung für all diese Betrachtungen ist selbstverständlich das vom Präsidium der Wirtschaftskammer beschlossene Leitbild der Wirtschaftskammer Tirol, das seinerseits wiederum auf dem 1995 vom Kammertag beschlossenen Bildungspolitischen Programm der Wirtschaftskammer Österreich beruht bzw. dieses mit einbezieht. Im Grundsätzlichen geht es darum, praxisnah und zukunftsorientiert auszubilden und im gesamten Bildungssystem Querverbindungen zwischen Bildung und Wirtschaft zu schaffen und „so der Bevölkerung bei der Bewältigung des wirtschaftlichen und technologischen Wandels durch bestmögliche Entwicklung des Qualifikationsniveaus behilflich zu sein".[2]

Ihre konkreten bildungspolitischen Anliegen verfolgt die Wirtschaftskammer Tirol mit Hilfe eines Bildungs- und Lehrlingsausschusses, dem Vertreter aus allen Sektionen angehören. In diesem Ausschuss werden sämtliche bildungspolitisch relevanten Themen ausführlich erörtert und in weiterer Folge die Vorstellungen und Anliegen der Wirtschaftskammer Tirol an die zuständigen Entscheidungsträger herangetragen.

## 2. Gesetzliche Grundlagen des Bildungsauftrages

Der Bildungsauftrag der Wirtschaftskammer Tirol basiert hauptsächlich auf den einschlägigen Bestimmungen des Wirtschaftskammergesetzes aus dem Jahr 1998 (BGBl. Nr. 103/1998). Dort ist festgelegt, dass den Landeskammern und den in ihr organisierten Fachgruppen (Innungen, Gremien) bestimmte Aufgaben des staatlichen Bildungsauftrages zukommen. So haben die Landeskammern insbesondere Gutachten über die Einrichtungen und die Organisation von Einrichtungen, welche die Förderung der Wirtschaft oder des ihr dienenden Bildungswesens zum Gegenstand haben, zu erstatten sowie diesbezügliche Maßnahmen zu ergreifen und entsprechende Einrichtungen zu schaffen und zu verwalten. Zudem ist jede Landeskammer verpflichtet, zur Förderung der Wirtschaft im Rahmen der Kammerdirektion ein Wirtschaftsförderungsinstitut (WIFI) zu errichten. Zu den Aufgaben des WIFI zählen die Aus- und Weiterbildung, eine allgemeine technische und betriebswirtschaftliche Wirtschaftsförderung, die Organisation von Messen, Ausstellungen und Musterschauen und nicht zuletzt die Durchführung allfälliger Bildungsmaßnahmen im Ausland.

Die Fachgruppen haben im eigenen Wirkungsbereich die Förderung des öffentli-

[2] Werner PLUNGER, Praxis der Kulturförderung am Beispiel der Tiroler Handelskammer. In: Clemens-August ANDREAE (†) und Christian SMEKAL (Hrsg.) Kulturförderung in den Alpenländern, Theorie und Praxis, Fritz Prior zum 70. Geburtstag, Innsbruck 1992, 388.

chen und privaten Unterrichtswesen im Interesse der Mitglieder, die Förderung der Aus- und Weiterbildung der Mitglieder und ihrer Mitarbeiter, die Förderung der Berufsausbildung, insbesondere des Lehrlingswesens sowie die Unterstützung des einschlägigen Prüfungswesens und die Abhaltung von Befähigungsprüfungen, sofern nicht andere Stellen zuständig sind, zu gewährleisten.

Dieser klare Bildungsauftrag findet sich in weiterer Folge in der Fachgruppenordnung (BGBl. Nr. 223/1947, zuletzt geändert durch BGBl. II/Nr. 40/1997) als auch in der Rahmengeschäftsordnung der Landeskammern bzw. der Rahmengeschäftsordnung der Fachgruppen (beide im Erlass des BMwA vom 18. 8. 1994) wieder.

Obgenannte Aufgaben werden von den Landeskammern bzw. Fachgruppen im Rahmen der Interessensvertretung, also im eigenen Wirkungsbereich wahrgenommen. Die Landeskammern übernehmen aber weiters bestimmte Agenden, die der Staat an sich selbst durchzuführen hätte. In diesem Bereich handeln sie somit im sogenannten übertragenen Wirkungsbereich. Die gesetzliche Basis findet sich wieder im Wirtschaftskammergesetz 1998.

So ist die Wirtschaftskammer Tirol aufgefordert, für den Staat das gesamte Lehrlingswesen zu verwalten als auch die Meisterprüfungen und bestimmte Befähigungsprüfungen abzuwickeln. Zur Besorgung dieser Aufgaben hat die Landeskammer geeignete Stellen, nämlich die Lehrlingsstelle und die Meisterprüfungsstelle, einzurichten. Diese besitzen Behördenstatus, handeln somit im Rahmen der Kammerorganisation weisungsfrei und sind in den staatlichen Instanzenzug eingegliedert. Die gesetzlichen Bestimmungen, die der Wirtschaftskammer Teile der staatlichen Verwaltung zur Besorgung übertragen, sind im Bereich des Lehrlingswesen das Berufsausbildungsgesetz (BGBl. Nr. 142/1969, zuletzt geändert durch BGBl. I/Nr. 100/1998) und im Bereich der Meister- und Befähigungsprüfungen die Gewerbeordnung (BGBl. Nr. 194/1994, zuletzt geändert durch BGBl. I/Nr. 2/2000).

## 3. Aktuelle Erhebung des „Status quo“

Wie und wodurch kommt die Wirtschaftskammer Tirol derzeit schon ihrem Bildungsauftrag nach? Im folgenden Abschnitt werden die wesentlichen Beteiligungen der Wirtschaftskammer Tirol im Tiroler Bildungssektor – systematisch geordnet – dargestellt. Diese Darstellung erhebt selbstverständlich keinen Anspruch auf Vollständigkeit.

### 3.1 Berufsinformationszentrum – BIZ

#### *3.1.1 Rückblick*

Die Welt, in die wir hineingestellt sind, wandelt sich immer rascher. Bahnbrechende Erfindungen, konjunkturelle Schwankungen und politische Entscheidungen und Ereignisse verändern die Berufs- und Arbeitswelt.

Der Rhythmus dieser Veränderungen verlangt von den Menschen Beweglichkeit. Immer häufiger sind wir alle im Laufe eines Lebens durch die äußeren Umstände zu beruflicher Neuorientierung herausgefordert. Eine freie Entscheidung einer Berufswahl setzt allerdings einerseits umfassende Kenntnisse der eigenen Persönlichkeit und andererseits des beruflichen und schulischen Angebotes voraus. Mangelndes Wissen über die eigenen Fähigkeiten, Stärken und Schwächen sowie über die Verschiedenartigkeit der einzelnen Berufe und der einzelnen Schultypen hat in der Vergangenheit dazu geführt, dass oftmals falsche Schul- bzw. Berufswahlentscheidungen getroffen worden sind.

Dieser Situation Rechnung tragend, hat die Wirtschaftskammer Tirol im Frühjahr 1989 den Entschluss gefasst, durch die Einrichtung eines Berufs-Informations-Zentrums dem Mangel an professioneller Information und Beratung abzuhelfen. Grundgedanke damals wie heute ist es, jungen Menschen bei der Berufswahl zu helfen, Eltern, Jugendliche und Lehrer über die vielfältigen Möglichkeiten in der heutigen Berufswelt zu informieren, sie zu beraten und die verschiedenen Bildungswege, die zu diesen Berufen führen, aufzuzeigen. Dabei bedient man sich nicht nur professioneller Methoden[3], sondern es wird auch eine breite Palette didaktischer Hilfsmittel eingesetzt.

### *3.1.2 Berufsinformation für Jugendliche*

So verfügt das 1990 eröffnete Berufs-Informations-Zentrum heute über neun BerufsInformationsComputer (MultiMediaBIC), die den Benutzern ihr Interessensprofil darstellen können. Rund 1000 Berufsbeschreibungen sowie über 900 Videos, die ein Bild der Arbeits- und Berufswelt ergeben, Mappen über Lehrberufe, schulische Ausbildung und Berufsprospekte ermöglichen einen vertieften Einblick, während diverse Checklisten und Flugblätter Hilfestellungen bei der Berufswahl und Stellenbewerbung bieten.

Schulklassen werden durch einen Vortrag über die Berufswahl darauf eingestimmt und können anschließend die Möglichkeiten im BIZ nutzen. Workshops in verschiedenen Schulen zum Thema Berufswahl, Trends, Bewerbung und ähnliches mehr bieten den Schülern Gelegenheit zur intensiven Auseinandersetzung.

Die Testung von Jugendlichen bildet oft die Grundlage für ein in die Tiefe gehendes Beratungsgespräch, bei dem aufbauend auf die herausgefundene Neigung und unter Mitberücksichtigung der Eignung die entsprechende Berufsrichtung herausgearbeitet wird.

### *3.1.3 Eltern*

Die Zielgruppe der Eltern als die wichtigsten Entscheidungsträger bei der Berufswahl[4] wird durch die Teilnahme an diversen Elternabenden und -seminaren, Messen

---

[3] Erwin EGLOFF, Berufswahlvorbereitung, Aargau, 8. Auflage 1990.

[4] Kurt SCHMID / Johann STEINRINGER, Einflussfaktoren auf die Berufswahl, in: Daten & Fakten, Wien 1998.

(insbesondere der Innsbrucker Herbstmesse, der BeSt – Messe für Beruf und Studium sowie der Shuttle-Messe der Tiroler Fachberufsschulen) und diversen Diskussionsrunden betreut. Mit der Schaffung einer eigenen Broschüre[5] wurde hier für die Eltern eine optimale Basisinformation geschaffen.

#### *3.1.4 Lehrer*

Zusätzlich gab und gibt das BIZ wesentliche Impulse in der Ausbildung der Lehrer zu Berufsorientierungsprofis (BOLK-Lehrer – Berufsorientierung und Lebenskunde). Durch verschiedene Seminare und Informationstage will das BIZ in Zusammenarbeit mit dem Pädagogischen Institut des Landes Tirol, den Pädagogischen Akademien in Innsbruck und Stams Lehrer an APS, AHS, BMHS Berührungsängste mit der Wirtschaft abbauen, wirtschaftliches Denken stärken, Wirtschaftsgesinnung ausbauen, die Lehre als hervorragende Berufsausbildung darstellen, die Vielfalt der Lehrberufe in Erinnerung rufen, über wirtschaftliche und berufliche Trends informieren.

#### *3.1.5 Unternehmer*

Durch die Einbindung in die Information der Schüler und Lehrer (Berufskundliche Tage, Vorträge) sowie der Eltern (Elternabende) erhalten Unternehmer verstärkt die Möglichkeit, ihre Sicht von Beruf, Ausbildung und Qualifikation dem Publikum näherzubringen und so auch zur Verbesserung der Zusammenarbeit von Wirtschaft und Schule beizutragen.

Das BIZ erstellt auch Auswahlverfahren zur Lehrlingseinstellung als Hilfestellung für die Betriebe bei der Auswahl von Lehrlingen. Die Liste der Ausbildungsbetriebe gibt den Jugendlichen und Eltern die Möglichkeit, Betriebe, die in den entsprechenden Lehrberufen ausbilden, aufzusuchen.

Das Berufs-Informations-Zentrum der Wirtschaftskammer Tirol war sicherlich bahnbrechend für ein neues Verständnis von Berufswahl, Berufswahlprozessen und darauf begründeten Entscheidungen. Die Mittel und Wege, um dies zu erreichen sind äußerst vielfältig. Würde man alle Aktivitäten des BIZ, auch in ihrer Differenziertheit, aufzählen wollen, würde es den Rahmen eines Beitrages für eine Festschrift bei weitem sprengen.

### 3.2 Lehrlingswesen

Eine zweckentsprechende Ausbildung der Jugendlichen für ihr Berufsleben ist die entscheidende Frage für die Zukunft einer Volkswirtschaft. Das Ziel ist, eine gediegene fachliche Ausbildung anzubieten, um junge Leute zu befähigen, entsprechend ihren persönlichen Neigungen und Leistungen am Wirtschaftsleben teilzunehmen und somit zur notwendigen Standortsicherung Österreichs beizutragen. Österreich ist in der

[5] ibw und Wirtschaftskammern, Berufswahl – Eltern helfen ihren Kindern, Wien 2. Auflage 1999.

glücklichen Lage, seinen Jugendlichen verschiedene Wege der Berufsausbildung anbieten zu können.

Das hohe Qualifikationsniveau der Fachkräfte mit entsprechender Praxis und somit Umsetzungskompetenz resultiert aus einem solchen Ausbildungsweg, nämlich der Lehre.

Nahezu 50 % aller Pflichtschulgänger in Tirol wählen diese Qualifizierungsschiene.[6] Die berufliche Ausbildung in der Lehre ist in der Form des sogenannten dualen Systems organisiert, das die Ausbildung im Lehrbetrieb und in der Berufsschule verbindet. Die Lehrlingsausbildung geht historisch auf die Ausbildungsleistungen des Handwerks und des Handels im Mittelalter zurück. Dort übernahmen die Zünfte und Gilden der Städte die Verantwortung zur Ausbildung ihres Nachwuchses.[7]

Diese starke historische Bindung erklärt die Denkweise der Unternehmer in unserem Land, wo man die fachliche Ausbildung des Nachwuchses als fundamentales Anliegen des Berufsstandes betrachtet. Eine solche Gesinnung der Unternehmerschaft erweist sich heute als unerlässliche Grundlage für den Aufbau und das weitere Bestehen dieses Ausbildungssystems.

Die Vorteile der Ausbildung im Betrieb liegen auf der Hand, findet diese doch unter Bedingungen des Arbeitslebens und an Maschinen, Geräten und Einrichtungen statt, die dem Stand der Technik entsprechen. Die Ausbilder im Betrieb sind ständig mit neuen technischen und wirtschaftlichen Anforderungen konfrontiert und können diese unmittelbar in die Ausbildung einbringen. Das Lernen in der betrieblichen Praxis fördert die persönliche Entwicklung, die Fähigkeit zur selbständigen Problemlösung, die Hebung des Selbstwertgefühls, die Verbesserung des Sozialverhaltens, eine positive Arbeitshaltung und eine zukunftsweisende Motivation.

Die Fertigkeiten und Kenntnisse eines Lehrberufes werden in den sogenannten Ausbildungsordnungen festgelegt und sind aus den Anforderungen der Berufswelt abgeleitet. Sie werden für jeden Lehrberuf in den Berufsprofilen und Berufsbildern beschrieben bzw. auch die zeitliche Dauer der Ausbildung – mindestens zwei, maximal vier Jahre – festgesetzt, enthalten die Mindestanforderungen an Ausbildungsinhalten, die im Lehrbetrieb vermittelt werden und sichern somit ein einheitliches Ausbildungsniveau in dem jeweiligen Lehrberuf.[8]

Die Wirtschaftskammerorganisation ist bei der Schaffung neuer Lehrberufe bzw. bei der Erneuerung bereits bestehender Berufe in das dafür notwendige Verfahren eingebunden. Experten und Funktionäre wirken bereits bei der Entstehung von Lehrberufen im Rahmen ihrer Fachgruppen- (bzw. Innungs-, Gremial-)Arbeit mit. Vertreter der Wirtschaftskammer finalisieren im Bundesberufsausbildungsbeirat zusammen mit dem

---

[6] Wirtschaftskammer Tirol (Hrsg.), Tiroler Lehrlingsstatistik 2000, Innsbruck 2001, 5.

[7] Georg PISKATY, Berufsausbildung aus internationaler Sicht. In: Georg PISKATY, Gerhard RIEMER, Johann STEINRINGER (Hrsg.), Lehrlingsausbildung in Österreich, Wien 1985, 41.

[8] Wolfgang LENTSCH, Die Lehre: Berufsausbildung in Österreich (Veröffentlichung des BMwA), Wien, 7. Auflage 1999, 6–8.

Sozialpartner die Ausbildungsvorschriften und schlagen sie dem zuständigen Bundesminister zur Verlautbarung im Bundesgesetzblatt vor.

Die Verantwortung der ordnungsgemäßen Abwicklung im Bereich des Lehrlingswesens – von der Lehrvertragserstellung bis hin zur Lehrabschlussprüfung – liegt in erster Instanz allein in der Kompetenz der Lehrlingsstelle der Wirtschaftskammer. Durch die Einrichtung dieser Lehrlingsstellen in jedem Bundesland ist die gesamte Administration mit der dafür notwendigen Finanzierung durch die Wirtschaftskammer gewährleistet.

Zum Stichtag 31. 12. 2000 waren im Bundesland Tirol insgesamt 12.377 Lehrlinge in Ausbildung. 4.784 Lehrverträge wurden durch die Lehrlingsstelle der Wirtschaftskammer Tirol protokolliert. 4.810 Personen traten zur Lehrabschlussprüfung an. Diese Zahlen verdeutlichen, dass die Lehre allein zahlenmäßig im Bereich der beruflichen Erstausbildung der größte Anbieter auf dem Tiroler Bildungsmarkt ist.[9]

Einen besonderen Schwerpunkt im Lehrlingswesen setzt die Wirtschaftskammer Tirol durch die Abhaltung von Lehrlingswettbewerben. Dabei soll dem Lehrling Gelegenheit geboten werden, seine Berufskenntnisse und Fähigkeiten mit denen seiner Berufskollegen schon während des Lehrverhältnisses zu vergleichen, zu erproben und außerhalb des üblichen Prüfungswesens unter Beweis zu stellen. Im Besonderen bietet der Wettbewerb, der im Schuljahr 1999/2000 zum 50. Mal abgehalten wurde, bei allen Lehrlingen beachtliche Vorteile als Training auf die Lehrabschlussprüfung: Das Selbstvertrauen wird gefestigt, die Berufsfreude gefördert. Der Wettbewerbsteilnehmer wird zur Lehrabschlussprüfung mit größerer Erfahrung und Sicherheit antreten können. Ferner ist ein gutes Abschneiden ein Kriterium bei der Begabtenförderung des Landes Tirol, deren Richtlinien maßgeblich von der Wirtschaftskammer vorgeschlagen worden sind.

## 3.3 Die Berufsschule

In der Lehrlingsausbildung im dualen System begleitet und fördert die Berufsschule die betriebliche Ausbildung. Die Verpflichtung der auszubildenden Lehrlinge zum Besuch der Berufsschule ergibt sich aus dem Lehrvertrag und aus dem Schulpflichtgesetz. Der Schwerpunkt der Ausbildung in der Berufsschule liegt beim berufsorientierten Fachunterricht. Sie dient der fachtheoretischen Förderung und Ergänzung der betrieblichen Ausbildung. Weiters vermittelt die Berufsschule eine Vertiefung und Vervollständigung der Allgemeinbildung, zusammen mit einer fachorientierten Fremdsprachenausbildung – aufbauend auf dem Unterricht in der Pflichtschule.

Das Berufsschulwesen liegt in der Verantwortung der Länder. Die Einheitlichkeit des Unterrichts in ganz Österreich wird allerdings durch bundesweite Rahmenlehrpläne für jeden Lehrberuf gewährleistet.

Die Wirtschaftskammer ist auch in die Belange des Berufsschulwesens eingebunden. Sei es bei der Schulgesetzgebung durch das Stellungnahmerecht im Rahmen der

---

9 Tiroler Lehrlingsstatistik 2000 (wie Anm. 6), 2–21.

allgemeinen Begutachtung oder aber auch durch Entsendung von Vertretern der Wirtschaft in das Kollegium des Landesschulrates bzw. den Berufsschulbeirat sowie in das Kuratorium der berufspädagogischen Akademie, wo ja die zukünftigen Berufsschullehrer ausgebildet werden.

Dazu kommen noch die zahlreichen und sehr erfolgreichen Kontakte der Wirtschaftskammer Tirol, sei es durch die Fachabteilung, die Sektionen oder die Fachorganisationen zu den Tiroler Fachberufsschulen bzw. der zuständigen Schulbehörde und der Schulaufsicht.

Übrigens: Die im Jahre 1998 eingeführte Refundierung der Lehrlingsentschädigung für die Dauer des Besuches der 1. Klasse der Berufsschule geht auf einen Vorschlag der Wirtschaftskammer Tirol zurück, der in der Zwischenzeit in immer mehr Bundesländern Nachahmung findet, leider aber mit Ende 2000 ausgelaufen ist.

## 3.4 Schulwesen

Der Behandlung dieses Punktes wird man am ehesten wohl dadurch gerecht, dass man ausgehend vom Bildungsziel der jeweiligen Schulform die Relevanz zur Wirtschaft überprüft und daraus den Bildungsauftrag für die Wirtschaftskammer Tirol ableitet.

### *3.4.1 Volksschule*

Entsprechend ihrer Aufgabe, nämlich in den ersten vier Schulstufen eine für alle Schüler gemeinsame Elementarbildung zu vermitteln, ist kaum eine Berührung mit der Wirtschaft gegeben. Trotzdem scheint aus Sicht der Wirtschaft eine dem individuellen Leistungspotenzial angepasste Vermittlung von grundlegenden Kulturtechniken, die Vermittlung von Interesse und Freude am Lernen, aber auch bereits eine sanfte Hinführung zum Leistungsgedanken als notwendiger Anspruch. Die Erfahrung lehrt uns auch, dass bereits Kinder im Volksschulalter nicht nur in der Lage, sondern auch begeistert davon sind, mit den neuen Technologien umzugehen. Es ist auch ein Irrglaube zu meinen, dass ein Bildungssystem ohne Vermittlung von Werten auskomme. Deshalb wird es von der Wirtschaft sehr begrüßt, dass viele Lehrer durch ihr Beispiel viel zu einer gewünschten Wertevermittlung beitragen.

### *3.4.2 Hauptschule*

Die Hauptschule hat die Aufgabe, eine grundlegende Allgemeinbildung zu vermitteln sowie den Schüler je nach Interessen, Neigungen, Begabungen und Fähigkeiten für das Berufsleben und zum Übertritt in mittlere und höhere Schule zu befähigen. Die Schüler werden in den Pflichtgegenständen Deutsch, lebende Fremdsprache und Mathematik durch die Einrichtung von Leistungsgruppen ihrer Lernfähigkeit entsprechend unterrichtet.[10]

[10] Landesschulrat für Tirol (Hrsg.), Tiroler Bildungswegweiser, Innsbruck, 9. Auflage Jänner 2000, 21.

Allein schon durch den Hinweis „für das Berufsleben … zu befähigen" wird klar, dass hier schon ein wesentlich höherer Wirtschaftsbezug gegeben ist. Neben den bereits bei den Volksschulen angeführten allgemeinen Grundsätzen kommt in dieser Phase der Heranbildung unserer Jugend der Berufsorientierung eine besondere Bedeutung zu. Hier hat die Wirtschaftskammer Tirol durch die Einrichtung eines Berufs-Informations-Zentrums im Jahr 1990 in Tirol eine Vorreiterrolle gespielt (siehe Kapitel 3.1).

Trotzdem ist an dieser Stelle darauf hinzuweisen, dass eine derartige Vertiefung der grundlegenden Kulturtechniken wie dem Lesen, Schreiben, Rechnen, Sich-in-einer-lebenden-Fremdsprache-Ausdrücken und Mit-dem-Computer-umgehen-Können, erfolgen muss, sodass ein positiver Pflichtschulabschluss zu ausbildungsfähigen und lehrvertragsreifen Jugendlichen führt. In dieser Phase der Entwicklung der Jugendlichen ist auch der Leistungsgedanke zu verstärken. „Es gibt keine Bildung ohne Anstrengung."[11]

### *3.4.3 Polytechnische Schulen*

Die Polytechnische Schule hat die Aufgabe, für Schüler im neunten Jahr der allgemeinen Schulpflicht die allgemeine Grundbildung im Hinblick auf das praktische Leben und die künftige Berufswelt zu festigen sowie die Jugendlichen durch eine entsprechende Berufsorientierung auf die Berufsentscheidung vorzubereiten.[12]

Gerade in diesem Bereich hat die Wirtschaftskammer Tirol entscheidende Akzente gesetzt und den damaligen Poly 2000, wie er als Schulversuch in Tirol gelaufen ist, immer unterstützt und ihm durch anhaltende Intervention beim zuständigen Bundesminister zum Durchbruch verholfen, sodass er nunmehr als Regellehrplan in fast unveränderter Form in ganz Österreich eingeführt worden ist. Auf die vielfältigen Kontakte zu den Polytechnischen Schulen in Tirol durch das BIZ wird hingewiesen.

### *3.4.4 Berufsschulen*

Die Berufsschule hat die Aufgabe (wie schon unter Punkt 3.3 angeführt), durch einen berufsbegleitenden, fachlich einschlägigen Unterricht die grundlegenden theoretischen Kenntnisse zu vermitteln, die betriebliche Ausbildung zu ergänzen und zu fördern, die Allgemeinbildung zu erweitern und die Schüler durch Einrichtung von Leistungsgruppen zu fördern. Aufgrund der Bedeutung des Berufsschulwesens für Tirols Wirtschaft wurde diesem Bereich ein eigener Punkt (3.3) gewidmet.[13]

### *3.4.5 Allgemein bildende Höhere Schulen (AHS)*

Die allgemein bildende höhere Schule hat die Aufgabe, den Schülern eine umfassende und solide Allgemeinbildung zu vermitteln und sie zur Hochschulreife zu führen. Ein primäres Merkmal der AHS ist also die Vielfalt des Bildungsangebotes. Die AHS-

---

[11] Roman Herzog, Rede auf dem Berliner Bildungsforum Nov. 1997.
[12] Tiroler Bildungswegweiser (wie Anm. 10) 25.
[13] Tiroler Bildungswegweiser (wie Anm. 10) 27.

Oberstufe ermöglicht den einzelnen Schülern, ihren Bildungsweg nach eigenen Wünschen mitzugestalten und auch der beruflichen Orientierung mehr Augenmerk zu schenken.[14]

Auf den ersten Anschein mag man den Eindruck haben, dass die heimischen Betriebe mit Absolventen einer AHS nicht viel anfangen können. Dies kann in der Vergangenheit auch zugetroffen haben. Immer mehr jedoch kommen die Personalverantwortlichen in den Betrieben zur Erkenntnis, dass eine Allgemeinbildung auf hohem Niveau, die Fähigkeit vernetzt und in größeren Zusammenhängen denken und sich relativ rasch auf geänderte Situationen einstellen zu können, zu immer mehr nachgefragten Tugenden bei Mitarbeitern werden. Die Fähigkeit, sich relativ schnell neues Wissen anzueignen, wird ebenso geschätzt wie die hohe Fremdsprachenkompetenz.

Aus diesen Gründen ist es nicht verwunderlich, dass die Wirtschaftskammer Tirol darauf drängt, auch AHS-Schülern die Wirtschaft im Allgemeinen sowie Grundkenntnisse über die Führung eines Betriebes näher zu bringen. Ein durchaus geeignetes Mittel dafür sind sogenannte Praktikervorträge sowie einschlägige Lehrerfortbildungsmaßnahmen. Wie wichtig der Wirtschaftskammer die aktive Beherrschung von Fremdsprachen ist, geht auch aus der alljährlichen finanziellen Unterstützung von Fremdsprachenwettbewerben an den AHS hervor.

### *3.4.6 Berufsbildende mittlere und höhere Schulen*

Berufsbildende Schulen beginnen nach der 8. Schulstufe und weisen in eine bestimmte berufliche Richtung. Sie sollen dann gewählt werden, wenn sich bei Schülern bereits über längere Zeit deutliche Interessens- und Begabungsschwerpunkte in eine bestimmte Richtung abzeichnen.

Die Aufgabe der berufsbildenden mittleren Schulen besteht darin, den Schülern jenes fachliche grundlegende Wissen und Können zu vermitteln, das unmittelbar zur Ausübung eines Berufes auf gewerblichem, technischem, kunstgewerblichem, kaufmännischem oder hauswirtschaftlichem und sonstigem wirtschaftlichen oder sozialen Gebiet befähigt. Zugleich haben sie die erworbene Allgemeinbildung in einer der künftigen Berufstätigkeit des Schülers angemessenen Weise zu erweitern und zu vertiefen und schließen mit einer Abschlussprüfung ab.[15]

Demgegenüber besteht die Aufgabe der berufsbildenden höheren Schulen darin, den Schülern eine höhere allgemeine und fachliche Bildung zu vermitteln, die sie zur Ausübung eines gehobenen Berufes auf technischem, gewerblichem, kunstgewerblichem, kaufmännischem, wirtschaftlichem oder land- und forstwirtschaftlichem Gebiet befähigt. Sie schließen mit einer Reife- und Diplomprüfung ab, die zu Studien an Akademien, Fachhochschulen und Universitäten berechtigen.[16]

---

[14] Tiroler Bildungswegweiser (wie Anm. 10) 33.
[15] Tiroler Bildungswegweiser (wie Anm. 10) 40.
[16] Tiroler Bildungswegweiser (wie Anm. 10) 41.

Entsprechend der Ausrichtung dieser beiden Schultypen auf eine unmittelbare Ausübung eines Berufes ist das Interesse der Wirtschaftskammer daran naturgemäß besonders hoch. Um hier die Wünsche und Vorstellungen der Wirtschaft entsprechend einfließen lassen zu können, dienen nicht nur die alljährlichen Besprechungen mit den Direktoren der betroffenen Schulen, bei denen wichtige, bildungspolitisch relevante Bereiche besprochen und auch umgesetzt werden, sondern auch die an diesen Schulen errichteten Kuratorien, in denen Wirtschaftsvertreter maßgeblich vertreten sind.

Ein völlig neuer Aspekt in der Zusammenarbeit zwischen Wirtschaftskammer und BMHS betrifft die Präsentation von Projektarbeiten im Ausstellungssaal der Wirtschaftskammer, die die Schüler als Maturathemen zu erarbeiten hatten. Der Bedeutung von Fremdsprachenkenntnissen wird durch die alljährliche finanzielle Unterstützung des nunmehr die 7. Auflage erlebenden Fremdsprachenwettbewerbes an den BHS Rechnung getragen.

## *Glasfachschule Kramsach*

Wie wichtig der Bereich der berufsbildenden mittleren und höheren Schulen für die Wirtschaftskammer Tirol ist, geht auch daraus hervor, dass sie Mitglied des Vereins der Glasfachschule Kramsach ist, die seit 1948 als Privatschule geführt wird. Das innovative Konzept dieser Schule geht mit den neuesten Entwicklungen konform. Dies ist besonders deswegen wichtig, da sowohl im technischen als auch im kreativen Bereich die Schule immer wieder vor neue Aufgaben gestellt wird. Der an der Schule installierte Aufbaulehrgang bietet darüber hinaus jungen Menschen die Möglichkeit, nach der Berufsschule und der Fachschule weiterführend einen Abschluss mit einer Reifeprüfung zu erreichen. An Maturanten richtet sich das Angebot zum Besuch des Kollegs für Kunsthandwerk und Design, das mit einem Diplom beendet wird.[17] Dem mehrfach vorgetragenen Wunsch der Wirtschaft Rechnung tragend, gibt es seit dem Schuljahr 1998/1999 auch die Möglichkeit, sich mit den neuen Technologien am Glasbau auseinander zu setzen und im Aufbaulehrgang Glastechnik die Reifeprüfung abzulegen. Das Wissen über Glasbau und Glasstatik machen die Absolventen zu einzigartigen Experten, die sowohl für Glasereibetriebe als auch für Architekten von großem Interesse sind.

## *Villa Blanka*

Ähnlich gelagert sind die Situation und das Engagement der Wirtschaftskammer Tirol für die Tourismusschule Villa Blanka, bildet doch die Wirtschaftskammer gemeinsam mit den beiden Fachgruppen Gastronomie und Hotellerie seit 1959 den dazu gegründeten Trägerverein „Verein der Tiroler Gastwirte – und Hotelfachschulen". Die Schule selbst wurde bereits im Jahr 1950 gegründet und ist damit die älteste Tourismusschule in Tirol.

---

[17] Ursula PITTL, 50 Jahre Glasgeschichte, Glasfachschule Kramsach 1947–1997, Vorwort der Festschrift.

Die Verantwortlichen haben somit schon frühzeitig erkannt, welche Bedeutung der Tourismus für das Land Tirol haben wird. Eine ausgezeichnete Aus- und Weiterbildung der Mitarbeiter in diesem sehr sensiblen Bereich ist eine unabdingbare Vorbedingung. Gerade in den letzten Jahren wurde durch den Trägerverein sehr viel Geld in die Qualität der Ausbildung auf der Villa Blanka investiert. So ist die Villa Blanka heute in der Lage, einen hervorragenden Beitrag zur Professionalisierung und zur Wettbewerbsstärkung der Tourismusbranche und des Unternehmernachwuchses zu leisten. Neben dem geplanten Um- und Neubau der Villa Blanka Innsbruck begann ab Herbst 2000 ein Fachhochschulstudiengang für „Unternehmensführung in der Alpinen Tourismuswirtschaft“, der sich vor allem an den touristischen Unternehmernachwuchs wendet.

Das Ausbildungsangebot reicht heute von der 3-jährigen Hotelfachschule über die 5-jährige Höhere Lehranstalt bis hin zum 3-jährigen Aufbaulehrgang. Derzeit besuchen über 450 Schüler/innen die Villa Blanka in 18 Klassen; sie werden von über 50 Lehrpersonen in den theoretischen und fachpraktischen Fächern unterrichtet.

### *Schnitzschule Elbigenalp*

Die Wirtschaftskammer Tirol ist aber auch noch an einer dritten privaten Schule beteiligt. 1957 wurde nämlich der Verein „Schnitzschule Elbigenalp“ gegründet, dem auch die damalige Handelskammer angehörte. Dieser Verein ist Träger der privaten Schule für gewerbliche Holzbildhauerei, die eine berufsbildende mittlere 4-jährige Fachschule (für Kunsthandwerk) ist. Sie führt derzeit zwei Ausbildungszweige, und zwar für Bildhauerei und Vergolder und Schilderhersteller, wobei neben den allgemein bildenden theoretischen Fächern wie Deutsch, Mathematik und Englisch der Schwerpunkt des Unterrichts auf den praktischen Gegenständen liegt, und so vor allem ein solides handwerkliches Können vermittelt wird. Durch diesen Schultyp werden insbesondere jungen Menschen angesprochen, die mit Farbe und Form arbeiten möchten, die handwerkliches Geschick mit der Begabung zum Gestalten und Entwerfen besitzen. In dieser Schule, deren Wurzeln auf das Jahr 1800 zurückgehen, wurden im Schuljahr 1999/2000 74 Schüler, ziemlich genau die Hälfte davon Mädchen, unterrichtet.

## 3.5 Fachhochschulwesen

Wenn wir davon ausgehen, dass mittlerweile die Qualifikationsstruktur des Arbeitskräftepotenzials in einer Region eine maßgebliche Grundlage für ihr wirtschaftliches und soziales Entwicklungspotenzial bildet, d.h. einen Standortvorteil bei der Entscheidung über die Ansiedlung eines Betriebes darstellt, so liegt auf der Hand, dass neben konventionellen infrastrukturellen Gegebenheiten, von der verkehrstechnischen Erschließung oder der Bereitstellung von Energie bis hin zur Vermittlung von Lebensqualität, dem Bildungswesen in der Region und damit der beruflichen Qualifikation der Bevölkerung eine zentrale Rolle zukommen muss.

Im Sinne einer Förderung der infrastrukturellen Rahmenbedingungen einer Region reicht jedoch die Bereitstellung einer breiten Palette von Aus- und Weiterbildungsangeboten nicht aus. Spezifisches Erfordernis ist in diesem Zusammenhang vielmehr die Funktionalität des Bildungsangebotes im Hinblick auf jene beruflichen Einsatzgebiete, die für die zukünftige wirtschaftliche und soziale Entwicklung der Region als erstrebenswert erachtet werden.

Konkret bedeutet dies, dass in Hinkunft Bildungsangebote bewusst im Hinblick auf solche berufliche Anwendungsgebiete zu konzipieren sind, die zum angestrebten Entwicklungspotenzial der Region beitragen. Dabei ist sowohl den wirtschaftspolitischen als auch den beschäftigungspolitischen Zielen Rechnung zu tragen.

Vor dem Hintergrund der Vermutung, dass in der Zukunft Arbeitsplätze mit hohem Wertschöpfungspotenzial begünstigt sein werden und überdies angenommen werden kann, dass zukünftig neue Arbeitsplätze mit größter Wahrscheinlichkeit in diesem Arbeitsmarktsegment entstehen dürften, erscheint es zweckmäßig, entsprechende Bildungsangebote in Österreich bzw. auch in Tirol im Bereich der gehobenen Qualifikation zu konzipieren und letztlich einzurichten.[18] Als daher im Jahre 1993 das Gesetz über die Fachhochschul-Studiengänge erlassen wurde, ist damit ein langjähriger Wunsch der Wirtschaft in Erfüllung gegangen, basiert ihr Prinzip doch vor allem auf projektorientierter Teamarbeit und praxisbezogener Wissensvermittlung auf hohem Niveau. Das Studium kann in einer vorgesehenen Mindestdauer, aber dennoch mit einem Mindestmaß an Berufspraxis abgewickelt werden, ist nicht zu theoretisch, vermittelt aber dennoch eine hohe Problemlösungskapazität. Auch soziale Fähigkeiten und Fertigkeiten sind heute gefragter denn je. Die Fachhochschul-Studiengänge reagieren auf diese Anforderungen sehr flexibel und bieten hiermit eine optimale Berufsvorbereitung.

Nach nunmehr bereits 6-jährigem Studienbetrieb hat dieser neue tertiäre Bildungssektor einen Umfang (im Frühjahr 2001 gibt es 67 Fachhochschul-Studiengänge in ganz Österreich) und ein Ausmaß an Stabilität erreicht, die seine Existenz und Weiterentwicklung nicht mehr in Frage stellen.[19] Besonders hervorzuheben ist noch, dass die Fachhochschul-Studiengänge im gesamten tertiären Bildungsbereich die einzigen Studienanbieter sind, die ihre Studien sowohl in fachlicher als auch in quantitativer Hinsicht bedarfsorientiert zu konzipieren haben. Eine weitere Besonderheit stellt das selektive Verfahren zur Auswahl der Studenten und Studentinnen dar.[20]

*3.5.1* In Tirol ist der Durchbruch nach längeren Vorarbeiten mit dem berufsbegleitenden Studiengang „Unternehmensgestaltende Berufe" mit mehreren Vertiefungsrichtungen im Rahmen des Management Club Innsbruck (MCI) im Jahr 1996 gelungen. Im dazu errichteten Trägerverein Management-Zentrum Tirol ist auch die Wirtschaftskammer Tirol maßgeblich vertreten. In weiterer Folge wurden vom Fachhochschulverein

---

[18] Klaus SCHEDLER, unveröffentlichte Überlegungen zur Entwicklung eines „Master-Plans" zur zukünftigen Fachhochschulentwicklung, Wien 1999.

[19] Günther SCHELLING. 6 Jahre Fachhochschulwesen in Österreich: Resumee eines langjährigen Wegbegleiters. In: Bildung aktuell 8/99. Industriewissenschaftliches Institut (Hrsg.).

[20] SCHEDLER (wie Anm. 18).

Inntal, dem auch die Wirtschaftkammer Tirol angehört, zwei Studiengänge betreffend „Internationale Wirtschaft & Management“ sowie „Facility Management“ beim Fachhochschulrat eingereicht und von diesem genehmigt. Die beiden Studiengänge starteten im Herbst 1997 und erfreuen sich guter Nachfrage.

*3.5.2* Der steigende Bedarf an Technikern in der Wirtschaft und die Tatsache, dass an der Technischen Hochschule in Innsbruck lediglich Architektur und Bauingenieurwesen gelehrt wird, haben auch die Wirtschaftskammer Tirol veranlasst, für die Errichtung technischer Studiengänge auf FH-Ebene zu plädieren und einen maßgeblichen Anteil an der Finanzierung zu leisten. So etwa wird der von der Wirtschaftskammer Tirol initiierte und 1998 begonnene Studiengang „Verfahrens- und Umwelttechnik“ vom Bund, Land Tirol und der Wirtschaftskammer Tirol finanziert.

Das Studium selbst ist eine Mischung von technischen, rechtlichen, wirtschaftlichen und kommunikativen Ausbildungsinhalten. Der Studiengang wird berufsbegleitend als Studium für Berufstätige angeboten. Im eigens gegründeten Träger- und Förderverein für die Errichtung von technischen Fachhochschul-Studiengängen in Tirol mit Sitz in Innsbruck ist auch die Wirtschaftskammer Tirol vertreten.

*3.5.3* Aufgrund der großen Nachfrage nach FH-Absolventen verwundert es nicht weiter, dass derzeit in Tirol in verschiedenen Bereichen Ideen für weitere Fachhochschul-Studiengänge verfolgt werden.

In Vorbereitung ist z.B. ein Fachhochschul-Studiengang im Bereich der Informatik. Erste Vorarbeiten – unter starker Einbindung der Wirtschaftskammer Tirol – sind bereits geleistet. Die weitere Entwicklung dieses Studienganges, der aus der Sicht der Wirtschaft dringend notwendig ist – wie nicht zuletzt die äußerst erfolgreichen ähnlich gelagerten Fachhochschul-Studiengänge u.a. in Wien, Salzburg und Hagenberg beweisen – wird dann vom MCI vorangetrieben, das schon über einige Erfahrung bei der Abfassung solcher Anträge verfügt. Möglich ist auch die Einführung einer Vertiefungsrichtung in bestimmten Fachhochschul-Studiengängen für „Unternehmensgestaltende Berufe“ am MCI.

Ein weiteres interessantes Projekt zur Einrichtung eines Fachhochschul-Studienganges ist in Landeck in Ausarbeitung. Der Trägerverein Lantech in Landeck erstellt gerade erste Vorarbeiten und diverse Abklärungen für eine erfolgreiche Antragstellung zur Einrichtung eines Fachhochschul-Studienganges für angewandte alpine Verkehrs- und Sicherheitstechnologie, der dazu dienen soll, Führungskräfte und Techniker auszubilden, die den Anforderungen im alpinen Technologiebereich gewachsen sind. Gedacht ist an eine enge Kooperation mit dem Landecker Technologie- und Gründerzentrum, dessen erster Bauabschnitt im Juni 2000 in Betrieb genommen wurde.

Ganz ähnlich stellt sich die Situation beim Trägerverein Kitz-Alp-Tech dar, der die Errichtung eines Technologiezentrums in St. Johann i. T. plant; der Verein kann bereits auf ein von der volkswirtschaftlichen Abteilung der Wirtschaftskammer Tirol erarbeitetes Realisierungskonzept für einen Fachhochschul-Studiengang „Wellness- und Gesundheitstechnologie“ verweisen. Ein wesentlicher Ausbildungsschwerpunkt dieses

Fachhochschul-Studienganges könnte vor allem die Gerätemedizin mit ihren Anwendungsbereichen klinische/ärztliche Praxis, Rehabilitation, Wellness und Sportmedizin sein.

*3.5.4* Eine weitere interessante Entwicklung zeichnet sich bei der Trägerschaft für diese Fachhochschul-Studiengänge ab. In Hinkunft soll die MCI-GmbH als Träger der schon bestehenden und sämtlicher geplanten Studiengänge (außer jene in Kufstein) fungieren.

Mit dieser Konstruktion zeichnet sich in weiterer Folge deutlich ein Weg in Richtung der Gründung einer eigenen Fachhochschule in Tirol ab. Dies wird aus Sicht der Wirtschaftskammer Tirol, die maßgeblichen Einfluss darauf nehmen wird, sehr begrüßt.

## 3.6 Hochschulwesen

Für den bei weitem überwiegenden Teil der Unternehmer hat zumindest in der Vergangenheit die Beschäftigung von Akademikern eine eher untergeordnete Rolle gespielt. Vor allem im deutschsprachigem Raum entsprach es dem traditionellen Selbstverständnis der Universitäten, in erster Linie ihr Bildungsangebot im Sinne der Weiterentwicklung der Wissenschaften auszurichten. Als gleichsam notwendige Konsequenz resultierte die Vorstellung, dass akademische Bildungsgänge in erster Linie die Funktion der wissenschaftlichen Nachwuchsrekrutierung hätten. Freilich gab es da auch immer schon Ausnahmen, denn Studienrichtungen wie Pharmazie, Medizin oder Jus führten zu den sogenannten professionalisierten Akademikerberufen Apotheker, Arzt oder Anwalt. Diese haben jedoch in Handel, Gewerbe und Industrie eine eher untergeordnete Rolle gespielt.

Etwas anders war die Situation bei den Anbietern der eher anwendungsorientierten Studienrichtungen wie beispielsweise den Ingenieur- oder den Wirtschaftswissenschaften. Ständiger Diskussionspunkt dabei war die Frage, inwieweit praxisorientiert diese Studien auszulegen sind.

Die in immer wieder kürzer werdenden Abständen über das tertiäre Bildungswesen hereingebrochenen Wellen der Erneuerungen haben schlussendlich dazu geführt, dass das Studienrecht weitgehend in die autonome Verantwortung der Universitäten verlagert wurde. Die Schaffung des Fachhochschulbereiches sowie die Einführung des Bakkalaureats gehen auf dieses Reformen zurück.

Angesichts der mit dem neuen Studienrecht vorgezeichneten Entwicklungslinien besteht zur Zeit eine Chance sowohl für die Universitäten als auch für die Wirtschaft, im gemeinsamen Bemühen um zukunftsorientierte Studienangebote noch enger zusammenzuarbeiten. Die Möglichkeiten für eine solche Kooperation in der inhaltlichen und organisatorischen Studienangebotsplanung sind sogar gesetzlich verankert. Der Wirtschaftskammer Tirol wird es ein Anliegen sein, diese Kooperation bestmöglich zu unterstützen.

Dass ein gezieltes Engagement der Wirtschaftskammer durchaus fruchtbringend sein kann, zeigten die „Zukunftsgedanken für Tirol“, einer Studie von Auslandstirolern mit einer Fülle von Ideen und Vorschlägen für die Weiterentwicklung Tirols. Aufgrund dieser Studie wurde ein Beirat gegründet, der sich Gedanken über eine Umsetzung dieser Vorschläge machen sollte. Eines der Ergebnisse dieses Beirates ist, dass der Senat der Universität Innsbruck im Jänner 2000 die Errichtung von fünf Professuren im Informations- und Kommunikationstechnikbereich beschlossen hat. Ferner wurde ein Hochschullehrgang zum „Informatikassistenten“ an der Universität Innsbruck realisiert.

Das Interesse und die Beteiligung der Wirtschaftskammer Tirol ließen sich auch noch an vielen anderen Beispielen festmachen. So soll in diesem Zusammenhang nur auf das gemeinsam mit dem Land Tirol geführte und von der Wirtschaftskammer unterhaltene Institut für Verkehr und Tourismus hingewiesen werden, das in enger Zusammenarbeit mit der Universität Innsbruck die wissenschaftliche Forschung auf dem Gebiet des Verkehrs- und Fremdenverkehrswesens zur Aufgabe hat.

Nicht unerwähnt soll bleiben, dass die Wirtschaftskammer Tirol als Gesellschafter bei der „Internationales Studentenhaus Gemeinnützige Gesellschaft mbH“ schon seit dem Jahr 1952 mit dazu beigetragen hat, in Innsbruck Wohnraum für Hörer der Universität Innsbruck zu schaffen.

## 3.7 Weiterbildung

Ein besonderer Schwerpunkt des Bildungsauftrages der Wirtschaftskammer Tirol ist selbstverständlich im WIFI, dem Bildungs- und Dienstleistungszentrum der Tiroler Wirtschaft, zu sehen.

Das Potential an Wissen und Können, das Qualifizierungsniveau der Mitarbeiter und Mitarbeiterinnen, das sogenannte Human Capital, stellt den entscheidenden Erfolgsfaktor und zugleich aber einen Wettbewerbsvorteil für unsere Unternehmen dar. Dies ist nicht nur unbestritten, sondern wird jeden Tag wieder erneut unter Beweis gestellt.

Diese Erkenntnis stand allerdings schon um die Jahrhundertwende Pate, als die Gewerbeförderungsinstitute, die Vorgänger der heutigen Wirtschaftsförderungsinstitute, gegründet wurden. Wenn auch Begriffe wie Marketing, Controlling, computerunterstützte Planung und Konstruktion, Robotik oder Telekommunikation, E-business und Internet damals noch unbekannte Vokabeln waren, so ging es doch – trotz kleiner regionaler und überschaubarer Märkte und einer erst am Beginn stehenden technologischen Entwicklung – darum, die fachliche Ausbildung der Unternehmer und von deren Mitarbeitern durch Informations-, Aus- und Weiterbildungsmaßnahmen auf den letzten Stand des Wissens zu bringen, sie mit neuen Methoden der Unternehmensführung zu konfrontieren und mit neuen Produktionstechniken vertraut zu machen. Nach dem Zweiten Weltkrieg schlug mit der Errichtung der Wirtschaftskammerorganisation auch die Geburtsstunde des Tiroler Wirtschaftsförderungsinstitutes. Sein Auftrag ist im damaligen Gründungsprotokoll enthalten: „Förderung der Berufsausbildung, Produktions- und Absatzförderung und kulturelle und künstlerische Wirtschaftsförderung.“

Die letzten rund fünf Jahrzehnte stellen eine außergewöhnliche Erfolgsstory der Tiroler Wirtschaft und auch des WIFI dar. Dank der Weitsicht und Entscheidungsfreude führender Unternehmer und Funktionäre der Wirtschaftskammer und des Engagements der Mitarbeiter entwickelte sich das Wirtschaftsförderungsinstitut Schritt für Schritt zur größten und führenden Einrichtung für die berufsbegleitende Aus- und Weiterbildung im Lande. Heute verfügt das Institut über ausgezeichnete Strukturen, modernst ausgestattete Werkstätten und Seminarräume, regionale Bildungszentren in allen Bezirksstellen und ist außerdem in das Netzwerk aller österreichischen WIFIs eingebunden. „Wissen aus der Praxis für die Praxis“ lautet das Credo. Mehr als tausend Fachleute und Experten aus der Praxis geben ihr Wissen weiter. Jährlich besuchen insgesamt nahezu 30.000 berufstätige Tiroler eine Veranstaltung in dieser Erwachsenen-Bildungseinrichtung, weshalb es nicht weiter wundert, dass mit einem Markenerkennungsgrad von über 90 Prozent das WIFI zu *der* Marke in der beruflichen Erwachsenenbildung geworden ist.

Aber das WIFI ist nicht nur eine bekannte Bildungseinrichtung. Durch die Zusammenarbeit mit Experten aus den beratenden Berufen ist das WIFI in der Lage, hochwertige Beratungsleistungen in der technischen und betriebswirtschaftlichen Unternehmensberatung anzubieten, wobei die Schwerpunkte im Bereich der Technologie, Beratung bei der Betriebsgründung und bei der strategischen Unternehmensplanung liegen.

Darüber hinaus unterstützt das WIFI die Tiroler Wirtschaft im Bereich des nationalen und internationalen Messe- und Ausstellungswesens und ist mittlerweile für viele Klein- und Mittelbetriebe, die den Schritt auf ausländische Märkte wagen, zu einem wichtigen und unverzichtbaren Partner geworden.

## 3.8 Meisterausbildung

Der Wettbewerb wird immer härter. Das spüren besonders die kleinen und mittleren Unternehmen in Europa, in denen 99 % aller arbeitenden Menschen beschäftigt sind. Wissen wird zur ultimativen Waffe im Gestrüpp der Informationsgesellschaft. Das Niveau der Qualifikation entscheidet über Sieg oder Niederlage, über Erfolg oder Misserfolg eines Unternehmers. Nur wer optimal auf seinen Beruf vorbereitet wird, wer hoch qualifiziert ist und sich gezielt weiterbildet, der kann in Zukunft produktiver arbeiten und mehr innovative Produkte auf den Markt bringen als die Konkurrenz. Ohne bestens ausgebildete Gewerbetreibende, darin sind sich alle einig, gibt es kein Wachstum, keinen Fortschritt und keine neuen Arbeitsplätze.

*3.8.1* In Europa gibt es eine Ausbildung, die all das garantiert: die Meisterprüfung. Deshalb hat die europäische Task-force zur Vereinfachung des Unternehmensumfeldes den Weg der Meisterausbildung jüngst zum „Best practice“ und damit zum leuchtenden Vorbild für ganz Europa erklärt. Im Bericht der Fachgruppe heißt es wörtlich:

„Die Ausbildung zum Handwerksmeister, wie sie in Deutschland, Österreich und Luxemburg praktiziert wird, ist ein nachahmenswertes Beispiel für ein einheitliches und umfassendes Ausbildungssystem, das eine solide Basis für die Gründung eines eigenen Unternehmens darstellt. In diesem Sinne könnte die Ausbildung zum Meister anderen Mitgliedsstaaten als Beispiel dienen.“[21]

Es ist daher nicht nur absolut unverständlich, sondern sogar kontraproduktiv, wenn in jüngster Vergangenheit von verschiedenen Seiten die Meisterprüfung nicht nur in Frage gestellt, sondern auch weitgehend ihre Abschaffung gefordert wird, mit dem Argument, sie sei antiquiert und behindere vor allem beim Weg in die Selbstständigkeit. Erst kürzlich wurde erhoben, dass steuerliche Belastungen und Nebenkosten, das große Anfangskapital, komplizierte bürokratische Wege, Belastungen durch Sozialabgaben und Angst, bei einem unternehmerischen Misserfolg Ansehen und Existenz zu verlieren, am häufigsten als ausschlaggebende Gründe genannt werden, den Schritt in die Selbstständigkeit nicht zu wagen. Strenge Prüfungen werden von einer deutlichen Mehrheit nicht als Barrieren zum Gewerbeantritt empfunden. Noch dazu, wo es neben der Meisterprüfung derzeit noch acht Alternativen zum Gewerbeantritt gibt, von Hochschul-, Fachhochschul-, HTL-Abschlüssen samt Praxiszeiten bis zur Erteilung von Nachsichten und – nunmehr neu – laut einer Verfassungsgerichtshoferkenntnis auch eine langjährige einschlägige leitende Tätigkeit.

Dass es auch anders geht, zeigt die diesbezügliche aktuelle Diskussion in Deutschland, wo der „große Befähigungsnachweis“ (besser bekannt als Meisterbrief) weder für Gewerkschaften noch für die derzeit regierende Koalition aus SPD und Grünen ein Problem darstellt.[22]

In der Meinung der Konsumenten verbindet man Handwerk und Gewerbe nicht nur mit „hoher „Qualität“ und „persönlicher Betreuung“, sondern auch mit positiven Zukunftsaussichten. Man wird in den Betrieben dieser Sparte besonders gut ausgebildet, meinen 94 % bei einer entsprechenden Befragung.

Offensichtlich teilt in Tirol eine markant steigende Anzahl von jungen Facharbeitern diese Ansichten, stellten sich doch im Jahr 1999 um fast 18 % mehr Kandidaten (517) einer Meisterprüfung als noch im Jahr zuvor. Diese Entwicklung zeigt, dass die Meisterausbildung ihren Stellenwert nicht nur gehalten hat, sondern sogar steigern konnte. Diese Zahl lässt zudem den Schluss zu, dass „Unternehmer sein“ wieder an Attraktivität gewonnen hat.

### *3.8.2 Befähigungsprüfungen*

Was für Handwerke die Meisterprüfung ist, stellt für gebundene Gewerbe die Befähigungsprüfung dar. In den gebundenen Gewerben, die eine solche Prüfung vorsehen, kann man davon ausgehen, dass sowohl vom Umfang als auch vom Niveau her diese Prüfungen mit Meisterprüfungen durchaus vergleichbar sind. Die zu den Meisterprüfungen gemachten Ausführungen gelten daher auch sinngemäß für Befähigungsprüfun-

---

[21] J. Fink (BSG) / H. Steindl (WKÖ). Auf Meister ist Verlass! Argumentarium zur Meisterprüfung der Bundessektion Gewerbe, Handwerk, Dienstleistung, Feber 2000.

[22] Deutsche Handwerkszeitung Nr. 8 vom 20. 4. 2000.

gen bzw. Personen, die eine solche Prüfung abgelegt haben, mit der Maßgabe, dass sie sich allerdings nicht „Meister“ bezeichnen bzw. keinen solchen Zusatz zur näheren Bezeichnung ihrer Betriebsstätte verwenden dürfen. Im Jahr 1999 sind in Tirol 55 Kandidaten zu Befähigungsprüfungen angetreten.

### *3.8.3 Unternehmerprüfungen*

Durch die Novelle zur Gewerbeordnung im Jahr 1993 wurden auch die Bestimmungen zur Meisterprüfung geändert und der kaufmännisch-rechtskundliche Teil als eigene Prüfung – eben die Unternehmerprüfung – eingeführt.

Nach nunmehr 6-jähriger Erfahrung mit der Unternehmerprüfung kann durchaus festgehalten werden, dass sie sich bestens bewährt hat. Dies betrifft einerseits die inhaltliche Strukturierung, die erstellten Unterlagen sowohl für die Vorbereitung als auch für die Prüfung, und andererseits die – aus der Sicht der Kandidaten äußerst positiv gesehene – mögliche Trennung zwischen fachlicher Meisterprüfung und dem betriebswirtschaftlich-rechtlichen Teil. Im Jahr 1999 haben sich 315 Kandidaten dieser Prüfung gestellt.

Die Meisterprüfungsstelle/Prüfungsstelle in der Wirtschaftskammer Tirol, die im übertragenen Wirkungsbereich die Meisterprüfungen/Befähigungsprüfungen/Unternehmerprüfungen organisiert und abwickelt, ist verantwortlich dafür, dass auf eine faire und nach objektivierbaren Kriterien ausgerichtete Meisterprüfung unter Wahrung eines hohen Niveaus geachtet wird.

## 3.9 EU-Förderungen bringen Schwung nach Tirol

Österreichs Konkurrenzfähigkeit im globalen Wettbewerb wird heute, fast sechs Jahre nach seinem EU-Beitritt, stärker von Wissen, vom Engagement der Menschen und von unserer Innovationskraft bestimmt denn je. Dies gilt auch für Tirols Bürger und Unternehmer.

Die Europäische Union legt seit jeher großes Gewicht auf EU-Förderprogramme in den Bereichen Aus- und Weiterbildung. Wesentlich sind hier die Programme SOCRATES und LEONARDO DA VINCI. Während das Ziel von SOCRATES der Ausbau der europäischen Dimension, die Förderung von Sprachkenntnissen und kulturellem Verständnis von Mobilität und Unterstützung des Abbaus von Mobilitätshindernissen von Innovation bildet, unterstützt das Berufsbildungsprogramm LEONARDO DA VINCI die Entwicklung der beruflichen Bildung.

Gerade in Zeiten enormer Veränderungen benötigen die Zielgruppen des Förderinstrumentariums kompetente Ratgeber, die zum Mitmachen ermutigen und mit Rat und Tat zur Seite stehen. In diesem Sinne hat die Wirtschaftskammer Tirol in den vergangenen Jahren sich immer wieder als kompetenter Ansprechpartner erwiesen:

So haben seit 1995 zahlreiche junge Tiroler, unterstützt von der Wirtschaftkammer Tirol, am LEONARDO-Programm der Europäischen Union teilgenommen.

Durchschlagenden Erfolg beweist etwa das seit 1997 jährlich für Lehrlinge aus dem Einzelhandel organisierte einmonatige Auslandspraktikum der Kaufmännischen Berufsschule II Innsbruck in Südwestengland.

Darüber hinaus ist die Tätigkeit der Wirtschaftskammer Tirol im europäischen Bildungsbereich durch die enge Zusammenarbeit mit dem Verein für Internationalen Fachkräfteaustausch (IFA) gekennzeichnet. Dieser Verein organisiert Praktika für bestimmte Berufe in den Zielländern der EU, berät Unternehmen und Schulen beim Aufbau von Austauschprojekten mit EU-Förderung aus dem LEONARDO-Programm und stellt auch alle entsprechenden Anträge an die EU.

Die Wirtschaftskammer Tirol hat sich zudem 1996–1998 gemeinsam mit der Agenzia del Lavoro Trient, einigen weiteren Partnern aus Italien und der IHK Stuttgart an einem internationalen Pilotprojekt zur Lehrlingsausbildung beteiligt. Ziel dieses Projektes in der Lehrlingsausbildung war eine Analyse der Modelle in den Teilnehmerländern hin zu einem innovativen Projekt. Das Anfang 1999 präsentierte Modell wurde in Brüssel und Rom bestens beurteilt und wird in der Zwischenzeit in der Provinz Trient bereits eingeführt.

Nicht unerwähnt soll bleiben, dass auch das WIFI in seinem Zuständigkeitsbereich in einer Vielzahl von EU-Projekten beteiligt ist. Eine detaillierte Aufzählung würde allerdings zu weit führen.

Last, but not least hat die Wirtschaftskammer Tirol in der Vergangenheit auch durch regelmäßige Seminarveranstaltungen auf die vielfältigen Förder- und Mobilitätsmöglichkeiten in und durch Europa aufmerksam gemacht: dies in der Regel durch Einladung von Experten aus den jeweiligen Entscheidungsgremien, die den interessierten Unternehmern fundierte Auskünfte erteilten und ihnen Rede und Antwort standen.

## 4. Wie schaut die Zukunft aus?

Für ein Mitglied der europäischen Union ist es zunächst einmal interessant zu hinterfragen, wie man in Brüssel diese Entwicklung sieht. In einem ausführlichen Artikel „Arbeitsplätze der Zukunft“ hat sich Thomas Mann, Berichterstatter des Europäischen Parlaments, mit diesem Thema auseinandergesetzt und u. a. dabei folgende zu erwartende Entwicklungen prognostiziert:[23]

### 4.1 Die neue Welt der Arbeit

Aufgrund des Umstandes, dass sich heutige Trends hochrechnen lassen, glaubt er, dass im Jahr 2020 ungefähr 80 % der Mitarbeiter für ihre Unternehmen von zu Hause

[23] Thomas MANN, Arbeitsplätze der Zukunft. In: EU-Magazin 3/1999, 30–31.

aus arbeiten werden. Produkte und Dienstleistungen werden immer stärker auf die individuellen Wünsche der Verbraucher ausgerichtet, wobei Kunden bereits in die Entwicklung von Produkten einbezogen werden. Dies erfordert Fachleute, die in der Lage sind, Kundenvisionen und technische Machbarkeit zusammenzuführen. Dies erfordert natürlich Kreativität, Geschmack und technisches Verständnis. Die Kundennachfrage nach weltweit verfügbaren besten Produkten erfordert darüber hinaus Facharbeitskräfte, die diesen globalen Austausch managen und daher neben den Fachkenntnissen mindestens drei Sprachen beherrschen müssen, um grenzüberschreitend und flexibel kommunizieren und handeln zu können.

Der Autor sieht die Chancen der europäischen Unternehmen im globalen Wettbewerb darin, Produkte und Dienstleistungen anzubieten, die Innovationsvorsprünge und erstklassige technologische Standards bieten. Dafür müssen Forschung, Herstellung und Anwendung moderner, umweltfreundliche Technologien sowie die optimale Zusammenarbeit zwischen Forschung und Wirtschaft gefördert werden. Der High-Tech-Sektor und Umwelttechnologien sind Schlüssel zu Wettbewerbsfähigkeit und Schaffung von Arbeitsplätzen.

In weiterer Folge skizziert der Autor einige Zukunftssektoren, die er ausführlich darstellt. In der für diesen Beitrag zur Festschrift gebotenen Kürze sei hier angeführt:

#### *4.1.1 Informationstechnik*

In diesem Bereich sieht Thomas Mann eine starke Erweiterung der Palette an Berufen, da ein Großteil der Arbeitskräfte in Hinkunft ihre Jobs von zu Hause aus erledigen werden. Dies bedingt eine Fülle von neuen Berufen in den Bereichen Schulung, Service und Erstellung von technischer Infrastruktur. In weiterer Folge gibt er eine Fülle von Beispielen von nachgefragten Tätigkeiten und Berufen.

#### *4.1.2 Biotechnologie*

Ohne den noch erheblichen Erklärungsbedarf, um Ängste und Bedenken der Bevölkerung abzubauen, aus den Augen zu verlieren, sollte auch die Biotechnologie zu einem großen Zukunftsmarkt für Wachstum und Beschäftigung werden.

#### *4.1.3 Dienstleistung*

Die EU erwartet sich in den nächsten 20 Jahren die Entwicklung einer Vielzahl neuer Berufe in der Dienstleistungsbranche. Sie werden gesellschaftsbezogene, wirtschaftsbezogene, distributive und haushaltsbezogene Dienste umfassen.

#### *4.1.4 Pflegedienst*

Der Anteil älterer Menschen wird in allen Gesellschaften kontinuierlich ansteigen. Damit wächst auch die Zahl der Pflegebedürftigen. Spezifische Pflegedienste, Pflegepädagogik, Pflegemanagement bis zur Pflegepraxis im ambulanten häuslichen

Bereich, in Krankenhäusern und Pflegeheimen werden zu neuen Ausbildungsangeboten führen.

#### *4.1.5 Tourismus*

Sanfter Tourismus, Umwelt und Kultur werden eine Einheit bilden und zu neuen Beschäftigungsfeldern führen. Tourismus im ländlichen Raum und in Randgebieten wird zur aktiven Strukturmaßnahme.

### 4.2 Entwicklung der Unternehmen

Die Unternehmen werden sich schrittweise zu lernenden Organisationen entwickeln. Das Management muss effizienter arbeiten, Arbeitnehmer müssen sich ständig weiterqualifizieren. Das lebenslange Lernen sollte nicht nur zu einer Arbeitsplatzsicherheit, sondern auch zu einer Erweiterung der Persönlichkeit führen. Gesucht werden vor allem Mitarbeiter sein, die gleichermaßen Experten wie Generalisten sind. Praxisnähe, Flexibilität, Teamfähigkeit und Delegationswille werden die neuen Anforderungen heißen. Für Führungsaufgaben in Unternehmen sind besonders Hochschulabsolventen gefragt, die in der Lage sind, sich durchzusetzen, Führungskompetenz zu entwickeln, vor Gruppen mehrsprachig zu präsentieren und Gruppenarbeit zu praktizieren. Auf diese Anforderungen haben Ausbildungseinrichtungen entsprechend zu reagieren, was etwa durch die Einführung von MBA-Abschlüssen (Master of Business Administration) im Ansatz gelungen ist. Studienabschlüsse von morgen werden ein Nachweis von Flexibilität, innovativer Denkfähigkeit, Mehrsprachigkeit, breitem Management-Know-How sowie sozialer Kompetenz sein müssen. Im Bereich der Bildungssysteme sieht Thomas Mann die Schwerpunkte in einer laufenden Überprüfung der Lehr- und Lerninhalte der beruflichen Bildung, einer Weiterentwicklung der Berufsbilder sowie in dem individuellen Willen zur Anpassung an technische und organisatorische Veränderungen. Dass auch Schlüsselqualifikationen in die Ausbildung zu integrieren sind, ist inzwischen zum allgemeinen Sprachschatz in jeder bildungspolitischen Diskussion geworden.

### 4.3 Nicht ohne Ethik

Bemerkenswert sind die Ausführungen des Autors zum Konflikt zwischen kurzfristigem und langfristigem Nutzen, zwischen dem sicherlich im Vordergrund des Wirtschaftens stehenden Gewinn und dem für die Gesellschaft zusätzlichen Nutzen. In seiner Betrachtung kommt der Autor zur Schlussfolgerung, dass ohne ethisches Fundament sowohl die Gesellschaft als letztlich auch die Unternehmen Schaden nehmen würden. Ethisch verankertes Management wird eine Zukunft haben, worauf die Ausbildung in Universitäten und Unternehmen bereits heute reagiert.

Die Grundbotschaft seines Berichtes lautet: Nur die Bereitschaft zur ständigen Veränderung bei Arbeitnehmern, bei Unternehmern, im Bereich der Bildung und in der Politik wird die Menschen fit machen für die Zukunft der Arbeit.

**4.4** Der bekannte Unternehmens- und Politikberater John Naisbitt[24] glaubt auch, dass die Wertschöpfung in Zukunft nicht mehr beim Hämmern und Schweißen, sondern beim Denken, Konzipieren und Reden stattfindet, wobei alle ausgerüstet sind mit den unumgänglichen Werkzeugen der Telekommunikation und des Datentransfers. John Naisbitt meint noch: „Die neue Quelle der Macht ist nicht mehr Geld in der Hand von wenigen, sondern Information in den Händen von vielen.“

**4.5** In dieser schnelllebigen Zeit nimmt es auch nicht weiter Wunder, dass ein allzeit gegenwärtiger Modebegriff schon vom nächsten verdrängt wird. So wird auch schon von einer Glokalisierung als einer der wirklich spannenden Nebenwirkungen der Globalisierung gesprochen. Regionen machen das Rennen auf dem Weg in die globale Gesellschaft. In landschaftlich schönen Gebieten entwickeln sich High-tech-Magneten, in denen es sich arbeiten und leben lässt. Die alten Gesetze, nach denen die Großstädte und industrielle Ballungsgebiete das Kapital und die Menschen anziehen, werden außer Kraft gesetzt. Die Wissensökonomie schafft neue Kraftfelder. Die Regionen – durchaus in ihren gewachsenen, kulturellen Formen – werden eine neue Renaissance erleben.[25]

Genau in diese Richtung geht die im Rahmen der „Zukunftsgedanken für Tirol“ (siehe Punkt 3.6) entwickelte Idee einer ICT Tyrol (Information and Communication Technology Tirol). Im Sinne der technischen und industriellen Zukunftsentwicklung Tirols könnte dieses ICT, das in Seefeld angesiedelt werden soll, eine zentrale Rolle spielen.

**4.6** Interessant in diesem Zusammenhang erscheint doch die Ansicht des bekannten Zukunftsforschers Mathias Horx[26], wie er sie anlässlich eines Vortrages im Oktober 1998 zum Thema der neuen Arbeit entwickelt hat. Von einigen grundsätzlichen Überlegungen ausgehend – insbesondere von einem stark fallenden Anteil von Menschen, die in Großorganisationen und Normverträgen beschäftigt sind – entwickelt er fünf Typologien der neuen Beschäftigten:

*4.6.1* Der High Skill Worker ist der Arbeiter der hochproduktiven und weitgehend automatisierten Fabrik der Zukunft, der seine Leistungskraft auf technische Intelligenz bezieht, der Fähigkeit zeigt im Team arbeiten zu können und Flexibilität im Produktionsprozess.

*4.6.2* Der Symbolanalyst, ein Begriff, den der amerikanische Exarbeitsminister Robert B. Reich für die neue Elite der Wissensgesellschaft aufgebracht hat, ist derjenige, der die Flut an Daten, Informationen und Bildern interpretiert.

---

[24] Alwin SCHÖNBERGER, Alexis JOHANN, Martina FORSTHUBER, Fit für die Zukunft. In: Trend 10, 1999.

[25] Mathias HORX, Willkommen im 21. Jahrhundert. Vortrag am 28. 10. 1999 in Luzern.

[26] Mathias HORX, Arbeitskultur der Zukunft, Konsequenzen, Trends. Vortrag am 14. 10. 1998 im Kongresshaus in Innsbruck.

*4.6.3* Nicht weiter überraschend ist der Teleworker von Horx als dritter Typus entwickelt worden. Die modernen Technologien ermöglichen es uns mehr und mehr, die häusliche Sphäre näher an die berufliche heranzurücken. Es handelt sich um mobile Mitarbeiter im Außendienst, die selbstständig arbeiten können, ohne die Infrastruktur eines Büros zu benötigen.

*4.6.4* Als vierten Typ sieht Horx den Groundworker, den neuen Basisarbeiter. Er versteht darunter eine neue, große Schicht von Dienstleistern, die Grundarbeiten ausführen werden. Auch wenn es sich oftmals um nicht besonders gut bezahlte Berufe handelt, sieht er doch die Möglichkeit einer „Upward Mobility", die den Pizzaausträger letztlich zur Gründung seiner eigenen Pizzeria und die Babysitterin zur eigenen Babysitter-Agentur führen wird.

*4.6.5* Damit kommt er zum fünften Typ, dem Neuen Selbstständigen. Es handelt sich dabei um eine ganz spezifische, unverwechselbare Mixtur von Eigenschaften, Fähigkeiten und Talenten, die auf dem Arbeitsmarkt von morgen alleine zählt.

*4.6.6* Abschließend ging Horx in seinem Vortrag noch auf die Konsequenzen für die Tourismusbranche und auf zu erwartende Trends in diesem Bereich ein. Interessant in diesem Zusammenhang sind seine Prognosen hin zu einem Megatrend Gesundheit und Wellness. Mit der geplanten Errichtung eines Fachhochschul-Studienganges „Wellness- und Gesundheitstechnologie" im geplanten Kitz-Alp-Tech scheint daher ein Schritt in die richtige Richtung gesetzt worden sein.

**4.7** Auch Clement[27] sieht eine zukunftsorientierte Technologiepolitik als ein notwendiges Kriterium für die Sicherung der internationalen Konkurrenzfähigkeit und somit auch des Wirtschaftsstandortes Tirol. Eine fundierte technische Ausbildungseinrichtung in einem sehr modernem Bereich, wie z.B. Micro- oder Nanoelektronik oder auch im Bereich der Bio- oder Gentechnologie könnte ungeahnte Chancen für den Wirtschaftsstandort Tirol bergen.

**4.8** Zum Schluss dieser Betrachtungen sei noch auf die Ausführungen von Hanreich/Steindl in den Wirtschaftspolitischen Blättern hingewiesen, wo die Autoren meinen, dass sich in den vergangenen 25 Jahren weltweit und gleichsam hinter unser aller Rücken ein grundlegender Wandel in Staat, Wirtschaft und Gesellschaft vollzogen hat: der Übergang von der Industriegesellschaft der Vergangenheit zur Wissensgesellschaft bzw. der „New Economy" der Zukunft. Der Schlüssel zur nationalen Wohlfahrt und zur Schaffung von Arbeitsplätzen liegt in der Fähigkeit, Innovation und Unternehmergeist in allen Lebensbereichen, Wirtschaftsbranchen, Arbeitsverhältnissen und Kommunikationsstrukturen umfassend zur Geltung zu bringen. Ein radikaler Transformationsprozess hat alle Volkswirtschaften mit ungeheurer Dynamik erfasst. Rechts-, Sozial- und

---

[27] W. Clement / W. Fabris, Entwicklungsperspektiven und Aufbruchsszenarien. In: Die produzierende Wirtschaft Tirols. Wien 7/1997, 89, 101.

Wirtschaftspolitiker sind vor völlige neue Herausforderungen gestellt. Es gilt Initiativen zu wecken und Potenziale zu entdecken.[28]

Wenn man nunmehr diese Aussagen von Bildungsfachleuten miteinander vergleicht, sieht man, dass die Unterschiede eher im semantischen als im inhaltlichen Bereich gelegen sind. Manchmal werden nur die Schwerpunkte anders gesetzt, die grundlegenden Aussagen bzw. Vorhersagen gehen aber sicher in die gleiche Richtung.

## 4.9 Zukunft der Lehre

Nachdem rund 50 % eines jeden Jahrganges an Jugendlichen ihre Berufswahlentscheidung in Richtung Lehre treffen, erscheint auch ein kurzer Ausblick auf die Zukunft der Lehre angebracht.

Der Blick auf die demographische Entwicklung[29] der nächsten Jahre zeigt ganz eindeutig, dass die österreichische Wirtschaft zukünftig unter einem eklatanten Facharbeitermangel leiden wird. Für die duale Ausbildung bedeutet dies, dass sich die Wirtschaft schon bald wieder im Wettstreit mit den berufsbildenden Schulen um Jugendliche befinden wird.

Angesichts der schon ausführlich dargelegten erwarteten Veränderungen in der Welt der Arbeit benötigt die Wirtschaft mehr denn je Facharbeiter, die Praxis- und somit Umsetzungskompetenz vorweisen können. Neben der als selbstverständlich vorauszusetzenden Fachkompetenz müssen sie Kulturtechniken beherrschen, Schlüsselqualifikationen aufweisen und nicht zuletzt eine enorme Weiterbildungswilligkeit zeigen. Nur so wird man den immer höher werdenden Ansprüchen gerecht werden können.

Die dargestellten Entwicklungen fordern verstärkt flexible Strukturen, die insbesondere auch in der dualen Ausbildung schnelle Aktualisierungen ermöglichen. Die Schlagworte der Zukunft heißen daher mehr Flexibilität und Auswahlmöglichkeiten neben und innerhalb einer sich inhaltlich immer weiter entwickelnden Lehre. Die unterschiedlichen Eingangsqualifikationen der Jugendlichen und die differenzierten Anforderungen in der Arbeitswelt müssen auch differenzierte Ausbildungswege zur Folge haben, in denen die Qualität der zu vermittelnden Fertigkeiten und Kenntnisse immer im Mittelpunkt der Bemühungen stehen muss.

Für lernschwache und daher oftmals noch nicht lehrvertragsreife Jugendliche könnten mehrmonatige Berufseinführungskurse, die vor allem die mangelnde Beherrschung der grundlegenden Kulturtechniken auszugleichen hätten, dazu führen, dass in Zusammenarbeit mit dem AMS eine Vermittlung am Lehrstellenmarkt möglich sein sollte. Die 1998 eingeführte Vorlehre könnte zu einer weiteren Verringerung der Jugendarbeitslosigkeit führen.

---

[28] Hanspeter HANREICH / Harald STEINDL, Wirtschaftsrecht in der New Economy. In: Wirtschaftspolitische Blätter, WKÖ (Hrsg.), Die Rolle des Unternehmers im 21. Jahrhundert, 63–71.

[29] Statistisches Jahrbuch 1999/2000, Österreichisches Statistisches Zentralamt: Statistik Österreich, Wien 1999, 65.

Nicht zu vergessen sind die immer wieder notwendigen Aktualisierungen bestehender und die Entwicklung neuer Ausbildungsberufe. Dadurch sollten einerseits für lernschwächere, aber praktisch begabte Jugendliche Lehrberufe geschaffen, andererseits aber auch für leistungsstarke mit hoher Intelligenz versehene Jugendliche die Einführung von High-Tech-Berufen mit einer mindestens 4-jährigen Lehrzeit vorgesehen werden. Um die Attraktivität der Lehrberufe zu erhalten, ist auch eine entsprechende Durchlässigkeit bei allen Ausbildungsvarianten zu gewährleisten.

Für eine nachhaltige Festigung der Lehre, auch mit den obgenannten zukünftig möglichen Abänderungen, ist es unbedingt notwendig, die Rahmenbedingungen für das Engagement der Wirtschaft zu verbessern. Eine Wirtschafts-, Finanz- und Sozialpolitik, die darauf abzielt, die Lohnnebenkosten zu senken und damit die Unternehmen deutlich steuerlich zu entlasten, ist deshalb eine wesentliche Voraussetzung für zusätzliche Ausbildungsplätze. Die rechtlichen Rahmenbedingungen für die Ausbildung sollten so geändert werden, dass eine einzelvertragliche Willensbildung der beteiligten Vertragsparteien stärker möglich ist als bisher.

Absolut abzulehnen sind Ideen, die zu einer Ausbildungsplatzabgabe, zu einer sogenannten Fondslösung führen. Eine solche Abgabe würde sicherlich zu einem Rückzug vieler Betriebe aus der Ausbildung führen. Außerdem würde der besondere Vorteil des dualen Systems – die enge Verbindung von Bildung und Beschäftigung – damit verloren gehen.

## 5. Die Zukunft der Bildung

Auch wenn die Zukunft- und Trendforscher alle etwas gemeinsam haben: Sie müssen die Richtigkeit ihrer Prognosen erst unter Beweis stellen, so muss man doch mit einer gewissen Wahrscheinlichkeit – vielleicht da und dort in etwas abgeschwächter Form oder mit anderen Schwerpunkten – mit deren Eintreten rechnen.

Wenn man sich das oben geschilderte Szenario über die neue Welt der Arbeit vor Augen führt, wundert es nicht weiter, dass das Bildungs- und Qualifikationsniveau eines Landes zu den bedeutendsten Wirtschafts- und damit Standortfaktoren zählt. Bildungsinvestitionen sind daher Zukunftsinvestitionen, die einen wesentlichen Beitrag zum Produktivitätsfortschritt und damit zum Wohlstandswachstum leisten.

Bildung scheint daher, wie schon der ehemaligen Deutsche Bundespräsident Roman Herzog im Jahr 1996 gesagt hat, zum Megathema unserer Gesellschaft zu werden, zum Schlüsselbegriff für Wohlstand schlechthin. Das Ansteigen des konkreten Bildungserfordernisses ist jedenfalls ein Faktum. Gewisse Qualifikationen, und dazu zählen sicherlich die aktive Beherrschung von mindestens zwei Fremdsprachen, Kenntnisse in den neuen Medien (insbesondere Internet) und eine sichere Beherrschung der Kulturtechniken, werden von den Betrieben geradezu als Selbstverständlichkeit vorausgesetzt.

Wie kann man nun diesen skizzierten Entwicklungstendenzen am besten gerecht werden?

**5.1** Sehr aufschlussreich sind dazu die Ansichten von Gerald Schöpfer[30], der fünf Säulen der Bildung im 21. Jahrhundert beschreibt:

- Lernen, Wissen zu erwerben (klassische Form des bisherigen Lernens)
- Lernen zu Handeln (von der Qualifikation zur Kompetenz)
- Lernen zusammen zu leben bzw. mit anderen zu leben. Die wichtigste Art des künftigen Lernens: die langsame Entdeckung der anderen und die Erfahrung gemeinsamer Lebensziele.
- Lernen für das Leben (Stärkung des Individuums gegen Entfremdung in einer anonymen Massenkultur)
- Lernen, die praktischen Erfahrungen konkret umzusetzen (duales Lernen).

Als Konsequenz daraus fordert Schöpfer einen Paradigmenwechsel im österreichischen Bildungswesen:

- Von der „Obrigkeitsstaatlichen Gesetzesvollzugsbehörde" zum „kundenorientierten Dienstleistungsunternehmen"
- Von der reinen „Lehrstoffvermittlung" zur „Persönlichkeitsentfaltung"
- Von der „formalen Berechtigungszuteilung" zum „qualitativen Chancenmanagement"
- Von der „staatlichen Bevormundung" zum „eigenverantwortlichen Bildungsmanagement".

Sein Ziel der Bildungspolitik ist es, „durch die Erziehung zur geistigen Mobilität den Kindern und Jugendlichen optimale Zukunftschancen zu eröffnen und sie in die Lage zu versetzen, mit neuen Situationen eigenständig fertig zu werden. Neben der Ausbildung zu den modernen beruflichen Anforderungen geht es auch um die Hinwendung zu einer „offenen Kultur" mit „Sinn für Ästhetik, Kunst, manuellen Fertigkeiten und neuen kommunikativen Fähigkeiten".

Schöpfer fordert daher, dass Bildung wieder eine neue Utopie und in das Zentrum der Gesellschaft gerückt wird. Um das zu erreichen, schlägt er eine österreichweite PR-Kampagne vor, durch die allen Alters- und Berufsgruppen eine neue „Lust auf Bildung" vermittelt werden sollte.

Laut Schöpfer sollen neue Wege im Bildungswesen Kreativität und die musischen Fähigkeiten, aber auch die soziale Kompetenz und den Teamgeist fördern. So sollte jedem Kind das Erlernen eines Instrumentes angeboten werden, da nachgewiesen ist, dass die Stimulation musikalischer Fähigkeiten positive Auswirkungen auf die Intelligenz, die Flexibilität, die Innovations- und die Konzentrationsfähigkeit hat. Er weist auch auf die Rolle des Sports im Rahmen der Schule hin, der intensiviert werden müsste, um einerseits das Körperbewusstsein zu fördern und andererseits beizutragen, Aggressionen abzubauen und Stress zu mindern.

Neben der reinen Wissensvermittlung ist für ihn vor allem die Vermittlung der Fä-

---

[30] Gerald SCHÖPFER, Bildung als eine neue Utopie im Zentrum der Gesellschaft. In: Stefan KARNER, Österreich-Zukunftsreich – Denkpfeiler ins 21. Jahrhundert, Mann Media Verlag Schnider 1999.

higkeit zu fördern, Wissen selbstständig zu erwerben und einmal erworbenes Wissen ständig zu aktualisieren.

Diese Stärkung der persönlichen Autonomie und der Eigenverantwortung sollte auch das Ziel haben, mehr Jugendlichen Mut zum Unternehmertum und zum Berufsbild eines Selbstständigen zu machen.

In weiterer Folge seines Beitrages plädiert Schöpfer für die Einführung eines Bildungsschecks, der zur Förderung der Bildungschancen auf allen Ebenen und zum lebenslangen Lernen viele Vorteile bringen könnte. Er spricht sich für die Privatisierung, Autonomie und Qualitätssicherung im Bildungswesen aus und erteilt der Einheitsschule eine klare Absage.

Ein besonderer Schwerpunkt seiner Ausführungen befasst sich mit dem Thema der Telekommunikation und Bildung. Er glaubt, dass alle Möglichkeiten elektronischer Medien für eine Bildungsoffensive genützt werden müssen, was bedeutet, dass die modernen Informations- und Kommunikationstechnologien den gesamten Schul- und Hochschulbereich – möglichst früh im spielerischen Sinne bereits in den Volksschulen – durchdringen müssen. Die Klassenzimmer müssen durch die Errichtung von qualitativ hochstehenden Bildungsnetzwerken zu „virtuellen Klassenzimmern" erweitert werden, wozu es bereits gute Ansätze gibt.

Sehr interessant sind die Ausführungen Schöpfers auch zum Thema duale Berufsausbildung. Dieses hat sich seiner Meinung nach bestens bewährt, sodass es nicht weiter wundert, wenn die USA und Frankreich zur Zeit konkret die Einführung eines solchen dualen Systems nach dem Vorbild Österreichs überlegen, um die Jugendarbeitslosigkeit wirksam einzudämmen.

Einen weiteren Schwerpunkt sieht der Autor in einer Fremdsprachenoffensive. Die Bemühungen um Mehrsprachigkeit sollten in Österreich künftig zu einer Selbstverständlichkeit werden. Mit dem Fremdsprachenunterricht sollte möglichst früh – bereits in den Volksschulen – spielerisch begonnen werden, wobei die Kommunikationsfähigkeit und nicht die grammatikalische Perfektion im Vordergrund stehen sollte. In den weiterführenden Schulen könnten dann Fremdsprachen auch in ausgewählten Gegenständen als Arbeitssprache dienen, eine Forderung, die derzeit schon an manchen Tiroler Schulen erfüllt wird.

**5.2** Arthur Schneeberger[31], ein anerkannter Bildungsforscher, befasst sich in einem Artikel zur Bedeutung von Bildung und Qualifikationen für die Wettbewerbsfähigkeit u. a. auch mit der beruflichen Weiterbildung. Er sieht im technischen und organisatorischen Wandel im Berufsleben einerseits und in der abnehmenden Anzahl an Jugendlichen andererseits die wesentlichen Herausforderungen der beruflichen Weiterbildung,

---

[31] Arthur SCHNEEBERGER, Zur Bedeutung von Bildung und Qualifikationen für die Wettbewerbsfähigkeit. In: Heinz HANDLER (Hrsg.), Wirtschaftsstandort Österreich, Wettbewerbsstrategien für das 21. Jahrhundert. BMwA, Sektion Wirtschaftspolitik, Wien 1996, 234–273.

die daher für die Lebenschancen des Einzelnen und die Leistungsfähigkeit der Wirtschaft eine immer größere Bedeutung gewinnt.

Sie wird ihre Aufgaben dann am besten erfüllen, wenn sie sich an den Anforderungen der beruflichen und wirtschaftlichen Realitäten orientiert. Die Weiterbildung soll daher auch in Zukunft in enger Verbindung mit der Wirtschaft durchgeführt werden. Weiterbildung baut auf unterschiedlichen Grundlagen der Erstausbildung und der erreichten beruflichen Position auf und stellt einen eigenständigen Bildungsbereich dar. Die weiterbildungsaktive Lebensphase ist zu verlängern und es sind hiezu Anreize zu schaffen, wie steuerliche Begünstigungen, die Förderung von Arbeitslosen, Benachteiligten und Risikogruppen am Arbeitsmarkt.

Das wachsende Weiterbildungsangebot und das steigende Interesse machen Maßnahmen zur Erhöhung der Transparenz des Weiterbildungsangebotes notwendig. Maßnahmen in diesem Bereich wären die Einrichtung einer Weiterbildungsdatenbank und die Förderung der Einrichtung von Weiterbildungsberatungsstellen, so Schneeberger abschließend.

**5.3** Ähnlich sieht auch Clement[32] es als Aufgabe der Bildungspolitik, die Persönlichkeitsentfaltung und die persönlichen Begabungen des Einzelnen zu fördern und sie als „Humankapital" zu einer Grundlage des wirtschaftlichen und technologischen Wandels zu entwickeln. Eine dynamische Wirtschaft zeichnet sich durch hohe Qualifikation aus. Ideenreichtum, vertikale und horizontale Mobilität und Anpassungsfähigkeit erweisen sich als Schlüsselqualifikationen für die zunehmend von globalen Zusammenhängen geprägten regionalen Ökonomien. „Bildung" an sich sowie die „Ausbildung" und „Qualifikation" der Menschen stellen nach Clements Meinung nicht nur einen gesellschaftlichen und gesellschaftspolitischen, sondern auch einen gesamtwirtschaftlichen Wert dar. In Zukunft werden daher Eigenschaften wie Beweglichkeit, Anpassungs- und Innovationsfähigkeit sowie eine gehörige Portion Leistungs- und Risikobereitschaft der Unternehmer eine bedeutsame Rolle spielen.

Nicht zu Unrecht vermutet Clement, dass in diesem Zusammenhang der Ausbildung von Personen eine besondere Bedeutung zukommen wird, die über Qualifikationen für eine exportorientierte Wirtschaft verfügen. Die dafür wichtigsten Bildungsinhalte sind sicherlich die Sprachkompetenz und die soziale Kompetenz, um die Herstellung internationaler Kontakte überhaupt zu ermöglichen. Daneben spielt das Verständnis für fremde (Unternehmens-)Kulturen ebenfalls eine bedeutende Rolle.

Die Wirtschaftskammer hat diesem Umstand bereits 1999 Rechnung getragen und mit der Broschüre „Achtung – Kultur!" einen praktischen Wegweiser für internationale Geschäftsreisen herausgegeben. Dem gleichen Zweck dient die Broschüre „Cross-Cultural-Communication", Geschäftsverhandlungen mit fremden Kulturen, herausgegeben im Juli 1999 im Leistungsbereich „Außenwirtschaft" der Wirtschaftskammer Österreich.

---

[32] Clement / Fabris Entwicklungsperspektiven und Aufbruchsszenarien (wie Anm. 27), 85/86.

**5.4** Laut Hanreich/Steindl[33] hat das Hauptaugenmerk im Bildungswesen der „Ermutigung der Talente" zu gelten. Er meint damit jene Mitarbeiter in den Betrieben, die den bisherigen Lebenspfad verlassen, um etwas Neues zu wagen. Er spricht in diesem Zusammenhang von einer „Entrepreneurial Society" und beschwört geradezu „Entrepreneurship" als das neue Paradigma in der Rechts-, Sozial- und Wirtschaftspolitik, wozu wohl auch die Bildungspolitik zu zählen ist.

**5.5** Soweit einige Aussagen und Einschätzungen von renommierten Bildungspolitikern. Doch wie sehen Praktiker die Situation für die Zukunft, was erwarten sich die Betriebe von ihren Mitarbeitern? Antworten darauf gab es in geballter Form in einem Profil-Extra vom März 2000. Dort stand zu lesen: Drei Dinge muss heute jeder Jobsuchende mitbringen: Flexibilität, Mobilität und den Willen, sich lebenslang weiter zu bilden.[34] Arthur Schneeberger wird zitiert mit der Aussage: „Flexibilität ist die moderne Form von Sicherheit."

Neugierde und intellektuelle Redlichkeit, Vernetzungsfähigkeit (im Sinne von vernetzt denken können), der Umgang mit Internet und Computer, die soziale Kompetenz sowie Freude und Ausdauer werden als Voraussetzungen für die nächsten 20 bis 30 Jahre genannt.

„Der Markt sucht Mitarbeiter, die gleichzeitig kommunikativ, analytisch und kreativ sind", meint etwa Stephan Dertnig.[35]

J. F. Jenewein wird wie folgt zitiert: „Aber das Wichtigste ist die Flexibilität im Geiste, denn Lebensarbeitsplätze wird es nicht mehr geben, sondern nur noch projektbezogene Aufträge."[36]

Ein weiterer Trend zeichnet sich auch immer mehr für die Zukunft ab: Viele Unternehmen ergreifen die Eigeninitiative und bilden ihre Mitarbeiter in ihren eigenen Kaderschmieden (zum Teil auch auf Universitätsniveau) für die Bedürfnisse ihres Unternehmens aus. Besonders gute Chancen werden jedoch den Absolventen von jenen Fachhochschul-Studiengängen zugebilligt, deren Studienplan einen Unterrichtsgegenstand „Entrepreneurship" vorsieht. Schließlich sollen die Absolventen sich mit den gerade im IT-Bereich derzeit so viel versprechenden neuen Geschäftsideen auch erfolgreich selbstständig machen können.

Abschließend zu diesem Kapitel sei noch ein Bonmot wiedergegeben. Auf die Frage, was die drei wichtigsten Themen des neuen Jahrtausends seien, antwortete der britische Premierminister Tony Blair

„EDUCATION, EDUCATION, EDUCATION!"

---

[33] Hanreich / Steindl, Wirtschaftsrecht in der New Economy (wie Anm. 28), 70.

[34] Clemens Neuhold / Wolfgang Paterno, Erstmal Pause! Und danach? In: Profil extra, Sonderheft Matura 2000, März 2000, 8–14.

[35] Martina Forsthuber, Generalisten mit Schwerpunkt. In: Profil extra, Sonderheft Matura 2000, März 2000, 24–25.

[36] Martina Forsthuber, Generalisten mit Schwerpunkt (wie Anm. 35).

## 6. Internet und Bildung

Neben dem Begriff „Multimedia“ ist „Internet“ sicherlich das Schlagwort der letzten Jahre. Das Internet hat in den vergangenen Jahren wahrscheinlich eine der größten Veränderungen in der modernen Berufswelt eingeleitet. In fast allen Berufsgruppen wird heute mittels vernetzter Computer kommuniziert.

Eine Revolution ist im vollen Gange und sie erfasst die ganze Welt – die Ablöse der Industriegesellschaft durch die Informations-, Dienstleistungs- und Wissensgesellschaft. Die Auswirkungen sind vermutlich noch drastischer als jene, die seinerzeit die industrielle Revolution mit sich gebracht hat. Denn die Umstellung auf das Zeitalter der Telekommunikation, der Computer und der Roboter geht viel schneller vor sich und erfordert eine hohe Flexibilität und Mobilität von allen.

Seit in den USA die Regierung den Aufbau einer nationalen Informationsinfrastruktur unter dem Begriff „Information Superhighway“ verkündet hat, vergeht auch in Österreich kein Tag mehr, an dem nicht in den Massenmedien von „Internet, Telekommunikation und Datenautobahn“ berichtet wird. Am populärsten sind im Moment das Internet und sein neuester, benutzerfreundlicher Dienst: das „World-Wide-Web“ oder kurz WWW genannt. Die World-Wide-Web-Initiative hat es sich zur Aufgabe gemacht, das Wissen der Welt jedem Teilnehmer auf seinem Computer in Sekunden verfügbar zu machen. Inzwischen sind so gut wie alle Universitäten und Forschungsinstitute der Industrienationen sowie zunehmend auch Schulen und Unternehmen im WWW vertreten und damit auch vernetzt. Internet und Telekommunikation sind auf dem besten Wege, unsere Vorstellungen von Schule und Bildung, von Lernen und Lehren grundsätzlich zu verändern bzw. sogar in Frage zu stellen.

Für Lernende wird es zukünftig zum Alltag gehören, von ihrem Computer aus in der ganzen Welt zu surfen. Die Bildungsmöglichkeiten werden sich durch die neuen Medien drastisch verbessern. Durch den zunehmenden Einsatz von CD-Roms und Internet, die nicht nur Texte, sondern auch Audio- und Videoabbildungen auf den Computer bringen, avanciert die Wissensaufnahme immer mehr zu einer weitverzweigten Exkursion durch den jeweiligen Lehrstoff.

Die Folge: Diese durch „Klicken“ und „Zeigen“ gesteuerte Wissensaufnahme wird von den Lernenden bestimmt und nicht mehr wie bisher vom Lehrer/Vortragenden. Der Lehrer wird die Rolle des Coachs übernehmen, um den richtigen Weg durch die Medien zu weisen.

Auch die Unterrichtsform der Universitäten wird durch das Internet revolutioniert. Der regelmäßige Besuch in den Hörsälen wird durch sogenanntes Telelearning ergänzt.

Ebenso werden Multimedia und Internet in den kommenden Jahren das berufliche Lehren und Lernen grundlegend verändern. Lernmodule und Informationen werden multimedial und interaktiv an jedem vernetzten Computer zeit-, orts- und personenunabhängig und in unbegrenztem Umfang zur Verfügung stehen. Mit Simulationen können Entscheidungs- und Handlungsfähigkeiten trainiert werden, anhand virtueller Realitäten können neue Erfahrungswelten für kreatives Handeln und Denken im Beruf erschlossen werden. Eine neue Chance für die Realisierung arbeitsplatznaher Bildungskonzepte wird mit der Nutzung multimedialer Entwicklungen für Qualifizierungsprozesse eröffnet. Ziel wird es sein, den Arbeitsplatz als Lernort und eine stärkere Verbindung von Lernen und Arbeiten zu revitalisieren.

Es gehört daher unter anderem zu den wichtigen Aufgaben der Bildungs- und Schulpolitik, neue Entwicklungen auf technischem und wissenschaftlichen Gebiet aufmerksam zu beobachten und für deren Berücksichtigung im Bildungs- und Schulbereich zu sorgen.

Dies gilt besonders für die modernen Kommunikationstechnologien, die sich in den letzten Jahren so rasant weiterentwickelt haben. Dieser rasanten Kulturtechnikrevolution kann und darf sich das Bildungswesen nicht entziehen. Vielmehr müssen möglichst günstige Voraussetzungen für den Zugang und das Erlernen der neuen Technologien geschaffen werden.

Auf diesen Umstand hat die Bildungspolitik bereits reagiert. Bildungsministerin Elisabeth Gehrer will mit dem Einsatz der „Computermilliarde" das Lernen im Netz, die Ausbildung der Lehrer, e-Learning für Universitäten und Erwachsenenbildung fördern. Sie wünscht nicht nur Informatik-Lehrer, sondern vielmehr „Informatik-Manager", die auch unterrichten. Dafür werde sie ein eigenes Lehramtsstudium „Informatik: Ausbildung zum Informatikmanager" einführen (laut einem Bericht der Tiroler Tageszeitung vom 10. 4. 2000).

## 7. Bildungsauftrag der Kammer

Wie kann nunmehr eine Wirtschaftskammer auf bildungspolitischem Gebiet dazu beitragen, den Übergang zur Wissensgesellschaft der Zukunft, der New-Economy, in ihrer Stellung als öffentlich-rechtliche Körperschaft und gesehen in ihrer Tradition aktiv tätig werden? Wird die Wirtschaftskammer zum Supervisor, der für die Akkreditierung, Qualitätskontrolle und Evaluierung von Bildungsmaßnahmen zuständig wird? Wird der Weg allenfalls dahin gehen, weniger selbst anzubieten, sondern mit Partnern Lehrangebote zu entwickeln, prominente Exponenten führender Einrichtungen ins Land zu holen und sich beim Aufbau virtueller Strukturen stark zu machen? Oder wird es Aufgabe der Kammer sein, Trends rechtzeitig zu erkennen, um ein „Wissen, wohin die Reise geht"? Oder geht es in Richtung individuelles Coaching, weg von einem flächenmäßigen Angebot von Ausbildung?

**7.1** Fragen über Fragen, die sich hier stellen und deren konkrete Beantwortung man wohl der Zukunft überlassen muss. Einige Maßnahmen erscheinen jedoch auf alle Fälle aus der Sicht der Wirtschaftskammer Tirol erforderlich:

*7.1.1* Zunächst einmal gilt es, die Entwicklungen auf wirtschaftlichem, technologischem und politischem Sektor aufmerksam zu beobachten und quasi als Vordenker die notwendigen Schlussfolgerungen daraus abzuleiten und entsprechend darauf zu reagieren.

*7.1.2* Die Wirtschaftskammer wird die Lehrausbildung als absolutes Qualitätsprodukt positionieren müssen. Sie ist dazu aufgerufen, mit ihren Partnern alles zu unternehmen, damit intelligente und interessierte Jugendliche eine Ausbildung im Rahmen der Lehre wählen. Wichtig für die Zukunft der Lehre wird es sein, eine hohe Qualität zu bieten, diese weiterzuentwickeln und die Wahl einer dualen Ausbildung als zukunftsorientierte Option einer Berufsentscheidung in der Öffentlichkeit entsprechend zu bewerben, um so der Lehre einen besonderen Stellenwert in der bildungspolitischen Diskussion zu geben.

*7.1.3* Allen an der Bildung Interessierten muss klar sein, dass es diese ohne Anstrengung nicht gibt. Wer die Noten aus den Schulen verbannt, schafft Kuschelecken, aber keine Bildungseinrichtungen, die auf das nächste Jahrtausend vorbereiten, meinte bereits der ehemalige deutsche Bundespräsident Roman Herzog in seiner viel beachteten Rede im Jahr 1997. Entsprechenden Bestrebungen wird die Wirtschaftskammer daher eine klare Absage zu erteilen.

*7.1.4* Eine unabdingbare Forderung an die verantwortlichen Schulbehörden wird auch sein, für eine zeitgemäße technische Ausstattung unserer Schulen zu sorgen. Ziel muss es sein, dass in jeder Klasse aller unserer Tiroler Schulen ein Internet-Anschluss zur Verfügung steht.

*7.1.5* Aus sämtlichen Prognosen ergibt sich auch, dass auf allen Bildungsebenen verstärkt ein Praxisbezug notwendig ist. Die Wirtschaft wird daher die bereits begonnene Initiative, Praktiker in den Unterricht zu integrieren, weiter fortsetzen.

*7.1.6* Ein weiterer Schwerpunkt muss in einer Fremdsprachenoffensive bestehen, wobei die Kommunikationsfähigkeit im Vordergrund stehen sollte und nicht die grammatikalische Perfektion. Zur Erfüllung dieser Forderung wäre es auch hilfreich, wenn in den weiterführenden Schulen in ausgewählten Gegenständen eine Fremdsprache, vornehmlich wohl Englisch, als Arbeitssprache dienen würde. Aus geographischen Gründen und wegen der immer stärker werdenden Exportorientierung Tirols nach Italien wird die Wirtschaftskammer Tirol darauf hinarbeiten, insbesondere der Vermittlung der italienischen Sprachkenntnisse in unseren Schulen ein besonderes Augenmerk schenken. Einen Teil dieser Fremdsprachenoffensive sollte auch die Förderung von Praktika im fremdsprachigen Ausland darstellen.

*7.1.7* Eine damit zusammenhängende Forderung der Wirtschaftskammer an die Gesetzgebung geht in Richtung unbürokratische Anerkennung von solchen ausländischen Ausbildungszeiten.

*7.1.8* Viele Betriebe stellen immer wieder fest, dass junge Mitarbeiter nur über ein mangelndes Wissen über wirtschaftliche Zusammenhänge verfügen. Dies reicht bis zu einer eher negativen Einstellung gegenüber der Wirtschaft. Hier wird ein Bildungsauftrag der Wirtschaftskammer Tirol darin gesehen, entsprechende Initiativen zur Verbesserung des Wirtschaftswissens und der Wirtschaftsgesinnung, vor allem in den allgemein bildenden und gewerblich-technischen Schulen, zu ergreifen. Da ist vor allem an die Tiroler Volkswirtschaftliche Gesellschaft (TGV) zu denken, die in diesem Bereich zielorientiert vorzugehen haben wird.

*7.1.9* Die Wirtschaftskammer Tirol wird die Schule nicht aus ihrer Verantwortung entlassen, sich neben den sicherlich notwendigen materialen Lerninhalten im verstärkten Maße um die Vermittlung von Schlüsselqualifikationen, die wünschenswerte Kenntnisse, Fertigkeiten, Eigenschaften, Verhaltensweisen und Tugenden beinhalten, zu bemühen. Im Speziellen handelt es sich um die Methodenkompetenz, eine personale Kompetenz und eine soziale Kompetenz, die unseren Schülern näher zu bringen sind.

*7.1.10* Ein besonderes Anliegen der Wirtschaftskammer wird es auch sein müssen, auf eine praxisorientierte Lehrerbildung hinzuarbeiten, die flexibel organisiert werden soll, mehr Fachdidaktik und die Möglichkeit – insbesondere auch bei Fremdsprachenausbildungen – für Auslandssemester inkludieren sollte.

*7.1.11* In diesem Zusammenhang ist auch die Forderung aufzustellen, dass Fachlehrer an BHS, insbesondere an den Höheren Technischen Lehranstalten, großzügigere Anrechnungsbestimmungen für Vordienstzeiten in der Wirtschaftspraxis erhalten müssen. Nach einigen Jahren Schuldienst sind Weiterbildungsmöglichkeiten einschließlich Praxissemester in der Wirtschaft vorzusehen.

*7.1.12* Falls es sich im Zuge der Beobachtung der verschiedenen Entwicklungstendenzen als notwendig herausstellt, wird die Wirtschaftskammer aktiv Bemühungen unterstützen, die zur Einrichtung von Kollegs führen, die – zumindest – den regionalen Bedarf der Wirtschaft nach bestimmten Qualifikationen abdecken.

*7.1.13* Einen weiteren Bildungsauftrag sieht die Wirtschaftskammer in einer Hilfestellung zur Implantierung neuer Fachhochschul-Studiengänge mit einem hohen Wirtschaftsbezug und unter Beachtung der aktuellen und zukünftig zu erwartenden technischen, wirtschaftlichen, wissenschaftlichen und politischen Entwicklungen. Dazu zählen sicher Studiengänge im Bereich der neuen Technologien, insbesondere Informatik, aber auch die Projekte Kitz-Alp bzw. Lan-Tech.

*7.1.14* Auf universitärem Boden wird darauf zu drängen sein, dass die Universitätsreform in Richtung einer echten Selbstständigkeit weiterentwickelt wird. Um ihre Aufgaben in Forschung und Lehre mit dem Ziel höchster Qualität erfüllen zu können, muss diese Autonomie sowohl finanzielle als auch personelle Bereiche umfassen. Auch wenn hier eine maßgebliche Einflussnahme der Wirtschaftskammer nicht möglich ist, scheint doch eine Verstärkung des Wettbewerbs zwischen den Universitäten ein geeignetes Instrument zur Anhebung der Qualität in allen Bereichen des universitären Lebens. Dies könnte letztlich auch zu einer durchaus wünschenswerten Verkürzung der in Österreich besonders langen Studienzeiten führen.

*7.1.15* Zu fordern sind auch kurze Studien mit allgemeiner Bildungsqualität, wie Fremdsprachen, IT-Basis-Kompetenzen, Soft-Skills, sowie Aufbaumöglichkeiten und Durchlässigkeiten auf postsenkundärer Bildungsstufe im Rahmen eines international anerkannten Credit-Transfer-Systems. Die Wirtschaft begrüßt in diesem Zusammenhang ganz ausdrücklich die Genehmigung von fünf Lehrkanzeln in den IT-Berufen durch den Senat der Universität Innsbruck. Ein besonderes Highlight könnte hier das „ICT-Tirol" (International-Center for Information and Communication Technologies), das im Rahmen der „Zukunftsgedanken für Tirol", einer Studie eines Arbeitskreises von Auslandstirolern, erstmals vorgestellt wurde, darstellen. Dabei könnte die Tiroler Landesuniversität in Innsbruck ihre Aufgabe als Technologiemotor, Technologieführer, Vordenker, Initiator, Kontaktvermittler, Fenster zur Welt für die Tiroler Wirtschaft voll wahrnehmen. Die Wirtschaftskammer Tirol wird sich massiv dafür einsetzen, diesem Projekt zum Durchbruch zu verhelfen.

*7.1.16* Die Wirtschaft wird sich auch nicht einer Diskussion über ein modernes, leistungsorientiertes Dienstrecht mit der Möglichkeit, zwischen Universität und Privatwirtschaft zu wechseln, widersetzen. Auch Ideen zur Schaffung von Kompetenzzentren und zur Stärkung der Position der Universität Innsbruck als Bindeglied zwischen Nord und Süd werden von der Wirtschaftskammer Tirol unterstützt.

*7.1.17* Im Bereich der Erwachsenenbildung ist die Notwendigkeit des lebensbegleitenden Lernens als zentraler Schwerpunkt der Bildungspolitik zu positionieren. Voraussetzung dafür wird allerdings sein, Bildungsangebote zu konzipieren, die die Menschen dort abholen, wo sie sich befinden. Dazu wird es zunächst einmal Hilfestellungen bei der Selbstanalyse, der realistischen Selbsteinschätzung der eigenen Stärken und Schwächen bedürfen, die zum Setzen von Handlungszielen führen.

*7.1.18* Durch den Einsatz bzw. den Ausbau von modernen Unterrichtsmethoden, wie z. B. Telelearning und den sich daraus bietenden Möglichkeiten der freien Wahl von Lernort, Lernzeit und Lernintensität ist der Personenkreis der an sich weiterbildungswilligen Personen zu erweitern. Entsprechende didaktische Elemente, wie elektronische Skripten, multimediale Lernprogramme, Übungen, Tests sowie Lernpläne zur Teilnehmerorientierung und Hilfestellung bei der persönlichen Lernorganisation sind vorzubereiten, auch wenn klar ist, dass Telelearning nicht die Weiterbildungsform der Zukunft sein wird, wohl aber eine sinnvolle situationsbezogene Form neben den traditionellen Weiterbildungsangeboten.

*7.1.19* Da das WIFI auf der Basis des bestehenden Know-how und der bisher getätigten Investitionen in der Lage ist, kurzfristig eine hochwertige Ausbildung im IT-Bereich zu planen, anzubieten und abzuwickeln, kommt ihm darin eine Schlüsselaufgabe zu.

*7.1.20* Ergänzend zur klassischen Meisterausbildung sind auch aufgaben- und problemorientierte Weiterbildungskonzepte, die eine aktive Teilnahme an der betrieblichen Organisationsentwicklung ermöglichen, zu erstellen, um die nötige Sach-, Sozial-

und Handlungskompetenz der im betrieblichen Alltag stehenden Meister zu verbessern.

*7.1.21* Weiterhin nachhaltig zu fordern ist die Einführung eines Bildungsschecks, um generell die Aus- und Weiterbildungsbereitschaft nach einer schulischen oder betrieblichen Erstausbildung zu erhöhen. Im Bereich der Lehrlingsausbildung könnte die an die positive Absolvierung der Lehrabschlussprüfung gekoppelte Verteilung von Bildungsgutscheinen ganz wesentlich zu einer positiven Weiterbildungsgesinnung beitragen.

Dies sind nur einige Bereiche, in denen sich die Wirtschaftskammer Tirol in den nächsten Jahren aktiv einsetzen wird. Die Aufzählung ließe sich um ein Vielfaches verlängern, wie überhaupt festzustellen ist, dass Beiträge für Fest- und andere Schriften immer einer Begrenzung in ihrem Umfang und damit der Breite und Tiefe der Behandlung eines bestimmten Themas unterliegen. Die Autoren ersuchen daher um Nachsicht, wenn nicht jeder Bereich im vielleicht gewünschten Ausmaß Berücksichtigung finden konnte. Aufgrund des besonderen Nahebezugs ist es allerdings verständlich, dass einige Bereiche ausführlicher behandelt worden sind.

Zum Schluss sei eine persönliche Bemerkung erlaubt: Bei aller Wichtigkeit und vermutlich auch Richtigkeit der obigen Ausführungen sollte auf eines nicht vergessen werden: Die Keimzelle für die Umsetzung aller Ideen und Vorstellungen liegt in der Familie, in der die Erziehung im Sinne der Vermittlung von allzeit gültigen Werten und Tugenden den Stellenwert erhält, der ihr bei aller Technologisierung des Lebens doch noch zukommt. Bei dieser notwendigen Wertevermittlung kann die Schule die Eltern bei der Erziehung nur unterstützen, ersetzen kann sie sie nicht.

## Schrifttum


CARTON Robert B. / HOFER Charles W. / MEEKS Michael D., The Entrepeneur and Entrepreneurship, Operational Definitions of their Role in Society. In: Wirtschaftspolitische Blätter/Wirtschaftskammer Österreich (Hrsg.), Die Rolle des Unternehmers im 21. Jahrhundert, 46–53.

CLEMENT W. / FABRIS W., Entwicklungsperspektiven und Aufbruchsszenarien. In: Die produzierende Wirtschaft Tirols. Wien 7/1997, 89, 101.

Deutsche Handwerkszeitung Nr. 5 vom 3. 3. 2000 und Nr. 8 vom 20. 4. 2000, 1.

EGLOFF Erwin, Berufswahlvorbereitung, Aargau, 8. Auflage 1990.

FINK J. (BSG) / STEINDL H. (WKÖ), Auf Meister ist Verlass! Argumentarium zur Meisterprüfung der Bundessektion Gewerbe, Handwerk, Dienstleistung, Feber 2000.

FORSTHUBER Martina, Generalisten mit Schwerpunkt. In: Profil extra, Sonderheft Matura 2000, März 2000, 24–25.

HANREICH Hanspeter / STEINDL Harald, Wirtschaftsrecht in der New Economy. In: Wirtschaftspolitische Blätter, WKÖ (Hrsg.), Die Rolle des Unternehmers im 21. Jahrhundert, 63–71.

HERZOG Roman, Rede auf dem Berliner Bildungsforum Nov. 1997.

HORX Mathias, Willkommen im 21. Jahrhundert. Vortrag am 28. 10. 1999 in Luzern.

HORX Mathias, Arbeitskultur der Zukunft, Konsequenzen, Trends. Vortrag am 14. 10. 1998 im Kongresshaus in Innsbruck.

ibw und Wirtschaftskammern, Berufswahl – Eltern helfen ihren Kindern, Wien 2. Auflage 1999.
Landesschulrat für Tirol (Hrsg.), Tiroler Bildungswegweiser. Innsbruck, 9. Auflage Jänner 2000.
LENTSCH Wolfgang, Die Lehre: Berufsausbildung in Österreich (Veröffentlichung des BMwA), Wien, 7. Auflage 1999.
MANN Thomas, Arbeitsplätze der Zukunft. In: EU-Magazin 3/1999, 30–31.
NEUHOLD Clemens / PATERNO Wolfgang, Erstmal Pause! Und danach? In: Profil extra, Sonderheft Matura 2000, März 2000, 8–14.
Österreichisches Statistisches Zentralamt, Statistisches Jahrbuch 1999/2000, Statistik Österreich, Wien 1999.
PLUNGER Werner, Praxis der Kulturförderung am Beispiel der Tiroler Handelskammer. In: Clemens-August ANDREAE (†) und Christian SMEKAL (Hrsg.), Kulturförderung in den Alpenländern, Theorie und Praxis, Fritz Prior zum 70. Geburtstag. Innsbruck 1992, 388.
PISKATY Georg, Berufsausbildung aus internationaler Sicht. In: Georg PISKATY, Gerhard RIEMER, Johann STEINRINGER (Hrsg.), Lehrlingsausbildung in Österreich. Wien 1985, 41.
PITTL Ursula, 50 Jahre Glasgeschichte, Glasfachschule Kramsach 1947–1997, Vorwort der Festschrift.
SCHEDLER Klaus, unveröffentlichte Überlegungen zur Entwicklung eines „Master-Plans" zur zukünftigen Fachhochschulentwicklung. Wien 1999.
SCHELLING Günther, 6 Jahre Fachhochschulwesen in Österreich: Resumee eines langjährigen Wegbegleiters. In: Bildung aktuell 8/99. Industriewissenschaftliches Institut (Hrsg.).
SCHMID Kurt / STEINRINGER Johann, Einflussfaktoren auf die Berufswahl. In: Daten & Fakten. Wien 1998.
SCHMIDT-BISCHOFSHAUSEN Horst, Trends zur Jahrtausendwende – Perspektiven für das 21. Jahrhundert, Neue Berufe, Neue Technologien, Neue Formen der Wirtschaft. In: Epoche 135, Qui/ 1998/22. Jahrgang.
SCHNEEBERGER Arthur, Zur Bedeutung von Bildung und Qualifikationen für die Wettbewerbsfähigkeit. In: Heinz HANDLER (Hrsg.), Wirtschaftsstandort Österreich, Wettbewerbsstrategien für das 21. Jahrhundert. BMwA, Sektion Wirtschaftspolitik, Wien 1996, 234–273.
SCHÖNBERGER Alwin, JOHANN Alexis, FORSTHUBER Martina, Fit für die Zukunft. In: Trend 10, 1999, 116–141.
SCHÖPFER Gerald, Bildung als eine neue Utopie im Zentrum der Gesellschaft. In: Stefan KARNER, Österreich-Zukunftsreich – Denkpfeiler ins 21. Jahrhundert, Mann Media Verlag Schnider 1999.
WIESER Ilsedore, Bildung an der Schwelle zum 3. Jahrtausend. In: Hansjörg HERBER / Franz HOFMANN (Hrsg.), Schulpädagogik und Lehrerbildung, Innsbruck-Wien 1998, 35–39.
Wirtschaftskammer Tirol (Hrsg.) Tiroler Lehrlingsstatistik 2000, Innsbruck 2001, 5,
Wirtschaftskammer Tirol (Hrsg.) tw Nr. 8 25. 2. 2000, 3.

## Summaries

In diesem Beitrag wird zunächst der Versuch unternommen, eine aktuelle Definition des Bildungsbegriffes zu formulieren, wobei festzustellen war, dass sich dieser Bildungsbegriff nicht zeitunabhängig erfassen lässt. Aufbauend auf den gesetzlichen Grundlagen des Bildungsauftrages der Wirtschaftskammer konnte gezeigt werden, dass dieser Auftrag auf allen Ebenen des Bildungsniveaus wahrgenommen und – aufgrund des Einsatzes beträchtlicher finanzieller Mittel – sehr ernst genommen wird. Die prognostizierten Veränderungen in der Welt der Arbeit werden auch geänderte Anforderungen an die Bildungssysteme mit sich bringen. Zentrales Thema, um das sich sowohl die neue Welt der Arbeit als auch alle Bildungsbemühungen ranken, sind die neuen Technologien, insbesondere jene in der Informationstechnik. Gerade in diesem Bereich ist mit einer Fülle von neuen Berufen und damit Beschäftigungen zu rechnen, auf die die Bildungspolitik entsprechend zu reagieren haben wird. Die Möglichkeiten einer Landeswirtschaftskammer, in dieser Situation entscheidend einzugreifen, sind in der Realität – aufgrund der Kompetenzverteilung – wohl eher als bescheiden zu bezeichnen. Im eigenen Wirkungsbereich hat eine Landeskammer jedoch Möglichkeiten, insbesondere durch ihr Wirtschaftsförderungsinstitut auf die Ausbildungsbedürfnisse unserer Betriebe entsprechend zu reagieren. Ein weiterer Bereich der Möglichkeiten, im Land aktiv zu werden, z. B. durch Zurverfügungstellung von Know-how, allenfalls auch Startfinanzierungshilfen und ähnlichem mehr, wird bei der Initiierung von zukunftsträchtigen Aus- und Weiterbildungsmaßnahmen gesehen. Innovation, Flexibilität, Fremdsprachenkenntnisse, Mobilität und ständige Lernbereitschaft sind neben Kenntnissen in den neuen Medien und im Vorhandensein gewisser Schlüsselqualifikationen zu den Schlagworten für die Zukunft von Bildung und Wohlstand geworden. Als eine Möglichkeit einer Basisqualifizierung wird auf die Positionierung der Lehre als Qualitätsprodukt besonderer Wert zu legen sein.

* * *

The article first tries to give a current definition of the term education. It has thereby been noted that what is meant by education varies according to time. Given the legal basis of the educational commission of the Austria Federal Economic Chamber, it has been shown that the commission has been met at all levels of education and – as the use of substantial financial means illustrates – has also been taken very seriously. The assumed changes in the working world will also bring altered and even new expectations as far as education is concerned. A central theme, which affects both, the working world and the educational efforts, are the new technologies, in particular in the field of information-technique. It is here where a range of new professions can be found – a fact which education has to account for.

Due to the distribution of authorities the possibilities of the local economic Chamber of Tyrol of playing a decisive role in this situation are thought to be limited. Because of its Wirtschaftsförderungsinstitut (Institut for economic development) there are, however, ways to respond to the educational demands of our local companies. Another chance to play a part in the economy of our country is to initiate promising future campaigns, such as providing know-how or starting-capital for companies. Apart from the knowledge of foreign languages, mobility, and permanent interest in education and training have become key words for the development of education and prosperity. Furthermore, as a basic qualification, apprenticeship should become a quality product.

L'articolo si propone di formulare una definizione attuale del concetto di «formazione», un concetto che nelle diverse epoche storiche è sempre stato interpretato in modo nuovo. I fondamenti giuridici della Commissione Formazione in seno alla Camera di Commercio chiariscono che quest'impegno formativo viene sentito assai seriamente e realizzato di conseguenza con adeguati stanziamenti finanziari. I futuri cambiamenti nel mondo del lavoro comporteranno anche un mutamento delle richieste poste ai sistemi di formazione. Il tema centrale sul quale vertono il mondo del lavoro e gli approcci formativi sono le nuove tecnologie, in particolare nel campo dell'informazione. Proprio qui nasceranno nuovi profili professionali e occupazionali di cui la politica della formazione dovrà tener conto. In base alla suddivisione delle competenze la Camera di Commercio di Innsbruck ha un raggio di intervento ridotto ma grazie alla presenza del WIFI (Istituto di promozione economica) potrà far fronte al fabbisogno formativo delle aziende tramite ad esempio l'offerta di know-how tecnologico per il finanziamento iniziale delle aziende.

Innovazione, flessibilità, padronanza delle lingue straniere, mobilità e disponibilità ad un aggiornamento e approfondimento professionale continuo, utilizzo dei nuovi media e possesso di qualificazioni-chiave sono fattori legati inscindibilmente al futuro della formazione e del benessere. Nel settore delle qualificazioni di base sarà necessario ridefinire la posizione dell'apprendistato come prodotto di qualità.

# Innovationspolitik als Auftrag der Wirtschaftskammer Tirol

WERNER PLUNGER / STEFAN GARBISLANDER

## 1. Einführung

Kaum ein wirtschaftspolitischer Bereich hat seit den frühen 1980er Jahren ein vergleichbares Ausmaß an Bedeutung und Dynamik entwickelt wie Maßnahmen der öffentlichen sowie privatwirtschaftlichen Innovationspolitik.

Wissenschaft, Technologie und Forschung sind ohne Zweifel zur entscheidenden Basis des wirtschaftlichen Wohlstandes für alle hoch entwickelten Wirtschaftsregionen geworden. Versteht man Innovationspolitik auch als Auftrag für eine moderne Interessenvertretung und Serviceorganisation wie die Wirtschaftskammer Tirol, stellt sich natürlich unmittelbar die Frage nach dem konkreten Nutzen eines derartigen Engagements für die Mitgliedsunternehmen.

Im Rahmen dieses Beitrages werden einerseits diese Nutzen-Aspekte anhand der bisherigen Aktivitäten der Wirtschaftskammer Tirol beschrieben sowie analysiert, andererseits sind die zukünftigen innovationspolitischen Herausforderungen für eine starke Interessenvertretung der Tiroler Wirtschaft zu diskutieren. In diesem Zusammenhang wird deutlich, dass gerade Forschungs- und Technologiepolitik als die wohl bedeutendsten Maßnahmenbereiche der Innovationspolitik zwar grundsätzlich unterschiedlichen Zielvorstellungen folgen, gleichzeitig aber auf vielfältigste Weise miteinander verbunden sind und einander in der praktischen Umsetzung überschneiden.[1] Zielsetzung des Beitrages ist es, sowohl anwendungsorientierten als auch theoretisch interessierten Lesern und Leserinnen einen fundierten Einblick in die moderne Innovationspolitik Tirols und die von der Wirtschaftskammer Tirol angestrebten Zielsetzungen und wahrgenommenen Maßnahmen zu bieten.

Im folgenden Abschnitt gilt es zunächst die grundsätzliche Bedeutung von Innovationsprozessen für die Wettbewerbsfähigkeit der Tiroler Regionalwirtschaft und seiner Unternehmen zu verdeutlichen und den entsprechenden politischen Handlungsbedarf abzuleiten.

---

[1] BUNDESMINISTERIUM FÜR WISSENSCHAFT UND VERKEHR (Hrsg.), Grünbuch zur österreichischen Forschungspolitik. Wien 1999, 67–68.

## 2. Innovative Unternehmen und Innovationspolitik als Quelle der Wettbewerbsfähigkeit

Die Frage nach der Wettbewerbsfähigkeit von Staaten, Regionen und Unternehmen ist in den letzten Jahrzehnten immer stärker in den Mittelpunkt der Aufmerksamkeit von Politik und Wirtschaft gerückt.

Viele politische Verantwortungsträger definieren nationale und regionale Wettbewerbsfähigkeit nach wie vor ausschließlich als rein makroökonomisches Phänomen, welches von Einflussgrößen wie Haushaltsdefiziten, Zinsniveau und Lohnkosten abhängig ist. Aus Sicht der klassischen Ökonomie lässt sich die regionale/nationale Wettbewerbsfähigkeit anhand der Produktionsfaktoren wie Arbeitskräfte, natürliche Ressourcen, Kapital und Land erklären. Wirtschaftsregionen erzielen Faktorvorteile in Wirtschaftszweigen, in denen jene Faktoren, die sie reichlich besitzen, vergleichsweise intensiv genützt werden.[2] Die Bedeutung von Faktorvorteilen und makroökonomischen Einflussgrößen soll hier keineswegs geschmälert oder gar in Abrede gestellt werden – im Gegenteil. So wirken beispielsweise die nach wie vor hohen österreichischen Lohnkosten ertrags- und arbeitsmindernd – mit allen damit verbunden negativen Konsequenz für den Arbeitsmarkt sowie für die ohnehin vergleichsweise zu geringe Eigenkapitalausstattung unserer Unternehmen.

In hochentwickelten Volkswirtschaften mit komplex miteinander verwobenen Wirtschaftzweigen verlieren diese klassischen Erklärungsansätze jedoch durch die Internationalisierung des Wettbewerbs und durch die immer raschere technologische Entwicklung zunehmend an Überzeugungskraft. Die Erkenntnis, dass sich Wettbewerbsfähigkeit von Wirtschaftsregionen weder durch Variation singulärer makroökonomischer Variablen steuern, noch anhand eines in sich konsistenten ökonomischen Modells erklären lässt, schmerzt Wissenschaft wie Politik gleichermaßen, scheint jedoch unausweichlich.

In seiner weithin bekannten Abhandlung „The Competitive Advantages of Nations" resümierte der US-amerikanische Ökonom Michael E. Porter, dass als einzig sinnvolles und allgemeingültiges Kriterium für die Wettbewerbsfähigkeit von Wirtschaftsregionen die „Produktivität" in Frage kommt. Mit „Produktivität" wird hierbei der Wert der durch Einsatz von Arbeit, Wissen, Technologien und Kapital erzeugten Produktions- oder Dienstleistung verstanden.

Damit die Produktivität einer Wirtschaftsregion stetig zunehmen kann, müssen in der Volkswirtschaft fortlaufende Entwicklungs-, Änderungs- und Anpassungsprozesse stattfinden können. Die Produktivität und damit die Wettbewerbsfähigkeit von Wirtschaftsregionen hängen davon ab, inwieweit ihre Unternehmen zur ständigen Innovation ihrer Arbeitsabläufe, ihrer Produkte und ihres betrieblichen Umfeldes in der Lage sind. Produktqualitäten müssen ständig erhöht, Produktionstechnologien fortlaufend

[2] Michael E. Porter, Wettbewerb und Strategie. München 1999, 169.

optimiert und neuartige Ausbildungsverfahren für die Mitarbeiter rasch implementiert werden. „Innovation" symbolisiert in diesem Zusammenhang den gesamten Prozess unternehmerischer (Er-)Neuerung. Innovationsaufwendungen sind daher nicht nur Aufwendungen für die Bereiche Forschung und Entwicklung sowie Patente und Lizenzen, sondern letztlich auch für Konstruktion, Design und Personalentwicklung.

Die Innovationskraft von Unternehmen ist somit die wichtigste Bestimmungsgröße der Produktivität und damit der Wettbewerbsfähigkeit für Wirtschaftsregionen wie Tirol. Als die Quelle wirtschaftlicher Innovation ist eine dynamische und nachhaltige Entwicklung im Bereich Forschung und Technologie anzusehen. Forschungs- und Technologiepolitik bilden daher – wie bereits erwähnt – die wichtigsten Instrumente einer zukunftsorientierten Innovationspolitik.

Die Mehrung innovativen Potentials in einer Wirtschaftsregion bedeutet zunächst unmittelbaren Nutzen für die Unternehmen in Form langfristig positiver Ertrags- und Gewinnaussichten, impliziert aber auch einen unbestreitbaren Nutzen für die Regionalwirtschaft durch steigenden Lebensstandard seiner Bevölkerung in Form erhöhter Einkommen sowie qualitativ hochwertiger Arbeitsplätze.

Eine fortlaufende Erhöhung des wirtschaftlichen Innovationspotentials der Tiroler Unternehmen durch Maßnahmen der Forschungs- und Technologiepolitik ist somit gleichermaßen Auftrag für Gemeinden, Land Tirol und den Bund sowie für eine zukunftsorientierte Interessenvertretungs- und Serviceorganisation der Tiroler Wirtschaft.

Die Erkenntnis eines gemeinsamen Handlungsauftrages von Wirtschaftskammer und Gebietkörperschaften im Rahmen der Forschungs- und Technologiepolitik soll und kann jedoch nicht bedeuten, dass die hieraus resultierenden konkreten Maßnahmenschwerpunkte als identisch oder gar als konkurrierend anzusehen sind.

Während sich die Aktivitäten der Wirtschaftskammer auch im Bereich der Forschungs- und Technologiepolitik grundsätzlich an dem erkennbaren Nutzen für ihre Mitgliedsunternehmen zu orientieren haben, ist die Aufgabe von Bund, Land und Gemeinden in der Beschleunigung der wirtschaftlichen Entwicklung durch möglichst rasche Diffusion der technischen und wissenschaftlichen Neuerungen zu sehen.

Wie bereits erwähnt, sind Forschungs- und Technologiepolitik auf vielfältige Weise miteinander verbunden, haben jedoch gleichzeitig auch unterschiedliche Aufgabenstellungen:

Die Technologiepolitik will grundsätzlich die Entscheidungen von privaten Unternehmen, öffentlichen Institutionen und privaten Haushalten durch ihre Maßnahmen dahingehend beeinflussen, dass neue Technologien entwickelt, kommerzialisiert und schließlich im Wirtschaftsprozess eingesetzt werden.

Forschungspolitik ist hingegen vorwiegend an der Stärkung der Wissensbasis und der zugehörigen Institutionen (Universitäten, Fachhochschulen, Forschungseinrichtungen von Unternehmen) orientiert. Die Nutzung und Realisierung von Forschungsergebnissen ist schließlich wieder eine wesentliche technologiepolitische Aufgabe, die jedoch wiederum von der inhaltlichen und institutionellen Forschungsbasis abhängig ist.

Die Gesellschaft muss sich dazu bekennen, dass sich Forschung nur beschränkt vom Nutzen-Aspekt her planen lässt. Zugleich müssen Forschungsinstitutionen jedoch auch die Außenwelt und ihre Bedürfnisse berücksichtigen. Die Legimitation für die eingesetzten öffentlichen Mittel besteht sehr wohl auch im Leisten eines geeigneten Beitrages zur Erhaltung bzw. Steigerung der wirtschaftlichen Wettbewerbsfähigkeit.[3]

## 3. Wirtschaftstheoretische Argumente für eine Innovationspolitik Ein Exkurs

Für theoretisch interessierte Leser wird im Folgenden in aller gebotenen Kompaktheit auf die wissenschaftlichen Erklärungsansätze für eine ökonomisch rationale Innovationspolitik näher eingegangen. Theorie impliziert natürlich immer einen gewissen Grad an Abstraktion und es ist durchaus berechtigt, die Intention eines theoretischen Exkurses im Zusammenhang mit der Innovationspolitik der Wirtschaftskammer Tirol zu hinterfragen. Der Vergleich mit den in den anschließenden Kapiteln diskutierten innovationspolitischen Zielen und Maßnahmen Tirols und der Wirtschaftskammer Tirol im speziellen wird jedoch verdeutlichen, dass sich diese keineswegs „im theoriefreien Vakuum“ befinden, sondern durchaus auf fundierter (wirtschafts-)wissenschaftlicher Basis beruhen.

Trotz unterschiedlicher Zielsetzungen für Wirtschaftskammer und öffentliche Hand sind es folgende spezifische Eigenschaften „unternehmerischer Innovation“, welche beiderseits die Grundlage für eine moderne Forschungs- und Technologiepolitik bilden (sollten):[4]

*1. Unsicherheit*: Die Produktion von neuem Wissen ist im Vergleich zu nicht innovativen Investitionen durch höhere Unsicherheit gekennzeichnet. Der Unternehmer muss eine Entscheidung über den Einsatz personeller und finanzieller Mittel treffen, ohne den Erfolg der Produktion und dessen Zeitpunkt vorhersehen zu können. Die Unsicherheit ist größer für den Fall der Grundlagenforschung und der experimentellen Entwicklung als für die anwendungsorientierte Forschung sowie für die Entwicklung von Produkt- und Verfahrensinnovationen. Eine wichtige Maßnahme, um Marktchancen frühzeitig richtig einschätzen zu können und damit betriebswirtschaftliche Unsicherheiten zu dämpfen, ist die Schaffung eines entsprechend spezialisierten Unterstützungsangebotes für innovative Unternehmen wie die Beratungsleistungen des „Gründer-Service“ und des „Technologietransfer- und Innovationszentrums (TIZ)“ der Wirtschaftskammer Tirol und die Forcierung von Forschungskooperationen mit der Universität.

---

[3] Bundesministerium für Wissenschaft und Verkehr, Grünbuch (wie Anm. 1), 68.

[4] Vergleiche für folgende Ausführungen: Henning Klodt, Grundlagen der Forschungs- und Technologiepolitik. München 1995, 5–21.

*2. Der Öffentliche-Gut-Charakter*: Bei technischem/innovativem Know-how gibt es aus ökonomischer Sicht keine Verwendungskonkurrenz unter den verschiedenen Nutzern, d. h. der Bestand an technischem/innovativem Wissen, welcher für die übrigen Nachfrager zur Verfügung steht, wird nicht dadurch geringer, dass ein einzelner zusätzlicher Nachfrager dieses Wissen nutzt. Damit weist technisches/innovatives Know-how beinahe in idealtypischer Weise eine zentrale Eigenschaft eines sogenannten „öffentlichen Gutes" auf – die Eigenschaft der Nicht-Rivalität im Konsum. Forschungs- und Entwicklungsausgaben weisen häufig zudem höhere gesamtwirtschaftliche als privatwirtschaftliche Erträge auf. Die hieraus folgenden externen Effekte (sogenannte „Spillovers") der Neuerungstätigkeit bestehen vor allem in der kostengünstigen Verwendung des verbreiteten technischen Wissens und aus dem Anstoß für die unternehmenseigene Entwicklung neuer Produkte und Produktverfahren. Da neue Informationen im Vergleich zur Produktion zu geringen Kosten verbreitet werden können, erscheint im Falle einer ökonomisch effizienten Preisbildung unter Konkurrenzbedingungen (Grenzkostenpreise) eine Unterdeckung der Forschungs- und Entwicklungskosten als möglich. Die positiven externen Effekte der Innovationstätigkeit können somit letztlich eine Tendenz zur Unterversorgung einer Wirtschaftsregion mit technischen Neuerungen begründen.

Als wirtschaftspolitische Maßnahme ist ein ausreichender Patent-, Marken- und Musterschutz insbesondere für anwendungsorientierte Forschungs- und Technologieprodukte sowie direkte finanzielle Projektförderungen, vor allem für innovative Unternehmensgründungen (im Rahmen der „allgemeinen" Wirtschaftsförderung) und für die „marktferne" Grundlagenforschung erforderlich.

*3. Netzwerk-Externalitäten*: Vor allem im Zusammenhang mit den sogenannten „Zukunftstechnologien" wie Informations- und Kommunikationstechnologie sowie Medizin- und Gesundheitstechnologie hat eine spezielle Art von Externalitäten an Bedeutung gewonnen, welche nicht nur bei der Entwicklung, sondern auch bei der Anwendung dieser neuen Technologien auftreten und als Netzwerk-Externalitäten bezeichnet werden. Forschungs- und Technologie-Netzwerke können grundsätzlich verschiedene Strukturen aufweisen und sowohl in Form loser Kooperationen (Cluster) als auch als geschlossene Unternehmensverbünde (beispielsweise mit eigener Rechtspersönlichkeit) bestehen. Der Nutzen derartiger Forschungs- und Technologienetzwerke hängt für den einzelnen Teilnehmer (Unternehmen, Forschungs- und Ausbildungsinstitutionen) entscheidend davon ab, wie viele andere Teilnehmer in diesen Netzwerken eingebunden sind und ihr innovatives Know-how einbringen. Wer als zusätzlicher Kooperationspartner in das Netzwerk eintritt, erhöht damit auch den Nutzen aller anderen Teilnehmer, ohne dies bei der eigenen Entscheidung über den Netzwerkeintritt zu berücksichtigen. Aufgrund dieses vom einzelnen Kooperationspartner vernachlässigten „externen Nutzens" besteht die Tendenz, dass sich aus gesamtwirtschaftlicher Sicht zuwenig Unternehmen bzw. Institutionen für eine Netzwerkteilnahme entscheiden.

Die Initiierung themenspezifischer Netzwerke und Cluster stellt eine wichtige Servicefunktion der Wirtschaftskammer Tirol dar. Als gemeinsame Interessenvertretung hat die Wirtschaftskammer unmittelbar Kontakt und Zugang zu allen betroffenen Unternehmen und kann als „Mittler“ den Aufbau derartiger Netzwerke initiieren bzw. begleiten.

4. *Finanzierungsrisiko*: Aus der Volkswirtschaftslehre ist bekannt, dass die Durchführung eines Forschungs- bzw. Technologieprojektes gesamtwirtschaftlich dann sinnvoll ist, wenn die zu erwartende Rendite des Projektes zumindest dem Marktzins entspricht. Die Möglichkeit zur Realisierung von Forschungs- und Technologieprojekten sollte zudem grundsätzlich unabhängig davon sein, ob das Projekt von einem großen oder kleineren Unternehmen geplant ist. Aus der Realität wissen wir jedoch, dass, je risikoreicher und je größer das Projekt im Vergleich zur Unternehmensgröße ist, desto eher damit zu rechnen ist, dass vom betroffenen Unternehmen ein Risikozuschlag verlangt bzw. seitens der Kreditinstitute nur ein äußerst rigider Kreditrahmen gewährt wird. Obwohl diese „Kreditrationierung“ aus der Perspektive der Kapitalgeber aufgrund der hohen Unsicherheiten natürlich nachvollziehbar ist, kann eine solcherart verbreitete Vorgehensweise dazu führen, dass hoch rentable Forschungs- und Technologievorhaben insbesondere kleinerer und mittlerer Unternehmen (sogenannter KMU) an der Finanzierung scheitern. „Kreditrationierung“ ist natürlich ein generelles Problem für kleinere Unternehmen – im Forschungs- und Technologiebereich erscheint es jedoch besonders ausgeprägt zu sein: Einerseits sind Forschungs- und Technologieprojekte aufgrund der damit verbundenen Ertragsunsicherheiten allgemein mit höheren Risiken verbunden als andere Projekte und andererseits entfällt erfahrungsgemäß nur ein geringer Anteil der Projektausgaben auf besicherungsfähige Sachanlagen. Das Problem der Kreditrationierung empfiehlt daher

- eine gezielte Förderung von Eigenkapitalbeteiligung an jenen innovativen Unternehmensprojekten, welche gesamtwirtschaftlich sinnvoll, aber rein betriebswirtschaftlich nur unter sehr hohem Risiko zu verwirklichen wären sowie
- eine spezifische KMU-Komponente im Bereich der Forschungs- und Technologieförderung.

In den folgenden Abschnitten werden nun Zielsetzungen und Maßnahmen der Innovationspolitik in Tirol unter besonderer Berücksichtigung der entsprechenden Aktivitäten der Wirtschaftskammer Tirol dargestellt und analysiert. Die eben diskutierten theoretischen Erklärungsansätze und Handlungsempfehlungen werden sich für den Leser bei seiner kritischen ökonomischen Beurteilung als dienlich erweisen.

## 4. Die Wirtschaftskammer Tirol als Akteur der Innovationspolitik Tirols

Gerade für Tirol haben Studien wie „Die produzierende Wirtschaft Tirols – Entwicklungsperspektiven und Aufbruchszenarien“ von Prof. Dr. Clement (1997), erstellt im Auftrag der Tiroler Sozialpartner, und die „Zukunftsgedanken für Tirol“ unter der

Leitung von Prof. Dr. Buchberger (1999), erstellt im Auftrag der Wirtschaftskammer Tirol, den Nachholbedarf unseres Landes im Bereich der Hochtechnologien nachgewiesen.[5] Diese Feststellung soll jedoch nicht als Kritik an dem für Tirol bedeutenden Wirtschaftsfaktor „Tourismus und Freizeitwirtschaft“ verstanden werden. Ganz im Gegenteil – gilt es gerade diese wertschöpfungsintensive Branche in die längst erforderliche „Tiroler Forschungs- und Technologieoffensive“ zu integrieren und das vorhandene Potential verstärkt zu nützen.

## 4.1 Kurzdarstellung des Innovationsverhaltens der Tiroler Produktionswirtschaft

Will man die Innovationsorientierung einer Regionalwirtschaft beurteilen, stellt der Anteil der Forschungs- und Entwicklungs-Ausgaben am Umsatz der Unternehmen (F&E-Quote) einen geeigneten Indikator dar. Im österreichweiten Vergleich liegt Tirol mit einer F&E-Quote von 2 Prozent gut platziert an zweiter Stelle (hinter Wien und vor Niederösterreich), doch gilt es zu berücksichtigen, dass dies im internationalen Zusammenhang immer noch ein unterdurchschnittliches Innovationsverhalten widerspiegelt (siehe Tabelle 1).

**Tabelle 1: F&E-Quote 1981–1993 nach Bundesländern in Prozent vom Umsatz**

| | 1981 | 1987 | 1993 |
|---|---|---|---|
| Burgenland | 0,30 % | 0,40 % | 1,50 % |
| Kärnten | 0,70 % | 0,60 % | 0,70 % |
| Niederösterreich | 0,30 % | 0,60 % | 1,70 % |
| Oberösterreich | 1,20 % | 1,40 % | 1,40 % |
| Salzburg | 0,60 % | 0,50 % | 0,80 % |
| Steiermark | 0,90 % | 0,80 % | 1,30 % |
| **Tirol** | **1,50 %** | **1,60 %** | **2,00 %** |
| Vorarlberg | 0,40 % | 0,90 % | 1,30 % |
| Wien | 1,80 % | 3,20 % | 4,30 % |
| Österreich | 1,00 % | 1,40 % | 1,80 % |

Quelle: FRAUNHOFER MANAGEMENT GMBH, Technologiestudie Tirol im Auftrag der Tiroler Landesregierung. München 1997, 35.

Zwei Drittel der F&E-Ausgaben der Tiroler Unternehmen entfallen auf die Fachgruppen Stein, Keramik, Chemie, Papier, Holzverarbeitung sowie Nahrungs- und Genussmittel, wohingegen metall- und elektronahe Fachverbände nur rund ein Drittel zu

[5] Vergleiche hierzu: Werner CLEMENT / Wolfgang FABRIS, Die produzierende Wirtschaft Tirols – Entwicklungsperspektiven und Aufbruchsszenarien. Wien 1997. Bruno BUCHBERGER im Namen des Arbeitskreises von Auslandstirolern, Zukunftsgedanken für Tirol. Innsbruck 1999.

den F&E-Ausgaben in Tirol beitragen. Bis auf die Chemiebranche mit ihren Leitunternehmen lässt sich somit für Tirol (noch) kein überdurchschnittliches Innovationsverhalten im High-Tech-Bereich konstatieren; zudem nimmt Tirol bei Patenten, Marken und Mustern im Österreichvergleich nach wie vor einen Platz im letzten Drittel ein.

Entsprechend einer aus dem Jahre 1995 stammenden Studie der Tiroler Industriellenvereinigung und des Amtes der Tiroler Landesregierung über das Innovationsverhalten der Tiroler Produktionswirtschaft verfolgen rund 88 Prozent der Tiroler Unternehmen regelmäßig Innovationsaktivitäten, wobei vor allem kleinere bis mittlere Unternehmen mit 6–25 Beschäftigten besonders innovationsaktiv sind. Nach der Innovationsart verteilen sich die Innovationsaufwendungen im Durchschnitt zu 61 Prozent auf Produktinnovationen und zu 39 Prozent auf Prozessinnovationen.

Vorrangige Zielsetzungen der Innovationsaktivitäten sind:
- bei Produktinnovationen die Ausweitung der Produktion innerhalb des jeweiligen Erzeugnisschwerpunktes sowie die Erhaltung bzw. Erhöhung des Marktanteils;
- bei Prozessinnovationen die Erhöhung der Produktionsflexibilität sowie die Verringerung der Produktionskosten durch Reduzierung des Lohnkostenanteils.

Die Schwerpunktmaßnahmen der Innovationsaktivitäten liegen
- bei Produktinnovationen vor allem in der Entwicklung neuer Funktionslösungen bestehender Produkte sowie in der Generierung grundlegend neuer Produkte;
- bei Prozessinnovationen in der fortlaufenden Automatisierung und in der Entwicklung neuer Fertigungsaspekte.

## 4.2 Innovationspolitische Zielsetzungen der Wirtschaftskammer Tirol

Um das innovative Potential der Tiroler Unternehmen zukünftig optimal zu nützen, bedarf es einer Innovationspolitik, welche nicht nur die industriell/gewerbliche Anwendung, sondern auch die Bereiche Ausbildung und Forschung gleichermaßen umfasst und diese durch
- Initiierung und Implementierung neuer technologischer Entwicklungen („Wissenstransfer")
- Unterstützung von Kooperationen und Netzwerken sowie
- Beratung und Förderung innovativer Ideen und Projekte

gezielt forciert.

In diesem Zusammenhang verfolgt die Wirtschaftskammer Tirol mit ihren technologie- und forschungsrelevanten Maßnahmen insbesondere folgende Zielsetzungen:
1. Harmonisierung der nach wie vor stark zersplitterten Struktur der Innovationspolitik durch gezielte Kooperation von Trägern, Mittlern und Kapitalgebern im Bereich Forschungs- und Technologie-Know-how;
2. Identifizierung und in weiterer Folge Forcierung jener Forschungs- und Technologiebereiche, welche die vorhandenen Wirtschaftsstrukturen in Tirol sinnvoll ergänzen bzw. wirtschaftlich zukunftsträchtige Synergien ermöglichen.

Bezüglich der ersten Zielsetzung ist die Wirtschaftskammer Tirol als Akteur – insbesondere als Mittler – in der Forschungs- und Technologiepolitik Tirols gefordert, während die zweite Zielsetzung vor allem Visions- und Initiativkraft von der Wirtschaftskammer Tirol als Interessenvertretungs- und Serviceorganisation der Tiroler Wirtschaft fordert.

Eine effiziente Innovationspolitik schafft geeignete Rahmenbedingungen, welche potentielle Kapitalgeber und Träger (d. h. Anwender) sowie Mittler von Technologie- und Forschungs-Know-how in Tirol jeweils projektbezogen zusammenführen und dadurch einen zielführenden Ausgleich zwischen einer möglichst raschen Projektrealisierung und damit Ertragssicherung zugunsten der Unternehmen und einer möglichst raschen Diffusion der neuen Technologien zugunsten der Tiroler Regionalwirtschaft gewährleisten.

Die Wirtschaftskammer Tirol leistet im Sinne des Subsidiaritätsprinzips selbst einen umfassenden Beitrag zur Förderung der Technologie- und Innovationsentwicklung in Tirol und ergänzt damit die bestehenden technologiepolitischen Aktivitäten des Landes Tirol. Der Wirtschaftskammer kommt als Akteur der Innovationspolitik vor allem eine Mittler- und Initiativfunktion zu; eine selbständige Anwender- bzw. Trägerfunktion in der Innovationspolitik ist hingegen mit dem Auftrag als Interessenvertreter- und Serviceorganisation der Tiroler Wirtschaft grundsätzlich nicht vereinbar.

Als Träger der Innovationsentwicklung sind in Tirol insbesondere die F&E-Abteilungen der Produktionswirtschaft, die Technischen Dienstleister und die wissenschaftlichen Institute der Universität Innsbruck anzuführen. Technologie- und Forschungskapitalgeber sind vor allem die zahlreichen Förderprogramme und Förderinstitutionen der Europäischen Union, des Bundes und des Landes Tirol.

Eine umfassende Erläuterung der einzelnen Träger von Innovations-Know-how in Tirol und der für die Tiroler Wirtschaft relevanten Förderungs-Aktivitäten von EU und Bund würde an der Intention dieses Beitrages vorbeiführen, doch ist es sinnvoll, die Funktion der Wirtschaftskammer Tirol im Zusammenhang mit den entsprechenden Tiroler Fördereinrichtungen und den Tiroler Know-how Mittlern näher zu diskutieren. Besonderes Augenmerk wird daher im folgenden auf jene Institutionen gelegt, in denen die Wirtschaftskammer Tirol im Interesse ihrer Mitglieder entweder selbst aktiv involviert ist oder die sie finanziell bzw. personell unterstützt.

## 4.3 Die Innovations-Kapitalgeber

Als die wesentlichen Akteure innovationsrelevanter Förderung sind in Tirol vor allem folgende Institutionen anzuführen:

- die „allgemeine“ Wirtschaftsförderung des Landes Tirol
- die Tiroler Zukunftsstiftung und
- die neuen Capital-Venture-Fonds und die Tiroler Unternehmensbeteiligungsgesellschaft (TUB).

## *Die „allgemeine" Wirtschaftsförderung des Landes Tirol*

Die Wirtschaftsförderung des Landes Tirol verfügt insbesondere durch das „Impulspaket Tirol" und durch die „Regionale Infrastrukturförderung" über Förderinstrumente mit Schwerpunktsetzung auf Unterstützung von Technologieprojekten und Aufbau von Gründer-, Technologietransfer- und Innovationszentren. Zusätzlich können auch die Mittel des Raumordnungsschwerpunktprogramms für spezifische Innovationsprojekte eingesetzt werden.

Eine besondere Funktion kommt der Wirtschaftskammer im Rahmen der allgemeinen Wirtschaftsförderung durch die Geschäftsführung der Tiroler Bürgschaftsgemeinschaft zu. Die Tiroler Bürgschaftsgemeinschaft (TBG) übernimmt Ausfallbürgschaften für Darlehen und Kredite, die österreichische Kreditinstitute Tiroler Unternehmen gewähren. Die Übernahme der Bürgschaften dient zur Besicherung von Darlehen/Krediten für Investitionszwecke bzw. zur Sicherung des Fortbestandes von Betrieben. Im Jahre 1999 ergaben die übernommenen Bürgschaften bei einer Kreditsumme von 47,2 Millionen ATS einen Haftungsbetrag von 33,04 Millionen ATS (70 Prozent der Kreditsumme), welcher vom Land Tirol und der Wirtschaftskammer Tirol getragen wird.

## *Die Tiroler Zukunftsstiftung*

Während die „traditionelle"(d. h. allgemeine) Wirtschaftsförderung mit ihren Förderprogrammen überwiegend einzelbetrieblich bzw. betriebswirtschaftlich orientiert ist, verfügt die Tiroler Zukunftsstiftung als öffentlich-rechtliche Körperschaft mit einer jährlichen Dotation von 100 Millionen ATS durchwegs über einen volkswirtschaftlichen Auftrags- und Fördercharakter. Dieses jährliche Budget wird aus Erträgen des Stammkapitals, aus Dividenden der Landesbetriebe HYPO und TIWAG sowie aus Haftungsprämien des Landes Tirol erstellt.

Die Zielsetzung liegt insbesondere in der finanziellen und beratenden Unterstützung von gesamtwirtschaftlich zukunftsorientierten Projekten mit hohem Innovationsgrad, nachhaltig positiver Wirkung auf Wertschöpfung und Beschäftigung in Tirol sowie mit Impulswirkung auf Nachfolgeprojekte. Die Zukunftsstiftung ist somit sowohl als Mittler als auch als Kapitalgeber für innovative Technologie- und Forschungsvorhaben tätig.

Mit der Neuorientierung der Zukunftsstiftung im Jahre 2000 sollen zukünftig vor allem auch Projekte in den Bereichen Forschung, Wissenschaft und Bildung unterstützt sowie der Aufbau eines alle öffentlichen (Behörden-)Stellen Tirols umfassenden „Tiroler Informations- und Kommunikationsnetzwerkes" (Coporate Network Tyrol) realisiert werden. Die Möglichkeit von (stillen) Gesellschafterbeteiligungen der Zukunftsstiftung soll auf den Bereich von zukunftsträchtigen Unternehmenskooperationen (sogenannte „Cluster") fokussiert bleiben. Die Ausrichtung der Zukunftsstiftung wird sich damit klarer als bisher von den Zielen der „allgemeinen" Wirtschaftsförderung und der einzelnen „Venture Capital Fonds" der Tiroler Banken unterscheiden. Die Wirtschaftskammer Tirol wird die neu orientierte Arbeit der Zukunftsstiftung vor allem durch Mitwirkung im Rahmen des Zukunftsrates unterstützen.

### *Venture-Capital-Fonds in Tirol und die Tiroler Unternehmensbeteiligungs-Gesellschaft (TUB)*

Die gezielte Bereitstellung von Risikokapital für innovative Unternehmensprojekte und Unternehmensgründungen mit ausgeprägten Risiko-/Rendite-Profil hat sich in den letzen Jahren zu einem wichtigen ökonomischen Standort- und Wachstumsfaktor entwickelt. Erfahrungen beispielsweise in Bayern haben gezeigt, dass auch regionale Capital-Venture-Fonds nicht nur eine ausreichende Bereitstellung von erforderlichem Eigenkapital gewährleisten, sondern zudem auch einen wichtigen Standortfaktor für Neuansiedlungen und Existenzgründungen von Unternehmen darstellen können. Eine im Vergleich zur üblichen Kreditfinanzierung erhöhte Ausfallwahrscheinlichkeit wird dabei auf Grund des hohen erwarteten „Return on Investment“ der erfolgreichen Projekte bewusst in Kauf genommen. Die Erfahrungen in den USA haben jedoch gelehrt, dass zusätzlich zur bloßen Kapitalbereitstellung vor allem auch die begleitende Managementunterstützung für eine erfolgreiche Projektentwicklung unerlässlich ist. Wünschenswert wäre jedenfalls, dass seitens der Risikokapitalfonds speziell für Neugründer nicht nur eine finanzielle Beteiligung, sondern zusätzlich auch eine Art Patenschaft angeboten wird. Im Rahmen des Patenprogramms würde ein erfahrener Manager aus der Wirtschaft den Jungunternehmer mit seinen Know-how und seinen Kontakten für eine gewisse Zeit begleiten und unterstützen.

Ein drittes wichtiges „Standbein“ Tirols in der Technologieförderung sollte daher zusätzlich zur „allgemeinen“ Tiroler Wirtschaftsförderung die Schaffung eines „Venture-Capital-Fonds“ darstellen. Der Fonds sollte ursprünglich als Kooperation der Raiffeisen Landesbank, der Hypobank Tirol, der Tiroler Sparkasse, der Bank für Tirol und Vorarlberg (BTV) sowie der Tiroler Zukunftsstiftung eingerichtet werden und innovative Unternehmensprojekte durch Zuführung von Risikokapital unterstützen. Vorerst haben sich Tirols Banken jedoch für die Etablierung eigenständiger „Venture-Capital-Angebote“ entschieden, das hieraus entstehende Konkurrenzverhältnis kann aber durchaus befruchtend für den „Tiroler Kapitalmarkt“ sein. Eine vordergründige Festlegung, Tirol sei zu klein für mehrere Risikokapitalanbieter, lässt sich vorerst jedenfalls nur schwer ökonomisch begründen. Die praktischen Erfahrungen der nächsten Jahre werden zeigen, ob sich mehrere Angebote langfristig etablieren können oder letztlich ohnehin eine enge Kooperation erforderlich wird.

Als Wegbereiter bezüglich Risikokapitalfinanzierung in Tirol fungiert jedenfalls die Tiroler Unternehmensbeteiligungs-Gesellschaft (TUB), welche 1997 aus einer Initiative von Banken, Land Tirol und Wirtschaftskammer Tirol mit einem Stammkapital von 39 Millionen ATS entstanden ist und neben der Bereitstellung von Eigenkapital auch Beratung und Managementunterstützung anbietet. Im Zeitraum von 1997 bis Anfang 2000 wurden mehr als 80 Projekte geprüft und 6 Beteiligungen konnten realisiert werden. Zukünftig wird die TUB schwerpunktmäßig vor allem die von ihr finanzierten Firmen beraten sowie diese bei der Beschaffung von zusätzlichem Risikokapital unterstützen. In diesem Zusammenhang gilt es auch eine Eigenkapitalaufstockung der TUB anzustreben.

### *Der Innovationspreis der Wirtschaftskammer Tirol*

Die Wirtschaftskammer Tirol unterstützt seit dem Jahre 1993 das Innovationsverhalten der Tiroler Wirtschaft durch Ausschreibung des „Tiroler Innovationspreises". Ziel des gemeinsam von Land und Wirtschaftskammer Tirol initiierten Tiroler Innovationspreises ist es, die innovativen Kräfte sowohl im Bereich der Tiroler Wirtschaft als auch in der Tiroler Bevölkerung zu fördern. Durch eine finanzielle, vor allem aber ideelle Würdigung erfolgreicher Projekte sollen ein positives Innovationsklima verstärkt und speziell Klein- und Mittelbetriebe zur Innovationstätigkeit angeregt werden. Der Preis wird jedes zweite Jahr vergeben. Der Tiroler Innovationspreis gliedert sich in jeweils zwei Hauptpreise, dotiert mit rund 100.000 ATS für Betriebe mit mehr als 50 Beschäftigten und für Betriebe unter 50 Beschäftigten sowie Einzelprojekte. Zu den Beurteilungskriterien zählen insbesondere der Innovationsgrad des Projektes sowie die erfolgreiche Markteinführung bzw. die erfolgreiche Umsetzung im Betrieb.

## 4.4 Die Innovations-Know-how-Mittler

Bezüglich der Innovations-Know-how-Mittler ist nach ihrer Aufgabenstellung grundsätzlich zwischen Institutionen, welche vorwiegend technologieorientierte Ausbildungsprogramme und Wissenstransfers anbieten, und Institutionen, die spezifische Beratungs- und Unterstützungsleistungen zur Verfügung stellen, zu unterscheiden. Die wirtschaftspolitische Relevanz leistungsfähiger Innovations-Know-how-Mittler ist indes keine wirklich neue Erkenntnis. Bereits zu Beginn der 1980er Jahre wurde unter der Bezeichnung „Informationspolitik" auf die regionalwirtschaftliche Bedeutung von Beratungsaktivitäten insbesondere in den Bereichen Innovation, Betriebsgründung und Exportförderung hingewiesen.[6] In den vergangenen beiden Jahrzehnten entwickelte sich in Tirol eine differenzierte Strukur an Know-how-Mittlern, welche im Folgendem diskutiert wird.

### *4.4.1 Technologieorientierte Wissens- und Ausbildungsmittler in Tirol*

Zu den derzeitigen technologieorientierten Wissens- und Ausbildungsmittlern in Tirol sind insbesondere folgende Einrichtungen zu zählen:
- die technischen Studienrichtungen der Universität Innsbruck;
- die beiden technisch orientierten Fachhochschulstudiengänge Umwelt- und Verfahrenstechnik in Innsbruck und „Facility Management" in Kufstein;
- das Management Center Innsbruck (MCI) mit seinem technologieorientierten Weiterbildungsprogramm;
- die Höheren Technischen Lehranstalten und Technischen Fachschulen;

[6] Richard SCHMIDJELL / Karl FINK / Werner PLUNGER / Hans MOSER, Die Regionalpolitik der österreichischen Bundesländer, in: Schriftenreihe des Instituts für Föderalismusforschung, Band 30. Wien 1983, 79–83 und 101–104.

– das Wirtschaftsförderungsinstitut (Wifi) der Wirtschaftskammer Tirol mit seinen technischen Kursangeboten.

### *Technologie- und anwendungsorientierte Forschung und Lehre an der Universität Innsbruck*

Nach wie vor fehlt der Universität Innsbruck eine umfassende Technische Fakultät mit einem entsprechenden Angebot an verschiedenen anwendungsorientierten Studien- und Forschungsrichtungen. Sowohl an der Fakultät für Bauingenieurwesen und Architektur als auch an der Naturwissenschaftlichen Fakultät und der Medizinischen Fakultät sind international angesehene Institute mit technologischen Forschungsschwerpunkten (also Forschungs- und Technologie-Know-how-Träger) angesiedelt – allein es fehlt an einem entsprechenden umfassenden Ausbildungsangebot für die Studierenden. Auf diesen Sachverhalt wurde sowohl in der Studie „Zukunftsgedanken für Tirol“ als auch in den „Wirtschaftsinitiativen 2000+“ der Wirtschaftskammer Tirol (1999) hingewiesen und die verstärkte Rollenwahrnehmung der Universität Innsbruck als Landesuniversität Tirols gefordert. Die Universität Innsbruck sollte jedenfalls einen entscheidenden und zukünftig verstärkten Impulsgeber in der Tiroler Technologieentwicklung darstellen.

Im Zusammenhang mit der Universität Innsbruck sei auch angeführt, dass die Wirtschaftskammer Tirol seit 1997 ausgewählte wirtschafts- und tirolbezogene Diplom- und Dissertationsarbeiten von Studenten der Sozial- und Wirtschaftswissenschaftlichen Fakultät durch den „Wirtschaftspreis“ unterstützt. Auf diese Weise soll einerseits das Problembewußtsein der Studierenden für anwendungsorientierte, regionalwirtschaftliche Fragestellungen des Landes geschärft werden und zum anderen sollen aktuelle Forschungsleistungen für Tirols Wirtschaft nutzbar gemacht werden.

### *Fachhochschulstudiengang „Umwelt- und Verfahrenstechnik“*

Eine besonders herausragende Bedeutung als Know-how-Mittler – vor allem als wichtiges Bindeglied von Theorie und Praxis – kommt den in den letzten Jahren initiierten Fachhochschulstudiengängen zu.[7] Die Wirtschaftskammer Tirol unterstützt in diesem Zusammenhang das MCI-Innsbruck und den Fachhochschulstudiengang „Umwelt und Verfahrenstechnik“ durch ihre Mitgliedschaft in den jeweiligen Fördervereinen sowohl in finanzieller als auch in personeller Hinsicht.

Insbesondere der Fachhochschulstudiengang „Umwelt und Verfahrenstechnik“ konnte wesentlich auf Betreiben der Wirtschaftskammer Tirol/Sektion Industrie initiiert werden und ist ein wesentliches Ergebnis der im Jahre 1997 initiierten „Technologieoffensive“ der Wirtschaftskammer Tirol. Mit diesem Studienangebot wird versucht,

---

[7] „Unternehmensgestaltende Berufe“ und „Unternehmensführung in der alpinen Tourismuswirtschaft“ am MCI-Innsbruck, „Facility Management“, „Immobilenwirtschaft & Facility Management“ und „Internationale Wirtschaft & Management“ in Kufstein sowie „Umwelt- und Verfahrenstechnik“ am Wifi-Innsbruck.

einen ersten wesentlichen Schritt zur Überwindung der „Technologie-Lücke" im Tiroler Bildungswesen zu setzen. Das Studium lässt sich als Kombination von technischen, wirtschaftlichen, rechtlichen und kommunikativen Ausbildungsinhalten charakterisieren und gliedert sich in ein gemeinsames Grundstudium und in zwei Vertiefungsrichtungen (Verfahrenstechnik und Umwelttechnik). Im Zuge des berufsbegleitenden Studiums ist ein Betriebspraktikum vorgesehen. Studierende ohne einschlägige handwerkliche Ausbildung oder entsprechende Berufserfahrung haben in den ersten vier Semestern zusätzlich ein Werkstättenpraktikum zu absolvieren. Die Absolventen dieses Fachhochschulstudienganges sind u. a. in der Mess- und Prozesssteuerungstechnik, im technischen Umweltschutz, im Öko-Controlling und im Umwelt- und Abfallmanagement ausgebildet und bei Ingenieurtätigkeiten in den Bereichen Forschung und Entwicklung, Patentwesen, innerbetriebliches Riskmanagement sowie in der Durchführung von Umweltverträglichkeitsprüfungen einsetzbar.

### *Das Management Center Innsbruck (MCI) und die Fachhochschulstudiengänge in Kufstein*

Der ebenfalls von der Wirtschaftskammer Tirol unterstützte Fachhochschulstudiengang „Unternehmensgestaltende Berufe" am MCI ist grundsätzlich als Wirtschaftsstudium mit bislang sechs Vertiefungsfächern (Marketing, Controlling, Informationsmanagement, Organisations-/Personalentwicklung, Logistikmanagement und Internationales Management) konzipiert. Im Rahmen dieser Vertiefungsfächer wird u. a. auch ein Schwerpunkt auf Produktions- und Technologiemanagement gelegt. Das Management Center Innsbruck bietet zudem einen eigenen Lehrgang „Innovations- und Technologiemanagement" an. Dem MCI kommt eine wichtige Funktion als Technologie-Know-how-Mittler zu, stellt diese Ausbildungsinstitution doch nach wie vor eine der wenigen Schnittstellen von Wirtschafts- und Technologieausbildung in Tirol dar. Zukünftig ist geplant, den Status einer „Privatuniversität" zu erlangen und das Wirtschaftsstudium um zusätzliche Schwerpunkte (Gesundheits- und Sozialmanagement, New Public Management, Finanzmanagement, „Management und Recht" sowie Wirtschaftsinformatik) zu bereichern.

Im Bestreben, die zersplitterte Struktur des Fachhochschulwesens in Tirol zu integrieren, wird nun der Aufbau einer „Fachhochschule Tirol" unter der Trägerschaft des MCI-Innsbruck forciert. Vorerst sind die Studiengänge „Unternehmensgestaltende Berufe", „Umwelt- und Verfahrenstechnik" und „Unternehmensführung in der alpinen Tourismuswirtschaft" mit ihren Fördervereinen in die gemeinsame Trägerstruktur integriert, weitere Studiengänge werden folgen. Als eigenständiger Standort für Fachhochschulstudiengänge konnte sich indes Kufstein (FHS Kufstein) mit den Studienrichtungen „Facility-Management", „Internationale Wirtschaft & Management" sowie „Immobilienwirtschaft und Facility Management" sehr erfolgreich etablieren.

Im Zusammenhang mit der zukünftigen Entwicklung des Tiroler Fachhochschulwesens ist auf die Verantwortung insbesondere von Bund und Land für die Bereitstellung ausreichender finanzieller Mittel hinzuweisen. Die Wirtschaftskammer wird ihre Kompetenz in der Früherkennung zukünftiger ökonomischer Entwicklungen bei der Ausarbeitung neuer Studienbereiche einbringen und die Realisierung neuer FH-Studiengänge vor allem durch gezieltes Lobbying unterstützen.

### *Schulisches Ausbildungsangebot im Bereich Technologie*

Dem relativen Mangel an technologischen Lehr- und Forschungseinrichtungen auf Hochschulebene steht in Tirol ein fundiertes schulisches Technologie-Bildungsangebot vor allem für die Branchen Bauen & Wohnen inkl. Holz sowie Werkstoffe & Metalle gegenüber. Für den Bereich Bauen & Wohnen inkl. Holz sind vor allem die HTL in Imst mit der Fachschule für Tischlerei und Bautechnik und die Innsbrucker HTL II anzuführen.

Nach den Bundesländern Oberösterreich und Steiermark liegen Tiroler Unternehmen an dritter Stelle der österreichischen Produktion von Werkstoffen und Metallen. Für diesen wertschöpfungsintensiven Bereich finden sich in Tirol auf berufsbildender höherer Ebene Ausbildungsmöglichkeiten: die HTL Fulpmes (Maschinenbau-Fertigungstechnik), die HTL Innsbruck (Maschinenbau – Automatisierungstechnik), die HTL Jenbach (Maschinenbau – Technische Gebäudeausstattung und Energieplanung) und die HTL Lienz (Maschinenbau – Fertigungstechnik).[8]

Aus Sicht der Wirtschaftkammer Tirol sollten zukünftig insbesondere schulische Aus- und Weiterbildungsmaßnahmen im Bereich der neuen Technologien in engerer Zusammenarbeit mit Tirols Unternehmen entwickelt und angeboten werden. In diesem Zusammenhang ist es erforderlich, den Bildungsbedarf aus Perspektive der Tiroler Unternehmen systematisch zu erheben und ein nachhaltiges Tiroler Bildungskonzept zu entwerfen.

### *Kursangebote des Wifi der Wirtschaftskammer Tirol im Bereich Technik und neue Informationstechnologien*

Das Kursangebot des Wirtschaftsförderungsinstituts (Wifi) der Wirtschaftskammer Tirol entwickelte sich zu einem der wichtigsten Technologie-Know-how Mittler in Tirol. Jedes Veranstaltungshalbjahr bietet das Wifi rund 1100 Kurse, Lehrgänge, Seminare, Workshops und Vorträge für mehr als 15.000 Teilnehmer an.

Neben Kursangeboten im Bereich Betriebswirtschaftslehre/Unternehmensführung, Sprachen und Persönlichkeitsbildung setzt das Wifi deutliche branchenspezifische und technologische Ausbildungsschwerpunkte. Im Rahmen der Technik-Kursangebote stehen Schulungen im Bereich Arbeits- und Sicherheitstechnologie, CAD, CNC, Metallbearbeitung und -verarbeitung, Holztechnologie, Qualitätsmanagement, Elektro- und Automatisierungstechnologie sowie Umwelt- und Sicherheitstechnolo-

---

[8] Vergleiche hierzu ebenfalls: Werner CLEMENT / Michael HÖRTNAGL / Stefan HUMPL, Qualifikationsanforderungen und Beschäftigungsentwicklung in Tirol. Wien 1999.

gien im Vordergrund. Zusätzlich haben sich in den letzten Jahren vor allem die Kursangebote im Bereich der Informations- und Kommunikationstechnologien äußerst dynamisch entwickelt. Im Veranstaltungsjahr 1998/99 wurden bereits 580 Veranstaltungen im EDV-Bereich für über 7000 Teilnehmer durchgeführt. Neben der reinen EDV-Basisausbildung im Bereich Anwenderprogramme bietet das Wifi auch mit großem Erfolg Schulungen für Internet-Designer, Softwareentwickler und Netzwerkkoordinatoren an. Als regionale Bildungszentren konnten sich insbesondere auch die Wifi-Bezirksstellen nachhaltig etablieren; mit ihren Aus- und Weiterbildungsprogramm kommt ihnen zudem eine wichtige Funktion im Rahmen der aktiven regionalen Arbeitsmarktpolitik zu. Ein entscheidender Vorteil des Wifi gegenüber vergleichbaren (staatlichen) Ausbildungsinstitutionen ist darin zu sehen, dass das Wirtschaftsförderungsinstitut flexibel auf Nachfrage- und Bedarfsänderung im Aus- und Weiterbildungsbereich reagieren und rasch eine entsprechende Adaptierung im Kursangebot vornehmen kann. Ein aktuelles Beispiel ist die Einführung der 4-semestrigen Werkmeisterschule „Informationstechnik und Kommunikation“ für Berufstätige ab Februar 2001.

### *4.4.2 Beratungs- und Unterstützungsleistungen für Tirols innovative Unternehmen*

Neben technologierelevanten Aus- und Weiterbildungsangeboten stellen Beratungs- und Unterstützungsleistungen bei Generierung von Projektideen, Förderansuchen, Patentierungen sowie bei Betriebsansiedlungen und Betriebserweiterungen eine weitere wichtige Aufgabe von Innovations-Know-how-Mittlern dar. In Tirol werden diese Dienstleistungen vor allem durch folgende Institutionen angeboten:

- Wirtschaftspolitische Koordinationsstelle des Landes Tirol
- Tiroler Zukunftsstiftung
- Tech Tirol
- Wifi der Wirtschaftskammer Tirol: Beratungsleistungen des TIZ (Technologietransfer- und Innovationszentrum), Gründerservice & Tourismusberatung, Betriebsberatung sowie Messe- und Ausstellungsberatung
- ATTAC (Alpine Technology and Training Association Centre)
- Regionalentwicklungsvereine (ERA, MIAR, IRI und REV Osttirol)
- EIC (Euro-Info-Centre).

#### *Die Wirtschaftspolitische Koordinationsstelle des Landes Tirol*

Die Realisierung der Wirtschaftspolitischen Koordinationsstelle des Landes Tirol stellt eines der wichtigsten Ergebnisse des Tiroler Wirtschaftsleitbildes (1998) dar. Die Koordinationsstelle fungiert als zentraler Mittler Tirols in den Bereichen Wirtschafts- und Technologiepolitik und ist mit folgenden Aufgaben betraut:

- Beobachtung und Analyse des wirtschafts- und technologiepolitischen Geschehens in Tirol und im regionalen Umfeld

- Leitung und Koordination wirtschafts- und technologiepolitischer Projekte (wie beispielsweise RITTS-Tirol)
- Koordination aller Wirtschaftsförderungsaktionen des Landes, soweit sie über die Beteiligung des Landes an einschlägigen Gesellschaften oder Einrichtungen (wie Tech-Tirol, Tiroler Zukunftsstiftung) erfolgt
- Controlling und Umsetzung des Tiroler Wirtschaftsleitbildes und Weiterentwicklung des Wirtschaftsleitbildes
- Gewerbliche Technologieentwicklung und Innovation
- Regionale Innovations- und Technologietransferstrategien
- Investoren- und Investitionsberatung
- Investorenwerbung – Informationsstelle für Betriebsneugründungen.

Die Wirtschaftspolitische Koordinationsstelle entstand aus der Erkenntnis, dass für eine zukunftsorientierte Wirtschaftspolitik die verschiedenen Förder- und Innovationsaktivitäten des Landes Tirols in ein abgestimmtes Gesamtkonzept zu bringen sind.

## *Die Tech-Tirol GmbH*

Die Tech-Tirol Technologiezentrum GmbH wurde im Jahre 1991 als Technologieförderungsprojekt des Landes Tirol, der Wirtschaftkammer Tirol und der Industriellenvereinigung Tirol mit dem Ziel gegründet, technologieorientierte Neugründungen und Betriebsansiedlungen in Tirol zu forcieren und tirolweite Innovations- und Technologietransferaktivitäten zu vernetzen. Als konkrete Aufgabenfelder des Tech-Tirol waren für die Periode 1991 bis 1999 zu nennen:

- Aufbau regionaler Gründungs-, Innovations- und Technologiezentren
- Technologieorientierte Standortberatung und Betriebsansiedlungen sowie
- Entwicklung von Gewerbe- und Industrieprojekten.

Neben dem Aufbau des Technologiezentrums Innsbruck mit 53 Technologieunternehmen zählen die Errichtung des Osttiroler Wirtschaftsparks und die Initiierung der Innovationszentren Reutte (IC-Reutte/Pflach) und Landeck (LANTECH) zu den wichtigsten bislang realisierten Projekten des Tech-Tirol. Zusätzlich konnten in den vergangenen Jahren mehr als 80 Betriebsansiedlungen in Tirol erfolgreich durchgeführt werden.

Mit der Neuausrichtung der Technologiepolitik in Tirol im Jahre 2000 auf verstärkte Förderung von anwendungsorientierter Forschung und Ausbildung wurde auch eine grundsätzliche Neupositionierung des Tech-Tirol erforderlich. Die Gesellschafter des Tech-Tirol haben eine verstärkte Konzentration der Aufgaben des Tech-Tirol an den gegenwärtigen und zukünftigen Erfordernissen der Tiroler Unternehmen, insbesondere auch im Bereich der Informations- und Kommunikationstechnologien, beschlossen. Die Geschäftsführung des Tech-Tirol wird zukünftig durch die Wirtschaftspolitische Koordinationsstelle wahrgenommen.[9]

---

[9] Amt der Tiroler Landesregierung, Tiroler Wirtschaftsbericht 2000. Innsbruck 2000, 20.

Aus Sicht der Wirtschaftskammer Tirol sollte das Tech-Tirol daher zukünftig vor allem die Bereiche Grundlagenforschung, angewandte Forschung, Entwicklung, Produktion, Vermarktung, Vertrieb und Ausbildung in technologieorientierter Hinsicht forcieren. In diesem Zusammenhang ist insbesondere auch eine verstärkt marktmäßige Verwertung der an der Universität Innsbruck erzielten Forschungsergebnisse anzustreben. Der Aufgabenbereich „Betriebsansiedlungen von High-Tech-Unternehmen" sollte durch gezieltes Coaching des Ansiedlungsprozesses und durch Standortberatung verstärkt werden. Anstelle eines reinen Branchenmixes (im Sinne eines einfachen Gewerbeparks) sollte bei der Entwicklung von Technologie- und Innovationszentren auf eine thematische Schwerpunktsetzung geachtet und neben der industriell/gewerblichen Anwendung sollten auch die Bereiche Ausbildung und Forschung als integraler Bestandteil eines „umfassenden" Technologiezentrums abgedeckt werden.

Anhand der erfolgten Neuausrichtung von Zukunftsstiftung und Tech-Tirol sollte zukünftig eine klarere Abgrenzung zu den übrigen Innovations-Know-how-Mittlern Tirols, insbesondere auch zum TIZ (Technologietransfer- und Innovationszentrum), möglich sein.

### *Das Technologietransfer- und Innovationszentrum (TIZ) der Wirtschaftskammer Tirol und der Tiroler Erfinderpool*

Die Wirtschaftskammer unterstützt Tirols Unternehmen mit einem umfangreichen Beratungsangebot, wobei die Beratungsinstitutionen der Wirtschaftskammer Tirol nicht als „klassischer Unternehmensberater" fungieren können und sollen – diese Aufgabe wird vom „Markt" – d. h. von den Mitgliedsunternehmen der Wirtschaftskammer aus der Branche der wirtschaftsnahen Dienstleister ausgefüllt. Der Wirtschaftskammer Tirol kommt somit gerade bei ihren Beratungsleistungen häufig die Funktion des Mittlers zwischen beratungssuchenden Unternehmen und spezialisierten Unternehmensberatern zu. Dort, wo Mitarbeiter der Wirtschaftskammer selbst Beratungsleistungen ausführen, handelt es sich grundsätzlich um Themenbereiche, für die der Markt selbständig keine oder in nicht ausreichendem Maße Beratungs- und Unterstützungsleistungen anbietet.

Bereits 1956 hat die Wirtschaftskammer erkannt, dass die Mitgliedsbetriebe, insbesondere die Klein- und Mittelbetriebe, in technologischen Fragestellungen eine Hilfestellung benötigen. Damals erfolgten unter dem Titel „technische Wirtschaftsförderung" diverse technische Beratungen, wobei der Gedanke der Rationalisierung im Vordergrund stand. Die Beratungen erfolgten auch in Tirol überwiegend von außenstehenden Beratern, vornehmlich aus dem Osten Österreichs.

Bis zum Jahre 1987 fanden die technischen Beratungen unter dem Titel „technische und betriebswirtschaftliche Wirtschaftsförderung" statt. 1988 wurde das Referat TIZ (Technologietransfer- und Innovationszentrum) gegründet und neu strukturiert.[10] In

[10] Die Autoren bedanken sich bei Herrn Dr. Peter Wörgötter, Leiter des TIZ, für die fachliche Unterstützung bei Verfassen dieses Abschnitts.

eher bescheidenem Umfang wurden technische Beratungen, Energie- und Umweltschutzberatungen sowie Innovationsberatungen durchgeführt.

Grundsätzlich umfasst das Beratungsangebot der Wirtschaftkammer Tirol:
- das Technologietransfer- und Innovationszentrum (TIZ)
- das Gründerservice
- die Wifi Betriebsberatung
- die Wifi Messen- und Ausstellungsberatung.

Tirols Unternehmen wissen im allgemeinen sehr genau über Innovationen und Neuerungen in ihrem speziellen Unternehmensbereich Bescheid. Gewünscht wird Unterstützung und Hilfestellung in Teilbereichen, welche von praxiserfahrenen Beratern, die mit den für KMUs typischen Problemen vertraut sind, schnell und kompetent erbracht werden. Das Technologietransfer- und Innovationszentrum (TIZ) der Wirtschaftskammer Tirol erbringt die hierfür erforderliche Transferfunktion. Die Wirtschaftskammer Tirol will mit Koordinationsarbeit des TIZ vorhandene Stärken der Tiroler Unternehmen weiter ausbauen und Schwächen abbauen.
Das TIZ unterstützt Tiroler Unternehmen insbesondere in folgenden Themenbereichen:
- Qualitätsmanagement: CE-Kennzeichnung, Zertifizierung, Normenwesen
- Umwelt- und Energiemanagement: Emissionen, Energieeinsatz, ÖKO-Audit, neue Umwelttechnologien, Abfallwirtschaft
- Telekommunikation und E-Commerce
- Innovationsmanagement
- Gewerbliche Schutzrechte: Marken-, Urheber-, Patent-, Gebrauchsmuster- und Musterschutz
- Sonderberatungen wie technische Betriebsanlagenverfahren
- Technologietransfer und Technologiekooperation: Technologie-Messen, Exportförderung
- EU-geförderte Programme für technologieorientierte Firmen und Büros
- Design- und Produktgestaltung.

Zur Unterstützung dieser Transferfunktion beteiligt sich die Wirtschaftskammer Tirol jährlich an der Fachmesse INTERTECH.[11] Das TIZ organisiert die Beteilung der Tiroler Unternehmen und übernimmt deren Betreuung am Ausstellungsort (jährlich wechselnd zwischen St. Gallen, Dornbirn und Friedrichshafen).

Des weiteren obliegt dem TIZ die Geschäftsführung des bereits im Jahre 1972 gegründeten Tiroler Erfinderpools. Mit den Mitteln des Tiroler Erfinderpools (jährlich

---

[11] Die Fachmesse INTERTECH ist mit jährlich rund 350 Ausstellern und 10.000 Fachbesuchern eine länderübergreifende, branchenoffene Technologiemesse für den Raum Euregio Bodensee, Norditalien, Süddeutschland und Tirol. Insbesondere für kooperationsbereite Tiroler KMUs aus den exportorientierten Wachstumsbranchen (wie IK-Technologien, Werkstofftechnologien etc.) bietet INTERTECH ein geeignetes Präsentationsforum.

zwischen 500.000 und 1 Million ATS) – finanziert vom Land Tirol und der Wirtschaftskammer Tirol – werden Tiroler Erfindern die finanziellen Engpässe, welche die Zeitspanne zwischen Forschung, Entwicklung und Markteinführung der Innovationen prägen, erleichtert. Die Förderung erfolgt durch Gewährung von zinslosen Darlehen für die Anmeldung von Patenten und Gebrauchsmustern sowohl im Inland als auch beim europäischen Patentamt. Zusätzlich wird der Bau von Prototypen finanziell unterstützt.

In den letzten zwei Jahren hat sich der Bedarf an Beratungen auf dem Gebiete der Telekommunikation, der technisch-organisatorischen Beratung sowie dem Innovationsmanagement besonders stark entwickelt. Diese Bereiche dürften sich zudem in den nächsten Jahren noch stärker entwickeln, so dass für die Tiroler Klein- und Mittelbetriebe ein erhöhter Beratungsbedarf feststellbar ist.

Der Wirtschaftskammer Tirol ist sich dessen bewusst, dass der Förderung von Klein- und Mittelbetrieben durch spezielle Technologieberatung besonderer Stellenwert insofern zukommt, als die Klein- und Mittelbetriebe höhere Risiken bei der Neuentwicklung von Produkten zu tragen haben (siehe hierzu auch Kapitel 3 dieses Beitrages). In diesen Betrieben erfolgt kein Risikoausgleich, der bei größeren Unternehmen zweifellos vorhanden ist. Außerdem kommt größeren Betrieben beispielsweise die flexible Automation stärker entgegen, als es bei Kleinbetrieben der Fall ist. Auch als Zulieferer haben größere Firmen einen Vorteil, da sie sich leichter zum Systemlieferanten entwickeln als kleinere Betriebe.

### *Das Gründer-Service und die Wifi-Betriebsberatung der Wirtschaftskammer Tirol*

Während das TIZ vor allem die Bereiche Technologie- und Innovationsberatung sowie Technologiekooperation forciert, bietet das Gründer-Service der Wirtschafkammer Tirol ein umfangreiches Beratungsangebot für Betriebgründer (sogenannte „Jungunternehmer“) und Betriebsübernehmer an. Das Angebot reicht von der professionellen Erstberatung im Rahmen von Gründersprechtagen im Wifi bzw. in den Bezirksstellen der Wirtschaftskammer Tirol bis zur Erstellung detaillierter Gründerkonzepte gemeinsam mit spezialisierten Gründerberatern und betrifft alle Bausteine, die für eine Neugründung oder Übernahme notwendig sind – beispielsweise Kalkulation, Finanzierung, Marketing, Rechtsformgestaltung und Personalplanung. Auch aus wirtschaftspolitischer Sicht ist eine Unterstützung von Betriebsgründungen (und Betriebsübernahmen) durch spezialisierte Beratungsleistungen äußerst relevant: Eine Technologie- und Forschungsoffensive für Tirol wird nur dann nachhaltig erfolgreich sein, wenn der technologische Entwicklungsprozess auch vermehrt mit „neuer“ Selbständigkeit anstelle „alter“ Unselbständigkeit für innovative Menschen verbunden ist.

Zusätzlich zum Gründer-Service bietet die Wirtschaftskammer Tirol im Rahmen ihrer Wifi-Betriebsberatung Unterstützungen für die Bereiche Unternehmenssicherung, Unternehmensübergabe, strategische Unternehmensführung und betriebliche Kooperation an. Den Unternehmen wird hierbei eine gemeinsame Erarbeitung eines speziell auf die jeweiligen betrieblichen Problemstellungen zugeschnittenen Konzepts (beispielsweise Unternehmenssicherungskonzept, Übergabeplanung, Rechtsformgestaltung, Marketing- und Finanzierungskonzept) mit Unterstützung professioneller Unternehmensberater geboten.

### *Das ATTAC (Alpine Technology and Training Association Centre)*

Der Beratungsschwerpunkt von ATTAC liegt einerseits im Bereich von EU-Forschungs- und Technologieprogrammen und andererseits im Bereich von EU-Bildungsprogrammen. Darüber hinaus wird das nationale Forschungs- und Technologieprogramm vermittelt. Zu den genannten Arbeitsschwerpunkten werden umfassende Dienstleistungen – beispielsweise Suche nach Förderungspartnern, Beratung von der Idee bis zur Antragsstellung, Informationstransfer durch Veranstaltungen – für Unternehmen, Universitätsinstitute und Bildungseinrichtungen angeboten.

### *Die Regionalentwicklungsvereine (ERA, MIAR, IRI, REV Osttirol)*

Die Wirtschaftskammer Tirol ist mit ihren Bezirksstellen Mitglied der Regionalentwicklungsvereine Osttirol, ERA (Eigenständige Regionalentwicklung Bezirk Reutte), MIAR (Mittelfristige Initiative für eine angepasste Regionalentwicklung) und IRI (Initiative Regionalentwicklung und Raumordnung Bezirk Imst) und unterstützt diese vor allem in organisatorischer, aber – projektbezogen – auch in finanzieller Hinsicht.

Wesentliche Aufgabe der Regionalvereine ist, die wirtschaftliche Entwicklung der jeweiligen Region durch innovative Projekte nachhaltig zu fördern. Speziell für komplexe größere Projekte, welche mehrere Gemeinden bzw. Bezirke umfassen, ist eine Koordinationsstelle erforderlich. Die Regionalentwicklungsvereine übernehmen diese Aufgabe und betreuen die einzelnen Projekte bei der Umsetzung. Zusätzlich zur Entwicklung und Betreuung von Regionalprojekten bieten die Regionalvereine insbesondere Information und Beratung für Unternehmen bei (EU-) Förderansuchen, indem sie den Kontakt zur jeweiligen Förderstelle des Landes und Bundes herstellen und Anleitungen zur richtigen Formulierung des Ansuchens geben.

### *Das EIC (Euro-Info-Centre)*

In der Europäischen Union existieren bereits 253 Euro-Info-Centres, die mit der Generaldirektion „Unternehmen“ der Europäischen Kommission vernetzt sind. In Tirol ist das Euro-Info-Centre in der Wirtschaftskammer eingerichtet. Das EIC ist vor allem für Klein- und Mittelunternehmen ein wichtiger Ansprechpartner in EU-relevanten Fragen. In diesem Zusammenhang bietet das EIC EU-Förder- und Rechtsberatungen und organisiert Informationsveranstaltungen insbesondere bezüglich dem EU-weiten öffentlichen Ausschreibungsmarkt.

## 5. Die Wirtschaftskammer Tirol als Motor und Vordenker für Tirols Innovationsentwicklung

Um den Technologie- und Innovationsrückstand Tirols aufzuholen, erarbeitete die Wirtschaftskammer Tirol bereits im Jahre 1997 ein technologiepolitisches Aktionsprogramm, welches für den Zeitraum 1997 bis 1999 folgende Schwerpunkte vorsah:

- Konzentration des TIZ der Wirtschaftskammer Tirol auf den Technologietransfer und auf die Technologieberatung
- verstärkte Förderung der Technologiekooperation mit Tiroler Unternehmen
- Unterstützung für die Errichtung einschlägiger Fachhochschulstudiengänge (vor allem für den Studiengang „Umwelt- und Verfahrenstechnik").

Mit den „Wirtschaftsinitiativen 2000+" präsentierte die Wirtschaftskammer Tirol im Herbst des Jahres 1999 nun umfassende neue Maßnahmen und Konzepte, um Tirol – zumindest mittelfristig – in der Innovationsentwicklung „auf die internationale Überholspur zu bringen". In diesem Zusammenhang sollten insbesondere jene Themenbereiche forciert werden, welche sich mit der hohen Lebensqualität und der spezifischen wirtschaftlichen Struktur unseres Landes vereinbaren lassen bzw. diese sinnvoll ergänzen.

Aus Sicht der Wirtschaftskammer Tirol gilt es insbesondere folgende vier „Zukunftsbranchen" für Tirol zukünftig verstärkt zu nützen:

- Informations- und Kommunikationstechnologien (IT-Technologien)
- Wellness- und Gesundheitstechnologien
- Alpintechnologien
- Innovative Werkstofftechnologien und Werkzeug- bzw. Formenbau.

### 5.1 Informations- und Kommunikationstechnologien (IT-Technologien)

Bei der Nutzung der modernen IT-Technologien für den Wirtschaftsstandort Tirol sollten

- einerseits die Verbreitung der IT-Technologien als Werkzeugen der modernen Arbeitswelt und Grundlage für andere Technologiebereiche in allen Haushalten, Unternehmen (E-Commerce) und öffentlichen Einrichtungen (beispielsweise im Rahmen von Ausbildungsprogrammen an Schulen und Universitäten) weiter forciert werden;
- zum anderen gilt es für Tirol geeignete Nischen im Forschungs- und Entwicklungsbereich der IT-Technologien festzustellen und diese durch Tiroler Unternehmen zu nützen.

Wichtigstes Vorhaben im Rahmen der Informations- und Kommunikationstechnologien ist die Realisierung des von der Wirtschaftskammer Tirol auf Vorschlag von Prof. Dr. Buchberger initiierten ICT-Tyrol Projektes (siehe auch den Beitrag von Prof. Dr. Buchberger für diese Festschrift).

Zielsetzung ist, Tirol als „Internationales Zentrum für IT-Technologien (ICT-Tyrol)“ mittel- und langfristig zu etablieren. Um im Forschungsprozess aufzuholen und in einzelnen Bereichen der Informations- und Kommunikationstechnologien die Wettbewerbsführerschaft zu übernehmen, bedarf es zunächst der Schaffung entsprechender Ausbildungsmöglichkeiten. Ohne Ausbildung wird auch keine Forschung und damit keine zukunftsträchtige industriell/gewerbliche Anwendung möglich sein. Ziele des ICT-Projektes sind die Realisierung eines Schwerpunktes für Informations- und Kommunikationstechnologien auf Ebene der Universität Innsbruck in Lehre und Forschung, der Aufbau eines IT-Anwender- und Forschungszentrums in Tirol sowie die Realisierung eines IT-Netzwerkes mit der Tiroler Wirtschaft und den bereits vorhandenen IT-Ausbildungsgängen.

Zur Umsetzung des ICT-Projektes wurde im Herbst 1999 ein eigener ICT- Beirat mit Vertretern der Universität Innsbruck, des Landes Tirol, der Industriellenvereinigung Tirol und der Wirtschaftskammer Tirol gebildet. Die Leitung des Beirats obliegt der Wirtschaftskammer Tirol. Die „geistige Führerschaft“ für die Realisierung des ICT-Tyrol kommt der Universität Innsbruck zu. Eines der wesentlichsten Ergebnisse der Beiratstätigkeit ist, dass sich die Universität Innsbruck im Januar 2000 durch einen Senatsbeschluss ausdrücklich zur Schaffung von zumindest 5 Professuren für den Bereich der Informations- und Kommunikationstechnologien bekannt hat. Des weiteren konnten ein eigener Hochschullehrgang „Informatik-AssistentIn“ durch die Universität Innsbruck und das MCI und der Aufbau entsprechender Kollegs in Jenbach bzw. Wörgl, Imst sowie in Innsbruck durch den Landesschulrat bereits initiiert werden. Spätestens ab dem Herbst 2002 wird zudem unter der Trägerschaft des MCI ein Fachhochschulstudiengang für „Angewandte Informatik“ gestartet.

Während der Verfassung dieser Abhandlung lässt sich die tatsächliche Dimension des ICT-Projektes noch nicht abschätzen. Vieles wird von der Bereitschaft des Landes Tirol und des Bundes zur finanziellen Unterstützung dieses Projektes abhängen. Die Universität Innsbruck erarbeitet derzeit die Studienpläne für ein Bakkalaureats- und Diplomstudium der „Informatik“ sowie die Realisierungspläne für die Errichtung eines „Instituts für Informatik“. In diesem Zusammenhang liegen vier Realisierungsvarianten vor, welche u. a. die Integration des FH-Studienganges „Angewandte Informatik“ und der Institute für Mathematik in ein gemeinsames Areal mit dem geplanten Institut für Informatik vorsehen. Aus Sicht der Wirtschaftskammer Tirol gilt es nun vor allem die Anwendungs- und Wirtschaftsorientierung der Ausbildungs- und Forschungseinrichtungen zu gewährleisten und geeignete Kooperationen mit der Tiroler Wirtschaft zur Umsetzung der Forschungsergebnisse aufzubauen.

Um der Tiroler Wirtschaft möglichst rasch qualifizierte IT-Fachkräfte zur Verfügung zu stellen, hat die FHS Kufstein bereits ab Herbst 2000 eine Fachakademie für Betriebsinformatik und Telekommunikation als zweisemestrige berufsbegleitende Ausbildung eingerichtet. Ausgehend von einer Initiative der Tiroler Zukunftsstiftung wurde zudem im Frühjahr 2000 die IT-Plattform als lose Verbindung von IT-Experten aus Tirol gegründet. Zielsetzung der Plattform ist u. a., durch Kooperation umfassende

Ausbildungsangebote in den Bereichen Informations- und Softwareengineering zu initiieren.

Als eine weitere Initiative im Bereich der Informations- und Kommunikationstechnologien plant das Land Tirol in Kooperation mit Partnern aus der Telekommunikations-Branche den Aufbau eines High-Tech Parks bzw. Science Parks im Schloss Mentlberg im Westen von Innsbruck. Auf rund 1000 Quadratmetern könnten auf diese Weise ca. 150 hochqualifizierte Arbeitsplätze geschaffen werden. Aus Sicht der Wirtschaftskammer Tirol sollten insbesondere begabte Nachwuchs-Wissenschaftler die Möglichkeit erhalten, sich als Unternehmer in diesem Science Park zu betätigen.

## 5.2 Wellness-Technologien

Um die Wettbewerbsfähigkeit der Tourismus- und Freizeitwirtschaft in Tirol nachhaltig zu sichern, bedarf es ihrer systematischen technologischen Fundierung und Weiterentwicklung zu einer Wellnessbranche und Vermarktung Tirols als Standort der „Alpinen Wellness".

Der Begriff „Wellness" geht dabei über den engeren Bereich der Tourismus- und Freizeitwirtschaft hinaus und umfasst zudem Gesundheitstechnologie, Medizintechnologie, Umwelt- und Biotechnologien sowie deren praktische Anwendung in so genannten Wellnessbetrieben. Gerade der Gesundheitssektor und die mit ihm verbundenen Disziplinen werden in den nächsten Jahrzehnten – schon alleine aus sozio-demogaphischen Gründen – beträchtlich an wirtschaftlicher Bedeutung gewinnen. Wellnesstechnologien verstehen sich daher als eine Art Symbiose der traditionellen Bereiche der Tourismus- und Freizeitwirtschaft wie Erholung und Sport mit den sogenannten „Life-Sciences".

Als ein wichtiger Vorreiter im Rahmen der Wellnesstechnologien hat sich das von der Sektion Industrie der Wirtschaftskammer Tirol im Jahre 1999 initiierte Kompetenzfeld „Medizintechnologie Tirol" erwiesen. Bereits im ersten Jahr kam es zu 10 Firmengründungen und rund 60 medizintechnische Projekte wurden eingereicht. Das Kompetenzfeld hat sich zwischenzeitlich zu einem funktionierenden Cluster („Cluster Medizin Tirol") entwickelt, dessen vordringliches Ziel es ist, Gemeinsamkeiten von medizintechnischer Forschung und Anwendung zu finden und diese durch gezielte Kooperationen zu nützen. In diesem Zusammenhang ist auch an die Realisierung eines Kompetenzzentrums „Medizin Tirol" mit Mitteln des sogenannten „K-ind" Förderprogramms des Wirtschaftsministeriums gedacht.

Neben dem international sehr angesehenen und anerkannten Medizinstudium auf der Universität Innsbruck sollte zukünftig auch ein eigener Fachhochschulstudiengang auf dem Gebiet der Wellness- und Gesundheitstechnologie eingerichtet werden. Aus heutiger Sicht bietet sich als Standort für einen derartigen Studiengang das geplante Technologiezentrum KITZ ALP TECH in St. Johann an. Entsprechend dem vorliegenden Realisierungskonzept des Trägervereins KITZ ALP TECH sind als Anwenderschwerpunkte die Bereiche Gesundheitstechnologie, Sporttechnologie und Tourismus („Wellness") vorgesehen. Die Initiierung eines FH-Studienganges würde einen wesentlichen Schritt zur Verwirklichung eines „umfassenden“ Technologiezentrums für den Bezirk Kitzbühel bedeuten.

Im Rahmen des Kompetenzfeldes Wellness ist neben dem technologischen Innovationspotential auch das betriebswirtschaftliche Ausbildungsniveau der in dieser Branche tätigen Unternehmer und Beschäftigten fortlaufend zu heben. Wesentliches Ausbildungsinstrument hierfür stellt der ab Herbst 2000 gestartete Fachhochschulstudiengang „Unternehmensführung in der alpinen Tourismuswirtschaft“ dar. Im Rahmen dieses Studienganges werden die spezifischen Erfordernisse des Unternehmerdaseins im alpinen Raum, insbesondere kooperatives Denken bzw. Kooperationsbereitschaft, als zentrale Zukunftsstrategie mit den Studierenden erarbeitet. Der Studiengang ist als unternehmerische Aus- und Fortbildung für die Tourismuswirtschaft und tourismusnahe Dienstleistungsbranchen konzipiert. Die Absolventen werden für Führungsaufgaben insbesondere in den Branchen Ferienhotellerie und Gastronomie, Seilbahn- und Tourismuswirtschaft, Sport- und Freizeiteinrichtungen, Incoming-Reiseveranstalter sowie für Führungsaufgaben in Tourismusverbänden ausgebildet.

## 5.3 Alpintechnologien

Im Rahmen des Kompetenzfeldes „Alpintechnologien“ sind jene Tiroler Produkttechnologien zu forcieren, die spezifische Lösungen für Anforderungen in alpinen bzw. vergleichbaren Regionen bieten. Beginnend mit dem Verkehrs- und Energiebau über Logistik- und Verkehrssysteme bis hin zu den relevanten Einflussfaktoren zur Erhaltung der Umwelt in ökologisch sensiblen Regionen verfügen Tiroler Unternehmen bereits über ein international gefragtes Know how. Dieses Know-how gilt es zukünftig verstärkt durch Unternehmens-Kooperationen zu bündeln und für den Aufbau wettbewerbsfähiger Tiroler Markenprodukte zu nützen.

Im Rahmen des Stärkefeldes „Alpintechnologien“ befinden sich die seitens der Industriellenvereinigung Tirol im Jahre 1999 initiierten Cluster

- „Tiroler Niedrigenergiehaus“
- „Alpiner Fahrzeug- und Gerätebau“ (Seilbahntechnik, Geländegängige Fahrzeugtechnik, Verkehrs-/Antriebstechnik etc.) und
- „Alpiner Tiefbau, Umwelttechnik und Felsmechanik“ (Alpiner Tief- und Verkehrswegebau, Lawinenschutz/Wasserbau, Umwelt- und Entsorgungstechnik etc.)

in erfolgreicher Umsetzung.

Auf Grund der besonderen regionalwirtschaftlichen Struktur und topographischen Lage stellt das Stärkefeld Alpintechnologie gerade für den Bezirk Landeck ein wichtiges Zukunftspotential dar. Die Fertigstellung der ersten Baustufe des Innovationszentrums LANTECH mit einer Nettonutzfläche von 1800 m$^2$ bietet nun die Möglichkeit, dieses Technologiezentrum als regionalen Impulsgeber im Bereich der Alpintechnologien (insbesondere für Alpine Verkehrs- und Sicherheitstechnologien) zu etablieren. Durch ihre Mitgliedschaft im Förderverein LANTECH trägt die Bezirksstelle Landeck der Wirtschaftskammer Tirol sowohl bei der Wahl als auch bei der Umsetzung der

Schwerpunktbereiche entscheidend zum Gelingen dieses bedeutenden regionalpolitischen Projektes bei.

In Zusammenhang mit dem Innovationszentrum LANTECH ist auch die Realisierung eines Fachhochschulstudienganges für „Angewandte Alpine Verkehrs-, Sicherheits- und Informationstechnik" in Planung. Die Wirtschaftskammer Tirol unterstützt diese wichtige bildungspolitische Initiative sowohl durch ihre Mitarbeit in der Erstellung eines entsprechenden Studienkonzepts als auch durch gemeinsame Lobbyingaktivitäten ihrer Bezirksstelle und ihrer Abteilungen.

## 5.4 Innovative Werkstofftechnologien und Werkzeug- bzw. Formenbau

Im Bereich innovativer Werkstofftechnologien bietet sich aus Sicht der Wirtschaftskammer Tirol eine regionale Schwerpunktsetzung vor allem im Bezirk Reutte an, während für die themenverwandte Branche Werkzeug- und Formenbau im Bezirk Lienz ein Anwenderzentrum errichtet werden könnte.

Leitprojekt im Bezirk Reutte ist das im Jahre 2000 fertiggestellte Innovationszentrum Reutte/Pflach (IC-Reutte/Pflach) mit rund 2000 $m^2$ Büro-, Labor- und Werkstättenfläche. Das IC-Reutte/Pflach wird sich als ein Zentrum für Generierung, Anwendung und Ausbildungsleistungen in den Bereichen

- Simulationstechnologien mit einem „Anwenderzentrum für Virtual Reality"
- Werkstofftechnologien (u. a. Metallurgie, mineralische Baustoffe und Glas als Baustoff)
- Technische /Wirtschaftsnahe Dienstleister etablieren.

Vergleichbar mit dem Innovationszentrum LANTECH unterstützt die Wirtschaftskammer Tirol das IC-Reutte/Pflach durch die Entwicklung von Vermarktungsstrategien und durch die Mitwirkung ihrer Bezirksstelle im entsprechenden Förderverein.

Zusätzlich gilt es, den starken regionalen Bedarf an qualifizierten Fachkräften der Bereiche Maschinenbau, Chemische Betriebstechnik und Werkstofftechnik durch den Aufbau eines entsprechenden Bildungsangebots im Bezirk Reutte zu gewährleisten. Die Wirtschaftskammer Tirol erarbeitet daher gemeinsam mit Vertretern des Landesschulrates und regionalen Verantwortungsträgen aus Wirtschaft und Bildungswesen ein Grundkonzept für die Einrichtung eines technischen Kollegs Reutte mit den Ausbildungsschwerpunkten Werkstoff-, Fertigungs- und Automationstechnologien. Aus heutiger Sicht kann im Schuljahr 2002/2003 mit dem Unterrichtsbeginn für den ersten Jahrgang gerechnet werden.

Für den Bezirk Lienz bietet sich zur Belebung des Wirtschaftsstandortes die Errichtung eines „Anwenderzentrums für Werkzeug- und Formenbau" an. Als Standort könnte der durch eine zweite Baustufe zu erweiternde Osttiroler Wirtschaftspark fungieren. Wie eine vom Fraunhofer-Institut (Chemnitz) für das Wifi Tirol erstellte Studie verdeutlicht, liegt gerade in der Nutzung von Kunststoffen ein großes, zukunftsorientiertes Anwendungspotential: Der steigende Einsatz von Kunststoffprodukten und die große Verbreitung des Spritzgießens als Kunststoffverarbeitungsverfahren begründet die Nachfrage nach qualitativ hochwertigen Spritzgießwerkzeugen. Durch die Vielfalt der herstellbaren Produktpalette und den Einsatz neuer Verfahren steigt besonders die Nachfrage nach Werkzeugen für die Spritzgießherstellung.[12] In weiterer Folge sollte auch die Errichtung eines Fachhochschulstudienganges für „Angewandte Fertigungstechnik“ bzw. die bedarfsgerechte Erweiterung der Ausbildungsmöglichkeiten an der HTL Lienz angedacht werden.

## 5.5 Die Zukunftsvision der Wirtschaftskammer für Tirol: Das „Technologie- und Lifestyle Netzwerk Tyrol“

Die Themenbereiche Informations- und Kommunikationstechnologie, Wellness- und Gesundheitstechnologie, Alpintechnologie und Innovative Werkstofftechnologie sollten in weiterer Folge die Grundlage für den Aufbau eines „Technologie- und Lifestyle Netzwerkes Tyrol“ bilden.

Entsprechend der Zielvorstellungen der „Wirtschaftsinitiativen 2000+“ soll das „Technologie- und Lifestyle Netzwerk Tyrol“ eine organisatorische, technologische und soziale Verknüpfung des Alpinen Lebensraumes und des qualitativ hochwertigen Lebensstandards in Tirol mit den Anforderungen und Chancen des technologischen Fortschritts symbolisieren.

Wesentliche Eckpfeiler des Netzwerkes würden das ICT-Tyrol und der geplante High-Tech Park Mentelberg für den Bereich der Informations- und Kommunikationstechnologien sowie die ebenfalls bereits diskutierten Innovations- und Technologiezentren IC-Reutte/Pflach, Osttiroler Wirtschaftspark, LANTECH und KITZ ALP TECH für die Bereiche Innovative Werkstoffe, Alpintechnologie bzw. Wellness- und Gesundheitstechnologie bilden. Zudem sollten die sich in Umsetzung befindlichen Technologie- und Kompetenzzentren „Innovations- und Technologiezentrum Kufstein (ITZ)“, Dienstleistungszentrum Kramsach und „Competence Center Innsbruck (CCI)“ in das Technologie- und Lifestyle-Netzwerk integriert werden. Alle drei letztgenannten Projekte zeichnen sich insbesondere dadurch aus, dass Initiative und Trägerschaft nicht von einer übergeordneten politischen Ebene ausgehen, sondern Konzeption, Realisierung und Führung von privatwirtschaftlichen Unternehmen getragen werden. Vor allem das ITZ Kufstein zielt mit den u. a. fokussierten Branchen Informationstechnologie, Telekommunikation, Umwelttechnik, Mess-, Regel- und Steuerungstechnik sowie Facility Management in Zusammenarbeit mit der Fachhochschule Kufstein auf eine umfassende Abdeckung der Bereiche Anwendung, Ausbildung und Forschung ab.

Weiters gilt es für die anwendungsorientierten Forschungsergebnisse der Universität Innsbruck verstärkt eine konkrete wirtschaftliche Umsetzung zu ermöglichen. Durch Einrichtung sogenannter Science Parks und Kompetenzzentren soll Wissenschaftlern die Gründung von Unternehmen und die Patentierung ihrer Ideen erleichtert

---

[12] FRAUNHOFER-INSTITUT, Marktanalyse und Konzeption für das Zentrum Werkzeug- und Formenbau im Wirtschaftspark Osttirol. Chemnitz 1998, 80.

werden. Diese Science Parks und Kompetenzzentren würden ebenfalls in das Netzwerk eingebunden werden und als Bindeglied von Forschung und Anwendung fungieren.

Aus Sicht der Wirtschaftskammer Tirol sollten die einzelnen Technologie-, Innovations-, Anwender- und Forschungszentren des Netzwerkes nicht einfach lose miteinander verbunden sein, sondern durch gezielte und intensive Kooperationen gemeinsame Synergien nützen und damit „Herzstück" des „Technologie- und Lifestyle-Netzwerkes Tyrol" bilden. Die Wirtschaftskammer Tirol wird die Initiierung derartiger Kooperationen und somit den Aufbau des Netzwerkes vor allem durch die Arbeit ihrer Bezirksstellen und durch ihre Volkswirtschaftliche Abteilung unterstützten.

Auch wenn man die Realisierung eines „Technologie- und Lifestyle Netzwerkes Tyrol" als „Vision" bezeichnet, so bleibt doch die Erkenntnis, dass nur eine Tirol-spezifische Forschungs- und Technologiepolitik für unser Land wirklich nachhaltig und zukunftsweisend sein kann. Die Wirtschaftskammer Tirol wird jedenfalls auch zukünftig ihren innovationspolitischen Auftrag zugunsten der Tiroler Unternehmen mit all ihren Möglichkeiten erfüllen.

## Schrifttum

Amt der Tiroler Landesregierung (Hrsg.), Tiroler Wirtschaftsbericht 2000. Innsbruck 2000, 20.

Buchberger, Bruno (im Namen des Arbeitskreises von Auslandstirolern), Zukunftsgedanken für Tirol. Innsbruck 1999.

Bundesministerium für Wissenschaft und Verkehr (Hrsg.), Grünbuch zur österreichischen Forschungspolitik. Wien 1999, 67–68.

Fraunhofer-Institut, Marktanalyse und Konzeption für das Zentrum Werkzeug- und Formenbau im Wirtschaftspark Osttirol. Chemnitz 1998, 80.

Fraunhofer Management GmbH, Technologiestudie Tirol im Auftrag der Tiroler Landesregierung. München 1997, 35.

Clement, Werner / Fabris, Wolfgang, Die produzierende Wirtschaft Tirols – Entwicklungsperspektiven und Aufbruchsszenarien. Wien 1997.

Clement, Werner / Hörtnagl, Michael / Humpl, Stefan, Qualifikationsanforderungen und Beschäftigungsentwicklung in Tirol. Wien 1999.

Klodt, Henning, Grundlagen der Forschungs- und Technologiepolitik. München 1995, 5–21.

Porter, Michael E., Wettbewerb und Strategie. München 1999, 169.

Schmidjell, Richard / Fink, Karl / Plunger, Werner / Moser, Hans, Die Regionalpolitik der österreichischen Bundesländer, in: Schriftenreihe des Instituts für Förderalismusforschung, Band 30. Wien 1983, 79–83 und 101–104.

## Summaries

Die Produktivität und damit die Wettbewerbsfähigkeit einer Regionalwirtschaft wird heute mehr denn je von der Innovationskraft seiner Unternehmen geprägt. Eine kontinuierliche Erhöhung des wirtschaftlichen Innovationspotentials der Tiroler Unternehmen durch Unterstützung in den Bereichen Forschung, Ausbildung und wirtschaftliche Anwendung ist somit gleichermaßen Auftrag von Gemeinden, Land Tirol und der Wirtschaftskammer Tirol als der gesetzlichen Interessenvertetung und Serviceorganisation der Tiroler Wirtschaft. Der Wirtschaftskammer Tirol kommt als Akteur der Innovationspolitik vor allem eine Initiative- und Mittlerfunktion zu. Als Mittler von Innovations-Know-how fungiert die Wirtschaftskammer Tirol beispielsweise im Rahmen ihres technologischen sowie betriebswirtschaftlichen Beratungsangebotes und duch das Ausbildungangebot ihres Wirtschaftsförderungsinstituts (Wifi). Zukünftig wird die Wirtschaftskammer Tirol ihre Rolle als Motor und Vordenker für Tirols Innovationsentwicklung noch verstärken. Aus Sicht der Wirtschaftskammer Tirol sollten insbesondere die Zukunftsbranchen Informations- und Kommunikationstechnologien, Wellnesstechnologien, Alpintechnologien sowie Werkstofftechnologien für Tirols Wirtschaft forciert werden. Im Rahmen der „Wirtschaftsinitativen 2000+" erarbeitete die Wirtschaftskammer hierzu umfangreiche Maßnahmen und Konzepte, welche nun gemeinsam mit Tirols Unternehmen und den politischen Verantwortungsträgern des Landes umgesetzt werden.

* * *

Nowadays productivity and competitiveness of a region depends more than ever on the innovative power of its companies. A continuous increase in the innovative potential of Tyrolean companies by specific support in their activities of research, training and commercial application is a common task for local and regional governments as well as for the Tyrolean Chamber of Commerce as the companies' legal organisation for interests and service. The Chamber of Commerce is an active participant of the Tyrolean innovative policy and fulfils mainly the function of an initiator and intermediary in this area. As an intermediary of innovative-know-how the Chamber of Commerce Tyrol offers for instance technological as well as and managerial consulting and training by its own "Wirtschaftsförderungsinstitut (Wifi)". In future the Chamber of Commerce will still strengthen its role as an initiator and mastermind for the Tyroelan innovative development. From the point of view of the Chamber of Commerce the Tyrol should increase its efforts especially in the so-called "future areas" IT-technologies, Wellness-technologies, Alpine-technologies and material application technologies. With its "Wirtschaftsinitiativen 2000+" the Chamber has worked out extensive measures and concepts for those "new technologies". The measures and concepts are now implemented together with the Tyrolean companies and the politics.

* * *

La produttività e competitività delle economie regionali è caratterizzata oggi più che mai dal potenziale di innovazione delle imprese. Sia i comuni che il Land Tirolo e la Camera di Commercio di Innsbruck nella sua funzione di rappresentante legale dei vari interessi economici e dell'organizzazione dei servizi dell'economia tirolese sono pertanto chiamati a promuovere e migliorare costantemente il livello delle innovazioni economiche degli imprenditori locali tramite adeguate misure di sostegno nei settori della ricerca, formazione e applicazione. In tale ottica spetta alla Camera un ruolo di mediazione e di attivazione di una politica economica innovativa. Con l'offerta di consulenza tecnologica e aziendale e grazie all'offerta formativa del WIFI (Istituto di promozione economica) la Camera è in grado di fornire know-how all'avanguardia. E in futuro rafforzerà ulteriormente il suo ruolo di precursore ed iniziatore dello sviluppo innovativo del Tirolo, soprattutto in settori promettenti quali tecnologie dell'informazione e della comunicazione, tecnologie del benessere psicofisico, tecnologie alpine e dei materiali. Nell'ambito delle «Wirtschaftsinitiativen 2000+» si stanno elaborando concetti e misure su ampia scala da realizzarsi in collaborazione con gli imprenditori e le istanze politiche del paese.

# Der Kulturauftrag der Wirtschaftskammer Tirols am Beispiel der Jubiläumsstiftung und der Tiroler Wirtschaftsstudien

ADOLF LEIDLMAIR

Die Wirtschaftskammer Tirols hat durch den Ankauf von Kunstwerken, durch namhafte Drucksubventionen sowie durch ihre stets offene Hand auch für wissenschaftliche Vorhaben, die nicht unmittelbar ihren eigenen Interessen dienten, bewiesen, welchen hohen Stellenwert sie der Kulturförderung beimisst. Dazu gehören nicht zuletzt auch die in ihrem Auftrag herausgegebenen Tiroler Wirtschaftsstudien.

Ihre Gründung hängt ebenso wie diese nun als Festschrift vorgelegte 50. Folge mit einem Jubiläum der Kammer zusammen. Während diesmal die Erinnerung an die ersten Anfänge vor 150 Jahren, als in Innsbruck im ehemaligen Wisiol'schen Kaffeehaus, an der Ecke Museum- / Wilhelm-Greil-Straße, ihre konstituierende Versammlung stattfand, der Anlass ist, war es 1951 die Besinnung auf ein volles Jahrhundert ihres Bestehens. Die stattliche, damals drei Bände füllende Festgabe erschien, als manches in Schutt und Trümmern lag und die Spuren des Krieges noch nicht endgültig vernarbt waren. Es war daher naheliegend, auch Zeugnis zu geben von dem, was bei aller Notwendigkeit für einen raschen, mehr in die Zukunft als in die Vergangenheit blickenden Wiederaufbau nicht vergessen werden sollte. Namhafte Autoren haben sich daran beteiligt und sie zu einer wertvollen Tyrolensie gemacht. Die Schlern-Schriften boten sich dafür an, da ein eigenes Publikationsorgan der Kammer nicht zur Verfügung stand. Dass es dazu kam, ist ein Verdienst des damaligen, von einem tiefen, über die ökonomischen Aufgaben der Kammer hinausgehenden Verantwortungsgefühl erfüllten Kammeramtsdirektors Dr. Albin Oberhofer. Richtungweisend wurden seine mahnenden Worte, es müsse „heute mehr denn je die Pflicht der Berufskörperschaften sein, wissenschaftliche Forschung im eigenen Rahmen zu fördern, insbesondere dann, wenn sie in ihren Ergebnissen Gegenwartsfragen dient“[1]. Bei einer Sitzung im Juni 1951 brachte er daher den Antrag ein und setzte ihn auch durch, die Kammer möge in ihrem ordentlichen Jahresbudget einen beachtlichen Posten bereitstellen, der für die Drucklegung wissenschaftlicher Arbeiten nicht-agrarischer Na-

---

[1] Tiroler Wirtschaft in Vergangenheit und Gegenwart. Festschrift zur 100-Jahrfeier der Tiroler Handelskammer. Schlern-Schriften 78, 1951, Bd. II, Vorwort.

tur über den alttirolischen Raum oder Teile desselben bestimmt ist.[2] Die Entscheidung über die Verwendung dieses als „Jubiläumsstiftung“ bezeichneten Betrages wurde gemäß ihrer dem Wortlaut des Antrages von Oberhofer folgenden Statuten einem Kuratorium übertragen.

Die erste dafür bereitgestellte Summe kam dem Werk von Otto Stolz „Geschichte des Zollwesens, Verkehrs und Handels in Tirol und Vorarlberg seit den Anfängen bis ins 20. Jahrhundert“ zugute. Es erschien wiederum in den Schlern-Schriften, aber bereits bei der Beratung über die Zuteilung des Stiftungsbetrages im folgenden Jahr schloss sich das Kuratorium dem Vorschlag von Univ.-Prof. Dr. Franz Huter an, eine eigene Schriftenreihe mit dem Namen „Tiroler Wirtschaftsstudien“ ins Leben zu rufen. Bis 1974 blieb Huter der Schriftleiter und die treibende Kraft, dem der erfolgreiche Start und der sich rasch einstellende Erfolg zu verdanken sind.

Schon das Thema der ersten Folge mit einer hydrographischen Studie über den alpinen Inn zeigt, dass bei der Auswahl der Manuskripte von Anfang an jene Großzügigkeit waltete, die für ein echtes Kulturverständnis unverzichtbar ist. Um dem auch formal Rechnung zu tragen, wurde zwar bisweilen eine Änderung der Satzung erwogen, jedoch blieb es bei dem in einer Sitzung des Kuratoriums Anfang 1968 gefassten Beschluss, davon Abstand zu nehmen und lediglich den Passus, der die Drucklegung wissenschaftlicher Arbeiten auf solche nicht-agrarischer Art einschränkte, nicht allzu wörtlich auszulegen.[3] Den Ausschlag gab, dass man sich bei den die Themen der Schriftenreihe betreffenden Entscheidungen stets einig war und es nie zu einer engstirnigen Auslegung der fachlichen Zuständigkeit gekommen ist.

Dafür bürgte schon die Zusammensetzung des Kuratoriums. Bis Ende der 80er Jahre bestand es aus neun Mitgliedern mit drei Vertretern der Kammer, nämlich ihrem Präsident, der den Vorsitz führt, dem Kammeramtsdirektor und dem Schriftführer, sowie sechs Professoren der Universität Innsbruck, die nach wie vor den Schriftleiter der Wirtschaftsstudien stellen und jeweils zu gleichen Teilen aus dem Bereich der Geschichte, der Geographie und der Wirtschaftswissenschaften kamen. Um einen größeren Kreis von potentiellen Autoren zu erreichen, wurde nach 1990 die Zahl der Mitglieder auf 11 erhöht und dadurch den Sozial- und Wirtschaftswissenschaften ein größeres Gewicht verliehen.

Wie die Zuordnung der nun vorliegenden 54 Bände[4] zu größeren Gruppen mit einer ähnlichen Zielsetzung erhellt, sind jedoch die inhaltliche Ausrichtung und damit die Grundsätze, die man bei der Gründung der Tiroler Wirtschaftsstudien vor Augen hatte, weitgehend gleich geblieben.

---

[2] Tiroler Wirtschaftsstudien 1. Fg. 1955. Geleitwort.

[3] Protokoll zur Kuratoriumssitzung vom 9. Jänner 1968.

[4] Einschließlich der zwei Neuauflagen.

**Die Tiroler Wirtschaftsstudien und der Anteil ihrer Themen**

| | Summe abs. | Summe % | I % | II % | III % | IV % | V % | VI % | VII % |
|---|---|---|---|---|---|---|---|---|---|
| 1955–70 | 24 | 44 | 8 | 33 | 21 | 8 | 17 | 8 | 5 |
| 1971–80 | 10 | 19 | – | 10 | – | – | 10 | 30 | 50 |
| 1981–90 | 8 | 15 | – | 37 | 37 | 13 | – | 13 | – |
| 91–2000 | 12 | 22 | – | 58 | 8 | 17 | – | – | 17 |
| Summe | 54 | | 4 | 35 | 17 | 9 | 9 | 15 | 11 |

I Studien zur Landesnatur
II Wirtschafts- und Sozialgeschichte
III Geschichte des Handwerks
IV Wirtschafts- und Sozialstruktur der Gegenwart
V Geschichte des Handels und Verkehrs
VI Landeskunde
VII Kulturgeschichte, Biographien u. a.

Mit über einem Drittel nehmen die Wirtschafts- und die Sozialgeschichte den ersten Platz ein. Beispiele sind, um nur einige aus dem im Anhang dieser Festschrift beigegebenen Verzeichnis herauszugreifen, die auf umfangreichen Archivstudien beruhende Schilderung des früheren Brauereiwesens und der sozialen Lage der Salzarbeiter in Hall, die zu Beginn des 19. Jahrhunderts eine Belegschaft von über 500 Personen erreichten, was deren einstige Bedeutung in der Gesellschaftsstruktur der Stadt zum Ausdruck bringt. Ferner die durch die Darstellung einzelner Unternehmen veranschaulichte Studie über die merkantilistische Wirtschaftspolitik in Tirol während des 17. und 18. Jahrhunderts oder die Untersuchung des Fremdenverkehrs in Innsbruck mit seinen ökonomischen und soziologischen Aspekten sowie die Geschichte seiner Organisation im alten Tirol und ihrer weiteren Entwicklung im heutigen Bundesland bis zur Gegenwart. Neue Erkenntnisse über die Herkunft der italienischen Zuwanderer im Bozner Unterland erbrachte die für die Sozialgeschichte ebenfalls aufschlussreiche Publikation einer Aufnahme und Auswertung der dortigen Familiennamen. Ein großes Interesse fanden – auch wegen ihrer familiengeschichtlichen Aussagen – der Band über die Saisonwanderer und Landfahrer im Stanzertal und vor allem das Buch von Otto Uhlig über die Wanderung der Hütekinder aus den westtirolischen Realteilungsgebieten nach Oberschwaben, das es auf drei Auflagen brachte. Es trug dazu bei, dass dieses düstere Kapitel in der Geschichte unseres Landes mit allen seinem Leid und seinen Härten im heimatkundlichen Schrifttum und auch in den Medien mehrfach zur Sprache kam und uns so vor Augen führte, welchen Dank wir dem Wohlstand von heute schulden.

Bei den Folgen, die den verschiedenen Zweigen des Handwerks und Gewerbes vorbehalten sind, wie dem Bau- und Metzgerhandwerk, dem Geschützguss, den Uhr- und Büchsenmachern, den Zinngießern, dem Marmorabbau in Laas, den Glashütten in Hall und Innsbruck, der Majolikafabrik in Schwaz oder dem Hausierhandel und der Holzschnitzerei in Gröden, stand die Geschichte, wie sie sich in ihren Produkten, in ihrer Arbeitsweise, ihrem sozialen Umfeld und in ihrer auf das alte Zunftwesen zurückgehenden Organisation kundtut, ebenfalls im Vordergrund. Darüber hinaus dokumentieren sie aber auch die künstlerische Leistung, die etliche Handwerks- und Gewerbezweige erbrachten und so manche ihrer Werkstücke zu kostbaren Sammel- und Ausstellungsobjekten in Museen werden ließ.

Die Aufgabe, die Probleme der Gegenwart in Wirtschaft und Gesellschaft in ihrer räumlichen und strukturellen Differenzierung verständlich zu machen, blieb dadurch indessen nicht auf der Strecke. Im Gegenteil, denn in jeweils eigenen Bänden über das Bundesland Tirol sowie über Südtirol und das Trentino kamen sie mit allen ihren Vor- und Nachteilen, Chancen und Hindernissen in einer umfassenden Weise zur Sprache.

Fragen des Verkehrs und der ihm dienenden Einrichtungen bildeten in den 60er Jahren, angeregt durch die auf ein volles Jahrhundert zurückblickende Geschichte des Eisenbahnzeitalters, das in Tirol mit der Inbetriebnahme der Strecke von Kufstein nach Innsbruck begann, ein bevorzugtes Thema. Landeskundliche Monographien, wofür die Tiroler Wirtschaftsstudien nach ihrer Bestimmung, Arbeiten auch über Teile des alttirolischen Raumes herauszubringen, ebenfalls ein Forum sein sollten, waren mit der Hälfte aller Folgen zwischen 1970 und 1980 am zahlreichsten. Ihrer Fragestellung und ihren Ausführungen ist jedoch zu entnehmen, dass es nicht Landesbeschreibungen traditioneller Art mit ihrer enzyklopädischen Fülle und ihrem oft allzu historisierenden Stil waren, da auch bei ihnen der Bezug zur sozialen und ökonomischen Wirklichkeit, belegt durch eine eingehende Feldforschung vor Ort, die Feder führte.

Einen besonders überzeugenden Beweis für ihre umfassende, einer großzügigen Auslegung verpflichtete Kulturförderung hat die Kammer dadurch erbracht, dass sie sich für Inhalte aufgeschlossen zeigte, die man in ihrer Schriftenreihe nicht erwarten würde. Erinnert sei nur an das schöne Buch von Josef Ringler über die barocke Tafelmalerei in Tirol, wofür sie neben dem beträchtlichen Zuschuss für den Druck auch die Mittel zur Beschaffung reproduktionsfähiger Abbildungen bereitstellte. Der rege Absatz, den dieses Werk fand, sodass es bald vergriffen war, hat bestätigt, wie richtig es war, es in das Publikationsprogramm der Jubiläumsstiftung aufzunehmen. Ähnliches gilt für den von Hans Kinzl besorgten Band über Peter Anich und den ebenfalls in den Wirtschaftsstudien erschienenen und vom gleichen Autor angeregten Faksimiledruck des Atlas Tyrolensis von Anich und Blasius Hueber, der mit einem die Druckkosten weit übertreffenden Erlös verkauft werden konnte.

Als Verdienst kann die Jubiläumsstiftung außerdem für sich in Anspruch nehmen, dass sie den wissenschaftlichen Nachwuchs dadurch unterstützte, dass sie ihm den Weg in die Öffentlichkeit erleichterte. So haben in den Tiroler Wirtschafsstudien drei Habilitationsschriften und 17 Dissertationen Aufnahme gefunden.

Wissenschaftliche Reihen sind kein lukratives Geschäft und müssen sich daher meistens mit einer kleinen Auflage begnügen. Bei den Tiroler Wirtschaftsstudien waren es mit wenigen Ausnahmen, die wegen ihres Inhalts oder einer Abnahmegarantie einen darüber hinausgehenden Absatz erwarten ließen[5], in der Regel 500 Exemplare. Im Uni-

---

[5] Z. B. Folge 6 (Bevölkerung und Wirtschaft in Südtirol), Folge 30 (Atlas Tyrolensis), Folge 40 (100 Jahre Fremdenverkehr in Tirol), Folge 43 (Festschrift für Fritz Prior).

versitätsverlag Wagner mit seiner leistungsfähigen Druckerei fanden sie einen Partner, der sich in seiner bis in das 16. Jh. zurückgehenden Geschichte immer dem wissenschaftlichen Schrifttum verbunden fühlte und auch unter seinem nunmehrigen Eigentümer dieser nicht nur auf eine möglichst große Rendite bedachten Tradition treu blieb. Bewährt haben sich hierbei auch die Geschäftsbeziehungen des Unternehmens, die es ermöglichten, das sehr umfangreiche „Bergbauernbuch“ von Hermann Wopfner zusammen mit den Schlern-Schriften und die „Schwabenkinder“ von Otto Uhlig in Kooperation mit dem renommierten Konrad Theiss Verlag in Stuttgart zu einem Preis herauszubringen, der im Alleingang nicht zu halten gewesen wäre.

Mit dem Rückblick auf 50 Jahre Jubiläumsstiftung und die Tiroler Wirtschaftsstudien ist es jedoch allein noch nicht getan, um die Weichen in die Zukunft zu stellen, wenn auch die Bilanz positiv abschließt. Der durch die moderne und so rasch fortschreitende Informationstechnik oft in Frage gestellte Nutzen aufwendiger Druckwerke und die sich daraus ergebenden Konsequenzen sind, so ernst sie zu nehmen sind, nicht die Hauptsache. Auch nicht der Absatz, obgleich etliche Folgen nur schwer an den Mann zu bringen waren und zu Sorgenkindern der Lagerhaltung wurden. Viel schwerer wiegt das Problem des Angebots.

Rund zwei Drittel aller Bände kamen in der zweiten Hälfte der 50er und in den 60er und 70er Jahren zur Auslieferung. Danach waren es nur mehr ein gutes Drittel. Die in den letzten Jahren knapper gewordenen Mittel, die dazu zwangen, bei dem „beachtlichen Betrag“ im jährlichen Budget der Kammer für die Jubiläumsstiftung, den Albin Oberhofer einst gefordert hatte, ebenfalls den Rotstift anzusetzen, sind keineswegs die Ursache dafür. Gravierender waren, so merkwürdig es klingt, die billiger gewordenen Druckverfahren, die, wie der Überlebenskampf selbst mancher Zeitschriften mit einem beachtlichen Namen zeigt, neue Publikationsmöglichkeiten in eigener Regie auf Kosten der schon seit langem vorhandenen erschlossen. Dazu kam der in unserer Massengesellschaft immer mehr um sich greifende Wertwandel, der bei vielen Akademikern die Mühe und den Ehrgeiz nicht mehr lohnend erscheinen lässt, nach Abschluss ihres Studiums die durch die Vorlage einer umfangreichen schriftlichen Arbeit erbrachte Leistung in gedruckter Form zu dokumentieren, selbst wenn sie es wegen ihrer Qualität verdiente und dem Autor auch nichts kosten würde.

Hier dürfte es schwer fallen, eine Abhilfe zu finden. So bleibt daher die Überlegung, ob nicht ein neues inhaltliches Profil der Tiroler Wirtschaftsstudien und somit doch eine andere Fassung der Statuten der Jubiläumsstiftung angebracht wären.

Es mag angesichts der sich so oft dazu bekennenden Beteuerungen provokant klingen, aber die Frage sei dennoch erlaubt: Ist das humanistische, umfassende Bildungsideal, das letzten Endes bei ihrer Gründung Pate stand und sich im breiten Spektrum der Wirtschaftsstudien widerspiegelt, wirklich noch zeitgemäß? Wäre es nicht notwendig, dem so erfolgreich gewordenen Wissenschaftsparadigma, das allein auf abstrakte Theorien und Modelle, losgelöst von Raum und Zeit, vertraut, mehr Rechnung zu tragen? Liegt darin nicht der Grund, warum die Wirtschaftswissenschaften von der Möglichkeit einer Veröffentlichung in den Tiroler Wirtschaftsstudien, denen es vor allem um den räumlichen Bezug zu Tirol oder Teilen davon geht, so wenig Gebrauch machen?

Die Erfahrungen, aber auch Enttäuschungen der Gegenwart haben uns gelehrt, wie oft im Reformeifer das Kind mit dem Bad ausgeschüttet wird. Sofern die Jubiläumsstiftung nicht wegen der genannten Gründe aufzulösen ist, gilt es trotz aller gebotenen Erneuerung daher zu bedenken, dass bei dem im interdisziplinären Gespräch zu suchenden Weg zwischen Tradition und Fortschritt der Auftrag, den sie einst erhielt, wissenschaftliche Arbeiten über das eigene Land zum Druck zu bringen, um dadurch seine Eigenarten und Leistungen an Hand konkreter Untersuchungsergebnisse deutlich zu machen, die Leitlinie bleibt und nicht bloß die Fassade für methodische Experimente abgibt. Er sollte nicht einer falsch verstandenen, den Boden unter den eigenen Füßen verlassenden Globalisierung zum Opfer fallen, noch dazu, wenn gleichzeitig stets über den drohenden Verlust unserer Identität geklagt wird.

## Summaries

Die Jubiläumsstiftung der Kammer der gewerblichen Wirtschaft Tirols wurde 1951 errichtet, um die Drucklegung wissenschaftlicher Arbeiten nicht-agrarischer Natur über den alttirolischen Raum oder Teile davon zu fördern. Den seither in ihrem Auftrag erschienenen 54 Folgen der Tiroler Wirtschaftsstudien ist jedoch zu entnehmen, dass enge fachliche Grenzen bei der Auswahl der Manuskripte nie entscheidend waren und ein umfassendes Kulturverständnis stets den Ausschlag gab. Die Tiroler Wirtschaftsstudien wurden daher zu einem Publikationsorgan, in dem neben Untersuchungen zur Wirtschafts- und Sozialgeschichte oder des Handels und Verkehrs auch solche zur Landeskunde und Kulturgeschichte Tirols Aufnahme fanden. Das Jubiläum des 150-jährigen Bestehens der Tiroler Wirtschaftskammer ist aber auch ein Anlass zu überlegen, welche inhaltlichen Schwerpunkte der Tiroler Wirtschaftsstudien in Zukunft gesetzt werden sollen, um sie in einer zeitgemäßen Form fortzusetzen.

* * *

The "Jubiläumsstiftung" was founded 1951 for the 100 year anniversary of the Tyrolean chamber of commerce to support the publishing of scientific especially non-agronomics works about the "Tiroler Wirtschaftsstudien" and parts of it. Since 1951, 54 volumes of the "Tiroler Wirtschaftsstudien"have been published. In spite of the name "Tiroler Wirtschaftsstudien" the selection of articles shows that not only articles of economic subjects have been taken to account but moreover a general cultural understanding has always been the aim. This way the "Tiroler Wirtschaftsstudien" have become a means of publication for research on economic and social history, trade and traffic, regional studies and cultural history of the Tyrol. The 150 year anniversary should also give cause to reflect which main emphasise the "Tiroler Wirtschaftsstudien" should have in future to continue in an up-to-date-form.

* * *

La «Jubiläumsstiftung» della Camera di Commercio di Innsbruck è stata istituita nel 1951 allo scopo di promuovere opere di carattere scientifico dedicate a tematiche non legate all'agricoltura e concernenti il territorio del Tirolo storico. Le 54 serie dei «Tiroler Wirtschaftsstudien», organo di pubblicazione della «Fondazione», non contengono solo opere di natura strettamente pertinente agli obiettivi sopra espressi, ma si basano su un concetto di cultura assai più ampio. Essi comprendono studi di storia economica e sociale oppure di carattere commerciale e dedicati alla problematica dei trasporti, di storia e geografia locale. La ricorrenza del 150° anniversario della Camera di Commercio di Innsbruck fornisce uno spunto concreto per riflettere sulle tematiche future che potranno essere occasione di dibattito sulle pagine di questa serie.

# Die Kunstförderungen der Wirtschaftskammer Tirol

GERT AMMANN

## 1. Allgemeine Bemerkungen

Ein Jubiläum dient berechtigt zur Rückschau auf Leistungen und Ergebnisse von Bemühungen in all ihrer Vielfalt und Intensität. Die Wirtschaftskammer Tirol hat in ihrem Wirken nicht nur nach außen, sondern gerade auch im eigenen Raum deutlich manifestiert, dass kulturelles Engagement mit den Anliegen der Wirtschaft durchaus zu vereinen, ja eigentlich auch gefordert ist. In der langen Geschichte der Wirtschaftskammer Tirol hat es immer wieder Stationen gegeben, wo eindringlich das Kulturbewusstsein in den Vordergrund gesetzt wurde. Auch in der heutigen Zeit dient diese kulturelle Offenheit zur Imagebildung. Denn die Verbindung von Wirtschaft und Kultur hat sich als eine ausgezeichnete, gegenseitig sich stützende Partnerschaft erwiesen, die Gutes hervorgebracht und vieles bewegt hat. Diese Partnerschaft wird natürlich vornehmlich von Persönlichkeiten geprägt und getragen. Wenn dies für die Organisation der Wirtschaftskammer zutrifft, so spürt man Gleiches bei den vielen Betrieben, die ihr Image durch kulturellen Einsatz pflegen. Dieses Engagement ist in hohem Maße Kulturförderung: Förderung von Institutionen wie dem Kunsthandel, Galerien und Museen, aber auch von Einzelpersonen wie Künstlerinnen und Künstlern mit ihren Initiativen sowie jenem Kreis, welcher diese Ergebnisse zu interpretieren und zu vermitteln sucht, also Wissenschaftern und Autoren.

Die Grundlagen für die kulturfördernden Maßnahmen innerhalb der Organisation der Wirtschaftskammer hat Werner Plunger vorgelegt: „In der Wahrung der reichen Tradition, in der Gemeinsamkeit von Werthaltungen, aber auch im Bekenntnis zur kulturellen Veränderung liegt nicht zuletzt auch der Gründungszweck der Kammer und ihrer Untergliederungen, nämlich durch ‚die Förderung der wirtschaftlichen, sozialen und humanitären Angelegenheiten der Mitglieder‘ (§ 29 Handelskammergesetz) auch einen Beitrag zur Verbesserung der Lebensqualität im Allgemeinen und zur humanen Weiterentwicklung unserer Gesellschaft im Besonderen zu leisten.“[1] Nach W. Plunger teilt

[1] Werner PLUNGER, Praxis der Kulturförderung am Beispiel der Tiroler Handelskammer. In: Kulturförderung in den Alpenländern. Theorie und Praxis. Fritz Prior zum 70. Geburtstag. Hrsg. v. Cle-

sich die Praxis der Kulturförderung in Bildung, Wissenschaft und Forschung sowie Kunst. In diesem Bereich Kunst ist eine dichte Breite von Maßnahmen gesetzt worden, welche die Vielseitigkeit und Reaktionsfähigkeit der Wirtschaftskammer Tirol bewusst machen. Sie manifestieren sich vorerst in der Architektur und künstlerischen Ausstattung der Verwaltungsbauten.

## 2. Die Verwaltungsgebäude in Innsbruck und in den Bezirken und ihre künstlerische Ausstattung

Die Wirtschaftskammer Tirol ist für die Mitgliedsbetriebe eine Interessensvertretung. Die Verwaltungsgebäude in Innsbruck und in den Bezirken dienen ihnen zur Kommunikation und als Servicestellen. Für den Außenstehenden sind die Gebäude ein Konglomerat von Büroeinheiten, die durch ihre bauliche Struktur und künstlerisch gestaltete Umgebung oder Innenraumgestaltung auffallen und in der Qualität auch beeindrucken. Im Mittelpunkt steht das repräsentative Gebäude in der Meinhardstraße in Innsbruck.

Anstelle des 1852 erbauten Gesellenvereinshauses wurde in den Jahren von 1900 bis 1902 nach den Plänen des Münchner Architekten Ludwig Lutz von Baumeister Josef Spörr das Haus in der Meinhardstraße 14 als Kammergebäude und Gewerbemuseum errichtet.[2] Das fünfgeschoßige Haus mit ausgebauter Dachzone zeigt in seinen sieben Achsen eine reiche Gliederung im sogenannten ‚altdeutschen Stil' auf. Die Mittelachse wird von Loggien und einem Treppengiebel sowie einem Dachturmaufsatz akzentuiert. Die Fassade wird an den Seiten von Erkertürmen flankiert. Friesartig umschließen Mosaikbilder die Fensterreihe im ersten Obergeschoß. Acht Symbolfiguren für Handel, Gewerbe und Industrie schuf der Haller Maler Alfons Siber im Jahre 1906: Gärtner und Schmied, Tischler und Bäcker, Frächter und Kaufmann, Kunsthandwerkerin und Käufer, der als Repräsentant des Auftraggebers, des damaligen Kammerpräsidenten Anton von Schumacher, abgebildet ist. Die Liebe zum Detail in den Attributen, die heroische Eleganz der Figuren, die illustrative Wirkung der figuralen und floralen Elemente lassen die repräsentative, im Dekor vom Jugendstil geprägte Fassade heute noch in der westlichen Meinhardstraße als signifikanten Blick erscheinen. Das Haus Nr. 12 ist im Kern ein Wohnhaus vom Baumeister Peter Huter aus dem Jahre 1860, heute dient das Gebäude der Wirtschaftskammer als weiteres Bürogebäude. Architekt Mag. Andreas Egger aus Innsbruck hat im Jahre 1994 die Erweiterung und den Umbau gestaltet. Der neue Atriumhof erhielt ebenfalls 1994 auf Grund einer Juryent-

mens-August Andreae und Christian Smekal (Tiroler Wirtschaftsstudien 43). Innsbruck 1992, 385–387.

2 Johanna Felmayer, Innsbruck. In: Dehio-Handbuch. Die Kunstdenkmäler Österreichs. Tirol. Wien 1980, 60.

scheidung nach einem künstlerischen Wettbewerb eine Gestaltung durch den Haller Künstler Hellmut Bruch. In der starken Reduzierung auf Grundelemente des Kreises und der Linie entstand eine Raumkomposition aus Edelstahl. Der liegenden „Kreisform“ steht ein Bündel von Stelen – auf Grund der Fibonacci-Zahlenfolge konzipiert – in der 6,10 Meter hohen „Progression“ gegenüber. Hellmut Bruch gelang eine Akzentuierung des rechteckigen Hofes mit den beidseitig an den Längsseiten von Architekt Egger markierten Betonpilastern, eine Raumverschleifung von verbautem und offenem Raum und damit eine technisch perfekte Bildsprache.

Bereits im Jahre 1960 war Wilfried Kirschl beauftragt worden, dem Foyer der Handelskammer ein Wandbild zu verleihen, das die Meisterleistung der damaligen Ingenieur- und Baukunst zeigt: den Bau der Europabrücke. In fein nuancierter Farbanalyse und kubistischer Formgebung ist die Architektur der Brücke in die Architektur des Landschaftsraumes eingebunden; die hoch über dem Tal gespannte und auf schlanken Pfeilern aufgesetzte Brücke ist als Werk der Technik betont. Heute ziert das Gemälde das Foyer des Fritz-Miller-Saales, des nach dem ersten Präsidenten nach dem Zweiten Weltkrieg benannten Festsaales. An der Stirnfront dieses neu gestalteten Saales wurde das dreiteilige Gemälde von Rudolf Kreuzer aus dem Jahre 1960 eingebunden, das im Mittelbild die Stadtsilhouette von Innsbruck und einen im Lichtschein eingebundenen Kruzifixus zeigt. Das Gemälde zeigt eine freskenartige Malweise mit hellen Kontur- und Binnenlinien.

Diese Kunstaufträge stehen in einer guten Tradition. Bereits 1924 wurde zur Ausgestaltung des Sitzungsraumes der Handelskammer kein berühmterer als Albin Egger-Lienz engagiert. Clemens Holzmeister hatte den Raum konzipiert. In einem Schreiben von Mitte Juni 1923 suchte Dr. Josef Garber Egger-Lienz für die Lunettenmalereien zu gewinnen. Das Programm und das Raumkonzept analysierte Garber wie folgt: „Der Verband der Industriellen Nordtirols hat sein Sitzungszimmer durch Herrn Prof. Architekt Dr. Holzmeister in künstlerischer Weise neu gestalten lassen. Holzmeister hat dabei, wie aus den beifolgenden Skizzen ersichtlich ist, die Ausschmückung des Raumes durch Gemälde vorgesehen. (…) Es sind sechs Gemälde an den Längswänden des Saales gedacht, unmittelbar über dem Getäfel der Wände aus Nussholz, halbkreisförmig, ein Format mit dem Radius 1 Meter, oben von den Gewölbekappen umrahmt. (…) Eventuell käme als siebtes Bild auch noch die Bogenfläche der Schmalwand in Betracht. Der ganze Raum ist von einfacher, strenger und vornehmer Wirkung. Die Bilder sollen zum Zweck des Saales bzw. des Verbandes in Beziehen stehen (Industrie, Arbeit – ich denke unwillkürlich an ihre Holzträger, Holzbehauer), die Fassung des Programmes würde Ihnen freistehen.“[3]

Egger-Lienz hatte innerhalb von zehn Wochen die Kaseintemperagemälde auf Leinwand mit den Themen Holz, Marmor, Erde, Eisen, Weberei und Bergbau für die sechs Lunettenbögen an den Längswänden und dem Thema Fabrik für die Schmalseite

[3] Wilfried KIRSCHL, Albin Egger-Lienz 1868–1926. Das Gesamtwerk. Wien 1. Aufl. 1977, 2. Aufl. Wien-München 1996, 440.

gestaltet, wobei er auch auf früher komponierte Motive wie den „Holzfäller" zurückgriff. Die Motive sind den Elementen und der Handwerkstätigkeit gewidmet, stets durch Menschenarbeit charakterisiert. Die Figuration ist mit Ausnahme der ziegelhantierenden Frauen stets in Frontal- bzw. Rückenansicht konzipiert, eingespannt in Raumkonstruktionen mit den Elementen Eisen, Holz, Marmor, Leinwand. Egger-Lienz hatte in einem Schreiben an Heinrich Hammer über seine Arbeit folgendes notiert: „Mit größtem Interesse habe ich Ihr Urteil über meine Arbeiten für die Industriellen in Ihrem Brief vom 20. gelesen. Es erfüllte mich mit Freude, dass diese Bilder so lebendig zu Ihnen sprachen. Auch ich hatte das Gefühl, dass die Aufgabe gelöst wurde. Dass der ‚Bergbau' etwas komplizierter ist, damit mögen Sie recht haben; auch ich hatte mitunter das Gefühl – aber dann kam mir die Lösung doch wirkungsvoll genug vor. Es dürfte Sie interessieren, dass ich anstatt diesem ein ganz anderes Thema ausgeführt hatte. Eine Förderungsvorrichtung. Ein Ochsengespann ganz von rückwärts wie bei meinem ‚Pflüger' füllt die Fläche. Dann übermalte ich die Leinwand mit dem steinhauenden Bergmann, wie er jetzt ist..."[4] Im Zusammenspiel von der Innenarchitektur von Clemens Holzmeister und der Ausstattung durch Albin Egger-Lienz ist damit ein Gesamtkunstwerk entstanden, das den Auftraggebern zur Ehre gereicht und für die Kunstgeschichte Tirols ein bedeutendes, leider zu wenig bekanntes Exempel darstellt, in dem Architektur und Kunst harmonieren.

Max Spielmann und Fritz Berger zierten die Fassaden des Stöckelgebäudes: Im Feld über der oberen Fensterzone sind die Zunftzeichen in Sgraffitotechnik dekorativ gestaltet. Die Arbeiten erinnern an den Wiederaufbau von 1946 bis 1949 und sind stilistisch Zeugnisse der Nachkriegszeit.

Neben der Erneuerung der Gebäude der Wirtschaftskammer Tirol in der Meinhardstraße ist der Gebäudekomplex des Wirtschaftsförderungsinstitutes mit der Erweiterung in der Egger-Lienz-Straße in Innsbruck ein weiteres wichtiges Standbein der Wirtschaftskammer. Der funktionale Baukomplex hat mehrere Baustufen und damit auch mehrere Stationen der künstlerischen Ausstattung erfahren. Die erste Baustufe wurde 1964 von Architekt Dipl.-Ing. Max Schweiggl aus Innsbruck, die zweite Baustufe 1974 von Architekt Dipl.-Ing. Franz Schönthaler aus Innsbruck und schließlich die dritte Baustufe mit dem Werkstättengebäude 1993 von Architekt Dipl.-Ing. Romed Inhoven aus Innsbruck errichtet. Den Hofbereich markiert eine tektonisch konzipierte, verzinkte Metallskulptur von Anton Fritz. Die Wegräume in allen sechs Geschoßen sind mit einem alle Bereiche durchfließenden Mosaik von Ilse Abka Prandstetter aus den Jahren 1963, 1967, 1975 und 1984 ausgestattet; ein Signaturfeld im fünften Obergeschoß ist mit „Ilse Prandstetter" bezeichnet; im zweiten Obergeschoß des Südstiegenhauses sind die Verantwortlichen für den Bau und den künstlerischen Auftrag von 1984 notiert: Kurator Baurat h. c. Dipl.-Ing. Klaus Huter, Direktor Dkfm. Dr. Carol Wolf. Die Mosaikwände weisen vegetabile, organische und anorganische Formen und Gebilde auf und

---

[4] Zitiert nach Wilfried KIRSCHL, Albin Egger-Lienz (wie Anm. 1), 442.

wurden von Ilse Prandstetter in einer Art von Wandmarkierung komponiert. Die Aufenthaltsräume sind mit Skulpturen und Wandbildern akzentuiert. 1976 stellte Ilse Glaninger-Balzar eine reliefierte Zinkblech-Strukturplastik fertig.[5] Im dritten Obergeschoß hat sich das Keimfarben-Wandbild von Gerhild Diesner aus dem Jahre 1963, das ihre Handschrift in der sonnenüberstrahlten Landschaft mit Tulpen und Vögeln und ihre frische, leuchtende Farbpalette vermittelt, erhalten.[6] Im vierten Obergeschoß sind die „Vier Elemente" von Anton Christian in Form von grafisch strukturierten Stahlplattenskulpturen dem Raum eingebunden. Gerade dieser Gebäudekomplex verdeutlicht die Wertigkeit der künstlerischen Ausstattung von Bauten der Wirtschaftskammer.

Alle Bezirksstellen sind in den letzten Jahrzehnten neu errichtet worden. Es sind funktionelle Bauten, die Sachlichkeit und Zweckmäßigkeit ausstrahlen, aber nur sporadisch baukünstlerische Akzente aufweisen. Die Bezirksstelle Imst wurde 1971–1972 vom Architekten Ing. Karl Lochbihler aus Innsbruck gebaut. Die Eingangsfassade konnte der Imster Maler und Bildhauer Elmar Kopp mit einer Metallarbeit zieren: Kammerbezeichnung, Tiroler Adler und Handwerkszeichen sowie zwei Türgriffe (bezeichnet: Kopp). 1999 wurden das Stiegenhaus, das Foyer und die Glasfassade von Architektin Dipl.-Ing. Renate Benedikter-Fuchs aus Innsbruck umgestaltet. Die Bezirksstelle Kitzbühel, 1971–1972 von Architekt Dipl.-Ing. Herbert Rottensbacher aus Kössen ausgeführt, hat ein Fassadenfries durch den Kitzbüheler Bildhauer Sepp Dangl erhalten. Die Bezirksstelle Kufstein wurde von Architekt Dipl.-Ing. Michael Cede aus Innsbruck gebaut. Landeck erhielt 1983–1984 von Architekten Dipl.-Ing. Peter Schillfahrt aus Imst einen Neubau und wurde 1997 durch den Stadtsaal, ebenfalls von Architekt Schillfahrt, erweitert. Im Foyer des Wirtschaftskammergebäudes sind vier durch grafische Strukturen modellierte Kupferplatten zum Thema Handel von Elmar Peintner geschaffen worden. Im Foyer des Stadtsaales schuf 1997 Hans Pfefferle aus Zirl nach dem Entwurf von Chryseldis Hofer-Mitterer zwei Mosaikbilder zum Thema „Gletscherberg-Riffler", die mit: CH HP 1997 bezeichnet sind. Die Bezirksstelle Reutte wurde 1985–1986 von der Architektengemeinschaft Innsbruck mit Architekt Dipl.-Ing. Egon Neumair, Architekt Dipl.-Ing. Heinz Örley und Architekt Dipl.-Ing. Richter erbaut. Im Foyer ist das großformatige Holzrelief „Das Auge", von O. Kössler 1986 gestaltet, in die Wand eingelassen. In Schwaz schuf 1991–1992 Architekt Dipl.-Ing. Erich Pichler aus Innsbruck ein neues Kammergebäude (das Wandbild von Fred Hochschwarzer konnte aus dem vormaligen Bezirksstellengebäude nicht übernommen werden). Die neue Wirtschaftskammer in Lienz – 1998 erbaut – wurde vom Architektenteam um Dipl.-Ing. Renate Benedikter-Fuchs aus Innsbruck konzipiert; der Lienzer Bildhauer Jos Pirkner schuf für die Gebäudeanlage eine Bronzeskulptur in Form eines Adlers.

---

5 Walter Myss, Ilse Glaninger-Balzar. Innsbruck 1980, 64.

6 Wilfried Kirschl, Gerhild Diesner. Auswahl aus dem Werk. Innsbruck 1979, 100.

## 3. Kunstaufträge und Künstlerförderungen

### 3.1 Die Porträts der Präsidenten

Zu den Kunstaufträgen bzw. Künstlerförderungen zählen auch die Porträts verdienter Persönlichkeiten der Wirtschaftskammer. Diese Bildnisaufträge zählen zur guten Tradition, nicht Fotografien, sondern künstlerisch gestaltete Porträts in die Galerie der Persönlichkeiten aufzunehmen. Gerade die Wirtschaftskammer konnte für diese Aufgabe namhafte Tiroler Künstler gewinnen und damit demonstrieren, dass auf der Auftragsebene Qualitätskriterien dominieren. Zwei Beispiele dürfen hier notiert sein und damit illustrieren, wie sehr der Auftraggeber herausragende Künstler beauftragt hat. Professor Max Weiler hat 1976 im Porträt des Präsidenten Heinrich Menardi[7] eine seiner Meisterleistungen vorgelegt. Das Bildnis ist in der kompositorischen Anlage eine prägnante Erscheinung des Dargestellten, einer Verdichtung des Menschen im Figuralen inmitten einer floralen Umgebung. Wir kennen die Arbeitsweise von Max Weiler, die zu einem Porträt führt. Die lange Beschäftigung mit dem Menschen, seinen Handlungen, seinem Arbeitsablauf, die Beobachtungen in Gesprächen und Diskussionen, das Begleiten im offiziellen und privaten Bereich, das Sondieren von Eigenarten, das Analysieren des Charakters, das Durchleuchten der äußeren Erscheinung, das Ausloten der Mentalität und der inneren Wesenszüge: Das alles sind Vorstufen für Max Weiler, aber wesentliche Positionen im Arbeitsprozess. Das Skizzieren in Graphit, das Umreißen der Formen und Formkonzentrate, das farbliche Anlegen der Raumpassagen und das Verdichten des Kolorits im Menschenbild – das Gelb im Antlitz und in der Hand, das Braun in der Schulterpartie. Das Ergebnis ist eine fulminante farbliche Vibration mit der Konzentration im Menschenbild.

Ein zweites Beispiel ist das Porträt des Präsidenten Dr. Hansjörg Jäger von Anton Christian. Er notiert 1997 im farbenschweren Bildnis die Meditationsphase eines ansonsten dynamischen Menschen, betont mit der Vehemenz des Pinselzuges die Vehemenz der Wesenszüge, markiert mit dem schweren Kolorit eines Orange im oberen und eines Blau im unteren Raumfeld das Umfeld und mit den aufblitzenden Helligkeiten in den Händen und dem Gesicht eine Innenschau und Vision zugleich.

Bereits im Jahre 1980 hatte Wolfgang Schuler Präsident Menardi in einem farblichten und wirkungsnahen Gemälde porträtiert, ebenso das Bildnis von Präsident Dr. Carl Reissigl 1991 in etwas farbstärkerer Palette und impressionsvehementer Art geschaffen. In der ihm eigenen atmosphärischen Art der Malweise treten die Dargestellten in erkennbarer Pose dem Betrachter entgegen. Professor Ludwig Neuhauser in Kramsach hatte 1975 den Altpräsidenten Fritz Miller in einer präzisen, realistisch geprägten Bildnissicht in altmeisterlicher Öllasurtechnik wiedergegeben, während Walter Honeder in seinem nach älterer Bildvorlage geformten Porträt von Präsident Martin Meyer (1874–1877) eine markant auf die Konturen bezogene Formenknappheit und farbliche

[7] Max WEILER, Porträts 1933–1990. Innsbruck 1990, 92f.

Tonigkeit in seiner charakteristischen Bildniskunst vorgelegt hat. Die Reihe der Porträts reicht vom Porträt des Präsidenten Alfred Swarovski (1943–1945) von Franz Schunbach aus dem Jahre 1960 über das Porträt der Präsidenten Dr. h. c. Karl Innerebner (1938–1941) von Ernst Nepo aus dem Jahre 1950, das Bildnis von Vizepräsident Dinkhauser von Thomas Riss aus dem Jahr 1949 bis zurück zum repräsentativen Porträt des Präsidenten Schumacher (1886–1902) von Alfons Siber aus dem Jahre 1908.

## 3.2 Aufträge für Restaurierungen, Ausstellungen und Gebrauchsgraphik

Die Ausstellungstätigkeit in den Räumen der Handelskammer ist bis zum Umbau des Ausstellungsraumes legendär. Für die Wirtschaft, vor allem aber auch für die Kulturgeschichte des Landes wichtige Dokumentationsausstellungen fanden hier statt. W. Plunger hat darauf schon aufmerksam gemacht. Im Besonderen war es Anliegen der Kuratoren und Gestalter, die Verbindung von Kultur und Wirtschaft zu verdeutlichen. Bei vielen Präsentationen stand das Kunsthandwerk, die Meisterschaft des Handwerks, die der Zimmerleute und Maurer, Stuckateure, Maler, Vergolder, Bildschnitzer, Schlosser, ja aller Handwerker, die zum Gelingen einer Konservierung und Restaurierung von Kulturgut beitragen, im Mittelpunkt. Stellvertretend für die vielen Aktivitäten sei die Ausstellung „Klöster, Stifte und Einsiedeleien“ hervorgehoben, in der in hohem Maße die Kunst des Handwerks sichtbar wurde. Gestalter wie Viktor Herzner haben viele Ideen der Ausstellungsarchitektur realisiert, immer in Abstimmung auf das Thema. Und gerade hier wird auch die Lehrtätigkeit von Viktor Herzner am Wirtschaftsförderungsinstitut (WIFI) bedeutsam, der durch seine Unterweisung in graphischen Entwürfen oder mit seinen Plakaten einen wichtigen Baustein in der Tiroler Gebrauchsgraphik setzte. Die zaghaften Anfänge in dieser Ausbildungsrichtung wurden bald durch die Institutionalisierung einer eigenen Werbe-Design-Akademie für moderne, gebrauchs- und funktionsgerechte Formgebung in Handwerk und Industrie als klare Aufgabe des WIFI wirksam. Die Ergebnisse können sich sehen lassen, wie die „Staatspreise für neue Form“ auf der Münchner Handwerksmesse verdeutlichen. In diesem Bereich sind sicherlich auch die Initiativen zur Förderung von weiterbildenden künstlerischen Schulen zu nennen: die Schnitzschule Elbigenalp und die Glasfachschule Kramsach. Beide Schulen sind für die kunsthandwerkliche, künstlerische und restauratorische Ausbildung in hohem Maße für das Land, aber auch darüber hinaus von Bedeutung. Natürlich geben im künstlerischen Bereich die Leiter und Lehrer die Orientierung vor – und manches erinnert dann an Serienproduktion, wie dies auch die Verkaufsstellen des „Heimatwerks“ sichtbar machen –, doch die spezielle handwerkliche Auseinandersetzung mit den verschiedenen Materialien wie Holz und Glas lässt die Ergebnisse doch in Eigenständigkeit evident sein. Einige Holzbildwerke aus der Schnitzschule Elbigenalp, vor allem die Darstellung des Gekreuzigten, zieren Arbeitsräume der Wirtschaftskammer. Gerade durch diese Unterstützung der Fortbildung unterstreicht die Wirtschaftskammer auch im weiteren Sinne eine Kulturförderung.

Gleichsam als Betätigungsfelder des Handwerks sind hier die großartigen Leistungen der Restaurierungsarbeiten in den Kapellen, Kirchen und Klöstern mit ihrem Kulturgut zu nennen. Die hervorragenden Ergebnisse beruhen nicht nur auf der finanziellen Förderung der Wirtschaftskammer, sondern vor allem auf der kunsthandwerklichen Fähigkeit von Restauratoren, Fassmalern und Vergoldern, die ihre Ausbildung in Fachbetrieben erlernt haben und ihr Können nun demonstrieren. Viele Mitglieder der Kammer sind in diesem Bereich tätig. Wenn das Zisterzienserstift Stams und das Praemonstratenserstift Wilten in Innsbruck unter den geförderten Baudenkmalen in besonderem Maße erwähnt seien, so ist doch das große Augenmerk auf die einzige erhaltene Zunftkirche Österreichs, die Kirche zum hl. Josef in Bichlbach im Außerfern, zu lenken, die nun nach Abschluss der Gesamtrestaurierung als Glanzstück sakraler Kunst, aber auch als Denkmal des Handwerks, also der Zunft der Maurer und Zimmerleute des Gerichtes Ehrenberg, auf uns gekommen ist. In diesem Gotteshaus manifestiert sich die zünftische Organisation der Barockzeit, die Organisation jener Bauhandwerker und Künstler, die unser Land, aber auch weite Teile des damaligen Europa mit ihrer Fertigkeit und Kunst geprägt haben. Die Zunftordnung wurde 1684 von Kaiser Leopold I. genehmigt. 1738 waren etwa 1.042 Maurer- und Zimmermeister sowie 142 Meister verschiedener Gewerbegruppen eingeschriebene Mitglieder. Die Kirche ist stolzes Denkmal des Handwerks – auch in unseren Tagen.

Die Verbindung von Wirtschaft und Kunst und damit die Kunstförderung durch die Wirtschaft wird auch in einem anderen Beispiel deutlich: Prof. Max Spielmann[8] hat wie manch anderer Künstler Entwürfe für Textilien geschaffen, die Ausdruck seiner Zeit und des graphischen Empfindens sind. 1948 und 1949 gestaltete Spielmann für die Webereifirma Stapf in Imst Motive von Waidwerksszenen, Allegorien und Tiroler Minnesänger. Für die Handelskammer unmittelbar schuf er 1936 bis 1938 etwa vierzig Zunftblätter, aquarellierte Tuschfederzeichnungen, die zwar in den letzten Tages des Krieges zum Teil zerstört, von ihm aber danach wieder ergänzt wurden. In seiner markanten, expressiven Formensprache ist eine Serie von Blättern entstanden, die das Handwerk, die Zunft, in illustrativer Weise vergegenwärtigt. Max Spielmann war einer jener Künstler, welcher in besonderem Maße das handwerkliche Können, etwa in der Emailmalerei oder in der Sgraffitotechnik (siehe Arbeiten an der Fassade des Stöckelgebäudes), zum künstlerischem Höhepunkt führen konnte. In diesem Zusammenhang ist ebenbürtig auch auf Prof. Oswald Haller[9] zu verweisen, der im Auftrag der Handelskammer unzählige Urkunden gestalten konnte. Hier war Haller neben seiner freien Malerei und seiner Gestaltung von Plakaten, Buchillustrationen, Briefmarken und Wandgestaltungen ein unerreichter Meister. Stellvertretend für viele Einzelleistungen mag die Urkunde zur Verleihung des Ehrenringes der Tiroler Handelskammer an Präsident Heinrich Menardi genannt sein. Hier gelang Oswald Haller eine kompositorische Ausgewogenheit zwischen dem Panoramabild der Innsbrucker Stadtsilhouette – vom Stadtturm, dem St.-Jakob-Dom, der Hofkirche bis hin zur Jesuitenkirche – und den differen-

---

[8] Walter MYSS, Max Spielmann. Ein Künstler unserer Zeit. Innsbruck 1976, bes. 46f., 114.

[9] Helga REICHART, Oswald Haller 1908–1989. Innsbruck 2000, bes. 30–34.

zierten Schriftblöcken. In diesem Zusammenhang sind auch die Arbeiten für die Siegel und Ehrenmedaillen der Kammer von Prof. Sepp Kölblinger und der Ehrenring der Handelskammer von Herbert J. Schneider-Rappel[10] in Schwaz zu nennen. Die Beauftragung von Spielmann, Haller, Schneider-Rappel und Kölblinger durch die Handelskammer ist ein Beleg dafür, dass die Achtung der Künstler gerade in Verbindung mit wirtschaftlichen Angelegenheiten vorherrschte, und diese Aufträge nicht etwa dem Druckereigewerbe oder dem industriellen Design überlassen wurde. Das zeugt von einer Sensibilität der Verantwortlichen der Handelskammer gegenüber den Künstlern des Landes.

### 3.3 Preiswidmungen für den Österreichischen Graphikwettbewerb Innsbruck

Der Österreichische Graphikwettbewerb Innsbruck ist seit dem Jahre 1952 als Teil der Jugendkulturwoche, später als autonome Veranstaltung der Abteilung Kultur im Amt der Tiroler Landesregierung zu einem der bedeutendsten Kunstwettbewerbe in Österreich geworden und bis heute geblieben. 1999 wurde der 26. Wettbewerb durchgeführt.[11] Seit 1972 steht unter den Preiswidmungen auch die Institution der Kammer der gewerblichen Wirtschaft für Tirol; damals widmete die Handelskammer einen Preis von ATS 6.000, heute beträgt das Preisgeld ATS 20.000. Damit hat die Wirtschaftskammer einen bedeutenden Beitrag zur Förderung graphischer Künste gelegt und im Kontext mit allen österreichischen Bundesländern, dem Bundesministerium für Unterricht und Kunst (heute Bundesministerium für Bildung, Wissenschaft und Kultur), dem Land Südtirol, der Landeshauptstadt Innsbruck, Tiroler Bankinstituten, dem Generalkonsulat der Bundesrepublik Deutschland und dem Französischen Kulturinstitut in Innsbruck eine Basis gelegt, dass in den Graphischen Sammlungen des Tiroler Landesmuseums Ferdinandeum eine Dokumentation der Graphik in Österreich in exemplarischen Positionen belegt ist. Die Preiszuerkennungen wurden jeweils von einer meist international zusammengesetzten Jury vorgenommen, womit auch die Zuerkennung des Preises der Wirtschaftskammer ohne Einfluss des Preiswidmers vollzogen wurde. Daher ist die Liste der Preisträger ohne System und ohne Konzept zu sehen. Die Preiswidmungen der Wirtschaftskammer gingen an folgende Künstlerinnen und Künstler:

1972 an Elisabeth Kmölniger (geb. 1947 in Radenthein) für ein „Stillleben“ in Grafit und Pastell

1974 an Curt Stenvert (geb. 1920 in Wien) für eine 10-Platten-Farblithographie „Junge hört Bellen und stellt sich Zwergpudel vor“

1976 an Dieter Fuchs (geb. 1952 in Innsbruck) für die Bleistiftzeichnung „Ansichten“

[10] Erich EGG, Herbert J. Schneider, in: der psychische gehalt des metalls. 1875–2000 schneider-rappel gold- und silberschmiedekunst. Hrsg. von Arno Schneider. Schwaz 2000, 73–89, bes. 87

[11] Die Kataloge zu den Österreichischen Graphikwettbewerben Innsbruck sind in der Bibliothek des Tiroler Landesmuseums Ferdinandeum dokumentiert.

1978 an Reimo S. Wukounig (geb. 1943 in Klagenfurt) für die Bleistiftzeichnung „Sich gegenseitig überwachendes Paar“
1980 an Willi Pechtl (geb. 1951 in Zams) für den Siebdruck „Jura-Soyfer-Gedenkplakat“
1982 an Heinrich Tilly (geb. 1931 in Telfs) für die Kugelschreiberzeichnung „Kentaur überrascht kleine Sphinx“
1984 an Gotthard Bonell (geb. 1953 in Truden, Südtirol) für die Bleistift-, Feder- und Pinselzeichnung „Hängende Kleider (Haut)“
1986 an Rudolf Heller (geb. 1965 in Innsbruck) für die Radierung „Wish you good year III“
1988 an Norbert Pümpel (geb. 1956 in Innsbruck) für die Grafitzeichnung „Irgend etwas ging seinen Gang“
1991 an Mario Rott (geb. 1961 in Lienz) für das Aquarell „Zypresse“
1993 an Andrea Renate Tomitsch (geb. 1957 in Leoben) für fünf Fotokopien „Der Lauf der Dinge“
1995 an Hermann Pedit (geb. 1933 in Lienz) für das Aquarell „Landschaft“
1997 an Deborah Sengl (geb. 1974 in Wien) für die Zeichnung mit Tusche und Filzstift aus der Serie „Die Katze – als Räuber getarnt – enttarnt sich die begehrte Beute“
1999 an Eduard Lesjak (geb. 1961 in Klagenfurt) für den Farbholzschnitt mit Nähseide „3-Faltigkeit“.

## 4. Die Kunstankäufe

### 4.1 Zur Ausstattung der Arbeitsräume

Es war immer ein Anliegen und somit eine Aufgabe der Präsidenten und Kammerdirektoren, Werke von zeitgenössischen, vornehmlich Tiroler Künstlerinnen und Künstlern zu erwerben und damit die Büroräumlichkeiten auszustatten. Für die Bezirksstellen sind oft Werke von für den Bezirk bedeutenden Künstlern bevorzugt angekauft worden, so dass sich auch die regionale Kunst in den Büros widerspiegelt. In Imst sind es etwa Werke des Imster Künstlers Elmar Kopp, so z. B. seine geometrisch abstrahierten Gemälde „Röhren und Kugeln“ aus dem Jahr 1971. Eine frühe Porträtzeichnung des Bezirksstellenobmannes Grissemann ist aus der Hand von August Stimpfl von 1947 erhalten. In der Bezirksstelle Kitzbühel sind es Werke von Toni Bucher aus Hopfgarten, Ernst Insam und Almberger aus Kitzbühel, aber auch Werke des Karikaturisten Dietmar Kainrath, der Malerin und Graphikerin Herta Lischke, der Maler Walter Honeder und Ernst Schroffenegger, alle aus Innsbruck, sowie dem Wattener Eduard Tenschert, dem Kufsteiner Graphiker Harald Pickert und von Josef Ralser aus Wörgl. Im Bestand der Bezirksstelle Kufstein sind vor allem das Gemälde „Stift Wilten“ in der Sicht von Osten vom Südtiroler Maler P. Morandell aus dem Jahre 1953 und das Aquarell „Der Dom“ zu St. Jakob in Innsbruck von der Innsbruckerin Friedl Auer-Miehle hervorzuheben. Für Landeck wiederum ist die Tätigkeit von Monika Lami mit ihrer Galerie Elefant bestimmend. Werke der von ihrer Galerie vertretenen Oberländer Künstler wie Norbert Strolz, Norbert Pümpel, Herbert Danler, Arthur und Georg Salner, Christine Ljubanovic, Roland Böck, Elmar Peintner und Chryseldis Hofer-Mitterer haben Eingang in die Bezirksstelle gefunden und belegen die Dominanz des schöpferischen Oberlandes. In Lienz sind die Osttiroler Künstler Albin Egger-Lienz, Oswald Kollreider in Strassen und Jos Pirkner in Lienz, der einen großen Bronzeadler schuf, im Vordergrund stehend. Allerdings weist die Bezirksstelle Lienz vielleicht am deutlichsten einen repräsentativen Querschnitt durch die Tiroler Kunst auf: Werke von Reiner Schiestl, Paul Flora, Franz Lettner, Anton Christian und Maria Vill zeigen wichtige Positionen. In der Bezirksstelle Reutte wiederum dominieren Außerferner Künstler wie Rolf Aschenbrenner, Henri Dante Alberti, Wolfgang Schennach, Johann Alexander, Ursula Alexander, Leo Lechenbauer, Brigitte Köck, Gerhard Köll, Maria Theresia Köll, Roswitha Fuchs, Karl Geiger, Edda Ziegler u. a. Schließlich zieren die Arbeitsräume der Bezirksstelle Schwaz vor allem Werke von Dr. Walter Ager, aber auch Werke von Harald Pickert aus Kufstein, Franz Schwetz aus Innsbruck, Eduard Tenschert in Wattens und Leo Gschnaller in Innsbruck. Hier in Schwaz wird die Präsenz der Galerie Angerer in Vomperbach sichtbar: Bildwerke und Fotos von Gert Chesi, Roger Gressl, Wolfgang Günther aus Mayrhofen und Sepp Laubner sind über die Galerie Angerer erworben worden.

## 4.2 Kunstankäufe als Dokumentation

Überblickt man die Inventarlisten, werden die Beweggründe für die Ankäufe evident. Neben alten, dekorativen Stichen von Stadtansichten, neben Arbeiten von Mitarbeiterinnen und Mitarbeitern der Wirtschaftskammer steht die Absicht, die Büroräume auszustatten, im Vordergrund. Dies ist durchaus legitim. Aber auch eine andere Intention wird spürbar, zwar nur sporadisch, dafür aber sind die Belege von hoher Qualität: Die Intention zur Dokumentation der Kunst in Tirol des 20. Jahrhunderts. Dies vermittelt vor allem die Sammlung in der Wirtschaftskammer in Innsbruck.

Wenn faszinierende Landschaften vom Bozner Becken mit dem Rosengarten und der Salurner Klause des Südtiroler Malers Albert Stolz, beide in weicher Tonigkeit und weiter Raumsicht im Jahre 1939 gemalt, 1948 erworben wurden, so mag dies eine Anbindung an die Tradition sein, wie sie durch die Aufträge an Albin Egger-Lienz 1924 begründet wurde. Mit in diese Kunstphase sind etwa auch Radierungen von Rudolf Katzung mit Motiven aus der Innsbrucker Altstadt zu setzen, die eindrucksvolle Exemplare des regional berühmten Malerradierers darstellen, voll technischer Perfektion, voll stimmungsgeladener Dichte. Werke von Tiroler Landschaftsmalern wie Hans Kramer, Hans Zötsch, Karl Ihler oder Franz Schwetz sind in den fünfziger Jahren angekauft worden und belegen wie Werke von Raimund Wörle und Harald Pickert eine Position der Tiroler Malerei, die eng an den naturalistischen Sehweisen mit einer großen Stimmungsvariation orientiert ist. Es sind erlebbare Sujets, manchmal illustrativ konzipiert, meist aber in einem ansprechenden Kolorit gehalten. Werke von Leo Gschnaller, Oswald Rampl, Fritz Wilberger, Manfred Loimer, Beatrix Scherb oder Josef Oberauer manifestieren eine weitere Gruppe von Malern, welche in abbildtreuem Blick die Natur und die Witterungsstimmungen, aber auch die inneren Stimmungswerte festhielten. Johannes Obleitner prägte in seinen typischen illustrativ-märchenhaften Sujets skurril anmutende Motive, während Siegfried Norbert Amerstorfer 1975 vier Gemälde mit den Motiven „Verkehr" – Auto, Flugzeug, Seilbahn und Eisenbahn – für die Sektion Verkehr schuf.

Mit Walter Honeder, Helmut Rehm, Paul Flora, Gerhild Diesner, Rudolf Kreuzer, Oswald Haller und Carl Heinrich Walther Kühn sind Künstler vertreten, welche durch ihre eigenständige, farblich expressive Palette einen Aufbruch der Tiroler Malerei vermitteln. Ihre Bildwerke sind hauptsächlich in den sechziger Jahren erworben worden und sind bedeutende Belege einer engagierten Ankaufspolitik. In dieser Zeit ragen aber auch das großformatige, imposante Gemälde „Wie eine Landschaft" und die Studie dazu von Max Weiler aus dem Jahre 1963 hervor.[12] Mit diesen Werken konnte die Wirtschaftskammer wichtige Exempel der Österreichischen Malerei in die eigene Sammlung einbringen, in der der Tiroler Max Weiler eine bedeutende Position einnimmt. Der 2001 verstorbene Meister hat mit diesem seinem großen Schaffensbereich „Wie eine Landschaft" die Verbindung von Naturinterpretation und informeller Tendenz notiert: Meisterwerke, die in ihrer faszinierenden Tonwertigkeit, in ihrer skizzenhaften Detailsprache und doch bravourös gemalten Vehemenz und Eindringlichkeit im Mittelpunkt seines Œuvres stehen. Sie bekunden aus der Sicht der Ankaufsstrategie das Gespür der Repräsentanten der Tiroler Handelskammer für Meisterleistungen der Tiroler und österreichischen Malerei.

Einen gewichtigen Komplex einer jüngeren Künstlergeneration, die ihre Formensprache in den späten vierziger und frühen fünfziger Jahren gefunden hat, repräsentieren Werke von Anton Tiefenthaler, Wilfried Kirschl, Norbert Drexel, Reiner Schiestl, Markus Prachensky, Karl Pfeifle und Anton Christian. Darin manifestiert sich die Künstlerförderung in die Richtung, von bedeutenden Künstlerpersönlichkeiten für ihr Schaffen markante Werke in den Sammlungsbestand einzubinden. Und dies ist in diesen Fällen vollends eingetreten. Der „Spätwinter" von Anton Tiefenthaler ist in der farblichen Intensität und der technischen Formulierung, die „Vögel", das „Stillleben" oder die „Obstschale" von Norbert Drexel sind in der expressiven Struktur bzw. malerischen Pastelldichte markante Beispiele ihrer künstlerischen Aussage und Interpretation. Markus Prachenskys Strukturen aus den Jahren 1984 und 1987 sind für sein Formen- und Farbenvokabular typische Kompositionen. Die Skulptur von Karl Pfeifle steht im Spannungsfeld von technisch-plastischer Orientierung. Nuancierte Aquarellmodulationen dominieren in den Landschaftsblättern von Reiner Schiestl aus den Jahren 1993 bis 1995. Schließlich ist das Gemälde aus dem Fried-Zyklus von Anton Christian eine markante Station seines Œuvres.

---

[12] Otto Breicha, Max Weiler, „Wie eine Landschaft". Bilder von 1961–1967. Katalog Österreichische Galerie, Belvedere. Wien 1995, Nr. und Abb. 76.

Von der jüngeren Generation sind Werke von Heidrun Widmoser, Ernst Reyer und Magnus Pöhacker hervorzuheben. Reyers „Schaukelndes Haus“ mag vielleicht die unruhige Diskussionszeit vor der Urabstimmung über das Identitätsverständnis der Wirtschaftskammern karikieren. Pöhackers großformatige Zeichnung „Erschlagene“ aus dem Jahre 1994 erinnert in der graphisch strukturierten Modellierung an ein plastisches Bildwerk.

## 4.3 Kunstankäufe für das Tiroler Landesmuseum Ferdinandeum

Seit den früher sechziger Jahren hatte die Kammer der gewerblichen Wirtschaft Tirols Werke aus ihrem Besitz als Leihgabe in den Fundus des Tiroler Landesmuseums Ferdinandeum überstellt. Damit war dem Ferdinandeum die Möglichkeit gegeben, wertvolle Objekte vor allem der Kunst des 20. Jahrhunderts zu beherbergen, in Sonderausstellungen zu präsentieren und in der ständigen Schausammlung offen zu legen. Damit wurde das Landesmuseum zum Fenster der Handelskammer. In vielen Ausstellungen im Haus, als Leihgaben vor allem bei den Tiroler Landesausstellungen, konnten diese Werke dem Publikum zugänglich gemacht werden. Im Gegenzug war es dem Ferdinandeum immer wieder möglich, mit eigenen Objekten Ausstellungen der Tiroler Handelskammer zu bereichern und damit die gegenseitige Bindung zu manifestieren.

Ein kulturgeschichtlich bedeutsamer Bestand an Porträts von Vertretern der Tiroler Linie der Habsburger wurde 1967 dem Ferdinandeum übergeben: Neun Bildnisse aus der ersten Hälfte des 17. Jahrhunderts stammen aus dem Ansitz Wohlgemutsheim in Baumkirchen; die Handelskammer konnte sie 1959 erwerben, nachdem der Ansitz von Graf Galen verkauft wurde und nun den Don-Bosco-Schwestern als Kloster dient. Der Ansitz – 1474 von den Heubergern erbaut und wahrscheinlich aus einem Turm der Herren von Baumkirchen hervorgegangen – wurde 1587 von Erzherzog Ferdinand II. für seine zweite Gemahlin, Anna Katharina Gonzaga, erworben, ist bereits 1622 in den Besitz des Haller Damenstiftes übergegangen und verblieb bis 1783 in deren Eigentum.[13] Diese Bildnisreihe mit Erzherzog Ferdinand II., Erzherzogin Magdalena (zwei Porträts), Erzherzogin Maria Christina, Erzherzog Maximilian III. dem Deutschmeister, Erzherzogin Anna von Medici, Erzherzog Ferdinand Carl, Erzherzogin Claudia Felizitas und Kaiser Leopold I. zeigt in Mode, Accessoires, Haartracht und Porträtauffassung einen Blick in die Bildniskunst des 17. Jahrhunderts. Es sind Varianten von Bildnissen, etwa vom Maler Sustermans oder von Montelatici, die sich im Kunsthistorischen Museum Wien oder in den Sammlungen auf Schloss Ambras in Innsbruck erhalten haben. Diese kleine Tiroler Habsburgergalerie ist immer wieder für historisch orientierte Ausstellungen, aber auch für die Ferdinandeums-Ausstellungen bereitgestellt worden: „Barock in Innsbruck“, „Jakob Stainer“ oder „Vorderösterreich“ in Freiburg im Breisgau.

---

[13] Josef WEINGARTNER / Magdalena HÖRMANN-WEINGARTNER, Die Burgen Tirols. 3. Aufl. Innsbruck-Wien-München-Bozen 1981, 82f.

In diesen Bereich von historischen Belegstücken zählen auch die 1967 dem Ferdinandeum in Obhut gegebenen Objekte der Innsbrucker Hutmacherzunft: die Zunfttruhe, die Konfirmationen von 1663, 1669, 1723 und 1749, das Meisterbüchl von 1664, Einschreibbücher von 1752 und 1765, die Wiener Hutmacherordnung von 1771, ein Gesellenbuch von 1810, ein Verzeichnis von 1829, ein Aufdingbuch aus dem 19. Jahrhunderts, ein Konvolut von Abschriften, Artikeln und Lehrzeugnissen aus dem 19. und 20. Jahrhundert sowie das Siegel und das Handzeichen aus Messing. 1982 folgte die Zunfttruhe der Metzger aus dem Jahre 1673: Die aus Nussholz gezimmerte Truhe weist in den Mittelfeldern gebläute und gravierte Blechplatten mit dem Doppeladler auf. Die Truhe ist durch die Jahreszahl 1673 datiert. Der Deckel wird in den beiden Feldern geziert: links gekreuzte Messer mit Zinneinlagen und dem Monogramm „VRWAN", rechts zwei gekreuzte Beile mit Zinneinlagen und dem Monogramm „THAN".

Bereits im Jahre 1960 kam die erste Leihgabe für die erst seit 1964 im Aufbau befindliche Moderne Galerie des Ferdinandeums: die Bronzeskulptur eines Kopfes aus dem Jahre 1955 des späteren Wiener Akademieprofessors Joannes Avramidis, die aus der 1960 im Tiroler Kunstpavillon in Innsbruck gezeigten Ausstellung „Malerei und Plastik in Österreich" angekauft wurde. Ein Jahr später kam das Ölgemälde „Welke Rosen" von Rudolf Kreuzer in die Sammlungen des Museums.

1964 fanden in Innsbruck die 9. Olympischen Winterspiele statt. Aus diesem Anlass wurde von der Republik Österreich (Bundesministerium für Unterricht und Kunst), vom Land Tirol, der Landeshauptstadt Innsbruck und der Tiroler Handelskammer die „Olympiastiftung" begründet. Ziele dieser Stiftung waren die Förderung österreichischer Kunst des 20. Jahrhunderts und der Ankauf von Werken für die Ausstellung „Tiroler Kunst heute" im Ferdinandeum, in der Folge aber Ankäufe für die Errichtung der Modernen Galerie des Ferdinandeums.[14] Die Tiroler Handelskammer hat sich auf den Ankauf von Werken Tiroler Künstler konzentriert. So konnten bedeutende Werke von Gerhild Diesner, Hilde Nöbl – „Nächtliches Meer", 1958 –, Elmar Kopp – „Der Wald", 1963 –, Johannes Pfeil – „Komposition" –, Peter Schneider – „Abendmahl" –, eine Studie in Bronze zum Grabmal von Generaldirektor Fr. Prantl in Jenbach und ein Werk vom Südtiroler Bildhauer Martin Rainer angekauft werden. Die „Melone" von Gerhild Diesner aus dem Jahre 1952 und das Stillleben von Diesner aus dem Jahre 1962 zählen heute zu den wichtigsten Stillleben aus der frühen Zeit der bedeutenden Tiroler Malerin.[15] Auch das Bronzerelief „Chorgesang" von Martin Rainer ist für die Formensprache des Südtiroler Bildhauers ein signifikantes Werk. Damit war eine Orientierung der Erwerbungen erkennbar und markiert, vornehmlich Werke aus dem Tiroler Kunstschaffen des 20. Jahrhunderts zu erwerben und damit die Künstler bzw. den Tiroler Kunsthandel zu fördern.

---

[14] Erich Egg, Tiroler Kunst heute. Katalog Tiroler Landesmuseum Ferdinandeum. Innsbruck 1964.

[15] Wilfried Kirschl, Gerhild Diesner. Innsbruck 1979 (1. Aufl.), 1989 (2. Aufl.). – Günther Dankl / Gert Ammann u. a., Gerhild Diesner. Katalog Tiroler Landesmuseum Ferdinandeum. Innsbruck 1995.

1967 folgten Ankäufe von fünf Federzeichnungen von Paul Flora („Zum Fußturnier gerüstete Ritter", 1966, „Drei Harlekine", 1966, „Kardinäle", 1964, „Drei Musketiere", 1966, und „Welsches Gestech über die Planke"[16], 1966), sowie dem 1956 auf der XXVIII. Biennale Internationale d'Arte di Venezia ausgestellten Aquarell „New York – Battery Park" aus dem Jahre 1937 von Wilhelm Thöny. 1968 standen drei Werke von Alfons Walde[17] aus Familienbesitz zur Erwerbung an, auf Grund des Vorschlages bzw. der Empfehlung des Museumsdirektors, Dr. Erich Egg: das frühe quadratische Temperabild „Skikurs" (1914), das bereits die für Walde markante Handschrift der Zeit vor dem Ersten Weltkrieg vermittelt, „Zwei Bauernmädchen im Winter", das im Kolorit und in der voluminösen Plastizität die Jahre um 1924 markiert und das in Tempera expressive Stadtbild von „Kitzbühel". 1969 folgten mit dem Ölgemälde „Liegende"[18], um 1925, und den beiden Aquarellen „Häuser in St. Michael" und „Berglandschaft" von Erich Torggler Werke der Tiroler Malerei der Zwischenkriegszeit, auf deren Dokumentation hin sich Erich Egg zunehmend orientierte. Mit der „Liegenden" kam wiederum ein „Galeriebild" ins Ferdinandeum, so dass sich die Galerie Tiroler Kunst des 20. Jahrhunderts zunehmend aus Leihgaben der Tiroler Handelskammer zusammensetzte. So trug das 1971 erworbene Gemälde „Ein Sonnentag"[19], 1931, eine Landschaftssicht von Mühlau nach Arzl, von Rudolf Lehnert mit dazu bei, ein wichtiges Beispiel der Malerei der Neuen Sachlichkeit zu präsentieren. Zur Manifestation der Zeichenkunst von Albin Egger-Lienz konnte im gleichen Jahr die Studie in schwarzer Kreide „Aufgestemmte Arme"[20] zum monumentalen Werk „Arbeit" oder „Der Mensch" aus dem Jahre 1913/14 in die Graphischen Sammlungen des Landesmuseums kommen, um damit einen exemplarischen Einblick in den Arbeitsprozess von Egger-Lienz aufzeichnen zu können. Ein weiteres Werk aus dem Nahbereich der Neuen Sachlichkeit konnte die Handelskammer 1972 erwerben: Das „Selbstbildnis"[21] von Ernst Nepo aus dem Jahre 1925, das in einmaliger Weise mit dem holzgeschnitzten Porträt Nepos von Hans Pontiller korrespondiert.

---

[16] Günther DANKL, Welsches Gestech über die Planke, in: SammelLust. 175 Jahre Tiroler Landesmuseum Ferdinandeum. Innsbruck 1998, 306f.

[17] Gert AMMANN, Alfons Walde 1891–1958. 1. Aufl. Innsbruck-Wien-München 1981, 3. Aufl. Innsbruck-Wien 1993.

[18] Günther DANKL, Erich Torggler, in: Expression Sachlichkeit. Espressione Oggettività. Katalog Tiroler Landesmuseum Ferdinandeum Innsbruck, Museo di Arte Moderna e Contemporanea di Trento e Rovereto, Museion Bozen/Bolzano. Bozen 1994/1995, 288f. – Carl KRAUS, Zwischen den Zeiten. Malerei und Graphik in Tirol 1918–1945. Lana 1999, 154. – Herlinde MOLLING, Erich Torggler, phil. Diss. Innsbruck 2000.

[19] Gert AMMANN, Bemerkungen zur Malerei der Neuen Sachlichkeit in Österreich. In: Die ungewisse Hoffnung, hrsg. von Christoph Bertsch, Markus Neuwirth. Salzburg-Wien 1993, 23, 45, Abb. 31. – AMMANN, Expression Sachlichkeit, 1994/1995, 216f. – KRAUS, Zwischen den Zeiten, 155.

[20] Gert AMMANN, Albin Egger-Lienz. Bestandskatalog Tiroler Landesmuseum Ferdinandeum. Innsbruck 1996, 104f. – Wilfried KIRSCHL, Albin Egger-Lienz. Das Gesamtwerk. Wien-München 1996, 236, 599, Kat. Z 340.

[21] KRAUS, Zwischen den Zeiten, 147. – Silvia HÖLLER, Ernst Nepo. Zwischen Expression und Sachlichkeit. Wien–Bozen 2001, 49–64.

Die persönliche Begegnung des Autors mit dem seit 1931 in England wirkenden Innsbrucker Maler Herbert Gurschner konnte eine Erwerbung nach sich ziehen, auf die es Museumsdirektor Erich Egg seit Jahren abgesehen hatte. „Der Judaskuss“[22] aus dem Jahre 1926 war im Foto, aber nicht dessen Aufenthaltsort bekannt. Die Erwerbung war auch Anlass zu einer kleinen monographischen Behandlung des Lebenswerks von Herbert Gurschner durch den Autor im Katalog der ersten Tiroler Kunst- und Antiquitätenmesse in Innsbruck. In den folgenden Jahren waren es wiederum Gemälde, die aus Privatbesitz bzw. dem Kunsthandel ans Tageslicht kamen. 1974 wurde das Gemälde „Wachend und träumend“[23] von Hilde Goldschmidt, 1947 entstanden, erworben, worin sich der Expressionismus eines Oskar Kokoschka widerspiegelt. Goldschmidt war 1922 Meisterschülerin Kokoschkas in Dresden und fand eine Wiederbegegnung in ihrer englischen Emigration, wo sich im Kolorit und in der Aussage eine starke Affinität zu Kokoschkas Expressionismus ausgeprägt hatte.

Das Dokumentationsbild „Bildnis des Dichters Alfons Petzold“ aus dem Jahr 1919 von Artur Nikodem konnte 1977 aus dem Innsbrucker Kunsthandel erworben werden; darin manifestiert sich der Wiener Arbeiterdichter in seiner Bibliothek. Petzold war damals in Kitzbühel ansässig, wo ihn auch Alfons Walde zweimal porträtierte. 1978 folgte das farblich signifikante Gemäldeporträt „Walter Schlorhaufer“[24] von Gerhild Diesner, 1979 die subtil-fantastisch gemalte „Wespenburg“ aus dem Jahre 1978 von Manfred Ebster, 1980 das modisch bestimmte „Porträt der Frau des Künstlers“ aus dem Jahre 1948 von Louis Alton sowie 1981 das große, monumental-plakative Bild „Bergsommer“ des Achensee-Künstlers Karl Ihler. 1982 wurden wiederum drei Federzeichnungen von Paul Flora erworben: „Carnevale“, 1982, „Flugpioniere über kahler Landschaft“, 1978, „Dicke Scheuche“, 1967; damit wurde der Komplex an Flora-Zeichnungen durch wichtige Exempel bereichert. 1984 widmete die Tiroler Handelskammer dem Ferdinandeum einen finanziellen Beitrag, um die Gondel des Ballons „Tirol“[25] zu erwerben, die nun in der Neuaufstellung der Schausammlungen des Museums im Zeughaus als eindrucksvolles Beispiel der Fluggeschichte in Tirol präsent ist.

Zwei bedeutende museale Werke konnten 1985 und 1986 Eingang in die Sammlungen des Ferdinandeums finden: die in Holz geschnitzte „Figur zu einem Kriegerdenkmal“ aus den Jahren 1927/28 von Josef Baumgartner, in der sich der Schwazer Bild-

---

[22] Gert AMMANN, Herbert Gurschner, in: Katalog Innsbrucker Antiquitäten Messe. Innsbruck 1975, 105. – Gert AMMANN, Herbert Gurschner, in: Expression Sachlichkeit, 1994/1995, 184. – KRAUS, Zwischen den Zeiten, 204. – Claudia WIDDER / Roland WIDDER (Hrsg.), Herbert Gurschner. Ein Tiroler in London. Innsbruck-Wien 2000, 100.

[23] Josef Paul HODIN, Spuren und Wege. Leben und Werk der Malerin Hilde Goldschmidt. Hamburg 1974, Abb. 28.

[24] Günther DANKL / Gert AMMANN u. a., Gerhild Diesner. Katalog Tiroler Landesmuseum Ferdinandeum. Innsbruck 1995, Nr. 37.

[25] Meinrad PIZZININI, Vom Ballonfahren in Tirol, in: Tirol, immer einen Urlaub wert. Winter 1986/1987. Innsbruck 1986, 3–24, bes. 6f., Abb. S. 3.

hauer als markant expressiver Bildschnitzer manifestiert; und das in expressivem Kolorit gemalte Selbstbildnis von 1952 des Malers Anton Tiefenthaler, das zu den eindrucksvollsten Selbstzeugnissen der Tiroler Malerei nach 1945 zählt. Nach einigen Jahren konnten 1990 und 1991 letztmalig auf Vorschlag des Ferdinandeums Werke Tiroler Künstler von der Tiroler Handelskammer angekauft und den Museumssammlungen als Leihgabe übergeben werden. Im Vordergrund standen diesmal Werke des Kunsthandwerks und des Designs: zwei Porzellan-Dosensets und das Porzellanobjekt „Taunus“ von Maria Burger aus dem Jahre 1988 und ein Stuhl-Objekt aus dem Jahre 1966 von Egon Rainer. Damit wurde auch die Bindung der Tiroler Handelskammer zum Handwerk eindrucksvoll manifestiert.

Die Museumsförderung der Handelskammer bzw. der Wirtschaftskammer Tirol war aber mit diesen beiden derzeit letzten Erwerbungen nicht am Ende. Namhafte Förderungsbeiträge kamen 1987 für die Erwerbung des Gemäldes „Brautbetteinsegnung“[26] von Alois Gabl, 1989 für die Erwerbung des für das Land Tirol bedeutenden Historienbildes „Vertreibung der Zillerthaler Protestanten im Jahr 1837. Letzter Blick in die Heimat“[27] von Mathias Schmid, gemalt 1877 in München, und 1991 für den Ankauf des malerischen Entwurfs „Harmonie zwischen Glaube und Wissenschaft“ von Paul Troger für das Benediktinerstift Seitenstetten an das Ferdinandeum. Neben der Förderung von Publikationsprojekten wurde schließlich 1998 anlässlich des 175-Jahr-Jubiläums des Landesmuseums eine Jubiläumsspende für die Neuaufstellung des Museums im Zeughaus gewidmet sowie von der Stiftung eine namhafte Spende zur Herausgabe des Jubiläumsbandes „SammelLust“[28] bereitgestellt.

In der Geschichte des Ferdinandeum und vor allem der Entwicklung der Kunstgeschichtlichen Sammlungen hat somit die Wirtschaftskammer Tirol eine herausragende Position inne. Die Förderung der Tiroler Künstler, aber auch die Erwerbung von bedeutenden Werken aus der Tiroler Kunstgeschichte zählen mit zur großen Kulturförderung durch die Tiroler Wirtschaft. Diese Taten werden in der Geschichte der Wirtschaftskammer an namhafter Stelle stets genannt und mit dem großen Verständnis und der Aufgeschlossenheit für kulturelle Aktivitäten der jeweiligen Präsidenten und Kammerdirektoren verbunden bleiben.

---

[26] Gert AMMANN / Günther DANKL, Franz von Defregger und sein Kreis. Tiroler Landesausstellung Lienz 1987. Innsbruck 1987, 145, Nr. 55.

[27] Gert AMMANN, Mathias Schmid, Vertreibung der Zillerthaler Protestanten im Jahr 1837. Letzter Blick in die Heimat. Zur Geschichte und Interpretation, in: Veröffentlichungen des Tiroler Landesmuseum Ferdinandeum (Festschrift für Erich Egg zum 70. Geburtstag) 70. Innsbruck 1990, 9–20.

[28] SammelLust. 175 Jahre Tiroler Landesmuseum Ferdinandeum, hrsg. von Gert AMMANN. Innsbruck-Wien 1998.

## Schrifttum


AMMANN, Gert, Bemerkungen zur Malerei der Neuen Sachlichkeit in Österreich, in: Die ungewisse Hoffnung, hrsg. von Christoph Bertsch, Markus Neuwirth. Salzburg-Wien 1993, 23, 45, Abb. 31.

AMMANN, Gert, Albin Egger-Lienz. Bestandskatalog Tiroler Landesmuseum Ferdinandeum. Innsbruck 1996, 104f.

AMMANN, Gert, Expression Sachlichkeit. 1994/1995, 216f.

AMMANN, Gert, Alfons Walde 1891–1958. 1. Aufl. Innsbruck-Wien-München 1981, 3. Aufl. Innsbruck-Wien 1993.

AMMANN, Gert, Herbert Gurschner, in: Katalog Innsbrucker Antiquitäten Messe. Innsbruck 1975, 105.

AMMANN, Gert, Herbert Gurschner, in: Expression Sachlichkeit. 1994/1995, 184.

AMMANN, Gert/DANKL, Günther, Franz von Defregger und sein Kreis. Tiroler Landesausstellung Lienz 1987. Innsbruck 1987, 145, Nr. 55.

AMMANN, Gert, Mathias Schmid: Vertreibung der Zillerthaler Protestanten im Jahr 1837. Letzter Blick in die Heimat. Zur Geschichte und Interpretation, in: Veröffentlichungen des Tiroler Landesmuseum Ferdinandeum (Festschrift für Erich Egg zum 70. Geburtstag) 70. Innsbruck 1990, 9–20.

BREICHA, Otto, Max Weiler, „Wie eine Landschaft“. Bilder von 1961–1967. Katalog Österreichische Galerie Belvedere. Wien 1995, Nr. und Abb. 76.

DANKL, Günther, Welsches Gestech über die Planke, in: SammelLust. 175 Jahre Tiroler Landesmuseum Ferdinandeum. Innsbruck-Wien 1998.

DANKL, Günther/AMMANN, Gert u. a., Gerhild Diesner. Katalog Tiroler Landesmuseum Ferdinandeum. Innsbruck 1995, Nr. 37.

DANKL, Günther, Erich Torggler, in: Expression Sachlichkeit 1994/1995, 288f.

EGG, Erich, Tiroler Kunst heute. Katalog Tiroler Landesmuseum Ferdinandeum. Innsbruck 1964.

EGG, Erich, Herbert J. Schneider, in: der psychische gehalt des metalls. 1875–2000 schneider-rappel gold- und silberschmiedekunst. Hrsg. von Arno Schneider. Schwaz 2000, 73–89.

Expression Sachlichkeit. Espressione Oggettività. Katalog Tiroler Landesmuseum Ferdinandeum Innsbruck, Museo di Arte Moderna e Contemporanea di Trento e Rovereto, Museion Bozen/Bolzano. Bozen 1994/1995.

FELMAYER, Johanna, Innsbruck, in: Dehio-Handbuch. Die Kunstdenkmäler Österreichs. Tirol. Wien 1980, 60.

HODIN, Josef Paul, Spuren und Wege. Leben und Werk der Malerin Hilde Goldschmidt. Hamburg 1974.

HÖLLER, Silvia, Ernst Nepo. Zwischen Expression und Sachlichkeit. Wien-Bozen 2001.

KIRSCHL, Wilfried, Albin Egger-Lienz 1868–1926. Das Gesamtwerk. Wien 1977, Wien-München 1996.

KIRSCHL, Wilfried, Gerhild Diesner. Auswahl aus dem Werk. Innsbruck 1979.

KRAUS, Carl, Zwischen den Zeiten. Malerei und Graphik in Tirol 1918–1945. Lana 1999.

MOLLING, Herlinde, Erich Torggler, phil. Diss. Innsbruck 2000.

MYSS, Walter, Ilse Glaninger-Balzar. Innsbruck 1980, 64.

MYSS, Walter, Max Spielmann. Ein Künstler unserer Zeit. Innsbruck 1976, 46f., 114.

PIZZININI, Meinrad, Vom Ballonfahren in Tirol, in: Tirol, immer einen Urlaub wert. Winter 1986/1987. Innsbruck 1986, 3–24.

PLUNGER, Werner, Praxis der Kulturförderung am Beispiel der Tiroler Handelskammer. In: Kulturförderung in den Alpenländern. Theorie und Praxis. Fritz Prior zum 70. Geburtstag. Hrsg. von Clemens-August Andreae und Christian Smekal (Tiroler Wirtschaftsstudien 43). Innsbruck 1992, 385–387.

REICHART, Helga, Oswald Haller 1908–1989. Innsbruck 2000.

SammelLust. 175 Jahre Tiroler Landesmuseum Ferdinandeum, hrsg. von Gert AMMANN. Innsbruck-Wien 1998.
WEILER, Max, Porträts 1933–1990. Innsbruck 1990, 92f.
WEINGARTNER, Josef/ HÖRMANN-WEINGARTNER, Magdalena, Die Burgen Tirols. 3. Aufl. Innsbruck-Wien-München-Bozen 1981, 82f.
WIDDER, Claudia/ WIDDER, Roland, Herbert Gurschner. Ein Tiroler in London. Innsbruck-Wien 2000.

## Summaries

Die Wirtschaftskammer Tirol hat sich immer als Förderer der Architektur, künstlerischen Ausstattung und Dokumentation der Tiroler Kunst verstanden. Im Verwaltungsgebäude in Innsbruck wird die Baukunst um 1900 bewahrt, in den Neubauten der Bezirksstellen überwiegt eine funktionale Architektur. Im Gebäude des Wirtschaftsförderungsinstitutes in Innsbruck sind Akzente der baukünstlerischen Ausstattung dominierend. Mit dem vom Architekten Prof. Clemens Holzmeister errichteten und von Albin Egger-Lienz ausgestatteten „Sitzungssaal der Industriellen Nordtirols“ begann diese baukünstlerische Tradition. Sie ist eng mit den Persönlichkeiten der Präsidenten und Kammerdirektoren verbunden. Sie prägen auch das Engagement für Restaurierungen und Ausstellungen, in denen die positive Entwicklung der Wirtschaft, aber auch des künstlerischen Handwerks bekundet ist. Die Porträts der Präsidenten zeigen wichtige Aspekte der künstlerischen Facetten der Malerei in Tirol.

Im Mittelpunkt der Kunstförderung stehen die Ankäufe von Werken von Tiroler Künstlerinnen und Künstlern, welche Eingang in die Arbeits-, aber auch in die Repräsentationsräume der Wirtschaftskammer und ihrer Bezirksstellen finden. Die Förderung geht auch in Richtung Dokumentation der künstlerischen Richtungen regionaler Art. Überregionale Künstlerförderungen sind in den Preiswidmungen im Österreichischen Graphikwettbewerb Innsbruck manifestiert, dessen Preisblätter in den Graphischen Sammlungen des Tiroler Landesmuseums Ferdinandeum in Innsbruck beherbergt und in Ausstellungen der Öffentlichkeit zugänglich sind. Ein Schwerpunkt der Kulturförderung sind die Ankäufe von Tiroler Kunstwerken von der Barockzeit bis in die Gegenwart, die als Leihgaben im Tiroler Landesmuseum Ferdinandeum bewahrt werden und damit als wertvolles Kulturgut dem Land Tirol erhalten sind.

* * *

The Tyrolean Chamber of Commerce has always seen itself as a supporter of architecture and artistic design. It has also tried to document the Tyrolean art. Architecture of around nineteen hundred is preserved in the administrative building in Innsbruck; functional architecture characterises the buildings of the regional offices. The office of the Wirtschaftsförderungsinstitut in Innsbruck is dominated by different aspects of architectural furnishing. The "Sitzungssaal der Industriellen Nordtirols" (the meeting room of the industrial branch of northern Tyrol), which was designed by Prof. Clemens Holzmeister and furnished by Albin Egger-Lienz, started this architectural tradition. Also the residents and the chairmen of the Tyrolean Chamber of Commerce fostered this tradition with their commitment to restoration and exhibitions which show a positive development of both the economy and of artistic craftsmanship. The portraits of the presidents represent important aspects of painting in Tyrol.

Part of the artistic founding is the purchase of master pieces of Tyrolean artists which are displayed in the rooms of the Tyrolean Chamber of Commerce and its regional offices. The founding consists, furthermore, of documentation of regional artistic developments. Nation wide artistic founding manifests itself in the prize of the Austrian Graphic Art Competition "Innsbruck". The winning designs are kept and displayed in the graphic arts collection of the regional museum Ferdinandeum. The emphasis of the cultural founding are the purchase of Tyrolean mater pieces from the Baroque period to the present which are loaned to the regional museum Ferdinandeum in order to keep valuable cultural assets in the Tyrol.

❊ ❊ ❊

La Camera di Commercio di Innsbruck si considera da sempre quale motore di promozione dell'architettura, dell'arte e della documentazione dell'arte tirolese. Nella sede amministrativa di Innsbruck si conserva l'architettura dei primi anni del XX secolo, nelle nuove sedi dei distretti prevale un'architettura funzionale. Nell'edificio in cui ha sede il WIFI (Istitituto di promozione economica) architetti famosi come Clemens Holzmeister e pittori come Albin Egger-Lienz hanno firmato la Sala consiliare degli industriali del Nordtirolo. Questa tradizione architettonica è legata anche alle figure dei presidenti della Camera di Commercio e dei suoi direttori – personalità che hanno dato un vivo contributo alle attività di restauro e alle mostre in cui si esprime lo sviluppo positivo dell'economia e dell'artigianato artistico. I ritratti dei presidenti della Camera documentano a loro volta le diverse caratteristiche delle correnti pittoriche del Tirolo.

Nel settore della promozione artistica vanno menzionate le acquisizioni di opere di artisti tirolesi che sono entrati in tal modo negli uffici e nei saloni della Camera di Commercio e delle sedi distrettuali. La promozione è feconda anche nel settore della documentazione delle correnti artistiche tirolesi. La promozione degli artisti locali si manifesta nei diplomi di premio del Concorso austriaco di grafica di Innsbruck, conservati nelle collezioni di grafica del Museo regionale d'arte Ferdinandeum e accessibili al pubblico in occasione di apposite mostre. Un momento centrale della promozione culturale della Camera sono le acquisizioni di opere d'arte tirolesi dal barocco ai giorni nostri. Tali prestiti che rappresentano un prezioso patrimonio culturale sono conservati presso il Ferdinandeum.

Alfons Siber, Handel, Gewerbe und Industrie, 1906, Fassadenmosaik am Haus der Wirtschaftskammer Tirol, Innsbruck, Meinhardstraße 14 (1900 bis 1902 nach den Plänen des Münchner Architekten Ludwig Lutz von Baumeister Josef Spörr errichtet).

Clemens Holzmeister, Sitzungsraum der Sektion Industrie in der Wirtschaftskammer Tirol, 1924, mit den Lunettengemälden von Albin Egger-Lienz, 1924.

Max Spielmann, Zunftbild der Innung der Spengler, Kupferschmiede und Gas- und Wasserleitungsinstallateure, 1936, Tusche, aquarelliert, 56 × 48 cm, Inv.-Nr. 2336.

Max Spielmann, Zunftbild der Innung der Zimmermeister, 1936, Tusche, aquarelliert, 56 × 48 cm; Inv.-Nr. 2339.

Sepp Kölblinger, Ehrenmedaille und Nadel der Tiroler Handelskammer.

Mathias Schmid, Vertreibung der Zillerthaler Protestanten im Jahr 1837. Letzter Blick in die Heimat, 1877, Öl auf Leinwand, 106,5 × 172 cm; Tiroler Landesmuseum Ferdinandeum, Innsbruck, Inv.-Nr. Gem 3718 (erworben mit finanzieller Unterstützung der Wirtschaftskammer Tirol).

Paul Troger, Harmonie zwischen Glaube und Wissenschaft, 1735, Öl auf Leinwand, 70,7 × 88 cm; Tiroler Landesmuseum Ferdinandeum, Innsbruck, Inv.-Nr. Gem 3797 (erworben mit finanzieller Unterstützung der Wirtschaftskammer Tirol).

Alfons Walde, Schikurs, 1914, Öl auf Karton, 28 × 27 cm; Leihgabe der Wirtschaftskammer Tirol (Inv.-Nr. 9964) im Tiroler Landesmuseum Ferdinandeum, Innsbruck, Inv.-Nr. Gem 3203.

Albin Egger-Lienz, Weberei, 1924, Kaseintempera auf Leinwand, 100 × 200 cm; Lunettenbild im Sitzungsraum der Sektion Industrie der Wirtschaftskammer Tirol.

Ernst Nepo, Selbstbildnis, 1925, Öl auf Karton, 50,7 × 36,1 cm; Leihgabe der Wirtschaftskammer ▷ Tirol (Inv.-Nr. 10594) im Tiroler Landesmuseum Ferdinandeum, Innsbruck, Inv.-Nr. Gem 583.

Albert Stolz, Salurner Klause, 1939, Öl auf Leinwand, 55 × 80 cm; Inv.-Nr. 1043.

Joannis Avramidis, Kopf, 1955, Bronz
H 41,5 cm; Leihgabe der Wirtschaft
kammer Tirol (Inv.-Nr. 6487) im Tirol
Landesmuseum Ferdinandeum, Inn
bruck, Inv.-Nr. B 434.

Wilfried Kirschl, Bau der Europa-
brücke, 1960, Öl auf Leinwand
505 × 320 cm; im Foyer des Fritz-Mi
ler-Saales der Wirtschaftskammer Tiro
Inv.-Nr. 9235.

Anton Tiefenthaler, Spätwinter, 1954,
Aquarell, 61 × 76 cm; Inv.-Nr. 11538.

Karl Pfeifle, Scheherazade, 1965, ge
brannter Ton, H 24 cm, Inv.-Nr. 1462

Markus Prachensky, Umbria Cantata 7, 1987, Acryl auf Leinwand, 160 × 122 cm; Inv.-Nr. 14577.

◁ Oben: Max Weiler, Wie eine Landschaft, 1963, Eitempera auf Homogenplatte, 163 × 320 cm; Inv.-Nr. 14133. © VBK, Wien 2001.

◁ Unten: Max Weiler, Präsident Komm.-Rat Heinrich Menardi, 1976, Eitempera auf Leinwand, 101 × 110 cm, Inv.-Nr. 14612. © VBK, Wien 2001.

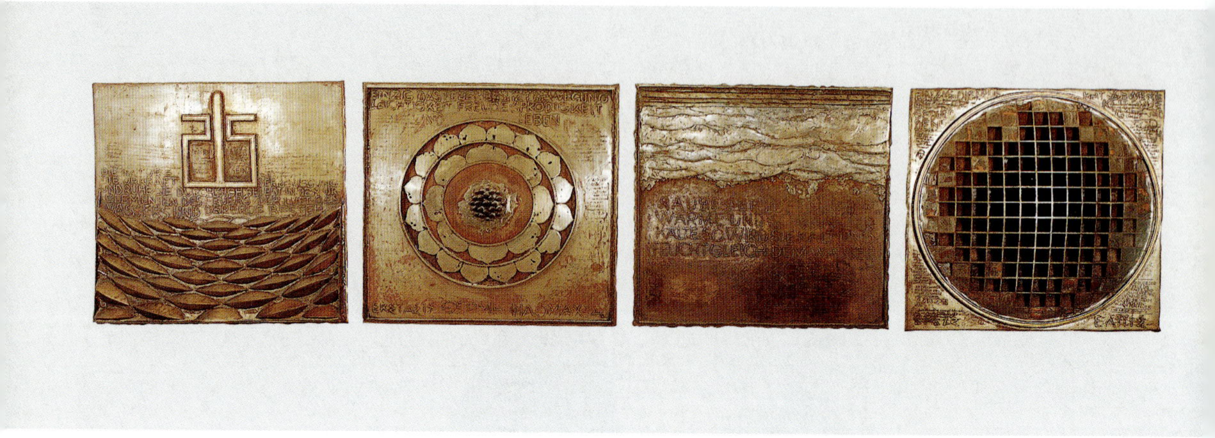

Anton Christian, Vier Elemente, 1974, Stahlplatten, je 115 × 120 cm; Wirtschaftsförderungsinstitut Innsbruck, 4. Obergeschoss.

Gerhild Diesner, Pflanzen – Blumen – Tiere, 1963, Keimfarben, 328 × 828 cm, Wandbild im Wirtschaftsförderungsinstitut Innsbruck, 3. Obergeschoss.

Gerhild Diesner, Melone, 1952, Öl auf Leinwand, 85 × 98 cm; Leihgabe der Wirtschaftskammer Tirol (Inv.-Nr. 14948) im Tiroler Landesmuseum Ferdinandeum, Innsbruck, Inv.-Nr. Gem 3051.

Maria Vill, 4 × A, Öl auf Leinwand, 120 × 120 cm; Bezirksstelle Lienz, Inv.-Nr. 14986.

Elisabeth Kmölniger, Stillleben, 1972, Grafit und Pastell, 80,2 × 70,2 cm; Preiswidmung der Tiroler Handelskammer beim 13. Österreichischen Graphikwettbewerb in Innsbruck, 1972; Tiroler Landesmuseum Ferdinandeum, Innsbruck, Graphische Sammlungen, Inv.-Nr. K 154.

Chryseldis Hofer-Mitterer, Gletscherberg-Riffler, 1997, Mosaik, 204 × 190 cm, ausgeführt von Hans Pfefferle; Foyer des Stadtsaales Landeck, Inv.-Nr. 15087. © VBK, Wien 2001.

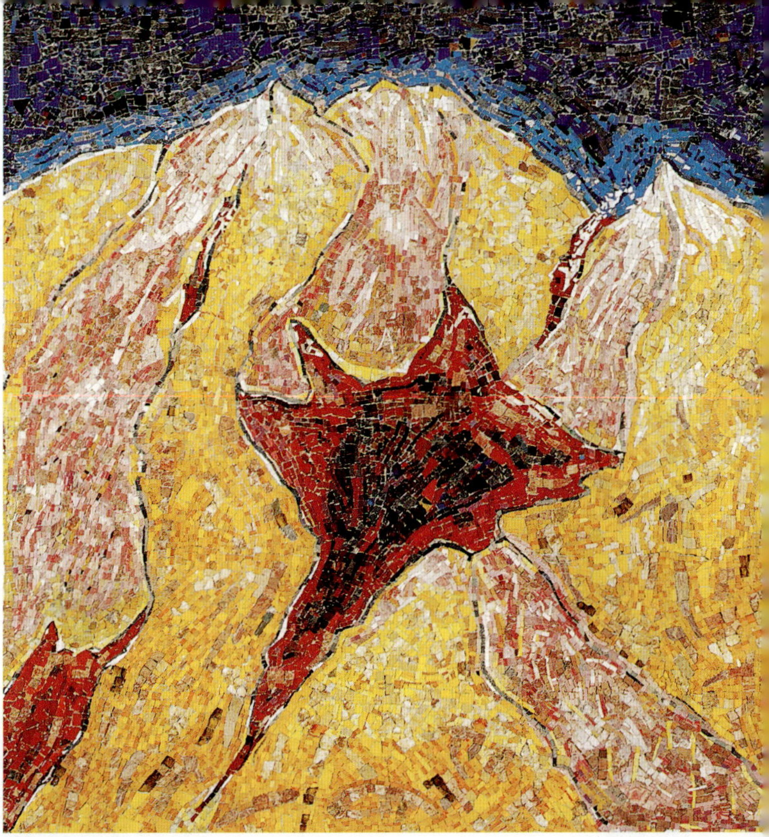

Arthur Salner, Begegnung, 1984, Öl auf Leinwand, 88,5 × 109 cm; Bezirksstelle Landeck, Inv.-Nr. 13775.

Gert Chesi, Kürbis mit Käfer, Farbfotografie, 60 × 50 cm; Bezirksstelle Schwaz, Inv.-Nr. 14713.

## Kapitel II

# Die Tiroler gewerbliche Wirtschaft in Vergangenheit und Gegenwart (1951–2001)

# Chancen und Herausforderungen der Tiroler Wirtschaft für die Zukunft

CHRISTIAN SMEKAL

## 1. Stärken und Schwächen als Chance für die Wirtschaftsentwicklung in der Zukunft

Vorhersagen über die zukünftige wirtschaftliche Entwicklung haben bei Ökonomen verschiedener Professionalität in der Wissenschaft, der Beratungspraxis und der Politik nach wie vor Hochkonjunktur. Dies, obwohl sich gezeigt hat, dass bisherige Prognosen in der Regel falsch waren. Erinnert sei nur an die aufsehenerregenden Vorhersagen über die Grenzen des Wirtschaftswachstums, die vor mehr als 25 Jahren von einem so renommierten Institut wie dem Massachussetts Institute of Technology gemacht wurden und sich in keiner Weise bewahrheitet haben. Vielmehr lösten sie Reaktionen aus, die das Gegenteil ihrer Vorhersagen herbeiführten. Insofern waren sie außerordentlich nützlich. Hingewiesen sei auch auf den immer wieder prophezeiten „Staatsbankrott" verschuldeter Volkswirtschaften.[1]

In beiden Fällen zeigt sich, dass wirtschaftliche Entwicklungen komplexe Anpassungsprozesse darstellen, die im Prinzip nicht vorhersehbar sind. Menschliche, soziale, technische und wirtschaftliche Einflussfaktoren, die sich wechselseitig bedingen und ihrerseits die wichtigste Quelle für kreative und innovative Prozesse sind, bestimmen die Richtung der künftigen Entwicklung.

Natürlich gesellen sich zu den pessimistischen auch optimistische Prognosen. Sie bauen auf der Vermutung auf, dass die gegenwärtige Entwicklung bereits erkennen lässt, welche wachstumsträchtigen Technologien und Wirtschaftssparten die Grundlage für Beschäftigung, Einkommen und Wohlstand in der Zukunft sein werden. Solche Prognosen lassen sich umso leichter bestätigen, je mehr sie sich auf allgemeine Trends des technischen und wirtschaftlichen Fortschritts beziehen. Mit zunehmender Konkretisierung auf spezielle Branchen- und Produktfelder steigen ihre Fehlerquellen jedoch stark an. Sie bergen darüber hinaus die Gefahr in sich, dass sie den Charakter von Wunschvorstellungen annehmen und zur Grundlage einer Wirtschaftspolitik gemacht

---

[1] Walter PENKER, Wie prognostizierbar ist der ökonomische Strukturwandel?, in: ÖHW, Jahrg. 40 (1999), Heft 4, 243 ff.

werden, die u. U. der realen Entwicklung des Marktes entgegenläuft und Förderungsmittel in die falsche Richtung lenkt.

Das Ziel jeder auf die Zukunft gerichteten wirtschaftlichen Entwicklungspolitik ist es, die Lebensgrundlagen und -bedingungen der Bevölkerung längerfristig zu sichern. Beschäftigung, Einkommen und Lebensqualität sind dafür die wichtigsten Erfolgsmaßstäbe, wirtschaftliches Wachstum bildet dazu die unabdingbare Voraussetzung. Letzteres wiederum ist abhängig von der Verfügbarkeit und Nutzung der vorhandenen Produktionsfaktoren Boden, Arbeit und Kapital. Da wirtschaftliche Aktivitäten immer in einem Raum stattfinden und die vorhandenen Produktionsfaktoren teilweise immobil und begrenzt sind, hängt die Zielerreichung entscheidend von der richtigen Kombination dieser Faktoren ab.

In den *landwirtschaftlichen Ökonomien* der Vergangenheit spielte der Produktionsfaktor *Boden* die dominierende Rolle. Die wirtschaftlichen Aktivitäten waren an die gegebenen Bodenverhältnisse gebunden. Die Produktivität hing von der Qualität des Bodens, dem Einsatz der Arbeit auf diesem Boden sowie von den verwendeten Anbaumethoden ab. Diese geographische Infrastruktur war auch zu Beginn der industriellen Revolution noch ein entscheidender Produktionsfaktor. Die *arbeitsintensive industrielle Produktionsweise* ließ Produktionsstätten und Arbeitskräfte in städtischen Ballungszentren zusammenkommen. Die Entwicklung dieser industriellen Zentren war ihrerseits von vorhandenen Rohstoffen, Energiequellen sowie der Verkehrslage (Wasser, Straßen, Meereshäfen) abhängig. Der Produktionsfaktor Arbeit wurde allerdings mobiler. In der Landwirtschaft freigesetzte Arbeitskräfte konnten in den städtischen Zentren Arbeit finden und bildeten die Grundlage der industriellen Produktivität.

Der technische Fortschritt in der zweiten Hälfte des 20. Jahrhunderts verwandelte von Grund auf die Industriegesellschaft. Rationalisierungen und Automatisierungen des Produktionsprozesses ermöglichten eine fortschreitende Substitution von Arbeit durch Kapital. Produktivitätssteigerungen in Form von höherem Einkommen und längerer Freizeit leiteten die Bedürfnisse in den *Dienstleistungssektor* über, der seine Dynamik einerseits von persönlichen Dienstleistungen in den Bereichen Gesundheit und Freizeit sowie andererseits von wirtschaftsnahen Dienstleistungen in den Bereichen Forschung, Beratung und Technologie erhielt.

Seit den 80er Jahren des vergangenen Jahrhunderts hat die elektronische und biotechnologische Revolution den *Produktionsfaktor „Wissen und Know How“* in den Vordergrund gerückt. Die materielle Produktion von Gütern verliert an relativer Bedeutung. Die Wertschöpfung liegt zunehmend in der Produktion, Anwendung und Umsetzung von Wissen. Im Zuge der Globalisierung ist eine weltweite Wissenskonkurrenz entstanden, deren erfolgreiches Bestehen für den wirtschaftlichen Wohlstand in der Zukunft verantwortlich sein wird. Die Entwicklung zur „New Economy“ des Wissens und der Information bedeutet nicht, dass nur noch arbeits- und kapitalintensive Großforschungen reicher Länder und/oder multinationaler Konzerne Wachstumschancen lukrieren können. Vielmehr eröffnen die Verfügbarkeit und Fülle weltweiten Wissens die

Chancen und Möglichkeiten von kleinen Unternehmen und Unternehmern, mit Innovationen in Marktnischen einzudringen.

Die Wissens- und technologiebasierte Ökonomie ist auf traditionelle Standortfaktoren wie Rohstoffvorkommen, Verkehrslage, nahe Absatzmärkte kaum mehr angewiesen. Ihr Rohstoff „Wissen und Know How“ ist ubiquitär. Was und wie produziert wird, nicht wo produziert wird, ist entscheidend. Schon Karl Marx, dessen außerordentliche seherische Gabe immer wieder verblüfft, prophezeit im kommunistischen Manifest von 1848: „Die Bourgeoisie hat ... die Produktion und Konsumtion aller Länder kosmopolitisch gestaltet. Sie hat ... den nationalen Boden der Industrie unter den Füßen weggezogen. ... An die Stelle der alten lokalen und nationalen Selbstgenügsamkeit und Abgeschlossenheit treten allseitiger Verkehr, eine allseitige Abhängigkeit der Nationen voneinander. ... Die geistigen Erzeugnisse der einzelnen Nationen werden Gemeingut.“[2]

In jüngerer Zeit ist es Mode geworden, die Wettbewerbsfähigkeit und Standortattraktivität von Volkswirtschaften sowie von regionalen oder lokalen Wirtschaften mit ausgewählten Indikatoren zu messen und zu vergleichen. Regelmäßig veröffentlichte Ranglisten zeigen den solchermaßen Beurteilten ihre „Position“ im Kampf um internationale Wettbewerbsfähigkeit und dienen den Spitzenreitern bzw. den „Vorrückern“ zur Selbstbestätigung und zum Prestige.

Gegen Länder- und Regionsranglisten lassen sich viele methodische und grundsätzliche Einwendungen vorbringen.[3] Der wichtigste Kritikpunkt ist der, dass es letztlich immer einen – nicht objektivierbaren – Erklärungsrest gibt, der sich aus historischen Traditionen und Zufälligkeiten, Mentalitäten sowie Rahmenbedingungen des gesellschaftlichen Umfeldes zusammensetzt.

Wenn im folgenden der Versuch unternommen wird, Stärken und Schwächen der Tiroler Wirtschaft im Hinblick auf die künftige Entwicklung herauszuarbeiten, so sei vorweg festgestellt, dass in einer globalisierten Weltwirtschaft beide – Schwächen und Stärken – als Chance aufgefasst werden müssen. Worauf es ankommt, ist, die Anpassungsfähigkeit von Wirtschaft, Gesellschaft und Politik an sich ständig und immer rascher ändernde Verhältnisse zu verstärken. In einer Weltwirtschaft, in der nahezu alles und überall produziert und verkauft werden kann, ist für „sentimentale Bindungen an einen bestimmten Teil der Welt“ kein Platz.[4]

## 2. Das Anpassungswunder Tirol nach dem Zweiten Weltkrieg

Tirol als Land im Gebirge, umgeben von „Ringmauern und Basteien der Alpen“, von Kanzler Bienner 1640 als „Zitadelle des Römisch-Deutschen Reichs“ gerühmt,

---

[2] Manifest der Kommunistischen Partei, London, Februar 1848, gedruckt von J. E. Burghard, 5.

[3] Vgl. Michael PENEDER, Wettbewerbsfähigkeit und Standortqualität, in: Wirtschaftspolitische Blätter, 3/1999, 173 ff.

[4] Lester C. THUROW, Die Zukunft des Kapitalismus, München 1998, 169.

war wegen der Kargheit und Begrenztheit seines Bodens seit jeher auf einen regen außenwirtschaftlichen Austausch angewiesen. Die goldene Zeit des Bergbaues im 16. Jahrhundert war eine Ausnahmesituation. „Die Grafschaft Tirol hat jährlich ein so großes Einkommen und ist also reich an Silberquellen, dass sie einem Herzogtum oder einem Königreich verglichen werden kann“, schreibt Sebastian Münster in seiner Cosmographie von 1544.[5] Doch versiegten die Erzadern bereits zu Beginn des 17. Jahrhunderts. Statt Gastarbeiter im Bergbau zu beschäftigen, mussten die Tiroler ihrem Broterwerb im Ausland nachgehen.

Die Unmöglichkeit, die Ernährung der Bevölkerung aus dem eigenen Land zu decken und die Begrenztheit des Binnenmarktes für die ausreichende Produktion von Konsum- und Investitionsgütern führten zu einer strukturellen Importabhängigkeit, die ihrerseits die Erhöhung des Wohlstandes der Bevölkerung von den jeweiligen direkten und indirekten Exportbemühungen abhängig machte. Diese beruhten einerseits auf dem Handels- und Durchzugsverkehr, der entlang der Nord-Süd-Straßen den Tirolern Einkommen aus Mauten und Zöllen, aus der Bewirtung von Reisenden sowie aus der Bereitstellung von Transportleistungen verschaffte. Andererseits konnten Überschüsse aus dem Wein- und Obstanbau (in Südtirol), der Viehzucht und der Holzgewinnung in deutsche Länder und nach Italien exportiert werden.

Verkehr und Landwirtschaft sicherten Tirol bis zum Ersten Weltkrieg einen bescheidenen Wohlstand, der allerdings regional recht ungleich verteilt war. Die westlichen gebirgigen Gebiete im Norden und Süden des Landes, die östlichen Gebiete des Pustertales und Osttirols lebten von der kargen Landwirtschaft und waren sehr arm. Der Wohlstand entwickelte sich an den Hauptdurchzugsstraßen und in den fruchtbaren Teilen Südtirols.[6]

Von den Folgen des Ersten Weltkrieges, dem Verlust des wirtschaftlich wichtigen Landesteils im Süden, der Zerrüttung des Geld- und Währungswesens im dezimierten Restösterreich sowie der chronischen Versorgungsnot der Bevölkerung konnte sich die Wirtschaft Tirols in der Zwischenkriegszeit kaum erholen. Öffentliche Investitionen in die Elektrizitätswirtschaft (Gründung der TIWAG 1924), in das Eisenbahnwesen (Elektrifizierung 1928), in den Straßen- und Seilbahnbau (Zugspitze, Hahnenkamm, Nordkette, Patscherkofel, Galzig) trugen zwar zur Linderung der Arbeitslosigkeit und langsamen Verbesserung der Einkommenssituation bei. Auch im Tourismus zeichnete sich bereits die Führungsposition Tirols in Österreich ab. Die Lage der Landwirtschaft konnte sich im Gegensatz dazu aber nicht verbessern. Preisverfall von landwirtschaftlichen Produkten, Einfuhrbeschränkungen in traditionellen Abnehmerländern und die eingeleitete restriktive Wirtschaftspolitik der Regierung führten gleichermaßen zu einem starken Anstieg der Verschuldung des Bauernstandes und zur Verarmung der bäuerlichen Bevölkerung. Als schließlich 1929/30 die Weltwirtschaftskrise einsetzte, riss

---

[5] Zitiert bei Otto STOLZ, Geschichte des Landes Tirol, Innsbruck-Wien-München 1955, 388.

[6] Vgl. dazu Stolz Otto: a. a. O., S. 387–392.

sie das ohnehin geschwächte Land Tirol in den Strudel der allgemeinen Depression und Massenarbeitslosigkeit.[7]

Nach dem Zweiten Weltkrieg litt die Tiroler Bevölkerung unter Wohnungsnot, Hungersnot und Versorgungsnot. Es herrschte auch Knappheit an Arbeitskräften, da ausländische Hilfs- und Zwangsarbeiter nicht mehr zur Verfügung standen. Der Großteil der Industrieanlagen, die den Krieg ohne nennenswerte Schäden überstanden hatten, war noch auf Rüstungsproduktion eingestellt.[8]

Doch schon in den ersten Nachkriegsjahren setzte in Tirol eine andauernde und dramatische Veränderung der Wirtschaftsstruktur ein, die innerhalb von wenigen Jahrzehnten aus dem agrarisch dominierten ein modernes Industrie- und Dienstleistungsland machte. Waren zu Beginn der 50er Jahre noch annähernd gleich viele Menschen in der Landwirtschaft und im gewerblich industriellen Bereich tätig, so veränderte sich dieses Verhältnis bis 1991 (lt. letzter Volkszählung) auf nahezu 1:9.

**Abbildung 1: Zahl der Berufstätigen nach Wirtschaftssektoren in %**

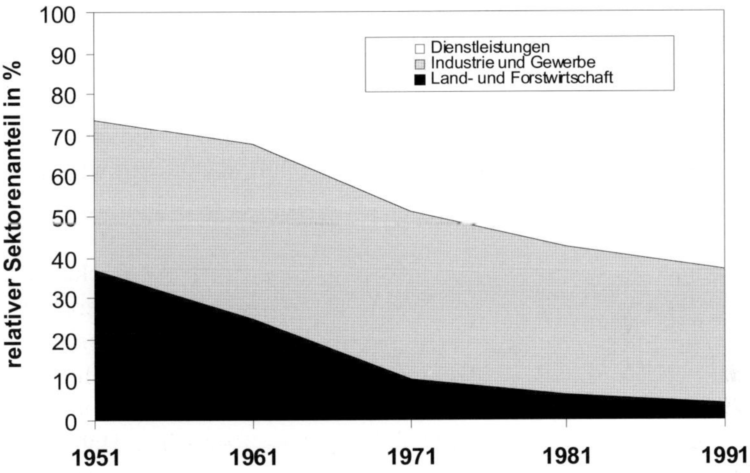


Quelle: Wirtschaftskammer Tirol: Zahlen, Daten, Fakten, 1999

Die dramatische Veränderung der Wirtschaftsstruktur war zu einem erheblichen Teil auch Folge der rasanten Zunahme der Bevölkerung Tirols zwischen 1951 und 1991. In nur 40 Jahren erhöhte sich die Wohnbevölkerung um 56 % bzw. um 238.000

[7] Vgl. Hans Kernbauer / Eduard März / Fritz Weber, Die wirtschaftliche Entwicklung, in: Erika Weinzierl / Kurt Skalnik (Hrsg.), Österreich 1918–1938, Geschichte der 1. Republik, Graz-Wien-Köln 1983, 343–379.

[8] Vgl. Josef Nussbaumer, Sozial- und Wirtschaftsgeschichte von Tirol 1945–1985 (Tiroler Wirtschaftsstudien 42), Innsbruck 1992, 91 ff.

**Tabelle 1: Zahl der Berufstätigen**
**(Selbstständige und Unselbstständige in Tirol nach Wirtschaftssektoren 1951–1991)**

| Wirtschaftssektoren | 1951 | in % | 1961 | 1971 | 1981 | 1991 | in % |
|---|---|---|---|---|---|---|---|
| Land- und Forstwirtschaft | 75.934 | 36,5 | 53.825 | 24.010 | 16.117 | 11.956 | 4,1 |
| Industrie und gewerbliche Produktion | 75.991 | 37,0 | 92.567 | 96.763 | 92.018 | 96.390 | 32,7 |
| Dienstleistungen (Handel, Tourismus, Verkehr, sonstige) | 54.612 | 26,5 | 69.600 | 115.347 | 147.181 | 185.785 | 63,2 |
| | | 100 | | | | | 100 |

Quelle: Wirtschaftskammer Tirol: Zahlen, Daten, Fakten, 1999

Personen, die in den Wirtschaftsprozess eingegliedert werden mussten. Da die Zahl der Berufstätigen in dieser Zeit um 88.000 Personen zunahm und gleichzeitig zusätzlich 63.000 Abgänger aus der Land- und Forstwirtschaft zu integrieren waren, mussten die anderen beiden Sektoren insgesamt ca. 150.000 Berufstätige aufnehmen. Zum überwiegenden Teil wanderten diese in den Dienstleistungssektor, in dem die Zahl der Berufstätigen im Beobachtungszeitraum um 131.000 zunahm. Der industriell gewerbliche Sektor übernahm nur einen vergleichsweise geringen Anteil von 20.000 Personen. Innerhalb des Dienstleistungssektors verteilten sich die Beschäftigungseffekte breit über den Handel, den Tourismus, den Verkehr, die Vermögensverwaltung (Banken und Versicherungen) und die öffentliche Verwaltung, wobei der Handel, der Tourismus, die Vermögensverwaltung und die öffentliche Verwaltung überdurchschnittlich expandierten.[9]

Die grundlegende Veränderung der Tiroler Wirtschaftsstruktur seit dem Zweiten Weltkrieg liegt sowohl im Trend der österreichischen Entwicklung wie auch der angrenzenden Länder des Auslandes. Dennoch bedeutet sie für Tirol eine außenwirtschaftliche Orientierung und Verflechtung, wie sie in diesem Umfang neu war und große Herausforderungen für die mentalitätsmäßig noch stark agrarische Einstellung der Bevölkerung sowie der gesellschaftlichen und politischen Kräfte mit sich brachte. In den späten 80er Jahren zeichneten sich innerhalb des dominanten Dienstleistungssektors bereits neue und unterschiedliche Entwicklungen ab, die teilweise durch Abschwächungstendenzen im Handel und Tourismus und teilweise durch eine nach wie vor expansive Dynamik in wirtschaftsnahen Dienstleistungen gekennzeichnet sind. Dies zeigt, dass strukturelle Veränderungen auch innerhalb des Dienstleistungssektors weitergehen werden. Die Anstöße werden einerseits vom raschen technologischen Fortschritt und andererseits von der außenwirtschaftlichen Dynamik der sich globalisierenden Welt kommen.[10]

---

[9] Siehe auch den Beitrag von Paul TSCHURTSCHENTHALER in diesem Band.

[10] Austin ROBINSON, Economics of the next century, in: John D. Hey, The future of economics, Blackwell 1992, 94–105.

# 3. Erfolgsfaktoren der Tiroler Wirtschaft

## 3.1 Wohlstand auf engem Raum: Das Land

Tirol ist ein Grenzland, ein Passland und ein Gebirgsland. Die Grenzen zu den benachbarten österreichischen Bundesländern Salzburg und Vorarlberg weisen nur ein geringes Ausmaß im Vergleich zu jenen auf, die das Land im Norden von Deutschland und im Süden von Italien trennen. Daraus wird bereits die geographische Einbettung des Landes zwischen dem Norden und Süden deutlich, die mit zwei wichtigen Alpenübergängen seine strategische Verkehrs- und Brückenfunktion zum Ausdruck bringt. Freilich muss Tirol heute die wichtigen Brückenköpfe am Brenner und am Reschen mit dem italienischen Nachbarn teilen, dennoch stellt die Bewältigung des regionalen und überregionalen Wirtschafts- und Personenverkehrs eine von der Geographie vorgegebene vordringliche Aufgabe des Landes dar.

Das Gebirgsland Tirol ist überwiegend Berg- und Ödland. Nur 12,4 % der Landesfläche (von 12.648 $km^2$) sind Dauersiedlungsraum. Dies ist der geringste Anteil unter den österreichischen Bundesländern (nach Salzburg mit 20,5 %). Tirol hat kein Alpenvorland, in das sich die Besiedlung ausdehnen könnte (wie etwa in der Schweiz). In den Alpentälern müssen sich die konkurrierenden Nutzungen der Besiedlung, der Bewirtschaftung und der Verkehrswege um einen Ausgleich bemühen. Der Bevölkerungsdruck auf engem Raum bringt es mit sich, dass die Besiedlung auch in die höheren Berglagen vordringt. 84 der 279 Gemeinden Tirols weisen eine Höhenlage von über 1000 Meter auf und beherbergen insgesamt 82.000 Bewohner.[11] Wenn auch eine zunehmende Konzentration der Bevölkerung in tiefen Tallagen und städtischen Zentren feststellbar ist, so ist es doch bis heute gelungen, die Siedlungsstruktur in höheren Berg- und Tallagen zu stabilisieren und Tirol jenes Gepräge einer alpinen Kultur- und Siedlungslandschaft zu bewahren, das im Vergleich zum übrigen Alpenraum einmalig und charakteristisch ist.

Die begrenzte Verfügbarkeit des Bodens für die verschiedenen Nutzungen macht es notwendig, Widmungs- und Zuteilungsregeln zu erlassen, die einerseits den verschiedenen Nutzungsinteressen entgegenkommen und andererseits gesamtgesellschaftliche Raumordnungsvorstellungen zum Ausdruck bringen. Der landwirtschaftliche Grundverkehr behält die land- und forstwirtschaftlichen Grundstücke der land- und forstwirtschaftlichen Eigenbewirtschaftung vor. Dadurch sollen die landwirtschaftliche Siedlungs- und die Wirtschaftsstruktur aus übergeordneten Gesichtspunkten erhalten bleiben, selbst wenn dies aus wirtschaftlichen Gründen nur mit hohen Unterstützungsleistungen machbar ist.

Das sogenannte Bauland, das für Siedlungs- und Wirtschaftsnutzungen gewidmet wird, beträgt derzeit (ohne Innsbruck-Stadt) 177 $km^2$, was ca. 11 % des Dauersied-

---

[11] Statistisches Jahrbuch für die Republik Österreich 1998, 4.

lungsraumes in Tirol entspricht.[12] Das Problem der Baulandwidmungen besteht darin, dass sich im Laufe der Zeit erhebliche Baulandreserven kumuliert haben. Da die Eigentümer von gewidmetem Bauland jährlich erhebliche Bodenpreissteigerungen lukrieren können, besteht wenig Anreiz, solche Grundstücke rasch zu verbauen oder zu verkaufen. Als Wertanlage erzielen sie überdurchschnittliche Renditen. So entsteht die Notwendigkeit, den steigenden Bedarf an Bauland trotz beträchtlicher bereits gewidmeter Reserven durch zusätzliche Neuwidmungen bereitzustellen. Es liegt auf der Hand, dass diese Politik der Bodenbewirtschaftung nicht in Anspruch nehmen kann, dem Grundsatz des nachhaltigen Umgangs mit knappen Ressourcen zu entsprechen.

Aus diesem Grund ist in jüngerer Zeit eine Diskussion über die Mobilisierung gewidmeter, aber nicht bebauter Grundstücke entstanden. Die nachträgliche Rückwidmung oder Besteuerung bereits gewidmeten, aber nicht bebauten Baulandes verletzt den Grundsatz von Treu und Glauben und stößt auf rechtliche Bedenken hinsichtlich des Eigentumsschutzes. Bei Neuwidmungen können vertragliche Vereinbarungen mit der Gemeinde über eine Verbauungsfrist vorgesehen werden. Längerfristig wird es notwendig sein, das österreichische System der Bodenbesteuerung zu überdenken, da eine Nicht- bzw. Unterbesteuerung von Wertsteigerungen des Bodens im Vergleich zu anderen Veranlagungen sowohl zur Ressourcenverschwendung wie auch zu einer ungerechten Einkommens- und Vermögensverteilung führt.

Betrachtet man den Boden als Quelle für Rohstoffe, so ist Tirol nicht (mehr) mit wertvollen mineralischen Bodenschätzen gesegnet. Das Land verfügt aber über zwei Schätze, die ihm große Wettbewerbsvorteile in der Zukunft verschaffen können. Da ist zunächst die Kultur- und Naturlandschaft zu nennen. Ohne sie wäre Tirol nicht zum tourismusintensivsten Land Österreichs und Europas geworden. In allen Gästebefragungen kommt zum Ausdruck, dass die besondere Kombination von Natur und Kultur als wichtigste Grundlage für die touristische Nachfrage angesehen werden muss. Sie bildet das Alleinstellungsmerkmal des Tiroler Tourismus, das es – unbeschadet aller zusätzlichen und ergänzenden Qualifizierungsnotwendigkeiten – mit Nachhaltigkeit zu bewahren und zu sichern gilt.

Der zweite Rohstoff, über den Tirol reichlich verfügt, ist das Wasser. Angesichts der gegenwärtigen Industrie- und Strompreise ist das „weiße Gold“ in neu zu errichtenden Wasserkraftwerken derzeit wirtschaftlich nicht nutzbar. Längerfristig stellt es aber eine Reserve dar, die einen hohen Optionswert für die Zukunft aufweist. Wasser wird aber auch als Konsumgut zunehmend Bedeutung erlangen. Angesichts der fortschreitenden Absenkung des Grundwasserspiegels muss schon bald mit einer europaweiten Verknappung des Rohstoffs Wasser gerechnet werden. Dies wird dieser „natürlichen Reserve“ Tirols naturgemäß einen heute noch schwer abzuschätzenden wirtschaftlichen Wertzuwachs bescheren.

---

[12] Wirtschaftsleitbild Tirol, 1998, Materialienband, 64ff.

## 3.2 Zwischen Bodenständigkeit und Weltoffenheit: Die Tiroler Bevölkerung

### *a) Zur Wirtschaftsgesinnung der Tiroler*

Um die Eigenschaften der Tiroler Bevölkerung ranken sich viele Legenden. Die Tiroler werden wegen der gesunden Bergluft als „gesunde, kräftige und lebhafte Leute" bezeichnet. Ihre Heimatliebe und Wehrhaftigkeit zur Verteidigung der Heimat wird weit über die Grenzen hinaus gerühmt. Der Tiroler Patriotismus gründet in einem schon früh errungenen System von Landesfreiheiten, die die jeweiligen Landesherren achteten und schützten. Daraus entstand ein hohes Maß an Identifizierung von Heimattreue und Loyalität zum Herrscherhaus.

Auch in religiöser Hinsicht zeigten die Tiroler stets Standhaftigkeit im katholischen Glauben. Die an die Grenzen Tirols herandrängende „Kirchenfeindlichkeit des Protestantismus" stieß sowohl bei den Landesfürsten wie auch in der Tiroler Bevölkerung auf hartnäckigen Widerstand. Der Aufruf, „für Gott, Kaiser und Vaterland" einzutreten, erhielt bald politisch-programmatischen Charakter. Mit den Ideen der Aufklärung und des Liberalismus im späten 18. und beginnenden 19. Jahrhundert wusste die Tiroler Bevölkerung zunächst nicht viel anzufangen. Tirol und die Tiroler blieben treu auf der konservativen Seite und überließen die neuen Ideen einer kleinen intellektuellen Minderheit.[13]

Das Bild vom konservativen Bergvolk im „heiligen Land Tirol" verdeckt jene andere Seite der Tiroler, die seit jeher aus der Not des engen und kargen Landes stets auch nach außen gerichtet war. Seit dem frühen Mittelalter steht die Bevölkerung im engen Kontakt mit ausländischen Händlern und Fuhrwerksbetreibern, die kulturelle Anregungen aus dem Norden und Süden ins Land brachten. Tiroler Handwerker, Baumeister und Künstler waren in nahen und fernen Ländern unterwegs, um ihren Lebensunterhalt zu verdienen. Sie brachten bei ihrer Heimkehr einerseits neue Waren, Fertigkeiten und landwirtschaftliche Anbaumethoden nach Hause. Andererseits trugen sie den Ruf der Tiroler als fleißiges, verlässliches und vor allem kunstsinniges Volk in alle Welt. „Es gibt wenige Gebirgsvölker, die einen so ausgesprochenen Kunstsinn besitzen wie die Tiroler. .... Groß ist die Zahl der Künstler der Gegenwart und der Vergangenheit, seien es nun Dichter, Bildhauer, Maler oder Musiker. Viele ihrer Werke könnte die gesamte deutsche Kultur nicht mehr missen."[14]

Aus wirtschaftlicher Sicht gründet die *Bodenständigkeit* der Tiroler Bevölkerung in einer traditionellen Verankerung in der Landwirtschaft. Die *Weltoffenheit* erhält ihre Impulse seit jeher aus dem Handel, dem Verkehr und in jüngerer Zeit aus dem Fremdenverkehr. Die industrielle Revolution, die im italienischen Süden und im süddeut-

---

[13] Ausführlicher dazu: Otto Stolz, a. a. O., 392–402.

[14] Josef Georg Oberkofler, Der Tiroler Bauer, in: Robert Löbl, Tirol in Farben, Innsbruck-Wien-München 1979, 61/62.

schen Norden seit der Mitte des 19. Jahrhunderts bereits in Blüte stand und sich in Österreich langsam durchzusetzen begann, berührte Tirol bis zum Zweiten Weltkrieg kaum.

Nach dem Zweiten Weltkrieg wird die Tiroler Bevölkerung mit einer in ihrem Ausmaß und ihrer Geschwindigkeit nicht gekannten Fremdenverkehrs- und Industrialisierungswelle konfrontiert. Äußerst günstige wirtschaftliche Bedingungen in den Nachbarländern im Zuge der Nachkriegskonjunktur bilden dafür die Grundlage. An die Wirtschaftsmentalität der Tiroler werden große Anforderungen gestellt. Im Tourismus lässt sich in der Anfangsphase der Übergang von der agrarischen Hauswirtschaft zur (internationalen) Gastwirtschaft mentalitätsmäßig erstaunlich gut bewältigen. Wesentlich skeptischer reagierte die Bevölkerung auf die zunehmende Industrialisierung. Anfangs war es die Angst vor Proletarisierung und politischer Veränderung, die Zurückhaltung auch bei politischen Stellen auslöste. Bald wurden aber auch negative Assoziationen mit schlechten Arbeitsbedingungen, Lärm- und Landschaftsbeeinträchtigungen sowie Umweltverschmutzungen manifest.

So ist es nicht verwunderlich, dass zu Beginn des neuen Jahrhunderts die Diskussion um die Wirtschaftsgesinnung und die Tourismusgesinnung noch immer nicht verstummt ist. In Befragungen ergeben sich Diskrepanzen zwischen Aussagen von Wirtschaftstreibenden einerseits und der Bevölkerung andererseits. Während Vertreter der Industrie und des Tourismus eine Verbesserung der Einstellung der Bevölkerung zur Wirtschaft als notwendig und wünschenswert erachten, ergibt die Befragung der Bevölkerung, dass die wirtschaftliche Bedeutung der Industrie und des Tourismus zwar als hoch eingeschätzt wird, eine stärkere Rücksichtnahme auf Interessen der Umwelt und der Landschaft aber einzufordern sei. [15]

Die Diskrepanz zwischen den Aussagen der Unternehmer und der Bevölkerung zeigt, dass in Tirol noch ein erheblicher Bedarf an Aufklärungs- und Überzeugungsarbeit besteht, um einerseits Vorurteile aus veralteten Einstellungen – etwa gegenüber der Industrie – abzubauen und andererseits das Problembewusstsein für umweltschonende Formen des Wirtschaftens auf knappem Raum zu schärfen.

### *b) Die Bildungsqualität der Bevölkerung*

Das Niveau der Bildung ist heute der wichtigste Bestimmungsgrund für die Qualität des Arbeitskräftepotentials und damit für die wirtschaftliche Produktivität eines Landes. Bildung und Ausbildung stellen unerlässliche Voraussetzungen dafür dar, dass eine Wirtschaft auf geänderte Verhältnisse reagieren sowie neue technologische Entwicklungen aufnehmen und für den Produktionsprozess nutzbar machen kann. Je mehr

---

[15] Vgl. Werner Clement/Wolfgang Fabris, Die produzierende Wirtschaft Tirols – Entwicklungsperspektiven und Aufbruchsszenarien, Industriewissenschaftliches Institut Wien, 1997; Gallup-Institut, Image der österreichischen Industrie 1997; ferner: Institut für Verkehr und Tourismus, Die Tourismusgesinnung der Tiroler, Innsbruck 1997.

modernes Wirtschaften „wissensbasiert“ ist, desto entscheidender wird die Qualifizierung der Arbeitskräfte für das Wirtschaftswachstum.

Ein Vergleich des Bildungsniveaus der Tiroler Berufstätigen mit jenem Gesamtösterreichs zeigt, dass die Tiroler Anteile an den qualitativ höheren Schulabschlüssen der einzelnen Schultypen unter dem österreichischen Durchschnitt liegen. Die Schultypen höherer Qualifikation (mit Matura) weisen Anteile unter dem österreichischen Durchschnitt auf, während jene ohne Matura durchwegs darüberliegen.

**Tabelle 2: Berufstätige nach höchst abgeschlossener Schulbildung in Tirol und in Österreich 1995 und 1997**

| Schultypen | Tirol | | Österreich | |
|---|---|---|---|---|
| | 1995 | 1997 | 1995 | 1997 |
| Hochschule u. hochschulverwandte Ausbildung | 7,4 | 8,0 | 8,6 | 8,6 |
| Höhere Schule (AHS, BHS) | 11,9 | 12,2 | 14,6 | 14,6 |
| Fachschule | 12,1 | 13,5 | 11,1 | 11,4 |
| Lehre | 40,7 | 42,2 | 40,5 | 42,0 |
| Allgemeinbildende Pflichtschulen | 27,9 | 23,9 | 25,3 | 22,8 |

Quelle: ÖSTAT 1997 und 1998

Die in Tabelle 2 dargelegten Zahlen überraschen insofern, als Tirol mit der größten Universität Westösterreichs und mit einem regional gut verteilten System allgemeinbildender und berufsbildender höherer Schulen ausgestattet ist. Das Tiroler Bildungssystem könnte allerdings auf dem Stand der Bildungsexpansion der 60er und 70er Jahre stehen geblieben sein. In einigen Bereichen, die für die Wirtschaftsentwicklung besonders wichtig sind, sind entsprechende Spezialisierungen des Bildungsangebotes nicht erfolgt.

Im sekundären Bildungsbereich fehlen Ausbildungsangebote, die der Internationalisierung der Wirtschaft, der europäischen Integration, der Vermittlung von Sprach- und Verhandlungskompetenzen Rechnung tragen. In der Tourismusausbildung verfügt Tirol zwar über ein differenziertes System höherer Schultypen, das aber zum Teil noch stark auf die Qualifizierung in technischer und handwerklicher Hinsicht orientiert ist, und dringend einer Ergänzung in Richtung Marktbeobachtung und Marktbearbeitung bedarf. Der Tourismusmarkt ist zu einem heiß umkämpften Käufermarkt geworden, auf dem unternehmerische Qualifikationen immer mehr über Erfolg und Misserfolg entscheiden.

Im postsekundären Aus- und Bildungswesen hat Österreich mit der Einführung von Fachhochschulen 1993 erst spät den Anschluss an die internationale Entwicklung gefunden. Tirol hat die Errichtung von Fachhochschulen seinerseits nur sehr zögerlich in Angriff genommen und anderen österreichischen Bundesländern den Vortritt gelassen. Derzeit existieren vier Fachhochschulstudiengänge, „internationale Wirtschaft und facility management“ in Kufstein, „unternehmensgestaltende Berufe“, „Umwelt- und

Verfahrenstechnik“ sowie „Tourismus“ in Innsbruck. Im technischen Bereich sind Fachhochschulstudiengänge im Maschinenbau, in der Elektrotechnik, in der angewandten Informatik und in der Biotechnologie in Diskussion. Deren Realisierung würde eine wichtige Lücke im technischen und technologischen Bereich füllen.

An der Universität Innsbruck sind technische Ausbildungen unterrepräsentiert. Studierende aus Tirol sind auf andere Universitäten im In- und Ausland angewiesen. Da die Einführung solcher Studienrichtungen in nächster Zeit nicht zu erwarten ist, kommt dem Aufbau von technikorientierten Fachhochschulstudiengängen umso größere Bedeutung zu. Ansonsten bietet die Universität Innsbruck in ihren sieben Fakultäten ein umfassendes Spektrum von Studienrichtungen an, das internationales Niveau aufweist und die Grundlage für die Ausbildung des akademischen Nachwuchses darstellt. Im Bereich der Kommunikations- und Informationstechnologie hat die Universität in jüngerer Zeit Initiativen ergriffen, um einen prioritären Forschungs- und Ausbildungsschwerpunkt zu schaffen.

Als Reaktion auf die Dynamik der sich globalisierenden und technologisierenden Wirtschaftsentwicklung hat das System der beruflichen Aus- und Weiterbildung in den letzten Jahren eine beachtliche Anpassungs- und Innovationsfähigkeit bewiesen. Die Aus- und Weiterbildungsprogramme der Wirtschaftskammer (Wifi) und der Arbeiterkammer (BfI) bieten eine Vielfalt von auf Berufsinteressen ausgerichteten Veranstaltungen an. Aufgrund ihrer interessenbezogenen, parastaatlichen Organisation sind diese Institutionen in der Lage, einerseits auf den Bedarf der Wirtschaft und andererseits auf neue Entwicklungen in wirtschafts- und berufsrelevanten Wissensgebieten rasch zu reagieren. Mit der Gründung des Management-Center Innsbruck (MCI) im Jahre 1996 errichtete das Land eine Bildungseinrichtung, die neben der Betreuung von Fachhochschullehrgängen auch qualifizierte Lehrgänge und Kurse für Berufstätige, vor allem für Führungskräfte in der Wirtschaft, anbietet. Dabei wird insbesondere den Ansprüchen der modernen Informations- und Kommunikationstechnologie Rechnung getragen.

Auch die Universität wird sich zunehmend ihrer Verantwortung für die berufliche Weiterbildung bewusst. An der Sowi-Fakultät wird eine Reihe von Hochschullehrgängen und Hochschulkursen veranstaltet, in denen ein Wissenstransfer von wirtschaftswissenschaftlichen Erkenntnissen in die Praxis angestrebt wird. Große Nachfrage besteht nach Kursen in den Bereichen Management, internationale Wirtschaftstätigkeit und Marketing.

Die größte Herausforderung für das Tiroler Bildungssystem besteht in der rasch fortschreitenden Digitalisierung der Wirtschaft. Nahezu alle wirtschaftlichen Bereiche von der Textil-, Optik-, Elektro-, Maschinen- und Chemieindustrie bis zu den modernen Dienstleistungsbereichen, wie Banking und E-Commerce, sind von ihr betroffen und stehen vor weiteren innovativen Entwicklungen. Die Bewältigung und Beherrschung dieses technologischen Wandels erfordert eine Offensive zur Qualifizierung des Humankapitals auf allen Ebenen. Der Problemdruck aus der Wirtschaft bringt es mit sich, dass gegenwärtig viele Diskussionen und Konzepte für entsprechende Bildungsinitiativen im Raum stehen, die sich teilweise konkurrenzieren und überlagern. Eine abgestimmte Struktur der künftigen Ausbildungslandschaft ist noch nicht in Sicht. Zweifellos ist hier die Landespolitik gefordert, eine Koordinations- und Führungsrolle zu übernehmen.

### 3.3 Wirtschaften zwischen den Bergen: Standort und Struktur der Tiroler Wirtschaft

#### *a) Tirol als Wirtschaftsstandort*

Die Globalisierung und Internationalisierung der Wirtschaft hat zu einer Erweiterung des überkommenen Wettbewerbsbegriffs geführt. Demnach stehen nicht nur Unternehmen auf Märkten, sondern auch Regionen und Städte untereinander im Wettbewerb um Betriebsansiedlungen, auf Exportmärkten und um qualifizierte Arbeitskräfte.

Aus ökonomischer Sicht ist der Begriff Standortwettbewerb an sich falsch. Zwischen Regionen gibt es keine konkreten Wettbewerbsbeziehungen.[16] Regionen konkurrieren nicht im Hinblick auf ein gleich gerichtetes Ziel, um Gewinne und Marktanteile. Sie können sehr unterschiedliche Ziele verfolgen und sich ein eigenes Profil („einen regionalen Entwicklungspfad") vorgeben. Dieses Profil hängt nach innen auch von den Zielvorstellungen der Bevölkerung ab. Natürlich müssen bei der Festlegung der regionalen Zielsetzungen ökonomische Grenzen beachtet werden. Beschäftigungssicherung um den Preis der Umweltzerstörung wird auf Dauer ebenso auszuschließen sein wie umgekehrt Umweltschutz zu Lasten der Beschäftigung. Regionalwirtschaftliche Standortpolitik muss daher Wettbewerbsfähigkeit nach außen und gesellschaftliche Akzeptanz nach innen vereinbaren. Insofern ist Standortpolitik immer Teil einer ausgewogenen und nachhaltigen Raumentwicklungspolitik.[17]

**Abbildung 2: Ausgewogene und nachhaltige Raumentwicklung**

[16] Michael PENEDER, a. a. O., 170ff.
[17] EUREK, Europäisches Raumentwicklungskonzept, hrsg. von der Europäischen Kommission, 1999, 11.

Würde im Sinne einer marktwirtschaftlichen Konkurrenz ein Standortwettbewerb von Regionen stattfinden, so müsste unter der Annahme steigender Skalenerträge eine Konzentration der wirtschaftlichen Aktivitäten in wenigen Ballungszentren erfolgen. Dies konnte am Beginn der Industrialisierungsphase fallweise auch beobachtet werden. Heute ist es aber offensichtlich nicht mehr der Fall, weil Regionen ökonomische Vorteile in Nischen finden und darüber hinaus qualitative Faktoren für ökonomische Standortentscheidungen eine zunehmend wichtige Rolle spielen.

Traditionelle Vorteile wie Transport- und Kommunikationskosten, Rohstoffe, Nähe zu Absatzmärkten, ja selbst Arbeitskosten, verlieren für die Standortattraktivität einer Region an relativer Bedeutung. In den Vordergrund treten institutionelle, infrastrukturelle und qualitative Rahmenbedingungen des gesellschaftlichen Umfeldes. Politische Stabilität und wirtschaftsfreundliche Verwaltung gehören dazu ebenso wie eine gut ausgebaute Wirtschafts-, Gesundheits- und Bildungsinfrastruktur. Daneben erhalten Aspekte der Lebensqualität, der Umwelt und des gesellschaftlichen Umfeldes immer größere Bedeutung. Aus betriebswirtschaftlicher Sicht werden Standortentscheidungen auch in der Erwartung getroffen, mit bereits bestehenden Unternehmen Synergieeffekte (Agglomerationseffekte) lukrieren zu können.[18]

Unter Anlegung dieser Gesichtspunkte muss dem Wirtschaftsstandort Tirol eine insgesamt überdurchschnittliche Leistungsfähigkeit bescheinigt werden. Das politische und soziale System weist nicht nur Stabilität auf, sondern auch ein hohes Maß an Konsens- und Problemlösungsfähigkeit. Trotz divergierender Interessenlagen der politischen Parteien und der Sozialpartner werden wichtige wirtschaftliche Probleme in der Regel im Konsens gelöst. Diese politische Kultur bedingt manchmal umständliche und langwierige (Sitzungs- und) Entscheidungsverfahren, sie trägt aber wesentlich zum sozialen Frieden im Lande bei.

Mit der Infrastruktur im Verkehrsbereich, in der Energieversorgung, im Gesundheits- und im Bildungswesen steht Tirol österreichweit an vorderster Stelle. Großinvestitionen im Eisenbahnbau im Unterinntal und im Straßenbau im Oberinntal werden die Situation im Verkehrsbereich noch verbessern. In der Lebens- und Umweltqualität ist Tirol europaweit führend. Eine empirische Untersuchung des Kölner Instituts „Empirica Delasasse", die die regionale Lebensqualität mit den Bestimmungsfaktoren Kultur, Umwelt und Sicherheit von 243 europäischen Regionen verglich, reiht Tirol an die erste Stelle. Die Nachbarländer Vorarlberg und Salzburg erreichen in dieser Studie den 5. bzw. den 27. Platz. In der gleichen Studie wurde auch die Standortattraktivität insgesamt mit den fünf Faktoren Dynamik, Marktpotential, Standortkosten, Qualifikationspotential und Lebensumfeld gemessen. Hier nimmt Tirol unter den 243 europäischen Regionen immerhin den 32. Rang ein.[19]

Die günstige Standortbeurteilung Tirols darf aber nicht darüber hinwegtäuschen,

[18] Michael PFAFFERMAYR, Standortindikatoren Österreichs, Jahresbericht 1996/97, Österreichisches Institut für Wirtschaftsforschung, Wien 1999.

[19] „Empirica Delasasse", lt. Aussendung der Pressestelle Tirol-Werbung vom 11. 1. 2000.

dass auch Schwachstellen bestehen, deren Beseitigung eine dringliche Aufgabe für die Zukunft darstellt. Tirol verfügt über einige internationale Spitzenbetriebe in der Industrie. Diese haben sich aber bisher nicht als Kristallisationspunkt für weitere Betriebsansiedlungen bzw. für eine regionale Ausbreitung komplementärer Produktionen erwiesen. Sosehr die von ihnen ausgehenden Beschäftigungs- und Wertschöpfungseffekte von Bedeutung für die Tiroler Wirtschaft sind, sind sie in gewissem Sinne „singuläre Industrie-Inseln“ geblieben, deren technologisches Know-how und internationale Marktführerschaft nur beschränkte Impulse auf die regionale Wirtschaft auslösen. Eine weitere Schwäche besteht in einer beträchtlichen Technologielücke. Der systematische Auf- und Ausbau des Wissenstransfers zwischen der Universität und der Wirtschaft steckt erst in den Anfängen. Um den Anschluss an die informationstechnologische Entwicklung (catching up) zu erreichen, sind auf den Ebenen des Schul- und Bildungssystems, einschließlich der Universität, bedarfsspezifische Einrichtungen erst im Aufbau. Da dieser Aufholprozess einerseits Zeit kostet und andererseits erhebliche finanzielle Ressourcen beansprucht, steht die Politik vor mutigen Prioritätenentscheidungen.

### *b) Stärken und Schwächen der Tiroler Wirtschaftsstruktur*

In der Wirtschaftsleistung, gemessen als Bruttoregionalprodukt je Einwohner, liegt Tirol im Bundesländervergleich nach Wien, Salzburg und Vorarlberg an vierter Stelle. Sieht man von Wien, das als Sitz von Bundeseinrichtungen und zahlreichen Firmensitzen schwer vergleichbar ist, ab, so wird das österreichische Ost-West-Gefälle deutlich: Die drei westlichen Bundesländer liegen an der Spitze. Was Tirol betrifft, muss es allerdings zu denken geben, dass beide unmittelbaren Nachbarn, Salzburg und Vorarlberg, eine höhere Wirtschaftsleistung pro Einwohner erzielen.

Eine Erklärung dafür mag in der Branchenstruktur liegen. Obwohl die Tiroler Industrie österreichweit den höchsten Nettoproduktionswert je Beschäftigten aufweist und mit 16 % den zweithöchsten Beitrag zur Wertschöpfung Tirols (nach der Vermögensverwaltung leistet), wird die Tiroler Wirtschaftsstruktur durch die vergleichsweise wachstumsschwächeren Dienstleistungsbereiche Handel, Beherbergungswesen und Gastronomie, Bauwesen und öffentliche Dienste dominiert, die zusammen 33 % des Bruttoregionalproduktes erwirtschaften.[20]

Im Österreichvergleich ist Tirol nach wie vor mit Abstand das bedeutendste Tourismusland. Im Jahre 1997 konnte es mit 38 Millionen Nächtigungen in gewerblichen Beherbergungsbetrieben 45 % aller österreichischen Gästenächtigungen verbuchen. Seit Beginn der 90er Jahre musste Tirol aber einen drastischen Rückgang der touristischen Nachfrage hinnehmen. Waren 1992 noch 45 Millionen Gästenächtigungen zu verzeichnen, so reduzierte sich dieser Höchststand bis 1997 um 7 Millionen Nächtigungen bzw. um 15,5 %. Die Nachfragekrise des Tiroler Tourismus wirft ein strukturelles Dilemma auf. Trotz der Nachfragerückgänge in der Gesamtentwicklung ist sowohl im Sommer-,

[20] Siehe Werner CLEMENT / Wolfgang FABRIS, a. a. O., 8 und 21.

wie auch im Wintertourismus einerseits eine Konzentrationstendenz auf einige infrastrukturell bestens ausgestattete und landschaftlich begünstigte Zentren und andererseits ein zunehmender Trend zu spezialisierten Qualitätsangeboten im breiteren Raum zu beobachten. Konzentrations- und Dekonzentrationstendenzen stehen sich somit gleichermaßen gegenüber und sind Ausdruck unternehmerischer Anpassungsfähigkeit an geänderte Nachfrageverhältnisse. Unter Druck gerät aber jene Vielzahl von Anbietern, die im Qualitätswettbewerb nicht mithalten und die Rentabilitätsschwelle nicht überschreiten kann. Aus regionalwirtschaftlicher Sicht ist der Marktaustritt solcher Betriebe in entlegenen Siedlungsgebieten mit Folgen verbunden, die nicht nur wirtschaftliche Einkommens- und Beschäftigungsverluste, sondern zusätzlich auch die Gefahr der Absiedlung aus dem ländlichen Raum mit sich bringen. Öffentliche Förderungsprogramme zur Sicherung des ländlichen Wirtschafts- und Siedlungsraumes stellen dann übergeordnete gesellschaftspolitische Maßnahmen dar, deren Preis mit einem vergleichsweise geringeren Wertschöpfungsbeitrag des Tourismus zum Tiroler Regionalprodukt bezahlt werden muss.

Die günstige Konjunktur- und Nachfragentwicklung der Nachkriegsjahre hat den Zielkonflikt zwischen den Anforderungen des Qualitätstourismus einerseits und einer regionalwirtschaftlich ausgewogenen Einkommenspolitik andererseits erleichtert und teilweise verdeckt. Der sich verschärfende Wettbewerbsdruck wird ihn aber in der Zukunft immer deutlicher zutage treten lassen und von der Tourismuspolitik klare Entscheidungen einfordern.

Mit einem Anteil von 6 % an der gesamtösterreichischen Produktion liegt der Tiroler Industriesektor hinter den östlichen Bundesländern Oberösterreich (28 %), Niederösterreich (22 %), Steiermark (17 %) und Wien (14 %) weit zurück.[21] Dennoch nimmt die Tiroler Industrie mit ihren Spitzenunternehmen eine Führungsposition in der österreichischen Industrie ein. Ihre Produktivität liegt seit den 80er Jahren regelmäßig über dem österreichischen Durchschnitt, ebenso liegt auch die Investitionsquote (gemessen am Umsatz) mit 7 % deutlich darüber (Österreich 6 %). Mit 62 % erreicht die Exportquote der Tiroler Industrie jene der österreichischen Industrie.[22] Die internationale Wettbewerbsfähigkeit der Tiroler Industrie kann daher durchaus als hoch eingestuft werden.

Ein strukturelles Problem des Tiroler Industriesektors liegt in seiner Kopflastigkeit. Auf die größten fünf Industrieunternehmen entfallen nahezu 25 % der Umsätze, 30 % der Beschäftigten sowie 40 % der Exporte des gesamten Sektors.[23] Da diese wenigen Unternehmen überwiegend auf ausländischen Märkten operieren, ergibt sich daraus für die gesamte Wirtschaft eine latente konjunkturelle und wirtschaftliche Abhängigkeit. Auch ist ein überdurchschnittlicher Einfluss der wenigen Großen in sozialpartnerschaftlichen und politischen Gremien nicht von der Hand zu weisen. Dieser hohe Konzentrationsgrad spiegelt sich auch in der branchenmäßigen Struktur wider. Die zwei

[21] Industriellenvereinigung Tirol, Jahresbericht 1998, 46.
[22] Siehe Werner Clement / Wolfgang Fabris, a. a. O., 17 ff.
[23] Ebenda, 124.

Branchen Glas und Chemie sowie Metallindustrie (einschließlich Gießerei, Maschinen-, Fahrzeug- und Elektroindustrie) vereinigen im Jahre 1995 65 % aller Industriebeschäftigten und 59 % der industriellen Umsätze auf sich.

Insgesamt zählt die Tiroler Industrie im Jahre 1998 463 Betriebe mit 33.000 Beschäftigten. 27 davon sind Großbetriebe mit jeweils mehr als 250 Beschäftigten. Auf sie entfallen 54 % der Gesamtbeschäftigten. In 101 Mittelbetrieben (50–249 Beschäftigte) arbeiten 35 % und in 335 Kleinbetrieben (weniger als 50 Beschäftigte) nur 11 % der Gesamtbeschäftigten.[24]

Die klein- und kleinstbetriebliche Struktur der Tiroler Wirtschaft kommt noch viel stärker zum Ausdruck, wenn die Betriebe des produzierenden und des Dienstleistungsgewerbes einbezogen werden. Nach der Zugehörigkeit zu den Sektionen der Wirtschaftskammer Tirol waren im Jahre 1998 18.786 Betriebe mit insgesamt 177.000 Beschäftigten registriert. Davon entfallen 90 % der Betriebe und 68 % der Beschäftigten auf die drei kleinbetrieblich strukturierten Branchen Gewerbe, Tourismus und Handel.

**Tabelle 3: Betriebe und Beschäftigte nach Sektionszugehörigkeit in der Wirtschaftskammer Tirol 1981, 1991 und 1998**

| Sektionszugehörigkeit | 1981 | | 1991 | | 1998 | |
|---|---|---|---|---|---|---|
| | Betriebe | Beschäftigte | Betriebe | Beschäftigte | Betriebe | Beschäftigte |
| Gewerbe | 5.013 | 49.598 | 5.666 | 51.040 | 6.339 | 53.881 |
| Industrie | 568 | 33.699 | 562 | 37.327 | 463 | 33.294 |
| Handel | 3.973 | 27.821 | 4.845 | 33.360 | 4.792 | 33.659 |
| Verkehr | 907 | 13.341 | 961 | 15.349 | 1.095 | 15.653 |
| Tourismus | 5.046 | 26.821 | 5.735 | 32.293 | 5.909 | 31.830 |
| Banken u. Versicherungen | 233 | 6.281 | 222 | 8.652 | 188 | 8.694 |
| Gesamt | 15.740 | 157.561 | 17.991 | 178.021 | 18.786 | 177.011 |

Quelle: Wirtschaftskammer Tirol, Zahlen, Daten, Fakten, 1999

Vergleicht man die Zahl der Betriebe und der Beschäftigten über die Zeit, so lässt sich aus den Tabellen 3 und 4 zweierlei ableiten. Zum einen, dass die durchschnittlichen Betriebsgrößen über die Zeit sehr stabil sind. Lediglich in der Industrie und im Finanzwesen ist ein Rückgang der Betriebe und damit ein Anstieg der durchschnittlichen Betriebsgrößen festzustellen. Die übrigen Wirtschaftszweige haben durchwegs eine Zunahme der Zahl der Betriebe zu verzeichnen, wobei sich die durchschnittliche Betriebsgröße kaum verändert. Eine besondere Dynamik weist dabei das produzierende Gewerbe auf, dessen Zahl an Betrieben in der Zeit von 1981 bis 1998 um 26 % zugenommen hat. Auch im Handel (+ 20 %) und im Tourismus (+ 17 %) ist im selben Zeitraum die Zahl der Betriebe erheblich angestiegen. Über alle Wirtschaftszweige beträgt

[24] Industriellenvereinigung Tirol: a. a. O., 59.

**Tabelle 4: Betriebsgröße nach durchschnittlicher Beschäftigtenzahl und Sektionszugehörigkeit in der Wirtschaftskammer Tirol 1981, 1991 und 1998**

| Sektionszugehörigkeit | 1981 | 1991 | 1998 |
|---|---|---|---|
| Gewerbe | 10 | 9 | 8 |
| Industrie | 59 | 66 | 72 |
| Handel | 7 | 7 | 7 |
| Verkehr | 15 | 16 | 16 |
| Tourismus | 5 | 6 | 5 |
| Banken u. Versicherungen | 27 | 39 | 46 |
| Gesamt | 10 | 10 | 9 |

Quelle: Wirtschaftskammer Tirol, Zahlen, Daten, Fakten, 1999

der Anstieg 19 %. Diese Zahlen zeigen zum anderen die überwiegend kleinst- und kleinbetriebliche Struktur der Tiroler Wirtschaft. Diese Struktur bringt Vorteile und Nachteile mit sich. Einerseits sind kleinere und mittlere Unternehmen im lokalen und auch im regionalen Wettbewerb immer wieder erfolgreich. Gegenüber großen Unternehmen sind sie oft anpassungsfähiger und schneller, entdecken rascher Marktnischen und sind offener für technische Neuerungen. In ihrer Breite machen sie die Wirtschaft stabiler und konjunkturunabhängiger, in Zeiten schwächerer Konjunkturphasen sind sie leichter in der Lage, Arbeitskräfte zu halten und die Schwächephasen durchzustehen.

Die weltwirtschaftliche Globalisierung und die europäische Integration bringen es allerdings mit sich, dass zunächst die größeren und Großunternehmen Vorteile aus der Erweiterung des Marktes, aus der Nutzung von Kostendegressionen und von Synergieeffekten aus Kooperationen bzw. Fusionen ziehen können. Auch die kostspielige Einführung und Anwendung der modernen elektronischen Technologien scheint größere Unternehmen zu begünstigen. Zudem sucht sich die staatliche Forschungs- und Technologiepolitik vornehmlich größere Unternehmen als Partner, da sie sich dadurch eine raschere und effizientere Zielerreichung verspricht (z. B. Gründung von Kompetenzzentren, Technologiezentren, Forschungszentren).

Um die Wettbewerbschancen kleinerer und mittlerer Unternehmen im europäischen und globalen Wettbewerb zu erhöhen, wird in jüngerer Zeit das Konzept von Clusterbildungen vorgeschlagen. Cluster sind Kooperationen mit dem Ziel, Agglomerationsvorteile von verwandten (komplementären) Produktionen in einem Raum (bzw. an einem Standort) zu nützen, um Kostensenkungen durch steigende Skalenerträge und eine größere Wettbewerbsdynamik zu erreichen. Die theoretische Formulierung des Clusterkonzeptes geht auf Porter (1990)[25] zurück, der den Markterfolg eines Unternehmens nicht isoliert, sondern als Folge der gegenseitigen Verflechtung (bzw. Vernetzung, um ein Modewort zu gebrauchen) von vertikal und horizontal vor- und nebengelagerten Produktions- und Dienstleistungen sieht. Um die Wettbewerbsfähigkeit nicht nur der

[25] Michael E. PORTER, The Competitive Advantage of Nations, The Free Press, New York 1990.

einzelnen Unternehmen, sondern einer ganzen Region oder eines Standortes zu verbessern, sieht er es als sinnvoll und notwendig an, regionale Clusterbeziehungen zu identifizieren, zu kommunizieren und mit öffentlichen Mitteln zu unterstützen, damit international wettbewerbsfähige Kooperationen entstehen.

Porter weist allerdings ausdrücklich darauf hin, dass Clusteranalysen immer an Verflechtungsbeziehungen in der Vergangenheit anknüpfen. Ob Cluster erfolgreich waren bzw. sind, lässt sich immer erst ex post feststellen. Ihr Erfolg lässt sich daher nicht ohne weiteres auf andere Standorte oder gar in die Zukunft übertragen. So gesehen geben sie Strukturen wieder, die sowohl zukunftsträchtig als auch veraltet sein können. Die Entscheidung, Cluster zu bilden, kann daher nicht von oben (top down) kommen, sie muss unternehmerischen Entscheidungen überlassen werden (bottom up).[26] Letzteres setzt voraus, dass bei der Bildung von Clustern die Federführung, Verantwortung und Risikoübernahme bei den beteiligten Unternehmen liegen muss und die öffentliche Hand nur eine unterstützende Aufgabe übernehmen sollte. Der Erfolg von Clusters wird von den Marktkräften und nicht von den Regierungsentscheidungen bestimmt.[27]

Für die kleineren und mittleren Unternehmen Tirols kann das Clusterkonzept einen wertvollen Beitrag zur Verbesserung ihrer Wettbewerbsposition leisten, wenn es als Lernprozess für innovative Kooperationen verstanden und organisiert wird. Dabei geht es um die Kommunikation objektiver Informationen über Marktchancen und technologische Entwicklungen, aber auch um subjektive Lerninhalte wie Kooperationsfähigkeit, Anpassungsfähigkeit und Änderungsbereitschaft. Die Interessenvertretungen der Wirtschaft sind hier in besonderem Maße aufgerufen, solche Lernprozesse einzuleiten und zu begleiten.

Die regional und branchenmäßig breit gestreute kleinbetriebliche Unternehmensstruktur weist der Tiroler Wirtschaftspolitik darüber hinaus eine vordringliche Aufgabe zu, eine „explizite Ausgleichspolitik" zu implementieren, die der Vielzahl der kleinbetrieblichen Unternehmen den Weg in den europäischen Binnenmarkt erleichtert. Dazu gehören der weitestgehende Abbau bürokratischer Hemmnisse bei Genehmigungsverfahren, die Unterstützung von Kooperationen, sei es zum Zwecke der Markterweiterung oder der betrieblichen Kostensenkung, die Erleichterung von Informationszugängen für europäische Förderungs- und Kooperationsprogramme, die Schaffung qualifizierter Ausbildungsangebote mit anwendungs- und umsetzungsorientierter Ausrichtung, die professionelle Beratung in allen Fragen des zersplitterten und intransparenten EU-Wirtschafts-, Handels- und Steuerrechts sowie die Hilfestellung bei allen Initiativen zu Unternehmensgründungen.

---

[26] Vgl. Institut für Höhere Studien (IHS), Standortaffinität internationaler Wachstumsunternehmen, Wien, 1998, 91 f.

[27] Michael E. PORTER, Clusters and Government Policy, in: Wirtschaftspolitische Blätter, 2/2000, 149.

## 3.4 Wirtschaftspolitik des Landes: Die Suche nach einem wirtschaftspolitischen Profil

### *a) Rechtliche, politische und wirtschaftliche Rahmenbedingungen*

Was die *rechtlichen Rahmenbedingungen* der Wirtschaftspolitik betrifft, so ist festzustellen, dass die wesentlichen Kompetenzen auf Bundesebene und nach dem EU-Beitritt Österreichs vermehrt auf EU-Ebene angesiedelt sind. Der Wirkungsbereich einer eigenständigen Tiroler Wirtschaftspolitik ist *formal* an Entscheidungen und Vorgaben des Bundes sowie der EU gebunden.

Die Handlungsmöglichkeiten des Landes im *hoheitlichen Bereich* werden durch die verfassungsrechtliche Kompetenzverteilung determiniert. Über jene wirtschaftspolitisch bedeutsamen Materien hinaus, in denen das Land selbst Gesetzgeber und/oder Träger der Vollziehung ist, bestehen maßgebliche Einflussmöglichkeiten im *Rahmen der mittelbaren Bundesverwaltung*. In der *Privatwirtschaftsverwaltung* sind die Kompetenzen des Landes beinahe unbegrenzt und letztlich von materiell-rechtlichen Bestimmungen (z. B. EU-Wettbewerbsrecht) einerseits und den zur Verfügung stehenden *Finanzmitteln* andererseits abhängig. *Faktisch* ist damit der Spielraum der Tiroler Wirtschaftspolitik sehr groß.

Aus *politischer Sicht* war die Führung des Landes in der Nachkriegszeit durch die langjährige Dominanz der Tiroler Volkspartei gekennzeichnet, die seit 55 Jahren (!), bis 1998 mit absoluter Mehrheit und seither mit relativer Mehrheit, im Landtag den Landeshauptmann stellen konnte. Diese politische Stabilität führte einerseits zu einem hohen Maß an Kontinuität wirtschaftspolitischer Entscheidungen, andererseits aber auch zu einer eher „traditionalistischen" Wirtschaftspolitik, die vornehmlich nach innen auf „tirolische" Interessen und Problemlösungen ausgerichtet war. Die stark ausgeprägte bündische Struktur der Regierungspartei sorgte dafür, dass einem breiten Interessenausgleich zwischen den wirtschaftlichen und ständischen Gruppierungen größeres Gewicht zugemessen wurde als einer gezielten, an Prioritäten orientierten Wirtschaftspolitik.

Dieser *„akkommodierende Charakter"* der Tiroler Wirtschaftspolitik wurde wesentlich begünstigt durch die gute *Nachkriegskonjunktur*, die Tirol im Vergleich zu Gesamtösterreich überdurchschnittliche wirtschaftliche Wachstumsraten ermöglichte. Die Ausdehnung des Wirtschaftsraumes in den bayerischen und süddeutschen Raum sowie die kräftig zunehmende Tourismusnachfrage führten im Lande zu einem raschen Anstieg der Einkommen und des Wohlstandes. Dies schlug sich auch in der finanziellen Ausstattung des Tiroler Landeshaushaltes nieder, der über einen ausreichenden Spielraum für wirtschaftspolitische Maßnahmen verfügte. Wenn in der (finanzausgleichs-)politischen Diskussion von Tiroler Seite auch immer wieder darauf hingewiesen wurde, dass die Rückflüsse aus dem Finanzausgleich, d. h. der „juste retour", angesichts der regionalen Wirtschafts- und Steuerkraft zu gering seien, muss die finanzielle Lage des Landes in der Vergangenheit doch vergleichsweise als gut bezeichnet werden.

### *b) Klassische Wirtschaftspolitik: Infrastrukturausstattung und Wirtschaftsförderung*

Bis zur Mitte der 80er Jahre beruhte die Tiroler Wirtschaftspolitik auf zwei Säulen: Auf einer offensiven Infrastrukturpolitik und einer breit angelegten Wirtschaftsförderung.

Die *Infrastrukturpolitik* setzte bereits in den 50er Jahren mit dem Ausbau der Energieversorgung durch Nutzung der Wasserkraft ein. Die hohen Investitionen in die Kraftwerke Silz und Prutz wurden über die landeseigene TIWAG aufgebracht. Der rasch zunehmende Reise- und Transitverkehr überforderte bald die Leistungsfähigkeit des Tiroler Straßennetzes. Durch Gründung der Brenner-Autobahn-AG im Jahr 1964 und Vorfinanzierung der Inntalautobahn, die im Ausbauplan des Bundes zu dieser Zeit noch nicht vorgesehen war, wurde einerseits der unerträglich gewordene Verkehrsstau in Tiroler Ortsdurchfahrten beseitigt und andererseits ein wichtiger Anstoß für die bauliche Fortführung der Brenner-Autobahn auf der Südseite des Brenners gegeben. Die Erträgnisse der Brenner-Autobahn wurden teilweise und soweit als möglich – nach Vereinbarungen mit dem Bund – in Tirol belassen und für Verkehrsinvestitionen im Oberland verwendet. Auch im Bildungsbereich betrieb das Land eine intensive Investitionspolitik. Das Ziel bestand darin, eine flächendeckende Ausstattung des Landes mit berufsbildenden und allgemein bildenden Schulen herbeizuführen. Durch Vorfinanzierungen aus dem Landesbudget konnte der Bund in vielen Fällen bewegt werden, seine Investitionen in diesem Bereich vorzuziehen. Ende der 60er Jahre ergriff das Land Tirol die Initiative zu Errichtung der Fakultät für Bauingenieurwesen und Architektur an der Universität Innsbruck. Die Investitionskosten der siebten Fakultät der Universität, die 1969 ihre Pforten öffnete, wurden durch eine Tiroler Landesanleihe aufgebracht.[28]

Neben der Infrastrukturpolitik entwickelte das Land im Laufe der Zeit eine breit gefächerte, auf Mehrfachziele ausgerichtete *Wirtschaftsförderungspolitik.* Mit einer Vielzahl von Förderungsaktionen sollten einerseits der kleinstrukturierten gewerblichen und touristischen Wirtschaft Investitionshilfen gewährt und andererseits spezielle wirtschaftspolitische Ziele verfolgt werden. Solche bezogen sich auf energiewirtschaftliche Lenkungs- und Sparmaßnahmen, auf Nahversorgungsziele, auf Umweltschutzmaßnahmen sowie auf Qualitätsverbesserungen im Bereich der Ausbildung und des Tourismusangebotes. Die Junktimierung vieler Förderungsaktionen mit solchen des Bundes und neuerdings der EU führten zusätzlich zu einer kaum mehr durchschaubaren Kompliziertheit des gesamten Förderungssystems, die immer wieder den Ruf nach einer Reform laut werden ließ. Das politische Problem der Reform eines derart vielgestaltigen Systems liegt darin, dass die Abschaffung oder Aussetzung einmal beschlossener Förderungsmaßnahmen auf großen politischen Widerstand stößt, sodass meist nur die Zusammenfassung bestehender Förderungsaktionen zu allgemeinen Schwer-

---

[28] Manfried GANTNER, 6 % Anleihe des Landes Tirol 1967, in: Veröffentlichungen der Universität Innsbruck, 1969, 99.

punkten gelingt, unter denen die bisherigen Förderungen weiter angesprochen werden können. Eine Reform dieser Art wurde im Jahre 1999 durchgeführt, wodurch die Übersichtlichkeit und Administrierbarkeit deutlich gesteigert werden konnte. Aus ökonomischer Sicht dürften die Mitnahmeeffekte der einzelnen Förderungsaktionen bei den Förderungsempfängern nach wie vor beträchtlich sein, sodass die ökonomische Effizienz des Systems weiter hinterfragt werden muss.

Die gute wirtschaftliche Entwicklung Tirols bis zum Ende der 80er Jahre konnte nicht verhindern, dass die regionalen Einkommens- und Entwicklungsunterschiede zwischen den einzelnen Bezirken bzw. Landesteilen aufrecht blieben. Die Landesregierung entschloss sich daher 1971, ein *Raumordnungs-Schwerpunkte-Programm (ROSP)* einzuführen. Mit ihm sollten regionale Entwicklungsvorhaben zur Stärkung der Regionalentwicklung gefördert werden. Die Effizienz dieses Programms litt von allem Anfang darunter, dass es (aus politischen Gründen) nicht gelang, Regionalförderungsgebiete nach ihrem Entwicklungsstand abzugrenzen und die Mittelvergabe entsprechend abzustufen bzw. zu konzentrieren. Am Entwicklungsrückstand der benachteiligten Bezirke Osttirol, Landeck und Imst gegenüber den wirtschaftsstarken Bezirken hat sich daher durch die Förderungen aus dem ROSP bis heute wenig geändert.

### *c) Neue Herausforderungen der Wirtschaftspolitik*

Seit Mitte der 80er Jahre des vergangenen Jahrhunderts lässt sich in Tirol der Übergang von einer mehr reaktiven zu einer aktiven Wirtschaftspolitik beobachten. Mehrere Gründe waren dafür maßgebend.

Auf dem Höhepunkt der touristischen Entwicklung setzte eine umfassende und intensive Diskussion über den Stellenwert des Tourismus ein, die auch von der Landesregierung aufgenommen wurde. Fragen der kulturellen Auswirkungen, der gesellschaftlichen Akzeptanz wurden ebenso aufgegriffen wie jene nach der Umweltverträglichkeit und den Grenzen der Erschließung. Die Konturen einer umweltverträglichen Tourismuspolitik fanden in der Novellierung des Tiroler Raumordnungsgesetzes und in den sogenannten Seilbahngrundsätzen ihren Niederschlag. Als sich ab dem Jahre 1992 ein massiver Rückgang der Gästenächtigungen abzeichnete, musste die Tiroler Wirtschaftspolitik ihr Augenmerk auf Maßnahmen zur Erhaltung und Stärkung der Wettbewerbsfähigkeit touristischer Betriebe richten. Verbesserungen der touristischen Rahmenbedingungen, vor allem im Bereich der Ausbildung, und Maßnahmen zur Verbesserung der Qualität des Angebots traten nun in den Vordergrund. Eine besondere Rolle wuchs der Tirol-Werbung zu, die ihre Aktivitäten gleichermaßen auf eine Profilierung des Angebotes und auf ein offensives Nachfragemanagement ausweitete.

Zu Beginn der 90er Jahre setzte in Österreich auch eine langjährige Rezession ein, die in der Tiroler Wirtschaft ganz allgemein zu einem Rückgang der Wachstumsraten und zu steigenden Arbeitslosenzahlen führte. Die überwältigende Zustimmung zum EU-Beitritt im Jahre 1995 war zunächst noch von der Hoffnung getragen, die Integrationsvorteile würden zu einer Belebung der Wirtschaft und der Beschäftigung führen.

Diese Hoffnungen erfüllten sich nicht. Vielmehr zeigte sich, dass der Wettbewerb auf den ausländischen Märkten wesentlich intensiver und rauher geworden war.

Angesichts des zunehmenden Wettbewerbsdrucks, nicht nur im Zuge der europäischen Integration, sondern auch des weltweiten Globalisierungsprozesses, ist das Land Tirol selbst zu einem Mitspieler im internationalen wirtschaftlichen Wettbewerb geworden. Dies hat natürlich auch eine Veränderung der Rolle der Wirtschaftspolitik des Landes zur Folge. Sollen Einkommen und Beschäftigung im Lande weiterhin zunehmen, muss das Land eine aktive *Standortpolitik* und *Technologiepolitik* betreiben. Im ersteren Fall geht es darum, durch eine hervorragende Infrastruktur (in wirtschaftlicher, sozialer und ökologischer Hinsicht) für Investitionen und Betriebsansiedlungen attraktiv zu sein, im zweiten Fall darum, durch eine bestmögliche Qualifizierung des Arbeitskräftepotentials und durch Forschungsanstrengungen im technologischen Bereich internationale Wettbewerbsfähigkeit zu erlangen.

Eine Reihe von Initiativen in diese Richtung weist darauf hin, dass die Tiroler Wirtschaftspolitik die neue Qualität ihrer Gestaltungsaufgabe erkannt hat. Mit dem Aufbau des Tech-Tirol, der Gründung der Tiroler Zukunftsstiftung, mit einer verstärkten Unterstützung von Forschungs- und Ausbildungsbereichen der Universität sowie der Gründung und Finanzierung von Fachhochschulstudiengängen zeichnet sich eine prioritäre *technologieorientierte Wirtschaftspolitik* des Landes ab.

## 4. Unverzichtbare Umweltpolitik: Im Widerstreit der Interessen

Modernes Wirtschaften in der Dienstleistungs- und Wissensgesellschaft beruht auf der intensiven Nutzung des Produktionsfaktors „Mensch“ mit seinen körperlichen und geistigen Fähigkeiten. Der Begriff „Humankapital“ führt das Wort „Kapital“ wieder zu seiner ursprünglichen Bedeutung zurück: Der menschliche Kopf (caput) ist das Kapital. Die „kopfbezogene Intensivwirtschaft“ ermöglicht heute ein raum- und bodensparendes Wirtschaften und erleichtert daher das Problem der Knappheit und Begrenztheit des alpinen Raumes in Tirol. Mit der Produktion von wertschöpfungsintensiven Gütern und Dienstleistungen kann Tirol die Chance nützen, gleichermaßen wirtschaftlichen Wohlstand und hohe Lebensqualität im begrenzten Natur- und Kulturraum zu erzielen.[29]

Dennoch bedürfen die konkurrierenden Nutzungsansprüche an den vorgegebenen Raum eines organisatorischen Systems, das Kriterien und Verfahren der Zuteilung regelt. Dabei geht es zunächst um die Verteilung der Nutzungen über den Raum nach ihrer prioritären Wichtigkeit. Diese Aufgabe könnte prinzipiell auch der Markt lösen, indem er die Nutzungsintensität durch die Bodenpreise zum Ausdruck bringt und den jeweiligen Höchstbietern den Zuschlag erteilt. Die „reine“ Marktsteuerung weist aber schwerwiegende Mängel auf. Die jeweiligen Nutzungsarten, sei es zu Siedlungs-, Wirt-

[29] Siehe auch: Wirtschaftsleitbild Tirol: a. a. O., 18.

schafts-, Verkehrs- oder Naturschutzzwecken, sind nämlich in der Regel mit externen Wirkungen (spillovers) verbunden, die entweder andere Nutzungen oder die ganze Umwelt (positiv oder negativ) beeinflussen, aber im Preissystem des Marktes nicht widergespiegelt werden. Insofern würde eine Marktsteuerung falsche Preissignale aussenden, die eine Fehlallokation von Land und Umwelt zur Folge hätte.

Die Zuteilung der Raumnutzung muss daher grundsätzlich auf politischem Wege durch Verfahren geregelt werden. Diese beziehen sich sowohl auf Nutzungsverwendungen als auch auf die Art und Weise der Nutzung (zur Vermeidung von Nachbarschafts- oder Umweltbeeinträchtigungen). Sofern es sich um die Festlegung von Indikatoren und Grenzwerten handelt, die dem Schutz vor ökologischen oder gesundheitlichen Schäden dienen und daher nicht überschritten werden dürfen, verfügt Tirol über ein System von offiziellen Vorsorgegrenzwerten. Bezüglich der Festlegung von konkreten Maßnahmen, die im Falle der Überschreitung der Grenzwerte ergriffen werden sollen, ist die politische Determiniertheit allerdings wesentlich geringer.

Wesentlich schwieriger gestaltet sich die Vorgabe von Grenzwerten, wenn es um den Natur- und Landschaftsschutz geht. Wissenschaftlich messbare Indikatoren lassen sich hier kaum formulieren. Grenzen müssen vielmehr nach Abwägung von Interessensstandpunkten und durch Überzeugungsarbeit im politischen Konsens gefunden werden. Kurzfristige Nutzungsinteressen stehen dabei untereinander, aber auch insgesamt dem Interesse einer nachhaltigen Natur- und Raumnutzung gegenüber. Diese Interessenkonflikte lösen von Zeit zu Zeit kontroverse Diskussionen in der Öffentlichkeit aus.

Die Tiroler Umweltpolitik ist aus diesem Grunde in letzter Zeit dazu übergegangen, bestimmte sensible Landschaftsnutzungen für einen mittelfristigen Zeitraum quantitativ festzuschreiben (z. B. Seilbahngrundsätze des Landes, Golfplatzkonzept). Dadurch sollte einerseits dem Druck von Einzelfall-Forderungen entgegengewirkt und andererseits für eine bestimmte Zeit die Diskussion darüber unterbunden werden. Bald zeigte sich, dass die politische Problematik durch diese Vorgangsweise nur zeitlich verschoben wurde. Der in der Zwischenzeit eingetretene Stau von zurückgehaltenen Projekten löste bei manchen Interessenten verstärkten politischen Druck aus, nach Ablauf der Frist neuerliche Verhandlungen und Lösungen durchzusetzen.

Noch drastischer tritt die politische Dimension der Umweltpolitik beim Tiroler Verkehrsproblem auf. Wenn auch die wichtigsten Parameter der Verkehrspolitik, insbesonders der Transitpolitik, auf der Bundes- und europäischen Ebene angesiedelt sind, so war die Tiroler Politik doch bisher nicht in der Lage, im Interessenkonflikt zwischen den Umweltinteressen einerseits und den Interessen des heimischen Transportgewerbes andererseits einen beide Seiten zufriedenstellenden Kompromiss herbeizuführen. Es scheint, dass beide Parteien trotz gegenteiliger Beteuerungen die Verlagerung der Entscheidungen auf die nächsthöhere Ebene leichter ertragen als einen „hausgemachten Kompromiss“.

Eine Umweltpolitik, die auf einen nachhaltigen Umgang mit dem Natur-, Wirtschafts- und Lebensraum ausgerichtet ist, wird immer vor dem politischen Problem der

Abwägung einer Vielzahl von Partikularinteressen mit den Langfristwirkungen von umweltpolitischen Maßnahmen stehen. Angesichts der „wahlpolitischen Kurzsichtigkeit" politischer Entscheidungsprozesse muss die Umweltpolitik mit der Tatsache einer strukturellen Benachteiligung leben. Ein wichtiger Schritt, diese Benachteiligung zu mildern, wäre das Abgehen von der Vielzahl von Einzelprüfungsverfahren und Einzelentscheidungen bzw. die Einbettung solcher Entscheidungen in ein umfassendes Umwelt- und Landesentwicklungsprogramm. In ihm sollten ein möglichst vollständiger Zustandsbericht über die Situation der sensiblen Umweltbereiche (Wasser, Luft, Landschaft, Natur) und die umweltpolitischen Zielsetzungen der Regierung enthalten sein. In Prüf- und Genehmigungsverfahren wäre dann die Übereinstimmung mit diesen umweltpolitischen Zielen einzufordern.

Die Zusammenschau und Zusammenfassung der Zielsetzungen und Maßnahmen der Umweltpolitik in einem einheitlichen Konzept könnte bereits im Erstellungsprozess das Problembewusstsein aller Beteiligten für umweltpolitische Zusammenhänge und Maßnahmen verbessern. Durch regelmäßige Information der Öffentlichkeit wäre zudem eine Stärkung des Problembewusstseins der Bevölkerung möglich. Schließlich bestünde eine Hoffnung darin, Partikularinteressen vor dem Hintergrund eines umweltpolitischen Gesamtkonzeptes ein wenig zu relativieren.

Gelingt es den Tirolern und der Tiroler Politik, die Umweltwolken mit dem drohenden Ballast der Verkehrsentwicklung und der Übererschließung des Landes aufzulösen oder zu vertreiben, dann können die Worte des Augsburger Mönchs Felix Faber noch Gültigkeit haben, die er im Jahre 1483 mit Blick auf Tirol schrieb: „Nie würde ein Mensch, der die Alpen von der Ferne sieht, ahnen, dass dort lustatmende Paradiese unter dem ewigen Schnee zu treffen sind." [30]

## Schrifttum

Clement, Werner / Wolfgang Fabris, Die produzierende Wirtschaft Tirols – Entwicklungsperspektiven und Aufbruchsszenarien, Industriewissenschaftliches Institut Wien 1997.

Europäische Kommission (Hg.), EUREK, Europäisches Raumentwicklungskonzept, 1999.

Gallup-Institut, Image der österreichischen Industrie 1997.

Gantner, Manfried, 6 % Anleihe des Landes Tirol 1967, in: Veröffentlichungen der Universität Innsbruck, Innsbruck 1969.

Industriellenvereinigung Tirol (Hg.), Jahresbericht 1998, Innsbruck 1999.

Institut für Höhere Studien IHS (Hg.), Standortaffinität internationaler Wachstumsunternehmen, Wien 1998.

Institut für Verkehr und Tourismus (Hg.), Die Tourismusgesinnung der Tiroler, Innsbruck 1997.

Kernbauer, Hans / Eduard März / Fritz Weber, Die wirtschaftliche Entwicklung, in: Erika Weinzierl / Kurt Skalnik (Hg.), Österreich 1918–1938, Geschichte der 1. Republik, Graz-Wien-Köln 1983.

[30] Zitiert bei Stolz Otto: a. a. O., S. 387.

NUSSBAUMER, Josef, Sozial- und Wirtschaftsgeschichte von Tirol 1945–1985 (Tiroler Wirtschaftsstudien 42), Innsbruck 1992.

OBERKOFLER, Josef Georg, Der Tiroler Bauer, in: Robert LÖBL, Tirol in Farben, Innsbruck-Wien-München 1979, 61–62.

PENEDER, Michael, Wettbewerbsfähigkeit und Standortqualität, in: Wirtschaftspolitische Blätter, 3/1999, 173 ff.

PENKER, Walter, Wie prognostizierbar ist der ökonomische Strukturwandel?, in: ÖHW, Jahrg. 40 (1999), Heft 4, 243 ff.

PFAFFERMAYR, Michael, Standortindikatoren Österreichs, Jahresbericht 1996/97, Österreichisches Institut für Wirtschaftsforschung, Wien 1999.

PORTER, Michael E., Clusters and Government Policy, in: Wirtschaftspolitische Blätter 2/2000, 149.

PORTER, Michael E., The Competitive Advantage of Nations, The Free Press, New York 1990.

ROBINSON, Austin, Economics of the next century, in: John D. HEY, The future of economics, Blackwell 1992, 94–105.

STATISTISCHES JAHRBUCH für die Republik Österreich 1998.

STOLZ, Otto, Geschichte des Landes Tirol, Innsbruck-Wien-München 1955.

THUROW, Lester C., Die Zukunft des Kapitalismus, München 1998.

WIRTSCHAFTSLEITBILD TIROL. Materialienband, Innsbruck 1998.

## Summaries

Nach dem Zweiten Weltkrieg hat sich Tirol von einem agrarisch dominierten zu einem modernen Industrie- und Dienstleistungsland entwickelt. Für die rasch wachsende Bevölkerung mussten Arbeitsplätze geschaffen werden, die zum überwiegenden Teil vom Dienstleistungssektor bereitgestellt wurden. Eine überdurchschnittliche Expansion fand im Handel und Tourismus, im Bankwesen und in der öffentlichen Verwaltung statt. Im industriellen Sektor weist Tirol einige Spitzenbetriebe mit internationaler Bedeutung auf, mit einem Anteil von 6 % an der gesamtösterreichischen Produktion liegt die Tiroler Industrie aber deutlich hinter den österreichischen Bundesländern.

Die Chancen der Tiroler Wirtschaft in der Zukunft liegen in der weitgehend (noch) intakten Umwelt, in einer gut ausgebauten Energie- und Verkehrsinfrastruktur, einem sehr qualifizierten Arbeitskräftepotential, einer ausgewogenen Wirtschaftsstruktur sowie in der offenen Lage zum süddeutschen und norditalienischen Wirtschaftsraum. Die Nutzung dieser Potentiale erfordert angesichts des weltweiten Globalisierungsprozesses und der informationstechnologischen Revolution der Zukunft eine verstärkte außenwirtschaftliche Orientierung sowie eine weitere Qualifizierung im Bildungs- und Forschungsbereich, um im internationalen Wettbewerb mithalten zu können.

* * *

Since world war II, Tyrol has shown a significant development from an agrarian to a modern industry and service economy. For the fast-growing population many new jobs had to be created. These were to a great extent provided by the service sector, especially in trade and tourism, in banking as well in civil services. The industrial sector is characterized by some high-tech enterprises with international reputation, but Tyrol's share of overall industry production in Austria is rather small.

The chances for the Tyrolean economy in the future lie in the good environmental conditions, in the well developed energy and transport infrastructure, in the highly qualified labor force, well-balanced structure of the economy and in its geographical location between the dynamic markets of Southern Germany and Northern Italy.

In order to take advantage of this potential and to hold its own in the light of globalization and the revolution in information technology, the Tyrolean economy requires a stronger external orientation as well as growth in the areas of education and research.

* * *

Dopo la seconda guerra mondiale il Tirolo si è trasformato da un paese essenzialmente agricolo in un paese moderno con un'economia basata sull'industria e sui servizi. La rapida crescita demografica ha reso necessaria la creazione di nuovi posti di lavoro, soprattutto nel settore dei servizi. Un'espansione superiore alla media ha interessato i settori del commercio, turismo, bancario e della pubblica amministrazione. Nel settore industriale il Tirolo può attualmente contare su alcune imprese di alto livello e di risonanza internazionale, anche se con una percentuale del 6 % rispetto all'intera produzione nazionale l'industria tirolese si colloca agli ultimi posti nella graduatoria dei *Bundesländer*.

I punti di forza dell'economia tirolese sono rappresentati da un ambiente intatto, un'infrastuttura avanzata nel campo dell'energia e dei trasporti, un potenziale di manodopera altamente qualificato, un'equilibrata struttura economica in contatto continuo con le regioni economiche della Germania meridionale e dell'Italia settentrionale. Sullo sfondo del processo mondiale di globalizzazione e della rivoluzione nel settore delle tecnologie dell'informazione l'utilizzo di tali potenziali dovrà in futuro orientarsi maggiormente alle economie estere nonché puntare su un'ulteriore qualificazione nei settori formazione e ricerca.

# Die gewerbliche Wirtschaft Tirols

## Ihr Wandel in Zahl und Struktur unter besonderer Berücksichtigung von Gewerbe und Handwerk

WALTER HÄMMERLE / NORBERT BEYER

## 1. Das Wachstum seit 1951

### 1.1 Demografische Entwicklung

#### *1.1.1 Sozialstruktur im Umbruch*

Am Ende des 20. Jahrhunderts durchlebt Tirol einen massiven demografischen Umbruch, die Periode eines – auch historisch – überdurchschnittlichen Bevölkerungswachstums verebbt. Neben der zunehmend rascheren Entwicklung hin zu einer globalen Informationsgesellschaft stellen die vorgezeichneten Verschiebungen in der Bevölkerungsstruktur und deren wirtschaftliche und soziale Bewältigung entscheidende Herausforderungen an die nächste und übernächste Generation in diesem Land. Mit einer praktisch stagnierenden Gesamtbevölkerung Tirols in den kommenden 2 bis 3 Jahrzehnten geht eine massive „Veralterung" der Tiroler Bevölkerung einher.[1] Die heute immer noch halbherzig geführte Diskussion um die Alterspensionen ist nur die Spitze eines Eisbergs von Problemen, die sich nach den vorliegenden Daten in den ersten Dezennien 2000 stellen werden. Die Mehrzahl der aktuellen Prognosen erwartet ab 2030 für Tirol sogar eine schrumpfende Einwohnerzahl, das Arbeitskräfteangebot (Erwerbspersonen) in Tirol[2] dürfte bereits 2015 seinen Höhepunkt erreichen und danach drastisch sinken.

In den Jahrzehnten nach dem 2. Weltkrieg, also ab der Mitte des 20. Jahrhunderts, stellte sich die demografische Lage und Entwicklung völlig anders dar: Mit 427.465 Einwohnern zum Zeitpunkt der Volkszählung 1951 entfielen knapp 6,2 % der österreichischen Gesamtbevölkerung auf Tirol. Bis 1998 stieg die Wohnbevölkerung öster-

---

1 Alexander HANIKA, Bevölkerungsvorausschätzung 1999 bis 2050 für Österreich und die Bundesländer, in: Statistische Nachrichten 11/1999, Wien 1999, 924–933.

2 Gudrun BIFFL / Alexander HANIKA, Vorausschätzung der Erwerbspersonen nach Bundesländern 1996 bis 2050, in: Statistische Nachrichten 6/1998, Wien 1999, 396–410.

reichweit von rund 6,93 auf 8,08 Millionen, also um etwa 1,14 Mio. Köpfe oder 16,5 % an. Diese Zunahme entspricht etwa dem Bevölkerungsstand 1951 von Oberösterreich oder der Steiermark. In Tirol nahm dagegen die Wohnbevölkerung im gleichen Zeitraum um rund 236.000 Personen, also um über 55 % zu. Diese starke Zunahme in den vergangenen knapp 5 Jahrzehnten entspricht, grob verglichen,

- etwa dem doppelten Einwohnerstand der Landeshauptstadt Innsbruck bzw.
- der gesamten Einwohnerzahl Tirols (in den heutigen Grenzen) von 1869 oder auch
- rund einem Fünftel des österreichweiten Bevölkerungszuwachses 1951–1998.

Mit einer Wohnbevölkerung von 663.603 Personen (fortgeschriebener Bevölkerungsstand – Jahresdurchschnitt 1998)[3] stellt Tirol mit 8,2 % rund ein Zwölftel der österreichischen Gesamtbevölkerung. 1951 waren es – siehe oben – knapp 6,2 % und um 1900 gar nur 4,4 %.

Während des gesamten 19. Jahrhunderts – und schon davor – war die Bevölkerungsdynamik in Tirol laufend und deutlich hinter der gesamtösterreichischen Entwicklung zurückgeblieben. Etwa zur Zeit der Gründung der Tiroler Handelskammer, konkret 1850, zählte man in Tirol mit 240.400 Einwohnern gerade 22.400 Köpfe mehr als fast 100 Jahre zuvor (1754). Obwohl bereits wenige Jahre nach der Schlacht am Bergisel (1806) eine Reihe von Manufakturen in Tirol entstanden waren, hielt die Verarmung und Abwanderung der Tiroler an, da das alpine Agrarland trotz landwirtschaftlicher Nutzung bis in hochalpine Grenzlagen nicht genug Nahrungsbasis bot.

Erst um 1900 wendete sich die demografische Entwicklung in Tirol zum Besseren: Der Eisenbahnbau, damit auch Anfänge des Tourismus sowie in weiterer Folge die Nutzung von Wasserkraft zur Stromerzeugung waren wesentliche Voraussetzungen für eine ökonomische und demografische Aufwärtsentwicklung. Während im Osten Österreichs die Zuwanderung aus den ehemaligen Kronländern nach dem Zerfall der Donaumonarchie versiegte, verzeichnete Tirol in der ersten Hälfte des 20. Jahrhunderts gleich zwei Zuwanderungswellen; zuerst waren es die „Welschtiroler", die durch den Bahnbau und Jobs in der Textilindustrie aus dem Trentino zuwanderten, in den 30er Jahren erfolgte ein massiver Zuzug von Südtiroler Familien, die aus politischen Gründen die Heimat südlich des Brenners verließen.

Wesentlich zur demografischen Aufwärtsentwicklung haben auch die besseren Lebensumstände beigetragen. Durch den medizinischen Fortschritt ist die Lebenserwartung z. B. der Dreißigjährigen (österreichweit) von rund 63 Jahren bei Männern bzw. knapp 65 Jahren bei Frauen zur Zeit um 1900 bis 1951 auf 69,6 Jahre bei Männern und 73,5 Jahre bei Frauen angestiegen.[4] Neben dem weiteren Ausbau und höherer Qualität der medizinischen Versorgung haben auch die wesentlich besseren Lebensumstände

---

[3] Österreichisches Statistisches Zentralamt, Statistik Österreich, Statistisches Jahrbuch 1999–2000, Wien 1999, 40ff., Tabellen 2.02, 2.05.

[4] Österreichisches Statistisches Zentralamt, Statistik Österreich, Statistisches Jahrbuch 1999–2000, Wien 1999, 76, Tabelle 2.34.

von der Ernährung über die Wohnverhältnisse, sozialen Errungenschaften, die massiven Entlastungen bei der körperlichen Arbeit und der frühere Pensionsantritt nachhaltig dazu beigetragen, dass die 30-jährigen Männer in den 90er Jahren mit einer Lebenserwartung von rund 75 Jahren und die Frauen von durchschnittlich sogar 81 Jahren rechnen dürfen.

**Abbildung 1: Bevölkerungsentwicklung Tirol–Österreich im Vergleich**

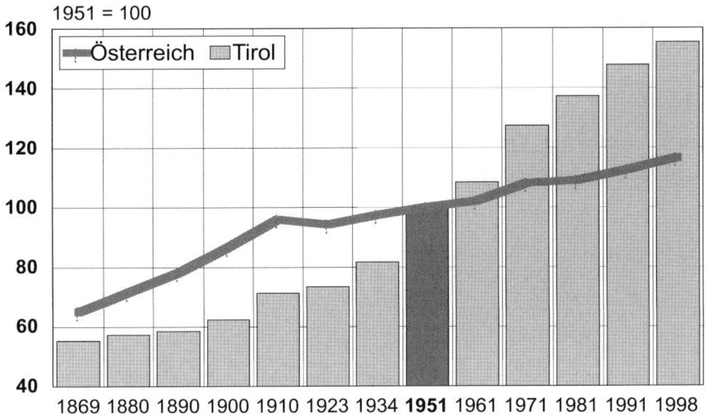


(Indexdarstellung: Einwohnerstand 1951 = 100)

Die starke Zunahme der Tiroler Bevölkerung ab 1951 geht in erster Linie auf das natürliche Bevölkerungswachstum, also den positiven Saldo aus Geburten und Sterbefällen zurück. Zwischen 1951 und 1961 war der Wanderungssaldo sogar negativ. Entgegen einer weit verbreiteten Meinung ist auch von 1961 bis heute (i. e. 1998) nur gut ein Viertel des Bevölkerungswachstums in Tirol auf Zuwanderungen zurückzuführen.

Über die natürliche Zunahme der Bevölkerung hinaus verzeichneten zwischen 1961 und 1991 insbesondere die Bezirke Innsbruck-Land und Kufstein, ab 1981 auch Kitzbühel und Schwaz deutliche Wanderungsgewinne. Dagegen gab es in den Bezirken Lienz und Landeck von 1961 bis 1991 durchgehend deutlich mehr Abwanderungen als Zuzüge. Dadurch ist in diesen beiden Bezirken das Wachstum der Bevölkerung insgesamt hinter dem Landesdurchschnitt zurückgeblieben.

Ein überdurchschnittliches Bevölkerungswachstum in der Inntalfurche, namentlich von Imst bis Kufstein und insbesondere im näheren Umland der Landeshauptstadt wird aus den vorliegenden Daten evident.

Bis 1970 herauf mussten eine Reihe peripherer Gebiete und Talschaften, insbesondere Klein- und Kleinstgemeinden (mit weniger als 1.000 bzw. weniger als 500 Einwohnern) als akut entsiedlungsgefährdet gelten. Heute ist der Weiterbestand nur noch in einigen wenigen Kleinstgemeinden, u. a. in den Seitentälern des Lechtals, fraglich. Obwohl die Bevölkerung im Zentralraum, namentlich in Gemeinden mit ursprünglich 1.000–2.000 Einwohnern besonders stark zunahm, ist es in Tirol per Saldo weit besser

**Tabelle 1: Entwicklung der Wohnbevölkerung nach Bezirken**

| Gebiet | Wohnbevölkerung lt. Volkszählung 1951 | 1971 | 1991 | FS Ende 1998* | Veränd. 1951–1998 Zahl | in % |
|---|---|---|---|---|---|---|
| Ibk.-Stadt | 95.055 | 116.010 | 118.112 | 110.997 | 15.942 | 16,8 % |
| Imst | 29.954 | 38.326 | 46.833 | 52.371 | 22.417 | 74,8 % |
| Ibk.-Land | 78.131 | 107.834 | 141.334 | 152.779 | 74.648 | 95,5 % |
| Kitzbühel | 36.669 | 46.516 | 54.127 | 58.671 | 22.002 | 60,0 % |
| Kufstein | 56.093 | 70.875 | 84.627 | 91.864 | 35.771 | 63,8 % |
| Landeck | 28.882 | 35.629 | 40.207 | 43.223 | 14.341 | 49,7 % |
| Lienz | 37.747 | 45.614 | 48.338 | 50.639 | 12.892 | 34,2 % |
| Reutte | 20.901 | 26.068 | 29.140 | 31.305 | 10.404 | 49,8 % |
| Schwaz | 44.033 | 57.611 | 68.692 | 73.542 | 29.509 | 67,0 % |
| Tirol-gesamt | 427.465 | 544.483 | 631.410 | 665.391 | 237.926 | 55,7 % |

*) Fortgeschriebener Bevölkerungsstand zum Jahresende

**Tabelle 2: Komponenten der demografischen Entwicklung 1951–1998**

| Zeitraum | Geburtenbilanz | Wanderbilanz | Einwohnerzunahme | %-Anteil Migration |
|---|---|---|---|---|
| 1951–1961* | 42.200 | –6.766 | 35.434 | –19,1 % |
| 1961–1971 | 60.733 | 20.851 | 81.584 | 25,6 % |
| 1971–1981 | 32.880 | 9.300 | 42.180 | 22,0 % |
| 1981–1991 | 30.145 | 14.602 | 44.747 | 32,6 % |
| 1991–1998 | 25.664 | 9.452 | 35.116 | 26,9 % |
| 1951–1998 | 191.622 | 47.439 | 239.061 | 19,8 % |

* nur gerundete Werte verfügbar

als in anderen Gebieten gelungen, trotz des rapiden Rückgangs der alpinen Landwirtschaft auch in den Seitentälern die Bevölkerung zu halten. Dies ist eines der wichtigsten wirtschaftlichen und gesellschaftlichen Positiva der starken Tourismusentwicklung, obwohl dieser Aspekt in den üblichen „Tourismusdiskussionen" meist nur am Rande beachtet wird.

Über die zurückliegenden 50 Jahre gesehen wuchs die Tiroler Bevölkerung zwischen 1961 und 1971 am stärksten. Bereits ab 1971 macht sich auch in der demografischen Entwicklung Tirols der „Pillenknick" bemerkbar.

Trotz kräftig steigender Einwohnerzahl und längerer Lebenserwartung hat sich die natürliche Bevölkerungsbilanz (Lebendgeburten – Sterbefälle) in Tirol laufend verschlechtert.[5, 6] Sie ist aber derzeit noch (schwach) positiv und damit vergleichsweise

[5] Amt der Tiroler Landesregierung, Die Bevölkerung in den Gemeinden Tirols, Innsbruck, Jahrgänge 1990–1992.

[6] Amt der Tiroler Landesregierung, Demographische Daten Tirol, Innsbruck, Jahrgänge 1993–1998.

immer noch deutlich „besser" als in einigen anderen Bundesländern und europäischen Staaten, in denen die Geburtenbilanz bereits „gekippt" ist.

Im Jahr 1999 wurden österreichweit 77.381 Lebendgeburten und 77.243 Sterbefälle registriert. Die Geburtenbilanz war mit +138 also noch hauchdünn positiv. In fünf Bundesländern überstiegen die Sterbefälle aber bereits die Zahl der Geburten. Tirol wies mit 7.037 Geburten bei 5.019 Sterbefällen das absolut und relativ beste Bundesländerergebnis aus. Dennoch erreichte die Geburtenzahl in Tirol einen neuen Tiefpunkt, die Entwicklung in Tirol liegt – zeitlich versetzt – voll im österreichischen und mitteleuropäischen Trend.

**Abbildung 2: Natürliche Bevölkerungsbewegung in Tirol 1951–1999**

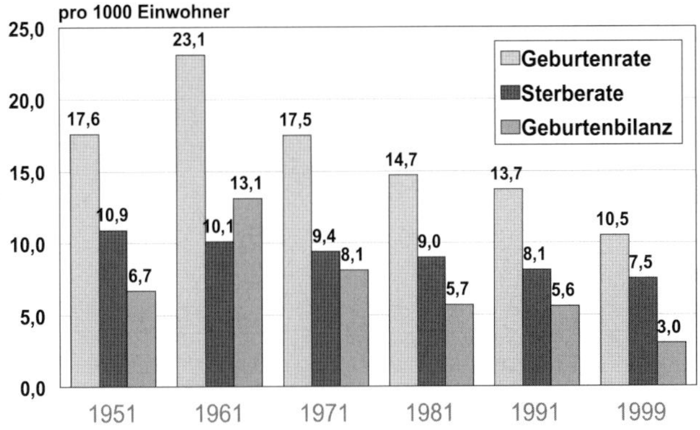


(bezogen auf jeweils 1000 Einwohner)

**Tabelle 3: Natürliche Bevölkerungsentwicklung in Tirol 1961–1999**

| Jahr | Lebendgeborene | | Sterbefälle | | Geburtenbilanz | |
|---|---|---|---|---|---|---|
| | Zahl | 1961=100 | Zahl | 1961=100 | Zahl | 1961=100 |
| 1961 | 10.708 | 100,0 | 4.654 | 100,0 | 6.054 | 100,0 |
| 1971 | 9.554 | 89,2 | 5.125 | 110,1 | 4.429 | 73,2 |
| 1981 | 8.606 | 80,4 | 5.264 | 113,1 | 3.342 | 55,2 |
| 1991 | 8.643 | 80,7 | 5.089 | 109,3 | 3.554 | 58,7 |
| 1998 | 7.698 | 71,9 | 5.110 | 109,8 | 2.588 | 42,7 |
| 1999 | 7.037 | 65,7 | 5.019 | 107,8 | 2.018 | 33,3 |

### *1.1.2 Neue Perspektiven für das 21. Jahrhundert*

Weder auf nationaler noch auf internationaler Ebene sind irgendwelche Entwicklungen erkennbar, die eine signifikante und anhaltende Änderung des „Geburtenverhaltens" erwarten ließen. Die aktuellen Bevölkerungsprognosen können daher als ziemlich sicher gelten. Den größten Unsicherheitsfaktor dabei bilden mittel- und längerfris-

**Abbildung 3: Einwohnerentwicklung in Tirol bis 2050**

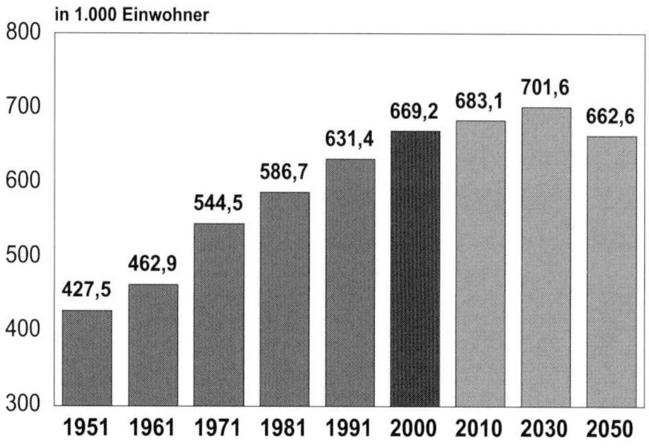


**Abbildung 4: Entwicklung und Prognose der Erwerbspersonen in Tirol**

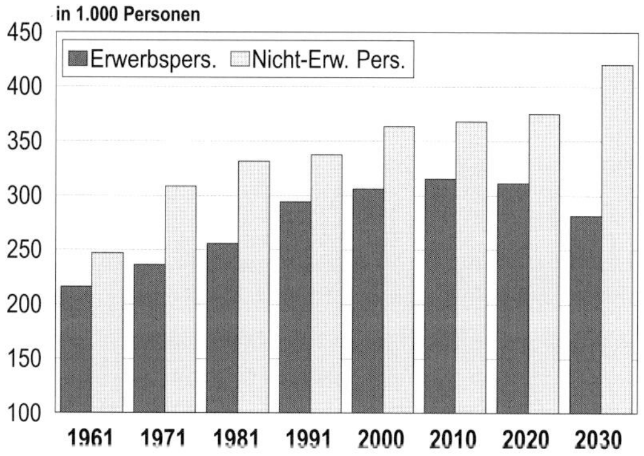


Quelle: ÖSTAT, WIFO, Erwerbspersonen = Arbeitskräftepotenzial

tig die alternativen Annahmen über die Migrationsentwicklung, wenn sich – wie zu erwarten ist – spätestens in 1–2 Jahrzehnten ein massiver Mangel an Arbeitskräften einstellen wird.

Selbst wenn man ab 2020 für Tirol eine höhere Fruchtbarkeitsrate als 1998 annimmt, wird die Tiroler Geburtenbilanz in etwa 20 Jahren „kippen" und stark ins Negative umschlagen. Nach den neuesten Prognosen des ÖSTAT[7] ist in den kommenden Jahrzehnten mit folgenden demografischen „Eckzahlen" für Tirol zu rechnen:

[7] Siehe dazu: Alexander Hanika, Vorausschätzung der Haushalte und Familien 1991 bis 2030 nach Bundesländern, in: Statistische Nachrichten (12/1999), Wien, 1999, 1051–1060. Hanika, Bevölkerungsvorausschätzung 1999 bis 2050 für Österreich und die Bundesländer (wie Fußnote 1) 924. Biffl / Hanika, Vorausschätzung der Erwerbspersonen nach Bundesländern 1996 bis 2050 (wie Fußnote 2) 396f.

**Tabelle 4: Langfristprognosen für Tirol**

| Jahr | Einwohner gesamt | Erwerbspersonen gesamt | Erwerbspersonen dv. weibl. | Nicht-Erwerbspers. | Haushalte gesamt | Haushalte dv. Singles |
|---|---|---|---|---|---|---|
| 2000 | 669.245 | 298.691 | 121.123 | 370.554 | 249.084 | 65.432 |
| 2010 | 683.073 | 312.057 | 129.250 | 371.016 | 272.225 | 77.462 |
| 2020 | n. v. | 311.109 | 129.763 | n. v. | 292.185 | 85.629 |
| 2030 | 701.553 | 281.675 | 117.041 | 419.878 | 304.474 | 92.333 |
| 2050 | 662.633 | 251.689 | 104.553 | 410.944 | n. v. | n. v. |

Aus den vorliegenden Prognosen des ÖSTAT (jeweils mittlere bzw. Hauptvarianten) ergeben sich für Tirol in den kommenden Jahrzehnten folgende Entwicklungsperspektiven:

**Bevölkerungsentwicklung – Altersstruktur**

- Die Bevölkerung in Tirol wird (bei anhaltend schwacher Zuwanderung) bis 2030 weiter zunehmen, das Wachstumstempo schwächt sich aber mehr und mehr ab.
- In den kommenden 30 Jahren nimmt die Bevölkerung nur noch um insgesamt etwa 30.000 Köpfe zu und steigt damit insgesamt schwächer als zwischen 1991 und 2000.
- Etwa um 2030 wird mit knapp über 700.000 Einwohnern der Höhepunkt erreicht bzw. überschritten sein. Danach wird die Bevölkerungszahl in Tirol laufend abnehmen und bis 2050 wieder auf etwa den heutigen Bevölkerungsstand oder noch darunter absinken.
- Die Tiroler Bevölkerung altert in den nächsten Jahrzehnten stark. Das Durchschnittsalter der Einwohner wird von derzeit knapp über 37 Jahren bis 2030 auf etwas über 45 Jahre und bis 2050 sogar auf mehr als 48 Jahre steigen.
- Derzeit (um 2000) halten sich die „ganz Jungen“ (bis 15 Jahre) und die „Älteren“ (60 und mehr Jahre) mit je etwa 122.000–124.000 Köpfen bzw. etwas über 18 % der Gesamtbevölkerung annähernd noch die Waage.
- Schon 2005 wird der Anteil der Senioren in Tirol 20 % erreichen, bis 2030 auf ein Drittel (!) der Gesamtbevölkerung ansteigen und nach den vorliegenden Prognosedaten bis 2050 über 37 % betragen.
- Der Anteil der Kinder (unter 15 Jahre) an der Gesamtbevölkerung sinkt von derzeit 18,4 % bzw. rund 123.000 bis 2030 auf etwa 97.500 (13,9 %) und weiter bis 2050 auf 81.400 ab.
- Die Zahl der Einwohner im berufsfähigen Alter (15–60-Jährige) steigt bis 2010 noch ganz schwach von derzeit 424.000 auf 428.000 und fällt dann bis 2030 rapide auf knapp 370.000 und bis 2050 noch weiter auf etwa 333.500.
- Damit sinkt der Anteil dieser breiten mittleren Bevölkerungsgruppe in den kommenden Jahrzehnten von aktuell etwas über 63 % auf ca. 52 % bis 2030 und auf knapp über 50 % bis 2050.

**Erwerbstätigkeit**

- In seiner Prognose geht das ÖSTAT für 1999 von ziemlich genau 296.000 Erwerbspersonen in Tirol aus. Dieser Wert korrespondiert grob annähernd mit den 294.100 „Berufstätigen“ aus der Volkszählung 1991.
- Die Zahl der Erwerbspersonen wird auch in den kommenden Jahren weiter steigen, das Wachstum verflacht aber schon recht rasch und bald.
- Während die Zahl der Erwerbspersonen von 1998–2000 im Mittel um jährlich über 2.200 gestiegen ist, wird sich der durchschnittliche Zuwachs von 2001–2005 auf ca. 1.400–1.500 und von 2006–2010 auf etwa die Hälfte des aktuellen jährlichen Zuwachses verringern.
- Durch die sinkenden Geburtenzahlen und das zunehmende Alter der Bevölkerung ist zu erwarten, dass bereits um 2015 mit etwas über 315.000 ein Höchststand an Erwerbspersonen erreicht wird.
- Der Anteil der Frauen unter den Erwerbspersonen wird von ca. 40,5 % derzeit ab 2015 auf 41–42 % ansteigen.
- Bis 2025 wird nach der vorliegenden Prognose die Zahl der Erwerbspersonen im Lande wieder auf etwa den aktuellen Stand von 1999–2000 zurückgehen und dann bis 2050 weiter auf knapp über 251.000 Personen fallen.
- Bei einem weiteren Mindestmaß an Wirtschaftswachstum – und damit verbunden – jedenfalls steigendem Bedarf an Arbeitskräften (allein schon demografisch bedingt in der Gesundheits- und Altersversorgung) ist eine massive Arbeitskräfteverknappung vorprogrammiert.
- Gegenmaßnahmen, wie weitere Beschäftigung im Alter/Ruhestand, Anhebung des Pensionsalters, Mobilisierung stiller Arbeitsmarktreserven und/oder Hereinholen von Arbeitskräften werden bis in 10–15 Jahren mit ziemlicher Wahrscheinlichkeit notwendig werden. Durch den Ausbau der Teilzeitarbeit, Arbeitszeitflexibilisierung und „Home-working“ bzw. Telearbeitsplätze eröffnen sich aber neue Perspektiven zur Bewältigung dieses Problems.

**Änderungen in der Sozialstruktur**

- Der bevorstehende Wandel ist aus den vorliegenden Entwicklungen und Prognosen natürlich nur in kleinen Teilaspekten abschätzbar:
- Bis 2010 wird sich das Verhältnis zwischen den Erwerbspersonen und den Nicht-Erwerbspersonen von derzeit 44,5 % zu 55,4 % auf 45,7 % zu 54,3 % verbessern. Tendenziell bedeutet das, dass die Kosten des sozialen Netzes eher etwas breiter verteilt sein werden und die Belastungsquote (Erhaltene : Erhaltende) noch leicht sinkt.
- Nach 2010/2015 verschärft sich allerdings diese Relation bis 2030 bzw. 2050 erheblich und wird den „Generationenvertrag“, der dem Umlageprinzip in der öffentlichen Pensionsversicherung zugrunde liegt, auf eine harte Probe stellen, wenn bis dahin nicht auch eine zweite und dritte Säule der Altersversorgung abgesichert „steht“.

- Um 2030 werden in Tirol auf etwa 4 Erwerbspersonen schon 6 Nicht-Erwerbspersonen (mehrheitlich Senioren) entfallen und bis 2050 verschärft sich diese Relation nach dem derzeitigen Stand der Dinge auf 38 zu 62 (!)
- Nicht minder prägend für den künftigen Wandel der Sozialstruktur ist der Alterungsprozess der Bevölkerung. Mit steigendem Lebensalter ergibt sich eine verstärkte Tendenz zur „Verwitwung" und damit einer starken Zunahme der alleinstehenden älteren Menschen.

**Abbildung 5: Privathaushalte in Tirol – Entwicklung und Prognose**

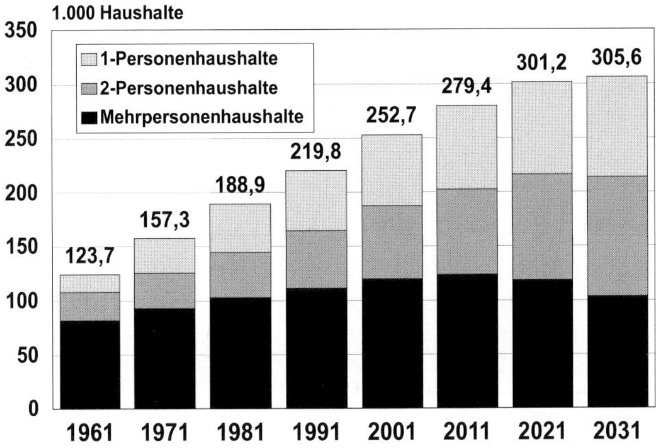


- Das ist ein Teilaspekt und auch weitere Konsequenz aus dem zunehmenden Verfall der traditionell (bäuerlichen) Großfamilien sowie aufgrund geringerer Kinderzahlen und steigender Scheidungsziffern seit der Nachkriegszeit.
- Unmittelbare Wirtschafts- und Raumrelevanz erhalten diese Sozialtrends insbesondere auch durch die permanent sinkende durchschnittliche Haushaltsgröße, namentlich die sprunghafte Zunahme der Ein- und Zweipersonenhaushalte, die den Wohnungsbedarf und den Wohnungsmarkt bestimmen.
- Im Unterschied zur absehbaren, deutlich gebremsten Entwicklung der Bevölkerung insgesamt wird die Zahl der Haushalte – mit einer prognostizierten Zunahme von ca. 32.000 bis zum Jahr 2030 – noch um rund 55.000 steigen.
- Knapp 27.000 Einpersonenhaushalte und rund 38.600 Zweipersonenhaushalte werden nach der Prognose dazukommen, die Zahl der Haushalte mit 4 und mehr Personen (d.h. ab 2-Kinder-Familien) wird um 18.800 zurückgehen.

Man mag die Prämissen und Annahmen dieser – immerhin offiziellen – Prognosen in Zweifel ziehen, annehmen, dass es doch anders kommen wird. Die demografischen Entwicklungen gehen aber schon seit Jahren voll und ganz in die Richtung der hier grob skizzierten weiteren Entwicklungen und neuen Strukturen. Bevölkerungsprognosen sind mehr als statistische Sandkastenspiele.

Damit werden sich spätestens nach der Jahrtausendwende völlig neue, andere Probleme für die Bürger dieses Landes, die Politik und die Interessenvertretungen stellen als in der jüngeren Vergangenheit oder auch noch heute. Noch scheint in Tirol ein waches politisches Bewusstsein und eine ernsthafte Auseinandersetzung mit Zukunftsfragen dieser Art kaum vorhanden zu sein.

## 1.2 Die ökonomische Entwicklung

Bergbau und Industrie, aber ebenso das Handwerk und auch die Verkehrswirtschaft in Tirol können auf eine lange Tradition zurückblicken. Nicht zufällig hat sich die „Handels- und Gewerbekammer Tirol" vor 150 Jahren etabliert. Mehr als ein Jahrhundert reicht auch die Tradition des organisierten Tourismus in Tirol zurück. In den Jahren nach 1870 entstanden die ersten „Verschönerungsvereine" in Tirol, 1890 konstituierte sich in Bozen der „Landesverband der vereinigten Kur- und Fremdenverkehrsvereine in Tirol"[8] Dennoch war und blieb Tirol bis zur Wirtschaftswunderzeit ab den späten 50er Jahren des 20. Jahrhunderts ein relativ armes Bauernland.

Noch 1951 waren 36,5 % der Erwerbstätigen in Tirol der Land- und Forstwirtschaft zuzurechen, also fast ebenso viele wie im produzierenden Bereich, vornehmlich Industrie und Handwerk. Die Zahl der hauptsächlich im land- und forstwirtschaftlichen Bereich Erwerbstätigen ist in den 4 Jahrzehnten bis 1991 gerade auf ein Sechstel des damaligen Bestandes geschrumpft, und dies bei annähernd gleichem Viehbestand und wesentlich höheren Produktionsergebnissen als früher. Gerade noch 4 % aller Berufstätigen in Tirol waren 1991 in der Land- und Forstwirtschaft aktiv, ihre Zahl dürfte auch seither weiter zurückgegangen sein.

**Tabelle 5: Berufstätige Bevölkerung in Tirol 1951–1991**[9]

| Wirtschaftssektoren | 1951 | 1961 | 1971 | 1981 | 1991 |
|---|---|---|---|---|---|
| Land- u. Forstwirtschaft | 75.034 | 53.825 | 24.010 | 16.117 | 11.956 |
| Produzierender Bereich | 75.991 | 92.567 | 96.763 | 92.018 | 96.390 |
| Handel, Tourismus, Verkehr | 26.016 | 36.769 | 67.286 | 82.838 | 99.644 |
| sonst. Dienstleistungen | 28.596 | 32.831 | 48.061 | 64.343 | 86.141 |
| Berufstätige | 205.637 | 215.992 | 236.120 | 255.316 | 294.131 |

Fast spiegelbildlich zur Land- und Forstwirtschaft nahm die Zahl der Erwerbstätigen im Dienstleistungsbereich – neben Handel, Tourismus und Verkehr auch im Gesundheits- und Sozialwesen, im Bildungsbereich sowie im öffentlichen Sektor im enge-

[8] Adolf Lässer, 100 Jahre Fremdenverkehr in Tirol (Tiroler Wirtschaftsstudien 40), Innsbruck 1989, 45 f.

[9] Österreichisches Statistisches Zentralamt, Volkszählungsergebnisse 1951–1991, Wien diverse Jahrgänge.

ren Sinne – seit 1951 stark zu. Auch im produzierenden Bereich schnellte die Zahl der Berufstätigen bis 1961 steil nach oben. In dieser Phase des (Wieder-)Aufbaus kamen zu Abertausenden jene unter, die in der Landwirtschaft keine Existenzgrundlage mehr finden konnten. Von 1960 bis 1970 stieg dann die Zahl der Berufstätigen im produzierenden Bereich schon weit moderater und hat sich seither – mit konjunkturellen Schwankungen – bei 93.000–98.000 eingependelt.

Die europaweiten „Megatrends" der zweiten Hälfte dieses Jahrhunderts, wie insbesondere die massive Abwanderung der Erwerbstätigen aus der Land- und Forstwirtschaft, Produktions- und Beschäftigungsaufschwung im sekundären Sektor und – zeitlich etwas versetzt – im tertiären Sektor spiegeln sich also allein schon in der Dynamik und dem Strukturwandel der Tiroler Erwerbstätigen der vergangenen 50 Jahre akzentuiert wider. Ein ausgeprägtes Tiroler Spezifikum ist aber der Wachstumsboom des Tourismus bis in die frühen 70er Jahre, der damit zeitlich nahezu parallel mit dem Aufschwung der Industrie und der Bauwirtschaft erfolgte.

Entwicklungen und strukturelle Änderungen gehen Hand in Hand und sind kaum scharf auseinander zu halten. Hier soll ein globaler zeitlicher Überblick geboten werden, die sektoralen Veränderungen werden im nächsten Abschnitt sowie in eigenen Beiträgen zu dieser Festschrift dargestellt.

### *1.2.1 Wirtschaftswachstum*

Das „Bruttoinlandsprodukt" bzw. das „Regionalprodukt" und die (regionale) Wertschöpfung sind zwar sehr abstrakte, rechnerische Größen, aber bei gesamtwirtschaftlich Interessierten überaus beliebt und gerne auch in ihrer Aussagekraft überschätzt. Eine halbwegs konsistente Datenreihe der Wertschöpfung nach Bundesländern gibt es für Österreich ab 1961.[10] Eine massive methodische und inhaltliche Bruchstelle in den Zeitreihen der regionalen Wertschöpfung bringt das Jahr 1988, ab dem das SNA (System of National Accounts) durch die neu berechneten Werte des aktuellen ESVG 1995 (Europäisches System der volkswirtschaftlichen Gesamtrechnung) abgelöst wurde.[11]

Als frühesten Nachkriegswert nennt das ÖSTAT für 1954 ein Bruttoinlandsprodukt von 93,57 Mrd. S[12] in ganz Österreich und beziffert das durchschnittliche österreichische Wirtschaftswachstum bis 1960 mit jährlich 9,7 % nominell bzw. 6,5 % real. Aus einer Schätzrechnung des Referats für Wirtschaftsstatistik der Wirtschaftskammer Tirol (aus den frühen 80er Jahren) zur Höhe und Struktur der Tiroler Bruttowertschöpfung für 1951 lässt sich als grober Anhaltspunkt für Tirol ein Wirtschaftswachstum zwischen 1951 und 1961 von etwa 10–11 % p. a. nominell bzw. 7–8 % real ermitteln.

---

10 Helmut JEGLITSCH, Der Beitrag der Bundesländer zum Bruttoinlandsprodukt. Langzeitreihen 1961 bis 1985, in Monatsberichte des österreichischen Instituts für Wirtschaftsforschung, Wien 6/1987, 413 ff.

11 Roswitha GRABNER-TRIEB/Erich GREUL/Maria HUBER, Beitrag der Bundesländer zum Bruttoinlandsprodukt 1997, in Statistische Nachrichten 12/1999, Wien 1999, 1128–1142.

12 ÖSTERREICHISCHES STATISTISCHES ZENTRALAMT, Republik Österreich 1945–1995, Wien 1995, 149.

**Abbildung 6: Regionale Wertschöpfung in Tirol 1961–1998**

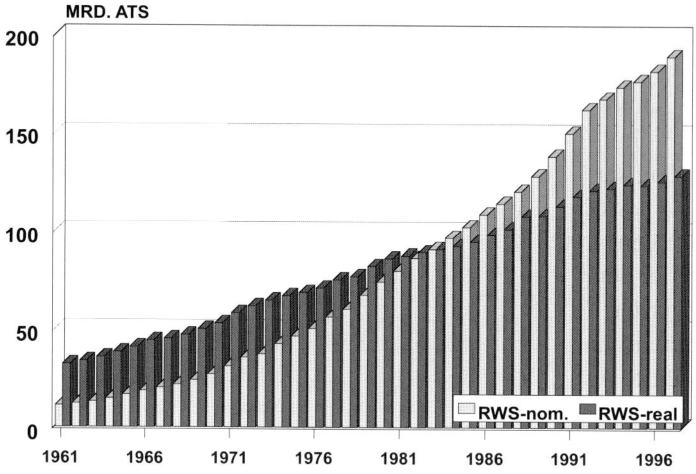


**Abbildung 7: Wirtschaftswachstum in Tirol 1962–2000**

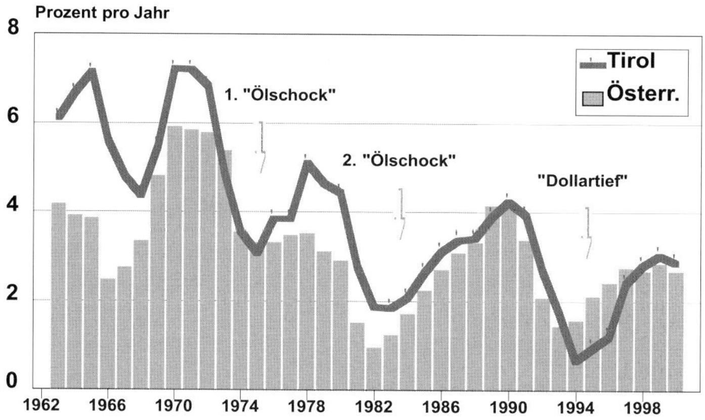


Trotz dieses überdurchschnittlichen Wirtschaftswachstums lag die regionale Wertschöpfung pro Kopf der Wohnbevölkerung in Tirol 1961 um 7 % unter dem österreichischen Durchschnitt.

Zwischen 1961 und 1971 machte Tirol einen gewaltigen wirtschaftlichen Sprung nach vorne. Mit einem durchschnittlichen realen Wirtschaftswachstum von 6,1 % über das ganze Jahrzehnt stieg die Wirtschaftsleistung des Landes stärker als in allen anderen Bundesländern und übertraf das gesamtösterreichische Wachstum um rund 2 % pro Jahr. Ähnlich dynamisch wuchs auch die Wirtschaft in Salzburg, daneben lief auch in Vorarlberg und Oberösterreich die wirtschaftliche Entwicklung rascher als im Bundesgebiet insgesamt. Das West-Ost-Gefälle der wirtschaftlichen Dynamik war evident und setzte sich etwas abgeschwächt auch noch in der Periode 1971–1981 fort.

Auch in der Periode 1971–1981 wuchs die Wirtschaftsleistung Tirols mit durchschnittlich 4,1 % real pro Jahr stärker als die Österreichs insgesamt. Der Wachstumsvorsprung gegenüber dem Bundesdurchschnitt verringerte sich aber in diesem Jahrzehnt auf durchschnittlich 0,6 % pro Jahr. Im Bundesländervergleich der wirtschaftlichen Entwicklung sank Tirol mit Salzburg hinter Vorarlberg und Burgenland auf Rang 3 zurück. Den dritten Rang konnte Tirol auch noch im folgenden Jahrzehnt (1981–1991) halten, mit 4,24 % Wirtschaftswachstum pro Jahr schmolz aber der Vorsprung gegenüber der gesamtösterreichischen Entwicklung (4,05 %) ganz erheblich. In dieser Phase wurden Strukturprobleme im Sachgüterbereich virulent, der Sommertourismus hatte Nächtigungseinbrüche zu verkraften, die noch weit massiver ausfielen als in der ersten Hälfte der 70er Jahre.

In den Jahren von 1991 bis 1997 sackte das Wirtschaftswachstum Tirols im Jahresmittel auf knapp 1,5 % ab und blieb damit auch deutlich hinter dem ebenfalls stark reduzierten gesamtösterreichischen Wachstum zurück. Auch die übrigen westlichen Bundesländer mit Ausnahme Salzburgs waren in ihrem Wachstumstempo hinter dem Bundesdurchschnitt zurückgeblieben. Tirol und Oberösterreich lagen knapp vor Kärnten auf dem vorletzten Platz der Bundesländerreihung. Diese wenig erfreuliche Entwicklung hatte mehrere Ursachen: weitere Struktur- und Anpassungsprobleme im Sachgüterbereich, im Textil- und Bekleidungssektor sowie im Nahrungs- und Genußmittelbereich und bei Bergbau, Steinen und Erden sind nicht zu übersehen. Erheblich reduzierte öffentliche Aufträge trafen die Bauwirtschaft schwer. Auch der Handel litt unter rückläufiger Nachfrage und Anpassungsproblemen im Zusammenhang mit dem EU-Beitritt. Nicht zuletzt musste die Tiroler Tourismuswirtschaft zum Teil massive Nachfragerückgänge verkraften.

Das im Bundesvergleich nur geringfügig stärkere Wirtschaftswachstum zwischen 1981 und 1991 hatte nicht mehr ausgereicht, um bei weiterhin überdurchschnittlichem Bevölkerungswachstum den schmalen Vorsprung Tirols bei der Wertschöpfung pro Kopf von 1981 bis 1991 zu halten. Die Wirtschaftsleistung pro Einwohner war 1991 in Tirol um 0,9 % niedriger als österreichweit. Bis 1997 ist Tirol weiter auf 95,4 % des österreichischen Durchschnitts zurückgefallen. Damit liegt Tirol zwar immer noch etwa 8 % über dem Durchschnitt der EU15, aber doch erheblich hinter den Nachbarregionen Vorarlberg und Salzburg, hinter Oberbayern und Schwaben, aber auch Südtirol und dem Trentino zurück. Nach den derzeit vorliegenden Konjunktur- und Wirtschaftsdaten hat Tirol 1998 und auch 1999 auf die wirtschaftliche Überholspur zurückgefunden und dürfte auch im Jahr 2000 ein Wirtschaftswachstum erreichen, das zumindest dem österreichischen Durchschnitt entspricht.

### *1.2.2 Investitionen und Wirtschaftsförderung*

Der wirtschaftliche Erfolg und Aufstieg Tirols in der Nachkriegszeit von einem wirtschaftlich eher unterentwickelten Bergbauernland zu einer der wohlhabendsten Regionen Europas war und ist keineswegs selbstverständlich oder allein dem historischen

„Glück der Stunde" zuzurechnen. Mehrere Erfolgsfaktoren spielten zusammen, dass das starke Wachstum der Bevölkerung nicht zu Armut, Arbeitslosigkeit und Abwanderung führte, sondern für die heranwachsende Jugend ausreichend Möglichkeiten für Beschäftigung, Einkommen und die Perspektive auf eine bessere Zukunft in der eigenen Heimat geschafffen werden konnten. Neben dem historischen Wiederaufbau- und Nachfrageboom der ersten 1–2 Nachkriegsjahrzehnte in Deutschland und Österreich waren es

- die gezielte wirtschaftspolitische Orientierung auf die Außenwirtschaft, im Produktionssektor ebenso wie bei den Dienstleistungen (Tourismus),
- die allgemeine und berufliche Schul- und Bildungsoffensive sowie
- vorausschauende Investitionen und gezielte Wirtschaftsförderung.

Die „historische" Chance eines fast 2 Jahrzehnte anhaltenden Wiederaufbau-Nachfrage- und Investitionsbooms konnte aber letztlich auch nur durch den Pioniergeist und die Risikobereitschaft der heimischen Unternehmer genutzt werden. Dazu kam der Aufbau- und Modernisierungswille der Landespolitik – namentlich eines Eduard Wallnöfer, dessen erklärtes Ziel es war, Tirol aus der Armutszone herauszuführen. Heute kaum mehr beachtete, aber markante Kennziffern des wirtschaftlichen Aufstiegs und Erfolgs in Tirol aus dieser Zeit sind der starke Anstieg der Wertschöpfung pro Kopf der Wohnbevölkerung sowie eine mehr als 2 Jahrzehnte dauernde Phase absoluter Vollbeschäftigung zwischen 1960 und 1982; und dies trotz der demografisch bedingt starken Zunahme von Einwohnern und Arbeitskräften. Immerhin lag 1971 die Wertschöpfung pro Kopf in Tirol nicht wie noch 1961 um 7 % unter, sondern um ca. 2,2 % über dem österreichischen Durchschnitt.

Eine der wichtigsten Starthilfen und entscheidende Voraussetzung für das Tiroler Wirtschaftswunder in den 60er Jahren war die finanzielle Hilfe durch das unter dem Namen „Marshallplan" bekannte European Recovery Program. Als prägende Initiativen und Ereignisse müssen insbesondere die olympischen Winterspiele 1964 in Innsbruck und der großzügige Ausbau der Verkehrsinfrastruktur, namentlich der Inntal- und Brennerautobahn, gelten. Es sind dies Paradebeispiele für einen weit umfangreicheren, massiven Investitions-, Innovations- und Modernisierungsboom, der in etwa gleicher Weise von den öffentlichen Händen und der privaten unternehmerischen Initiative aus der Bevölkerung getragen wurde. Nicht selten investierten in den Orten öffentliche Stellen und Private gemeinsam in regionale Zukunftsprojekte.

Das Bemühen um einen optimalen und zukunftsorientierten Einsatz des volkswirtschaftlichen Produktionskapitals jedenfalls in den ersten Nachkriegsjahrzehnten trägt noch bis heute Früchte. Schwerpunkte der öffentlichen Investitionen in Tirol – durchwegs Milliardenbeträge pro Jahr – waren neben dem

- Ausbau der Verkehrsinfrastruktur
- Gesundheits- und Sozialeinrichtungen
- Schul- und Bildungsstätten
- Sport- und Freizeiteinrichtungen

- Ver- und Entsorgungsinfrastruktur sowie die
- Sicherung des Siedlungsraumes vor Naturgefahren (Lawinen, Muren, Hochwasser etc.)

für die wachsende Bevölkerung. Zugleich erfuhr und erfährt der Wohnbau eine massive Förderung durch das Land und die Gemeinden, die durchwegs rund 60 % der öffentlichen Investitionen getragen haben und so auch aus konjunktureller und struktureller Sicht einen überaus wichtigen Beitrag zur Entwicklung der regionalen Wirtschaft leisteten.

**Tabelle 6: Bruttoinvestitionen in Tirol laut Bereichszählung 1995**

| Sektion / Bereich | Investitionen 1995 | | Invest. pro Besch. in öS. | |
|---|---|---|---|---|
| | Millionen S | in Proz. | Tirol | Österreich |
| Gewerbe u. Handwerk | 5.102,8 | 22,4 % | 101.478 | 86.338 |
| Industrie | 4.446,7 | 19,6 % | 136.569 | 117.866 |
| Handel | 2.810,6 | 12,4 % | 83.386 | 90.213 |
| Banken / Versicherungen | 807,4 | 3,6 % | 124.548 | 183.612 |
| Verkehr | 5.553,0 | 24,4 % | 308.310 | 215.256 |
| Tourismus | 4.021,9 | 17,7 % | 91.106 | 80.146 |
| gewerbl. Wirtschaft | 22.742,4 | 100,0 % | 122.806 | 110.182 |

Die Investitionsförderung des Bundes über steuerliche Abschreibungsmodalitäten war besonders für den Tiroler Tourismus und die Seilbahnwirtschaft ein starker Anreiz. Der hohe Qualitätsstandard in diesen Branchen ist darauf hauptsächlich zurückzuführen und liegt heute über jenem der Schweiz. Neben dem Bund hat auch das Land Tirol mit die Investitionsbereitschaft der Tiroler Unternehmen zu Gunsten der gesamten Tiroler Bevölkerung gefördert und beeinflusst. Die Mittel hierfür waren die einzelnen Wirtschaftsförderungsprogramme des Landes Tirol, deren jeweilige Schwerpunkte auch den Strukturwandel der Tiroler Wirtschaft widerspiegeln. Abgesehen davon, dass auch heute noch der Großteil der öffentlichen Wirtschaftsförderung in die Land- und Forstwirtschaft fließt, haben im Lauf der Jahrzehnte laufend wechselnde und neue Schwerpunkte der Investitionsförderung für die gewerbliche Wirtschaft – durchwegs Förderungen zur Investitionsfinanzierung – inzwischen zu einem fast undurchschaubaren Förderungsdschungel ohne erkennbare konkrete Schwerpunkte geführt: zur sprichwörtlichen Förderung mit der „Gießkanne“. Mit den auch diesbezüglich neuen Rahmenbedingungen durch den EU-Beitritt haben sich zahlreiche Beschränkungen (wegen möglicher Wettbewerbsverzerrungen) und Veränderungen (Kofinanzierungen, grenzübergreifende Kooperationen etc.) ergeben. Ob und was sich damit zum Besseren wendet, bleibt noch abzuwarten.

Die massiven Investitionen der gewerblichen Wirtschaft in Tirol lassen sich im Zeitablauf nur eingeschränkt wertmäßig nachvollziehen. Wirtschaftlich und im Erscheinungsbild Tirols evident sind die Anlageninvestitionen der Tourismus- und Seilbahnwirtschaft. Nur eingeschränkt erkennbar sind die Investitionen der Industrie, des Handels und des Gewerbes. Einen quantitativen Anhaltspunkt vermitteln die Ergebnisse der (nichtlandwirtschaftlichen) Bereichszählung 1995.[13]

Die Förderung der Qualitätsstandards und der internationalen Wettbewerbsfähigkeit der Gewerblichen Wirtschaft im Lande waren und sind ureigene Aufgaben und Anliegen der Wirtschaftskammer Tirol. Unter dem heute hausbackenen Begriff „Modernisierung" hat die Kammer seit den 50er-Jahren maßgeblich all das initiiert und gefördert, was heute unter dem Titel „Technologie- und Innovationsförderung" läuft. So wurde im Jahr 1972 im Wirtschaftsförderungsinstitut der Wirtschaftskammer der Tiroler Erfinderpool gegründet. Zur Förderung der Erfindungen in Tirol wurden gleichzeitig mit dem Aufbau des Tiroler Erfinderpools in der Wirtschaftskammer Tirol ein Patent- und Markenarchiv aufgebaut sowie kostenlose Patentsprechtage eingeführt. Im Jahr 1987 wurde im WIFI der Wirtschaftskammer Tirol das Technologie- und Innovationszentrum (TIZ) errichtet. Zur Durchsetzung des technologischen Fortschritts in der Tiroler Wirtschaft wurde im Jahr 1991 das Technologiezentrum Tirol (Tech-Tirol) gegründet, dessen Schwerpunktaufgaben Technologie und Wirtschaftsförderung, Standortmarketing und Betriebsansiedlung, Intensivierung des Technologietransfers auf nationaler und internationaler Ebene, Aktivierung des Potentials an technologieorientierten Unternehmensgründern und Hebung der Innovationskultur sind. Als ein weiteres Instrument zur Förderung des technischen Fortschritts und zur Durchsetzung des technologischen Fortschritts in der Tiroler Wirtschaft ist die im Jahre 1997 vom Land Tirol gegründete Tiroler Zukunftsstiftung zu sehen, deren Schwerpunkte auf innovative Unternehmensgründungen, Technologie- und Wissenstransfer, Unternehmenskooperationen und strukturell bedeutsame Projekte abzielen.

Zur Förderung des technischen Fortschritts in der Tiroler Wirtschaft werden weiters seit den 90er-Jahren systematisch Technologiezentren in den Tiroler Bezirken aufgebaut. So besteht bereits seit 1991 das Technologiezentrum in Innsbruck, Rossau. Im Aufbau ist das Technologiezentrum Landeck (LanTech) und das Innovationszentrum Reutte in Pflach mit den Themenschwerpunkten Virtual Reality und Hochleistungswerkstoffe. In Diskussion ist das Technologiezentrum KitzAlpTech, mit dem Themenschwerpunkt Wellness-Technologie.

Das Wirtschaftswachstum wird in den nächsten Jahrzehnten wahrscheinlich noch stärker als bisher vom technischen Fortschritt und der rasanten Entwicklung der Informationstechnologien geprägt sein. Damit stellt sich für die Tiroler Wirtschaft zum Jahrtausendwechsel auch die Frage, welche Kompetenzfelder der Tiroler Wirtschaft aufgebaut und gefördert werden sollten. Als Ergänzung zum Wirtschaftsleitbild 1999 des Landes Tirol hat die Wirtschaftskammer einen prominenten Kreis international erfolgreicher und anerkannter Auslandstiroler ersucht, ihre Vorstellungen über die zukunfts-

[13] Österreichisches Statistisches Zentralamt, Sonderauswertung der Nichtlandwirtschaftlichen Betriebszählung 1995 nach der Kammersystematik im Auftrag der Wirtschaftskammer Österreich, Ergebnisse wurden nicht publiziert.

orientierte, erfolgreiche Weiterentwicklung Tirols im neuen Jahrtausend im Rahmen einer Studie einzubringen. Mit dieser Initiative zu den „Zukunftsgedanken für Tirol" hat die Wirtschaftskammer einmal mehr entscheidende Impulse für die Zukunft des Landes, seiner Wirtschaft und Bewohner gesetzt.

### *1.2.3 Beschäftigung und Arbeitsmarkt*

Die wirtschaftliche und demografische Dynamik spiegeln sich rückblickend auch in der Beschäftigungsentwicklung wider. Österreichweit hat sich die Zahl der unselbstständig Beschäftigten von 1951 bis 1999 (Jahresdurchschnitte) von knapp 2 Millionen auf etwas über 3,1 Millionen erhöht und stieg damit um 56,8 %. In Tirol ist die Beschäftigtenzahl im gleichen Zeitraum von 107.933 auf 259.860 geklettert, die Zunahme liegt also bei 140,8 %.[14] Über weite Strecken dieser langen Entwicklung lag Tirol im Bundesländervergleich durchwegs an der Spitze der Beschäftigungsdynamik oder jedenfalls im Vorderfeld der Bundesländer. Von 1953 bis 1994 hatte Tirol ungebrochen Jahr für Jahr einen Zuwachs an Beschäftigten verzeichnen können, lediglich von 1995–1997 waren jeweils Rückgänge um einige hundert Arbeitsplätze hinzunehmen. Die Beschäftigung in Tirol stieg auch in den Rezessionsjahren 1967–68 sowie 1982–83, die österreichweit deutliche Beschäftigungseinbußen gebracht hatten.

Die höchste Arbeitslosenrate[15] der Nachkriegszeit hatte Tirol 1953 mit 7,3 % zu verzeichnen. Vom Beginn der 60er bis in die ersten 80er Jahre herrschte in Tirol absolute Vollbeschäftigung, obwohl geburtenstarke Jahrgänge ins arbeitsfähige Alter einrückten und in den ersten Jahrzehnten ein erheblicher Beschäftigtenzuzug aus der Landwirtschaft in die gewerbliche Wirtschaft erfolgte. Erst ab den 80er Jahren ist die Arbeitslosenquote (nach nationaler Meßmethode) auch in Tirol über die Vollbeschäftigungsmarke von ca. 2,5–3,0 % angestiegen. Neben der in Tirol wesentlich stärker ausgeprägten saisonalen Komponente der Arbeitslosigkeit sind die Hauptursachen dafür im seither reduzierten Wirtschaftswachstum sowie entsprechenden Änderungen in den Arbeitslosenbestimmungen zu suchen. Zum Bedenken Anlass gibt die Tatsache, dass die Sockelarbeitslosigkeit in Tirol (Augustwerte) seit den 70erJahren auf rund das Fünffache angestiegen ist.

Festzuhalten ist aber auch, dass die (jahresdurchschnittliche) Arbeitslosenquote in Tirol seit 1951 nur in der Vollbeschäftigungsperiode 1970–1981 bei maximalen Werten von 2,5 % hauchdünn über der gesamtösterreichischen Werten lag. Davor und danach lag die Arbeitslosenquote in Tirol jedoch laufend unter dem österreichischen Durchschnitt. Seit der Verschärfung der Arbeitslosensituation auch in Österreich – etwa ab den frühen 90er Jahren – hat sich der Abstand zwischen der österreichweiten und der

[14] Quellen: Österreichisches Statistisches Zentralamt, Hauptverband der Sozialversicherungsträger, diverse Publikationen.

[15] Quelle: Arbeitsmarktservice, früher Arbeitsamt, diverse Publikationen.

Tiroler Arbeitslosenrate auf über einen Prozentpunkt vergrößert. Die Arbeitsmarktprobleme sind also in Tirol bei weitem nicht in dem Maße schlagend geworden, wie dies österreichweit der Fall war und ist. Auch in der Phase seit 1998 kann Tirol wieder mit einem überdurchschnittlichen Beschäftigungszuwachs, kräftig sinkenden Arbeitslosenquoten und einem steigenden Stellenangebot bei den Arbeitsmarktkennziffern punkten. Durch die gute Konjunktur macht sich seit dem Frühjahr 2000 in Tirol sogar wieder Arbeitskräftemangel bemerkbar.

**Abbildung 8: Unselbstständig Beschäftigte 1956–1999**

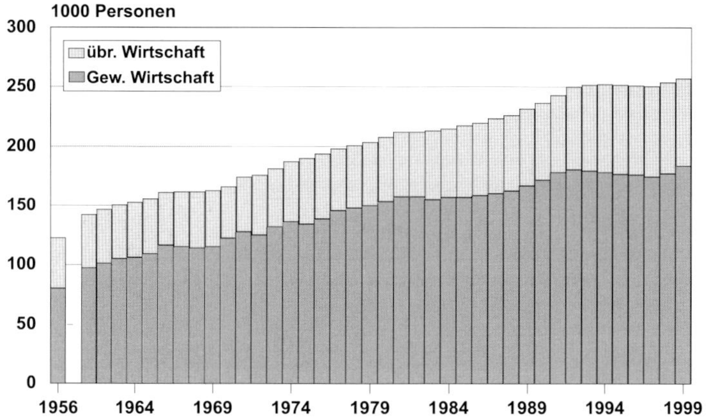


Die gängigen Zeitreihen der Tiroler Beschäftigungs- und Arbeitsmarktentwicklung zeigen nur die quantitative Seite der erfolgreichen Entwicklung. Bei der Beurteilung des Produktionsfaktors Arbeit in der Tiroler Wirtschaftsentwicklung seit der Nachkriegszeit sind zumindest zwei weitere Aspekte zu berücksichtigen: Zum einen sind – wie anderswo auch – der Rückgang der durchschnittlichen Arbeitszeit, insbesondere

- die generelle Verkürzung der Wochenarbeitszeit und
- die Verlängerung der Urlaubsdauer sowie
- die Verlängerung der Schul- und Ausbildungszeiten

in Rechnung zu stellen.

Zum anderen wurde in Tirol seit der Nachkriegszeit massiv in das „Humankapital" investiert. Die Aktivitäten der öffentlichen Hand zeigen sich an der starken Ausweitung des Schul- und Bildungsangebotes in allen Bezirken. Es reicht von den Grundschulen über zahlreiche Berufs- und Fachschulen, Allgemein- und Berufsbildende Höhere Schulen bis zu diversen Kollegs, neuerdings Fachhochschulen und zur Erweiterung der universitären Bildungspalette.

Die signifikante Verbesserung der Bildungsstruktur lässt sich aus dem Vergleich der Volkszählungsergebnisse 1971 und 1991 anhand der höchstabgeschlossenen Schulbildung für die Tiroler Gesamtbevölkerung und noch klarer bei den Berufstätigen nachvollziehen. Heute sagt aber der letzte Schulabschluss über Bildungs- und berufliche Qualifikation so gut wie nichts mehr aus. Mehrfacher Wechsel des Berufs während des Arbeitslebens und die Notwendigkeit zum lebenslangen Lernen mögen vor 2–3 Jahrzehnten noch Visionen gewesen sein, heute sind sie Realität.

**Abbildung 9: Arbeitslosenquote Tirol–Österreich 1949–1999 in Prozent**

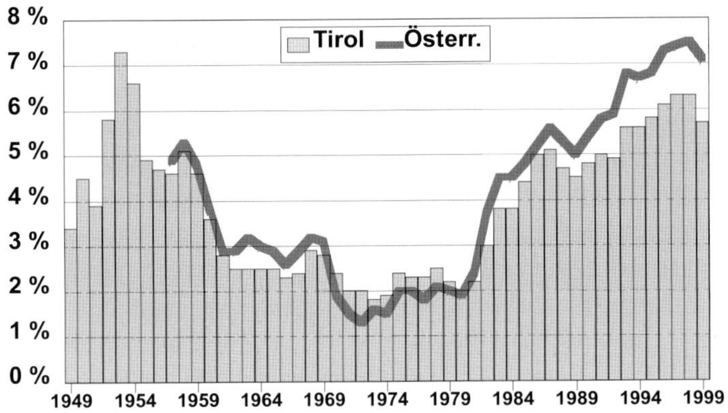


nationale Meßmethode : Arbeitslose / Arbeitslose + Beschäftigte

Dem respektablen Beitrag der öffentlichen Hand zur Bildung und Verbesserung der beruflichen Qualifikation in Tirol sind die Bildungsinvestitionen der Wirtschaft und ihrer Interessenvertretung sicher gleichzuhalten. Beredtes Zeugnis dafür geben die jährlichen Ergebnisse und Berichte der Lehrlings- und Meisterprüfungsstelle der Wirtschaftskammer Tirol. Die Investitionen der Tiroler Unternehmen in die berufliche Aus- und Weiterbildung gehen aber schon längst über die Heranbildung des qualifizierten beruflichen Nachwuchses im Wege der Lehre und Meisterausbildung hinaus. Seit Kriegsende hat die Wirtschaftskammer Tirol ihre Mitgliedsunternehmen in der beruflichen Aus- und Weiterbildung massiv unterstützt und ist mit ihrem Wirtschaftsförderungsinstitut samt Außenstellen in den Bezirken die unangefochtene Nummer eins in Tirols berufsorientierter Erwachsenenbildung. Im Berichtsjahr 1951/52 verzeichnete das Wifi-Tirol 105 Kurse mit insgesamt 2.033 Kursteilnehmern, 1998/1999 waren es 2.247 Kurse mit insgesamt 29.383 Teilnehmern. Den Erfordernissen von Fortschritt und Innovationen entsprechend kann hier – weit besser, weil rascher und flexibler als öffentliche Schulen es vermöchten – der jeweils neueste Stand von Wissen und Technik an Bildungswillige weitergegeben werden. Mit dem zunehmend kürzeren Ablaufdatum des beruflichen Bildungsstandes wird die Fort- und Weiterbildung zu einem entscheidenden beruflichen Qualifikationskriterium.

### *1.2.4 Die Außenwirtschaftsentwicklung*

„Die Lage im Zentrum Europas hat es mit sich gebracht, dass die Menschen und die Wirtschaft dieses Landes immer offen und nach außen orientiert waren. Das Gebirge, das Klima und ein karger Boden bedingen eine strukturelle Importabhängigkeit Tirols. Das hat im Lauf der Geschichte immer erfordert, Erzeugnisse und Dienstleistungen des Landes zu exportieren, worauf sich Tirols Wirtschaft auch heute noch in besonderer Weise besinnt."[16]

In den ersten Nachkriegsjahren stand Tirols Außenwirtschaft praktisch am Nullpunkt. Die Beschaffung und Zuteilung der Rohstoffe an die Unternehmen, die unter schwierigsten Verhältnissen ihren Betrieb wieder aufnahmen, zählten in den späten 40er Jahren mit zu den Hauptaufgaben der Tiroler Wirtschaftskammer. Sie stand auch als Pate bei dem „Regionalabkommen zwischen der Republik Österreich und der Republik Italien über die Regelung eines erleichterten Warenaustausches zwischen den österreichischen Bundesländern Tirol und Vorarlberg und der italienischen Region Trentino – Tiroler Etschland, abgeschlossen in Rom am 1. März 1949". Mit dem sogenannten „Accordino" ist lange vor Gründung der EG und erst recht vor Verwirklichung des Freien Marktes europäische Geschichte des grenzüberschreitenden regionalen Warenverkehrs und der regionalen Zusammenarbeit geschrieben worden. Im vierten Vertragsjahr (1954) betrug die Ausfuhr aus Tirol – Vorarlberg 1.087,324 Millionen Lire. In der Einfuhr aus Südtirol – Trentino wurden Waren im Wert von 1.046,03 Millionen Lire geliefert. Der Warenaustausch in diesem Regionalabkommen erreichte 1994 bei der Ausfuhr aus Tirol – Vorarlberg 21.391 Millionen Lire. Der Anteil der Lieferungen von Tiroler Unternehmen betrug dabei 15.651 Millionen Lire. In der Einfuhr aus Südtirol – Trentino wurden Waren im Wert von 34.984 Millionen Lire geliefert, davon im Wert von 22.489 Lire nach Tirol. Das Accordino verlor erst durch den EU-Beitritt Österreichs zum 1.1.1995 seine Bedeutung für den Tiroler Warenaustausch mit Südtirol und dem Trentino, bleibt aber ein historischer Meilenstein der regionalen Außenwirtschaftsentwicklung.

Bereits im Jahr 1954 beschäftigte sich das Präsidium der Wirtschaftskammer Tirol mit der Errichtung einer Zollfreizone in Innsbruck. Zu den außenwirtschaftlichen Bemühungen zum Wohle der Tiroler Wirtschaft zählte auch eine inhaltliche Neuorientierung der Innsbrucker Messe mit den Schwerpunkten Fremdenverkehr, Touristik und Sport. Allen an Auslandsgeschäften Interessierten stand ein von der Wirtschaftskammer eingerichtetes Messebüro zur Verfügung, in dem entsprechende Auskünfte eingeholt werden konnten. Unter anderem gelang es auf diese Weise, gute Verbindungen mit Jugoslawien anzubahnen. Auch mit den Kammern südlich des Brenners sowie besonders auch mit den Messen Verona und Bozen wurde ein enger Kontakt aufgebaut. Den Außenhandelskaufleuten wurde Gelegenheit geboten, mit den Auslandsvertretern der

---

[16] Werner PLUNGER / Walter HÄMMERLE, Tirol, starkes Land mit dynamischer Wirtschaft, Tiroler Handelskammer (Hrsg.), Innsbruck 1990, 12.

Wirtschaftskammer Österreich persönlich Fühlung zu nehmen und in Sprechtagen über die jeweils bestehenden Exportmöglichkeiten Auskunft zu erhalten. Weiters wurden Exportkonferenzen für die Absatzmärkte Fernost und Nord- und Westeuropa eingeführt. All das mutet auch noch mehr als 40 Jahre später sehr vorausschauend und modern an.

Ein weiteres markantes Datum für die außenwirtschaftliche Verflechtung Tirols im Zuge der fortschreitenden europäischen Integration brachte das Jahr 1972: Großbritannien, Irland und Dänemark unterzeichneten das Beitrittsabkommen zu den Europäischen Gemeinschaften. Österreich, Finnland, die Schweiz, Schweden, Portugal und Island schlossen ein Freihandelsabkommen mit der EG ab, das den Abbau von Zöllen und nicht-tarifarischen Handelshemmnissen in mehreren Stufen bis 1977 beinhaltete.

Mit der zunehmenden Bedeutung der Außenwirtschaft weitete die Wirtschaftskammer Tirol ihre Information und Beratung der außenwirtschaftlich aktiven Mitgliedsunternehmen aus. Vorarbeiten für den Abschluss von Handelsverträgen, Sprechtage der österreichischen Außenhandelsdelegierten und Aussprachen mit Vertretern ausländischer Botschaften und Konsulate zählen dazu ebenso wie Mitgliederrundschreiben oder ein erster Außenhandelskurs mit über 100 Teilnehmern bereits im Jahr 1967. Seit damals arbeitet die Wirtschaftskammer Tirol mit Nachdruck und Erfolg an der von der Wirtschaftskammer Österreich organisierten Exportoffensive mit. Anfangs lagen die Schwerpunkte der Absatzförderung bei den Nachbarländern Italien (vor allem Süditalien), Schweiz und Bundesrepublik Deutschland sowie Frankreich. Die Firmen wurden in den folgenden Jahrzehnten durch Rundschreiben, Presse- und Rundfunkveröffentlichungen laufend auf die Möglichkeit der Inanspruchnahme der Auslandsorganisation der Bundeswirtschaftskammer hingewiesen, deren Netz von rund 90 Außenhandelsstellen die ganze Welt überzieht. Daneben entwickelten sich eine Fülle weiterer Maßnahmen und Initiativen zur Exportförderung für die Tiroler Unternehmen.

Diese vielfältigen Bemühungen der Wirtschaftskammer Tirol um die Außenwirtschaft des Landes haben Früchte getragen und wesentlich zum wirtschaftlichen Höhenflug in den vergangenen Jahrzehnten beigetragen. Das Statistikreferat der Wirtschaftskammer bemüht sich seit den frühen 60er Jahren trotz schwieriger Datenlage, die Außenwirtschaftsentwicklung des Landes zahlenmäßig nachzuvollziehen.

Die vorliegenden Datenreihen und Berechnungen ergeben, dass 1998 die Erlöse der Tiroler Wirtschaft aus dem Warenexport mit 59,3 Mrd. S rund 30 % der Wertschöpfung im Lande ausmachen. Zusammen mit den Erlösen aus dem Ausländerreiseverkehr nach Tirol (mit ca. 64,8 Mrd. S) und sonstigen Dienstleistungsexporten von ca. 11,8 Mrd. S ergibt sich eine Exportquote von knapp 70 %, die damit ganz erheblich über dem österreichweiten Vergleichswert von rund 50 % liegt. Die indirekten Exporte, namentlich aus dem Ausländerreiseverkehr nach Tirol, überwiegen also den direkten Export von Sachgütern und elektrischer Energie noch deutlich. Von den indirekten Exporten profitieren neben Beherbergung und Gastronomie auch zu etwa einem Drittel der Handel, die Verkehrswirtschaft und das Gewerbe durch zusätzliche (Gäste-)Nachfrage.

Die Warenexporte Tirols haben aber seit den 60er Jahren im Vergleich zu den indirekten Exporten laufend an Bedeutung gewonnen. Damals trugen die Warenexporte rund 32 % zu den Gesamterlösen Tirols aus der Außenwirtschaft bei, im Durchschnitt der 90er Jahre waren es aber über 37 %.

Hauptexponent der Tiroler Warenexporte war und ist die Industrie, der in den 60er Jahren knapp über die Hälfte, in den frühen 80er Jahren aber mehr als 70 % der Warenexporte zuzurechnen sind. Dagegen hat der Anteil der Exporte von Vieh sowie Holz und Holzwaren seit den 60er Jahren sukzessive abgenommen. In den vergangenen zwei Jahrzehnten wachsen dagegen die Warenexporte des Tiroler Handwerks überdurchschnittlich stark.

**Abbildung 10: Tiroler Exportquoten 1963–1998**

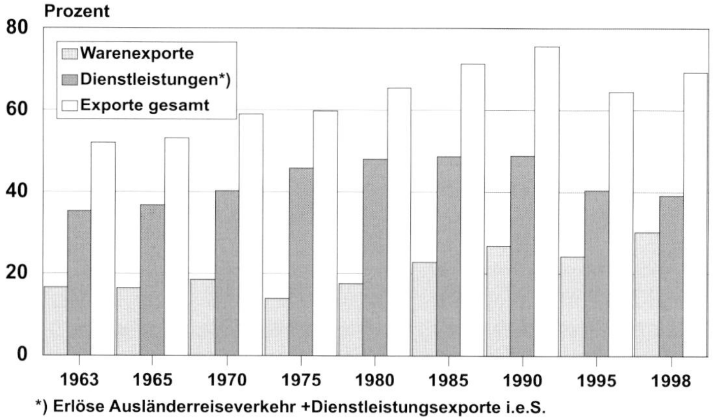


Exportvolumen in Relation zur Wertschöpfung

Von 1963 bis 1995 hat die Sektion Industrie die Produktionswerte und Exportvolumina der Tiroler Industriebetriebe im Rahmen der „alten" Industriestatistik (bis 1995) genau verzeichnet.[17] Die Entwicklung der Exportquote der Industrie macht u. a. deutlich, wie stark das wirtschaftliche Wachstum von den Exporten abhängt. Für eine mittel- und längerfristig positive Entwicklung wäre nämlich der Inlandsmarkt bei weitem zu klein und zu eng gewesen. 1963 gingen erst 23,9 % der Tiroler Industrieproduktion ins Ausland, 1995 waren es 26,3 %, 10 Jahre später bereits 31,6 % und 1985 schon 47,7 %. Im Jahr 1989 waren es mit 51,3 % erstmals mehr als die Hälfte und 1995 erreichte die Exportquote der Tiroler Industrie mit 59,8 % den bisherigen Höchststand. Neuere Daten fehlen, ein weiterer Anstieg der Exportquote darf als so gut wie sicher angenommen werden.

---

[17] WIRTSCHAFTSKAMMER TIROL, Jahresberichte der Sektion Industrie, diverse Jahrgänge.

Die dynamische Entwicklung der Tiroler Exportwirtschaft hat also zehntausende von Arbeitsplätzen in Tirol geschaffen und gesichert. Damit trägt und stärkt die Außenwirtschaft auch ganz wesentlich das wirtschaftliche Wachstum und den Wohlstand dieses Landes. Das bedeutet noch keineswegs, dass nicht weitere Steigerungen möglich und zielstrebig anzusteuern wären. Das Exportvolumen pro Einwohner in Tirol liegt nämlich nach wie vor unter dem österreichischen Durchschnitt. Die 59,3 Mrd. S (1998) an Exporterlösen aus dem Tiroler Warenverkehr sind zwar im Vergleich zu den Vorjahren ein Spitzenwert, von den gesamten Warenexporten österreichweit (774,7 Mrd. S) sind dies aber nur 7,7 %.

## 2. Strukturmerkmale der Tiroler Wirtschaft

### 2.1 Die Sektorstruktur

#### *2.1.1 Überblick*

Von den derzeit etwa 110–120 Millionen Gästenächtigungen in Österreich entfallen rund 35 % auf Tirol, rund 20–25 % der Wertschöpfung aus dem österreichischen Beherbergungs- und Gastronomiebereich stammen aus Tirol: dies bei einem Bevölkerungsanteil Tirols von ca. 8,2 %. Tirol gilt daher in Österreich und erst recht jenseits der Landesgrenzen als Fremdenverkehrsland par excellence. Mit diesem Image und dem auch international hohem Bekanntheitsgrad des Landes verbindet sich – vielfach auch in der einheimischen Bevölkerung – die Vorstellung, dass der Tourismus daher auch der bedeutendste Wirtschaftszweig des Landes sei.

**Tabelle 7: Grobstruktur der Tiroler Wertschöpfung 1961–1997**

| Sektoren / Jahr | 1961 | 1971 | 1981 | 1991 | 1997 |
|---|---|---|---|---|---|
| Land- und Forstw. | 10,3 | 4,5 | 3,1 | 1,9 | 1,2 |
| Produz. Bereich | 42,7 | 40,3 | 36,6 | 32,0 | 30,3 |
| Dienstleistungen | 47,0 | 55,2 | 60,3 | 66,1 | 68,5 |
| Wertschöpfung | 100,0 | 100,0 | 100,0 | 100,0 | 100,0 |

An zentralen volkswirtschaftlichen Strukturkennziffern, wie dem Wertschöpfungsbeitrag oder der Zahl der Arbeitsplätze gemessen, ist der Tourismus zwar ein wichtiges wirtschaftliches „Standbein“, sein Stellenwert wird aber in einer breiten Öffentlichkeit und den Medien durchwegs deutlich überschätzt. Vielmehr war und ist die Wirtschaftsstruktur Tirols von einer ausgewogenen Branchenstreuung, durch einen ausgewogenen – überwiegend von Klein- und Mittelbetrieben getragenen – Mix von Wirtschaftszweigen gekennzeichnet, auf den die Prädikate „Industrieland“ oder „Land des Gewerbes“ ebenso gut und berechtigt passen könnten.

Der eingangs angesprochene Strukturwandel in der berufstätigen Bevölkerung findet sich auch in den Verschiebungen der Wertschöpfungsbeiträge[18, 19] wieder und entspricht im wesentlichen dem allgemeinen Trend in Westeuropa.

**Abbildung 11: Wertschöpfungsbeiträge ausgewählter Wirtschaftbereiche in Tirol 1961 bis 1997 in Prozent**

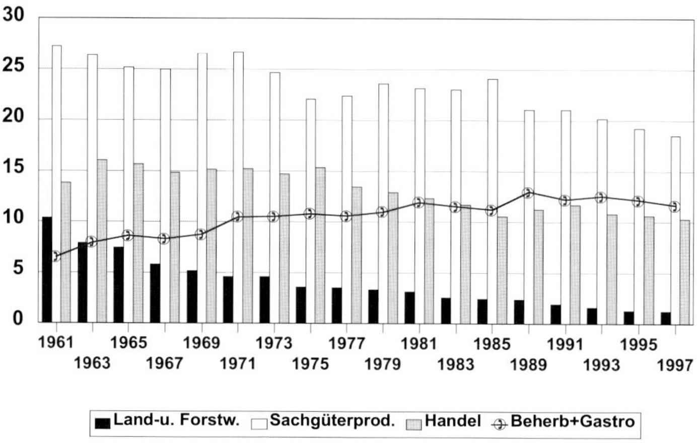


Die Wertschöpfung des Dienstleistungssektors insgesamt ist über all die Jahre stärker gewachsen als die des produzierenden Bereichs. In beiden Sektoren hat sich jedoch das Wachstum im Zeitablauf deutlich abgeschwächt, auch die Wachstumsgeschwindigkeit klafft seit den frühen 90er Jahren nicht mehr so stark auseinander wie in den Jahrzehnten davor.

Einige Gründe dafür sind:

- Mehr Budgetdisziplin und Einsparungserfordernisse im öffentlichen Sektor und
- im Gesundheits- und Bildungsbereich (sonstige Dienste), die das bisher starke Wachstum dieser Sektoren einbremsen.
- Weiters hat sich das Wachstumstempo des Tourismus seit 1991 deutlich reduziert.
- Im produzierenden Bereich, namentlich in der Sachgüterproduktion, ist der Strukturwandel, insbesondere der Prozess des „Gesundschrumpfens" im Textil-, Bekleidungs- und Nahrungsmittelsektor in Tirol bereits weit fortgeschritten.
- Wesentliche neue Wachstumsimpulse für den Dienstleistungsbereich kommen seit Jahren – und dies verstärkt – aus dem Sachgüterbereich:
- Diverse Unternehmensfunktionen wie Marketing und Werbung, Steuer- und Rechts-Consulting, Einführung und Betreuung der Datenverarbeitung bis hin zu

---

[18] Jeglitsch, Der Beitrag der Bundesländer zum Bruttoinlandsprodukt (wie Fußnote 10), 413ff.

[19] Grabner-Trieb/Greul/Huber, Beitrag der Bundesländer zum Bruttoinlandsprodukt 1997, in Statistische Nachrichten (wie Fußnote 11), 1128–1142 und Eigenberechnungen.

Reinigungsdiensten sind in den vergangenen Jahren zunehmend auch von Mittel- und Kleinbetrieben an entsprechende Dienstleister ausgelagert worden.

Alle diese Entwicklungen kommen in den „simplen" Arbeitsmarkt-, Beschäftigten- und Mitgliederstatistiken (so auch der Wirtschaftskammer) ebenso nur indirekt zum Ausdruck wie in den komplexen und hoch aggregierten Zahlenwerken der regionalen Gesamtrechnung.

**Abbildung 12: Tiroler Rohwertschöpfung 1997 – gesamt: 189.390 Mio. S.**

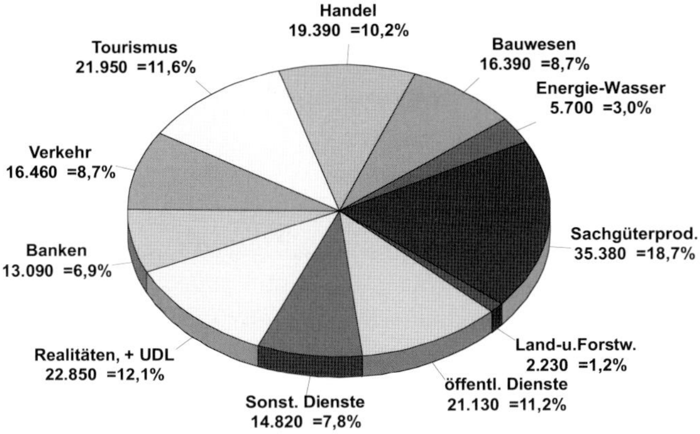


## Produzierender Bereich

Von der gesamten Wertschöpfung im produzierenden Bereich sind rund 10 % der Energie- und Wasserversorgung zuzurechen, auf das Bauwesen (inkl. Bauhilfs- und Baunebengewerbe) entfallen ca. 29 %. Den Großteil bildet somit die Sachgütererzeugung, wobei der auch nach dem Krieg noch durchaus beachtliche Bergbau in Tirol heute nur mehr rudimentär vertreten ist. Innerhalb der Sachgütererzeugung liefen die Branchenentwicklungen in der Industrie und im Gewerbe ziemlich parallel.

Der Sektor Textil, Bekleidung, Leder hat seit 1961 massiv an Bedeutung verloren. Sein Anteil an der Sachgüterproduktion sank von ursprünglich über 18 % auf 5 % ab. Damit sind z. B. einst tragende Säulen der Industrie in Innsbruck, aber auch Telfs, Imst und Landeck und einer Reihe anderer Gemeinden sukzessive „weggebrochen". Auch die Gewinnung von Steinen und Erden hat erheblich an Bedeutung verloren, wobei die Schließung von zwei Zementwerken im Raum Kufstein in den letzten Jahren noch als markant in Erinnerung ist.

Der Nahrungs- und Genussmittelbereich wuchs von 1961 bis 1981 noch überdurchschnittlich kräftig, hat aber seither auch erheblich an Bedeutung eingebüßt. Dagegen hat der Sektor Holzbe- und -verarbeitung nach relativen Bedeutungsverlusten in den 60er und 70er Jahren wieder steigende Bedeutung erlangt. Ähnlich verlief die längerfristige Entwicklung auch in den Bereichen Papier- und Pappeerzeugung sowie Glas und Keramik.

Nahezu über den gesamten Zeitraum von 1961 bis 1997 hat der Bereich Metall- und Maschinenbau kräftig an Bedeutung zugelegt. Der Anteil an der Sachgüterproduktion Tirols stieg von 16,5 % im Jahr 1961 auf 26,5 % im Jahr 1997, womit dieser Sektor der wertschöpfungsstärkste in der Tiroler Erzeugung ist. An Wachstumsdynamik wurde der Metallsektor nur vom Bereich Chemie und Kunststoffe übertroffen, der 1997 fast ein Sechstel zur Sachgüterwertschöpfung beitrug, während es 1961 gerade 6 % waren.

Das letzte Ergebnis der „alten" Industriestatistik" aus dem Jahre 1995 zeigt, wie wichtig die Außenwirtschaft für die Entwicklung der Sachgüterproduktion insgesamt und der Industrie im besonderen ist. Der Exportwert der Tiroler Industrieerzeugnisse erreichte mit knapp über 30 Mrd. S über 58 % des gesamten industriellen Produktionswertes (ohne Bauindustrie). Im Zeitablauf gingen Wachstumstempo und Exportquote der einzelnen Industriebereiche durchwegs Hand in Hand.

**Dienstleistungssektor**

Bis in die frühen 80er Jahre herauf war der Tourismus ein wesentlicher Träger und Push-Faktor des wirtschaftlichen Wachstums im Lande. Komplementär expandierte auch die Seilbahnwirtschaft sehr stark. Durch zusätzliche Direktnachfrage der Touristen, insbesondere aber die Tourismusinvestitionen und den Vorleistungsbedarf profitierten davon auch die meisten anderen Wirtschaftszweige entsprechend stark. Nicht zu übersehen ist der Ausbau der öffentlichen Dienste auch im Bereich der Infrastruktur, die starke Entwicklung des Gesundheitswesens, des Sozial- und Bildungsbereichs, die unter „Sonstigen Diensten" subsummiert sind. Sowohl das starke Bevölkerungswachstum als auch laufende qualitative Verbesserungen fanden hier ihren Niederschlag. Bis 1988 herauf wurden in den veröffentlichten Globalzahlen der Regionalen Gesamtrechnung das Bank- und Versicherungswesen, das Realitätenwesen sowie die Rechts- und Wirtschaftsdienste unter dem Überbegriff „Vermögensverwaltung" ausgewiesen. Dieser Bereich übertraf in den vergangenen Jahrzehnten sogar noch den Tourismus mit seinem Wertschöpfungsbeitrag und seiner Wachstumsdynamik.

Gerade das Realitätenwesen und die Wirtschaftsdienste expandierten auch noch in den 90er Jahren sehr kräftig. Dagegen lag das Wachstumstempo des Tourismus zwischen 1981 und 1991 nur noch knapp über dem der Gesamtwirtschaft und kann seit 1991 – ohne Berücksichtigung der konjunkturellen Zyklen – gerade noch mit dem gebremsten Gesamtwachstum Schritt halten. Bemerkenswert ist, dass der Tiroler Handel schon seit 1961 deutlich hinter der Gesamtentwicklung des Dienstleistungssektors zurückgeblieben ist und sich etwa parallel zum Sachgüterbereich entwickelt hat.

### *2.1.2 Gewerbe, Handwerk, Dienstleistungen*

Während die Sektionen Tourismus, Bank und Versicherung sowie Handel und Verkehr in den entsprechenden Wirtschaftsbereichen der Volkswirtschaftlichen Gesamtrechnung eine – allerdings nur sehr grobe – Entsprechung finden, subsummiert das traditionsreiche Gewerbe eine ganze Fülle von Wirtschaftsbereichen, wobei die Trennlinien sogar durch die einzelnen Innungen zu ziehen wären. Die Handwerke standen schon bei der Gründung der Wirtschaftskammer vor 150 Jahren Pate. Auch heute noch ist die Sektion „Gewerbe, Handwerk, Dienstleistungen", wie seit kurzem die offizielle Bezeichnung lautet, mit knapp 12.000 Sektionsmitgliedschaften[20] und über 56.100 Mitarbeitern in 6.551 Dienstgeberbetrieben[21] die größte unter den sechs Sektionen in der Wirtschaftskammer Tirol. Im „Gewerbe" sind traditionelle Handwerke – produzierende Betriebe – ebenso beheimatet wie persönliche Dienstleister, Unternehmen aus dem Bauwesen in seiner ganzen Vielfalt, Gesundheits-, Finanz- und diverse Wirtschaftsdienste oder auch Reparatur- und Servicebetriebe, die nach der EU-weiten NACE-Klassifikation inzwischen dem Handel[22] zuzurechnen wären.

**Abbildung 13: Dienstleistungen – Beiträge zur RWS in Tirol 1997**

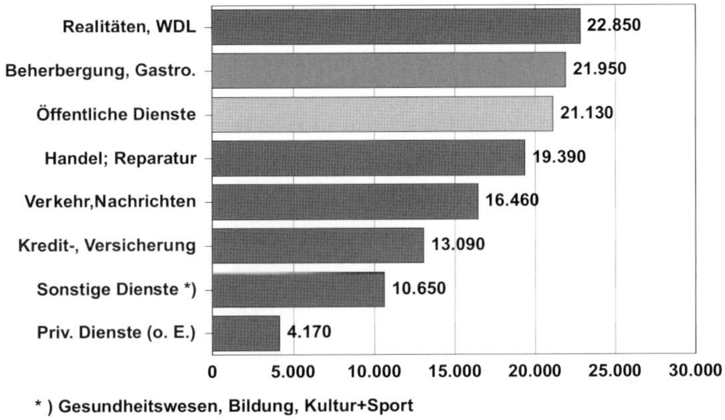


gesamt: 129.690 Mio. ATS = 9.424,9 Mio. EURO

Den letzten griffigen Anhaltspunkt über die wirtschaftliche Bedeutung des „Gewerbes" liefert eine Sonderauswertung aus der Bereichszählung 1995. Danach belief sich das Umsatzvolumen des Tiroler Gewerbes 1995 auf rund 57,1 Mrd. Schilling, die Wertschöpfung lässt sich grob mit etwa 26,4 Mrd. S beziffern und das Investitionsvolumen der „Gewerbebetriebe" lag 1995 bei rund 5,1 Mrd. S.

---

[20] WIRTSCHAFTSKAMMER TIROL, Mitgliederstatistik 1999, Innsbruck 2000, 7.

[21] WIRTSCHAFTSKAMMER TIROL, Beschäftigtenstatistik zum Stichtag 1. 8. 1999, Innsbruck 1999, 4 und 9f.

[22] In den Wertschöpfungsdaten des ÖSTAT seit 1988 ist diese Änderung/Neuzuordnung bereits berücksichtigt.

Als wesentliche Kennziffern für den Stellenwert der Sektion „Gewerbe, Handwerk, Dienstleistungen“ innerhalb der gewerblichen Wirtschaft Tirols insgesamt sind zu nennen:

- Das „Gewerbe“ ist auch heute noch (Ende 1999) mit knapp 12.000 aktiven Sektionsmitgliedern deutlich vor dem Handel und Tourismus die mitgliederstärkste Sektion (34,1 % Anteil an den aktiven Sektionsmitgliedschaften in Tirol insgesamt);
- das „Gewerbe“ ist auch nach der Zahl der Dienstgeberbetriebe (1. 8. 1999) mit 6.551 Unternehmen (34,3 %) und 56.135 unselbständig Beschäftigten (30,6 %) die „größte“ Sektion.
- Überragende Bedeutung kommt dem „Gewerbe“ aber insbesondere für die Ausbildung des Facharbeiternachwuchses zu, denn weiterhin werden von den Betrieben des Gewerbes über 50 % aller Lehrlinge ausgebildet.

Anschaulich und exemplarisch für den starken wirtschaftlichen Wandel seit den Nachkriegsjahren sind die mehrfachen Novellen der Fachgruppenordnung bis in jüngste Zeit.[23] Die weit überwiegende Mehrheit dieser Veränderungen betraf dabei die Sektion Gewerbe. Traditionsreiche Innungen mit drastisch schwindender Bedeutung sind in anderen Innungen aufgegangen, völlig neue Berufe und Innungen seit den 50er Jahren entstanden, überkommene Bezeichnungen durch zeitgemäße ersetzt worden. Mit dem Rückgang der Land- und Forstwirtschaft und dem Vordringen der industriellen Massenfertigung sind bis etwa in die 70er Jahre herauf viele Kleinhandwerke nahezu ausgestorben.

Beispielhaft seien erwähnt:

- Schon 1955 wurden die Wagner und Karosseriebauer in einer Innung zusammengefasst,
- 1960 wurden die Schmiede den Schlossern und Landmaschinenmechanikern zugeschlagen, die Innung der Spielzeughersteller ging in der Innung der Drechsler, Binder und Bildhauer auf,
- die Bandagisten und Orthopädiemechaniker mit den Augenoptikern zusammengeschlossen.
- 1970 wurden 3 Innungen zusammengelegt: Fassbinder und Korbflechter, Bürsten- und Pinselmacher gingen in der Innung der Drechsler und Holzbildhauer auf.
- 1969 entstanden die Kosmetiker, Masseure und Fußpfleger als eingeständige Innung, 1974 waren es die Kunststofferzeuger
- Erst 1985 erreichten „moderne“ Gewerbe wie die „Werbung und Marktkommunikation“, „Technische Büros“ und auch die „Unternehmensberater und Datenverarbeiter“ die kritische „Mitgliedermasse“ für eigenständige Innungen. Die kräftige Expansion dieser Unternehmensdienstleistungen ist seither ungebrochen.

---

[23] Die zum Teil grundlegenden Neuerungen und Änderungen durch die neue Fachorganisationsordnung, BGBl. II Nr. 365 vom 30. September 1999, müssen hier unberücksichtigt bleiben.

Weniger offensichtlich, aber sehr wohl erwähnenswert sind die strukturellen Änderungen und Innovationsschübe in einer Reihe traditioneller Handwerke. Nur beispielhaft seien etwa die Mechaniker-Mechatroniker, das Druckereiwesen und die Elektriker erwähnt in denen Elektronik und Computer die Arbeitswelt völlig verändert haben. Rechnergestützte Produktentwicklung und Konstruktion, Design und computergestützte Fertigung und computergesteuerte Maschinen haben bereits in zahlreichen Tiroler Handwerksbetrieben Einzug gehalten.

Bis zum Frühjahr 2000 waren 53 nach Tätigkeit und Größe sehr unterschiedliche Innungen unter dem Dach der Sektion Gewerbe zusammengeschlossen, nach der neuen Fachorganisationsordnung sind es 51. Eine Gruppierung in produzierende Handwerke, den Baubereich und Dienstleistungsgewerbe soll die Übersicht erleichtern, allerdings entzieht sich die heterogene Mitgliederstruktur in der „allgemeinen Innung" einer aussagefähigen Zuordnung.

**Abbildung 14: Aktive Innungsmitgliedschaften 1961–1999**

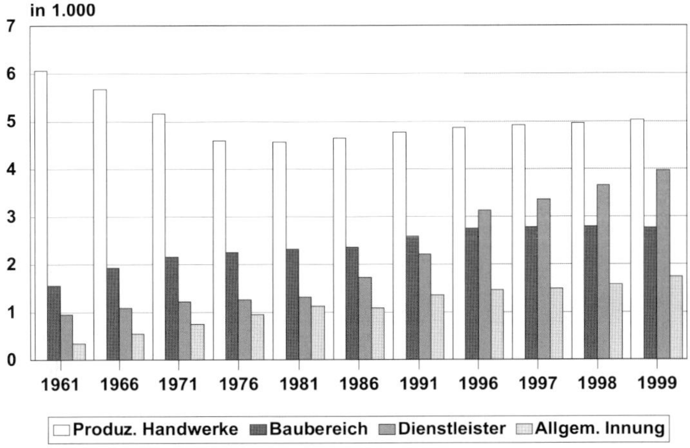


Bis in die frühen 80er Jahre ging die Zahl der Mitgliedschaften bei den produzierenden Handwerken massiv zurück. Seither steigen die Mitgliederzahlen wieder langsam an. Hauptgründe für den Rückgang sind – wie erwähnt – der Rückgang der Land- und Forstwirtschaft (Schmiede, Fassbinder, Wagner etc.), geänderte Konsumgewohnheiten und die industrielle Massenfertigung (Schneider, Bettwarenerzeuger, Hutmacher, Schuster, Gerber, Kürschner, Bürsten- und Pinselmacher, Korbflechter, Schirmmacher, Scherenschleifer etc.). Im Baubereich (Bauhaupt- , Bauneben- und -hilfsgewerbe) hat sich die Zahl der Betriebe seit 1961 fast verdoppelt. Der Großteil der Zuwächse entfällt dabei auf die verschiedenen Bauneben- und -hilfsgewerbe. Noch wesentlich stärker war die Zunahme bei den Dienstleistungsgewerben, namentlich bei den Unternehmensdienstleistungen, die zum Teil erst neu entstanden sind und durchwegs boomen.

Die starke Expansion der anderen Sektionen, allen voran des Tourismus, hat die zahlenmäßige Vorrangstellung des Gewerbes in den 60er Jahren etwas eingeschränkt. Der Anteil der Dienstgeberbetriebe und der Beschäftigten des Gewerbes an der Gewerblichen Wirtschaft Tirols insgesamt schmolz von mehr als 40 % noch 1956 auf knapp über 30 % bis zum Ende der 70er Jahre. Seither konnte das Gewerbe aber seine Spitzenstellung bis heute wahren. Seit 1977 sind im Tiroler Gewerbe rund 10.000 zusätzliche Arbeitsplätze und fast 5.000 Dienstgeberbetriebe dazugekommen. Darüber hinaus darf die Bedeutung der Gewerbebetriebe für den Facharbeiternachwuchs – immerhin werden über die Hälfte der Lehrlinge in Tirol von Betrieben des Gewerbes[24] ausgebildet – ebenso wenig übersehen werden wie der Stellenwert der Vielzahl kleiner Gewerbebetriebe für die Nahversorgung und als konjunkturstabilisierendes Element der Tiroler Wirtschaft als Ganzem.

**Abbildung 15: Beschäftigtenstruktur 1974 – 1999 nach Sektionen**

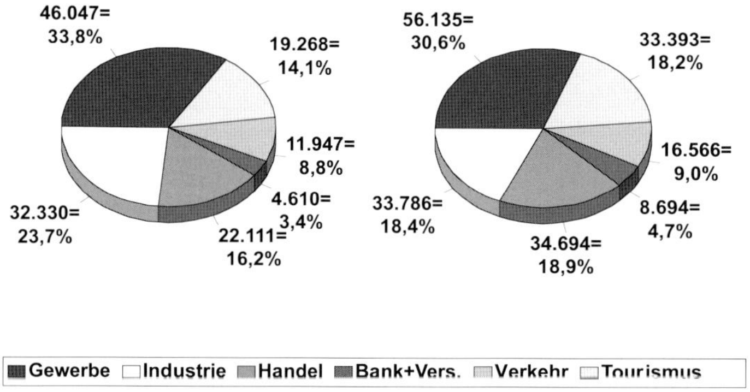


Bei den produzierenden Gewerben entwickelte sich die Beschäftigung deutlich anders als die Mitgliedschaften. Während die Zahl der Betriebe (Mitgliedschaften) von 1961 bis 1981 erheblich zurückging, nahm die Zahl der Beschäftigten stark zu. Dementsprechend hat auch die durchschnittliche Betriebsgröße von knapp 6 (1961) auf knapp 9 Mitarbeiter zugenommen. Im Baubereich ging die Beschäftigung von 1971 bis 1986 trotz einer steigenden Zahl von Betrieben zurück und ist seither wieder auf etwa das Niveau der frühen 70er Jahre angestiegen. Markant dabei ist der moderate, aber anhaltende Rückgang der mittleren Betriebsgröße. Daneben findet die Ausgliederung der Bauindustrie aus dem Gewerbe ihren klaren Niederschlag. Übereinstimmend mit der Gesamtwirtschaft ist auch im Gewerbe das überdurchschnittliche Wachstum der Dienstleistungsgewerbe, insbesondere der „neuen" Unternehmensdienstleistungen, ein wesentlicher Entwicklungstrend.

[24] Wirtschaftskammer Tirol, Tiroler Lehrlingsstatistik 1999, Innsbruck 2000, 7.

Einen Einblick in die vielfältigen und zum Teil durchaus gegenläufigen Entwicklungslinien in den verschiedenen Bereichen des Gewerbes gibt Tabelle 8, die im Produktionsbereich im wesentlichen jene Entwicklungen bestätigt, die sich auch aus der Wertschöpfungsentwicklung abzeichneten und im Grunde auch die Entwicklung und strukturellen Änderungen in der Tiroler Industrie prägten.

**Abbildung 14: Beschäftigtenentwicklung in der Sektion Gewerbe 1961–1999**

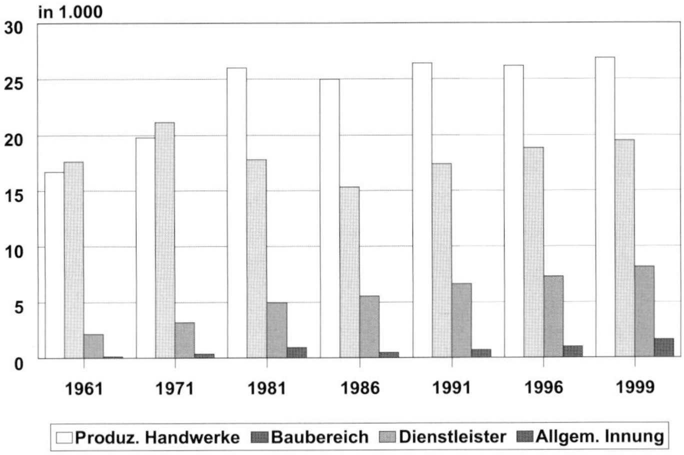


Nicht nur in der Gesamtwirtschaft, sondern auch im Bereich des Gewerbes haben die Dienstleistungen zunehmend an Bedeutung gewonnen, auch wenn die produzierenden Gewerbe und der Baubereich auch heute noch an Beschäftigten und nach der Zahl der Unternehmen klar dominieren. Trotz der durchwegs kleinstbetrieblichen, von Familien geprägten Unternehmensstruktur sind im gewerblichen Produktionsbereich und im Bausektor die Unternehmen größer (geworden) und auch durchwegs kapitalintensiver als im Dienstleistungsbereich.

Bei den produzierenden Gewerben ist es zu massiven Verschiebungen in der Branchenstruktur gekommen, einige Gründe dafür wurden bereits angesprochen. Die Trends decken sich weitgehend mit jenen im übrigen Produktionsbereich, namentlich der Industrie:

- Stark rückläufig war und ist der gesamte Bereich „Textilien, Bekleidung, Schuhe und Leder", dem die „überlebenden" Betriebe durchwegs mit ausgeprägter Spezialisierung (z. B. Orthopädie-Schuhe) und geschickter Marktnischenstrategien begegnet sind.
- Auch die Nahrungsmittelgewerbe, speziell Bäcker und Fleischer, sind etwa seit den 80er Jahren unter massiven Wettbewerbsdruck der Industrie einerseits und der Eigenproduktion großer Handelsketten andererseits geraten. Dieser Druck von der Preis- und Kostenseite hat seit dem EU-Beitritt noch massiv zugenommen und zu stagnierenden bzw. sinkenden Mitgliederzahlen geführt. Speziell beim Nahrungs-

**Tabelle 8: Entwicklungs- und Strukturvergleich von Innungsgruppen**

| Innungsgruppen | Dienstgeberbetriebe | | | Beschäftigte | | | mittlere Betriebsgröße | | |
|---|---|---|---|---|---|---|---|---|---|
| | 1961 | 1980 | 1999 | 1961 | 1980 | 1999 | 1961 | 1980 | 1999 |
| Textil, Bekleidung, Leder | 765 | 305 | 142 | 3.128 | 2.092 | 765 | 4,1 | 6,9 | 5,4 |
| Nahrungsmittel | 687 | 588 | 471 | 3.540 | 5.194 | 4.753 | 5,2 | 8,8 | 10,1 |
| Holzbe- u. verarbeitung | 639 | 661 | 723 | 2.969 | 5.641 | 5.841 | 4,6 | 8,5 | 8,1 |
| Metallbearbeitung | 264 | 406 | 471 | 1.679 | 3.247 | 4.362 | 6,4 | 8,0 | 9,3 |
| Maschinen u. Kfz | 195 | 269 | 354 | 1.626 | 3.246 | 3.970 | 8,3 | 12,1 | 11,2 |
| sonst. produz. Handwerke | 407 | 524 | 922 | 3.707 | 5.701 | 7.186 | 9,1 | 10,9 | 7,8 |
| Produz. Gewerbe gesamt | 2.957 | 2.753 | 3.083 | 16.649 | 25.121 | 26.877 | 5,6 | 9,1 | 8,7 |
| Baugewerbe*) | 356 | 393 | 539 | 13.471 | 10.703 | 10.029 | 37,8 | 27,2 | 18,6 |
| Bauneben- u. Hilfsgew. | 588 | 796 | 1.071 | 3.863 | 6.595 | 9.442 | 6,6 | 8,3 | 8,8 |
| gewerbl. Bauwesen | 944 | 1.189 | 1.610 | 17.334 | 17.298 | 19.471 | 18,4 | 14,5 | 12,1 |
| Unternehmensdienste | 197 | 296 | 971 | 699 | 2.190 | 5.686 | 3,5 | 7,4 | 5,9 |
| persönliche Dienste | 363 | 509 | 633 | 1.444 | 2.446 | 2.462 | 4,0 | 4,8 | 3,9 |
| Dienstleister gesamt | 560 | 805 | 1.604 | 2.143 | 4.636 | 8.148 | 3,8 | 5,8 | 5,1 |
| allgem. Innung | 29 | 191 | 254 | 145 | 897 | 1.639 | 5,0 | 4,7 | 6,5 |
| Sektion Gewerbe | 4.632 | 4.938 | 6.551 | 37.060 | 47.952 | 56.135 | 8,0 | 9,7 | 8,6 |

* 1961 noch inkl. „Bauindustrie“

mittelgewerbe und den gewerblichen Käsereien/Molkereien wurden Marktnischenstrategien oder die Flucht nach vorne in die Expansion bzw. Zusammenschlüsse (Molkereien) verfolgt.

– Im Bereich Holzbe- und -verarbeitung hat die über Jahrzehnte starke Expansion inzwischen deutlich nachgelassen. Insbesondere der Tischlereibereich ist in Tirol betrieblich sehr stark besetzt, wobei eine Reihe von Betrieben durch Produktspezialisierung und Serienfertigung zum Teil schon fast in industrielle Größenordnungen hineingewachsen sind. Insbesondere die individuelle Möbelfertigung drängt mit ihren Produkten seit Jahren ins benachbarte Ausland (Bayern, Südtirol).
– Der Sektor Metallbe- und -verarbeitung sowie Maschinenbau in seiner ganzen Vielfalt und erfolgreichen betrieblichen Spezialisierung hat seit den frühen 60er Jahren durchgehend einen kräftigen Aufschwung genommen. Gerade auch in diesem Bereich sind die Entwicklungsanalogien zu Industrie offensichtlich. Die Flexibilität der Tiroler Klein- und Mittelbetriebe erweist sich dabei zunehmend als – auch internationaler – Wettbewerbsvorteil.
– Im Kfz- Bereich, bei dem die Grenzen zwischen Herstellung/Reparatur/Service und Handel zunehmend verschwommen sind, gingen der kräftige Aufschwung und auch die tendenzielle Konzentration mit der Motorisierung der Tiroler Bevölkerung einher. Eine recht ähnliche Entwicklung ist auch im Elektrobereich mit dem immer breiteren Feld der Informations- und Unterhaltungselektronik (Fernsehen, HiFi, Video etc.) zu beobachten.

- Nicht zuletzt haben sich für eine ganze Reihe (zahlenmäßig) kleinerer Handwerke, sofern sie überleben konnten, neue Chancen aufgetan oder es ist zu einer Renaissance gekommen (z. B. Hufschmiede, Instrumentenbauer, Restauratoren etc.).
- Im Bauhauptgewerbe ging die Entwicklung in den vergangenen 2–3 Jahrzehnten bei nur noch geringem Beschäftigungswachstum zunehmend zu kleineren Unternehmenseinheiten. Baumaschinen und Bautechnik erlauben heute auch für kleinere Firmen weit größere Bauprojekte als früher. Sie decken ferner die Vielzahl kleinerer Bauvorhaben ab, an denen z. B. die Bauindustrie oft nur wenig Interesse zeigt und zudem sind Renovierungen/Adaptierungen zunehmend zu einem wichtigen Auftragsfeld geworden.
- Als Ergänzung und Partner des Bauhauptgewerbes und der Bauindustrie haben sich die vielfältigen Bauneben- und -hilfsgewerbe mit deutlich kleinbetrieblicherer Struktur überproportional kräftig entwickelt.
- Im Bereich der Dienstleistungsgewerbe liegt das Schwergewicht der Dynamik klar bei den unternehmensbezogenen Dienstleistungen, die vielfach erst in den vergangenen 10–20 Jahren entstanden sind oder eine massive Ausweitung ihrer Tätigkeitsfelder erfahren haben. Die Palette reicht von den Unternehmensberatern und Datenverarbeitern über die technischen Büros, Werbung und Marktkommunikation in ihrer ganzen Vielfalt bis zu den Gebäudereinigern, um die markantesten Beispiele zu nennen.
- Trotz der fast boomartigen Expansion der gewerblichen Unternehmensdienstleistungen mit weiterhin prosperierenden Zukunftsaussichten sollte man jedoch nicht übersehen, dass es sich dabei vielfach um das Outsourcing diverser Unternehmensaktivitäten bzw. den Zukauf von spezifischer Fachkompetenz der übrigen Wirtschaft handelt.
- Traditionelle persönliche Dienste wie z. B. die der Friseure oder Bestatter sind in ihrem Nachfragevolumen und ihren Expansionsmöglichkeiten an die Einwohnerzahl gebunden. Gesundheitsdienste wie Augenoptik, Orthopädie, Heilbehelfe und Zahntechnik haben jedoch mit steigendem Gesundheitsbewusstsein und dem Wellness-Trend ebenso einen kräftigen Aufschwung erlebt wie etwa die Masseure und die Kosmetiker, Solarien, Lebensberatung oder die Fitness-Studios (im Bereich der Sektion Tourismus und Freizeitwirtschaft).

Abschließend soll noch ein kurzer Blick auf die Größenordnung der einzelner Innungen und deren spezifische Entwicklung im mittel- und längerfristigen Vergleich diese Darstellung abrunden. Als Größen- und Entwicklungskriterien seit 1961 werden im folgenden die Zahl der Dienstgeberbetriebe und der Mitarbeiter aus den Beschäftigtenstatistiken[25] herangezogen. Dort werden die einzelnen Unternehmen seit Anbeginn nur einer Innung bzw. Fachgruppe schwerpunktmäßig zugeordnet.

---

[25] Wirtschaftskammer Tirol, Beschäftigtenstatistik zum Stichtag 1. August, Innsbruck div. Jg.

Zur Größenstruktur und deren vielfältigen Veränderungen seit 1961 ist generell festzuhalten, dass die Branchenkonzentration eher abgenommen hat. Ganz wesentlich wird das Entwicklungsbild aber vom Entstehen und dem wirtschaftlichen Aufstieg neuer Innungen einerseits und dem Abstieg bzw. Zusammenschluss traditioneller Handwerke andererseits geprägt. Seit 1961 sind das Baugewerbe und die Tischler unangefochtene Spitzenreiter im Ranking der Innungen. Trotz Ausgliederung der Bauindustrie (1974) beschäftigt das Baugewerbe mit Abstand am meisten Mitarbeiter und rangiert nach der Zahl der Betriebe – hinter der Innung der Tischler – auf Rang zwei. Nach der Zahl der Mitarbeiter finden sich die Tischler – seit 1961 – auf dem zweiten Rang. Nach Beschäftigtenzahl gereiht ergibt sich für 1999 folgende Liste der „Top Ten" im Tiroler Gewerbe:

**Tabelle 9: Die 10 größten Innungen 1999**

| Rang | Innung | DG-Betr. | Mitarbeiter | Rang | Innung | DG-Betr. | Mitarbeiter |
|---|---|---|---|---|---|---|---|
| 1 | Baugewerbe | 539 | 10.029 | 6 | Kfz-Techniker | 273 | 2.750 |
| 2 | Tischler | 603 | 4.585 | 7 | Chemisches Gewerbe | 94 | 2.063 |
| 3 | Heizungsinstallateure | 308 | 3.749 | 8 | Bäcker | 191 | 2.035 |
| 4 | Schlosser | 341 | 3.392 | 9 | Bauhilfsgewerbe | 190 | 1.904 |
| 5 | Elektrotechniker | 293 | 2.950 | 10 | Friseure | 428 | 1.707 |

Die Heizungsinstallateure (inkl. Lüftung, Klima) sind erst in den späten 60er Jahren im Ranking nach vorne gestoßen, die Schlosserinnung wurde durch die Eingliederung der Schmiede und Landmaschinenmechaniker verstärkt. Die Innungen der Elektrotechniker, Kfz-Techniker sowie die Bäcker und Friseure haben ihre jeweilige Stellung in den vorderen Rängen mit einigen Schwankungen im Wesentlichen gehalten. Erst in den 90er Jahren sind dagegen das Bauhilfsgewerbe und das chemische Gewerbe – hier insbesondere durch das rasche Wachstum der Gebäudereiniger – in die Spitzenränge vorgestoßen. 1961 waren die Kleidermacher noch auf Rang 5 gelegen, hatten aber danach drastische Rückgänge zu verzeichnen. Auch die Fleischer (1961 Rang 3) und die Drucker (1961 auf Rang 4) sind seit den 90er Jahren nicht mehr unter den zehn größten Innungen zu finden.

Am unteren Ende der Größenskala – bei den kleinsten Innungen – der durchwegs über 50 Innungen war die Fluktuation seit 1961 weit stärker als bei den „Großen". Zudem wirft diese Liste ein weiteres Schlaglicht auf die Vielfalt der gewerblichen Tätigkeitsfelder (vgl. Tabelle 10).

Seit den frühen 60er Jahren ging das Geschäft der Hutmacher massiv zurück, seit 1981 sind sie die kleinste aller Innungen im Tiroler Gewerbe. Zu den ganz kleinen Innungen gehörten auch durchgängig die Bestatter und weiters die Instrumentenerzeuger, die durchwegs internationales Renommee genießen. Bereits 1971 wurden weniger als ein Dutzend gewerbliche Wäscheerzeuger gezählt. Sie sind – ebenso wie die Müller,

**Tabelle 10: Die 10 kleinsten Innungen 1999**

| Rang | Innung | DG-Betr. | Mitarbeiter | Rang | Innung | DG-Betr. | Mitarbeiter |
|---|---|---|---|---|---|---|---|
| 1 | Hutmacher, Modisten | 3 | 8 | 6 | Instrumentenerzeuger | 12 | 68 |
| 2 | Müller | 8 | 31 | 7 | Bestatter | 18 | 70 |
| 3 | Lederwarenerzeuger | 10 | 31 | 8 | Kleidermacher | 34 | 99 |
| 4 | Wäscheerzeuger | 5 | 42 | 9 | Schuhmacher | 31 | 132 |
| 5 | Kürschner, Gerber | 20 | 53 | 10 | Fotografen | 62 | 137 |

Kürschner, Gerber und Lederwarenerzeuger – zu einer Randgruppe neben der dominierenden industriellen Großfertigung geworden. Das gilt auch für die Schuh- und Kleidermacher. Auch die Fotografen haben ihr früheres Stammgeschäft weitgehend verloren und sind heute primär für Wirtschaftsbetriebe (Werbefotografie) und die Presse tätig.

Einige Innungen, die schon zwischen 1961 und 1981 zu den kleinsten zählten, mussten inzwischen zusammengelegt werden, so die Binder und Korbflechter, Spielzeughersteller sowie die Bürsten- und Pinselmacher. Orthopädiemechaniker und Bandagisten haben dagegen (nach Zusammenschluss mit den Augenoptikern) neuen Aufschwung erhalten. Ebenso sind die Zahntechniker seit Jahren im kräftigen Aufwind. Auch Gärtner und Floristen haben sich ab den 80er Jahren neu positioniert und trotz starker Konkurrenz des Handels (Baumärkte, Gartencenters) und dem heimischen landwirtschaftlichen Gartenbau an wirtschaftlichem Stellenwert gewonnen.

Mit einfachen Zweipunktvergleichen wird man der überwiegend wechselhaften längerfristigen Entwicklung der einzelnen Innungen kaum gerecht. Nicht nur konjunkturelle Einflüsse, sondern auch teilweise massive strukturelle Veränderungen und Technologieschübe prägen die einzelnen Branchen des Tiroler Gewerbes seit der Nachkriegszeit. Regressionsanalysen der Entwicklung zeigen, dass bei 39 der insgesamt 52 vergleichbaren Innungen der längerfristige Trend der Beschäftigung positiv war, in 32 Innungen steigt er sogar stärker als im Sektionsdurchschnitt. Längerfristig deutliche Rückgänge – sowohl nach der Zahl der Betriebe als auch bei der Beschäftigung – ergeben sich bei insgesamt 10 Innungen, unter denen die bereits angesprochenen Innungen des Bereichs Textil, Bekleidung und Leder fast vollständig vertreten sind. Bei den „großen" Innungen war die Dynamik zwar durchwegs positiv, aber eher schwächer als die des Gewerbes insgesamt. Bei einer Reihe dieser Innungen – nicht nur solchen des Nahrungsmittelbereichs – ist die Entwicklung seit den 80er bzw. 90er Jahren eher stagnierend oder hat zum Teil sogar in eine schwache Abwärtsentwicklung umgeschlagen. Boomsektoren und damit wesentliche Träger des Wachstums im Gewerbe sind – wie schon erwähnt – die modernen Wirtschaftsdienste sowie der Gesundheits- und Wellnessbereich einerseits sowie die technisch innovativen Handwerke andererseits, bei denen allerdings die technologisch und innovationsbedingten Produktivitätszuwächse in der Beschäftigtenzahl keinen Niederschlag finden.

## 2.2 Die Betriebsgrößenstruktur

Stärker und öfter als je zuvor berichten die Medien in den vergangenen Jahren von immer noch größeren nationalen und internationalen Unternehmenszusammenschlüssen. Hat Tirols Wirtschaft angesichts dieser Entwicklung mit seiner nach wie vor klein- und kleinstbetrieblichen Struktur Chancen, im nationalen und internationalen Wettbewerb zu bestehen?

In ihren Grundzügen hat sich diese Größenstruktur der gewerblichen Wirtschaft Tirols, gemessen an der Mitarbeiterzahl, von 1956 bis heute nur wenig verändert. Dennoch hat Tirols Wirtschaft seit der Nachkriegszeit im nationalen und internationalen Vergleich eine beachtliche Performance vorgelegt. Die erste Beschäftigtenstatistik der Wirtschaftskammer Tirol für das Jahr 1956 ergab 80.131 unselbstständig Beschäftigte in 9.561 Dienstgeberbetrieben, im Durchschnitt also 8,4 Beschäftigte. Die Zahl der Dienstgeberbetriebe hat sich bis zum Sommer 1999 ziemlich genau verdoppelt, die Zahl der Mitarbeiter ist heute um rund 103.200 höher als damals, die durchschnittliche Betriebsgröße liegt bei 9,6 Beschäftigten. Die Veränderungen im Zeitablauf sind auf den ersten Blick also relativ gering. Ab den frühen 70er Jahren ist sogar eine leicht rückläufige Tendenz in den Betriebsgrößen festzustellen. Dies gilt insbesondere auch für die drei „großen“ Sektionen, das Gewerbe, den Handel und den Tourismus. Signifikant gestiegen ist im Zuge des Wachstums und der Umstrukturierungen eigentlich nur die Betriebsgröße im Banken- und Versicherungssektor. In der Industrie signalisieren die Schwankungen in der Entwicklung der Betriebsgröße auch die massiven Strukturänderungen im Verlauf der letzten Jahrzehnte.

**Tabelle 11: Durchschnittliche Betriebsgröße (Mitarbeiterzahl) der Dienstgeberbetriebe in Tirol**

| Sektionen Jahre | Gewerbe u. Handwerk | Industrie | Handel | Bank u. Versicherg. | Verkehr | Tourismus u. Freizeit | Gewerbl. Wirtsch. |
|---|---|---|---|---|---|---|---|
| 1956 | 7,2 | 51,6 | 4,6 | 12,1 | 3,6 * | 5,5 | 8,4 |
| 1961 | 8,0 | 65,8 | 4,9 | 17,9 | 4,8 * | 5,6 | 9,0 |
| 1966 | 9,9 | 66,0 | 5,4 | 11,4 | 5,3 * | 5,6 | 9,5 |
| 1971 | 9,7 | 72,1 | 6,0 | 14,9 | 13,7 | 5,7 | 10,2 |
| 1976 | 9,6 | 67,4 | 6,8 | 22,1 | 13,9 | 5,5 | 10,2 |
| 1981 | 9,9 | 59,3 | 7,0 | 27,0 | 14,7 | 5,3 | 10,0 |
| 1986 | 9,0 | 52,5 | 6,7 | 27,3 | 15,2 | 5,2 | 9,3 |
| 1991 | 9,0 | 66,4 | 6,9 | 39,0 | 16,0 | 5,6 | 9,9 |
| 1996 | 8,5 | 67,5 | 6,8 | 40,2 | 14,5 | 5,3 | 9,3 |
| 1999 | 8,6 | 75,2 | 7,2 | 48,0 | 14,5 | 5,6 | 9,6 |

* ohne Schienen- und Seilbahnen

Besonders kleinstbetrieblich strukturiert sind insbesondere ein Großteil der gewerblichen Dienstleister, weite Teil der Gastronomie, auch der Beherbergung, der Personenbeförderung mit Pkw (Taxis, Mietwagen) und weite Teile der Handels- und Finanzdienstleistungen.

Von den insgesamt 19.121 Dienstgeberbetrieben der gewerblichen Wirtschaft Tirols waren Mitte 1999 gerade 57 als „Großbetriebe“ im Sinne der EUROSTAT-Definition[26] (ab 250 Mitarbeiter), nur 446 als Mittelbetriebe einzustufen. Die Tiroler Mittel- und Großbetriebe beschäftigen aber immerhin fast 45 % der Unselbstständigen in der gewerblichen Wirtschaft. Andererseits haben rund 30 % der „Dienstgeberbetriebe“ nur einen, 57 % maximal drei Mitarbeiter.

**Tabelle 12: Größenstruktur per 1. August 1999 in der gewerblichen Wirtschaft Tirols**

| Gewerbl. Wirtschaft | Dienstgeberbetriebe | | | unselb. Beschäftigte | | |
|---|---|---|---|---|---|---|
| Größenstruktur | Zahl | in % | % kum. | Zahl | in % | % kum. |
| K 1 Beschäftigte(r) | 5.851 | 30,6 % | 30,6 % | 5.851 | 3,2 % | 3,2 % |
| K 2 Beschäftigte | 3.068 | 16,0 % | 46,6 % | 6.136 | 3,3 % | 6,5 % |
| K 3 Beschäftigte | 1.986 | 10,4 % | 57,0 % | 5.958 | 3,2 % | 9,8 % |
| K 4 Beschäftigte | 1.418 | 7,4 % | 64,4 % | 5.672 | 3,1 % | 12,9 % |
| K 5 Beschäftigte | 987 | 5,2 % | 69,6 % | 4.935 | 2,7 % | 15,6 % |
| K 6–9 Beschäftigte | 2.368 | 12,4 % | 82,0 % | 17.042 | 9,3 % | 24,9 % |
| K 10–24 Beschäftigte | 2.269 | 11,9 % | 93,9 % | 33.157 | 18,1 % | 43,0 % |
| K 25–49 Beschäftigte | 671 | 3,5 % | 97,4 % | 23.082 | 12,6 % | 55,5 % |
| M 50–99 Beschäftigte | 292 | 1,5 % | 98,9 % | 20.360 | 11,1 % | 66,6 % |
| M 100–249 Beschäftigte | 154 | 0,8 % | 99,7 % | 23.720 | 12,9 % | 79,6 % |
| G 250–499 Beschäftigte | 39 | 0,2 % | 99,9 % | 13.726 | 7,5 % | 87,1 % |
| G 500–999 Beschäftigte | 10 | 0,1 % | 100,0 % | 6.577 | 3,6 % | 90,7 % |
| G 1000 u. mehr Beschäftigte | 8 | 0,0 % | 100,0 % | 17.139 | 9,3 % | 100,0 % |
| Insgesamt | 19.121 | 100,0 % | – | 183.355 | 100,0 % | – |
| EU Kleinstbetr. (1–9 B.) | 15.678 | 82,0 % | 82,0 % | 45.594 | 24,9 % | 24,9 % |
| K = Kleinbetr. (bis 49 B.) | 18.618 | 97,4 % | 97,4 % | 101.833 | 55,5 % | 55,5 % |
| M = Mittelbetr. (50–249 B.) | 446 | 2,3 % | 99,7 % | 44.080 | 24,0 % | 79,6 % |
| G = Großbetr. (ab 250 B.) | 57 | 0,3 % | 100 % | 37.442 | 20,4 % | 100,0 % |

In den wirtschaftspolitischen Diskussionen der letzten Jahre in Tirol wird immer wieder auf die steigende Unternehmenskonzentration in verschiedenen Wirtschaftsbereichen, insbesondere auch im Handel, hingewiesen. Solche Konzentrationstendenzen in der Tiroler Wirtschaft sind auch quantitativ belegbar und stehen übrigens keineswegs in Widerspruch zu den oben getroffenen Feststellungen zur durchschnittlichen Betriebsgröße, die an sich noch keine Aussage über die Größenverteilung der Betriebe trifft.

Stellt man auf die Beschäftigtenzahl in den einzelnen Fachgruppen ab, so hat die Konzentration auf einige wenige Branchen von 1961 bis 1999 eher abgenommen. Den-

[26] EUROSTAT, Jahrbuch ’97, Luxemburg 1997, 500.

noch waren 1999 von den insgesamt 183.355 Mitarbeitern in der gewerblichen Wirtschaft über die Hälfte in nur 16 der über 130 Fachgruppen beschäftigt, 3 Viertel der Mitarbeiter konzentrierten sich in nur 40 Fachorganisationen, das restliche Viertel der Mitarbeiter verteilte sich über mehr als 90 kleinere Fachgruppen.

Eine Analyse der Unternehmenskonzentration auf Basis der Einzelbetriebe zeigt dagegen seit 1988 (für die Jahre davor sind keine Basisdaten verfügbar) über die gesamte gewerbliche Wirtschaft Tirols bis 1999 eine leichte Zunahme der Konzentration.[27] Trotz der überproportionalen Zunahme von kleinen Dienstgeberbetrieben entfällt ein steigender Anteil von Mitarbeitern auf größere Betriebe. In den Sektionen Industrie und Verkehr mit der höchsten Konzentration hat diese etwas abgenommen, während die Konzentration nicht nur im Handel, sondern auch im Gewerbe und im Tourismus gestiegen ist.

**Abbildung 17: Unternehmenskonzentration in Tirol 1988–1999 auf Basis der Beschäftigtenzahlen in %**

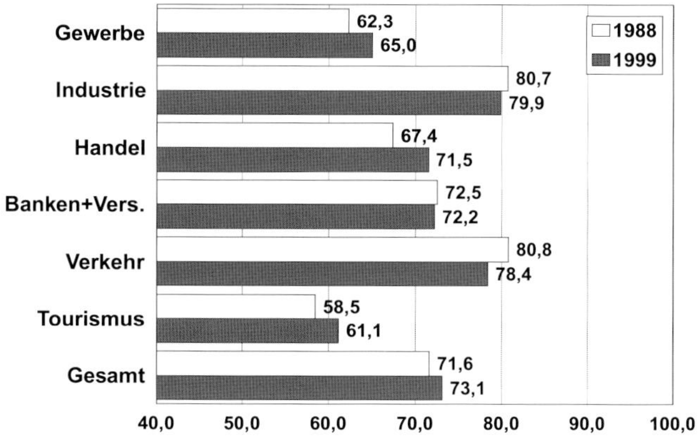


Die Fachgruppen mit weit überdurchschnittlicher Konzentration sind mehrheitlich durch eine eher geringe Zahl von Unternehmen gekennzeichnet und überwiegend der Industrie, dem Verkehr und dem Bankenbereich zuzuordnen. Einige dieser Branchen weisen zudem auch eine starke Zunahme der Unternehmenskonzentration auf. Eine stark zunehmende oder schon bestehende hohe Konzentration weisen auch – keineswegs überraschend – der Lebensmitteleinzelhandel sowie der Drogeriewarenhandel, Holz- und Baustoffhandel (Baumärkte), der Möbelhandel und diverse Bereiche des Handwerks auf, um nur einige Beispiele zu nennen.

[27] Zahlenmäßig lässt sich die Konzentration mit entsprechenden Kennziffern bzw. Koeffizienten erfassen. Diese Konzentrationsmaße, wie z. B. der Gini-Koeffizient oder das hier verwendete Konzentrationsmaß nach Lorenz-Münzner, zeigen mit einem Wert von 0 keinerlei, mit einem Wert von 1 (bzw. 100 %) eine vollständige Konzentration an.

## 2.3 Die Raumstruktur

Seit den 70er Jahren bis in die frühen 90er Jahre herauf hat das Referat für Wirtschaftsstatistik immer wieder detaillierte Analysen der Sozial- und Wirtschaftsstruktur für die einzelnen Tiroler Bezirke erarbeitet und sektorale Berechnungen zur Wertschöpfung in den Bezirken angestellt. Eine aktuelle Ergänzung geben die seit 1999 vorliegenden EU-konformen Wertschöpfungsergebnisse des ÖSTAT auf NUTS3-Ebene (dzt. nur bis 1995 verfügbar):

**Tabelle 13: Verteilung der regionalen Wertschöpfung in Tirol**

| NUTS-3 | Region | Wertschöpfungsanteile in Prozent | | | | |
|---|---|---|---|---|---|---|
| | | 1961 | 1971 | 1981 | 1991 | 1995 |
| AT331 | Außerfern | 5,2 | 5,0 | 5,2 | 4,7 | 4,1 |
| AT332 | Innsbruck | 54,8 | 51,9 | 51,5 | 43,4 | 43,2 |
| AT333 | Osttirol | 5,2 | 5,8 | 5,7 | 5,6 | 6,0 |
| AT334 | Tiroler Oberland | 10,4 | 10,4 | 10,6 | 12,4 | 13,0 |
| AT335 | Tiroler Unterland | 29,6 | 32,7 | 32,6 | 33,9 | 33,7 |

Längerfristig ist die regionale Verteilung der Wertschöpfung in Tirol etwas ausgeglichener geworden, obwohl das Außerfern (politischer Bezirk Reutte) nach den vorliegenden Daten im regionalen Vergleich etwas an Terrain verloren hat. Insbesondere sind die Wertschöpfungsbeiträge Osttirols und des Tiroler Oberlandes (Bezirke Imst und Landeck) gestiegen, die früher als „wirtschaftlich benachteiligte Gebiete" bezeichnet wurden.

Über den gesamten Zeitraum von 1961 bis 1995 stieg die regionale Wertschöpfung in den Bezirken Schwaz und Imst am stärksten, knapp über dem Tiroler Durchschnitt entwickelte sich auch die Wirtschaftsleistung in den Bezirken Kitzbühel, Kufstein und Landeck. Geringfügig unter dem Landesdurchschnitt blieb die wirtschaftliche Dynamik in den Bezirken Lienz und Reutte, etwas stärker ist das Wachstum in Innsbruck-Land und der Landeshauptstadt zurückgeblieben. Durch die unterschiedliche Bevölkerungsentwicklung haben sich bis 1991 die bezirksweisen Unterschiede in der Wertschöpfung pro Kopf der Wohnbevölkerung noch verstärkt, seither tendiert die Entwicklung zu einer gewissen Angleichung. Die Unterschiede sind aber weiterhin beachtlich hoch. In Osttirol lag das Regionalprodukt pro Einwohner 1995 bei 226.900 S, der Landesdurchschnitt wird vom ÖSTAT mit 279.000 S beziffert, während der Zentralraum Innsbruck 293.400 S erreichte.[28] Die Siedlungs- und Wirtschaftsentwicklung liefen im wesentlichen parallel zum überdurchschnittlichen Bevölkerungszuwachs in der Inntalfurche. Insbesondere zwischen Kufstein und Telfs-Imst liegen die Standortschwer-

[28] Roswitha GRABNER-TRIEB/ Erich GREUL / Maria HUBER, Beitrag der Regionen zum Bruttoinlandsprodukt 1988–1996, in Statistische Nachrichten 1/1999, Wien 1999, Tabelle 3, 65.

punkte der Sachgüterproduktion (insbesondere der Industrie), des Handels, der verladenden Wirtschaft, aber auch der Wirtschaftsdienste. Dabei haben sich – neben der Landeshauptstadt – auch die zentralen Orte der zweiten Ebene als wirtschaftliche Subzentren herausgebildet. Lediglich in der Landeshauptstadt sowie im Raum Landeck ist es zu einer Erosion der früher kräftigen industriellen Basis gekommen.

Durch die steigende Mobilität und Verknappung des Siedlungsraumes ist eine verschärfte Konzentration der Besiedlung auf größere Orte nur eingeschränkt feststellbar. Besonders augenfällig ist und bleibt eine anhaltende Verlagerung von Siedlungs- und Wirtschaftsaktivitäten in das nähere und weitere Umland Innsbrucks. Die Bevölkerungs- und Siedlungsentwicklung sowie Wirtschaft und Verkehrsinfrastruktur haben in weiten Teilen der Inntalfurche zu einer ähnlich starken Verdichtung wie in westeuropäischen Ballungszentren geführt, die Ressource Boden überdurchschnittlich verteuert und stellen die Raumordnung vor besondere Probleme.

Es ist zweifelsohne der starken Entwicklung des Tourismus und der Seilbahnwirtschaft in den Seitentälern und speziell an den Talschlüssen zu verdanken, dass dort Entsiedlung vermieden werden konnte, Arbeitsplätze und Einkommen geschaffen wurden und heute auch eine Versorgung mit Sport- und Freizeiteinrichtungen auf hohem Niveau in den touristisch entwickelten peripheren Gebieten besteht. Auch wenn die touristische Konzentration fallweise Probleme bereitet, darf die besondere Bedeutung des Tourismus für eine ausgeglichene(re) Regionalentwicklung im Lande nicht übersehen werden. Dieser wichtige „Beitrag“ des Tourismus scheint freilich in einer regionalen Gesamtrechnung ebenso wenig auf wie der Beitrag der Land- und Forstwirtschaft zur Erhaltung und Pflege der Kultur- und Erholungslandschaft. Massive Standortkonflikte zwischen dem Produktionssektor und Tourismus sind Tirol damit auch weitgehend erspart geblieben.

## Schrifttum

Amt der Tiroler Landesregierung, Die Bevölkerung in den Gemeinden Tirols. Innsbruck, Jahrgänge 1990–1992.

Amt der Tiroler Landesregierung, Demographische Daten Tirol. Innsbruck, Jahrgänge 1993–1998.

Arbeitsmarktservice, früher Arbeitsamt, diverse statistische Publikationen.

Biffl Gudrun / Hanika Alexander, Vorausschätzung der Erwerbspersonen nach Bundesländern 1996 bis 2050, in: Statistische Nachrichten 6/1998. Wien 1999.

Eurostat, Jahrbuch ’97. Luxemburg 1997, 500.

Grabner-Trieb Roswitha / Greul Erich / Huber Maria, Beitrag der Bundesländer zum Bruttoinlandsprodukt 1997, in Statistische Nachrichten 12/1999. Wien, 1999.

Grabner-Trieb Roswitha / Greul Erich / Huber Maria, Beitrag der Regionen zum Bruttoinlandsprodukt 1988–1996, in Statistische Nachrichten 1/1999. Wien 1999.

Hanika Alexander, Bevölkerungsvorausschätzung 1999 bis 2050 für Österreich und die Bundesländer, in: Statistische Nachrichten 11/1999. Wien 1999.

HANIKA Alexander, Vorausschätzung der Haushalte und Familien 1991 bis 2030 nach Bundesländern, in: Statistische Nachrichten 12/1999. Wien, 1999, 1051–1060.

HAUPTVERBAND DER SOZIALVERSICHERUNGSTRÄGER, diverse statistische Publikationen.

JEGLITSCH Helmut, Der Beitrag der Bundesländer zum Bruttoinlandsprodukt. Langzeitreihen 1961 bis 1985, in Monatsberichte des österreichischen Instituts für Wirtschaftsforschung. Wien 6/1987.

LÄSSER Adolf, 100 Jahre Fremdenverkehr in Tirol (Tiroler Wirtschaftsstudien 40). Innsbruck 1989, 45 f.

ÖSTERREICHISCHES STATISTISCHES ZENTRALAMT, Statistik Österreich, Statistisches Jahrbuch 1999–2000. Wien 1999, 40 ff., Tabellen. 2.02, 2.05.

ÖSTERREICHISCHES STATISTISCHES ZENTRALAMT, Statistik Österreich, Statistisches Jahrbuch 1999–2000. Wien 1999, 76, Tab. 2.34.

ÖSTERREICHISCHES STATISTISCHES ZENTRALAMT, Volkszählungsergebnisse 1951–1991. Wien diverse Jahrgänge.

ÖSTERREICHISCHES STATISTISCHES ZENTRALAMT, Republik Österreich 1945–1995. Wien 1995, 149.

ÖSTERREICHISCHES STATISTISCHES ZENTRALAMT, Sonderauswertung der Nichtlandwirtschaftlichen Betriebszählung 1995 nach der Kammersystematik im Auftrag der Wirtschaftskammer Österreich (Ergebnisse wurden nicht publiziert).

PLUNGER Werner / HÄMMERLE Walter, Tirol, starkes Land mit dynamischer Wirtschaft, Tiroler Handelskammer (Hrsg.). Innsbruck 1990, 12.

WIRTSCHAFTSKAMMER TIROL, Beschäftigtenstatistik zum Stichtag 1. August. Innsbruck diverse Jahrgänge.

WIRTSCHAFTSKAMMER TIROL, Jahresberichte der Sektion Industrie, diverse Jahrgänge.

WIRTSCHAFTSKAMMER TIROL, Mitgliederstatistik 1999. Innsbruck 2000, 7.

WIRTSCHAFTSKAMMER TIROL, Tiroler Lehrlingsstatistik 1999. Innsbruck 2000, 7.

## Summaries

Zur Zeit der Gründung der Handelskammer Tirol in der Mitte des 19. Jahrhunderts hatte auch in Tirol bereits eine moderate Entwicklung der Industrie eingesetzt, das Handwerk gewann an Bedeutung. In der 2. Hälfte des 19. Jahrhunderts brachte der Eisenbahnbau den Anschluss Tirols an das internationale Verkehrsnetz und legte damit auch einen wichtigen Grundstein für die Entwicklung des Tourismus. Wenig später begann auch der Ausbau der Stromerzeugung durch Wasserkraft. Trotz dieser frühen gewerblichen Entwicklungsmuster waren in Tirol im Jahre 1951 noch immer mehr als ein Drittel der Arbeitskräfte in der Land- und Forstwirtschaft beschäftigt. Heutzutage arbeiten rund zwei Drittel aller Tiroler Beschäftigten im Dienstleistungssektor; rund 30 Prozent sind im Produktionssektor tätig. Die Entwicklung seit den 50er Jahren lässt sich durch tiefgreifende Änderungen in der Wirtschaftsstruktur sowie durch ein ungewöhnlich hohes Wirtschafts- und Bevölkerungswachstum charakterisieren. In diesem Zusammenhang sei besonders auf die Auswirkungen der Finanzierungshilfen des ERP-Programms hingewiesen. Die 60er Jahre – mit den ersten Olympischen Winterspielen in Innsbruck im Jahre 1964 – waren vor allem für die Tourismuswirtschaft eine Periode des wirtschaftlichen Aufschwungs und intensiver Investitionstätigkeit. Vollbeschäftigung bis Anfang der 80er Jahre bzw. eine zumeist geringere Arbeitslosenquote als im

Österreich-Durchschnitt sind zwei weitere Kennzeichen der wirtschaftlichen und sozialen Entwicklung des Landes. Ab den 80er Jahren verflachten dann das wirtschaftliche Wachstum und die Nachfrage im Tourismusbereich. Es traten strukturelle Probleme und Veränderungen in einigen Industriesektoren (wie der Textilwirtschaft, dem Bergbau und der Bauwirtschaft) zu Tage, während die Industriebereiche Glas, Chemie, Metall und Maschinenbau, aber auch große Teile des Handwerks weiterhin expandierten. Seit den 60er Jahren nimmt die Bedeutung des Exports von Gütern und Dienstleistungen für die Tiroler Wirtschaft laufend zu (indirekte Exporte durch Auslandsgäste mit eingeschlossen). Die Wirtschaftskammer Tirol unterstützt dabei schon seit den 50er Jahren die Exportwirtschaft ganz gezielt. Als weiteres Kennzeichen der Tiroler Wirtschaft ist die überwiegend klein- und familienbetriebliche Struktur der rund 28.000 Tiroler Unternehmen mit ca. 183.300 Beschäftigen anzuführen. 82 % dieser Unternehmen verfügen über weniger als 10 Beschäftigte. Diese Größenstruktur mag als obsolet in Zeiten ökonomischer Globalisierung und internationaler Marktkonzentrationen erscheinen. Den Tiroler Unternehmen – manche von ihnen verfügen immerhin über international sehr bekannte Markennamen – ist es dennoch gelungen, den wachsenden Trend zur uniformen Massenproduktion durch Flexibilität, Qualität und vielfach mit Hightech erfolgreich zu begegnen.

* * *

At the time of the foundation of the Tyrolean Chamber of Commerce in the middle of the 19th century a moderate development of different industries, energy and traffic as well as the very first beginning of tourism has taken place. In spite of this, in 1951 more than one third of the labour force in the Tyrol were involved in agriculture and forestry. Nowadays two third of the employees are working in different kinds of services, 30 % in the production sector. Development since the 1950s has been characterised by fundamental changes in economic pattern and by an unusually high rate of economic as well as of population growth. The financial start-up help by the European Recovery Program should be mentioned here. The 60th in the Tyrol with the first Olympic Winter Games in 1964 has been a period of economic boom, especially for tourism. Full employment until the 1980s and an unemployment rate almost all over the time remarkably lower than the Austrian average are further landmarks of the social and economic development. In the 1980s the economic growth and the tourist demand slowed down. Structural problems and changes in some industrial sectors occurred, textiles and clothing, mining and construction have to be mentioned, while the chemical and glass, metals and machinery sectors furthermore expanded. Since the 60th the export of goods an services – indirect exports by the foreign visitors included – has become more and more important. Since the early 50th the export industries of the Tyrol are especially promoted by the Chamber of Commerce. Finally, the small business structure of the around 28.000 enterprises in Tyrol with about 183.300 employees should be mentioned. 82 % of all business enterprises have less than 10 employees. This small size may appear obsolete in an economic climate of globalisation and international market power. However, the Tyrolean enterprises – some of them known all over the world – have been successful in countering the growing trend toward uniform mass production with a high degree of flexibility, quality and some of them with high-tech too.

* * *

Quando venne fondata la Camera di Commercio di Innsbruck alla metà del XIX secolo, si era avviato anche nel nostro paese uno sviluppo moderato dell'industria e dell'artigianato. Nella seconda metà del secolo XIX la costruzione delle ferrovia consentì di collegare il Tirolo alla rete dei trasporti internazionali, ponendo in tal modo le basi del turismo. Poco dopo iniziò anche lo sfruttamento della forza idrica per la produzione di energia elettrica. Ma nonostante questo sviluppo industriale relativamente precoce nel Tirolo del 1951 più di un terzo degli addetti erano occupati nell'agrosilvicoltura. Attualmente circa due terzi degli addetti lavorono nel terziario, circa il 30 % nel settore della produzione. A partire dagli anni cinquanta si avviano profonde trasformazioni della struttura economica e una notevolissima crescita demografica ed economica, anche in seguito al programma di finanziamento dell'ERP. Gli anni sessanta all'insegna delle prime Olimpiadi invernali disputate nel 1964 ad Innsbruck furono un periodo di grandi investimenti e di crescita economica soprattutto per il turismo. La piena occupazione fino agli inizi degli anni ottanta e bassissimi livelli di disoccupazione rispetto alla media austriaca sono altri due aspetti dello sviluppo economico e sociale del paese. A partire dagli anni ottanta si registra un calo della crescita economica e della domanda turistica, si evidenziano problemi strutturali e cambiamenti in alcuni settori industriali (in quello tessile, minerario ed edile) compensati però da un'espansione nei settori vetro, chimica, metallurgia e meccanica nonché in alcune branche artigianali. E'con gli anni sessanta che aumenta l'importanza dell'esportazione di beni e servizi per l'industria tirolese (comprese le esportazioni indirette legate al traffico turistico) – il sostegno della Camera di Commercio in questo settore risale già agli anni cinquanta. Un' altra caratteristica dell'economia tirolese è rappresentata soprattutto dalle piccole aziende a conduzione familiare nella misura di circa 28.000 con ca. 183.300 addetti. L'82 % di queste aziende conta più di dieci dipendenti. Una dimensione che forse può apparire obsoleta nell'epoca della globalizzazione e delle grandi concentrazioni di mercato – ma gli imprenditori tirolesi, alcuni dei quali sono famosi marchi internazionali, sono comunque riusciti a rispondere in modo adeguato alla crescente tendenza all'uniformità della produzione di massa grazie alla qualità, flessibilitá nonché tecnologia di avanguardia.

# Tirol – Die Industrieregion der Spitzenleistungen: Entwicklung, Struktur, Perspektiven

WERNER CLEMENT

## 1. Einleitung: Tirol – die unterschätzte Industrieregion

Tirol assoziiert man landläufig gewiss nicht mit einem Industrieland. Unbestritten ist Tirol eine der bedeutendsten Tourismusregionen sogar im weltweiten Maßstab. Für die meisten ist es deshalb verwunderlich, wenn man anhand des nüchternen Indikators der Wirtschaftsleistung (Bruttowertschöpfung, BUS) nachweist, dass 1998 die Sachgüterproduktion 18,5 %, das Beherbergungswesen/Gastronomie 11,28 % und Verkehr/Nachrichtenwesen 9,8 % zum Bruttoregionalprodukt beitrugen. Ebenso ist es interessant zu vermerken, dass allein die Betriebe der Sektion Industrie der Wirtschaftskammer Tirol 1998 ca. 33.300 Personen beschäftigten, die Sektion Tourismus 31.800. Die größte Sektion ist nach wie vor die Sektion Gewerbe mit 53.900 unselbstständig Beschäftigten.

Blickt man geschichtlich etwas weiter zurück, so wäre das Erstaunen geringer. Man erinnere sich, dass wegen der reichen Bodenschätze in Tirol, wie Silber, Kupfer oder Salz im Umfeld der Städte wie Schwaz oder Hall im Mittelalter Produktionsstätten von europäischer Bedeutung entstanden. Bodenschätze waren traditionell häufig die Grundlage für ein blühendes Industriewesen. Für die moderne Produktionswirtschaft ist dies von sehr geringer Bedeutung. Tirol konnte aber beim wichtigsten zeitgemäßen Produktionsfaktor, dem „Wissenskapital“, mitziehen und auf dieser Basis eine zukunftsträchtige Industrie entwickeln.

Nachfolgend wird zunächst kurz die empirische Entwicklung seit den 60er Jahren nachgezeichnet, welche einen Strukturwandel in Richtung höherwertige Sachgüterproduktion belegt. Mitte der 90er Jahre war neuerlich eine Umorientierung spürbar, in deren Gefolge im Lande eine Reihe von wirtschaftspolitischen Initiativen gesetzt wurden. Mit der Jahrtausendwende schließlich eröffnen sich die Perspektiven der „New Economy“, in welcher „Industrie“ im traditionellen Sinne als Sachgüterproduktion nicht mehr angepasst ist und die Metamorphose hin zu einem neuen Leistungsbegriff vollzieht, welcher Sachgüter, Dienstleistungen und immaterielle Transaktionen untrennbar verschmelzen wird.

# 2. Etappen des wirtschaftlichen Strukturwandels bis in die 90er Jahre

## 2.1 Die langen Trends ab 1960: Der produzierende Bereich Tirols als Motor der regionalen Wirtschaftsentwicklung?

Betrachtet man in der längerfristigen Entwicklung die Bruttowertschöpfung als zentralen Indikator für die Gesamtwirtschaft und des produzierenden Bereiches, so bildet sich ein enger Zusammenhang ab. Konkret bewirkte im Zeitraum 1961 bis 1997 eine Zunahme der Wertschöpfung des produzierenden Bereiches um 1 % ein leicht höheres Wachstum der Gesamtwirtschaft von 1,094 %.[1]

**Abbildung 1: Veränderungsraten der BWS in der Gesamtwirtschaft Tirols und im produzierenden Bereich 1962–1997 in Prozent**

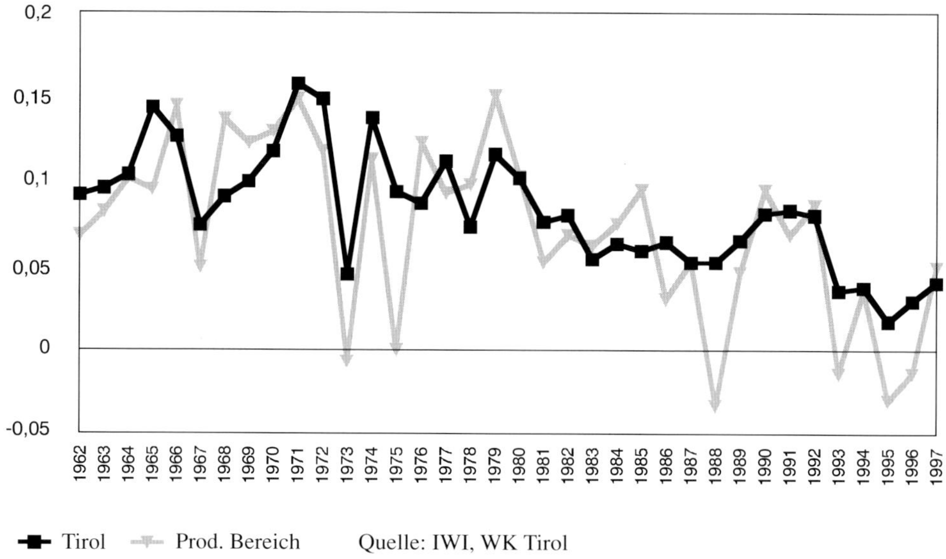


Quelle: IWI, WK Tirol

Wie aus der Abbildung 1 ersichtlich ist, schwächt sich allerdings über die Gesamtperiode die Dynamik des Wachstums für die Tiroler Wirtschaft insgesamt deutlich ab. Weiters ist der feststellbare sehr stramme Zusammenhang zwischen Industrie und Gesamtwirtschaft zwischen 1961 und Ende der 70er Jahre in der zweiten Periode ab ungefähr 1980 nicht mehr so ausgeprägt. Dies mag einesteils mit dem Rückgang des Anteils

[1] $\ln y = 0{,}523 \cdot \ln x + 0{,}571 \cdot \ln x_{t-1} + 0{,}598$, mit y...BWS Tirols, x...BWS des produz. Bereiches, $R^2 = 0{,}996$.

des erzeugenden Sektors (z. B. von 27,3 % im Jahr 1961 auf 23,6 % im Jahr 1980) zusammenhängen; zum anderen ist aber auch die konjunkturelle Schwankung der Industrie im zweiten Zeitabschnitt wesentlich stärker. Diese zwei Typen des Zusammenhanges kommen auch regressionsanalytisch zutage:

*Periode 1961–1980:*
Die Regressionsgleichung für die logarithmierten Werte lautet

$$\text{Ln } y = 0{,}526 \cdot \ln x_t + 0{,}568 \cdot \ln x_{t-1} + 0{,}610, R^2 = 0{,}995$$

Das Bestimmtheitsmaß ist mit 0,995 signifikant hoch; konkret bewirkt im Zeitraum 1961 bis 1980 eine Zunahme der Wertschöpfung des produzierenden Bereiches um 1 % ein leicht höheres Wachstum der Gesamtwirtschaft von 1,094 %, welches somit genau im langjährigen Schnitt liegt.

*Periode 1981–1997:*

$$\text{Ln } y = 0{,}874 \cdot \ln x_t + 0{,}514 \cdot \ln x_{t-1} - 2{,}423, R^2 = 0{,}964$$

Das $R^2$ als Maß des Zusammenhanges ist mit 0,964 etwas geringer. Allerdings scheint die Sachgütererzeugung als dynamischer Motor für die Gesamtwirtschaft stärker zu arbeiten, da eine Zunahme der Wertschöpfung des produzierenden Bereiches um 1 %, ein deutlich höheres Wachstum der Gesamtwirtschaft, nämlich von 1,388 %, nach sich zieht.

## 2.2 Aktuelle Strukturdaten

Eine Strukturanalyse von Bundesländern ist in Österreich wegen der statistischen Mängel (zu geringe Aktualität, zu wenig regionale Daten allgemein) etwas unbefriedigend. Dennoch soll die Entwicklung Tirols so gut wie möglich dargestellt werden.

Als generelle Orientierungsgröße für die relative Position Tirols in der österreichischen Wirtschaft wird wie üblich das Bruttoregionalprodukt (BRP) und dessen Anteil am Bruttoinlandsprodukt (BIP) herangezogen.

Bei diesem Indikator nimmt Tirol im Jahr 1998 mit ATS 218,1 Mrd. den 5. Platz österreichweit ein. Den weitaus größten Beitrag liefert Wien mit ATS 751,2 Mrd. (28,73 %). Dahinter liegen Oberösterreich mit ATS 418,4 Mrd. (16,00 %) und Niederösterreich mit ATS 406,64 Mrd. (15,55 %). Die Rangliste der österreichischen Bundesländer in Bezug auf das BRP hat sich in den letzten Jahren nicht wesentlich geändert. Bereits 1992 befand sich Tirol auf dem 5. Rang.

Eine Veränderung der relativen Position könnte durch ein zum Durchschnitt verschiedenes *Wachstumstempo* hervorgerufen werden. Die Tiroler Wirtschaft wächst gemessen an der Entwicklung des Bruttoregionalproduktes seit 1993 schwächer als die gesamtösterreichische. Verlief das BRP-Wachstum von 1990 bis 1993 noch über dem Österreichschnitt, setzte 1993 ein spürbarer Einbruch ein. In den Folgejahren gab es eine negative Wachstumsdifferenz, welche 1996 bei über 1,1 Prozentpunkten lag. Die

Werte 1996, 1997 und 1998 zeigen jedoch eine deutliche Erholung des Tiroler Wirtschaftswachstums. Gemäß den vorläufigen Zahlen für 1999 liegt das reale Wachstum der Bruttowertschöpfung (ohne Land- und Forstwirtschaft) Tirols mit 2,9 % sogar an der Spitze aller Bundesländer.

**Abbildung 2: Beitrag des BRP der Bundesländer zum BIP zu laufenden Preisen 1998**

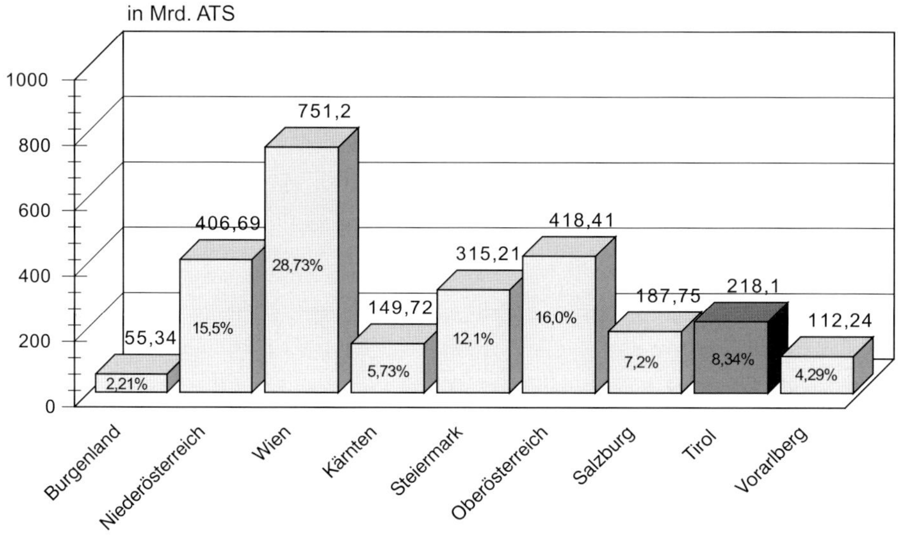


Quelle: ÖSTAT, IWI

Die *Wertschöpfung je Einwohner* kann als weitere Maßzahl zur Evaluierung der Wirtschaftskraft einer Region herangezogen werden. Der gesamtösterreichische Schnitt betrug 1998 ATS 311.500. Tirol lag mit ATS 328.700 um ATS 17.200 darüber und damit im Österreichvergleich auf Rang 3. Der Abstand zum Österreichschnitt wird jedoch durch die Dominanz Wiens in dieser Statistik verzerrt. Wien liegt mit einer Bruttowertschöpfung von ATS 469.000 pro Kopf weit über den Bundesdurchschnitt.

Diese aufgezeigte gesamtwirtschaftliche Rangordnung Tirols im österreichischen Vergleich spiegelt sich auch ungefähr bei der *Sachgüterproduktion* wider. Je nach Merkmal nimmt hier Tirol den 5. bzw. 6. Platz ein. Dies ist zwar zum einen auf die relative Größe des Bundeslandes zurückzuführen, zum anderen ist aber auch der Industrialisierungsgrad unterdurchschnittlich, sodass der Beitrag der Sachgüterproduktion Tirols zur gesamtösterreichischen mit 7,9 % unter dem gesamten Wirtschaftsbeitrag von 8,34 % liegt.

Ein etwas anderes Bild zeigt sich bei der Entwicklung der *Industriebeschäftigten.* Tabelle 1 belegt einen Rückgang bei der Zahl der Industriebeschäftigten Tirols

**Abbildung 3: Wachstum des BIP real (Veränderung zum Vorjahr)**

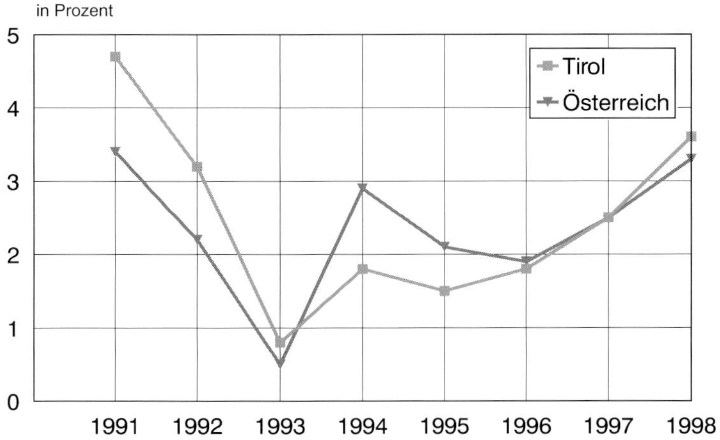


Quelle: ÖSTAT, IWI

von 33.789 im Jahre 1990 auf 27.791 im Jahre 1999. Gleichzeitig nahm jedoch der Anteil der in der Tiroler Industrie beschäftigten Personen an der gesamtösterreichischen Industriebeschäftigung von 5,7 % auf 6,786 % zu. Erklären lässt sich dies dadurch, dass Tirol prozentuell den geringsten Rückgang aller österreichischen Bundesländer bei der Zahl der Industriebeschäftigten in der Periode 1990–1998 aufzuweisen hatte.

Eine Erklärungshypothese für diese günstige Beschäftigungstendenz könnte in der besonders markanten mittelständischen Unternehmensstruktur liegen. Tatsächlich rutscht Tirol, was die durchschnittliche Unternehmensgröße anbetrifft, von den sonst besetzten Plätzen 4 oder 5 in der Reihenfolge der österreichischen Bundesländer auf Rang 6 ab. Hinsichtlich der Anzahl der Industriebetriebe belegt Tirol jedoch wiederum den 5. Rang.

Dass die Tiroler Industrieunternehmen aber bei der *Leistungsfähigkeit* mit dem österreichischen Schnitt mithalten können, erweist sich an den entsprechenden Indikatoren.

Die *Produktivität* der Sachgüterproduktion Tirols liegt mit ATS 919.931,– österreichweit an erster Stelle.

Eine etwas andere Rangordnung ist bei den *Investitionen* festzustellen. 1998 lag die Investitionsquote (Bruttoinvestitionen/Umsätze) der Tiroler Sachgüterproduktion bei 6,87 %, während die österreichische nur 5,7 % betrug.

Zusammenfassend kann somit festgehalten werden:

– Die Tiroler Sachgüterproduktion weist in den letzten Jahren wieder eine große Wachstumsdynamik auf.

**Abbildung 4: Wertschöpfung je Einwohner nach Bundesländern BRP/Einwohner 1998**

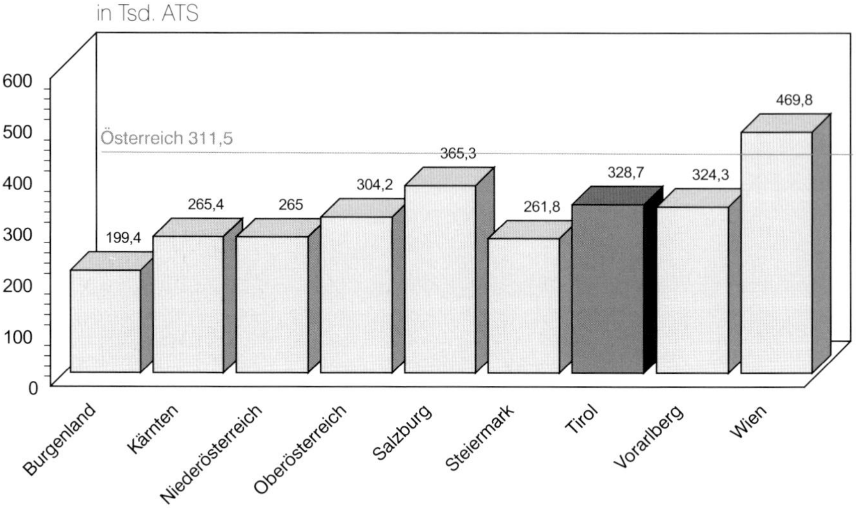


Quelle: ÖSTAT, IWI

**Abbildung 5: Anteil der Bundesländer an der Bruttowertschöpfung der österreichischen Sachgüterproduktion 1998**

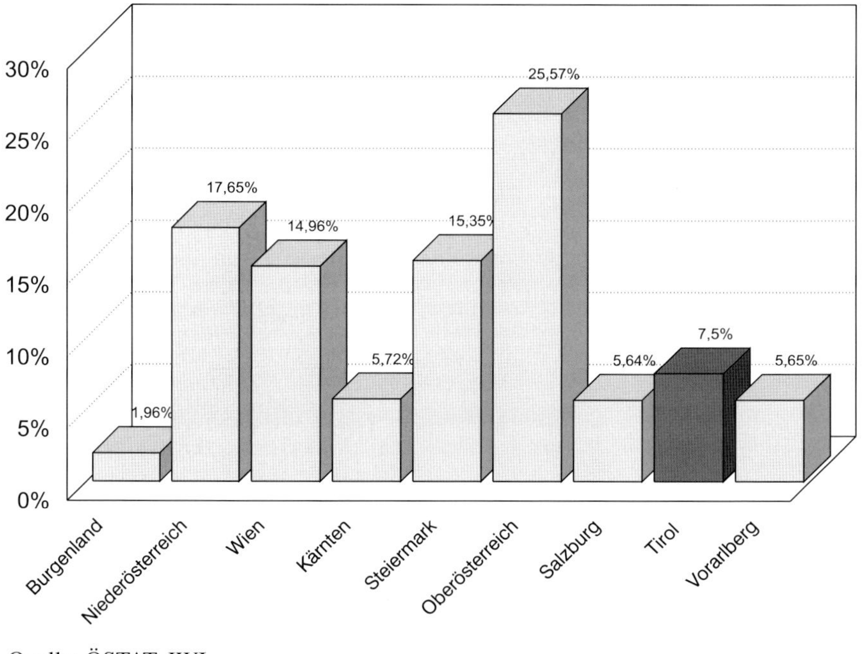


Quelle: ÖSTAT, IWI

**Abbildung 6: Industriebetriebe, Anzahl nach Bundesländern**

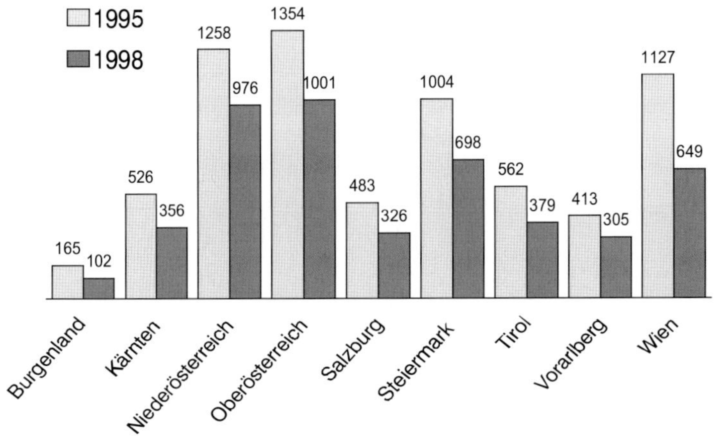


Quelle: ÖSTAT, IWI

**Tabelle 1: Erfasste Industriebeschäftigte nach Bundesländern (Industrie gemäß Kammersystematik; ohne Bauswirtschaft)**

| | 1990 | | 1993 | | 1997 | | 1998 | | 1999* | | 1990–1999 |
|---|---|---|---|---|---|---|---|---|---|---|---|
| Bundesland | Beschäftigte | Anteil in % | Beschäftigte | Anteil in % | Beschäftigte | Anteil in % | Beschäftigte | Anteil in % | Beschäftigte | Anteil in % | Veränder. in % |
| Burgenland | 11.217 | 1,9 | 10.140 | 1,9 | 8799 | 2,10 | 8.434 | 2,03 | 8.070 | 1,97 | –28,06 |
| Kärnten | 34.137 | 5,8 | 29.845 | 5,6 | 24.476 | 5,84 | 24.337 | 5,85 | 23.719 | 5,79 | –30,52 |
| Niederösterreich | 99.605 | 16,9 | 89.599 | 16,8 | 75.983 | 18,12 | 73.466 | 17,66 | 71.443 | 17,43 | –28,27 |
| Oberösterreich | 136.819 | 23,2 | 123.910 | 23,2 | 99.362 | 23,69 | 101.000 | 24,28 | 98.311 | 23,99 | –28,15 |
| Salzburg | 26.529 | 4,5 | 24.431 | 4,6 | 20.571 | 4,90 | 20.118 | 4,84 | 19.941 | 4,87 | –24,83 |
| Steiermark | 91.220 | 15,5 | 80.036 | 15 | 71.486 | 17,04 | 72.246 | 17,37 | 73.490 | 17,93 | –19,44 |
| Tirol | 33.789 | 5,7 | 31.609 | 5,9 | 26.603 | 6,34 | 27.290 | 6,56 | 27.791 | 6,78 | –17,75 |
| Vorarlberg | 34.437 | 5,8 | 30.269 | 5,7 | 25.450 | 6,07 | 25.276 | 6,08 | 26.887 | 6,56 | –21,92 |
| Wien | 122.556 | 20,8 | 113.206 | 21,2 | 66.705 | 15,90 | 63.794 | 15,34 | 61.225 | 14,94 | –50,04 |
| Österreich | 589.909 | 100 | 533.045 | 100 | 419.435 | 100 | 415.961 | 100 | 409.879 | 100 | –30,52 |

Quelle: Wirtschaftskammer Österreich basierend auf ÖSTAT Konjunkturstatistik im Produzierenden Bereich (Sonderauswertung), *1999 vorläufige Daten

**Abbildung 7: Durchschnittliche Industriebetriebsgröße nach Bundesländern**

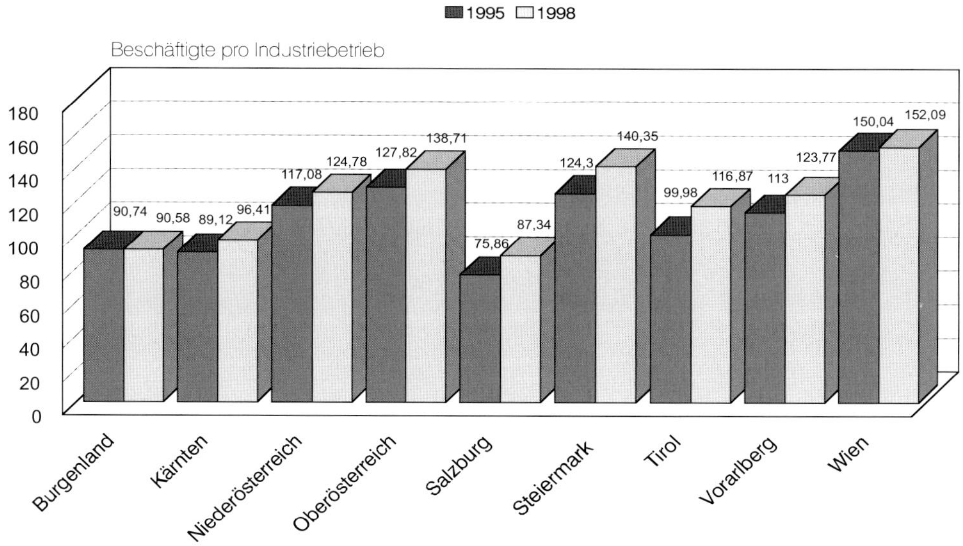


Quelle: WKÖ, IWI

**Abbildung 8: Produktivität (BWS/unselbstständig Beschäftigte) der Sachgüterproduktion nach Bundesländern 1998**

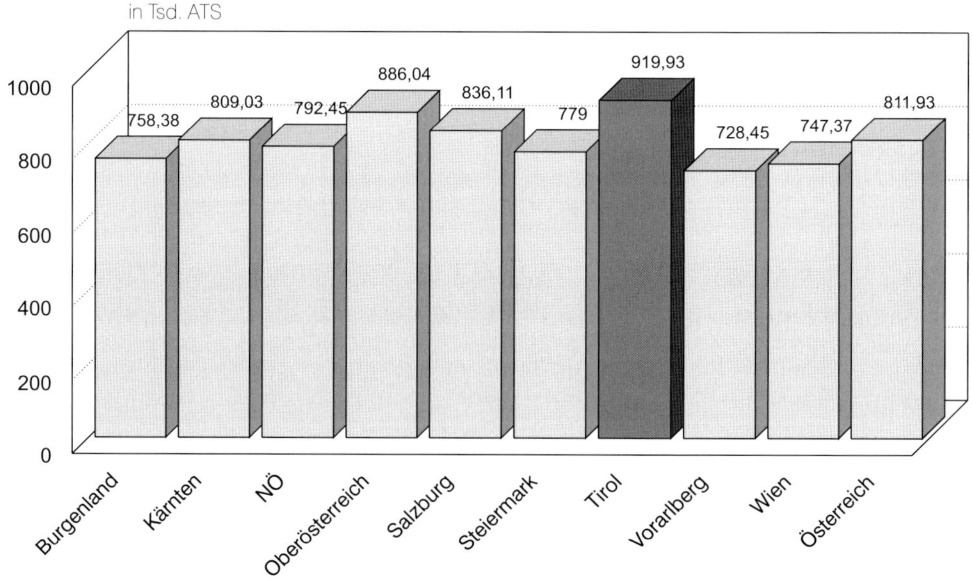

- Der Rang der Sachgüter mit Platz 5 entspricht ungefähr dem Anteil des Bundeslandes unter den österreichischen Bundesländern
- Obwohl der Industrialisierungsgrad in Tirol gegenüber z. B. Vorarlberg oder auch Kärnten etwas niedriger liegt, erbringt die Tiroler Industrie infolge ihrer überproportionalen Leistungskraft einen relativ hohen Beitrag (7,9 %) zur gesamtösterreichischen Sachgütererzeugung

**Abbildung 9: Investitionsquoten 1998 des Sachgüterbereichs nach Bundesländern**

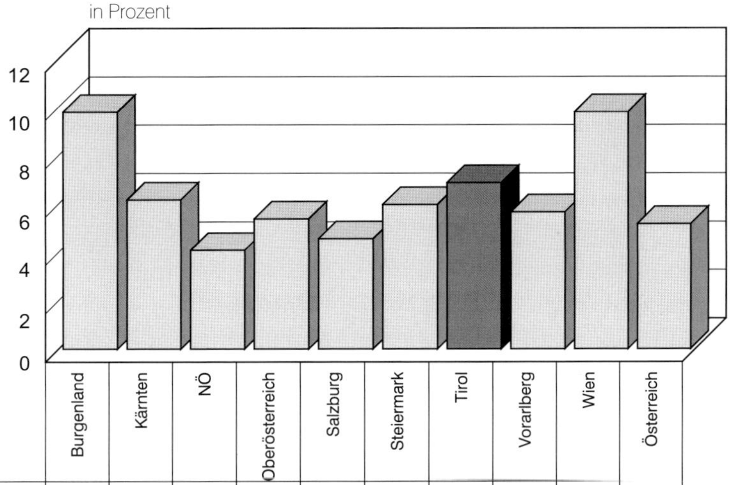


| | Burgenland | Kärnten | NÖ | Oberösterreich | Salzburg | Steiermark | Tirol | Vorarlberg | Wien | Österreich |
|---|---|---|---|---|---|---|---|---|---|---|
| Bruttoinvestionen (in Mio. ATS) | 2234 | 4471 | 11492 | 16508 | 3256 | 11949 | 6187 | 4065 | 2236 | 68737 |
| Umsatzerlöse (in Mio. ATS) | 22803 | 72408 | 281735 | 307105 | 71418 | 200157 | 90056 | 71818 | 22803 | 1330381 |
| Investitionsquoten | 9,8 | 6,17 | 4,08 | 5,38 | 4,56 | 5,97 | 6,87 | 5,66 | 9,8 | 5,17 |

Quelle: ÖSTAT, IWI

- Bemerkenswert ist auch die recht stabile Beschäftigung
- Die Zukunftsorientierung der Tiroler Industrie ist an der sehr hohen Investitionsquote ablesbar.

## 2.3 Wettbewerbskraft der industriellen Sparten und „Spitzenunternehmen in Nischen": Eine Auswahl von Erfolgsgeschichten

Das statistische Bild der verschiedenen Industriesparten liefert ein nur wenig griffiges Abbild der Leistungsfähigkeit von einzelnen Unternehmen in den Industriebranchen. Es ist hier selbstverständlich nicht der Ort, um einen umfangreichen Katalog Tiroler Industrieunternehmen zu präsentieren.[2] Das Ergebnis vorweg formuliert: Es ist

[2] Für eine Auflistung der Unternehmen nach Fachverbänden vgl.: tirol online http://www.tirol.com/wkt.

immerhin ganz erstaunlich, in wie vielen Industriebranchen das kleine Bundesland ganz exzellente Unternehmen hervorgebracht hat, die zum Teil sogar Weltmarktführerschaft besitzen. Einige der wichtigsten Branchen seien nachstehend angeführt (dazu für 1999 die Indikatoren „Abgesetzte Produktion" in Mrd. ATS und „Beschäftigte") und durch einige Unternehmen illustriert. Nur ganz exemplarisch werden einige Firmen präsentiert, und es sei nachdrücklich bei all jenen Unternehmen um Vergebung gebeten, die hier aus Platzmangel nicht hervorgehoben werden konnten:

**Als Referenzgröße: Industrie insgesamt (ohne Bau)**
Indikatoren: Produktion 62, 82 Mrd ATS, Beschäftigung 27.791

## Metallverarbeitung

(Plansee, Gerätewerk Matrei, Stubai Werkzeugindustrie, Thöni...)
Indikatoren: Produktion 3,68 Mrd ATS, 2378 Beschäftigte

### *Thöni Industriebetriebe*

Auf ihren 3 Standorten Telfs, Landeck und Kempten/Allgäu haben sich die Thöni Industriebetriebe zu einem der führenden Anbieter in den Geschäftsfeldern:

- Aluminium (Profile, Eloxierung, Halbfabrikate und montagefertige Einzelteile)
- Gewebeschläuche
- Casting Equipment für die Buntmetallindustrie

entwickelt. Zusätzlich werden die Geschäftsfelder Umwelttechnik und Sondermaschinen bearbeitet. Basis für den hervorstechenden Erfolg sind penibles Qualitätsbewusstsein, maximale Orientierung an Kundenwünschen und absolute Liefertreue.

Firmendaten

| | |
|---|---|
| Umsatz: | ca. 1 Mrd ATS |
| Exportquote: | 80 % in alle Länder |
| F&E-quote: | 5 % |

### *METASYS Medizintechnik*

Als einer der führenden Hersteller im dentalen Bereich bietet Metasys ein umfassendes Produktspektrum an. Es setzt sich in erster Linie aus technischen Produkten zur Praxisausrüstung, ergänzt mit geräte- und umweltschonenden Desinfektions- und Reinigungsmitteln zusammen. Dentale Produkte der Metasys Medizintechnik werden ausschließlich über den qualifizierten Fachhandel vertrieben. Vertriebsstandorte befinden sich in Europa, Japan (Osaka), Kanada und USA.

## Maschinen und Stahlbau

(AL-Ko Kober, Liebherr, Integral Verkehrstechnik, thöni Industriebetriebe...)
Indikatoren: Produktion: 7,7 Mrd ATS, Beschäftigung: 3.404

## Holz

(Binder, Egger, Pfeifer…)
Indikatoren: Produktion 3,2 Mrd ATS, Beschäftigung: 1.399

### *Egger*

Zur Egger-Firmengruppe mit Stammsitz in St. Johann/Tirol gehören 14 Werke in Österreich, Deutschland, Großbritannien, Frankreich und Italien. Das Tiroler Spanplattenwerk beschäftigt europaweit mehr als 3.500 Mitarbeiter und setzt auf Expansion. Im Vorjahr konnten der Umsatz auf 15 Milliarden ATS gesteigert und die Produktionskapazität auf 3,7 Millionen Kubikmeter Holzwerkstoffe erhöht werden. Damit zählt der Konzern mit einem Marktanteil von rund neun Prozent zu den drei größten Anbietern von Spanplatten und Veredelungsprodukten in Europa.

Der weltweite Technologietransfer und die kurzen Produktionszeiten haben viele Produkte austauschbar gemacht. Egger hat sich zum Grundsatz gemacht, dass zum entscheidenden Kriterium für eine erfolgreiche Marktbearbeitung heute mehr denn je die Differenzierungsmöglichkeiten durch Design zählen.

Firmendaten

| | |
|---|---|
| Standort | St. Johann/Tirol |
| Produkte | Holzwerkstoffe, Beschichtung, Postforming, Laminate, Imprägnate |
| Marktposition | drittgrößter Anbieter von Spannplatten und Veredelungsprodukten in Europa (rund 9 % Marktanteil) |
| Umsatz | 1999: ATS 15 Mrd. |
| Mitarbeiter | 3.600 |
| Niederlassungen | Deutschland, England, Frankreich, Österreich |
| Absatzmärkte | Afrika, Amerika, Benelux, Dänemark, Deutschland, Fernost/Asien, Finnland, Frankreich, Großbritannien, GUS, Irland, Israel, Italien, Österreich, Polen, Schweden, Schweiz, Singapur, Slowakei, Taiwan |

### *Binder Holz*

40 Jahre Tradition stehen hinter einem der modernsten und leistungsfähigsten Holzverarbeitungsbetriebe Europas: Binder Holz mit seinem Stammbetrieb, dem Säge- und Hobelwerk, Massivholzplattenwerk und dem Holzfachmarkt in Fügen/Tirol. In der zweiten Produktionsstätte, dem Massivholzplattenwerk, kommt eine bahnbrechende Technologie, die extrem holzschonende, spanfreie Schneidetechnik zum Einsatz. 1996 wurden mit der Errichtung des Brettschichtholzwerkes neue Maßstäbe in Richtung Technik und Konstruktion, Produkt und Architektur gesetzt.

Insgesamt wird in rund 25 Ländern (Europa, Japan, Korea, Taiwan, arabische Länder und Nordafrika) Brettschichtholz mit einer Exportquote von 80 % ausgeführt.

Firmendaten

| | |
|---|---|
| Gründung | 1960 |
| Standort | Jenbach, |
| Produkte | Massivholzplatten, Hobelware, Brettschichtholz (verleimte Bretter), Briketts/Pellets |
| Beschäftigte | ca. 447 |

| | |
|---|---|
| Umsatz | ca. ATS 2,2 Mrd. |
| Mitarbeiter | 500 |
| Niederlassungen | Fügen, Hallein, Jenbach, St. Georgen |

## Bekleidungs-, Textilindustrie

(Eybl, Geiger Giesswein, Seidensticker, Sportalm, Steinbock…)
Indikatoren: Produktion 3,14 Mrd ATS, Beschäftigung 2166

### *Geiger*

Der Vomper Modeproduzent Geiger liefert seit 1956 in die USA sowie seit 1966 nach Japan und zählt heute 2.000 Kunden in 40 Ländern. Insgesamt 80 % der Waren gehen in den Export, je 25 % nach Nordamerika und Asien, der Rest nach Europa. Aufgrund der unterschiedlichen regionalen Vertriebsstrukturen baute Geiger ein zweigleisiges Distributionsnetz auf. Einerseits überzeugen Marken-Boutiquen in ausgewählten Metropolen die ansässigen Konsumenten und Händler von Qualität und Design. Durch diese Signalwirkung getrieben nehmen anschließend selbständige Vertriebspartner die Kollektion auf. Geiger zeigt sich optimistisch, in Zukunft von Hongkong aus den chinesischen Markt zu erobern.

Die Auslagerung der Produktion in Schwellenländer wird nicht geplant. Um das hohe Lohnniveau auszugleichen, setzt Geiger auf Produktivitätssteigerung durch Entwicklung innovativer interner Systeme (z. B. eigenes Transportsystem).

Firmendaten

| | |
|---|---|
| Standort | Vomp/Tirol |
| Produkte | Modeproduzent |
| Mitarbeiter | 340 |
| Niederlassungen | Vomp/Tirol, Vermount/USA |
| Absatzmärkte | Europa, Japan, USA |
| Exportanteil | 80 % |

## Papier

(Papierfabrik Wattens, Unterland)
Indikatoren: Produktion 2,79 Mrd ATS, Beschäftigung 747

## Nahrungs- und Genussmittel

(Darbo, Tirol Milch, Recheis…)
Indikatoren: Produktion 4,39 Mrd ATS, Beschäftigung 1.279

### *Darbo*

Das traditionsreiche Familienunternehmen Darbo zählt heute mit einem Umsatz von 778 Mio. ATS zu einem der erfolgreichsten Lebensmittelunternehmen Österreichs.

1994 wurde die Linie der Darbo Fruchtsirupe eingeführt, die in kurzer Zeit über 20 % Marktanteil erreichen konnte, worauf 1998 die Einführung des „Fruchtikus" folgte. Durch die starke Exportorientierung gelang es nach der Marktöffnung hin zur EU in kurzer Zeit einen beachtlichen Exportanteil (30 %) zu erreichen. Darbo-Produkte sind in über 40 Ländern der Erde vertreten. Mit Vertriebspartnern in den verschiedensten Ländern wie den USA, Kanada, Mexico, Italien, Deutschland, Frankreich, England, Ungarn, Russland u. v. m. wird erfolgreich zusammengearbeitet.

Als langfristige Unternehmensziele formulierte das Unternehmen:

- Weiterer Ausbau der Marktanteile in Österreich
- Suche nach weiteren Diversifikationsmöglichkeiten, welche die Stammkompetenz der Marke (Frucht und Natur) unterstützen
- Verstärkung der Exportaktivitäten

Firmendaten

| | |
|---|---|
| Gründung | 1879 |
| Standort | Stans/Tirol |
| Produkte | Spezialkonfitüren, Sirupe |
| Marktposition | Marktführer im Konfitüren und Honigmarkt |
| Umsatz | 1998: ATS 750,6 Mio.<br>1999: ATS 777,6 Mio. |
| Mitarbeiter | 230 |
| Niederlassungen | Österreich |
| Exportanteil | 1998: 25,7 %<br>1999: 27,3 % |

## Gießerei

(Grassmayr, TRM)
Indikatoren: Produktion 1,4 Mrd ATS, Beschäftigung 630

### *TRM*

Die Tiroler Röhren- und Metallwerke AG mit Sitz in Hall i. T. ist seit über 50 Jahren als Anbieter von Gussrohrsystemen und Fahrzeug-Komponenten national und international bekannt. Durch spezifische Produktausstattungen konnten im Laufe der Jahre Marktsegmente erschlossen werden, die weit über das klassische Rohrgeschäft hinausgehen. So schuf die TRM AG für die Erzeugung von technischem Schnee hochbelastbare, handlingsfreundliche und rasch verlegbare Rohrsysteme, die sich inzwischen einen hohen Marktanteil sichern konnten. Mit brandsicheren und lärmgeschützten Rohrsystemen von TRM sind alle extremen Hochbauten (UNO-City, Andromeda Tower) in Wien ausgerüstet. Am Tiefbaumarkt werden hohe Marktanteile durch den TRM-Guss-Pfahl erzielt. Die erfolgreiche Position im Trinkwasser-Transport wird durch das VRS-Patent abgesichert. Schließlich konnten sich TRM-Abwasser-Produkte dank ihrer ökologischen Ausrichtung und durch eine Fülle von Neuentwicklungen in der Abwasserwirtschaft einen hervorragenden Namen machen.

Firmendaten

| | |
|---|---|
| Umsatz | 1,1 Mrd ATS |
| Beschäftigte | 500 |
| Exportquote | Komponenten: 95 % |
| | Durchschnitt: 40 %. |

## Glas

(Swarovski, Riedel…)
Indikatoren: Produktion k. A.

### *Swarovski*

Das 1895 in Wattens/Tirol gegründete Familienunternehmen wird in der vierten Generation von Nachkommen des Gründers Daniel Swarovski geführt. Zum konsolidierten Konzernumsatz 1999 in Höhe von CHF 1,89 Milliarden trugen ca. 11.000 Mitarbeiter bei. Das Ausgangsprodukt Kristallsteine ist Grundlage für drei eigenständig agierende Unternehmensbereiche: Kristall, optische Präzisionsgeräte und die Schleifmittelproduktion – es kommt in den Bereichen Mode, Schmuck, Beleuchtung und Kosmetik zum Einsatz. Seit den siebziger Jahren etablierten sich Geschenk-, Sammler- und Dekorationsobjekte sowie Schmuck als Kristall-Markenartikel. Der Vorstoß in den Luxusmarkt gelang mit Kristalldesign, exklusivem Schmuck und Accessoires. Anlässlich seines 100-jährigen Bestehens eröffnete Swarovski in Wattens die Swarovski Kristallwelten, eine vom Künstler André Heller gestaltete Multimedia-Erlebniswelt.

Firmendaten

| | |
|---|---|
| Gründung | 1895 |
| Standort | Wattens/Tirol |
| Marktposition | führender Hersteller weltweit von |
| | – Dekorobjekten und Accessoires aus Vollschliff-Kristall |
| | – Kristallschmucksteinen und Kristallkomponenten |
| | – Schleif- und Abrichtwerkzeugen |
| | – optischen Präzisionsgeräten |
| Umsatz | 1998: CHF 1,82 Milliarden |
| Mitarbeiter | 1998: 10.350 |
| | (Produktion ca. 8.600, F&E ca. 600) |
| Niederlassungen | *Produktionsstandorte*: Argentinien, Brasilien, Italien, Liechtenstein, Österreich, Schweiz, Spanien, Thailand, USA |
| | *Vertriebsstandorte*: Argentinien, Australien, Belgien, Brasilien, China, Dänemark, Deutschland, Dubai, Finnland, Frankreich, Griechenland, Großbritannien, Hongkong, Indonesien, Italien, Japan, Kanada, Korea, Liechtenstein, Neuseeland, Niederlande, Norwegen, Österreich, Portugal, Schweden, Schweiz, Singapur, Spanien, Thailand, Tschechische Republik, Türkei, Ungarn, USA |

## Elektro- und Elektronik

(Jenbacher Gruppe, Elin, Bartenbach, Gerätewerk Matrei…)
Indikatoren: Produktion 5,14 Mrd ATS, Beschäftigung 2.691

### *Datacon*

Innovation, Flexibilität und Verantwortung stehen für den Erfolg des in Radfeld angesiedelten Halbleiterunternehmens. Zu den Kunden zählen Unternehmen aus der Automobilindustrie, Telekommunikation sowie der Industrie- und Konsumelektronik, wie Bosch, Siemens, Philips und Infineon. Ausschlaggebend für das explosionsartige Umsatzplus waren vor allem die stark wachsenden Halbleiterindustrien in den USA und Asien – fast 99 % der Produktion werden in diese Regionen exportiert. Um in Amerika oder Asien nicht eigene Vertriebsorganisationen aufbauen zu müssen, kooperiert die Firma mit dem US-Unternehmen Kulicke & Soffa, einem der weltweit größten Zulieferer der Halbleiterindustrie. Damit das Wachstum nicht abreißt, wird derzeit in der Forschungsabteilung (20 % des Umsatzes) in die Produktion noch kleinerer und dünnerer Super-Chips, aber auch von sogenannten „Smartlabels" („intelligente Etiketten") investiert.

Firmendaten

| | |
|---|---|
| Gründung | 1986 |
| Standort | Radfeld/Tirol |
| Produkte | Entwicklung und Herstellung von Präzisionsmaschinen für die Halbleiter- und Chipindustrie |
| Umsatz | 1999: ATS 770 Millionen |
| Mitarbeiter | 210 |
| Niederlassungen | Österreich |
| Absatzmärkte | Frankreich, Hongkong, Italien, Korea, Österreich, Taiwan, USA |
| Exportanteil | 99 % |

## Chemische Industrie

(Adler Lacke, Biochemie, Donau Chemie, Gebro Pharma, Montavit ...)
Indikatoren: Produktion 14,49 Mrd ATS, Beschäftigung 4.269

### *Biochemie (Kundl)*

Die zum NOVARTIS-Konzern gehörende Biochemie GmbH ist ein traditionsreiches Tiroler Unternehmen mit Pionierleistungen seit seiner Gründung 1946. Hier wurde das weltweit erste orale Penicillin hergestellt. Die Biochemie ist einer der Weltmarktführer bei Antibiotika (Penicilline, Cefalosporine, Makrolide) sowie anderen pharmazeutischen Wirkstoffen als Zwischenprodukte.

Firmendaten

| | |
|---|---|
| Beschäftigte | 1900 (270 in F&E) |
| Umsatz (1997) | 8 Mrd ATS |
| Exportquote | 96,5 % in ca 120 Länder |
| F&E-quote | 6 % |

### *Montavit*

Die Firma Montavit ist ein Beweis dafür, dass auch im an sich von Konzernen dominierten Pharmamarkt bei entsprechender Spezialisierung durchaus Marktführerschaft gewonnen werden kann. Eine solche Position konnte sogar in verhältnismäßig kurzer Zeit errungen werden. Der Durchbruch gelang 1986 mit der Patentierung von Cathejell (ein Kathetergleitmittel). Dieses vereint mehrfach Technologiestärke, nämlich nicht nur im Produkt selbst, sondern auch im Produktverfahren durch spezielle Dampfsterilisation und eine besonders entwickelte Handhabung. Mit diesem Produkt konnte somit das Tiroler Unternehmen eine starke Marktpräsenz erzielen, als Marktführer mit einem Marktanteil von 80 % in Österreich, erheblichen Anteilen in Deutschland und Italien und einer bemerkenswerten Internationalisierungskomponente, z. B. in Osteuropa, aber auch in Ostasien.

Als ein weiteres Standbein im Produktportfolio manifestiert sich der Bereich von hochabsorbierenden Kohletabletten sowie pflanzlichen Präparaten, in den rund 10 % des Umsatzes in F&E investiert werden.

Firmendaten (inkl. Tochtergesellschaften): 61 Beschäftigte mit einem Umsatz von 100 Mio ATS auf mehreren Produktionsstandorten.

## 3. Entwicklungspfade in den 90er Jahren: Stärkefelder und Cluster

Nicht immer von der Öffentlichkeit bemerkt, trat gegen Anfang der 90er Jahre in den Industrieländern ein neuerlicher wirtschaftlicher Strukturwandel ein. Er rückte erst durch ein Schlagwort, nämlich „Globalisierung", in ein breiteres Bewusstsein. Diese weltwirtschaftliche Perspektive setzte neue Anforderungen an die einzelwirtschaftliche Wettbewerbsfähigkeit. Nur relativ wenige, und häufig nur multinationale Unternehmen schafften es, den Weltmarkt zu bedienen und globale Marken aufzubauen. Die Hürde, Kosten für eine internationale Präsenz abzudecken, war und ist in der Tat hoch.

Erstaunlicherweise war dies für einige Tiroler Unternehmen nicht wirklich ein Problem. Sie hatten ihre Position in einer Nische schon lange gefestigt, sodass mit einigem Selbstbewusstsein verkündet werden konnte: „Wir sind längst global tätig." Es genügt hier, internationale Marken, wie Silver Crystal von Swarovski, Penicillin der Biochemie Kundl oder auch Geiger oder Giesswein als Beispiele zu erwähnen. Dennoch war es zeitgemäß und nötig herauszufinden, wo jenseits des Erfolges von einzelnen Unternehmen allgemeinere Stärkefelder in der Tiroler Industrie eruierbar wären. Die Clusteranalyse war das dazu einzusetzende Instrument.

Im Ergebnis[3] war es im Vergleich zu anderen Bundesländern schwieriger, Kooperationsbereitschaft zwischen Tiroler Firmen festzustellen und rasch umsetzbare potentielle Cluster zu identifizieren. Die statistisch ermittelten Stärkefelder Tirols spiegeln sich in einem Portfolio wie in Abbildung 10 dargestellt wider:

[3] Siehe IWI, Die produzierende Wirtschaft Tirols, Wien (IWI) 1997.

**Abbildung 10 : Cluster Portfolio Tirol**

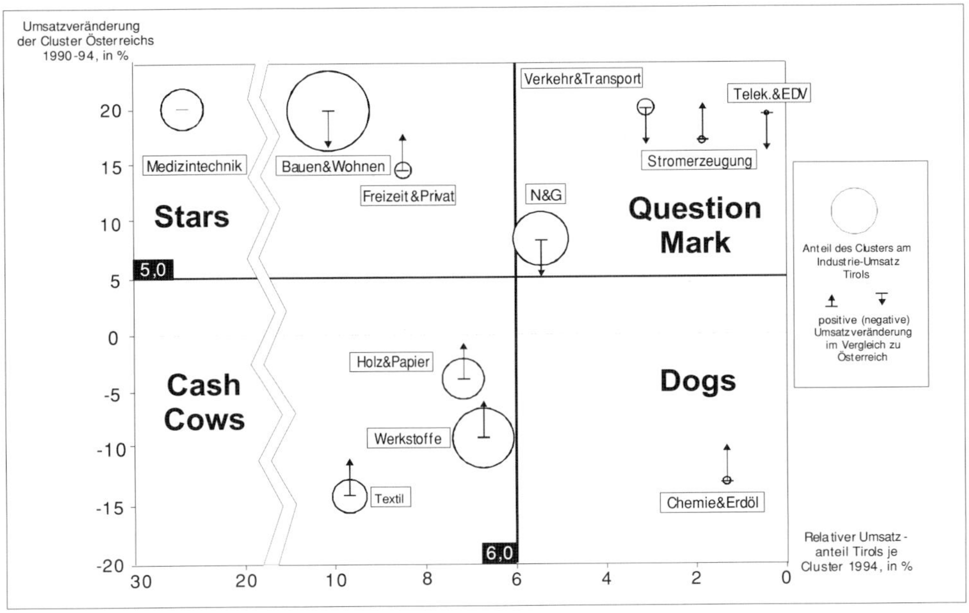


Quelle: iwi, industriewissenschaftliches Institut

Auf dieser statistischen Basis ergab ein „bottom-up-Ansatz“, realisiert durch viele Interviews, folgende Stärkefelder:

- Alpine Wellness
- Alpine Wohnkultur
- Tirol natürlich genießen – Nahrungs- und Genussmittel
- Tiroler Freizeit und Mode
- Alpintechnologie
- Vom Handwerk zur industriellen Fertigung.

Cluster oder Stärkefelder sind also Gefüge, welche eine bestimmte regionale Kompetenz umreißen sollen. Dies ist für das Auftreten auf globalen Märkten als Marke, für vorwettbewerbliche Zusammenarbeit z. B. in der Forschung oder in der Weiterbildung oder auch in der Schaffung von Zuliefernetzen wichtig. Das in Österreich wohl bekannteste Beispiel ist der Automobilcluster Steiermark, mit dessen Hilfe es gelang, die Steiermark zu einem wichtigen Standort der automotiven Industrie zu positionieren.

In Tirol ist außerordentlich viel industrielle Leistungsfähigkeit als Antwort auf die alpinen Gegebenheiten identifizierbar. Dennoch scheinen die Unternehmen weitgehend als Einzelkämpfer zu agieren. Um ein stärkeres Auftreten zu gewährleisten, wurde der Cluster Alpintechnologie vorgeschlagen und in einer Reihe von Teilclustern operativ umgesetzt. Insgesamt demonstriert das Beispiel „Alpintechnologie“, wie solche Kompetenzfelder sich über die einzelnen Industriebranchen spannen, sektorenübergreifend Landwirtschaft und Bergbau, Sachgüter und Dienstleistungen einschließen und die Verbindung zwischen Forschung und Entwicklung, Bildung und Wirtschaft herstellen.

**Abbildung 11: Kompetenzfeld Alpintechnologie**

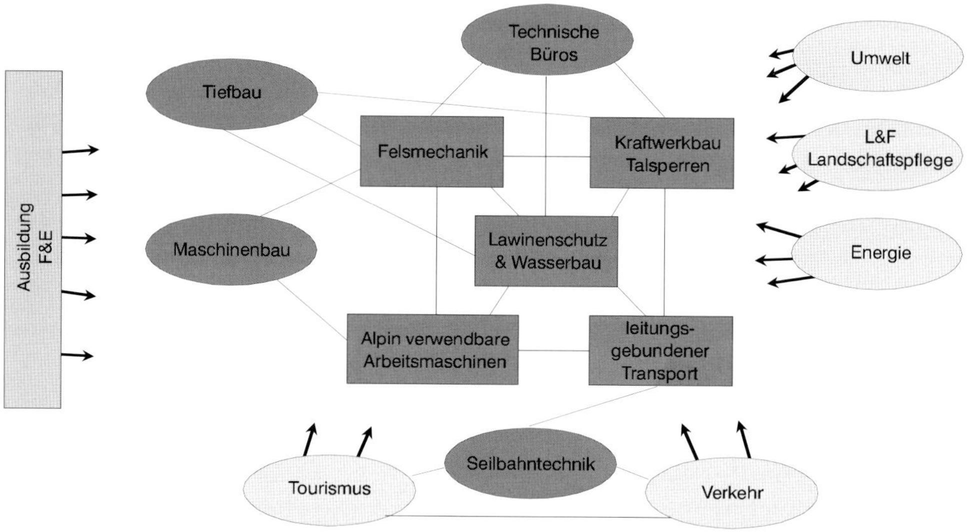


Die Identifizierung vielversprechender Cluster ist eines; ihre praktische Realisierung harte wirtschaftspolitische Knochenarbeit. Erfreulicherweise blieben die Tiroler Cluster nicht bloß am Papier. In einer Reihe von Initiativen wurden Teile durch die Wirtschaftskammer Tirol sowie die Industriellenvereinigung Tirol umgesetzt. Erwähnt seien die „Kleinwasserkraftwerke Tirol", das „Niedrigenergiehaus", „Alpiner Tunnelbau", die Medizintechnik oder das Agrarmarketing.[4]

Auch die Querverbindung, um nicht zu sagen, die wechselseitige Abhängigkeit zwischen Tourismus und Industrie fand ihren Niederschlag. Die zwei Leitkonzepte einer modernen Industriepolitik einerseits und modernen Tourismuspolitik anderseits sind „Clusterbildung und Destinationsmanagement"[5].

Die Integration der beiden Leitkonzepte (am Beispiel von 4 Ideen für Destinationsmanagement in Tirol) kann wie in Abbildung 12 dargestellt werden.

---

[4] Für eine einstweilige Evaluierung vgl. IWI, Cluster: Zwischenbilanz und Perspektiven der Clusterbildung in Österreich, Wien (IWI) Juni 2000.

[5] W. Clement und P. Haimayer, Clusterbildung und Destinationsmanagement in Tirol, Innsbruck, Oktober 1999.

**Abbildung 12: Cluster und Destinationsmanagement in Tirol**

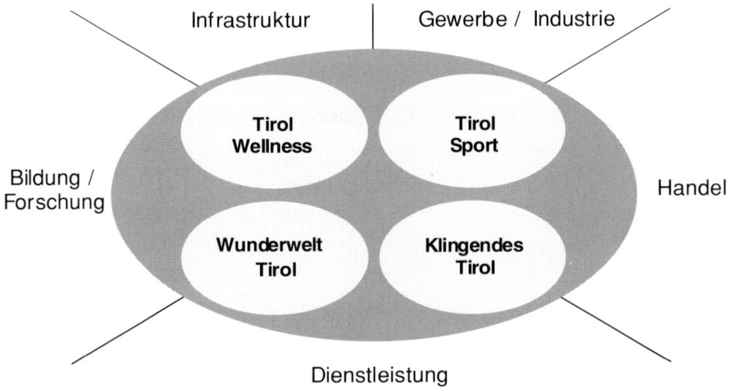


Auch hier blieb man nicht in der konzeptionellen Etappe stecken. Vielmehr wurden die Destinationsmanagement-/Clusterprojekte detailliert ausgearbeitet und sollten in Leitprojekte münden. Als Folge entstand eine ganze Serie von Teilheften nach politischen Bezirken, wo die Initiative noch einmal konkret regional heruntergebrochen wurde[6].

## 4. Perspektiven der Tiroler Industrie

Die bisherige Analyse der Tiroler Sachgüterproduktion erbrachte einige wohl erstaunliche Ergebnisse:

- Aus dem Blickwinkel der Unternehmensgröße existieren 3 Ebenen, welche alle mit wettbewerbfähigen Unternehmen besetzt sind:
  Bei den Großunternehmen sind die 3 Leitunternehmen (Swarovski, Biochemie Kundl und Plansee) hervorzuheben.
  Sie werden dicht gefolgt von mittleren Großunternehmen, vor allem aus dem holzverarbeitenden Bereich.
  Daran wiederum schließt sich eine breite Schicht von traditionell mittelständischen Unternehmen an, von denen viele eine Spitzenposition am Weltmarkt besetzen.
  Schließlich ist auch noch die gut durchwachsene Zahl von Klein- und Mittelunternehmen hervorzuheben, deren Konkurrenzfähigkeit ebenfalls unter Beweis gestellt wurde.
- Erfreulich ist auch, dass keinerlei industrielle Monostruktur besteht. Erfolg ist quer über die Branchen vorhanden.

[6] Wirtschaftskammer Tirol, Wirtschaftsinitiativen 2000+ für die Tiroler Bezirke.

- Es besteht noch erhebliches zu aktivierendes Potential durch Kooperationen in potentiellen Stärkefeldern (Cluster unter Einbeziehung von e.business – Lösungen).
- Tourismus und spezialisierte, z. T. High-Tech-Industrie ergänzen sich wechselseitig.

Mit Blickrichtung auf die neuesten Tendenzen, wieder einmal unter einem Schlagwort, nämlich „New Economy" zusammengefasst, stellt sich die Frage, wieweit hier die Tiroler Industrie gerüstet ist. Vorweg seien die wichtigsten Säulen der New Economy in Erinnerung gerufen (vgl. Abbildung 13):

**Abbildung 13: Pfeiler der „New Economy"**

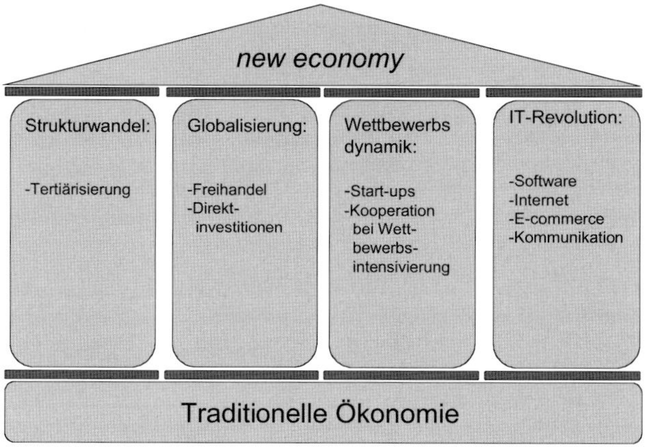


Obwohl hier die Umstrukturierung sowohl betriebswirtschaftlich als auch volkswirtschaftlich erst am Beginn steht, sind wirtschaftspolitische Ansätze zur Entwicklung der New Economy schon erkennbar:

- ICT Tyrol (International Center for Information and Communication Technologies Tyrol)
- Initiative der Sektion Industrie der WKT für e.commerce
- Vorhaben der Industriellenvereinigung in Richtung „New Economy" (Weissbuch)
- Bildung von größeren Unternehmen auf dem Kreditsektor, damit die Finanzierung auch der New Economy auf dem Kapitalmarkt gewährleistet ist.

Somit werden sich die Rahmenbedingungen erheblich verändern, wobei eine Koordination der Tiroler Initiativen mit e.Austria und e.Europe wünschenswert wäre. Fühlbarer werden noch die Umstrukturierungen betrieblicher Geschäftsprozesse sein. Internet-Beschaffung (e-Procurement-Plattformen), neue Kundenbindungen (Customer Relation Management), Verbund der Kommunikationstechnologien (WAP) sind nur einige herausgegriffene Stichworte. Nachdem die High-tech-, und insbesondere IKT- Penetration bei Tiroler Unternehmen nachweislich sehr hoch ist, kann davon ausgegangen werden, dass auch dieser neuerliche Strukturwandel im Lande gut gemeistert wird.

## Schrifttum

CLEMENT, W. / W. FABRIS, Die produzierende Wirtschaft Tirols – Entwicklungsperspektiven / Aufbruchszenarien, Wien (IWI) 1997.

CLEMENT, W. / S. MACEK / St. MATSCHINER unter Mitarbeit von M. HAJEK, Zwischenbilanz und Perspektiven der Clusterbildung in Österreich, Wien (IWI) Juni 2000.

CLEMENT, W. / P. HAIMAYER, Clusterbildung und Destinationsmanagement in Tirol, Innsbruck, Oktober 1999.

Wirtschaftskammer Tirol, Wirtschaftsinitiativen 2000+ für die Tiroler Bezirke, Innsbruck 1999.

## Summaries

Der Bekanntheitsgrad von Tirol als einer der hervorstechendsten Tourismusregionen ist unbestritten; dass in diesem Land aber herausragende Industrieleistungen erbracht werden, ist weniger verbreitet. Schon rein quantitativ ist aber abzulesen (1998), dass die Industrie Tirols mit 33.300 Personen mehr Leute beschäftigt als der Tourismus mit 31.800. Der Beitrag der Tiroler zur gesamtösterreichischen Wertschöpfung der Industrie beträgt 7,9 %. Mehr als spröde Statistiken illustrieren aber Unternehmen die internationalen Erfolge der Tiroler Industrie/Sachgütererzeugung. Am geläufigsten sind die globalen „Player“, wie Biochemie Kundl (Penicillin), Plansee AG (Sintermetallurgie und schwer schmelzende Metalle) und natürlich Swarovski. Erfreulicherweise ist die Struktur der Tiroler Industrie aber auch durch mittelgroße und kleinere Betriebe in nahezu allen Branchen (Holz, Metall, Maschinen, Gießerei, Chemie, Bekleidung, Nahrungsmittel, Elektro-/Elektronik usw.) durch internationale Spitzenleistungen charakterisiert. Um den Herausforderungen der weltweiten Konkurrenz noch besser begegnen zu können, wurden über die Einzelbetriebe hinausgehend Stärkefelder identifiziert bzw. Cluster organisiert. Hervorzuheben sind die Bereiche „Alpintechnologien“, „Wellness“, „Medizintechnik“ oder „Sport und Freizeit“. Aus dem letztgenannten Feld ist erkennbar, dass Tourismus und Industrie sich bestens ergänzen. Dem wurde u. a. dadurch Rechnung getragen, dass Clusterinitiativen mit Destinationsmanagement verflochten werden. Was das Einschwenken auf den neuesten Trend, die „New Economy“ anbetrifft, so ist aus den ersten Aktivitäten ersichtlich, dass die Innovationskraft und Flexibilität der Tiroler Industrie auch dieser Herausforderung gut gewachsen ist.

* * *

The province of Tyrol, one of the worlds most prestigious tourist regions surprisingly exhibits considerable achievements and competitive strength in manufacturing. As a matter of fact, in 1998 employment in manufacturing was 33.300 people, in tourism 31.800. The contribution of manufacturing in Tyrol to total production of this sector in Austria is 7,9 %. Beyond encouraging statistical figures pertaining to value-added growth, productivity or the investment ratio, world-wide renown is best reflected by the success story of 3 outstanding companies, i. e. Swarovski crystal, high-melting metals of Plansee and penicillin of Biochemie Kundl. Happily enough, very well positioned small and medium-scale enterprises spread over the whole spectrum of branches, notably metal working, engineering, food processing, textiles, electronics etc. In order to face the challenges of global markets attempts have been made in the 90's to co-operate in the form of clusters. It is worthwhile noting such areas of competence like alpine technologies, wellness, sport and leisure activities or medical systems. These areas match well with "destination management" in tourism. Embarking upon an outlook into the emerging trends of the "new economy" it seems that Tyrolean companies are well under way to restructure themselves for these new markets.

* * *

La notorietà del Tirolo quale regione turistica di altissimo livello è ormai assodata – meno noto è invece il fatto che anche le prestazioni industriali di questo paese sono decisamente al di sopra della norma. Già dal solo punto di vista quantitativo (1998) l'industria tirolese occupa con i suoi 33.300 addetti più lavoratori che non il settore turistico (31.800). Il contributo del Tirolo al valore aggiunto dell'industria nazionale ammonta a 6,83 %. Ma più che le cifre sono i successi internazionali degli imprenditori a documentare le prestazioni dell'industria e della produzione di beni materiali. Vanno citati *player* internazionali come la Biochemie Kundl (penicillina), Plansee AG (metallurgia ceramica e metalli di difficile fusione) e Swarovski. L'industria tirolese registra prestazioni eccezionali anche grazie all'apporto di piccole e medie aziende in quasi tutte le branche (legno, metallo, macchinari, fonderie, chimica, abbigliamento, alimentari, materiali elettrici ed elettronica ecc.). Per far fronte alle sfide della concorrenza internazionale sono stati individuati, al di là delle singole imprese, *cluster* quali «tecnologie alpine», «wellness», «tecnica medica» o anche «sport e tempo libero». Proprio quest'ultimo settore dimostra che il turismo e l'industria possono rappresentare un ideale completamento – anche in vista del fatto che questi *cluster* vengono combinati con una gestione integrata della destinazione turistica. Per ciò che riguarda l'orientamento verso la new economy, le prime iniziative nel settore mostrano che l'industria tirolese con la sua flessibilità e il suo potenziale innovativo è pronta ad affrontare anche questa sfida.

# Handel ist Wandel

## Zur Entwicklung des Einzelhandels in Tirol und Innsbruck in der zweiten Hälfte des 20. Jahrhunderts

AXEL BORSDORF / HANNES HESS

## 1. Handel ist Wandel: Eine Zeitreise zur Entwicklung des Einzelhandels in Mitteleuropa durch zwei Jahrtausende

Der Handel ist eines der ältesten Gewerbe der Welt. Vor Tausenden von Jahren, als die Leute begonnen haben, nicht nur Dinge herzustellen, die sie selbst brauchen, hat zunächst der Tauschhandel eingesetzt. Der Mensch hat gelernt, Getreide anzubauen, Lebensmittel zu verarbeiten und zu konservieren. So haben sich bei Einzelnen Überschüsse ergeben, die gehortet, verteidigt und verteilt werden mussten: Die Geburtsstunde des Handels.

Diese Güterverteilung hat die Entwicklung der Städte als „Handelszentren" begünstigt, vielleicht sogar hauptsächlich hervorgerufen. Die Stadt war auch das Zentrum des arbeitsteiligen Gewerbes.

Der sich entwickelnde Handel verteilte aber schon bald nicht nur die regionalen Güter, sondern folgte den Flüssen und Meeren. Schon in der Antike wurde mit Rohstoffen, Nahrungsmitteln, Weinen und Luxusgütern gehandelt. *„Globalisierung"* war für den Handel immer schon eine Selbstverständlichkeit, die Seidenstraße nach China und der Kolonialhandel mit Südamerika sind Belege dafür.

### 1.1 Der Einzelhandel und sein Ansehen

Der Handel hatte über lange Zeiten mit schwankenden, meist negativen Einschätzungen der Bevölkerung zu kämpfen. Für Plato galt der Handel als unwürdige Tätigkeit, die daher zur Vermeidung negativer Auswirkungen auf die Geisteshaltung der Athener nur von Ausländern ausgeübt werden sollte. Aristoteles und Cicero akzeptieren den Außen- und Großhandel, verurteilten allerdings den „würdelosen" Einzelhandel, der nach ihrer Meinung ohne betrügerische Grundeinstellung gar nicht durchführbar sei. Interessant ist auch, dass sowohl im antiken Griechenland als auch im alten Rom der Gott der Diebe auch für den Handel zuständig war.[1]

---

[1] Hans-Jörg BAUER, 7000 Jahre Handel – eine Kulturgeschichte, Aarau/Stuttgart 1982, S. 33.

Zeitweise arbeiteten im Handel nur Sklaven und bürgerrechtslose Fremde. Auch im Mittelalter war der Kaufmann nicht ein Bodenständiger, sondern ein reisender Fremder, und Fremde waren stets verdächtig. Kaufleute waren auch in der frühen mittelalterlichen Gesellschaft eine Randgruppe. Im 11. Jahrhundert gründeten Kaufleute zu Hause Zünfte und in der Fremde Konsolargemeinschaften.

In dem Maß, wie der Fernhandel (Großhandel bzw. Importeur) in die Versorgung der Stadt und des Umlandes integriert wurde, nahmen auch die ethischen Verurteilungen ab, es wuchsen Einsicht und Toleranz.[2] Unterschiedlich bewertet wurden aber lange Zeit einerseits die Großhändler und andererseits die Klein- bzw. Einzelhändler. Diese Unterscheidung geht auf mittelalterliche italienische Verhältnisse zurück. Angesehen war der Großhändler, den wir heute als Importeur bezeichnen würden, da er Waren gebracht hat, die regional nicht verfügbar waren.

## 1.2 Der Einzelhandel und die Versuche, ihn zu reglementieren

Die Geschichte zeigt, wie sehr der Handel Vorreiter für neue Strukturen wurde, wie er gleichzeitig aber auch alte Strukturen überflüssig machte, was immer wieder auf Gegenwehr stieß.[3] Die Politik versuchte hier oft schon früher, regelnd einzugreifen, konnte den Strukturwandel letztlich aber nicht verhindern.

Dass der Handel, insbesondere der Einzelhandel, großteils seit jeher um seine Reputation kämpfen musste, schlägt sich auch in den Bestimmungen nieder, die ihn in seinen strategischen und operativen Aktivitäten mehr als alle anderen Branchen eingeschränkt hat. Bereits Thomas von Aquin (1225–1274) forderte, die Ansiedlung von Händlern sollte gelenkt und deren Zahl reglementiert werden.[4] Gesetze zur Raumordnung und Gewerberechtsnovellen waren also schon vor 750 Jahren ein Thema.

Schon zu Zeiten des Zunftwesens gab es quantitative Zugehörigkeitsbeschränkungen, z. B. zur Aufnahme in die Krämerzunft, die von der Zustimmung der vorhandenen Mitglieder abhängig war, welche somit den Neuzugang an lokaler Konkurrenz regelten. Schon damals galten Expansionsbeschränkungen, wurde die Zahl der Mitarbeiter begrenzt und die Zahl der Betriebsstätten pro Zunftmitglied.

Es gab z. B. in Deutschland nach dem 1. Weltkrieg auch schon Sondersteuern auf Filialbetriebe, aber es gab immer Umgehungsmöglichkeiten, die erfindungsreiche Händler genutzt haben.

Auch die Entwicklung der Warenhäuser Ende des 19. Jahrhunderts stand lange Zeit im Mittelpunkt von Reglementierungsversuchen. Den Warenhäusern wurde vorgeworfen, sie würden die Kunden anlocken sowie Kleinbetriebe und vor allem den örtlichen

[2] Erich KAUFER, Kirche und Kaufmann im europäischen Mittelalter, in: Otto BEISHEIM, Distribution im Aufbruch, München 1999, S. 389.

[3] BAUER, 7000 Jahre Handel (wie Anm. 1) S. 111.

[4] Ulrich BLUM, Der Wert der Handelstätigkeit, in: Beisheim (wie Anm. 1) S. 219.

Handel verdrängen. Diese Kritik mussten auch die Gründer berühmter Warenhäuser, Lafayette und Printemps in Paris, einstecken.

Bereits um 1900 gab es in Deutschland das preußische Warenhaussteuergesetz, dem viele andere spezielle gesetzliche Auflagen folgten, etwa eine Kopfsteuer auf die Anzahl der Mitarbeiter (die jedoch zu Entlassungswellen und damit zu einer deutlichen Dynamisierung der Warenhäuser führte).

Trotz aller Aufwärtsentwicklung: Auch heute noch werden große Handelsbetriebe, die im internationalen Wettbewerb in vielen Bereichen an der Spitze liegen, in der öffentlichen Diskussion bei weitem nicht so berücksichtigt und gewürdigt, wie im Vergleich Industrie oder Dienstleistungsunternehmen.[5] Das tief verankerte Imagedefizit des Handels schlägt sich auch bei den Entscheidungsträgern in Politik und Gesetzgebung nieder. Diese Tatsache ist historisch durchgängig. Allerdings haben die Restriktionen vielfach nicht die von der Politik beabsichtigten Wirkungen gehabt, sondern teilweise sogar zu gegenteiligen Ergebnissen geführt. Das heißt: die ihrer Freiheit Beschränkten haben sich noch mehr angestrengt und wurden dadurch besonders erfolgreich.[6]

Die Ziele des Mittelstand- und des Kleinhandelschutzes wurde in der Regel nicht erreicht. Das nach wie vor verbesserungswürdige Image der Großbetriebe lässt gleichzeitig die Empfehlung zu, dass deren Führungskräfte in diesem Punkt künftig verstärkt investieren müssen.

## 1.3 Dynamische Entwicklung des Einzelhandels

Alle gesetzlichen Maßnahmen haben die Dynamik der Einzelhandels-Entwicklung nicht gebremst, wie ein kurzer Streifzug durch die letzten Jahrzehnte zeigt: 1916 begann in USA ein neuer Trend. Das erste Selbstbedienungskaufhaus wurde eröffnet. Bereits 1887 hatte das Kaufhaus Macys' in den USA einen 12fachen Lagerumschlag pro Jahr erreicht – ein Wert, der heute erst von den besten Filialunternehmen erzielt wird. Zwischen 1925 und 1930 wurde in den USA schon die Bedeutung der autogerechten Standorte erkannt (Kaufhaus Sears). Und das erste Discount-Einkaufszentrum eröffnete 1932 in New Jersey/USA und hatte immerhin 4.650 m² Verkaufsfläche.

Der große Boom der Discounter begann allerdings erst in den 60er Jahren mit Unternehmen wie K-Mart oder Wal-Mart. In den USA hat Wal-Mart das tägliche Leben von hunderten Millionen Amerikanern nachhaltig geprägt. Monatlich kauft jeder US-Amerikaner, vom Baby bis zum Greis, durchschnittlich für 440 Dollar bei Geschäften

[5] P. W. MEYER, Der Wettbewerb im Lebensmittelhandel und die Konsequenzen für Handel, Verbraucher, Lieferanten und Gesellschaft Ein Diskussionsbeitrag. In: Jahrbuch der Absatz- und Verbraucherforschung, 22. Jahrgang (1976), Nr. 2, S. 227.

[6] D. MOSER, Neue Betriebsformen im Einzelhandel. Eine Untersuchung der Entstehungsursachen und Entwicklungsdeterminanten, Frankfurt a. M. 1974 S. 22.

dieser Kette ein.[7] In buchstäblich jedem Winkel der USA kann man bei Wal-Mart alle Güter des täglichen Bedarfs zu Niedrigpreisen einkaufen. 1945 hatte Firmengründer Sam Walton sein erstes Warenhaus in Arkansas in Betrieb genommen, war in den sechziger Jahren frühzeitig in den Discount-Sektor eingestiegen und hatte vor allem in Kleinstädten expandiert. 1999 hatte der größte Einzelhandelskonzern der Welt schon 17.000 Aktionäre und machte 165 Mrd. Dollar Jahresumsatz, war damit nach General Motors umsatzstärkstes Unternehmen der Welt. Wal-Mart expandiert jetzt auch in Europa und ist seit 1998 in Deutschland und England vertreten.

### 1.4 Entwicklungen im Einzelhandel und ihr Einfluss auf die Lebensverhältnisse

Die ersten 50 Jahre des 20. Jahrhunderts in Europa waren durch die Kriege geprägt. Eine Handelsentwicklung fand nahezu nicht statt. In dieser Zeit konnte jedoch in Amerika die Entwicklung kontinuierlich fortschreiten. In der Nachkriegszeit bis heute hat sich der Handel in Europa in der Folge an den Entwicklungen der USA orientiert. Der Abstand zu Amerika wurde immer geringer. Aber es stellt sich heraus, dass nicht alles, was für den amerikanischen Konsumbürger geeignet ist, auch in Europa Erfolg hat.[8]

Die Strategien des Handels folgten mit gewisser Verzögerung der industriellen Entwicklung nach. Von Henry Fords Fließband-Massenproduktion in den 30er Jahren dauerte es rund 30 Jahre bis zur Massendistribution im Handel. Die Just-in-time-Fertigung bei Industriebetrieben war schon weit verbreitet, ehe vertikal organisierte Handelsstrukturen mit integrierten Warenwirtschaftssystemen auf EDV-Basis eine weitgehend zeitgerechte Lieferung der benötigten Produkte erreichten.

In den Nachkriegsjahren entstanden viele neue Handelsformen, die den traditionellen Einzelhandel konkurrenzierten. Die in Europa sehr erfolgreichen Waren- bzw. Kaufhäuser konnten sich in Österreich, mit wenigen Ausnahmen, nicht durchsetzen. Eine besonders bedeutende Handelsform wurden jedoch *Discountläden,* meist in billiger Bauweise, in Gewerbegebieten oder am Rand der Städte gelegen. Sie ersetzen als Selbstbedienungsgeschäfte Verkaufspersonal durch breites Angebot auf großen Flächen und integrieren das Lager in die Verkaufsräumlichkeit. Ihr Credo ist: möglichst große Mengen einer Ware möglichst schnell zu verkaufen und mit möglichst niedrigen Kosten.

Im Lebensmittelhandel hat sich in manchen europäischen Ländern der Discount sehr stark durchgesetzt. Österreich liegt hier im Mittelfeld (siehe Tabelle 1). Der zu erwartende Trend zeigt jedoch ein weiteres Ansteigen dieser Betriebsform, vor allem für Güter, die problemlos sind und nicht erklärungsbedürftig.

---

7 Bob ORTEGA, Wal Mart – der Gigant der Supermärkte, Wien 1999, S. 7.

8 Hans-Jörg BAUER und Bernd HALLIER, Kultur und Geschichte des Handels, EHI-EuroHandelsinstitut 1999, S. 209 ff.

**Tabelle 1: Anteil des Discounts am Umsatz des Lebensmittel-Einzelhandels 1996**[9]

| | in Prozent |
|---|---|
| Norwegen | 37,0 % |
| Deutschland | 29,5 % |
| Belgien | 24,7 % |
| Dänemark | 20,0 % |
| Österreich | 16,5 % |
| Europa-Durchschnittt | 15,6 % |
| Niederlande | 12,5 % |
| Großbritannien | 11,4 % |
| Schweden | 11,0 % |
| Italien | 10,4 % |
| Portugal | 9,2 % |

Quelle: nach Daten von A. C. Nielsen (1997, S. 7)

Der Discounthandel hat wesentlich dazu beigetragen, dass der Anteil an Konsumausgaben für Lebensmittel am Einkommen von 1958 bis heute von 43,9 % auf 19,6 % gesunken ist.[10] Es sind also nicht so sehr politische oder gewerkschaftliche Leistungen dafür verantwortlich, dass der Durchschnittsbürger von seinem Einkommen mehr Geld für Auswahlgüter ausgeben kann.

Discountmärkte findet man heute auch als *Fachmärkte,* hier insbesondere Bau- und Heimwerker-, Elektro- und Drogeriemärkte, die sich auf einen speziellen Produkt- oder Lebensbereich konzentrieren und ein breites Sortiment anbieten.

Die *Supermärkte,* d. h. Märkte für Lebensmittel und Güter des täglichen Bedarfs in einer Größenordnung zwischen 400 und 1.000 m$^2$, kommen in ihrer Preisausrichtung und Selbstbedienung den Discountern nahe, haben jedoch im Gegensatz zu diesen eine wesentlich größere Auswahl zu bieten und ebenso einen größeren Frischwarenanteil. Hier hat sich in Österreich die weitestreichende Entwicklung ergeben. Die Supermärkte sind heute Nahversorger (z. B. M-Preis) im Lebensmittelbereich und haben damit die Kleinlebensmittelgeschäfte abgelöst.

Die großen Supermärkte, auch *Verbrauchermärkte* genannt (z. B. in Frankreich Hypermarchés), konnten sich in Österreich nicht durchsetzen. Hier handelt es sich um große Verkaufsflächen eines Anbieters, in der Regel in Gewerbegebieten oder Stadtrandlagen mit zwischen 5.000 und 15.000 m$^2$, die ebenfalls auf Selbstbedienung aufgebaut sind, wobei Frischware in Bedienungsbereichen angeboten wird. In den kleineren Ausführungen sind diese jedoch auch in Österreich erfolgreich, oft integriert in Einkaufszentren, wie z. B. Interspar.

---

[9] A. C. Nielsen, The Future for European Discounters. Rising Challenge or Spent Force?, Oxfordshire 1997, S. 17.

[10] Statistisches Jahrbuch für die Republik Österreich, 10. Jahrgang (1959), Statistisches Zentralamt.

*Warenhäuser, Kaufhäuser:* Heute werden diese beiden Begriffe vielfach synonym verwendet. Ursprünglich war aber das Kaufhaus auf einen bestimmten Warenbereich beschränkt. Das Warenhaus dagegen musste sogar aufgrund seiner Lizenz ein Vollsortiment führen. In Tirol werden die beiden Begriffe sogar oft mit „Einkaufszentren" vermischt.

*Einkaufszentren* oder „Shopping Center" sind jedoch einheitlich geplante, finanzierte, gebaute und verwaltete Agglomerationen mit vielen verschiedenen Einzelhandels- und Dienstleistungsbetrieben. Sie unterscheiden sich daher von völlig zentral geführten Warenhäusern, aber auch von innerstädtischen Handelsbereichen, die eine gewachsene Agglomeration darstellen.

Ein Shopping Center ist also keine Handelsform, sondern ein Ort, an dem Angebot und Nachfrage zueinander finden – eine Weiterentwicklung von Marktplätzen, Basaren und verwandt mit den Strukturen einer Messe.

Die Entwicklung der Einkaufszentren hat in Deutschland Mitte der 60er Jahre, in Österreich und in der Schweiz ab 1970 eingesetzt. Lange Zeit führend in der Entwicklung waren die Einkaufszentren in der Schweiz. Die Einkaufszentren der ersten Phase haben dabei die wachsende Mobilität, die veränderten Siedlungsstrukturen (neue Stadtteile am Stadtrand sowie in den angrenzenden Orten), die immer kürzer werdenden Arbeitszeiten, die sich veränderten Haushaltseinkommen und Haushaltsstrukturen am schnellsten erkannt und umgesetzt. Standorte am Stadtrand in unmittelbarer Nähe der Autobahn wurden gesucht. Einkaufszentren schufen nicht nur den örtlichen Kaufleuten eine Existenzchance oder Möglichkeit eines zweiten Standortes, sondern vor allem auch den stark expandierenden Filialbetrieben.

Vom ursprünglichen „One-Stop-Shopping"-Konzept (ein Parkplatz, von dem aus alle Einkäufe erledigt werden können) haben sich die Einkaufszentren in der aufkommenden Freizeitgesellschaft heute schon neu ausgerichtet, u. a. mit der Möglichkeit eines umfangreichen Angebotes von Cafés und Restaurants. Aktuell im Trend liegen Ergänzungen durch Kino- und Gastronomiezentren, in Amerika zusammengefasst unter dem Begriff „Urban Entertainment Center", die meist einen umfangreichen Handelsanteil haben.

Das alles spiegelt die im Laufe der Zeit geänderte Erwartungshaltung der Kunden wider: Nach dem Krieg war es Aufgabe des Handels, die Mangelsituationen der Versorgung der Bevölkerung auszugleichen. Heute dagegen dominiert eine Marktsituation, in der mehr Produkte und Dienstleistungen angeboten als nachgefragt werden. Nur auf dieser Wohlstandsbasis kann sich eine Freizeit- und Erlebnisgesinnung ausbreiten.

Aber auch das ist nicht etwas wirklich Neues: So waren schon auf den mittelalterlichen Märkten in den reicheren Wirtschaftszonen nicht nur die Händler versammelt, sondern auch die Gaukler, die Friseure, die Geschichtenerzähler und andere, die Zerstreuung und Unterhaltung anboten. Der aktuelle Trendbegriff des „Einkaufserlebnisses" findet unter dieser Betrachtung eine andere Wertschätzung.

## 2. Der Einzelhandel in Tirol

Die Handelsentwicklung in den letzten 50 Jahren hat sich in Tirol weitgehend parallel zu der Situation in anderen europäischen Ländern entwickelt, freilich anfangs mit zeitlicher Verzögerung.

Grundlage für den Handelsaufschwung in Tirol waren eine positive Wirtschaftsentwicklung und die Erhöhung der Arbeitseinkommen breitester Bevölkerungsschichten. Auf der ursprünglichen Basis der stark bäuerlich orientierten Struktur Tirols allein wäre das nicht möglich gewesen. Freilich hat der Handel in Tirol nach wie vor nicht jene „Bodenständigkeit" und Verankerung in der Gesellschaft wie in anderen Regionen Europas.

Der Handel profitierte aber vom Aufschwung des Tourismus, der einen neuen Mittelstand von Hoteliers, Gastronomen, Zimmervermietern, aber auch Dienstleistungsberufen mit sich gebracht hat. Die Nachfrage der Touristen hat auch die Existenz von Geschäften in sehr dünn besiedelten Gegenden möglich gemacht. Zudem haben Touristen in den Einheimischen Wünsche nach Autos, Sportgeräten, Mode etc. geweckt. Die (Luxus-)Ausstattung mancher Hotels setzte Standards und Erwartungshaltungen.

Für die Kaufkraftentwicklung waren der Zuwachs der Haushaltseinkommen, aber auch die Anzahl der Haushalte, die Familiengröße und deren Struktur entscheidend. Der technische Fortschritt hat in Tirol sprunghafte Entwicklungen ermöglicht, die sich auch auf den Handel auswirken. Die individuelle Mobilität hat in einem Gebirgsland wie Tirol einen noch höheren Stellenwert als in einer Großstadt. Die stark anwachsende Fahrzeugausstattung, u. a. Autos mit Vierradantrieb, machte es zunehmend auch im Winter zu jeder Zeit möglich, von entlegenen Häusern in die Stadt und zu den Handelszentren zu gelangen.

Eine weitere Grundlage für die Handelsentwicklung war die weitere Verbesserung des Transportwesens, wobei gerade im transitbelasteten Tirol Freud und Leid eng beieinander liegen.

### 2.1 Entwicklung mit Verzögerung

Dass in Tirol die Handelsentwicklung freilich erst mit einer gewissen Verzögerung einsetzte, hat auch politische Ursachen. Solange von politischer Seite die „Insel der Seligen" propagiert wurde, gab es eine Abschottung von den anderen europäischen Entwicklungen. Dies hat u. a. auch dazu geführt, dass österreichische Filialunternehmen im Ausland nur selten tätig wurden. Es gab früher so gut wie keine Expansion heimischer Händler in den benachbarten bayerischen oder Südtiroler Raum. Dafür wurde es für die Tiroler Konsumenten geradezu ein beliebter „Sport", nach Südtirol oder Bayern einkaufen zu fahren und mit gefülltem Kofferraum zurückzukehren.

Erst mit der Hinwendung zur EU sowie der Ostöffnung passten sich Warenangebot und Preisniveau dem benachbarten Raum an. Einkaufsfahrten nach Italien sind heute seltener, dafür lässt sich umgekehrt beobachten, dass viele Konsumenten aus Bayern oder Südtirol jetzt zum Einkaufen nach Österreich kommen.

Mit der EU-Öffnung gab es aber auch für österreichische Firmen Chancen in Nachbarländern, die verstärkt wahrgenommen wurden. Filialisierung geht nicht mehr nur die Einbahnstraße Deutschland Richtung Österreich, sondern auch umgekehrt (Libro, Lutz, Intersport). Eine besondere Entwicklung gibt es im Möbelsektor, wo österreichische Unternehmen im deutschsprachigen Raum führend sind.

Diese Strategie kann Sinn machen und Erfolg haben. Dass auch in kleinen Ländern von Einzelunternehmern gegründete Weltunternehmen des Handels entstehen können, zeigt sich etwa am Beispiel von Schweden mit IKEA und Hennes & Mauritz, die inzwischen beide auch in Österreich und Tirol sehr erfolgreich vertreten sind.

Da Österreich sich relativ spät dem europäischen Handel geöffnet hat, ist es erst in einer Situation eingestiegen, wo das Flächenwachstum des Handels voll eingesetzt hatte. Natürlich hat auch seine Siedlungsstruktur mit der starken Konzentration auf die Bundeshauptstadt und die Landeshauptstädte dazu geführt, dass durch die Neuankunft ausländischer Filialisten die Geschäftsfläche pro Standort in Österreich im europäischen Durchschnitt relativ hoch liegt (vgl. Tabelle 2). Hier hat ein Strukturwandel bereits eingesetzt, dessen Ende jedoch bei weitem noch nicht erreicht ist.

**Tabelle 2: Einzelhandelsumsätze und Verkaufsfläche 1997**[11]

| | Einzelhandels-Umsatz | | EH-Geschäfte | | Verkaufsfläche | | |
|---|---|---|---|---|---|---|---|
| | absolut (in Mrd.$) | je Einwohner (US $) | absolut (1000) | je 1000 Einw. | absolut (1000 qm) | je Einw. (qm) | je Geschäft (qm) |
| Belgien | 54,0 | 5.301 | 114 | 11,2 | 13.420 | 1,3 | 118 |
| Dänemark | 31,4 | 5.955 | 38 | 7,3 | 6.138 | 1,2 | 160 |
| Deutschland | 465,6 | 5.677 | 471 | 5,7 | 100.000 | 1,2 | 212 |
| Frankreich | 328,1 | 5.600 | 321 | 5,5 | 48.340 | 0,8 | 151 |
| Großbritannien | 306,9 | 5.216 | 251 | 4,3 | 43.536 | 0,7 | 173 |
| Niederlande | 61,9 | 3.973 | 120 | 7,7 | 17.500 | 1,1 | 146 |
| Italien | 316,0 | 5.497 | 890 | 15,5 | 63.109 | 1,1 | 71 |
| Griechenland | 27,7 | 2.639 | 175 | 16,7 | 10.500 | 1,0 | 60 |
| Schweiz | 54,0 | 7.567 | 55 | 7,7 | 12.300 | 1,7 | 223 |
| Österreich | 34,0 | 4.190 | 33 | 4,1 | 12.000 | 1,5 | 364 |

Quelle: Nach Daten von Greipl / Müller / Gelbrich (1999)

## 2.2 Die Beispiele Mölk und Spar

Ein Beispiel für erfolgreiche regionale Filialisierung stellt die Firma Mölk dar. Was in den Zwanzigerjahren mit den Läden von Therese Mölk begann, wurde später (beginnend mit 1974) konsequent zu einer Supermarktkette mit nunmehr 110 Filialen nur im Tiroler Raum aufgebaut. Auch angesichts von (stets heftig dementierten) Verkaufsge-

[11] Erich Greipl / Stefan Müller / Katja Gelbrich: Konsumgüterhandel, global betrachtet. In: Beisheim (wie Anm. 1), S. 107.

rüchten sind die für internationale Ketten fast unglaublich erscheinenden regionalen Erfolge auch ein Beweis dafür, dass regionale Anbieter sehr wohl eine Chance gegen Großkonzerne haben.

Auch die Entwicklung der österreichischen No. 2 (nach der Billa-Rewe-Gruppe) im Lebensmittelhandel, der Spar-Organisation, nahm von Tirol aus ihren Anfang: Der Kufsteiner Großhändler Hans F. Reisch nahm sich die positive Entwicklung der Spar in Holland, Belgien, Deutschland und Dänemark zum Vorbild und gründete 1954 die Handelsvereinigung Spar Tirol/Pinzgau, die aus seinem Unternehmen Andreas Hofer KG und dessen Kundenkreis hervorging. Schon bald darauf folgten Spar-Großhandlungen in anderen österreichischen Bundesländern. Ab 1959 war Spar dann schon flächendeckend in Österreich vertreten. 1970 wurden die Spar-Regionalgesellschaften zur Spar-AG fusioniert. Spar führte als einer der ersten Anbieter in Österreich die Selbstbedienung sowie moderne Marketing-Methoden ein. Heute werden in Tirol 240 Spar-, Eurospar- und Interspar-Geschäfte betrieben.

Neben Spar- und M-Preis-Händlern gibt es in Tirol 99 nicht organisierte Einzelhändler (Stand: November 1999), vor allem in den Dörfern, sowie 95 Geschäfte, die sich in der zentralen Einkaufs- und Vertriebs GmbH ZEV organisiert haben, 52 Adeg-Märkte und 51 Märkte der BML-Gruppe (Billa, Merkur). Der Discounter Hofer betreibt in Tirol 19 Filialen, der deutsche Lebensmittelriese Lidl drei Geschäfte.[12]

## 3. Die Entwicklung des Einzelhandels in Innsbruck

Die Entwicklung des Einzelhandels der Tiroler Landeshauptstadt kann für die letzten 25 Jahre relativ gut belegt werden. In den Jahren 1976, 1994 und 1998 wurden im Auftrag der Wirtschaftskammer Tirol detaillierte Erhebungen der Geschäftsflächen vom Institut für Geographie der Universität Innsbruck durchgeführt.[13] Dabei zeigte sich, dass der „Wandel im Handel" in Innsbruck in diesem Zeitraum in sehr dramatischer Form verlaufen ist. Die von der Wirtschaftskammer in Gang gesetzte Analyse in kurzen Zeitabständen erlaubt ein in dieser Form bislang nur in Innsbruck verwirklichtes „Trade-Monitoring"[14], das als wichtiges Analyse- und u. U. auch Planungsinstrument dienen und die Entscheidungen für neue Ansiedlungen und Standorte, aber auch für die Raumordnung versachlichen kann. Es stellt auch die statistischen Grundlagen für die folgenden Ausführungen dar.

---

[12] Zahlen von NIELSEN, RegioPlan, 33 Orte in Tirol ohne Nahversorger, zitiert in: Tiroler Tageszeitung, 56. Jahrgang, 22. Feber 2000, S. 23.

[13] Axel BORSDORF, Der Einzelhandel in Tirol. Räumliche Entwicklung und Raumordnung. In: Die Erde 128 (1997) 131–148.

[14] Axel BORSDORF, Der ‚Wandel im Handel'. Die Innsbrucker Konzeption eines ‚trade-monitoring'-Systems. In: Die Erde 130 (1999) 67–79.

Mit rund 350.000 m² Verkaufsfläche, die von gut 1.700 Anbietern zur Verfügung gestellt werden, hat der Großraum Innsbruck (mit Völs und Rum) mit 2,42 m²/Einwohner heute ein Pro-Kopf-Flächenangebot, das im Österreich-Vergleich als weit überdurchschnittlich gelten kann (vgl. Tabelle 2). Nach wie vor wird der größte Flächenanteil von

**Abbildung 1: Verkaufsflächenentwicklung im Großraum Innsbruck 1994–98 nach Geschäftstypen**

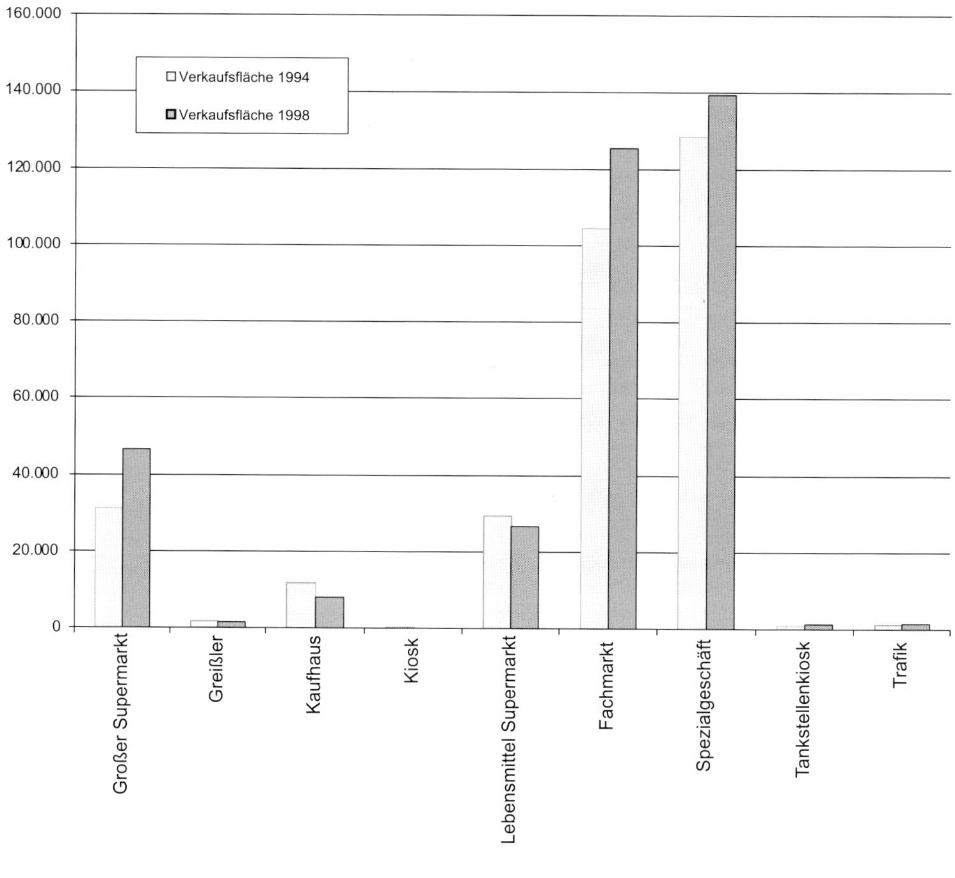


den Spezialgeschäften (Ein-Sortimenter mit weniger als 800 m² Verkaufsfläche) gestellt (Abbildung 1). Es zeigt sich aber dennoch, daß trotz eines erheblichen Flächenwachstums dieses Geschäftstyps die größeren Fachmärkte eine noch dynamischere Entwicklung aufzuweisen haben. Das Flächenangebot der nicht integrierten Fachmärkte lag 1998 bereits zweieinhalb mal höher als das der drei Einkaufszentren zusammen.

Die Filialisierung schreitet ständig voran. Während die Verkaufsfläche der unabhängigen Einzelunternehmen stagniert, erhöht sich die Bedeutung der Filialbetriebe und Franchiser ständig (Abbildung 2), wobei die Grafik nicht zum Ausdruck bringt, dass die Zahl der unabhängigen Einzel-Unternehmen sogar gesunken ist. Dies kann als Beleg dafür gewertet werden, dass im Wettbewerb vor allem jene Einzelbetriebe bestehen können, die ihre Verkaufsfläche noch erweitern können, während die kleineren Anbieter ohne Expansionspläne der Konkurrenz zum Opfer fallen.

**Abbildung 2: Verkaufsflächenentwicklung im Großraum Innsbruck 1994–98 nach Rechtsform**

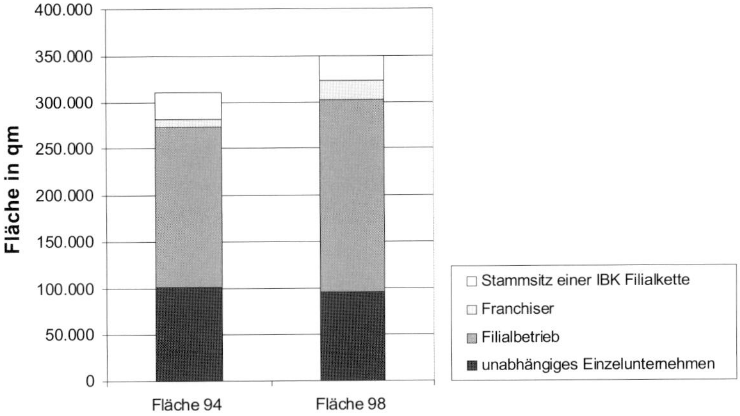


Die Filialisierung betrifft natürlich in erster Linie den Nahrungsmittelhandel. Hier ist sowohl bei den Lebensmittelsupermärkten als auch bei den Backwarengeschäften ein erheblicher Konzentrationsprozess auf wenige Anbieter auszumachen. Nach der Fusion großer Ketten (Aufgabe von familia, Meindl, etab) ist die Zahl der Filialen der Großketten (M-Preis, Spar, Anker) stark gestiegen. Aus Tiroler Sicht erfreulich ist, dass, wie Tabelle 3 zeigt, zu den ganz Großen im Innsbrucker Raum auch regionale Betriebe zählen (u. a. M-Preis, Baguette, Hörtnagl).

Der Konzentrationsprozess umfasst aber nicht nur die Verringerung der Anbieter durch zunehmende Filialisierung und die wachsende Bedeutung des Franchise-Sektors; er ist vor allem in der steigenden Bedeutung der großflächigen Anbieter abzulesen. Tabelle 3 zeigt das dramatische Wachstum der Verkaufsflächen im vergangenen Vierteljahrhundert, das mit einer Verringerung der kleinflächigen Anbieter und einer starken Zunahme der Flächenriesen einhergeht. Die Gruppierung in Tabelle 4 erfolgte nach Größenklassen, die für Raumordnung und Stadtplanung relevant sein können: Hatte Innsbruck 1976 nur drei Geschäfte mit mehr als 2.500 m² Verkaufsfläche, so konnten 1994 schon 16 derartige Betriebe gezählt werden, 1998 waren es bereits 20, darunter drei Riesen mit mehr als 10.000 m² Verkaufsfläche. Die „Verkaufsriesen“ und großflächigen Anbieter nehmen zu. Nur darauf geht das Wachstum der Gesamtverkaufsfläche zurück. Die ganz Kleinen nehmen in der Anzahl dramatisch ab, während sich das mittlere Segment (100–400 m²) seit 1976 stabil verhält.

**Tabelle 3: Filialisierung und Franchising im Großraum Innsbruck 1994–1998**

| Name | Branche | Anzahl 1994 | Fläche 1994 | Anzahl 1998 | Fläche 1998 |
|---|---|---|---|---|---|
| M-Preis | Lebensmittel | 24 | 11342 | 30 | 13467 |
| Baguette | Backwaren | 10 | 411 | 18 | 441 |
| Der Bäcker Ruetz | Backwaren | 8 | 233 | 14 | 289 |
| Spar | Lebensmittel | 9 | 2669 | 12 | 5151 |
| Hörtnagl | Delikatessen | 9 | 1509 | 12 | 1457 |
| Holland Blumen Mark | Blumen | 9 | 834 | 10 | 1377 |
| Anker Brot | Backwaren | | | 10 | 224 |
| Schlecker | Drogerie | 7 | 679 | 8 | 1504 |
| Foto Lamprechter | Foto | 8 | 621 | 8 | 663 |
| Palmers | Bekleidung | 7 | 404 | 7 | 829 |
| Ortner & Stanger | Werkzeuge, Haushalt | 6 | 1961 | 7 | 2078 |
| Inter- u. Eurospar | Lebensmittel | 5 | 12267 | 7 | 15201 |
| Die Gewußt-wie Drogerie | Drogerie | 4 | 345 | 7 | 779 |
| Laner Schuhe, Taschen | Schuhe, Lederwaren | 5 | 1066 | 6 | 1302 |
| Dm-Drogeriemarkt | Drogerie | 3 | 1132 | 6 | 2102 |
| Vögele | Schuhe, Lederwaren, Mode | 5 | 1361 | 5 | 1854 |
| Moden Gatt | Bekleidung | 4 | 500 | 5 | 545 |
| Miller Optik | Foto, Optik | 5 | 447 | 5 | 480 |
| Libro | Bücher, Schreibwaren | 4 | 1492 | 5 | 1871 |
| Hofer | Lebensmittel | 4 | 2074 | 5 | 2566 |
| Eduscho | Kaffee | 5 | 175 | 5 | 191 |
| Blumenhaus Innsbruck | Blumen | 7 | 302 | 5 | 182 |
| BIPA | Drogerie | 2 | 392 | 5 | 1042 |
| Billa | Lebensmittel | 3 | 1306 | 5 | 2040 |
| Tyrolia | Bücher, Schreibwaren, Medien | 2 | 1484 | 4 | 1620 |
| Nah & Frisch | Lebensmittel | | | 4 | 940 |
| Benetton | Bekleidung | 3 | 271 | 4 | 432 |
| Bäckerei Mühlauer | Backwaren | 2 | 46 | 4 | 79 |
| Simpl | Moden | 4 | 417 | | |
| Julius Meinl | Lebensmittel | 5 | 1414 | | |
| Familia | Lebensmittel | 5 | 2849 | | |
| Etab | Backwaren | 7 | 261 | | |

Auch bei den Verkaufsformen zeigt sich ein dramatischer Wandel. Reine Bedienungsgeschäfte sind im Rückmarsch. Sie stellten 1994 noch 78,4 % der Geschäfte mit 45,2 % der Verkaufsfläche, 1998 waren es nur noch 63,9 % der Läden mit 31,8 % Flächenanteil. Dieser Verlust geht beinahe zur Gänze zugunsten der Mischform aus

Selbstbedienung und Bedienung. Derartig organisierte Betriebe stellten 1994 noch 12,1 % der Läden mit 23,8 % der Verkaufsfläche, 1998 ergab die Erhebung einen Anteil der Geschäfte von 21,2 % mit 38,4 % der Gesamtfläche.

**Tabelle 4: Größenklassen im Einzelhandel des Großraums Innsbruck 1976–1998**

| Größenklasse | Anzahl 1976 | % | Anzahl 1994 | % | Anzahl 1998 | % |
|---|---|---|---|---|---|---|
| 1 bis 24 | 477 | 22,9 | 414 | 23,2 | 349 | 20,2 |
| 25 bis 49 | 646 | 31,0 | 496 | 27,8 | 456 | 26,4 |
| 50 bis 99 | 521 | 25,0 | 381 | 21,4 | 384 | 22,3 |
| 100 bis 249 | 306 | 14,7 | 280 | 15,7 | 301 | 17,4 |
| 250 bis 399 | 68 | 3,3 | 76 | 4,3 | 79 | 4,6 |
| 400 bis 799 | 43 | 2,1 | 82 | 4,6 | 85 | 4,9 |
| 800 bis 2499 | 23 | 1,1 | 36 | 2,0 | 50 | 2,9 |
| 2500 bis 9999 | 3 | 0,1 | 14 | 0,8 | 17 | 1,0 |
| 10000 und mehr | 0 | 0,0 | 2 | 0,1 | 3 | 0,2 |
| Gesamt | 2087 | 100,0 | 1781 | 100,0 | 1724 | 100,0 |

Anhand der Verkaufsflächenentwicklung lassen sich auch boomende und stagnierende Branchen unterscheiden: In dynamischer Expansion befinden sich die Marktsegmente „Kultur/Sport/Freizeit" (Flächenwachstum 54,6 %), „Gesundheit/Körperpflege/Sauberkeit" (+27 %) und „Bau/Garten/Hobby" (+25 %). Der Nahrungsmittelsektor liegt leicht über der allgemeinen Wachstumsrate, es stagnierten im Zeitraum 1994–98 die Sortimentsgruppen „Raumausstattung (inkl. Möbel)" und „Bekleidung/Schmuck".

Der betriebliche Konzentrationsprozeß geht mit einem räumlichen einher: Traditionelle Geschäftsbezirke haben in den letzten zwei Jahrzehnten stark an Verkaufsfläche und damit an Wert verloren, während einige stark zugenommen haben. Verlierer sind Wilten und Pradl; Gewinner die Höttinger Au, die Rossau und Arzl-S, aber auch die Innenstadt. Damit „verlinearisiert" sich die räumliche Struktur des Großraums Innsbruck: In Völs beginnend, zieht sich ein Versorgungsband durch die Höttinger Au, die Innenstadt und die Haller Straße nach Neu-Rum, wobei sich in Amras eine eigene „Nebencity" mit der Rossau und dem dez-Bereich herausgebildet hat (Karte 1). Neben dieser Tendenz zu einer bandartigen Entwicklung des Einzelhandels, die die Stadt in der Längsrichtung durchzieht, ist ein weiterer Trend deutlich zu erkennen: Die nicht an der Entwicklungsachse gelegenen, ursprünglich gut ausgestatteten Viertel verlieren an Standortqualität, wohingegen sich eine Polarisierung zwischen den Wachstumspolen Amras/Rossau und Rum im Osten und Völs im Westen abzeichnet. Die Verkaufsflächenkonzentration in Rum entspricht bereits in etwa der der gesamten Innenstadt, etwa gleich groß ist auch die Verkaufsfläche in den beiden Zählbezirken von Amras (mit Rossau). Demgegenüber nimmt sich die Gesamtgeschäftsfläche von Völs noch gering aus, sie liegt bei etwa einem knappen Drittel des Rumer Wertes.

**Karte 1: Geschäftsflächen nach Stadtvierteln in Innsbruck. Struktur und Veränderung 1994–98**

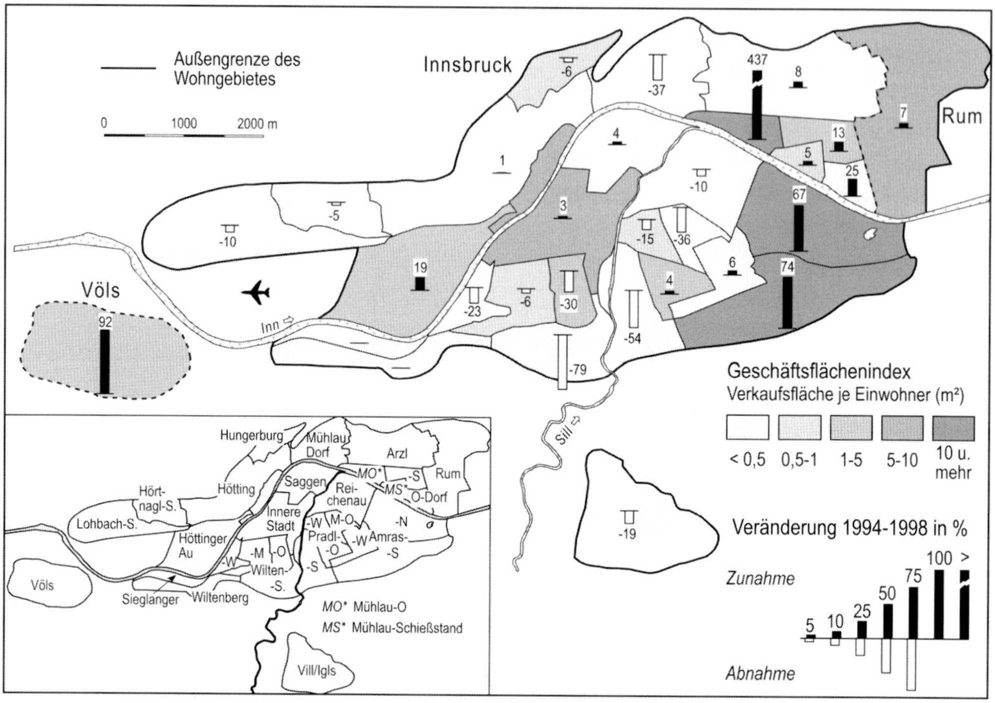


## 3.1 Die Einkaufszentren dez, Sillpark, Cyta

Diese Verkaufsflächenentwicklung im Großraum Innsbruck wäre nicht vorstellbar gewesen, wenn die Entwicklung des Handels ausschließlich auf die Innenstadt beschränkt gewesen wäre. Weder die historische Bausubstanz noch die Verkehrssituation hätten nur annähernd diese Erweiterung ermöglicht. Die Logistik, d. h. Anlieferung und Abholung von Waren, wäre nicht darstellbar gewesen. Auch aus den schon genannten Gründen der Strukturveränderung der Bevölkerung und ihrem Mobilitäts- und Siedlungsverhalten musste es zwangsweise zu neuen Handelsstandorten kommen.

Hier zeigen sich zwei unterschiedlich zu bewertende Tendenzen: Die Einrichtung von Einkaufszentren mit breitem Branchenzentrum an der Peripherie und das weitgehend unkontrollierte Wachstum von nicht integrierten Fachmärkten, ebenfalls auf peripheren Standorten.

Einkaufszentren kommen verschiedenen Bedürfnissen sehr entgegen: Kunden erwarten zunehmend alles unter einem Dach mit möglichst bequemem Parkplatz direkt vor dem Eingang. Und sie erwarten verschiedenste Vertriebsformen, vom Discounter bis zum Fachgeschäft, vom Warenhaus bis zum Supermarkt, alles an einem Standort.

Dazu kommt, dass das nicht mehr nur regionale oder nationale, sondern internationale und globale Angebot die Notwendigkeit einer ständigen Ausweitung der Verkaufsflächen mit sich bringt. Der Kunde hat sich an die Warenfülle und ein auf seine Bedürfnisse hin spezialisiertes Angebot gewöhnt. Beim ersten Fernseher war es wichtig, dass dieser überhaupt „flimmerte", beim Kauf des dritten oder vierten gibt es dagegen umfangreiche Spezialwünsche, die nur Anbieter mit großem Sortiment befriedigen können.[15]

Die drei großen Einkaufszentren dez, Sillpark und Cyta sollen kurz charakterisiert werden, bevor auf diese Entwicklung näher eingegangen wird.

Als erste neue Handelsagglomeration außerhalb der Innenstadt im Gewerbegebiet Amras entstand das *dez*. Es wurde als erstes österreichisches Einkaufszentrum 1970 errichtet. Bei seinem Start war es mit ca. 10.000 m² ein Gigant, heute wäre es bei gleicher Größe nicht mehr lebensfähig. Das dez war ursprünglich als Gemeinschaftswarenhaus konzipiert. In der Folge wurde es aber zu einem Shopping Center weiterentwickelt. Es zeigte sich, dass die Kompetenz des Einzelhändlers in Gemeinschaft besser zur Geltung kam als in einem Warenhaus-Konzept, wo sich das jeweilige Warensortiment nur als eine Abteilung innerhalb des Hauses präsentiert. Das dez-Konzept, bei dem die Einzelhändler mit eigener Identifikation auftreten, ist bei den Kunden offensichtlich gut angekommen. Den durchaus spürbaren Alterserscheinungen wurde aber auch durch ein „Facelifting" und interne Umbauten in den vergangenen Jahren entgegen gewirkt. Das dez ist heute das flächenmäßig größte und meistfrequentierte Einkaufsszentrum Tirols mit 25.000 Quadratmeter Verkaufsfläche (ohne Ikea) und 110 Geschäften, davon 70 Betriebe mit kleinen Geschäftsflächen. Das dez ist auch nach wie vor eines der umsatzstärksten Einkaufszentren in Österreich (im Verhältnis zu seiner Größe). Das wurde und wird auch von vielen Fachmärkten geschätzt, die sich in der Umgebung angesiedelt haben. Wedl und Ikea nahmen dafür Bewilligungsverfahren in Kauf, die mehrere Jahre dauerten. Das Ikea-Einrichtungshaus hat dem dez-Areal neue Impulse gegeben. Das Einzugsgebiet ist größer geworden. Vor allem aus Südtirol verstärkt sich der Kundenzuzug.

Der Erfolg der Einkaufszentrenidee in Tirol hat auch dazu geführt, dass sich im Innsbrucker Großraum weitere Projekte entwickelt haben: Sillpark und Cyta. Sie sind im Gegensatz zum dez eher malltypische Einkaufszentren, d. h. nach amerikanischen Vorbildern mit breiten Einkaufsstraßen und „Straßencafés". Der Sillpark wurde 1990 eröffnet und ist Teil einer Strategie, aus Verbrauchermärkten der Interspar Einkaufszentren zu machen – eine Strategie, die sich auch in den Spar-Projekten „Europark" (Salzburg), „Fischapark" (Wiener Neustadt), „Citypark" (Graz) und „Messepark" (Dornbirn) zeigt. Der Sillpark nimmt nach Alter, Lokalisierung und Größe eine Mittelposition unter den Einkaufszentren im Großraum Innsbruck ein, ist aber, was das „Am-

[15] Günter Redwitz, Konsequenzen der soziodemographischen Veränderungen für den Handel, in: Beisheim (wie Anm. 1) S. 273.

biente“, die Zahl der Veranstaltungen und die Einbindung der verschiedenen Stockwerke betrifft, führend.

Das Cyta in Völs, an einem guten Standort an der Autobahn gelegen, hatte nach seiner Eröffnung im Jahr 1993 mit großen Anfangsschwierigkeiten zu kämpfen. Grund dafür waren vor allem Raumordnungsbestimmungen, die die Lebensmittelflächen begrenzten, sowie ein zunächst falscher Mietermix. Jetzt befindet sich das Cyta auf einer beispiellosen Aufholjagd. „Ein schlafender Löwe – wehe, wenn er aufwacht!“ hat es noch etwas flapsig in der Geschäftsflächenerhebung 1994 geheißen. Aufgewacht ist der Löwe längst, und er brüllt auch schon, könnte man, um im Bild zu bleiben, sagen.

**Abbildung 3: Einkaufszentren im Großraum Innsbruck im Vergleich, 1998**

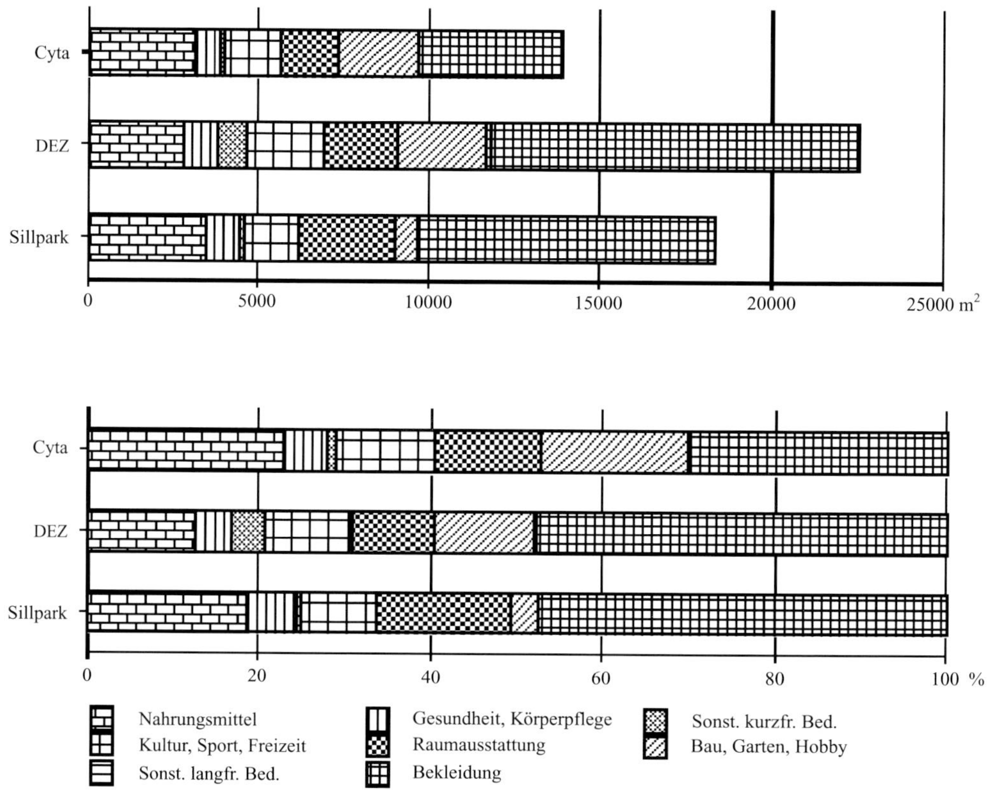


Dies wird aus den Strukturdaten der drei Einkaufszentren 1998 deutlich. In Abbildung 3 werden die Sortimentsflächen einander gegenübergestellt. Es zeigt sich auch in der Gegenüberstellung, dass es dem Cyta gelungen ist, nach den erwähnten Problemen in der Startphase mit einem Überangebot an Restpostenmärkten und dem Fehlen von Kundenmagneten jetzt einen guten Branchen-/Sortimentsmix anzubieten.

Diese Probleme sind beim Sillpark hervorragend gelöst worden. Dieses Zentrum hatte vorübergehend seinen Baumarkt verloren und wies 1998 somit eine Lücke im Angebot auf. Sie ist inzwischen wieder geschlossen worden.

Im Sillpark sind u. a. folgende Sortimente relativ schwächer vertreten als bei den Konkurrenten: Video, Copy Shop, Bücher, Möbel, Baumarkt, Heimwerkerbedarf, Tierbedarf; vergleichsweise größere Flächen haben Süßwaren, Kunstgewerbe/Souvenirs/ Geschenkartikel, Radio/Phono/Elektrogeräte, Oberbekleidung.

Das dez hat seine Stärken bei Blumen, Tierbedarf, Schuhen, es liegt bei den meisten Sortimenten im Mittelfeld der drei Einkaufstempel, was den Anteil des Sortiments an der gesamten Verkaufsfläche im jeweiligen Einkaufszentrum betrifft. In den letzten Jahren konnte das dez seine Kundenstruktur durch neue Geschäfte mit junger Mode erfolgreich verjüngen.

Das Cyta hat zwar vergleichsweise große Anteile im Nahrungsmittelsektor und bei Büchern (jeweils bezogen auf 100 % Verkaufsfläche), ihm fehlten 1998 aber noch Sortimente bei Büromaschinen/Computer, im Radio/Phono-Bereich und beim Tierbedarf. Eine Zoohandlung hat inzwischen eröffnet und ein großer Elektromarkt ist auf dem Gelände entstanden. Relativ schwach war 1998 noch das Bekleidungsangebot, auch hier sind inzwischen Änderungen erfolgt. Zudem hat es einen großen Möbeldiscounter auf dem Areal hinzugewonnen.

Periphere Einkaufszentren werden in der Öffentlichkeit vielfach als Verkehrserzeuger gescholten. Eine Studie zur Verkehrsverträglichkeit hat jedoch gezeigt, daß diese Kritik nicht berechtigt ist.[16] Natürlich ziehen sie auch den Verkehr an, doch entlasten sie zugleich die Innenstadt, die ihre verkehrliche Belastungsgrenze insbesondere beim ruhenden Verkehr bereits erreicht hat.[17] Die Fahrtstrecke vom Umland und von den benachbarten Stadtteilen ist zudem geringer.

### 3.2 Fachmarktagglomerationen und Geschäftsflächenwachstum im Großraum Innsbruck

Dies kann den randlichen Fachmarktagglomerationen, die sich vor allem im Stadtteil Rossau und in der Nachbargemeinde Neu-Rum konzentrieren, nicht bestätigt werden. Diese Fachmärkte sind räumlich nicht integriert, so dass Koppelungseinkäufe und sogenannte „Cross-Shoppings“ immer die Nutzung des Pkw bedingen. Anders als bei den Einkaufszentren ist zudem die Anbindung an den öffentlichen Verkehr noch sehr mangelhaft. Dies gilt insbesondere für die Rossau, wo eine dramatische Geschäftsflä-

[16] Vgl. Axel BORSDORF / Gerhard SCHÖFFTHALER, Erzeugen Einkaufszentren Verkehr? In: Erdkunde 54 (2000) 148–156.

[17] Vgl. Gerhard SCHÖFFTHALER, Die Parkplatzsituation in der Innsbrucker Innenstadt (inngeo – Innsbrucker Materialien zur Geographie 5) Innsbruck 1997.

chenentwicklung zu verzeichnen ist, ohne dass damit der Ausbau der Verkehrsinfrastruktur Schritt gehalten hätte.

Die Rossau weist unter allen Innsbrucker Stadtvierteln das rascheste Wachstum der Einzelhandelsverkaufsfläche auf. Von 1976 bis 1998 verachtzehnfachte sich die Kundenfläche! Das Geschäftsflächenangebot in der Rossau wächst zudem stürmisch weiter. Nach der Untersuchung von 1998 sind zwei Schuhmärkte, ein Schreibwarendiscounter, zwei Lebensmittelsupermärkte und ein immerhin 9000 $m^2$ großer Baumarkt mit Gartencenter hinzugekommen. Die Gesamtverkaufsfläche der Rossau liegt damit zum Zeitpunkt des Erscheinens dieses Buches bereits bei knapp 50.000 $m^2$. Da auch in Völs und am dez große Flächen hinzugekommen sind, kann aber dennoch geschätzt werden, dass heute die Verkaufsfläche der Rossau rund 16 % der Gesamtfläche im Großraum Innsbruck einnimmt.

Dieses Wachstum blieb lange nahezu unbemerkt, erst der Vergleich der Geschäftsflächenerhebungen von 1994 und 1998 wies die explosive Zunahme des Einzelhandels in der Rossau zuverlässig aus (Tabelle 5). Etwa zeitgleich mit der 1998 durchgeführten Einzelhandelsstudie wurden vom Innsbrucker Institut für Geographie auch verkehrsgeographische und stadtteilspezifische Untersuchungen über die Rossau vorgenommen, wobei bei diesen Studien die Situation der Arbeitnehmer bzw. des Berufs-, Wirtschafts- und Versorgungsverkehrs im Vordergrund standen.[18] Dabei konnte die Problematik einer relativ wild gewachsenen Agglomeration von Fachmärkten und Dienstleistungsbetrieben klar herausgestellt werden. Sie ist umso kritischer zu beurteilen, als mit dieser Entwicklung kein Ausbau der Infrastruktur, weder für den motorisierten Verkehr noch für den öffentlichen Personennahverkehr, erfolgte.

**Tabelle 5: Entwicklung der Verkaufsflächen in der Rossau 1976–1998**

| | 1976 | 1994 | 1998 |
|---|---|---|---|
| Verkaufsfläche ($m^2$) | 2109 | 22443 | 37153 |
| 1976 = 100 | 100 | 964,2 | 1661,6 |
| 1994 = 100 | | 100 | 65,5 |
| Anteil an VKF Innsbruck (%) | 1 | 10,3 | 14,7 |

Da in der Rossau 1991 nur 341 Personen einen Wohnsitz hatten (die Fortschreibung geht von heute rund 300 Personen in 80 Haushalten aus), wird dort auch die höchste Flächenkonzentration pro Einwohner im gesamten Erhebungsgebiet erreicht: Fast 110 $m^2$ Kundenfläche stehen jedem Bewohner der Rossau zur Verfügung. Damit hat die

[18] Axel BORSDORF / Gerhard SCHÖFFTHALER, Stadtteilanalyse Rossau. Mobilitätsstruktur und Mobilitätsverhalten im Innsbrucker Gewerbe- und Industriegebiet Rossau. Gutachten für die Stadt Innsbruck und die Arbeiterkammer Tirol. Innsbruck 1998. Axel BORSDORF / Gerhard SCHÖFFTHALER, Mobilitätsanalyse Innsbruck 98. Einschätzungen zur Verkehrsinfrastruktur und Verkehrsmittelwahl auf Basis einer Umfrage im Juli 1998. Gutachten für die Arbeiterkammer Tirol. Innsbruck 1998.

Rossau zumindest in den südlichen Teilen mit ihren Fachmärkten fast Citycharakter: Die Tagbevölkerung (4600 Arbeitsplätze) übertrifft die Nachtbevölkerung (341 Personen) um mehr als das Dreizehnfache!

Nur wenige „Verkaufsflächenriesen“ mit mehr als 1.000 m² Kundenfläche beanspruchen den Löwenanteil der Kundenfläche in der Rossau. Die Entwicklung dieses Stadtviertels als Einzelhandelsstandort verläuft offenbar weiterhin dynamisch. In den letzten drei Jahren wurden ein Geschäftszentrum, ein OBI-Baumarkt und ein großflächiger Lebensmitteldiscounter eröffnet, auch diese Anlagen sind kaum integriert. Im benachbarten Viertel Amras-Süd ist mit dem Ikea-Markt ein neuer Magnet für Kunden entstanden, dessen Standort unter städtebaulichen Gesichtspunkten wegen seiner Nähe zum dez günstiger zu beurteilen ist.

Zusammenfassend kann die Situation des Einzelhandels in Innsbruck wie folgt beschrieben werden: Innsbruck weist einen vergleichsweise hohen Verkaufsflächenindex von 2,41 m² pro Einwohner auf. Ein weiteres Wachstum der Geschäftsfläche ist nur dann wirtschaftsverträglich, wenn die Kaufkraft in gleichem Maße wächst oder die Mobilität aus Regionen außerhalb der Stadtregion zunimmt. Kritischer noch ist die Raumverträglichkeit zu beurteilen. Der Konkurrenz mit den peripheren Einkaufszentren stellt sich die Innenstadt nun mit der Errichtung neuer Einkaufspassagen und -galerien. Eine durchgreifende Attraktivitätssteigerung zur Erhaltung der urbanen Qualität des Stadtzentrums bedarf aber weiterer Maßnahmen. Die randlichen Einkaufszentren liegen günstig an Autobahnabfahrten im Westen und Osten, so dass sie durchaus geeignet sind, die verkehrliche Situation der Innenstadt zu entspannen und dabei den punktgenauen Zielverkehr zu ermöglichen.

Weitaus ungünstiger sind die unkoordinierten und nicht integrierten Fachmarktagglomerationen in der Rossau und in Neu-Rum zu beurteilen. Sie erzeugen nicht nur zielorientierten Verkehr, sondern vor allem auch Querverkehr zwischen den Fachmärkten, ohne dass bislang eine adäquate Infrastruktur im Bereich des öffentlichen Verkehrs erstellt worden wäre. Ebenso kritisch ist auch die Situation in ehemals gut ausgestatteten Stadtvierteln (Pradl, Wilten) zu beurteilen, deren Standortgunst sich offenbar verschlechtert hat und die sich somit von Ziel- zu Quellgebieten des Verkehrs wandeln und an Lebensqualität verlieren. Strukturverbesserungen in diesen Vierteln, Wohnumfeldprogramme und Impulse für urbanes Leben wären hier dringend gefordert.

## 4. Die Situation des ländlichen Raumes: Greißlersterben und neue Verkaufsformen

In der Nachkriegszeit ist die Mobilität der Bevölkerung ständig gewachsen. Das Auto erlaubt die rasche und unkomplizierte Ortsveränderung. Mit drei- bzw. fünftürigen Fahrzeugen, die heute beliebter als die zwei- und viertürigen Limousinen mit ihren kleinen Kofferräumen sind, lassen sich selbst sperrige Güter wie Möbel, Elektrogeräte und Gartenzubehör transportieren, ohne dass die Zulieferdienste eines Fachgeschäftes in Anspruch genommen werden müssen. Das freie Angebot kostenloser Parkplätze in der Nähe der Versorgungseinrichtungen ist somit zu einem wichtigen Faktor der Versorgungsentscheidung des Kunden geworden.

Der Autobesatz und die gestiegene Mobilität der Bevölkerung, aber auch das in der Folge an der Peripherie der Städte ausgebaute Potential von Versorgungseinrichtungen sind Faktoren, die vor allem im ländlichen Raum krisenhafte Situationen für die traditionellen kleinflächigen Nahversorger – sie werden in Tirol als Greißler bezeichnet – hervorgerufen haben. Mit dem eigenen Wagen ist es für Pendler leicht, nach Dienstschluß noch rasch die nötigen Einkäufe in der Stadt zu erledigen, ebenso leicht ist es, für den Wocheneinkauf eigens in die Stadt zu fahren, wobei Fahrtwege von einer halben Stunde gern in Kauf genommen werden. Im ländlichen Raum ist daher das Greißlersterben noch dramatischer, als es bereits für die Stadt Innsbruck selbst konstatiert wurde. Leider liegen dafür keine flächendeckenden Erhebungen vor. In zwei Talschaften, dem Lechtal und dem Hochpustertal, wurden jedoch vor einigen Jahren Studien durchgeführt, die als repräsentativ für Tirol gelten können.[19]

Dabei hat sich beispielsweise gezeigt, dass im Lechtal von den 27 Nahversorgern des Jahres 1980 im Jahr 1993 nur noch 15 übrig geblieben sind. Die noch existierenden Lebensmittelgeschäfte klagen über Umsatzprobleme. Aber nicht nur das: Sie sind auch mit gravierenden Nachfolgeproblemen konfrontiert, weil vielfach der Nachwuchs angesichts geringer Einkommen, großer Risiken und hohem Arbeitsaufwand nicht bereit ist, die Läden weiterzuführen. Im ländlichen Raum sind unter den Nahversorgern zwei Tendenzen zu beobachten: Einige dynamische Kaufleute modernisieren ihre Geschäfte zu modernen Aktivmärkten und bauen die Flächen noch aus, andere haben schon resigniert und schließen ihre Läden.

In dieser Situation haben sich neue Verkaufsformen im ländlichen Raum entwickelt. Dies sind einerseits die ambulanten Tiefkühlkostversorger, andererseits die Tankstellenshops, die dort wie auch in den Städten einen Teil der Nahversorgung übernehmen. Auf den Tankstellenarealen Tirols ist in den letzten Jahren eine Gesamtverkaufsfläche von ca. 10.000 m$^2$ entstanden, dies entspricht in etwa der halben Verkaufsfläche des Einkaufszentrums Sillpark in Innsbruck.

Eine jüngere Studie hat gezeigt, dass bereits 90 % der Tankstellen mit einem „Shop" ausgestattet sind; freilich nutzen erst 29 % diese Verkaufsfläche, um ein umfassendes Sortiment für die Nahversorgung inklusive frischer Lebensmittel anzubieten.[20]

---

[19] Vgl. Axel BORSDORF/Dietmar BEZ, Standortbezogenes Einkaufszentren-Entwicklungsprogramm für die Standortgemeinde Elbigenalp. (Land Tirol, Amt der Tiroler Landesregierung, Landesplanung. Verordnung) Innsbruck 1993; Axel BORSDORF/Dietmar BEZ, Standortbezogenes Einkaufszentren-Entwicklungsprogramm für die Standortgemeinde Heinfels. (Land Tirol, Amt der Tiroler Landesregierung, Landesplanung. Verordnung) Innsbruck 1994.

[20] Gerhard SCHÖFFTHALER, Tankstellenkonzept Tirol 2000. Teil 1: Bestandsaufnahme. Gutachten für die A. Porr AG und die Abteilung Raumordnung-Statistik des Amtes der Tiroler Landesregierung. Innsbruck 2000.

Die Standortgunst wird derzeit noch nicht voll ausgeschöpft: Vier Fünftel der Tankstellen befinden sich nämlich an Standorten, die für die Nahversorgung geeignet sind, aber nur 32 % davon sind bereits voll auf diese Funktion ausgerichtet. 7 % besitzen Verkaufsflächen von mehr als 100 m², jeweils weitere 7 % erreichen Flächen zwischen 80–99 m² bzw. 60–79 m².

Voll im Trend ist der Convenience-Shop, d. h. ein Tankstellenladen mit mehr als 35 m² Kundenfläche, der Nahversorgungsprodukte wie frisches Brot und weitere frische Lebensmittel, heiße Getränke, Soft-Drinks, Alkoholika, gekühlte Waren und umfangreiche Hardware anbietet und mindestens 16 Stunden täglich geöffnet ist. Diesem Typ entsprechen in Tirol bereits 29 % der Tankstellen. Sein kleiner Bruder ist der so genannte Snack-Shop, in dem ebenfalls Nahversorgungsprodukte, aber keine frischen Lebensmittel angeboten werden. Noch verfügt die Mehrzahl der Tiroler Tankstellen nur über einen solchen Laden. Nur 6 % der Tankstellen bieten lediglich das traditionelle Autozubehör an, 10 % besitzen keine Verkaufsflächen außerhalb des Treibstoffangebots.

Es kann vermutet werden, dass die Tendenz zur Nahversorgung durch Tankstellen zunehmen wird. In Deutschland gibt es bereits Tankstellen, die nach Art moderner Backwarenfilialen rund um die Uhr und an sieben Tagen in der Woche frische Backwaren selbst erzeugen.

Decken Tankstellen und ambulante Händler, insbesondere die Tiefkühlkostanbieter, Versorgungsdefizite der Bevölkerung im ländlichen Raum, die durch das Greißlersterben entstanden sind, so ist doch nicht zu übersehen, dass mit dem Rückgang der Lebensmittel- und Gemischtwarenläden im ländlichen Raum auch die touristische Infrastruktur gefährdet ist, weil für den Urlaubsgast die Versorgung vor Ort einen wichtigen Faktor des Erholungs- und Freizeitwertes ausmacht. Programme zur Stützung der ländlichen Nahversorgung sind daher im Interesse nicht nur der nichtmotorisierten Bevölkerung, sondern darüber hinaus auch im Interesse der Wirtschaftsförderung abseits der Ballungsräume.

## 5. Traditioneller Innenstadthandel contra Filialsysteme

Die mangelnde Absprache zwischen den Gemeinden, fehlende Raumordnungsrichtlinien und sehr aktive Politiker in den Nachbargemeinden der Großstädte waren es, die in der Vergangenheit zu Fachmarktagglomerationen geführt haben, wie etwa in Neu-Rum. Dieses Gebiet ist mittlerweile zu einem der größten Einzelhandelsgebiete in Österreich angewachsen, mit deutlich mehr Verkaufsfläche als in der gesamten Innenstadt.

Diese preiswerten Standorte bieten Möglichkeiten einer Optimierung für Handelsabläufe. Optimale Anlieferung und die Mitnahme von Waren durch die Kunden nutzen vor allem Großbetriebe, insbesondere aus dem Bereich der Möbel- und Einrichtungsbranche, aber auch Baumärkte etc.

Dass die Entwicklung von neuen Handelsstandorten zu Lasten der Traditionsstandorte der Innenstadt geht, ist verständlich. Allerdings muss man auch feststellen, dass z. B. österreichweit die Einkaufszentren noch relativ geringe Anteile am Zuwachs der gesamten Handelsumsätze abgezogen haben und heute bei einem Marktanteil von ca. 13 % angelangt sind.[21] Zum Vergleich: In den USA sind es ca. 54 Prozent!

**Tabelle 6: Marktanteile der Shopping-Center**[22]

| | 1999 | 2001 (geschätzt) |
|---|---|---|
| Norwegen | 30 % | 32 % |
| Irland | 25 % | 30 % |
| Spanien | | 30 % |
| Großbritannien | | 28 % |
| Schweden | 24 % | 27 % |
| Frankreich | 26 % | 26 % |
| Finnland | 22 % | 25 % |
| Italien | 16 % | 20 % |
| Holland | 17 % | 19 % |
| Österreich | 13 % | 14 % |
| Ungarn | 9 % | 13 % |
| Schweiz | 12 % | 13 % |
| Griechenland | 5 % | 10 % |
| Deutschland | 8 % | 9 % |

Quelle: Nach Zahlen von RDS (1999)

Die Fachmärkte und Fachmarktzentren haben in den letzten Jahren massiv aufgeholt und liegen bei einem ähnlichen Marktanteil mit stark steigender Tendenz. Alteingesessene Kaufleute werden hier zunehmend auf die Verliererstraße kommen, wenn sie ihren Betriebstyp nicht modernisieren und an einem schlechten Standort sitzen. Und die Innenstadt hat in den letzten Jahren an Standortvorteilen verloren. Sie war nicht nur durch die Ausdehnung dieser Verkaufsflächen betroffen, sondern auch durch die Problematik des Individualverkehrs. Altstadtstrukturen können und dürfen nicht autogerecht umgebaut werden. Trotzdem ist die Erreichbarkeit des Stadtzentrums auch für den Individualverkehr ein Wunsch der Kunden und damit eine Forderung der Kaufleute.

Viele Sortimente können allerdings in der Innenstadt aufgrund ihres Umfanges und ihrer Transportkapazitäten nicht mehr sinnvoll angeboten werden, wozu hauptsächlich

---

[21] Otto STEINMANN, Standort & Markt, Österreichische Fachvereinigung für Einkaufszentren 7/98, S. 1.

[22] Shopping-Center-Entwicklung in Europa, Jahr 2000, Stand und Zukunftsaussichten, RDS Retail & Development Services SA, ICSC Europa, Tabelle III.

der Möbel- und Einrichtungsbereich, aber auch z. B. die Baumärkte und die Elektromärkte gehören.

Die Innenstadt, in der Nachkriegszeit lange Zeit ein sehr ertragreicher Standort für Handelsbetriebe aufgrund des anwachsenden Tourismus, schlittert so in die Krise, die ein verschärfter Strukturwandel mit sich bringt.[23]

Dazu kam, dass sich der Wertewandel der Konsumenten beschleunigt hat. Auch „reichere" Kunden scheuen sich nicht mehr, preisgünstig einzukaufen. Im Gegenteil, es gilt als besonders geschickt, ein Sonderpreisangebot erstanden zu haben. Status wird heute durch Geschmack definiert oder durch das Markenprodukt, aber nicht mehr durch die Wahl des Geschäftstyps.

Auch bei den Touristen hat sich ein Einstellungswandel gezeigt, denn typische regionale Produkte werden in einer internationalisierten Wirtschaft nicht mehr nur am Produktionsort, sondern überall, auch im Heimatland des Touristen, angeboten.

Strukturkrisen bieten freilich immer auch Chancen: Jungunternehmer in der Stadt beteiligen sich nicht am Jammern der bestehenden traditionellen Fachhändler, sondern bauen ein neues Image auf und locken neue Zielgruppen an.

Viele traditionelle Fachhändler haben in den Anfangsjahren der neuen Agglomerationen (wie z. B. Einkaufszentren) nicht erkannt, dass es für eine Filialisierung nicht ausreicht, bloß ein zweites Geschäft zu eröffnen. Es war ein Grundirrtum, dass es im Einkaufszentrum oder Gewerbegebiet „andere Kunden" gäbe. Richtig war vielmehr, dass sich die Kunden dort anders verhalten und dementsprechend das Warenangebot und die Präsentation, aber auch die Preisgestaltung auf diese Erwartungshaltung auszurichten ist.

Dies haben Filialisten schneller erkannt und umgesetzt. Zwar hat sich der traditionelle Einzelhandel immer damit gerühmt, die bessere Beratung und das bessere Kundenservice zu haben. Tatsache ist aber, dass filialisierte Handelsketten manche Serviceleistungen wie z. B. „Geld zurück Garantie" bei einem Umtausch zuerst angewandt haben. Heute sind diese Praktiken fast überall üblich. Erfolgreiche amerikanische Discounter beweisen heute, dass auch „Bestpreisgarantie" und ausgezeichneter Kundenservice zugleich möglich sind.

Der Erfolg der Filialisten beruht auch auf der Einfachheit der Geschäftsführung vor allem durch die Entwicklung der EDV und der Kommunikation. Ein Einzelunternehmer ist in einer Person Einkäufer, Verkäufer, Buchhalter, Werbefachmann, Spezialist für Sozialgesetze und Hausmeister. Der Filialleiter dagegen hat ein vorgegebenes, erfolgreiches Geschäftskonzept „nur" auf den Standort anzupassen. Die Handelsmarke sorgt oft schon bei der Eröffnung eines Filialbetriebes für einen besseren Bekanntheitsgrad als jenem alteingesessener Betriebe. Und von den Kunden wird auch Größe vielfach mit Kompetenz gleichgesetzt.

---

[23] R. Lademann / P. Treis, Factory-Outlet-Center: Innovation gegen institutionellen Einzelhandel. In: Jahrbuch der Absatz- und Verbraucherforschung, 44. Jahrgang, Nr. 2 (1998), 116 ff.

Die Konzentration im österreichischen Handel hat auch deshalb in den letzten Jahren zugenommen und nimmt noch weiter zu. Im Lebensmittelhandel, Sportartikelhandel, im Drogerie-/Parfümeriehandel kommen die jeweils größten fünf Anbieter auf fast 90 Prozent des gesamten Marktes. Im Sportartikelhandel erreichen die größten drei 80 Prozent. Nur im Bekleidungshandel gibt es eine sehr aufgesplitterte Marktanteils-Situation, auch wenn Hennes & Mauritz und andere Filialisten künftig rasch an Bedeutung gewinnen werden.

Durch die wirtschaftliche Öffnung des vergleichsweise kleinen Marktes Österreich sind neue ausländische Anbieter aktiv geworden, die rasch Marktanteile gewinnen wollen. Die großen österreichischen Unternehmen kontern und versuchen ihrerseits, ihre Situation zu verbessern. Die Konsequenz dieser Entwicklung sind auch in Tirol massive Neueröffnungen mit immer größer werdenden Betriebstypen.

Eine weitere Folge war in vielen Städten aber auch: Internationale Filialisten konnten Geschäftsflächen belegen, die infolge von Strukturproblemen der Innenstädte frei geworden waren. Das Angebot der Fußgängerzonen, Einkaufsstraßen und Einkaufszentren wird infolge dessen immer ähnlicher und – so steht es zu befürchten – auch immer langweiliger. An diesem Punkt ist die Innsbrucker-Innenstadt noch nicht angelangt, das könnte jedoch in den nächsten Jahren der Fall sein, wenn nicht gegengesteuert wird.

Freilich: In einer immer individuelleren Gesellschaft ist Gleichförmigkeit des Angebotes ein Nachteil. Es wird also neue Chancen für junge Unternehmer mit Ideen geben und vor allem Nischen für Spezialisten. Die Frage ist, wer sie nutzen wird. Wieder die Filialisten, die einfach unter anderen Namen neue Marketing-Konzepte anbieten, um vom Konsumenten nicht sofort erkannt zu werden? Oder gibt es wieder eine innovative Geschäftsgründergeneration?

## 6. Tiroler Raumordnung: Überprüfenswerte Basisannahmen und zweifelhafte Folgen

Auch in Tirol versuchte man, die Marktveränderungen mit Raumordnungsgesetzen in den Griff zu bekommen. Die heutigen Raumordnungsgesetze versuchen, neue Agglomerationen zu verhindern oder mindestens zu erschweren. Mit zweifelhaftem Erfolg. Zersiedelte Einzelhandels- und Fachmarktbetriebe im Gemeindegebiet von Neu-Rum, aber auch in der Innsbrucker Rossau, sind sicher das nicht erwünschte Ergebnis dieser Entwicklung.

Als Basis für die diesbezüglichen politischen Entscheidungen galt lange Zeit nicht nur in Tirol das von Christaller 1993 entwickelte „Modell der Zentralen Orte“.[24] Es geht davon aus, dass Dienstleistungen die Tendenz zur Zentralisierung und Fokussierung in

[24] Walter CHRISTALLER, Die zentralen Orte in Süddeutschland. Jena 1933.

urbanen Zentren haben und dass es dabei eine Wert-Hierarchie gibt: Hochwertige Dienstleistungen sind in hochrangigen Zentralen Orten lokalisiert, weniger hochwertige Dienstleistungen gruppieren sich in Zentralen Orten der mittleren oder unteren Hierarchiestufe. Wichtige Handels- und Dienstleistungseinrichtungen sind im Stadtkern lokalisiert und führen dort zur Citybildung. Die Randzonen und das Umland der Städte gelten demnach als Ergänzungsräume, die je nach Wertigkeit der Handels- und Dienstleistungsinfrastruktur eine unterschiedliche Dimension („Reichweite“) haben.

Diese Vorstellung entsprach zur Entstehungszeit (1933) und bis in die 60er Jahre hinein der räumlichen Realität. Seither sind jedoch Entwicklungen eingetreten, die das Gravitationsprinzip als Leitstruktur des Stadt-Land-Verbundes abgelöst haben. Zunächst bildeten sich auf der „grünen Wiese“ Einkaufszentren, die in Angebotsspektrum und -qualität den Innenstädten Paroli bieten konnten, später wurden auch hochwertige Dienstleistungseinrichtungen wie Technologieparks, Ärztehäuser, Firmenverwaltungssitze in Nebencities oder gar Randgebiete der Städte ausgelagert. Der eigentliche Motor dieser Entwicklung war neben der Platznot und den daraus resultierenden hohen Bodenpreisen in der City die gewachsene Mobilität der Bevölkerung bei zunehmender Verfügbarkeit individueller motorisierter Verkehrsmittel.

Die Probleme, die die Tiroler Raumordnung etwa mit ihrem „Einkaufszentrenentwicklungsprogramm“[25] hatte, resultieren aus der Unvereinbarkeit des Leitbilds der Zentralen Orte mit der räumlichen Realität.

Wenn auch in Tirol aufgrund der starken Dominanz der Bezirkshauptstädte und der besonderen räumlichen Bedingungen das Grundprinzip einer zentralörtlichen Raumstruktur länger gehalten hat als anderswo, so ist doch zu konstatieren, dass jetzt auch im Gebirgsland Tirol Auflösungserscheinungen dieses Modells unübersehbar sind. Die durch den Autobesitz gegebene Mobilität der Bevölkerung hat auch in Tirol zur Auslagerung von Handels- und Dienstleistungseinrichtungen aus dem städtischen Kernraum in Rand- oder gar Umlandzonen geführt.

Neben der an anderer Stelle referierten Kritik am Zentrale-Orte-Konzept (Terminologie, Wirkungslosigkeit, Inflexibilität, Investitionsbehinderung)[26] soll hier doch auf eine Folge einer zu rigiden Orientierung der Raumordnung am Zentrale-Orte-Modell hingewiesen werden: Es gibt starke Indizien für den Vorwurf, dass durch die Zentralisierung der Infrastruktur die Verödung des ländlichen Raumes initiiert worden sei. Zumindest könnte das Zentrale-Orte-Konzept, wenn nicht die Ursache, dann doch das Instrument zentralisierender Politik geworden sein.

---

[25] Land Tirol, Amt der Tiroler Landesregierung, Allgemeines Entwicklungsprogramm für Einkaufszentren sowie die Grundsätze für standortbezogene Entwicklungsprogramme. Innsbruck 1992.

[26] Axel Borsdorf / Michaela Paal, Die „Alpine Stadt“. Bemerkungen zu Forschungsfragen und wissenschaftlichen Perspektiven. In: Axel Borsdorf / Michaela Paal (Hrsg.): Die „Alpine Stadt“ zwischen lokaler Verankerung und globaler Vernetzung. Beiträge zur regionalen Stadtforschung im Alpenraum. (ISR-Forschungsberichte 20) Wien 2000, 9–26.

## 7. Ausblick auf zu erwartende Handelsentwicklungen

Das Einkaufs- und Freizeitverhalten wird sich rasch weiter verändern, sofern die wirtschaftliche Entwicklung positiv verläuft. Neuerungen sind für den Kunden nicht mehr erstaunlich, sondern selbstverständlich. Reisen und Mobilität bringen mit sich, dass die Kunden Warenpräsentation und Einzelhandelsangebote in New York, Florenz, Paris oder München mit Innsbruck vergleichen können und werden. Ob dort andere Einzugsgebiete oder gesetzliche wie steuerliche Bedingungen vorliegen, interessiert den Kunden erfahrungsgemäß nicht.

Seine immer spezieller werdenden Wünsche sind Aufgabe und Chance zugleich. Es gibt nur zwei wirklich relevante Argumente für den Kunden. Eines ist die reine Preisorientierung, da auch inzwischen Kunden mit gehobenem Einkommen sich nicht scheuen, nach den niedrigsten Preisen Ausschau zu halten. Auf der anderen Seite ist es die hochqualifizierte Beratung für das spezielle Kundenbedürfnis. Die mittleren Preissegmente sowie Angebotsstrukturen ohne Profil oder gar das Angebot „alles für jeden", wird sich immer noch stärker einschränken.

Neue Anforderungen kommen auf den Handel zu: In einer Informationsgesellschaft ist es bereits heute in manchen technischen Bereichen möglich, dass die Kunden vom Produkt mehr wissen als der Verkäufer. So droht der Verkäufer überflüssig zu werden. Andererseits wird sich wegen des steigenden Anteils von Senioren die Erwartung an Beratung, aber auch an menschlicher Nähe verstärken. Die neuen Senioren werden sich allerdings nicht mehr so verhalten wie die derzeitigen oder früheren.

Der Kunde kann durch Gesetze und Regeln nicht mehr eingeschränkt werden und wird diese auch immer weniger akzeptieren. Das lässt auch für die Zukunft eine dynamische Entwicklung erwarten.

### 7.1 E-Commerce

E-Commerce, der weltweite Handel über das Internet, ist im Großhandel in vielen Branchen schon ein absolutes Muss: Großhändler, die ihren Einzelhändlern und Professionisten nicht die 24-Stunden-Bestellung (mit automatischer Abrufung vom Hochregallager und Lieferungen binnen 24 Stunden) anbieten, werden künftig schwer zu kämpfen haben. Lieferanten für die internationale Auto- oder Luftfahrtindustrie müssen sich baldigst an neue, standardisierte EDV-Bestellsysteme der internationalen Konzerne anhängen, wenn sie überhaupt noch liefern wollen. Hier ist der Händler in Amerika oder Indien dem Regionalhändler schon so gut wie gleichgestellt, von den Transportkosten einmal abgesehen. Aber selbst das Argument der Transportkosten wird durch Vernetzungen der Händler untereinander und damit die Globalisierung des Angebotes immer weniger bedeutend werden.

Diese Entwicklung wird künftig auch im Einzelhandel stärker werden. Zwar wird bei Online-Geschäften mit privaten Kunden derzeit noch kaum Geld verdient. Die größte Internet-Euphorie ist teilweise wieder verflacht, denn Privatkunden zeigen noch große Zurückhaltung. Das zukünftige Ausmaß des Internethandels ist daher außerordentlich umstritten, aber: Das massive Anwachsen ist kein Thema mehr.[27] Es gibt verschiedene Bereiche, wo diese Situation schneller vor sich gehen wird. Hierzu zählen Computer-Software und Hardware, Bücher, CD's, Reisen und spezialisierte Hobbyartikel. Selbst ein Anteil von 10 %, wie er für die USA im Jahre 2005 prognostiziert wird, könnte für jedes zehnte stationäre Einzelhandelsgeschäft das „Aus" bedeuten. Die Vorhersagen der Fachleute für den Handel sind noch dramatischer. Mindestens jedes dritte Geschäft wird bis 2010 schließen müssen (während es allerdings gleichzeitig auch viele innovative Neugründungen geben dürfte).

Die steigende Internet-Nutzung könnte das Kaufverhalten auch im Privatbereich revolutionieren. Es könnte virtuelle Einkaufsgemeinschaften geben, die über volle Markttransparenz und große Preisverhandlungsmacht verfügen. Noch größer aber dürfte der Einfluss der vollen Information für die Kunden sein:[28] Gekauft werden dürfte zwar weiterhin beim Händler vor Ort. Aber der Kunde wird von ihm jene Konditionen verlangen, die er im Internet als Bestkonditionen weltweit abgefragt hat. Was wird hier etwa mit dem heimischen Autohändler geschehen, der sich nicht rechtzeitig auf internationale Top-Konditionen einstellen kann?

## 7.2 Konzentration auf gute Standorte

Auch angesichts der Internet-Konkurrenz wird sich beim standortgebundenen Handel die Spreu vom Weizen trennen, wobei es immer wichtiger sein wird, einen „guten" Standort zu besitzen. Das gewaltige Flächenwachstum in den letzten Jahren in Österreich (bei gleichzeitig stagnierenden Konsumausgaben) hat sich auf gute und beste Lagen konzentriert. Geschäfte in „schlechteren" Lagen sind immer schwerer zu führen. Die Bedeutung agglomativer Standortlagen nimmt zu.

Eine gewisse Größe gehört dazu: Während das voll ausgestattete, multifunktionale Shoppingcenter mit mehr als 20.000 Quadratmeter fast immer und die Nahversorgungszentren mit mehr als 10.000 Quadratmeter meist gut funktionieren, können kleinere nur verbunden mit einem guten Standort überleben.[29] Besonders schwer haben es jene Innenstadtpassagen, in denen „Frequenzbringer" fehlen und wo Planungsfehler gemacht wurden. Die Schere zwischen Top- und Flop-Betrieben geht immer weiter auf: Während 1999 die erfolgreichsten Handelsbetriebe einen Gewinn von durchschnittlich mehr als 5 Prozent des Umsatzes erzielen, beträgt der Verlust der weniger erfolgreichen Firmen durchschnittlich rund 13 Prozent.[30] Jeder dritte unternehmergeführte Einzelhan-

---

[27] Cuno PÜMPIN, Der Handel im globalen Wettbewerb, in: BEISHEIM (wie Anm. 1) S. 135.

[28] Roland BERGER, Die Dienstleistungsgesellschaft als Herausforderung und Chance. In: Beisheim (wie Anm. 1) S. 211.

[29] Wolfgang RICHTER, Geschäftsführer von Nielsen RegioPlan, bei einem Einkaufszentren-Symposium am 24. Jänner in Wien.

[30] Institut für Gewerbe Handelsforschung, Präsentation am 5. 11. 1998 in der Wirtschaftskammer Wien.

delsbetrieb (mit nur einem Geschäft) in Deutschland arbeitet nicht rentabel, wenn man reell rechnen würde, also mit kalkulatorischen Kosten, Unternehmerlohn, Gehalt für Familienmitglieder usw.

## 7.3 Erlebniseinkauf und Dienstleistungsorientierung

Zu einem guten Standort wird in Zeiten des Internet-Handels auch das „Einkaufserlebnis“ gehören müssen. Viele Ausbaupläne von Einkaufszentren sehen hier noch mehr Kino- oder Freizeitzentren, Großdiskotheken, Gastronomiestraßen vor. Der Handel spielt an diesen Standorten zwar auch eine wichtige Rolle, aber nicht mehr die alleinige.

Diese Kombination von Einkaufs- und Freizeitaktivitäten dürfte auch Druck auf geänderte Öffnungszeiten ausüben, denn gerade an Wochenenden dürften hier Kundenschichten besonders ansprechbar sein. Politische Entscheidungen über Ladenöffnungszeiten werden noch stärker als bisher auch gleichzeitig Entscheidungen über Arbeitsplätze sein. Viele Innenstädte werden mit Revitalisierungsmaßnahmen versuchen, das geforderte Einkaufserlebnis zu bieten.

Ohnehin geht die Entwicklung schon jetzt weg vom reinen Warenverkauf. Handys und PCs werden verschenkt, die Umsätze wandern aus dem Handelsbereich in den Dienstleistungsbereich der Mobilfunkbetreiber und Internet-Provider hinein. Nur noch Discounter werden „handeln“, alle anderen werden „dienen“, wie ein geflügeltes Wort lautet. Handelsaktivitäten werden mit Dienstleistung kundengerechter aufgewertet werden müssen. Auch das dürfte die Diskussion um flexible Arbeitszeit- und Lohnsysteme verstärken.

## 7.4 Beschleunigter Strukturwandel

Kein anderer Bereich der Weltwirtschaft unterlag in den letzten Jahrzehnten einem so nachhaltigen Strukturwandel wie die Konsumgüterdistribution. Österreich hat sich freilich in vielen Belangen sehr spät dem internationalen Markt geöffnet. Besonders im agrarischen Bereich galten noch bis zum EU-Beitritt strengste Kontingente und Einfuhrbeschränkungen. Umso gravierender fiel der Strukturwandel nach der Marktöffnung aus. Noch nie sind in Österreich so viele neue Anbieter auf den Markt gedrängt, noch nie sind auch so viele Händler vom Markt verschwunden. Das Tempo, mit dem der Wandel vonstatten ging, wird auch in Zukunft nicht eingebremst, im Gegenteil: Es sind weiterhin viele Neugründungen zu erwarten. Allerdings wird es auch eine große Anzahl an Neugeschäftseröffnungen geben. Die Anzahl der Verkaufsstellen wird jedoch weiter sinken und die Veränderung von Geschäftsschließungen und Neugründungen eine immer schnellere Geschwindigkeit annehmen.

Der Markt wird, wie in der Vergangenheit, auch künftig Tatsachen setzen, die von der Politik schwer ignoriert werden können. Wenn Internet-Information und die Euro-Bargeldumstellung im Jahr 2002 wirklich volle Preisvergleichsmöglichkeiten bieten, werden etwa hohe Produkt- und Mehrwertsteuern immer schwieriger zu halten sein.

Denn der Kunde wird bei nicht konkurrenzfähigen Preisen einfach zur (steuerlich) begünstigten Konkurrenz abwandern.

Der Handel ist Wandel. Dies bedeutet auch, dass man sämtliche Hilfsmittel, die die Technik erzeugen kann, einsetzt und das traditionelle Unternehmen nur dann überleben kann, wenn es diese neuen Entwicklungen rechtzeitig erkennt und umsetzt! Denn für den Handel gilt der abgewandelte Satz: „Wer zu spät kommt, den bestraft der Kunde“ oder „Wer nicht mit der Zeit geht, geht mit der Zeit“.

## Schrifttum


BAUER, Hans-Jörg, 7000 Jahre Handel – eine Kulturgeschichte. Aarau/Stuttgart 1982.

BAUER, Hans-Jörg und Bernd HALLIER, Kultur und Geschichte des Handels, EHI-EuroHandelsinstitut, Köln 1999.

BEISHEIM, Otto, Distribution im Aufbruch, Bestandsaufnahme und Perspektiven, München 1999.

BERGER, Roland, Die Dienstleistungsgesellschaft als Herausforderung und Chance. In: Beisheim (1999) 199–216.

BLOTEVOGEL, Hans-Heinrich, Zentrale Orte: Zur Karriere und Krise eines Konzeptes in Geographie und Raumplanung. In: Erdkunde 50 (1996a) 9–25.

BLUM, Ulrich, Der Wert der Handelstätigkeit. In: Beisheim (1999) 217–228.

BOBEK, Hans / Maria FESL, Das System der Zentralen Orte Österreichs. Eine empirische Untersuchung (Schriften der Kommission für Raumforschung der Österr. Akademie der Wissenschaften 3), Wien 1978.

BORSDORF, Axel, Einzelhandelsgeschäftsflächen in Innsbruck, Völs und Rum 1994. Bestandsaufnahme nach Zählbezirken, Branchen und Sortiment, Entwicklung 1976–1994 (Gutachten für die Wirtschaftskammer Tirol). Innsbruck 1994.

BORSDORF, Axel, Lebensqualität in Alpenstädten. Eine Untersuchung für Innsbruck und Bregenz. In: Roberto CONTRO (Hrsg.): Lebensqualität in den Alpenstädten. Situation und Perspektiven der städtischen Lebensqualität unter besonderer Berücksichtigung des Zentralalpenraumes. Trient, 1996a, 709–829.

BORSDORF, Axel, Räumliche Entwicklungstendenzen des Tertiären Sektors in Tirol unter besonderer Berücksichtigung des Einzelhandels. In: Geographischer Jahresbericht aus Tirol 53 (1996b) 63–82.

BORSDORF, Axel, Der Einzelhandel in Tirol: Räumliche Entwicklung und Raumordnung. In: Die Erde 128 (1997) 131–148.

BORSDORF, Axel, Einzelhandelsgeschäftsflächen in Innsbruck, Völs und Rum 1998. Bestandsaufnahme nach Zählbezirken, Branchen und Sortiment, Entwicklung 1976–1998 (Gutachten für die Wirtschaftskammer Tirol), Innsbruck 1998.

BORSDORF, Axel, Der „Wandel im Handel“. Die Innsbrucker Konzeption eines trade-monitoring-Systems. In: Die Erde 130 (1999) 67–79.

BORSDORF, Axel, Quality of life in alpine towns – with examples from Innsbruck and Bregenz. In: Revue de Géographie Alpine 87 (1999) 163–169.

BORSDORF, Axel / Dietmar BEZ, Standortbezogenes Einkaufszentren-Entwicklungsprogramm für die Standortgemeinde Elbigenalp (Land Tirol, Amt der Tiroler Landesregierung. Verordnung), Innsbruck 1993.

BORSDORF Axel / Dietmar BEZ, Standortbezogenes Einkaufszentren-Entwicklungsprogramm für die Standortgemeinde Heinfels (Land Tirol, Amt der Tiroler Landesregierung. Verordnung), Innsbruck 1994.

Borsdorf, Axel / Armin Heller / Daniel Bogner / Karin Bartl, Das Stadt-Land-Kontinuum im Alpenraum. Methodenvergleich zur Abgrenzung von Stadtregionen in verfingerten Raumsystemen. In: Axel Borsdorf / Michaela Paal (Hrsg.), Die „Alpine Stadt" zwischen lokaler Verankerung und globaler Vernetzung. Beiträge zur regionalen Stadtforschung im Alpenraum (ISR Forschungsberichte 20), Wien, 59–76.

Borsdorf, Axel / Michaela Paal, Die „Alpine Stadt". Bemerkungen zu Forschungsfragen und wissenschaftlichen Perspektiven. Eine Einleitung. In: Axel Borsdorf / Michaela Paal (Hrsg.): Die „Alpine Stadt" zwischen lokaler Verankerung und globaler Vernetzung. Beiträge zur regionalen Stadtforschung im Alpenraum (ISR Forschungsberichte 20), Wien, 9–26.

Borsdorf, Axel / Gerhard Schöffthaler, Auswirkungen des Verkehrskonzeptes auf den Tertiären Sektor der Stadt Innsbruck (Gutachten für die Wirtschaftskammer Tirol), Innsbruck 1995.

Borsdorf, Axel / Gerhard Schöffthaler, Stadtteilanalyse Rossau. Mobilitätsstruktur und Mobilitätsverhalten im Innsbrucker Gewerbe- und Industriegebiet Rossau (Gutachten für die Stadt Innsbruck und die Arbeiterkammer Tirol), Innsbruck 1998.

Borsdorf, Axel / Gerhard Schöffthaler, Mobilitätsanalyse Innsbruck. Einschätzungen zur Verkehrsinfrastruktur und Verkehrsmittelwahl auf Basis einer Umfrage im Juli 1998 (Gutachten für die Arbeiterkammer Tirol), Innsbruck 1999.

Borsdorf, Axel / Gerhard Schöffthaler, Erzeugen Einkaufszentren Verkehr? In: Erdkunde 54 (2000) 148–156.

Csevalvay, Zoltán, Die Wettbewerbsfähigkeit der österreichischen Großstädte. Theoretische Ansätze und empirische Befunde (ISR-Forschungsberichte 19), Wien 1999.

Christaller, Walter, Die Zentralen Orte in Süddeutschland. Eine ökonomisch-geographische Untersuchung über die Gesetzmäßigkeit der Verbreitung und Entwicklung der Siedlungen mit städtischer Funktion. Jena 1933.

Deiters, Jürgen, Ist das Zentrale-Orte-System noch zeitgemäß? In: Erdkunde 50 (1996) 26–34.

Fesl, Maria / Hans Bobek, Zentrale Orte Österreichs II. Ergänzungen zur Unteren Stufe: Neuerhebung aller Zentralen Orte Österreichs 1980/81 und deren Dynamik in den letzten zwei Dezennien (Beiträge zur Regionalforschung 4), Wien 1983.

Greipl, Erich / Stefan Müller / Katja Gelbrich, Konsumgüterhandel, global betrachtet. In: Otto Beisheim (1999), 77–108.

Kaufer, Erich, Kirche und Kaufmann im europäischen Mittelalter. In: Otto Beisheim (1999), 373–390.

Krakover, Shaoul / Axel Borsdorf, Spatial Analysis of Urban Expansion. The case of Innsbruck, Austria. In: Die Erde 131 (2000) 2, 120–161.

Lademann, Rainer / P. Treis, Factory-Outlet-Center: Innovation gegen institutionellen Einzelhandel? In: Jahrbuch der Absatz- und Verbraucherforschung, 44. Jg. Nr. 2 (1998) 116 ff.

Land Tirol, Amt der Tiroler Landesregierung (Hrsg.), Allgemeines Entwicklungsprogramm für Einkaufszentren sowie die Grundsätze für standortbezogene Entwicklungsprogramme. Innsbruck 1992.

Lichtenberger, Elisabeth, Der Dualismus des Tertiären Sektors in Österreich: Einzelhandel und Spitäler im Zentralörtlichen System. In: Mitteilungen der Österreichischen Geographischen Gesellschaft 138 (1996) 35–52.

Meyer, P. W., Der Wettbewerb im Lebensmittelhandel und die Konsequenzen für Handel, Verbraucher, Lieferanten und Gesellschaft Ein Diskussionsbeitrag. In: Jahrbuch der Absatz- und Verbraucherforschung 22 (1976) Nr. 2, 220–229.

Moser, D., Neue Betriebsformen im Einzelhandel, Eine Untersuchung der Entstehungsursachen und Entwicklungsdeterminanten, Frankfurt a. M. (1974).

Nielsen, A. C., The Future for European Discounters. Rising Challenge or Spent Force? Oxfordshire 1997.

Ortega, Bob, Wal Mart – der Gigant der Supermärkte, Wien 1999.

Pümpin, Cuno, Der Handel im globalen Wettbewerb, in: Beisheim (1999) 131–142.
RDS Retail & Development Services SA, Shopping-Center-Entwicklung in Europa, Jahr 2000, ICSC Europa.
Redwitz, Günter, Konsequenzen der soziodemographischen Veränderungen für den Handel, in: Beisheim (1999) 259–280.
Schöffthaler, Gerhard, Die Parkplatzsituation in der Innsbrucker Innenstadt (inngeo – Innsbrucker Materialien zur Geographie 5), Innsbruck 1997.
Schöffthaler, Gerhard, Tankstellenkonzept Tirol 2000. Teil 1: Bestandsaufnahme (Gutachten für Porr AG und Abteilung Raumordnung-Statistik im Amt der Tiroler Landesregierung), Innsbruck 2000.
Statistisches Zentralamt, Statistisches Jahrbuch für die Republik Österreich, 10. Jahrgang (1959).
Steinmann, Otto, Standort & Markt, Österreichische Fachvereinigung für Einkaufszentren, Wien 7/98.
Weichhart, Peter, Das System der Zentralen Orte in Salzburg und angrenzenden Gebieten Oberösterreichs und Bayerns: Grundlagenstudie für das Sachprogramm „Versorgungsinfrastruktur", Salzburg 1996.

## Summaries

Der Handel ist eines der ältesten Gewerbe der Welt. Er hat die Entwicklung städtischer Hochkulturen erst ermöglicht und ist bis heute Vorreiter neuer Entwicklungen in der Wirtschaft geblieben. Im 20. Jahrhundert hat sich die Dynamik des Handels noch erhöht, und auch in Tirol hat dieser Wirtschaftssektor eine dramatische Entwicklung aufzuweisen, freilich anfangs mit einer gewissen zeitlichen Verzögerung. Mit der Eröffnung des ersten österreichischen Einkaufszentrums in Innsbruck 1970 aber hat Tirol wenigstens teilweise durchaus eine führende Rolle übernommen. Dies zeigt sich auch im Angebot an Verkaufsfläche pro Einwohner, wo zumindest die Landeshauptstadt im Spitzenfeld der österreichischen Städte und auch über vergleichbaren deutschen Agglomerationen liegt.

Für die letzten 25 Jahre kann die Entwicklung des Innsbrucker Einzelhandels sehr genau belegt werden. In diesem Zeitraum sind ein starker Konzentrationsprozess verbunden mit dem Wachstum der Verkaufsfläche pro Geschäft, ein deutlicher Trend zu Filialisierung und zu Franchising und eine Polarisierung der Geschäftszonen mit Schwerpunkten im Westen, Osten und im Stadtzentrum bei Rückgang traditioneller Geschäftsviertel in Zentrumsrandlage zu beobachten. Reine Bedienungsgeschäfte sind im Rückmarsch, immer mehr Fachmärkte wurden eröffnet, und die drei großen Einkaufszentren sind unverzichtbar geworden.

Diese Entwicklung ist nicht unproblematisch. Insbesondere die Fachmarktagglomerationen an nicht-integrierten Standorten stellen wegen ihrer enormen Verkehrserzeugung ein Problem für die Stadtplanung dar. Das Wachstum des Angebotes in der Landeshauptstadt, verbunden mit einer erheblichen Mobilitätssteigerung der ländlichen Bevölkerung hat ferner im ländlichen Raum zu einem durchaus dramatischen Rückgang der ländlichen Nahversorger geführt, wobei Funktionen der Nahversorgung inzwischen teilweise von Tankstellenshops übernommen werden.

Für die Raumordnung bilden die räumlichen Verhaltensweisen der Bevölkerung den Ausgangspunkt. Das von der Vorstellung eines ausschließlich an der Minimierung von Distanzen für die Versorgung ausgerichteten Menschen, das dem Konzept der Zentralen Orte zugrundeliegt, entspricht heute schon längst nicht mehr der Realität. Es ist an der Zeit, dass die Raumordnung reagiert und neue Leitbilder der Raumstruktur entwickelt.

* * *

Since subsistence economy was replaced by more efficient systems trade became increasingly important for supply and wealth of people and society. It enabled the rise of civilizations and until today it acts as a main force of economy. In the course of the 20th century the trade dynamics were even accelerated, and in Tyrol, too, this economic sector went through a dramatic development, yet in the first decades with a certain time lag. Starting with opening of the first shopping centre of Austria at Innsbruck in 1970 Tyrol took over a leading part in trade innovation. This may be proved regarding the shopping space per inhabitant: Innsbruck is in charge of main Austrian cities and even surpassed comparable German agglomerations.

For the last 25 years the development of the Innsbruck detail trade is very well documented. In this period a strong concentration process combined with a dynamic growth of shopping space per capita, a clear trend of filiarisation and franchising, and a accelerated polarisation of shopping facilities in the West, East and the city centre is to be observed. Traditional shopping areas in neighbouring quarters of the city centre are in rapid decline, large specialised shops were opened, and the three shopping malls of the Innsbruck agglomeration are indespensable for the supply of the regional population.

But this development causes problems, as well. Especially the large specialised shops in no-integrated locations are increasingly problematic for urban structure, urban planning and traffic systems. The increase of trade infrastructure in the Tyrol capital combined with the considerable growth of mobility of rural population led to a dramatic decline of suppliers in rural regions, where supply functions were taken over partially by convenience shops of the petrol stations.

For the regional planning the change of spatial behaviour of population must be the base for spatial development policies. The model of central places, based on the concept of minimising distances for the supply of people, does no longer fit the reality. It is high time to react to the changed conditions and to develop new strategies for urban and regional development in regional planning.

* * *

Il commercio, uno dei mestieri più antichi della nostra società, ha reso possibile lo sviluppo delle grandi culture urbane ed è fino ai giorni nostri un precursore di nuovi sviluppi economici. Nel XX secolo la dinamica del commercio si è ulteriormente rafforzata; anche nel Tirolo questo settore ha registrato un notevole sviluppo, seppur con un certo ritardo iniziale. L'apertura del primo grande centro commerciale austriaco nel 1970 ha ridato al Tirolo almeno in parte una posizione guida, come risulta anche dall'offerta della superficie commerciale pro capite, che vede il capoluogo tirolese in testa alla classifica delle città austriache e anche in parte di agglomerati urbani tedeschi di pari dimensioni.

Lo sviluppo del commercio al dettaglio nel capoluogo tirolese registra negli ultimi 25 anni un forte processo di concentrazione collegato ad una crescita delle superfici di vendita, una chiara tendenza alla nascita di filiali e di franchising e una polarizzazione delle zone commerciali soprattutto nlle aree ovest, est e sud nonché nel centro urbano con una contemporanea flessione delle attività commerciali nelle zone di cintura del centro. I punti di vendita con servizio diretto al cliente sono in forte calo, si aprono sempre più mercati specializzati e i tre grandi centri commerciali svolgono ormai una funzione insostituibile. Questo sviluppo è problematico. In particolare i grandi ipermercati ubicati in zone urbane non integrate rappresentano un enorme problema urbanistico legato all'aumento del traffico stradale. La crescita dell'offerta commerciale nel capoluogo e il notevole aumento di mobilità della popolazione rurale hanno causato in ambito rurale una drammatico regresso dei piccoli negozi, le cui funzioni di rifornimento primario e quotidiano della popolazione sono passate ai chioschi annessi alle stazioni di rifornimento di carburante. Spetta alla pianificazione territoriale creare nuove strategie per lo sviluppo urbano e territoriale, che facciano riferimento ai comportamenti di una popolazione non più interessata a un rifornimento di beni basato esclusivamente sulla minimizzazione delle distanze – concetto, questo, che non corrisponde più alla realtà di fatto.

# Die Gestaltungswirkung der Informations- und Kommunikationstechnologien

## Reflexionen für Politik, Bürger, Unternehmen und Gesellschaft

FRIEDRICH ROITHMAYR / KERSTIN FINK

„Das immer Statische an uns ist unsere Dynamik"

## 1. Die Idee

Die Wirtschaftsgeschichte lehrt uns, dass Technik und Technologie treibende Faktoren von Wirtschaft und Gesellschaft sind. Beispielsweise war in der Agrarperiode der treibende Faktor der Pflug, im Industriezeitalter war es die Dampfmaschine und in der Informationsgesellschaft waren es die Informations- und Kommunikationstechnologien bzw. die Informations- und Kommunikationstechniken. Die Region Tirol muss versuchen, diesen Gestaltungsprozess zunehmend zu reflektieren. Mehr als andere Regionen muss dieses Land Anstrengungen unternehmen, um im lokalen und globalen Wettbewerb bestehen zu können. Das Ziel sollte es sein, selbst als Treiber zu agieren und nicht Getriebener zu werden. Der Beitrag ist der Versuch, gestaltungswirksame Elemente für Staat, Bürger, Gesellschaft und Unternehmen herauszuarbeiten und auf die Situation in Tirol zu übertragen.

## 2. Ausgangssituation

Technik und Technologie sind gestaltungswirksam, und zwar für Politik, Bürger, Unternehmen und Gesellschaft. Technik und Technologie werden in der Theorie, vor allem aber in der Praxis oft unreflektiert verwendet. Heinrich / Roithmayr verstehen unter *Technologie* die Gesamtheit der anwendbaren und tatsächlich angewendeten Arbeits-, Entwicklungs-, Produktions- und Implementierungsverfahren in der Technik. Meist wird unter Technologie sowohl die Technik als auch die gesamten Verfahren verstanden. Technologie ist daher – verglichen mit *Technik* – der umfassendere Begriff.[2] Abbildung 1 gibt eine Übersicht über das Veränderungspotential von Technologien.

Das Veränderungspotential einer *Basistechnologie* ist weitgehend ausgeschöpft. Eine *Schlüsseltechnologie* ist eine vorhandene Technologie, die noch über ein erhebliches Veränderungspotential verfügt. Eine solche Technologie war in der Agrarperiode vor allem der Pflug, in der Industriegesellschaft zunächst die Dampfmaschine, in der Folgezeit die Summe aller Patente der industriellen Produktion. In der Informationsgesellschaft sind die treibenden Technologien der Mikro-Prozessor, die Telekommunikation und die Virtualisierung. Ein zukünftiger Schritt, nämlich die Entwicklung von Technologien des Know-how-Transfers, steht unmittelbar bevor. Unter *Schrittmachertechnologie* wird eine Technologie verstanden, die sich noch im Entwicklungsstadium befindet. Als Beispiele können der Optocomputer oder die Gentechnologie angeführt werden. Die *Zukunftstechnologie* ist eine Technologie, die sich zukünftig abzeichnet, von der aber ein großes Veränderungspotential erwartet wird. Diese Technologien haben unterschiedliche Gestaltungswirkungen. Politik, Bürger, Unternehmen und Gesellschaft sind aufgefordert, für die Gestaltungsfunktion Rahmenbedingungen zu schaffen, sie zu beeinflussen und zu reflektieren.

**Abbildung 1: Technologien[2]**

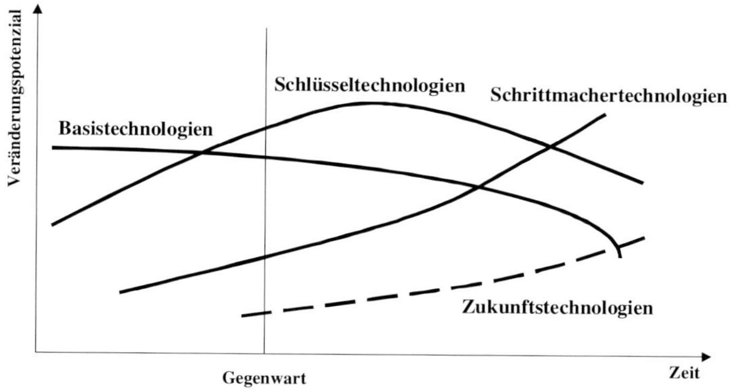


Für die Bewertung einer Forschungslandschaft erscheint eine Systematisierung der Technologien notwendig. Die Typologisierung der Technologien hat große Auswirkungen auf die Forschungsstrategie und das Forschungsbudget. Während Basistechnologien kaum mehr eines Forschungs- und Entwicklungsaufwandes bedürfen, ist bei

---

[1] Vgl. Lutz J. HEINRICH / Friedrich ROITHMAYR, Wirtschaftsinformatik-Lexikon. München-Wien 1998, 523.

[2] Vgl. Lutz J. HEINRICH / Friedrich ROITHMAYR, Wirtschaftsinformatik-Lexikon (wie Anm. 1) 524.

den Schlüssel-, Zukunfts- und Schrittmachertechnologien der Forschungs- und Entwicklungsaufwand als wesentlich anzusehen. Abbildung 2 visualisiert die Positionierung einer Region und/oder eines Unternehmens in Abhängigkeit von der Forschungsidee.

**Abbildung 2: Technologieposition**

Relative Anstrengungen in Integration von Forschung, Lehre, (jede Form der) Unternehmenskooperation

| | niedrig | mittel | hoch |
|---|---|---|---|
| hoch | **7 Schlüssel-technologien** | **8 Schlüssel-technologien** | **9 Schrittmacher-technologien** |
| mittel | **4 Basis-technologien** | **5 Schlüssel-technologien** | **6 Zukunfts-technologien** |
| niedrig | **1 Basis-technologien** | **2 Basis-technologien** | **3 Basis-technologien** |

Relative R&D Anstrengungen in der Grundlagenforschung

Eine führende Position in Schlüssel-, Schrittmacher- oder Zukunftstechnologien kann nur dann erreicht werden, wenn frühzeitig Anstrengungen in der Grundlagenforschung – verbunden mit anwendungsbezogener Forschung, Lehre und Unternehmenskooperation – erfolgen. Gestaltungswirkung im hier verstandenen Sinne ist zweifach zu verstehen. Auf der einen Seite bedeutet *Gestaltungswirkung* aufbau- und ablauforganisatorische Auswirkungen im Unternehmen, während auf der anderen Seite diese auch gesellschaftliche und gesamtwirtschaftliche Auswirkungen hat. Jede Technologie beeinflusst die Organisation und die Organisationsabläufe von Unternehmen. Ein Beispiel dafür ist die in den 70er Jahren erfolgte Dialogorientierung der Datenverarbeitung. Die Möglichkeiten der Dialogverarbeitung führten zu einer Aufgabenverschiebung im Unternehmen. Dies hatte die Wegrationalisierung der traditionellen Datenerfassung zur Konsequenz, da diese Datenerfassung in einer Dialogumgebung unmittelbar beim Anfall der Daten durchgeführt werden kann und dafür nicht ein eigener Arbeitsvorgang geschaffen werden muss. Ähnliche gestaltungswirksame Elemente[3] sind die Datenbankorientierung und die Netzorientierung.

*Ziel dieses Beitrags* ist es, diese gestaltungswirksamen Elemente der Vergangenheit zu analysieren, zukünftige gestaltungswirksame Elemente herauszuarbeiten und diese auf Staat, Gesellschaft, Unternehmen und Bürger zu reflektieren. Methodisch wird von einem *istzustandsorientierten* Ansatz ausgegangen, der schließlich in eine *sollzustandsorientierte* Methodik übergeht.

## 3. Von der Agrar- zur Industriegesellschaft

Aus der Analyse des derzeit stattfindenden Übergangs von der Industriegesellschaft in die Informationsgesellschaft lassen sich Analogien zu dem vor ca. 200 Jahren begonnenen Übergang von der Agrargesellschaft in die Industriegesellschaft erkennen. Der *wirtschaftliche und gesellschaftliche Wandel* des Frühmittelalters wurde primär durch die Entwicklungen in der Landwirtschaft geprägt. Die fragile Basis der mittelalterlichen Urbanität beruhte auf der Zweifelderwirtschaft. Der agrarische Wandel stand in einem engen Zusammenhang mit der *Befindlichkeit* des Menschen. *Innovation*, *Kooperation*, *neue Berufe*, *Veränderungen* im *Wertesystem* waren die wesentlichen Faktoren des Wandels.[4] Dieser Satz könnte auch für den gegenwärtig stattfindenden Wandel Gültigkeit haben.

Abbildung 3 zeigt, wie dramatisch sich der Faktor *Zeit* verändert hat und welche Auswirkungen der Faktor Zeit verursacht. Die zentrale Technologie in der Agrarperiode war der Pflug. Studiert man die wirtschaftshistorische Literatur für diese Zeit, so führte auch dieser Übergang damals zu gesellschaftlichen Problemen, die mangels staatlicher Unterstützung durch die Großfamilie abgefangen werden mussten. Die Obsorge für ältere Menschen wurde nicht von staatlichen Einrichtungen getragen. Eine Situation, die durchaus auch für unsere zukünftige Gesellschaft aktuell werden kann (vgl. Kapitel 6 „Virtuelle Unternehmen – Virtuelle Staaten – Reale Staaten").

## 4. Von der Industriegesellschaft zur Informationsgesellschaft

### 4.1 Übersicht

Der Beginn des Industriezeitalters kann etwa mit dem Jahr 1781 datiert werden, als J. Watt die Dampfmaschine erfand und sein Assistent W. Murdock das Wendegetriebe.[5]

[3] Vgl. August-Wilhelm SCHEER, Wirtschaftsinformatik, Berlin 1994.

[4] Vgl. Erich KAUFER, Spiegelungen wirtschaftlichen Denkens im Mittelalter, Innsbruck-Wien 1998.

[5] Vgl. Friedrich ROITHMAYR, „Rightsizing" versus „Downsizing". In: PÜHRINGER / HENGSTSCHLÄGER (Hrsg.), Trendbuch Zukunft. Oberösterreich auf dem Weg in das 3. Jahrtausend, Linz 1997, 354.

Durch diese Erfindung war es möglich, in den englischen Eisenhütten eine 15fache Produktivitätssteigerung gegenüber den bisherigen Verfahren der Eisenerzeugung zu erzielen. Dies führte dazu, dass Konstruktionen nicht wie bisher aus Holz, sondern aus Eisen erzeugt wurden, was einen Bauboom bewirkte. Diese Revolution zerriss das Gewerbe mit der Konsequenz, dass es zu veränderten Lebensformen kam. Erstmals bekam die Dimension „*Zeit*" einen anderen Stellenwert. Vereinzelte Globalisierungstendenzen finden sich durch länderübergreifende Kooperationen. Wenngleich diese Kooperationen meist bilateral waren, konnten zukünftige Entwicklungen[6] bereits vorsichtig abgeschätzt werden.

**Abbildung 3: Von der Agraridee zur Idee der Teledemokratie**

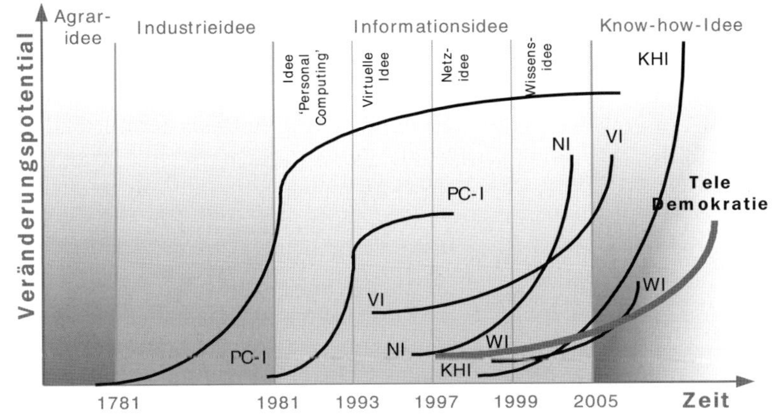


PC-I = Personal Computing Idee, VI = Virtuelle Idee, NI = Netzidee, WI = Wissensidee, KHI = Know-how-Idee

Zu den bereits aus der Agrarperiode bekannten Faktoren der *Innovation*, der *Kooperation* – im Zusammenhang mit der *Befindlichkeit des Menschen* und der Notwendigkeit des *Lernens* – kamen nun Faktoren wie *Zeit* und erste *Globalisierungsaspekte* hinzu. Die Auswirkungen der Technologie in dieser Periode sind aus vielfältigen wirtschaftsgeschichtlichen Publikationen bekannt.

Auf die Frage, was die inhaltliche Bedeutung der Informationsgesellschaft ist, gibt es eine Vielzahl von unterschiedlichen Antworten. Eines der interessantesten Doku-

[6] Vgl. Friedrich ROITHMAYR, Vom Frühmittelalter über die Industriegesellschaft, die Informationsgesellschaft bis hin zur Know-how-Gesellschaft. In: WOLNY (Hrsg.), Beiträge zur kommunalen Verwaltungsreform. Bd. 108. Kommunale Forschung in Österreich. IkW-Schriftenreihe Linz 1998, 56.

mente ist der Bangemannbericht.[7] Die Informationsgesellschaft wird derzeit durch Begriffe wie „Virtualität", „Multimedia", „Electronic Protection", „Networking" beschrieben. Die zentrale Frage ist aber vielmehr, wo wird sich die Informationsgesellschaft in den nächsten zehn Jahren hin bewegen? Das in der Wirtschaft vorherrschende „Geschäftsprozessdenken" hat wesentlich zu einer *Uniformierung* der Menschen beigetragen. Die *Personenindividualisierung* – also die Schaffung von Gestaltungsräumen für den Einzelnen – hat aber abgenommen.

## 4.2 Die Idee des „Central Computing"

Die ersten Datenverarbeitungssysteme wurden in Europa in Form von Zentralrechnern in den 60er Jahren installiert. Mit dieser Entwicklung einher ging die *erste Ausbildungsphase*, die als betriebliche oder betriebswirtschaftliche Datenverarbeitung bezeichnet wurde und die sich im Rahmen der betriebswirtschaftlichen Ausbildung vollzog. Im Vordergrund stand die Vermittlung von Technikwissen. Die Ausbildung folgte der Forderung der Praxis, den Absolventen der Betriebswirtschaftslehre „Grundkenntnisse der EDV"[8] zu vermitteln. Die Idee des „Central Computing" hatte primär eine innerbetriebliche Gestaltungswirkung. Innerhalb der Betriebe bildeten sich als eigene Organisationseinheiten Rechenzentren, welche die Aufgabe hatten, „Daten" zu verarbeiten und die Ergebnisse den Auftraggebern (Abteilungen) zu übermitteln. Im Zeitablauf begannen sich diese Rechenzentren als „black-box" zu entwickeln, die über eine erhebliche Informationsmacht verfügten. Die gestaltungswirksamen Elemente lagen in einer Veränderung der Aufbau- und Ablauforganisation. So wurden beispielsweise für die Datenerfassung (also für die Erfassung von Belegen in maschinell lesbarer Form) eigene Datenerfassungsabteilungen installiert. Hingegen war die gesellschaftliche Wirkung der „Datenverarbeitung" zu dieser Zeit noch eher gering.

Die *zweite Ausbildungsphase* umfasste den Zeitraum von Mitte der sechziger bis Mitte der siebziger Jahre, in welcher sich der Übergang von der „Datenverarbeitung" zur „Wirtschaftsinformatik" andeutete. Dies entsprach den Forderungen der Praxis. Technikwissen wurde durch Anwendungswissen ergänzt. Die Praxis erwartete Absolventen, die neben EDV-Wissen auch über Anwendungswissen verfügten.

In der *dritten Ausbildungsphase* (etwa Mitte der siebziger bis Mitte der achtziger Jahre) vollzog sich der Übergang von der Datenverarbeitung zur Wirtschaftsinformatik. Die Praxis verlangte jetzt jene Absolventen, die in der Lage waren, Informations- und Kommunikationssysteme zu entwickeln und produktiv nutzbar zu machen. In dieser

---

[7] Vgl. Martin BANGEMANN, Europa und die globale Informationsgesellschaft. Empfehlungen an den Europäischen Rat, Brüssel, 26. Mai 1994, in: [URL: HTTP://WWW.ECHO.LU/EUDOCS/EN/BANGEMANN.HTML, Abruf am 03–16–00].

[8] Vgl. Lutz J. HEINRICH / Friedrich ROITHMAYR, Wirtschaftsinformatik-Lexikon (wie Anm. 1) XI.

Zeit wurden die ersten einschlägigen Studiengänge an verschiedenen Universitäten, nur mit im Detail voneinander abweichenden Ausbildungszielen und teilweise recht unterschiedlichen Ausbildungsinhalten, entwickelt. Technikwissen und Wissen über die Anwendungsaufgaben wurden zu „Technologiewissen“ integriert und um das Wissen über Methoden und Werkzeuge sowie über systematische Vorgehensweisen für die Analyse, den Entwurf, die Implementierung und Installierung von Informations- und Kommunikationssystemen ergänzt.

Die *vierte Ausbildungsphase* (etwa Mitte der achtziger bis Mitte der neunziger Jahre) berücksichtigte die Anforderungen, Information und Kommunikation als wirtschaftliches Gut zu sehen und das gesamte Leitungshandeln im Unternehmen auf diese neue, ganzheitliche Sichtweise abzustellen. Folglich waren nun auch solche Kenntnisse der Absolventen gefragt, die ein Denken und Handeln im Management von Information und Kommunikation ermöglichen.

Die *fünfte Ausbildungsphase*, deren Beginn mit etwa der Mitte der neunziger Jahre angesetzt werden kann, ist vor allem durch die dramatisch wachsende Bedeutung der Kommunikation gekennzeichnet. Während Computernetze und deren Nutzung in den ersten beiden Ausbildungsphasen nahezu bedeutungslos waren, in der dritten Ausbildungsphase eine akademische Kuriosität darstellten, in der vierten Ausbildungsphase nur in größeren Unternehmen und an Universitäten eine Rolle spielten, nutzen heute Millionen Menschen weltweit moderne Informations- und Kommunikationstechnologien und verschaffen sich somit den Zugang zum Cyberspace. Dies bedeutet, dass moderne Technologien wie zum Beispiel das Internet wesentliche gesellschaftspolitische Gestaltungswirkungen besitzen.

## 4.3 Die Idee des „Personal Computing“

Ein wichtiges Element für den Beginn der Informationsgesellschaft stellte der PC (Personal Computer) – in der Grundidee „das persönliche Hilfsmittel“ des Menschen – dar. Als Steven Jobs – der Erfinder des Apple Computers – im Jahr 1981 seinen ersten Macintosh auf den Markt brachte, hatte er die Vision, dass der „Personal Computer“ die Gesellschaft demokratisiere. Dieser Demokratisierungsprozess hat mit dem Internet (also der Vernetzung) seinen vorläufigen Höhepunkt erreicht. Während in den USA bereits die nächste Phase der „Demokratisierung“, nämlich die der Entwicklungen in Richtung einer *Teledemokratie* in Wissenschaft und Praxis intensiv Platz gegriffen haben, hat Europa in diesem Bereich noch einen Aufholbedarf.

## 4.4 Die Datenbankidee

Entscheidungsvorgänge lassen sich als informationsverarbeitende Prozesse auffassen. Daten sind zunächst zweckneutral (z. B.: Menge, Kapazität, Termin). Erst die daraus gewonnenen Informationen sind zweckgerichtet und bilden die Basis für betriebliche Entscheidungen. Die Datenbankidee kann mit dem Satz „Information ist Macht“

umschrieben werden. Picot / Reichwald[9] bezeichnen Daten bzw. Informationen als betriebswirtschaftliche Produktionsfaktoren – neben den klassischen Faktoren Betriebsmittel, Werkstoffe und menschliche Arbeitskraft. Eine solche Sichtweise erfordert logische und physische Konzepte der Datenstrukturierung und der Datenorganisation. Dabei spielen Datenbanksysteme, Integrations- und Flexibilitätsüberlegungen eine entscheidende Rolle.

## 4.5 Die Dialogidee

Die historische Form der Datenverarbeitung war die Stapelverarbeitung. Demnach musste eine Aufgabe vollständig definiert sein, bevor sie durch den Computer bearbeitet werden konnte. Die in den 70er Jahren entwickelten Dialogbetriebssysteme bildeten die Voraussetzung für die Mensch-Maschine-Kommunikation. Es war somit erstmals möglich, die Abwicklung eines Geschäftsprozesses zwischen Mensch und Maschine zu teilen. In jenen Phasen des Geschäftsprozesses, in denen die Leistungsfähigkeit des Menschen gefragt war, kam die Interaktivität zum Zug. Dort, wo die Leistungsfähigkeit des Computers gefragt war, wurde die Stapelverarbeitung bevorzugt. Den meisten betrieblichen Geschäftsprozessen liegt heute die Dialogidee zugrunde; dies bedeutet, dass eine Aufgabe nicht von vornherein vollständig spezifiziert zu sein braucht, sondern diese Spezifikation kann „step by step" erfolgen. In den letzten zehn Jahren hat die Dialogidee primär betriebliche Prozesse geprägt, während heute ihre Gestaltungswirkung im Internet liegt und in diesem Bereich vor allem in der bidirektionalen oder multidirektionalen Kommunikation für den Bürger. Dies führt zu neuen Formen der Massenkommunikation.

Erfolgte die Mensch-Maschine-Kommunikation bislang mit den Techniken der Tastatur, der Maus und des Touch Screen, so wird als weitere Technologie die Sprachverarbeitung zu wesentlichen Gestaltungswirkungen führen (beispielsweise der Aufruf von Telephonnummern über die Namensnennung).

## 4.6 Die virtuelle Idee

Theorie und Praxis zeigen, dass „Virtual Reality" ein mächtiges Paradigma[10] darstellt, das zu Veränderungen im privaten und geschäftlichen Bereich führen wird. So ist beispielsweise E-Commerce nur eine von vielen Ausdrucksformen des „Virtuellen Paradigmas". Der Begriff der Virtualisierung ist nicht neu. In den frühen sechziger Jahren wird der Begriff erstmals im Zusammenhang mit dem virtuellen Speicher in Computersystemen verwendet. Das Konzept des virtuellen Speichers (ein gedachter Speicher und kein realer) macht es möglich, Programme mit einem größeren Speicherbedarf als dem

---

[9] Vgl. Arnold Picot / Ralf Reichwald, Informationswirtschaft. In: Heinen (Hrsg.), Industriebetriebswirtschaftslehre, Wiesbaden 1991.

[10] Vgl. Friedrich Roithmayr / Kerstin Fink, Marktverschiebung durch Virtualisierung. In: Beisheim (Hrsg.), Distribution im Aufbruch, München 1999, 1015–1033.

real verfügbaren durchzuführen. Dies führte zu völlig neuen Konzepten in der Computerarchitektur.[11] Durch ein solches Konzept wurde ein Nachteil erkauft, und zwar in der Gestalt, dass die Laufzeit der Programme wesentlich erhöht wurde. Die Virtualisierung verbindet die Menschen über nationale Grenzen ohne Berücksichtigung von Zeitzonen, wobei Publikationen, die bislang in unbekannten Zeitschriften erschienen sind, nun einem interessierten Publikum weltweit zugänglich gemacht werden können. Die virtuelle Welt kann als effektive Koordinationsergänzung von realen Organisationen gesehen werden. Beispiele dafür sind: Gruppenkommunikation, Reduzierung der Reiseaktivitäten und Geschwindigkeitserhöhungen bei Entscheidungsprozessen. Wenn von Virtualisierung gesprochen wird, ist es notwendig, drei Typen virtueller Konzepte zu analysieren: Cyberspace, Virtual Reality und Telepresence. Die Abgrenzung dieser drei Begriffe ist insofern schwierig, als es sich teilweise um überlappende Konstrukte handelt. Eine spannende Diskussion findet sich bei Lynne D. Robert, Leigh M. Smith und Clare Pollock[12], welche wie folgt beschrieben werden kann:

*"Cyberspace"* was a term coined by science fiction author William, and adopted into common usage. Bauwens[13] suggests a commonality among definitions of cyberspace is that "cyberspace is the space we are "in" during computer mediated communications". Similarly, Gozzi[14] describes cyberspace as a metaphor used to conceptualize the zone of networked communications as a place or space.

*"Virtual reality"* refers to the hardware (e. g.: head mounted displays, data-gloves), the mediated environment, and/or the communication system, with the focus traditionally on the technology, rather than the user's experience. The term virtual reality is an oxymoron, suggesting that something can be at once both virtual and real.

Minsky[15] used the term *"telepresence"* to refer to robotic equipment that could be remotely operated. Minsky claimed that "the biggest challenge to developing telepresence is achieving that sense of being there". More recently, Steuer[16] has redefined telepresence as "the experience of presence in an environment by means of a communication medium". He uses the notion of telepresence to redefine virtual reality as "a real or simulated environment in which a perceiver experiences telepresence". Telepresence refers to the perceptual experience of the individual, rather than the technology itself. Prothero, Parker, Furness and Wells[17] describe telepresence as occurring when the indi-

[11] Vgl. Lutz J. Heinrich / Friedrich Roithmayr, Wirtschaftsinformatik-Lexikon (wie Anm. 1) 559.

[12] Vgl. Roberts / Smith / Pollock, Exploring Virtuality: Telepresence in Text-based Virtual Environments, in: [URL: psych.curtin.edu.au/ people/robertsl/Telep.htm, Abruf am 01–15–00].

[13] Vgl. Bauwens, What is cyberspace? in: Computers in Libraries 14 (4) (1994) 42–48.

[14] Vgl. Gozzi, The cyberspace metaphor, in: ETC: A review of general semantics 51 (1994) 218–223.

[15] Vgl. Marvin Minsky, Telepresence, in: Omni 2 (9) (1980) 45–52.

[16] Vgl. Steuer, Defining virtual reality, Dimensions determining telepresence, in: Journal of Communication 42 (1992) 73–93.

[17] Vgl. Prothero / Parker / Furness / Wells, Towards a Robust, Quantitative Measure of Presence, in: Proceedings of Conference on Experimental Analysis and Measurement of Situational Awareness, in: [URL: http://www.hitl.washington.edu/publications, Abruf am 02–10–00] (1995) 359–366.

vidual transfers their attention from situational cues in the physical environment to cues in the virtual reality. Individuals within the same virtual environment may experience varying degrees of telepresence. The degree of telepresence experienced by an individual can be measured in terms of "the extent to which one feels present in the mediated environment, rather than in the immediate physical environment". Heeter[18] notes that across different virtual environments, approximately 25 % of users are fully engaged in the virtual reality, 25 % remain strongly situated in their physical reality, and the remaining 50 % retain a balance between the physical and virtual reality. Dimensions of the virtual reality that affect the level of telepresence experienced are vividness (sensory richness), degree of interactivity, and the number of people present within the virtual environment.[19] Vividness is determined by the number of sensory dimensions (breadth) and their degree of resolution (depth). Interactivity[20] is affected by speed of interaction, range of opportunities for interaction, and the degree of realistic mapping of actions to outcomes.

In den nächsten Jahren wird die Verfügbarkeit und der Nutzen von Internet[21] Veränderungen in Wirtschaft und Gesellschaft auslösen. Elektronische Märkte eröffnen für Händler, für Produzenten, für die öffentliche Verwaltung, aber auch für Konsumenten neue Gestaltungsmöglichkeiten.

## 4.7 Die Netzidee

Die Gestaltungsidee des Netzes kann wie folgt beschrieben werden: „Das Netz ist der Computer"; „die Intelligenz liegt im Netz"; „das Netz ist die Macht". In den 70er und 80er Jahren des letzten Jahrhunderts wurden Computernetze nur von Großunternehmen betrieben. Mittlere und kleinere Unternehmen waren aus Kostengründen nicht in der Lage, solche Netze einzusetzen. Teilweise wurde die Option der Mitbenutzung gewählt, während der Bürger über keinen eigenen Netzzugang verfügte. Das Netz bietet erstmals die Möglichkeit, physische Transportraten durch logische Transportraten zu ersetzen. In Abhängigkeit vom Betreiber, vom Entwickler oder vom Betroffenen lassen sich aus der Netzidee vier unterschiedliche Gestaltungswirkungen anführen:

- Die **Kooperation** über Zeit und Raum. Beispielsweise können Personen oder Personengruppen an unterschiedlichen Orten zu unterschiedlichen Zeiten an gemeinsamen Projekten arbeiten. Die Gestaltungswirkung liegt hier primär in der Kostenreduktion, der Zeitverkürzung sowie einer intensiveren Kommunikation.

---

[18] Vgl. HEETER, Communication research on consumer virtual reality. In: BIOCCA / LEVY (Hrsg.), Communication in the age of virtual reality. Hillsdale, NJ. Lawrence Erlbaum Associates 1995.

[19] Vgl. STEUER, Defining virtual reality, Dimensions determining telepresence (wie Anm. 16).

[20] Vgl. PIANTANIDA, What is "real time", "real space"?, in: [URL: http://os.sri.com/papers/realtime.html, Abruf am 12–01–99].

[21] Vgl. Kerstin FINK / Friedrich ROITHMAYR, Dimensions and Factors of the Virtual Paradigm. IFIP-World Computer Congress. Beijing, August 2000.

- Hohes **Sicherheitsbedürfnis**. Nachdem sich in einem Netz eine Vielzahl von Menschen bewegen, besteht für den Einzelnen das Bedürfnis, seine Verarbeitung auch gesichert durchzuführen.
- Die **Zeit** wird ein wichtiges Gestaltungselement im Sinne der globalen Gleichzeitigkeit der Informationen.
- Die Steigerung des **Know-how[22]- und Informationstransfers,** indem Unternehmen zur Erfüllung ihrer Geschäfte das Medium Internet verstärkt einsetzen werden. Diese Informationstechnologie stellt eine Möglichkeit dar, Liefer- und Kundenkontakte auszubauen sowie die Gewinnung von Know-how zu fördern.

## 4.8 Die Wissensidee

Daten, Information, Wissen und Know-how stehen in einem engen begrifflichen Zusammenhang. Während sich die Informatik bislang hauptsächlich mit der „Datenverarbeitung“ beschäftigt hat, ist derzeit der verstärkte Trend zu anderen Formen der Verarbeitung, insbesondere zur Wissensverarbeitung, feststellbar. Die Wissensverarbeitung mit Expertensystemen hat in den 80er Jahren einen erheblichen Aufstieg genommen – sie ist aber dann nur Mode geblieben. Die Wissensgesellschaft wurde in der wissenschaftlichen Literatur erstmals in namhaftem Ausmaß zu Beginn der 90er Jahre thematisiert. Während die englische Bezeichnung von „knowledge“ auch das Knowhow beinhaltet, ist dies im deutschen Sprachgebrauch nicht klar definiert. Dies hat dazu geführt, dass am Institut für Wirtschaftsinformatik der Universität Innsbruck ein Forschungsschwerpunkt *Know-how-Management* eingerichtet wurde. Im Mittelpunkt steht dabei die Idee, Unternehmen mittels Methoden und Werkzeugen hin zu Knowhow-Unternehmen zu entwickeln.

## 4.9 Die Know-how-Idee

Der wirtschaftliche und gesellschaftliche Wandel kann nur dann erfolgreich bewältigt werden, wenn die Personenindividualisierung wiederum in den Vordergrund gerückt wird. Dies heißt, dass Standardisierung und Regelung (z. B. in Form von Gesetzen) zurückgedrängt werden müssen. Es ist notwendig, Gestaltungsräume zu schaffen, erst so werden Innovationen möglich. Derzeit bewegen sich die Gesellschaft, die Unternehmen, aber auch die Bürger zu einer *Know-how-Gesellschaft. Während sich herkömmliche Forschungssichtweisen auf den Informationsfluss mittels Informations- und Kommunikationstechnologien beziehen, stellt der Know-how-Ansatz das Handlungswissen des Einzelnen in den Mittelpunkt der Betrachtung. Know-how wird zur Handelsware und ist eigener Besitz von Know-how-Trägern.*[23] Diese Sichtweise unterscheidet sich zur traditionellen „Geschäftsprozessorientierung“. Der Know-how-Begriff be-

[22] Vgl. Kerstin FINK, Know-how-Management, München-Wien 2000, 60 ff.
[23] Vgl. FINK, Know-how-Management (wie Anm. 22).

tont das „Kreative"[24] des Einzelnen. Die Experten sind die strategische Ressource der zukünftigen Unternehmen, denn diese Know-how-Träger wissen viel mehr, als sie anderen Know-how-Trägern, Kollegen oder Kunden weitergeben. Fink / Roithmayr formulieren die Know-how-Idee folgendermaßen[25]: "Existing Information and Communication Systems (Abbr.: ICS) such as Marketing information systems aim to strengthen the distribution and storage of information. The traditional research focus lies in the field of Information Management. The main problem successful companies have to deal with is not the implementation of information systems but to gain access to the know-how of the employees. Companies will improve their competitiveness if they can solve problems. The key issue is to have the ability to develop and use the „Intellectual Capital". While in the traditional view a problem is solved by using ICS, in the Know-how view the owner of Know-how solves problems by using know-how networks[26]. The great problem companies face is that once information reaches a user the journey of information ends before any know-how has been captured. The know-how view is oriented towards acquiring, producing, transmitting and networking personal knowledge as opposed to information. This means, that persons possessing know-how have an competitive advantage over those who have only information."

Abbildung 4 visualisiert die Positionierung von Know-how in den einzelnen Unternehmen.

Im Zusammenhang mit der Know-how-Gesellschaft müssen sich Unternehmen drei Kernfragen stellen:

1. Welches unternehmerische Know-how besitzt das Unternehmen derzeit (IST-Situation) und durch welches wird es sich in den nächsten 5–10 Jahren auszeichnen (SOLL-Situation)?
2. Welche sind die wichtigsten Know-how-Träger – Experten – im Unternehmen, die zur Sicherung der Wettbewerbsvorteile beitragen?
3. Wie kann ein Unternehmen das Know-how der Experten vernetzen, um neues Know-how zu generieren?

## 4.10 Die Teledemokratie-Idee

Schlagworte wie *„Demokratie in der Krise"*, *„Digitale Stadt"* [http://www.desk.nl, Abruf am 02–15–00], *„Globalisierung"*, *„Vernetzung"*, *„Freiheit im Netz"* sind wichtige Faktoren, die sich auf die Befindlichkeit des Menschen auswirken. Wie Berichte der Marktforschung zeigen, sind Bürger für gesellschaftliche und wirtschaftliche Fragen – insbesondere im Zusammenhang mit ihrem Arbeitsplatz und ihren

---

[24] Vgl. Fink, Know-how-Management (wie Anm. 22).

[25] Vgl. Kerstin Fink / Friedrich Roithmayr, Know-how-Manager. A tool for Know-how-Networks. Draft. Department of Information Systems, Innsbruck 2000.

[26] Vgl. Friedrich Roithmayr / Kerstin Fink, Information and Communication Systems for Know how Collaboration in a Global Market Place. in: China International Business Symposium. Vol. II, Shanghai 1998, 479.

persönlichen Bedürfnissen – sehr feinfühlig geworden. Mit der Idee der Teledemokratie wird versucht, die wachsende Schere zwischen Bürger und Politik einzudämmen.

*Demokratie* ist in hohem Ausmaß eine Frage der *Befindlichkeit* der Menschen. Wenn in Zeiten eines schwierigen Arbeitsmarktes Bürger diese Probleme neuen Technologien zuschreiben, dann ist dies für die Entwicklung zukünftiger Technologien[27] äußerst problematisch.

**Abbildung 4: Typologie von Know-how-Unternehmen**

Das Verhältnis „Internet und Demokratie" wird bislang in Europa nur sporadisch behandelt. In Tirol gibt es derzeit noch keine ausreichend angepasste Informations- und Kommunikationsinfrastruktur. Soweit diese verfügbar ist, wird sie primär betriebswirtschaftlich genutzt. Beispielsweise verfügt das Land Oberösterreich über eine leistungsfähige Informations- und Kommunikationsinfrastruktur, die das Verwaltungshandeln unterstützt. Nicht ausreichend erfolgt derzeit die *direkte* Einbindung des „Bürgers" in diese Informations- und Kommunikationsinfrastruktur. Eine solche Einbindung führt aber zu Auswirkungen auf das Demokratieverständnis des Bürgers.

[27] Vgl. Friedrich ROITHMAYR / Kerstin FINK, Marktverschiebung durch Virtualisierung. In: BEISHEIM (Hrsg.), Distribution im Aufbruch, München 1999, 1015–1033.

## 5. Von den Moden zum Trend

Technische Entwicklungen können oft unter dem Oberbegriff der „Mode" zusammengefasst werden. Da das Verhältnis „Mode : Trend" für die Gestaltungswirkung einer Technologie nicht unerheblich ist, muss dieses Thema im Zusammenhang mit den Gestaltungswirkungen der Informations- und Kommunikationstechnologien diskutiert werden. Mertens[28] hat in seinem Arbeitspapier in Bezug auf die Wirtschaftsinformatik erstmals „Von den Moden zum Trend" gesprochen. Dabei hat er das Mode-Trend-Thema auf die Entwicklung der Wirtschaftsinformatik als wissenschaftliche Disziplin angewandt. In der Tat können aus dem Verhältnis Mode zum Trend auf die Gestaltungsprozesse der Technologien einige Ableitungen vorgenommen werden.

*Mode*[29] im hier verstandenen Sinne wird gleichermaßen von ästhetischen als auch moralischen Vorstellungen getragen und bezeichnet den sich kurzfristig wandelnden Geschmack in den verschiedensten Lebensbereichen. Moden hängen sehr eng mit dem Zeitgeschmack zusammen. Moden sind durchaus oft überhöht, brechen ab und lösen erst dann einen Trend aus. Ein Beispiel ist die gesellschaftliche Entwicklung als Ergebnis des Jahres 1968. Wenige „Moden" werden aber zum „Trend". *Trend*[30] im hier verstandenen Sinne ist die Ausbildung einer bestimmten Richtung des Verhaltens oder des Verlaufes, also eine Grundrichtung über einen langen Zeitraum. Die zentrale Frage, die sich in diesem Zusammenhang stellt, lautet: Welche Technologien sind Moden und welche sind oder werden zum Trend? Für die politisch Verantwortlichen, aber auch für Unternehmen ist es entscheidend, rasch zu erkennen, welche Moden zum Trend werden können. Abbildung 5 visualisiert vier übliche Entwicklungsmuster einer Technologie:

- **Typ 1:** Die Wirkung der Technologie beginnt vielversprechend, aber bereits nach kurzer Zeit bricht die Mode ab und es erfolgt keine Entwicklung zum Trend. In dieses Muster passt die Entwicklung der Programmiersprache ADA (Eine Programmiersprache nach *Augusta Ada Byron,* The Countess of Lovelace (1815–1852), benannt).
- **Typ 2**: Die Wirkung der Technologie beginnt langsam, aber bereits nach kurzer Zeit beginnt ein exponentieller Wirkungsgrad, der wiederum bereits nach kurzer Zeit abbricht. Die Technologie bleibt Mode, sie wird nicht zum Trend.
- **Typ 3**: Die Technologie beginnt zunächst mit einem vielversprechenden Wirkungsgrad. Sehr bald weichen aber die Euphorien der Realität. Die weitere Entwicklung erfolgt kontinuierlich, Sprünge werden vermieden, der zukünftige Wirkungsgrad ist abschätzbar. Die Entwicklung der Expertensysteme in den 80er Jahren passt in dieses Muster. Die Mode wird nach diesem Muster längerfristig zum Trend.

---

[28] Vgl. Peter MERTENS / Ingo POTTHOF, Wirtschaftsinformatik – Von den Moden zum Trend. Arbeitspapier Nr. 3/1994. Bereich Wirtschaftsinformatik I, Universität Erlangen-Nürnberg 1994.

[29] Vgl. Brockhaus Enzyklopädie. Vierzehnter Band, Mannheim 1991, 705.

[30] Vgl. Brockhaus Enzyklopädie. Zweiundzwanzigster Band, Mannheim 1991, 343.

- **Typ 4**: Die Technologie entwickelt sich wie Typ 2 nur mit dem Unterschied, dass sie sich nach einer bestimmten Zeit zum Trend entwickelt.

Unter dem Begriff *Wirkungsgrad* wird das Ausmaß der Einwirkung der Technologie auf Wirtschaft und Gesellschaft verstanden. Die Zeitachse ist je nach Technologie unterschiedlich.

**Abbildung 5: Von den Moden zum Trend – Grundmuster**

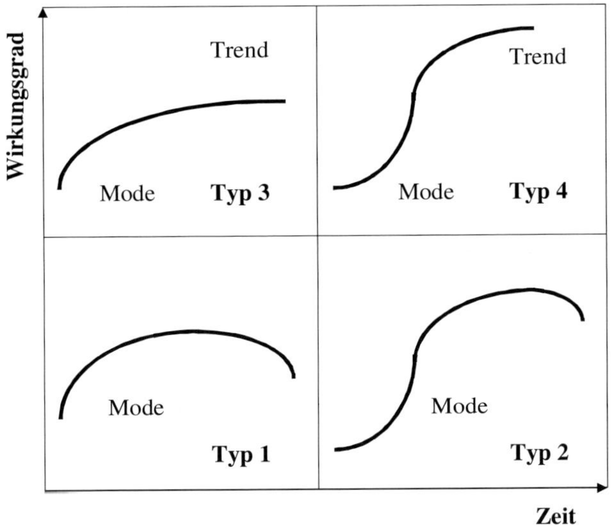


Diese vier Grundmuster können beliebig miteinander kombiniert werden. Durch Kombination von Typ 3 mit Typ 4 kann die Entwicklung des Internet beschrieben werden, wie Abbildung 6 zeigt. Der Vorläufer des Internet war das ARPANET, das vom US-Verteidigungsministerium entwickelt wurde. ARPANET basierte auf dem TCP/IP Protokoll, das auch heute noch Träger des Internet ist. Ende der 70er Jahre wurde ARPANET den Universitäten der westlichen Hemisphäre als Kommunikationsmedium zur Verfügung gestellt. In der Folge erhielten immer mehr unterschiedliche Gesellschaftsgruppen Zugang zu leistungsfähigen Computern. Die Netzgemeinde war nicht mehr auf Militär, Regierung und Universitäten beschränkt. Mit der Freigabe des Internet durch die US-Regierung im Jahre 1993 erhielt die Virtualisierung den entscheidenden Schub. Die breite Nutzung des Internet machte erst ab diesem Zeitpunkt einen wirtschaftlichen Betrieb möglich.

Für die politisch Verantwortlichen ist es entscheidend, jene Moden zu erkennen, die zum Trend werden. Wenn die politisch Verantwortlichen diese Fähigkeit besitzen, sind sie in der Lage, frühzeitig jene Rahmenbedingungen zu schaffen, die für Unternehmen, Gesellschaft und Bürger einen Wettbewerbsvorteil gegenüber denjenigen, die diese

Entwicklung nicht erkennen, ergeben. Nur so sind die Entwicklungen im Silicon Valley zu erklären. Am Institut für Wirtschaftsinformatik der Universität Innsbruck wurde ein Modell des „Virtuellen Paradigmas“[31] entwickelt, mit dem solche Moden-Trend-Prozesse erklärbar bzw. prognostizierbar sind.

**Abbildung 6: Entwicklungsmuster von Internet**

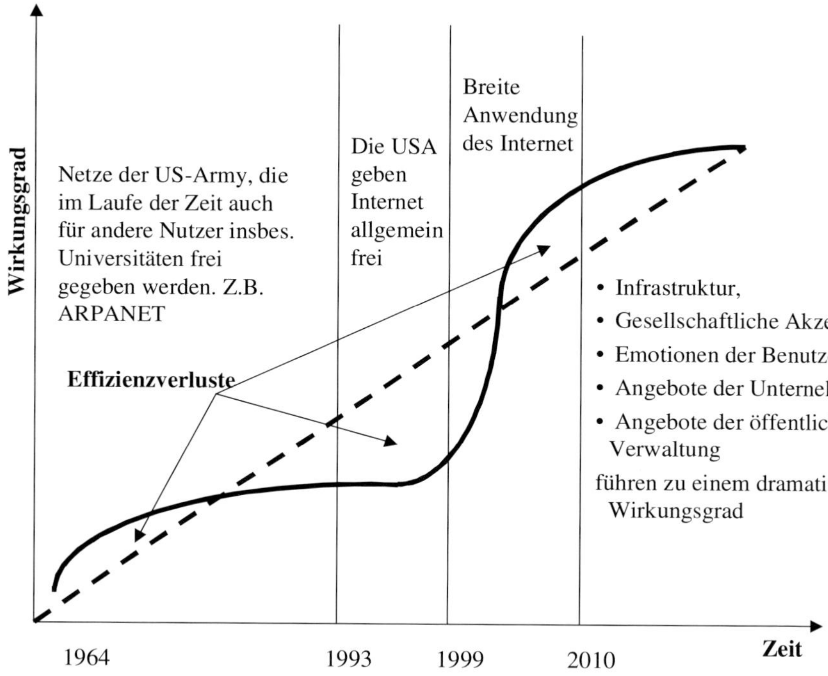


Starke Oszillationen einer Technologie lassen auf einen Stillstand schließen, wie Abbildung 7 visualisiert. Die Technologie kommt aus unterschiedlichen Gründen nicht aus der Sackgasse heraus. Nach dem Auslaufen einer Modewelle werden die gewonnenen Erkenntnisse nicht festgehalten, so dass sich eventuelle Fortschrittserträge wieder verflüchtigen.

Auf dem Weg vom Ideal zur Wirklichkeit sind oszillierende Entwicklungen – wie in Abbildung 6 dargestellt – unvermeidlich. Dieter Schneider formuliert: „Wissenschaftliche Erkenntnis ist ein Versuchs- und Irrtumspfad, in dem Irrtümer aus der Sicht

---

[31] Vgl. Friedrich ROITHMAYR / Kerstin FINK, Marktverschiebung durch Virtualisierung (wie Anm. 27) 1015 ff.

**Abbildung 7: Stillstand einer Technologie**

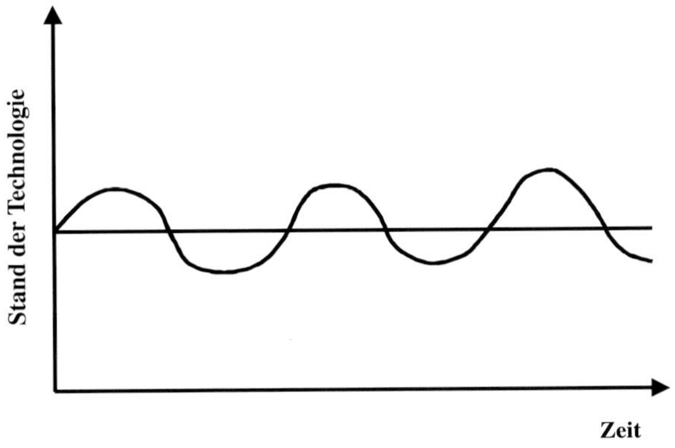


**Abbildung 8: Mode-Abbruch-Mode-Abbruch-Trend**

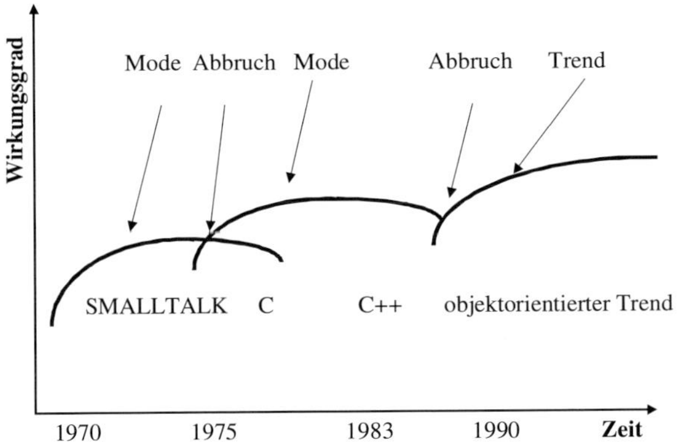


späterer Generationen unvermeidbar und nicht selten lehrreicher sind als gelungene Versuche.“[32]

Aus den eben dargestellten Grundmustern ist noch ein weiteres Entwicklungsszenario interessant. Moden können überhöht sein, brechen ab und kommen wieder, schließlich werden sie zum Trend. Abbildung 8 veranschaulicht dies graphisch. Diese Entwicklung ist jedoch schwer vorhersehbar. Das Beispiel der objektorientierten Programmiersprachen passt in dieses Muster. Die Programmiersprache SMALLTALK wurde 1970 am Paolo Alto Research Center entwickelt. Dieser vielversprechende Ansatz der Objektorientierung blieb aber zunächst eine Mode und folgte dem Muster

---

[32] Vgl. Dieter SCHNEIDER, Geschichte betriebswirtschaftlicher Theorie, München-Wien 1981, 58.

Typ 1 in Abbildung 5. Etwa zur selben Zeit wurde auch die Programmiersprache C (ebenfalls eine objektorientierte Programmiersprache) entwickelt (1975), aber auch sie schaffte damals keinen Durchbruch. Erst zu Beginn der 70er Jahre begann sich das objektorientierte Denken zu einem Paradigma zu entwickeln, was schließlich die objektorientierten Ansätze zum Trend machten.

Auf der anderen Seite kann die Aneinanderreihung von Moden in einem Unternehmen auch zu einem Trend werden, wie die Idee von Alfa Laval zeigt. Das Unternehmen hat seine Entwicklung stark auf Patenten orientiert. Ein Patent deckt eine Mode in einem bestimmten Zeitraum ab. Noch bevor diese Mode abbricht, muss ein neues Patent den Geschäftserfolg sichern. Abbildung 9[33] zeigt diese Idee.

**Abbildung 9: Alfa Laval[34]**

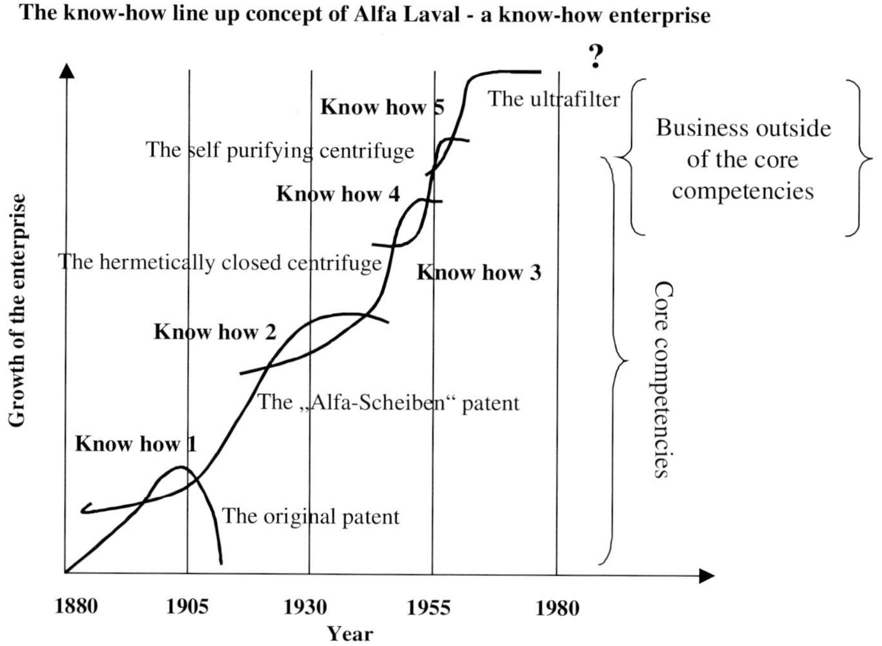


---

[33] Vgl. Kerstin FINK / Friedrich ROITHMAYR, Know-how-Management. Foliensatz zum Vortrag Know-how-Management im Marriott, Linz 2000.

[34] Vgl. FINK / ROITHMAYR, Know-how-Management (wie Anm. 33).

## 6. Virtuelle Unternehmen – Virtuelle Staaten – Reale Staaten

Die Diskussion der Thematik „Virtuelle Unternehmen – Virtuelle Staaten – Reale Staaten", erfordert eine kurze wirtschaftspolitische Rückschau auf die österreichische Situation des letzten Jahrhunderts (vgl. Vortrag von Prof. Mertens, gehalten im Rahmen des Universitätslehrganges Master of Advanced Studies Business Management der Sozial- und Wirtschaftswissenschaftlichen Fakultät der Universität in Innsbruck im Februar 2000).

Die augenblickliche Strukturkrise ist das bislang letzte Glied des Wiederaufbaus[35] Österreichs. Die Folgekosten des ersten Weltkriegs, der Auseinanderfall der Monarchie, die galoppierende Inflation bis 1922 und die Weltwirtschaftskrise auf dem Höhepunkt im Jahre 1929 sind die ersten Glieder einer Krisenzeit, die die Ressourcen des Landes auf das Äußerste beanspruchte.

Das wirtschaftliche und soziale Tief, aus dem Österreich 1945 herausfinden musste, war die zweite wirtschaftliche Talsohle im letzten Jahrhundert. Obwohl die Voraussetzungen nach 1945 unvergleichlich schlechter waren als nach dem ersten Weltkrieg, vollzog sich der Wiederaufbau wesentlich rascher. Die Wirtschaftshistoriker F. Butschek und R. Sandgruber bezeichneten für die erste Phase des österreichischen Wiederaufbaues vor allem das European Recovery Program (ERP) im Rahmen des Marshallplanes als entscheidend. ERP-Investitionen erlaubten eine rasche Ausdehnung der Produktion und eine Steigerung der Exporttätigkeit bei gleichzeitiger Beschäftigungssicherung der Klein- und Mittelbetriebe.

Erst der Konjunktureinbruch 1973 verlangsamte und beendete das rasante wirtschaftliche Wachstum. Die „austrokeynesianische" Wirtschaftsstrategie im Androsch Kreisky-Kurs setzte auf staatliche Wirtschaftslenkung, um die Beschäftigung zu stabilisieren. Die unmittelbaren Erfolge schienen dem „Austrokeynesianismus" recht zu geben. So lag die Rate der Arbeitslosigkeit nie über 2,1 %. Diese Schuldenstrategie löste aber nicht nur eine makroökonomische Umverteilung aus, es entwickelten sich auch mikroökonomische Fehlanreize.

Die Folgen einer solchen Beschäftigungspolitik, insbesondere in der verstaatlichten Industrie, die sich unter der schützenden Hand des Staates befand, waren fatal. Zu spät wurde erkannt, dass eine sich verändernde Strukturlage von der herrschenden Wirtschaftspolitik nicht beherrschbar war. Die Anpassung der Organisation der Unternehmen wurde genauso verpasst wie eine konsequente Forschungs- und Entwicklungspolitik. Besonders in Zeiten eines Strukturwandels haben Forschungsreduktionen für die zukünftige Wirtschaftsentwicklung negative Auswirkungen. Elf Jahre nach der Ostöffnung und sechs Jahre nach dem EU-Beitritt Österreichs kann die Republik nicht mehr von der Vergangenheit leben. Strukturänderungen erfordern völlig neue Konzepte. Politische Antworten sind ausständig. Die derzeit stattfindenden Unternehmenszusammenschlüsse werfen die Frage nach dem Verhältnis Unternehmen zu Nationalstaaten auf. Die „MIT

[35] Vgl. ROITHMAYR, „Rightsizing" versus „Downsizing" (wie Anm. 5) 355.

21th century initiative" [http://www.mit.edu, Abruf am 05–19–00] behandelt diese Frage in unterschiedlichen Szenarien. Das wahrscheinlichste Szenario geht davon aus, dass in Zukunft auf der einen Seite nur mehr „Virtuelle Unternehmen" existieren und auf der anderen Seite nur mehr „Virtuelle Staaten" bestehen werden. Dies würde zu einer vollständigen Vernichtung des Mittelstandes führen. Eine für Österreich aber vor allem für Tirol dramatische Situation, wenn nicht rechtzeitig gegengesteuert wird.

# 7. Reflexionen für Tirol

## 7.1 Downsizing versus Rightsizing

Soll der derzeitige Lebensstandard auch nur einigermaßen gehalten werden, so muss der gesellschaftliche Wandel rasch und aktiv beschritten werden. Dies bedeutet, es muss ein *Rightsizing* stattfinden. Die Rahmenbedingung dafür ist ein einheitliches Europa. Haben wir als Europäer, als Österreicher und als Tiroler noch die Kraft für ein „Rightsizing" oder müssen wir den Weg in das „Downsizing" gehen? *Downsizing* ist der Weg in die postindustrielle Gesellschaft; dies bedeutet, der Weg in die Informationsgesellschaft und weiter in die Know-how-Gesellschaft wird verpasst. Der Weg in die Know-how-Gesellschaft ist das Rightsizing. Tabelle 1 zeigt für einzelne Merkmale die jeweilige Ausprägung.

## 7.2 Für das Bildungssystem

Bildung und Erziehung sind kein Privileg in der Gesellschaft, sondern sind ein national und international anerkanntes Grundrecht. Die letzten Ereignisse in Europa zeigen, dass die Bildung in unserer Gesellschaft vor neuen Herausforderungen steht. Solche Herausforderungen sind beispielsweise:

– Die rasante **Entwicklung neuer Medien**. Der Faktor „Zeit" erhält eine neue Dimension, und zwar in Richtung teleworking, telelearning und teledemocracy. Das seit der industriellen Revolution gewohnte Denkmuster von Arbeitsplätzen ist im Verschwinden begriffen. Wenn von Arbeitgebern gesprochen wird, werden diejenigen gemeint, die „Arbeit am Arbeitsmarkt einkaufen", während unter Arbeitnehmern diejenigen Personen verstanden werden, die im Sinne von Marx nichts anderes geben als ihre Arbeitskraft. Wenn im ersten Quartal 1998 ungefähr 11,1 Millionen US-Amerikaner an Telearbeitsplätzen tätig waren und diese Zahl sich gegenüber 1995 um 39 Prozent erhöht hat, so zeigt dies, dass eine massive Veränderung bei den gewohnten industriellen Arbeitsplätzen[36] stattfindet. Diese Veränderungen bei den Arbeitsplätzen führen aber zu

---

[36] Vgl. Conrad SEIDL / Werner BEUTELMEYER, Die Marke Ich®R, Wien 1999, 26.

**Tabelle 1: Rightsizing versus Downsizing**

| Merkmale | Rightsizing | Downsizing |
|---|---|---|
| Vision des Staates | Der globale Wettbewerb ist unsere Welt. Wir schaffen Rahmenbedingungen, die eine globale Wettbewerbsorientierung bei Erhalt der sozialen Errungenschaften unterstützen. | Der „regionale Markt ist unsere Welt". Wir müssen Details regeln. |
| Vision des Landes Tirol | Der „Silicon Valley way" gestaltete das letzte Jahrhundert. Der **„Tyrolean Mountain Way"** gestaltet das neue Jahrhundert. | Wir Tiroler beschäftigen uns mit Tagesfragen, das Strategische ist nicht unser Feld. |
| Vision des (der) Tiroler(s)(in) | Denke global, handle lokal, dynamisch, flexibel, team- und lernorientiert. | Die Tradition hat sich bewährt, behalte die bisherigen Muster bei. |
| Vision der Unternehmen | Wir sind ein Know-how-Unternehmen. | Die bisherige Unternehmensform war erfolgreich, wir behalten sie bei. |
| Soziales | Soziale Absicherung des Einzelnen muss sichergestellt sein. | Soziale Absicherung um der sozialen Absicherung willen. |
| Staat/Bürger/ Unternehmen | Offenheit für die Position des anderen – ihn auch verstehen. | Gruppenorientierung / Engstirnigkeit. |
| Bürokratie | Reduzieren in allen Lebensbereichen; nicht alles muss der Gesetzgeber regeln. | Beibehalten wie bisher. |

- Veränderungen der Umstände des **Aufwachsens** der Kinder und Jugendlichen. Diese Veränderungen resultieren einerseits aus der zunehmenden Berufstätigkeit, andererseits aber auch aus der Arbeitslosigkeit der Eltern. IBM ist einer der größten Anbieter von kombinierten Heim- und Büroarbeitsplätzen. Erfahrungen dieses Unternehmens zeigen, dass es in kleineren Orten noch immer als suspekt gilt, wenn ein Familienvater morgens nicht ins Büro fährt. Diese neue Freiheit führt für alle Betroffenen zu großen Anpassungsschwierigkeiten. Als zusätzlich verändernde Faktoren sind zu erwähnen: der weiter zunehmende Einfluss der Massenmedien, der Verlust von Kinder- und Jugendlichen-Rückzugsbereichen sowie die Erfahrungen in einer multikulturellen Gesellschaft.
- Die **Globalisierung** führt zu einem verstärkten Wettbewerb und zunehmenden Wanderbewegungen als Ausdruck einer neuen Mobilität. Als Konsequenz werden auch neue Formen der Fremdsprachenkompetenz notwendig. Fremdsprachen sind nicht nur ein unverzichtbares Kommunikationsmittel, sondern sie erschließen auch die Kultur- und Gesellschaftsordnung fremder Länder.
- Die zunehmende **Entsolidarisierung** führt zur Vereinsamung und zu verschärften sozialen Problemen. Während früher die alten Menschen in der Großfamilie betreut wurden, landen sie heute im Altersheim. Kann die Technologie für diese Menschen eine Verbesserung ihrer Situation bringen? Unsere These lautet ja.
- Im Bereich der Forschung zum Berufsübergang dominieren Konzepte, die entweder die individuelle Seite des **Berufswahlprozesses** betonen (psychologische Be-

rufswahltheorien) oder von der Dominanz der Strukturbedingungen des Arbeitsmarktes ausgehen und Berufswahl als bloßen Allokationsprozess definieren (sozialwissenschaftliche Ansätze). Auch in diesem Zusammenhang spiegelt sich das Thema Moden und/oder Trend wider.

- Unter den **Entwicklungsaufgaben** im Jugendalter ist der Übergang in die Berufsausbildung von zentraler Bedeutung, denn die Übernahme der Erwachsenenrolle ist in besonderem Maße mit dem Berufseintritt verknüpft. Für den Jugendlichen stellt sich bei der Bewältigung dieser Entwicklungsaufgabe das Problem der Verfügbarkeit von individuellen Voraussetzungen – Qualifikation, Wünschen, Wertvorstellungen – und der Gelegenheitsstruktur des Arbeits- und Lehrstellenmarktes. In diesem Bereich sind Friktionen zu erwarten, die einerseits auf die zur Zeit prekäre Situation am Lehrstellenmarkt zurückzuführen sind, andererseits aber auch auf verfestigte Arbeitsmarktstrukturen verweisen. Der Berufsübergang ist allerdings nicht isoliert zu betrachten. Vielmehr ist die Phase des Übergangs von der Schule in den Beruf gekennzeichnet durch eine Kumulation von Entwicklungsaufgaben – beispielsweise der Ablösung vom Elternhaus, Aufnahme stabilerer Paarbeziehungen –, die in einem interdependenten Verhältnis zueinander stehen.
- Der **Wertewandel** ist einer der treibenden Faktoren des gesellschaftlichen Wandels. Die Daten der Marktforschung zeigen, dass der Wertewandel in unserer Gesellschaft von der Mode zum Trend wird. In einer Studie vom Marktforschungsinstitut „market“ wurden aus der österreichischen Bevölkerung Personen, die älter als 15 Jahre sind, nach den Erziehungsgrundsätzen, nach denen sie erzogen wurden und im Vergleich dazu nach jenen, nach denen sie ihre Kinder erziehen würden, befragt.[37] Die wesentlichen Ergebnisse lassen sich wie folgt zusammenfassen: Befragte, die nach den Grundsätzen der Bescheidenheit (55 %) und der Gehorsamkeit (58 %) erzogen wurden, würden ihre Kinder nur mehr zu 31 % bzw. 33 % nach diesen Grundsätzen erziehen. Aber auch bei den Grundsätzen „die Arbeit ordentlich tun“, „höflich und freundlich sein“, „sparsam sein, aufs Geld achten“, „fester Glaube, feste religiöse Bindung“, „sich in eine Ordnung einfügen“, „keine großen Anforderungen stellen“ zeigt sich ein Werteschwund. Im Unterschied zu den eben genannten Grundsätzen des Werteschwundes lässt sich ein Wertewachstum bei Faktoren wie „Aufklärung (insbesondere sexueller Aufklärung), „Selbständigkeit“, „Vermeidung von Gewalt“, „nicht verzweifeln, nicht den Mut verlieren“, „sich durchsetzen, sich nicht so leicht unterkriegen lassen“, „sich mit Gewohntem nicht zufrieden geben“ feststellen. Der Versuch, diese Grundsätze bzw. Werte auf eine Metaebene zu heben, lässt erkennen, dass Werte, welche die Personenindividualisierung fördern, in den Vordergrund rücken.

---

[37] Vgl. Conrad Seidl / Werner Beutelmeyer / Gerhard Wührer, Der Homo Austriacus an der Schwelle zum 21. Jahrhundert. In: Beutelmeyer (Hrsg.), Market Studienreihe. Band 6, Linz 1999, 97.

– Der **Internetzugang für alle Bürger** ist anzustreben. Anfang April 2000 haben sich in Tokio die Bildungsminister der sieben führenden Industrienationen und Russlands auf gemeinsame Bemühungen geeinigt, die Internettechnologie weltweit allen Menschen zugänglich zu machen. Die G-8-Bildungsminister sollen den Ausbau der entsprechenden Infrastruktur in ihren Staaten fördern. In einer Stellungnahme hieß es, dass derzeit der grenzübergreifende Austausch von Lehrern und Schülern durch Sprachbarrieren und die Unverträglichkeit von Lehrmethoden gehemmt ist. Aber auch beim Lissabonner Gipfel hat die Europäische Union ähnliche Sachverhalte kommentiert.

## 7.3 Für die Unternehmen

Neben der treibenden Kraft der Informations- und Kommunikationstechnologie verschärft vor allem die Globalisierung der Märkte den Anpassungsdruck für die Unternehmen. Diese Globalisierung ist aber nur möglich, da die Informations- und Kommunikationstechnologie die entsprechenden Werkzeuge liefert, um die notwendige Koordination durchführen zu können. Erst die Informations- und Kommunikationstechnologie hat die Möglichkeit eröffnet, die globale Gleichzeitigkeit der Information sicherzustellen. Zukünftig stellt sich für Unternehmen die Frage: Wo positioniere ich mich als Unternehmen? Abbildung 10 zeigt in Anlehnung an die „21$^{st}$ century initiative“ des MIT zwei mögliche Konzentrationscluster, nämlich jenes der virtuellen Unternehmen und jenes der virtuellen Staaten. Die zentralen Fragen lauten: „Können Unternehmen im Mittelstand überleben?“, „Was geschieht mit jenen Personen, die weder unter der Absicherung virtueller Staaten sind oder sich in der Schutzzone virtueller Unternehmen bewegen – also der im Mittelstand Tätigen?“

Daraus lassen sich folgende Reflexionen[38] ableiten:

**Abbildung 10: Unternehmenspositionierung**

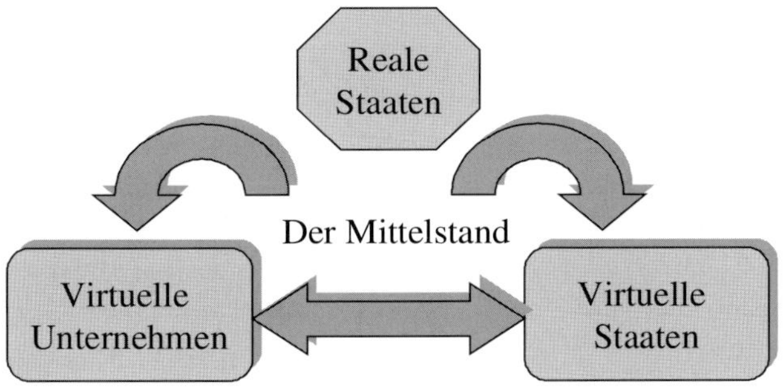


[38] Vgl. ROITHMAYR, „Rightsizing“ versus „Downsizing“ (wie Anm. 5) 363 f.

- Eine solche Situation erfordert vor allem von Klein- und Mittelunternehmen, wie sie in Tirol bestehen, eine veränderte Unternehmensvision. Die Wirtschaftskammer ist hier über alle Maßen gefordert, ihre Unternehmen auf diesem Wege zu begleiten.
- Jedes Tiroler Unternehmen wird klarmachen müssen, was es tut und wohin es sich entwickeln will.
- Intelligente Softwaresysteme werden die mittlere Führungsebene ablösen. Die Unternehmen müssen flacher und vor allem netzwerkartiger werden. Netzwerke erstrecken sich aber nicht nur über Tirol, sondern sind global zu sehen.
- Jedes Tiroler Unternehmen muss in seinen Organisationsstrukturen fließend werden („Boundaryless Organization"). Dies betrifft sowohl die Auflösung vertikaler als auch horizontaler Organisationsstrukturen innerhalb der Unternehmung als auch externe Organisationsstrukturen (die Verbindung zwischen Unternehmung und Umwelt).
- Durch den Ausbau der Telekommunikationsinfrastruktur kann der Wiedereinstieg der Frauen in die Berufswelt wesentlich verbessert werden.
- Tiroler Unternehmen müssen sich zu Know-how-Unternehmen entwickeln. Abbildung 4 zeigt, dass sich Klein- und Mittelbetriebe derzeit in einem nicht besonders attraktiven Feld befinden. Diese Unternehmen müssen bestrebt sein, im Portfolio weiter nach oben bzw. rechts oben zu kommen. Dies ist ein Prozess, der nicht von heute auf morgen passieren wird. Rechtzeitige Investitionen sind unabdingbar, um das Überleben des Unternehmens sicherzustellen.

## 7.4 Für die Bürger

Jeder Strukturwandel hat eine unerbittliche Logik, die ihre primäre Ausprägung im Stellenabbau in traditionellen Wirtschaftszweigen findet und ihre sekundäre in Lohn- und Gehaltseinbußen. Der Vergleich der Lohn- und Gehaltssituation zwischen Österreich, Europa, Amerika und Asien lässt die Aussage zu, dass im durchschnittlichen Stundenlohn zwischen Österreich und Billiglohnländern Differenzen um die 20–25 US-Dollar liegen. Diese Differenzen können nicht mit härterer und mehr Arbeit wettgemacht werden. Die Höhe der Lohn- und Gehaltsreduktion ist nur eine Frage, wie rasch es gelingt, in anderen Bereichen (globalen Märkten) mit innovativen Produkten eine Marktführung zu erlangen. Was kann der einzelne Bürger tun, um den gesellschaftlichen Wandel im Sinne eines „Rightsizing" mitzugestalten? Die bedeutet im Einzelnen:

- Die Bewältigung des Überganges von der Industrie- in die Know-how-Gesellschaft setzt die Bereitschaft jedes Tirolers, jeder Tirolerin voraus, sich zu diesen neuen Formen der Information und Kommunikation auch hinführen zu lassen.
- Jeder Tiroler, jede Tirolerin muss bereit sein, für diesen Übergang auch angemessene individuelle direkte und indirekte Kosten zu tragen.
- Jeder Tiroler, jede Tirolerin ist gefordert, flexibel, flink, integrativ, kooperativ, teamfähig und anpassungsfähig zu sein: „Das Statische an ihm ist seine Dynamik".

– Die neuen Technologien ermöglichen neue Formen des Lernens. Jeder Tiroler, jede Tirolerin muss diese neuen Formen nutzen und aktiv mitgestalten.

### 7.5 Für den Staat

Globalisierung als ein Merkmal des Strukturwandels erfolgt unter ökonomischen, sozialen und technologischen Aspekten. Wie sich die Globalisierung längerfristig auf die Nationalstaaten auswirkt und damit auch auf die Regelung der zwischenstaatlichen Beziehungen, ist eine eminent politische Frage, die Österreich nicht alleine lösen kann. Dennoch muss Österreich die veränderte Lage reflektieren und Rahmenbedingungen schaffen, die sowohl dem Bürger, der Region und den Unternehmen Entwicklungschancen geben.

## 8. Der „Silicon Valley Way" ein Vorbild für den „Tyrolean Mountain Way"?

### 8.1 Ausgangssituation

In den Kapiteln 1–6 erfolgten Diagnosen (Istzustandsorientierung), während im Kapitel 7 der Versuch einer Optimierung für das Land Tirol, für seine Bürger und für seine Unternehmen angestrebt wurde (Sollzustandsorientierung). Nach dem Motto „Lernen von den Besten" wird das Metamodell des „Silicon Valley Way" als Referenzmodell für den „Tyrolean Mountain Way" genommen. Das *Referenzmodell* wird im Sinne von Heinrich / Roithmayr[39] als Modell verstanden, das einen gewollten oder geplanten Zustand eines Systems abbildet, an dem der gegenwärtige Zustand des Systems beurteilt werden kann. Das „Silicon Valley" wird als Referenzmodell angenommen, das keiner Theorie unterliegt, sondern lediglich auf praktischen Erfahrungen beruht. Es handelt sich somit um einen „best practice"-Ansatz.

Unabhängig davon, welches Dorf, welche Stadt, welche Region, welches Land, welchen Kontinent der Bürger besucht, lautet das Motto: „Wir müssen innovativ sein, Know-how ansammeln, billiger produzieren usw." Auch in Tirol lassen sich vielfach diese Schlagworte finden, denen letztlich aber die Vision und auch der Wille zur Umsetzung fehlen.

### 8.2 Vom „Silicon Valley Way" zum „Tyrolean Mountain Way"?

Aus der Analyse der einschlägigen Literatur zum „Silicon Valley" lassen sich einige *Erfolgsfaktoren* ableiten, die für Tirol zu reflektieren sind.

[39] Vgl. HEINRICH / ROITHMAYR, Wirtschaftsinformatik-Lexikon (wie Anm. 1) 100.

### *8.2.1 Die wirtschaftliche Entwicklung – der Faktor Zeit*

Wie bereits eingangs dargelegt, hat der Faktor Zeit eine erfolgskritische Funktion erreicht. Die augenblickliche Lage in Kalifornien lässt sich wie folgt beschreiben: „From Silicon Valley to the Internet Valley“ [http:\\www.internetvalley.com, Abruf am 03–28–00]. Die Geschichte des „Silicon Valley“ kann in drei Perioden untergliedert werden:

1. Die Anfangsphase ist durch eine professionelle Gemeinschaft in der Santa-Clara-Region geprägt. Der Begriff „Silicon Valley“ wurde 1971 vom Journalisten Don Höfer geschaffen, der für die Electronic News schrieb.
2. Die zweite Phase umfasst die wesentlichen Entwicklungen in der IT-Branche (IT = Information Technology), wie beispielsweise der erste Mikroprozessor oder der erste Personal Computer von Apple.
3. In der dritten Entwicklungsperiode wird der Fokus auf finanzielle Angelegenheiten gerichtet. Ungefähr 4000 IT-bezogene Unternehmen, die entlang des Highway 101 von San Francisco nach San José angesiedelt sind, erwirtschaften Einnahmen von ca. 200 Billionen US-Dollar jährlich.

Aus dieser Entwicklung kann die erste Arbeitshypothese abgeleitet werden:

**Hypothese 1:** Die Vision, ein Masterplan und die Vernetzung (in allen Dimensionen) sind notwendige Erfolgsfaktoren für den Tyrolean Mountain Way.

### *8.2.2 Die unterschiedlichen Kulturen – das gleiche Ziel*

Im Vergleich zu anderen Regionen in den USA ist das Silicon Valley durch eine fachlich hochqualifizierte und multikulturelle Gesellschaft gekennzeichnet, wenngleich in den führenden Positionen der Anteil der weißen Bevölkerung überwiegt. Tabelle 2 zeigt, dass Asians, African-Americans und Hispanics – bezogen auf das Bachelor Degree – das Fach „Computer Science“ in einem höheren Ausmaß wählen als Weiße und Native Americans.

**Tabelle 2: Computer Science Selection Rate by Race**[40]

| Race | All Bachelor's Degree | Bachelor's Degrees in Computer Science | Percent Choosing Computer Science |
|---|---|---|---|
| White | 947,309 | 20,503 | 2,2 % |
| Asian | 51,463 | 3,592 | 7,0 % |
| Black | 77,872 | 2,773 | 3,6 % |
| Hispanic | 45,376 | 1,311 | 2,9 % |
| Native American | 5,671 | 97 | 1,7 % |

[40] Vgl. U. S. DEPARTMENT OF COMMERCE, America's New Deficit: The Shortage of Information Technology Workers. A Report Published by U. S. Department of Commerce Office of Technology Policy, October 1997, 26.

Die US-Wirtschaft hat derzeit ein erhebliches Defizit an IT-Knowledge-Workern. Der Grund liegt darin, dass lange Zeit dem Ausbildungsaspekt in dieser Richtung nicht genügend Augenmerk geschenkt wurde. Diese Problematik besteht auch in Tirol, da der Ausbildung von IT-Knowledge-Workern sowohl an der Universität Innsbruck als auch im wirtschaftlichen und politischen Umfeld in der Vergangenheit nicht genügend Bedeutung beigemessen wurde.

**Hypothese 2:** Die Mitglieder einer multikulturellen Gesellschaft haben ein gemeinsames Ziel: „Durch Technologien den gesellschaftlichen Wandel schneller und besser gestalten zu wollen."

### *8.2.3 Gesetzliche Rahmenbedingungen und die unternehmerischen Aktivitäten*

Im Rahmen dieses Beitrags kann die gesetzliche Situation – bezogen auf Unternehmensgründungen, die Bereitstellung von Venture Capital – nicht detailliert diskutiert werden. Eine vertiefende Untersuchung wäre hier angebracht. Grundsätzlich kann festgehalten werden, dass nicht alles geregelt werden darf, denn dem freien Spiel der Kräfte ist genügend Raum zu geben. Unternehmerische Aktivitäten müssen gefördert werden, um ihnen Platz für die Entfaltung zu geben. Besonderes Interesse ist einem Venture Capital Fonds zuzuwenden.

**Hypothese 3**: Nicht das „Grandentum" gestaltet, sondern die Möglichkeit freier unternehmerischer Aktivität.

### *8.2.4 Die Qualität und die Quantität der Ausbildung*

Die Verwendung der Methode von einem *Fallbeispiel* („case study") soll im Unterschied zu verbalen Beschreibungen die praktische Situation verdeutlichen [http://www.harvard.edu, Abruf am 05–15–00]: Die USA vermelden derzeit ein Defizit an IT-Spezialisten. Was sind die Antworten der Unternehmen, der Universitäten und der Regierung auf diese Situation?[41]

*Die Antwort der Industrie lautet:*

Die US-Industrie hat dieses Problem in der Vergangenheit ignoriert. Unternehmen sind dazu übergegangen, für die Qualifizierung der Mitarbeiter unkonventionelle Maßnahmen zu setzen:

- Sie schließen ihre Lücken durch aggressive Rekrutierungsstrategien.
- Sie bezahlen jenen Mitarbeitern einen Bonus, die qualifizierte IT-Arbeiter in das Unternehmen bringen.
- Sie bieten jenen Mitarbeitern, die qualifizierte IT-Arbeiter in das Unternehmen bringen, Aktien an.

[41] Vgl. U. S. Department of Commerce, America's New Deficit (wie Anm. 40) 29.

- Sie steigern die Sozialleistungen (im Sinne der oben erwähnten Virtuellen Staaten). Damit haben sie ein Anreizsystem geschaffen, die Mitarbeiter ans Unternehmen zu binden.
- Individuelle Arbeitsbedingungen sind ein zusätzliches Anreizsystem.
- Sie rekrutieren die Mitarbeiter auf dem weltweiten Arbeitsmarkt.
- Die Umschulung von Mitarbeitern aus anderen akademischen Disziplinen wird verstärkt eingesetzt.
- Mitarbeiter im Unternehmen erhalten Zusatzqualifikationen (Multiskilled Worker).
- Die Rekrutierung erfolgt direkt an den Universitäten.
- Die Studenten erhalten Jobangebote bereits ein Jahr vor dem universitären Abschluss.
- Unternehmen bieten Studenten während des Studiums Teilzeitjobs (weltweit) an, in der Hoffnung, dass diese nach Abschluss des Studiums im Unternehmen verbleiben.
- Unternehmen kooperieren mit „virtuellen Unternehmen" über Internet, über Blackboard Technologien oder über Videokonferenzen.

*Die Antwort der privaten-öffentlichen Partnerschaften lautet:*

Die privaten-öffentlichen Partnerschaften zählen zu den strategischen Allianzen, um Menschen in Bedarfsrichtungen zu qualifizieren. Folgende Richtungen sind zu erkennen:

- „The Triangle Coalition for Science and Technology": Ziel dieser Koalition ist es, den wissenschaftlichen Standard generell, den Standard in der Mathematikausbildung sowie jenen der technischen Ausbildung zu heben. Das Hauptaugenmerk liegt auf der Entwicklung in Richtung des neuen Paradigmas der „knowledge based economy" (vgl. Kapitel 4.9 Die Know-how-Idee).
- Ein in einer privaten/öffentlichen Partnerschaft kooperativ entwickeltes Curriculum von IT-Spezialisten, der „Association for Computing" und der „Association for Information Systems" trägt dazu bei, Menschen in Richtung IT zu qualifizieren.
- Einzelne Unternehmen bilden Partnerschaften mit Universitäten und entwickeln Curricula, die den Bedürfnissen der Industrie[42] sehr entgegenkommen.
- Die „Software Publishers Association" hat die Hauptaktionäre, den Bundesstaat, die lokalen Stellen, den öffentlichen sowie den privaten Sektor in das Konzept einer „world-class Information Age work force" eingebunden.
- Das Unternehmen Boeing sponsert eine „Space Academy for Educators", um in einer Summer School Trainer-Qualifikationen, die Boeing braucht, zu verbessern.

**Hypothese 4**: Die zeitgerechte – eine an Qualität und Quantität verfügbare – kritische Masse an „knowledge workern" ist die Voraussetzung für einen Gestaltungsprozess.

---

[42] Vgl. Description of BROOME Community College/Industry Partnerships, in: [URL: http:scholar.lib.vt.edu/ejournals/CATALYST/V23/N2/HABEL.HTML, Abruf am 03–29–00].

### *8.2.5 Die Lebensqualität – die Landschaft*

Was für Kalifornien die Jahreszeit des Sommers darstellt, ist für Tirol der Winter. Die Lebensqualität und die Landschaft sind zwei Faktoren, die für Tirol extrem hoch bewertet werden können. Diese Chance muss Tirol nützen, um sich als attraktiver Informations- und Kommunikationstechnologietreiber zu positionieren. Dieser Technologietreiber muss eine Synergie mit dem alpinen Tourismus eingehen (Freizeiteinrichtungen, Infrastruktur, Kulinarisches usw.). Die Faktoren Lebensqualität und Landschaft sind in Tirol noch kein fixer Erfolgsfaktor für den Gestaltungsprozess.

**Hypothese 5**: Die Gestaltungswirkung der Technologie erreicht für die Lebensqualität in Tirol dann ein Maximum, wenn der Tourismus als integrierendes Element in diesem Prozess eingebunden ist.

### *8.2.6 Integration von Lehre und Forschung*

Mehr als bei anderen wissenschaftlichen Disziplinen ist bei Informations- und Kommunikationstechnologien ein Konzept der Integration von Forschung und Lehre anzustreben. Den Kern bilden Forschungs- und Entwicklungseinrichtungen, die entweder selbständig, besser aber mit der Universität Innsbruck, den umliegenden Universitäten oder mit ausgewählten transatlantischen Universitäten kooperieren. Es ist entscheidend, dass Lehre und Forschung auf allen Ebenen[43] betrieben wird. Wichtig sind:

- Grundlagenforschung,
- angewandte Forschung,
- Entwicklung,
- Forschungs- und Entwicklungseinrichtungen,
- Internationale Postdoc-, Doktorats-, Diplom-, Masterstudiengänge und
- Fachhochschul-Studiengänge.

**Hypothese 6:** Die Integration von Forschung und Lehre ist eine notwendige Voraussetzung, um für Tirol langfristig ein – dem internationalen Standard angemessenes – Innovationspotential zu schaffen.

### *8.2.7 Kooperation zwischen Universitäten und Unternehmen*

Die Kooperation zwischen Universitäten und Unternehmen ist in den USA ein erfolgreiches Lehr- und Forschungsmodell. Derartige Kooperationen sind in Österreich noch nicht ausreichend institutionalisiert. Sie sollen sich aber nur auf ausgesuchte Themen beziehen. An der Sozial- und Wirtschaftswissenschaftlichen Fakultät besteht seit 1986 das Patenschaftsmodell Innsbruck (PINN). Ein zentraler Gedanke dieses Modells ist die Einbindung von Unternehmen in den Ausbildungsweg des Studenten. Beispielsweise haben Studenten in den 14 Jahren des Bestehens von PINN über 400 Diplomarbeiten in Kooperation mit Unternehmen erstellt.

---

[43] Vgl. Bruno BUCHBERGER, International Center for Information and Communication Technologies Tyrol (Draft), Linz 1999.

**Hypothese 7**: Die Kooperation Universität – Unternehmen ist eine notwendige Voraussetzung für den Know-how-Transfer.

### *8.2.8 Die Leistungsfähigkeit kleiner „Know-how-Schmieden"*

Der Erfolg des Silicon Valley ist in der Integration von „kleinen Know-how-Schmieden" mit großen Technologiekonzernen zu sehen. Abbildung 11 visualisiert die wirtschaftliche Entwicklung von IBM. Durch strategische Fehler, die bereits in den 70er Jahren begangen wurden, stagnierte die wirtschaftliche Entwicklung von IBM im nachfolgenden Jahrzehnt. Dies führte Ende 1980 zu einem dramatischen Verfall der Aktien. Die veränderte Strategie von IBM, Allianzen mit kleinen, schlagkräftigen Know-how-Unternehmen einzugehen, war ein entscheidender Faktor, das Unternehmen wieder auf Erfolgskurs zu bringen. Dieser von IBM verfolgte Weg wird auch von einer Vielzahl von Technologieunternehmen (Microsoft, HP, AT&T) erfolgreich beschritten.

**Abbildung 11: IBM's Know-how-Links**

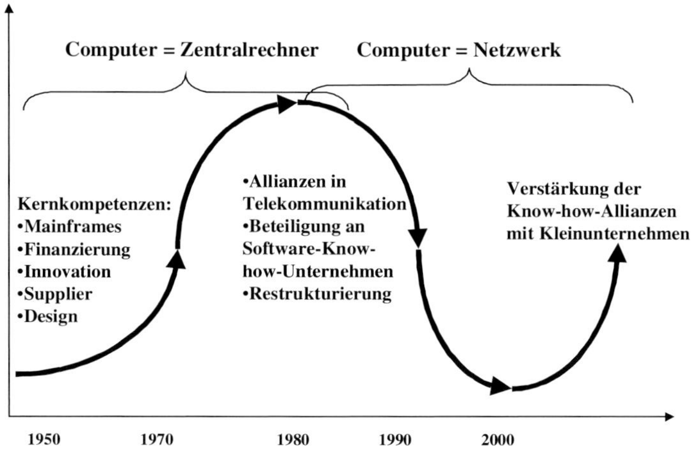


**Hypothese 8**: Die durch die Globalisierung entstehenden Technologielücken werden durch kleine Know-how-Schmieden abgedeckt.

## 9. Schlussbemerkung

Viele der im Beitrag behandelten Themen sind systemunabhängig, alle Aspekte gelten aber für Tirol. Ziel des Beitrages war es, dieses Veränderungspotential, das durch Informations- und Kommunikationstechnologien entsteht, aufzuzeigen und den Staat,

**Abbildung 12: Aspekte des Gestaltungsprozesses**

das Land, die Unternehmen und die Bürger auf diesen Veränderungsprozess vorzubereiten. Im Beitrag steht primär die Pragmatik im Vordergrund. Abbildung 12 gibt in Form einer Mind-Map einen zusammenfassenden Überblick.

Das immer „Statische" Tirols ist hoffentlich seine „Dynamik"

## Schrifttum

BANGEMANN, Martin, Europa und die globale Informationsgesellschaft. Empfehlungen an den Europäischen Rat, Brüssel, 26. Mai 1994, in: [URL: HTTP://WWW.ECHO.LU/EUDOCS/EN/BANGEMANN.HTML, Abruf am 03–16–00].

BAUWENS, What is cyberspace? in: Computers in Libraries 14 (4) (1994) 42–48.

Brockhaus Enzyklopädie. Vierzehnter Band. Mannheim 1991.
Brockhaus Enzyklopädie. Zweiundzwanzigster Band. Mannheim 1991.
BROOME (Description of) Community College/Industry Partnerships, in: [URL: http:scholar.lib.vt.edu/ejournals/CATALYST/V23/N2/HABEL.HTML, Abruf am 03–29–00].
BUCHBERGER, Bruno, International Center for Information and Communication Technologies Tyrol (Draft). Universität Linz Linz 1999.
FINK, Kerstin, Know-how-Management. München-Wien 2000.
FINK, Kerstin / ROITHMAYR, Friedrich, Dimensions and Factors of the Virtual Paradigm. IFIP-World Computer Congress Beijing August 2000.
FINK, Kerstin / ROITHMAYR, Friedrich, Know-how-Management. Foliensatz zum Vortrag Know-how-Management im Marriott. Linz 2000.
FINK, Kerstin / ROITHMAYR, Friedrich, Know-how-Manager. A tool for Know-how-Networks. Draft. Department of Information Systems. Innsbruck 2000.
GOZZI, The cyberspace metaphor, in: ETC: A review of general semantics 51 (1994) 218–223.
HEETER, Communication research on consumer virtual reality. In: BIOCCA / LEVY (Hrsg.), Communication in the age of virtual reality. Hillsdale, NJ. 1995.
HEINRICH, Lutz J. / ROITHMAYR, Friedrich, Wirtschaftsinformatik-Lexikon. München-Wien 1998.
KAUFER, Erich, Spiegelungen wirtschaftlichen Denkens im Mittelalter. Innsbruck-Wien 1998.
MERTENS, Peter / POTTHOF, Ingo, Wirtschaftsinformatik – Von den Moden zum Trend. Arbeitspapier Nr. 3/1994. Bereich Wirtschaftsinformatik I. Universität Erlangen-Nürnberg 1994.
MINSKY, Marvin, Telepresence, in: Omni, 2 (9) (1980) 45–52.
PIANTANIDA, What is „real time“, „real space“?, in: [URL: http://os.sri.com/papers/realtime.html, Abruf am 12–01–99].
PICOT, Arnold / REICHWALD, Ralf, Informationswirtschaft. In: HEINEN (Hrsg.), Industriebetriebswirtschaftslehre. Wiesbaden 1991.
PROTHERO / PARKER / FURNESS / WELLS, Towards a Robust, Quantitative Measure of Presence. in: Proceedings of Conference on Experimental Analysis and Measurement of Situational Awareness, in: [URL: http://www.hitl.washington.edu/publications, Abruf am 02–10–00] (1995) 359–366.
ROBERTS / SMITH / POLLOCK, Exploring Virtuality: Telepresence in Text-based Virtual Environments, in: [URL: psych.curtin.edu.au/ people/robertsl/Telep.htm, Abruf am 01–15–00].
ROITHMAYR, Friedrich, Vom Frühmittelalter über die Industriegesellschaft, die Informationsgesellschaft bis hin zur Know-how-Gesellschaft. In: WOLNY (Hrsg.), Beiträge zur kommunalen Verwaltungsreform. Bd. 108. Kommunale Forschung in Österreich. IkW-Schriftenreihe Linz 1998, 55–68.
ROITHMAYR, Friedrich, „Rightsizing“ versus „Downsizing“. In: PÜHRINGER / HENGSTSCHLÄGER (Hrsg.), Trendbuch Zukunft. Oberösterreich auf dem Weg in das 3. Jahrtausend. Linz 1997.
ROITHMAYR, Friedrich / FINK, Kerstin, Information and Communication Systems for Know how Collaboration in a Global Market Place, in: China International Business Symposium. Vol. II Shanghai 1998, 476–483.
ROITHMAYR, Friedrich / FINK, Kerstin, Marktverschiebung durch Virtualisierung. In: BEISHEIM (Hrsg.), Distribution im Aufbruch. München 1999, 1015–1033.
SCHEER, August-Wilhelm, Wirtschaftsinformatik. Berlin 1994.
SCHNEIDER, Dieter, Geschichte betriebswirtschaftlicher Theorie. München-Wien 1981.
SEIDL, Conrad / BEUTELMEYER, Werner, Die Marke Ich®R. Wien 1999.
SEIDL, Conrad / BEUTELMEYER, Werner / WÜHRER, Gerhard, Der Homo Austriacus an der Schwelle zum 21. Jahrhundert. In: BEUTELMEYER, Werner (Hrsg.), Market Studienreihe, Band 6. Linz 1999.
STEUER, Defining virtual reality, Dimensions determining telepresence, in: Journal of Communication 42 (1992) 73–93.
U. S. DEPARTMENT OF COMMERCE, America's New Deficit: The Shortage of Information Technology Workers. A Report Published by U. S. Department of Commerce Office of Technology Policy. October 1997.

## Summaries

Ziel des Beitrags ist es, die Gestaltungswirkung der Informations- und Kommunikationstechnologien zu analysieren und zukünftige Elemente, welche einen wesentlichen Einfluss auf die Gesellschaft, auf das Bildungswesen, auf die Bürger, auf die Politik und für die Unternehmen haben, herauszuarbeiten. Das Land Tirol muss zukünftig verstärkt diese Gestaltungswirkungen reflektieren. Derzeit findet ein Wandel von der Industrie- zur Informationsgesellschaft statt, welche in neun Ideen gegliedert wird: Die Idee des „Central Computing", die Idee des „Personal Computing", die Datenbankidee, die Dialogidee, die virtuelle Idee, die Netzidee, die Wissensidee, die Know-how-Idee und die Teledemokratie Idee. Gerade informationstechnische Entwicklungen sind sehr stark einem „Mode-Trend-Thema" unterworfen, das zu erheblichen Auswirkungen in Wirtschaft und Gesellschaft führt. Die Diskussion um „virtuelle Unternehmen, virtuelle Staaten und reale Staaten" wird derzeit in Europa in weit zu geringem Ausmaß geführt. Eine Beschäftigung mit diesen Themen erscheint sinnvoll, wenn das Bestreben darin liegt, die Zukunft ausreichend mitzugestalten. Unternehmenspolitisch, aber auch wirtschaftspolitisch ist es nun relevant, Moden von Trends abzugrenzen. Zur Ableitung von Gestaltungswirkungen dient die Erfolgsgeschichte des Silicon Valley als Referenzmodell. Es können insgesamt acht Faktoren, welche Schlüsselfaktoren sind, differenziert werden: Zeit, unterschiedliche Kulturkreise, gesetzliche Rahmenbedingungen und die unternehmerischen Aktivitäten, die Qualität und die Quantität der Ausbildung, die Lebensqualität und die Landschaft dieser Region, die Integration von Forschung und Lehre, die Integration von Universitäten und Unternehmen sowie die Leistungsfähigkeit kleiner „Know-how-Schmieden". Das Ziel muss es sein, den Staat, das Land, die Unternehmen und die Bürger auf diese Veränderungsprozesse vorzubreiten. Dies kann nur dann gelingen, wenn alle Beteiligten in Tirol der Vision folgen: „Das ewig Statische Tirols ist seine Dynamik".

* * *

The objective of the article is to analyze the recent impact of information and communication systems and to elaborate future elements which will have an impact for the society, for organizations, for citizen, for the educational system and for politics. The developed model will be reflected on the situation of Tyrol. From a methodical point of view a current system survey is chosen which will end up in an target system-based approach. Right now we are in the transition from the industrial age to the information age, which can be divided into nine ideas: the central computing idea, the personal computing idea, the database idea, the dialog mode idea, the virtual idea, the network idea, the knowledge idea, the know how idea and the teledemocracy idea. The key question is: In which direction is the information age heading? Factors such as time, globalization, individualization and networking are becoming key success factors. To analyze the impact of information and communication systems the ration "fashion" towards "trend" functions as an significant indicator. An example is the medium Internet, its a fashion right now, but does it become a trend? For Politicians it is decisive to recognize information and communication systems which are "fashion" and which are a "trend". In this article the Silicon Valley Way functions as a reference model for the Tyrolean Mountain Way. A model consisting of eight factors which made the Silicon Valley powerful is developed. The following key success factors have to be taking into account: Time, different cultures, legal conditions, quality and quantity of the education system, quality of life, integration of research and development, integration from university and organizations and know how forges. In this article current developments of information and communication systems are presented in order to prepare the citizen, the government and organizations to deal with this change.

* * *

L'articolo si propone di analizzare il recente impatto dei sistemi di informazione e comunicazione e di elaborare elementi futuri che avranno delle ripercussioni sulla società, le imprese, i cittadini, i sistemi politici di formazione. Il modello analizza la situazione tirolese. Per ragioni metodologiche si è scelto uno studio che sboccherà in un approccio basato su un sistema di obiettivi. Ci troviamo in un periodo di transizione dall'era industriale a quella dell'informazione che è imperniata attorno ai seguenti nove concetti: calcolo universale, personal computer, banche di dati, dialogo, virtualità, network, sapere, know-how e teledemocrazia. La questione-chiave è: in quale direzione si sta muovendo l'era dell'informazione? Fattori come tempo, globalizzazione, individualizzazione e reti di comunicazione stanno diventano dei fattori chiave del successo. Per studiare l'impatto dei sistemi di comunicazione e di informazione un indicatore significativo può essere rappresentato dalla distinzione tra «fashion» e «trend» . Un esempio ne è Internet, attualmente è una moda ma diventerà una tendenza? Per i politici è importante distinguere quali sistemi di comunicazione e di informazione sono una moda e quali invece una tendenza. In questo articolo Silicon Valley funziona da modello di riferimento del cosiddetto «tyrolean mountain way», un modello composto da otto fattori ripresi da Silicon Valley: tempo, diversità culturali, presupposti giuridici, qualità e quantità dei sistemi di formazione, qualità di vita, integrazione di ricerca e sviluppo, integrazione tra il mondo dell'università e quello dell'industria, creazione di know-how.

L'articolo intende mostrare tale sviluppo per preparare i politici, i cittadini e le imprese al cambiamento in questo settore.

# Der Tiroler Tourismus im Wandel

## Von guten Startbedingungen zu neuen Herausforderungen 1951–2001

PAUL TSCHURTSCHENTHALER / JOSEF MARGREITER

„Ein Tirol ohne Fremdenverkehr wäre ein Tirol der Katastrophe, ein Tirol, in dem alle Berufskreise auf das Allerschwerste betroffen und geschädigt werden würden" (Emil Erler, 1932)

„Die Arbeiterschaft weiß, daß Tirol in erster Linie Bauernland sein muß. Der Fremdenverkehr, der früher viele weichende Bauernsöhne und zahlreiche Frauen aufnehmen konnte, wird in den nächsten Jahrzehnten keine ausschlaggebende Rolle mehr spielen"
(Wortmeldung auf der Landeskonferenz der Gewerkschaft der Metall- und Bergarbeiter 1947 – TT vom 25. August 1947, 2, zitiert nach Josef Nussbaumer)

Beide Zitate zeigen die Problematik von Zukunftsaussagen. Aus heutiger Sicht haben sich wohl beide Meinungen als grundsätzlich falsch herausgestellt. Sie sind aber klares Indiz eines Faktums: Der Tourismus war in Tirol immer schon ein sehr kontroverses Diskussionsthema. Dafür ließen sich noch zahlreiche weitere Belege – auch aus der Gegenwart – anführen.[1] Auf eine Darstellung solcher oft sehr subjektiv und/oder interessenpolitisch geprägter Auseinandersetzungen soll im Folgenden weitgehend verzichtet werden. Vielmehr möchte der Beitrag eine sachliche Analyse des Tiroler Tourismus anbieten, bei der auf wesentliche Faktoren eingegangen wird, die vieles der vergangenen Entwicklung erklären. Darüber hinaus führten und führen die neuen wirtschaftlichen und gesellschaftlichen Gegebenheiten im Betrachtungszeitraum und vor allem im auslaufenden 20. Jahrhundert dazu, dass sich die inneren und äußeren Rahmenbedingungen für den Tiroler Tourismus nachhaltig geändert haben. Gerade auch diesen Wandel möchten wir diskutieren, weil er zum einen die jüngere Entwicklung des Tiroler Tourismus verständlich macht und weil – für die Zukunft des Tiroler Tourismus

[1] Vgl. dazu im Detail bei Paul TSCHURTSCHENTHALER, Der Tourismus im Bundesland Tirol 1918–1990. In: Anton PELINKA / Andreas MAISLINGER (Hrsg.), Handbuch zur neueren Geschichte Tirols, Band 2: Zeitgeschichte. Innsbruck 1993, 113–208.

wichtig – die Fähigkeit zur Anpassung an eben diese neuen Gegebenheiten dafür ausschlaggebend sein wird, welchen Stellenwert der Tourismus in Zukunft im Rahmen der Tiroler Gesamtwirtschaft einnehmen kann.

Die nachfolgenden Ausführungen müssen sich naturgemäß auf eine sehr grobe Analyse beschränken; für detaillierte Ausführungen fehlt der Platz. Einige Aspekte werden daher zu kurz kommen oder überhaupt nicht aufscheinen. Dafür möchten wir bereits vorweg um Nachsicht bitten. Wir meinen aber, dass sich im Grundtenor der Analyse nichts wesentlich anderes ergeben sollte.

Nach einem kurzen quantitativen Überblick der Tiroler Tourismusentwicklung folgt eine Auseinandersetzung mit den wirtschaftlichen und gesellschaftlichen Auswirkungen dieses Wirtschaftszweiges. Die günstigen Ausgangskonstellationen in den Fünfziger- und Sechzigerjahren in Tirol und in seinen wesentlichen Quellmärkten führten in Verbindung mit unternehmerischen Initiativen und unter Mithilfe der Tourismuspolitik zu den beiden „goldenen Jahrzehnten“ im Tiroler Tourismus. Erste Ernüchterungen folgten bereits in den Siebzigerjahren, verursacht durch die Nachfrageschwäche im Sommer. Diese aber wurden noch überkompensiert durch den nunmehr boomenden Wintertourismus. Doch Anfang der Neunzigerjahre zeigte auch der Wintertourismus Ansätze von Stagnationstendenzen, die sich ähnlich erklären lassen wie das nunmehr schon lang andauernde Verharren des Sommers auf dem Nächtigungsniveau der Siebzigerjahre. Die Analyse der Vergangenheit ist relativ leicht. Viel schwieriger ist der Blick in die Zukunft des Tiroler Tourismus. Aus der vergangenen Entwicklung lassen sich aber Anhaltspunkte für unternehmerische und tourismuspolitische Maßnahmen finden, die dem Tourismus zumindest eine reelle Chance eröffnen, seine Bedeutung in der Tiroler Wirtschaft auf hohem Niveau zu festigen.

## 1. Eine Tourismusbilanz – Die Entwicklung des Tiroler Tourismus in der 2. Hälfte des 20. Jahrhunderts und seine wirtschaftlichen und gesellschaftlichen Auswirkungen

Zwischen dem Beginn der Fünfzigerjahre und der Jahrtausendwende hat der Tiroler Tourismus in seiner Nachfrageentwicklung mehrere markante Entwicklungsphasen durchgemacht. Am Anfang standen immer noch die Bemühungen um den Wiederaufbau der durch den Krieg zerstörten bzw. im Zuge der Verschickungsaktionen stark abgenutzten Infra- und Suprastrukturen im Vordergrund. 1950 wurden in Tirol rund 2,3 Millionen Nächtigungen registriert. Das war erst die Hälfte des höchsten Wertes der Zwischenkriegszeit. Vier Jahre später hatte sich der Tiroler Tourismus jedoch so weit erholt, dass er das Zwischenkriegsniveau wieder erreichte. Ab nun begann die „Erfolgsgeschichte“ des Tiroler Tourismus, die ihn zu einem der wichtigsten Wirtschaftszweige des Landes machte. Bis heute konnte der Tiroler Tourismus seine Position weitgehend halten. Dies ist deshalb beachtenswert, weil er im letzten Viertel des 20. Jahr-

**Abbildung 1: Die Tourismusnachfrage in Tirol 1950–2000**

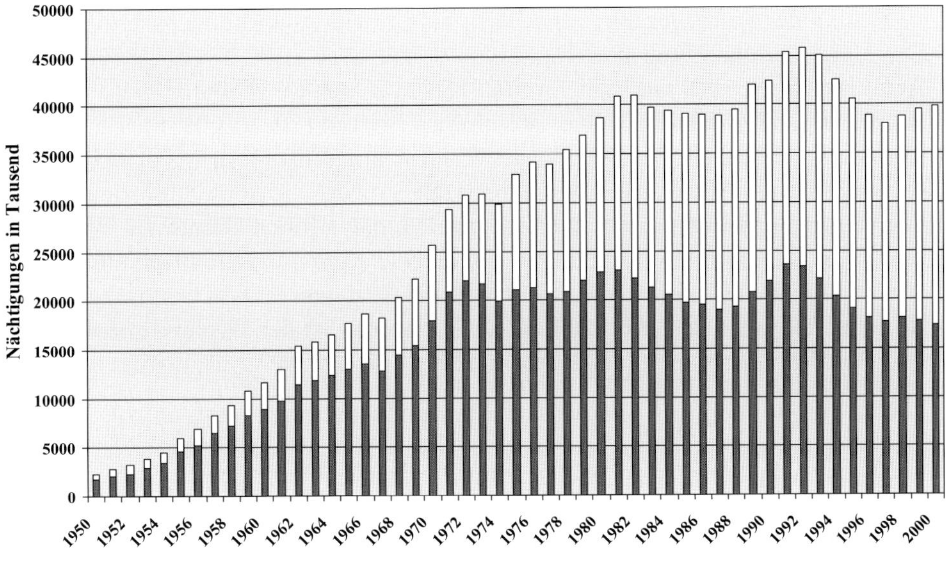


Quellen: Österreichisches Statistisches Zentralamt
Amt der Tiroler Landesregierung

hunderts wegen des wirtschaftlichen Strukturwandels in Tirol selbst und wegen der Veränderungen auf den internationalen Tourismusmärkten ein sehr schwieriges Umfeld vorfand.

Abbildung 1 zeigt die Dynamik, aber auch den Wandel des Tiroler Tourismus während der letzten 50 Jahre.

- Bis zu Beginn der Siebzigerjahre nahm sowohl die Sommer- als auch die Winternachfrage stark zu. Mit Ausnahme des Sommers 1967 gab es nie Rückgänge. Die Anteilsverluste des Sommers waren zwar erkennbar, blieben aber im Großen und Ganzen im Rahmen. 1950 hatte der Sommer einen Nächtigungsanteil von rund 75 Prozent. 22 Jahre später, 1972, lag er aber immer noch bei fast 72 Prozent (obwohl er zwischenzeitlich schon auf fast 69 Prozent [1969] gefallen war).
- Mit Beginn der Siebzigerjahre änderte sich das saisonale Verhältnis nachhaltig. Der Sommer trat in eine Stagnationsphase ein. Der Wert von 1972 (22 Millionen Nächtigungen) wurde erst wieder Ende der Siebzigerjahre erreicht. Dem kurzen Zwischenhoch in den Sommerhalbjahren zu Beginn der Achtzigerjahre folgte Mitte dieses Dezenniums der Einbruch; 1987 wurden nur mehr rund 19 Millionen Nächtigungen verzeichnet. Die Neunzigerjahre brachten aufgrund von Sonderfaktoren (Ostöffnung, Verschmutzung des Mittelmeeres) zunächst nochmals einen kleinen

Aufschwung, doch im letzten Beobachtungsjahr, dem Sommer 2000, nächtigten die Gäste nur noch 17,4 Millionen mal; ein Wert, den der Tiroler Tourismus bereits zu Beginn der Siebzigerjahre, also mehr als ein Vierteljahrhundert zuvor, aufwies.

- Die Gesamtentwicklung des Tourismus zeigte aber auch in den Siebziger- und Achtzigerjahren steil nach oben. Ursache dafür war die starke Expansion in den Winterhalbjahren, die die „Krise des alpinen Sommers" zunächst überdeckte. Entsprechend erhöhte sich der Winteranteil, der erstmals 1987 mehr als 50 Prozent erreichte. Doch mit Beginn der Neunzigerjahre erfasste die Stagnationstendenz auch den Wintertourismus, aus der er sich bis dato nicht befreien konnte. Im Winterhalbjahr 1999/2000 wurden nur 22,4 Millionen Nächtigungen registriert, ein Wert, der auch schon zu Beginn der Neunzigerjahre erreicht war.
- Zusammenfassend lässt sich festhalten: Quantitativ ist der Tiroler Tourismus Ende des 20. Jahrhunderts in eine Sättigungsphase eingetreten.

Dieser geschilderte quantitative Befund stimmt zwar für Gesamttirol, ist jedoch nicht gültig für einzelne Tourismusregionen. Während beispielsweise die Nachfrage im Tiroler Sommertourismus zwischen 1975 und 1999 um rund 15 Prozent zurückging, konnten einige Tourismusregionen – wenngleich relativ geringe – Zuwächse registrieren. Dazu zählen unter anderem Sölden (+6 %), Neustift (+19 %), Seefeld (+4 %), Eben am Achensee (+28 %) und Ischgl (+21 %). Dabei ist jedoch nicht zu übersehen, dass auch in diesen Gemeinden in früheren Jahren teilweise bereits höhere Nächtigungszahlen als 1999 zu verzeichnen waren. Selbst auf der regionalen/örtlichen Ebene manifestierte sich also das geschilderte „Stagnieren des Sommers". Ähnliche regionale Entwicklungsunterschiede lassen sich auch für den Tiroler Wintertourismus festhalten. Tirolweit legte er zwischen 1974/75 und 1998/99 um rund 84 Prozent zu. Einige Gemeinden lagen jedoch beträchtlich über diesen durchschnittlichen Zuwächsen. Neustift (+280 %), Ischgl (+229 %), Sölden (+140 %) und Mayrhofen (+138 %) waren in dieser Zeitspanne die Top-Gewinner.[2]

Die räumlichen Verlagerungen lassen sich auch im Wandel der wichtigsten Tiroler Tourismusgemeinden erkennen. Von den zwanzig nächtigungsstärksten Orten des Winters 1950/51 bzw. des Sommers 1951 waren im Winter 1998/99 nur noch acht bzw. im Sommer 1998 nur noch zehn unter den wichtigsten zwanzig Tourismusgemeinden vertreten. Darüber hinaus lässt sich für die letzten fünfzig Jahre eine breitere regionale Streuung des Tourismus im Zeitablauf feststellen: Während im Winter 1950/51 81 Prozent und im Sommer 1951 57 Prozent der Nächtigungen in den zwanzig bedeutendsten Gemeinden anfielen, waren es im Winterhalbjahr 1998/99 49 Prozent, im Sommer 1998 39 Prozent. Sieht man von den klassischen Tiroler Tourismusorten Innsbruck, Sölden, Kitzbühel, St. Anton und Seefeld ab, so profitierten von der regionalen Verschiebung bzw. Dekonzentration der letzten fünfzig Jahre vor allem die peripheren Landesteile, während viele Orte an den Bahnlinien, die in den Fünfzigerjahren noch

[2] Siehe dazu Tabelle 2 im Tabellenanhang S. 346.

größere touristische Bedeutung hatten, weit zurückfielen. Im Übrigen liegen auch vier der fünf oben genannten klassischen Tourismuszentren direkt an der Eisenbahn. Während der letzten Jahre ist zwar wieder eine leichte Konzentrationstendenz festzustellen; sie hat aber keineswegs die Stärke der Fünfzigerjahre.[3]

Im Betrachtungsraum konnte der Tourismus zunächst seine Position innerhalb der Tiroler Wirtschaft stark ausbauen. Der Beitrag der touristischen Kernbranche „Beherbergungs- und Gaststättenwesen" zum gesamten Tiroler Regionalprodukt (Bruttowertschöpfung) betrug 1961 erst rund 6,5 Prozent. Bis zum Jahr 1997 erhöhte sich der Anteil auf 11,6 Prozent. Die zunehmend schwierigere Position des Tiroler Tourismus auf dem Tourismusmarkt zeigt sich jedoch daran, dass der respektive Anteil früher bereits höher war; 1991 erreichte er mit 12,2 Prozent seinen Höhepunkt. Der hohe Stellenwert des Tourismus innerhalb der Tiroler Wirtschaft kommt auch durch den Vergleich mit Österreich deutlich zum Ausdruck. Innerhalb der österreichischen Volkswirtschaft hat das Beherbergungs- und Gaststättenwesen nur einen Anteil an der gesamten Bruttowertschöpfung von rund 4 Prozent. Damit liegt der österreichweite Anteil bei nur rund einem Drittel des Tiroler Wertes (vgl. Abbildung 2).

In der Diskussion der ökonomischen Auswirkungen des Tourismus werden immer wieder als Argument die Auswirkungen auf andere Bereiche der Tiroler Wirtschaft ins Treffen geführt. Analytisch sind zwei Wirkungen der touristischen Nachfrage auseinander zu halten, die in der Diskussion oft vermischt werden: Zum einen ermöglicht es der Tourismus, dass in anderen Wirtschaftszweigen direkt Nachfrage durch die Touristen selbst entsteht. Es ist folglich für diese Unternehmen möglich, ihre Produkte zu „exportieren", ohne direkt auf ausländischen Märkten präsent sein zu müssen. Rund 40 Prozent der Ausgaben der Touristen werden in anderen Branchen als dem Beherbergungs- und Gaststättenwesen einkommens- und beschäftigungswirksam. Daneben werden oft die Vorlieferverflechtungen der touristischen Unternehmen ins Treffen geführt. Grundsätzlich ist es bedenklich, diese Effekte der Ursprungsnachfrage zuzurechnen, sind doch Vorlieferverflechtungen in arbeitsteiligen Volkswirtschaften nicht die Ausnahme, sondern die Regel. Da jedoch die räumliche Ausstrahlung in der klein- und mittelbetrieblichen Tourismuswirtschaft in einem viel engeren Umkreis erfolgt, sind diese nahen Vorlieferverflechtungen – vor allem aus regionalwirtschaftlicher Sicht – nicht zu unterschätzen. Unter Berücksichtigung beider Aspekte – also sowohl der Ausgaben der Touristen in anderen Wirtschaftssektoren als auch der Beachtung der Vorlieferverflechtungen – trägt der Tiroler Tourismus gegenwärtig zu rund einem Viertel zum gesamten Tiroler Regionalprodukt bei.[4]

---

[3] Siehe dazu im Detail die Tabelle 3 im Tabellenanhang S. 347–348.

[4] Eine ausführliche Analyse der ökonomischen Wirkungen des Tiroler Tourismus wurde im Auftrag der Tirol Werbung vom Institut für Verkehr und Tourismus 1994 vorgenommen. Siehe dazu Paul Tschurtschenthaler / Günther Lehar, Die Wertschöpfung des Tourismus in Tirol – Methodenstudie und Entwicklung eines Modells zur Berechnung der touristischen Wertschöpfung. Innsbruck 1994.

**Abbildung 2: Anteil des Beherbergungs- und Gaststättenwesens an der Bruttowertschöpfung (Tirol und Österreich)**

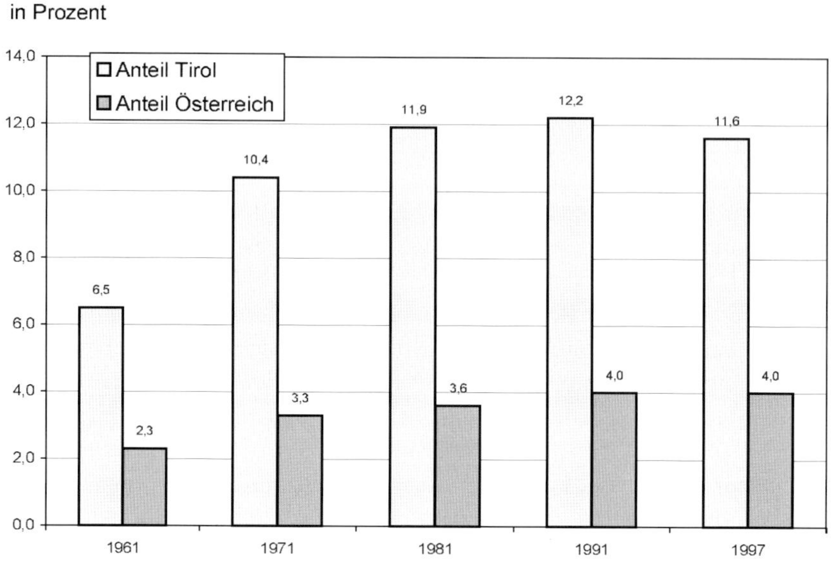


Quellen: 1961, 1971, 1981: Monatsberichte des Österreichischen Instituts für Wirtschaftsforschung Nr. 6/1987. 1991, 1997: Statistische Nachrichten Nr. 12/1999

Die Tiroler Volkswirtschaft hat nach dem 2. Weltkrieg einen großen Strukturwandel vollzogen. 1951 waren noch über 75.000 Tiroler in der Landwirtschaft berufstätig[5], 40 Jahre danach, 1991, waren es nur noch rund 12.000. Damit sank der Anteil der landwirtschaftlich Berufstätigen von fast 37 Prozent innerhalb einer relativ kurzen Zeit auf nur mehr 4 Prozent. Absolut wurden aus der Landwirtschaft 63.000 Personen freigesetzt. Da sich zudem die Zahl der Berufstätigen zwischen 1951 und 1991 noch zusätzlich um über 88.000 Personen erhöhte, musste die Tiroler Wirtschaft in diesen vier Jahrzehnten knapp über 151.000 Menschen in anderen Wirtschaftszweigen Beschäftigung bieten. Der Tourismus trug zu den neuen Beschäftigungsmöglichkeiten wesentlich bei. Insgesamt stieg die Zahl der Berufstätigen im Beherbergungs- und Gaststättenwesen von 8.300 im Jahr 1951 auf 35.700 im letzten Volkszählungsjahr 1991. Die touristische Schlüsselbranche absorbierte folglich von den 151.000 Berufstätigen 27.400 oder knapp über 18 Prozent. Wenn man daneben noch berücksichtigt, dass die Touristen neben dem Beherbergungs- und Gaststättenwesen noch in einer Reihe anderer Branchen – so z. B. in Verkehr, Handel, anderen Dienstleistungen … – direkte Nachfrage entfalten, so ist der Beschäftigungseffekt sowohl absolut

[5] Die Zahlen beziehen sich auf die Tiroler Wohnbevölkerung nach den Volkszählungsdaten.

als auch relativ noch viel höher. Gegenwärtig entfallen rund 60 Prozent der Ausgaben auf das Beherbergungs- und Gaststättenwesen. Überträgt man daher diesen Anteil auf die Absorptionswirkungen des Tiroler Tourismus, so erhöht sich die absolute Zahl auf rund 45.000 Personen oder rund 30 Prozent. Da das touristische Leistungsbündel zwischen 1951 und 1991 immer differenzierter wurde, der Anteil der Ausgaben für die Unterkunft und Verpflegung an den touristischen Gesamtausgaben also tendenziell abnahm, sind die 30 Prozent eher als eine Unter- denn Obergrenze interpretierbar.

Das Aufkommen und Wachsen des Tiroler Tourismus erleichterte damit den Tirolern den durch die gesamteuropäische Wirtschaftsentwicklung bedingten Strukturwandel beträchtlich. Seine wirtschaftliche Bedeutung in den letzten 50 Jahren ist wohl unbestritten. Auch aus seinem Beitrag zur Beschäftigung ist der hohe gesellschaftliche Stellenwert erkennbar. Am deutlichsten lässt sich dies anhand der Ergebnisse der Volkszählungen demonstrieren. Zwar ließen sich 1991 – ähnlich dem Wertschöpfungsanteil – „nur" 12,1 Prozent der (selbstständig und unselbstständig) Berufstätigen (mit Wohnsitz in Tirol) der Schlüsselbranche des Tourismus, dem Hotel- und Gastgewerbe, zurechnen, doch spiegelt dieser Durchschnittswert vor allem nicht die dem Tourismus zukommende regionalwirtschaftliche Bedeutung wider. In den Tourismuszentren Tirols lagen beispielsweise die Berufstätigenanteile dieses Sektors 1991 bei rund einem Drittel. Noch klarer kommt der regionalwirtschaftliche Stellenwert bei den unselbstständig Beschäftigten zum Ausdruck. Die Statistik der unselbstständig Beschäftigten (ohne „geringfügig Beschäftigte") der Tiroler Gebietskrankenkassa rechnete im Jahr 1996 13,5 Prozent aller unselbstständig Beschäftigten dem Beherbergungs- und Gaststättenwesen zu. Während es aber in Innsbruck nur 4,5 Prozent waren, betrug dieser Anteil in den Tourismuszentren bzw. den tourismusintensiven Gebieten 44,6 bzw. sogar 55,5 Prozent.[6] Der Strukturwandel der letzten 50 Jahre hätte ohne Tourismus vielen peripheren Tiroler Regionen große Probleme gebracht; ohne den Tourismus wären wohl auch einige von ihnen der Entsiedelung preisgegeben gewesen.

Die geschilderte und eindrucksvolle Entwicklung des Tiroler Tourismus lässt sich zum einen zurückführen auf die individuellen Leistungen der touristischen Anbieter, die von der Tourismuspolitik direkte oder indirekte Unterstützung erhielten. Zum anderen waren es aber auch ökonomische und gesellschaftliche Faktoren im In- und Ausland, die es den Tourismusakteuren erleichterten, diesen Wirtschaftszweig so erfolgreich aufzubauen. Der Tiroler Tourismus bekam aufgrund der spezifischen Konstellation dieser Faktoren kräftigen Rückenwind. Inzwischen hat sich jedoch der Wind gedreht: Eine steife Brise bläst dem Tourismus nunmehr hart ins Gesicht. Da sich die meisten dieser für den Tourismuserfolg wesentlichen Faktoren aber einer direkten Einflussnahme entziehen, ist es – um weiterhin erfolgreich zu sein – erforderlich, sich an

[6] Die Rohdaten für die Berechnung dieser Anteilsziffern wurden vom Amt der Tiroler Landesregierung, Abteilung Raumordnung, Sachgebiet Statistik zur Verfügung gestellt.

die geänderte Situation anzupassen. Bekanntlich ist es leichter, mit Rückenwind zu segeln. Aber es ist auch ein Segeln gegen den Wind möglich. Nur: Es erfordert größeres Geschick und Können.

## 2. Die Erfolgsfaktoren des Tiroler Tourismus im Wandel

Der Tiroler Tourismus profitierte in seiner Aufbauphase lange von natürlichen, gesellschaftlichen und wirtschaftlichen Gegebenheiten sowohl in Tirol selbst als auch in den wichtigsten Herkunftsländern. Diese günstigen Ausgangstatsachen ermöglichten die touristische Entwicklung mit ihren positiven wirtschaftlichen, gesellschaftlichen und vor allem regionalen Wirkungen. Damit soll und kann nicht das Verdienst der Pioniergeneration geschmälert werden, denn die günstigen Startchancen mussten erst genutzt werden. Das von dieser Generation gelegte Fundament stellte sich darüber hinaus als fest und mächtig heraus; auf ihm konnte die Nachfolgergeneration diesen Wirtschaftsfaktor zunächst weiter ausbauen und bis heute auf hohem Niveau konsolidieren. Nicht zu vernachlässigen sind aber auch negative Wirkungen im Zusammenhang mit dem Tiroler Tourismus. Hier sind in erster Linie der Druck auf die Umwelt und der Einfluss auf die kulturellen Eigenheiten zu nennen. Allerdings ist zu beachten, dass dafür oft nicht nur der Tourismus, sondern allgemeine gesellschaftliche und wirtschaftliche Entwicklungen eine wichtige Rolle spielen und der Tourismus nur als ein Transmittor unter vielen fungierte. Darüber hinaus ist immer die Alternative zum Tourismus im Auge zu behalten. Wie würden bestimmte Teile Tirols hinsichtlich Umwelt- und Gesellschaftszustand aussehen, wenn anstelle einer touristischen Entwicklung andere Wirtschaftszweige einen solch dominierenden Stellenwert gehabt hätten bzw. wenn keine Wirtschaftsbasis vorhanden gewesen wäre? Bei einer Gesamtbetrachtung und Gesamtbeurteilung ist jedoch immer die umfassende Perspektive erforderlich; nur wenn die „Schatten“ ebenso wie das „Licht“ Beachtung finden, ist die objektive Sicht gewährleistet.[7]

### 2.1 Die Standortgunst, die Entwicklung der Verkehrstechnologie und der Infrastruktur

Zu den historisch wesentlichen Vorteilen gehörte in herausragender Weise die Standortgunst Tirols „im Herzen Europas“. Durch die Kreuzung der Eisenbahnverbindungen von Nord nach Süd und von Ost nach West war Tirol von den wichtigen und wirtschaftlich gut entwickelten Zentren mit dem zunächst dominierenden Verkehrsmittel relativ rasch erreichbar. Vor allem in den Fünfzigerjahren – der Aufbauphase im Tiroler Tourismus und dem daran anschließenden Beginn des Tourismusbooms – spielte

[7] Vgl. dazu Tiroler Fremdenverkehrswerbung, Licht und Schatten – Geschichten zum Nachdenken über den Tiroler Fremdenverkehr, Innsbruck (ohne Jahr).

dieser Faktor eine herausragende Rolle.[8] Verstärkt wurde der Standortfaktor „Nähe" durch den relativ geringen Urlaubsanspruch der Arbeitnehmer des wichtigsten Herkunftsmarktes, Deutschland. Zwei Wochen bezahlter Urlaub in den Fünfzigerjahren[9] ließen die Überwindung größerer Entfernungen im Zuge einer Reise für die überwiegende Zahl der Touristen nicht zu.

Das Vordringen des motorisierten Individualverkehrs ermöglichte es den Touristen in zunehmendem Maße, den potenziellen regionalen Radius der Urlaubsreise zu vergrößern. Zunächst zeigte sich dies vor allem in der regionalen Ausdehnung innerhalb des bereits durch die Eisenbahn erschlossenen Urlaubsumfeldes. In Tirol manifestierte sich dies daran, dass sich die regionalen Zentren des Tourismus von der ursprünglichen Konzentration entlang der Eisenbahnlinien in die Seitentäler verlagerten. Die Standortgunst Tirols blieb aber zunächst trotz des Aufkommens der individuellen Motorisierung gewahrt. Der technische Stand im Automobilbau und der Zustand der Verkehrsinfrastrukturen sowie die immer noch relativ kurze Urlaubsdauer machten die Überwindung größerer Raumdistanzen nicht dramatisch einfacher. Darüber hinaus konnte aufgrund der wirtschaftlichen Entwicklung eine immer größere Zahl von Menschen am touristischen Phänomen partizipieren. Daraus entstand in Tirol jener Tourismusboom, der trotz des Auftretens mediterraner Konkurrenz[10] zu den sog. „goldenen Jahren" des Tiroler Tourismus zählt. Die einheimische Bevölkerung nahm diese Chance auch wahr; es wurde ihr jedoch von den spezifischen Umfeldbedingungen objektiv relativ leicht gemacht.

Die rasante Entwicklung im Verkehrsbereich kam aber nicht zum Stillstand. Im Gegenteil, gerade im Verkehrssektor ergaben sich in den letzten dreißig Jahren eine Reihe von Neuerungen, die an die Tiroler Touristiker immer höhere Anforderungen stellten, um auf dem internationalen Tourismusmarkt reüssieren zu können. Vorweg aber kam es zu einer sukzessiven Ausdehnung der für Urlaubsreisen verwendbaren Freizeit. Zu Beginn der Achtzigerjahre hatte erst rund ein Viertel der tariflich erfassten Arbeitnehmer Deutschlands einen Urlaubsanspruch von sechs Wochen. Mitte der Achtzigerjahre waren dies schon über 60 Prozent.[11] Parallel dazu entwickelte sich die Technologie im Fahrzeugbau derart, dass sich mit dem Auto immer komfortabler immer größere Reisedistanzen zurücklegen ließen. Voraussetzung dafür aber war auch der Ausbau des europäischen (Fern-)Straßennetzes, der vor allem in den Sechziger- und Siebzigerjahren einen großen Schub vorwärts machte. Die damit verbundene Ausweitung der potenziellen Konkurrenzdestinationen machte vor allem dem Tiroler Sommertourismus zu

[8] Siehe dazu z. B. bei Heinz GÖCKERITZ, Die Bundesbürger entdecken die Urlaubsreise. In: Haus der Geschichte der Bundesrepublik Deutschland (Hrsg.), Endlich Urlaub! Die Deutschen reisen wieder, Köln 1996, 43–50.

[9] Vgl. Dieter FRANCK, Die Welt der Jahrhundertmitte, 1940–1960: Von schweren und von schönen Zeiten, Bergisch Gladbach 1991, 161.

[10] Die Küstenstraße an der – ehemals – jugoslawischen Adria wurde z. B. erst Ende der Sechzigerjahre ausgebaut; zuvor war sie eine nicht asphaltierte und nur regional bedeutsame Straße.

[11] Vgl. Deutsches Fremdenverkehrspräsidium, Tourismusbericht des Fremdenverkehrspräsidiums, Bonn-Frankfurt 1986, S. 35.

schaffen. Dies verstärkte sich mit dem ab Mitte der Achtzigerjahre boomenden Flugverkehr, der zunächst südeuropäische Destinationen in die Reichweite jener Touristen brachte, die traditionell ihren Urlaub in Tirol verbracht hatten.

Die Folgen der räumlichen Verlagerung der internationalen Urlauberströme im Sommer wurden in Tirol lange vom wachsenden Wintertourismus überlagert und dadurch in ihren Auswirkungen abgeschwächt. So trat der Tiroler Sommertourismus – wie erwähnt – bereits Anfang der Siebzigerjahre in eine Stagnationsphase ein; hingegen boomte der Wintertourismus gerade zu dieser Zeit. Die Gesamtentwicklung ging daher immer noch aufwärts. Erst gegen Ende der Achtzigerjahre zeigten sich auch im alpinen Wintertourismus Sättigungserscheinungen. Neben dem in seine Reifephase eingetretenen alpinen Schilauf war auch dafür die nicht stehen gebliebene technologische Entwicklung im Verkehrssektor verantwortlich, der Fernreisen nunmehr problemlos auch in relativ kurzer Zeit zuließ. Die Liberalisierung des internationalen Luftverkehrs führte zu einer drastischen Senkung der Flugpreise. Sie tat ihr übriges zum nunmehr immens zunehmenden wirtschaftlichen Druck auf die touristischen Anbieter Tirols. Es wirkte sich plötzlich aus, dass die traditionellen Herkunftsländer des Tiroler Tourismus zweifellos Märkte waren, auf denen das Wachstumspotenzial bereits im Abnehmen begriffen war und sich zudem die anderen touristischen Anbieter genau auf diesen Märkten aufgrund natürlicher Gegebenheiten und stark entwickelter Verkehrstechnologie leichter tun: Fernziele in exotischen Ländern haben den Reiz des „Neuen", dagegen zu konkurrieren, fällt schwer. Umgekehrt ist es den Tiroler Anbietern bis dato nicht gelungen, neue Märkte in größerem Umfang zu entwickeln, um die auf den alten Märkten entstandene Lücke zu schließen. Neben weiter unten noch auszuführenden „hausgemachten" Gründen für das Defizit auf neuen Märkten lassen sich zwei Sachverhalte anführen, die auch objektiv Hindernisse für einen einfachen Austausch von alten durch sog. neue Märkte sind. Zum einen ist der „klassische Alpinurlaub" ein Erholungsurlaub. Das Reiseverhalten der Gäste aus den „neuen" Fernmärkten unterscheidet sich davon jedoch gravierend. Hier überwiegen Rundreisen in die kulturellen Zentren Europas, die die klassischen Tiroler Tourismusorte kaum berühren. Wenn sich das Reiseverhalten nicht ändert, so tritt bei der Erschließung der neuen Märkte eine regionale Verlagerung im Tourismus ein, der die regionale Ausgleichsfunktion des Tourismus weniger als bisher zur Geltung kommen lässt. Zum anderen kann vermutet werden, dass ein Erholungsurlauber auf den angesprochenen Fernmärkten nicht so große Distanzen zurücklegen muss, um in den Genuss eines Erholungsurlaubs mit Bergerlebnis zu kommen, sondern dass vielmehr von den Nachfragern auf diesen Märkten entweder näher gelegene Gebiete besucht oder – ebenso wie von Nachfragern auf den alten Märkten – exotische Länder als kontrastreiche Urlaubsdestination gewählt werden. Andere Herkunftsmärkte, für die ein Urlaub in Tirol ein echtes Kontrasterlebnis bieten könnte[12], sind ökonomisch noch nicht so weit, um die angesprochene Lücke schließen zu können.

---

[12] Tirol wäre z. B. ein Kontrasterlebnis für die Einwohner jener Ferndestinationen, die von den Bewohnern der entwickelten Länder zunehmend als Reiseziele „entdeckt" werden. Der wirtschaftliche

Während bei den Haupturlaubsreisen aus den traditionellen Herkunftsmärkten der ursprüngliche Standortvorteil Tirols immer mehr seine Bedeutung verlor, erwies er sich bei den Zweit- und Drittreisen immer noch als wichtig. Zweit- und Drittreisen sind zeitlich wesentlich kürzer und die relative Nähe zum Herkunftsmarkt erwies sich folglich nach wie vor als Vorteil. Sowohl aus betrieblicher als auch aus volkswirtschaftlicher Sicht ist diese Verlagerung durchaus positiv zu beurteilen, weil einerseits die durchschnittliche Ausgabenneigung bei Kurzreisen tendenziell höher ist[13] und weil andererseits durch die breitere zeitliche Streuung der Nachfrage eine bessere Auslastung der kapitalintensiven und aufgrund der Saisonalität untergenutzten Kapazitäten zu erzielen war. 1971 betrug das Verhältnis Sommer- zu Winterbetten in Tirol 1,24. 1990 lag es bereits bei 1,05 und im letzten verfügbaren Berichtsjahr 1998 war es nahezu ausgeglichen. Es war jedoch nicht nur die andere saisonale Verteilung, die eine Verbesserung der Auslastung mit sich brachte, sondern die zunehmende Bedeutung der Zweit- und Drittreisen belebte auch die Vor- und Nachsaison. Zu berücksichtigen ist auch, dass die oft negativ interpretierte Verringerung der durchschnittlichen Aufenthaltsdauer auch auf die Verschiebung zwischen Haupturlaubsreisen und Zweit- und Drittreisen zurückzuführen ist. Doch am Segment der Zweit- und Drittreisenden zeichnet sich schon wieder ein Wandel ab. Die Flugreisen gewinnen auch bei den Kurzreisen an Bedeutung und die relative Nähe zum Herkunftsland wird ebenfalls immer unwichtiger. Der Ruf nach neuen Märkten – auch Kurzreisen aus ferneren Herkunftsmärkten – ertönt daher erneut.

Der oft gehörte Vorwurf an die Tiroler Tourismusanbieter, nicht in der Lage gewesen zu sein, alte durch neue Märkte zu ersetzen, ist jedoch auch im Zusammenhang mit zwei weiteren Faktoren zu sehen, die mithelfen können, die Entwicklungen des alpinen Tourismus zu erklären. Während sich im ersten Fall der Tiroler Tourismus mit gesamtwirtschaftlichen Entwicklungen konfrontiert sah, die er selbst nicht beeinflussen konnte, verabsäumte es dieser Wirtschaftszweig, rechtzeitig mit geeigneten Maßnahmen auf die Änderungen der folgenden beiden tourismusbeeinflussenden Komponenten zu reagieren.

## 2.2 Das wirtschaftliche Umfeld auf regionaler, nationaler und internationaler Ebene

Die touristische Entwicklung Tirols ist maßgeblich von der wirtschaftlichen Entwicklung einerseits in Tirol selbst, andererseits in den wichtigsten Herkunftsländern beeinflusst. Sie erklärt zu einem Gutteil das boomartige Wachstum in den Fünfziger- und Sechzigerjahren ebenso wie die Abschwächung der Nachfrage in den Siebziger- (Sommer) bzw. in den Neunzigerjahren (Winter). Und auch für das regionale Muster

---

Entwicklungsstand erlaubt es den meisten Einwohnern aber nicht, Urlaubsreisen in entferntere Regionen zu unternehmen. Daran wird sich in absehbarer Zeit auch nichts ändern.

[13] Das bestätigen die meisten diesbezüglichen Studien. Vgl. dazu z. B. Josef Mazanec, Gästebefragung Österreich Sommer 1991 – Tirol-Bericht, Wien 1991, 35.

des Tiroler Tourismus und seine zeitlichen Veränderungen liefert sie ausreichend Anhaltspunkte.

Die Nachkriegszeit in Europa war geprägt durch den wirtschaftlichen Wiederaufbau. Die generelle Mangelsituation führte dazu, dass die Aktivität des Produzierens im Vordergrund stand: Jedes Angebot fand seine Nachfrage, denn es war besser, etwas zu haben als gar nichts. Ähnlich war es im Tiroler Tourismus. Die Nachfrage entstand ohne wesentliches Zutun von selbst, es mussten nur die entsprechenden Einrichtungen bereitgestellt werden. Die Bereitstellung des touristischen Produkts beschränkte sich dabei auf wenige, zentrale Basisdienstleistungen, die intuitiv und ohne genauere unternehmerischen Strategien „aus dem Bauch" entwickelt werden konnten. Unternehmerische Initiativen waren meistens von Erfolg gekrönt. Das Potenzial der Nachfrage war im Vergleich zur Konkurrenz so groß, dass Fehlentscheidungen vergleichsweise selten vorkamen.

Darüber hinaus hinkte Tirol zunächst – wie übrigens viele andere mitteleuropäische Bergregionen – hinter der Produktivitätsentwicklung der außeralpinen Räume hinterher. Wegen des Fehlens unmittelbar vergleichbarer Daten werden als Beleg dafür die Produktivitätsdifferenzen zwischen Österreich und Deutschland beigezogen.[14] Die Produktivität des warenproduzierenden Gewerbes lag in Österreich 1970 noch um 25 Prozent unter jener in Deutschland. Bis zu den Neunzigerjahren holte jedoch Österreich diesen Rückstand auf und lag Mitte der Neunzigerjahre sogar um 3 Prozent voran.[15] An diesem Gesamtbild ändert sich auch dann nichts, wenn man berücksichtigt, dass die Produktivitätsentwicklung im Dienstleistungsbereich zwischen Deutschland und Österreich nicht in diesem Maß auseinander klaffte, sondern vielmehr nahezu parallel verlief.

Unterschiede in der Produktivität haben zur Folge, dass sich Lohndifferenzen einstellen. In Tirol lag folglich das durchschnittliche Lohnniveau unter jenem der Länder, aus denen sich überwiegend die touristische Nachfrage rekrutierte. Die personalintensive Tourismusbranche profitierte davon, und die Tiroler Tourismuswirtschaft konnte gegenüber den touristischen Anbietern in den produktivitätsstärkeren Regionen ein preislich attraktives und konkurrenzfähiges Produkt anbieten. Tirol punktete im Preiswettbewerb gegenüber anderen Destinationen und hatte einen relativen Vorteil, der vor allem in den zwei Dezennien nach dem Ende des 2. Weltkriegs wegen der geringen Durchschnittseinkommen wesentlich war.

---

[14] Zwar liefen die Produktivitätsentwicklungen in Tirol nicht unmittelbar gleich wie jene für die österreichische Volkswirtschaft als Ganzes. Für die Volkszählungsjahre 1961, 1971, 1981 und 1991 lag zwar 1971 die Produktivität in Tirol – gemessen an der Bruttowertschöpfung pro Berufstätigem – um rund 10 Prozent über jener der österreichischen, 1961 und 1991 war jedoch die österreichische geringfügig höher und 1981 nahezu ident. Der Vergleich zwischen Österreich und Deutschland ist daher durchaus zulässig.

[15] Vgl. dazu Gernot Hutschenreiter / Michael Peneder, Wettbewerbsfähigkeit, Technologie und Produktivität. 210. In: Heinz Handler (Hrsg.), Wirtschaftsstandort Österreich – Wettbewerbsstrategien für das 21. Jahrhundert, Wien 1996, 204–215.

Im weiteren traten aber zwei Entwicklungen ein, die diesen Vorteil niedriger Löhne zunehmend schwinden ließen. Die eine Entwicklung spielte sich innerösterreichisch (und sogar innertirolisch) ab und führte zu einer angebotsseitigen Aushöhlung am touristischen Arbeitsmarkt. Die andere Tendenz lief dahin, dass auf den preissensiblen Segmenten des europäischen Tourismusmarktes eine regionale Verlagerung stattfand, die vor allem auch die Tiroler Tourismusanbieter traf.

Die innerstaatlichen (-tirolischen) Produktivitätsdifferenzen zwischen peripheren (alpinen) Regionen und den standortgünstigen Agglomerationen führten zu Lohndifferenzen zwischen diesen Regionen. In den ersten 10 bis 15 Jahren der Nachkriegsentwicklung konnte der Tourismus aus der Landwirtschaft freigesetzte Arbeitnehmer – oft mithelfende Familienangehörige – zu niedrigen Löhnen anwerben. Die geringen Möglichkeiten, die beruflichen Fähigkeiten aus der Landwirtschaft in Unternehmen anderer Wirtschaftssektoren einzusetzen, verbunden mit der zunächst sehr geringen Mobilitätsbereitschaft eröffneten den entstehenden Tourismusunternehmen ein breites Arbeitskräftereservoir. Mit der Zeit aber wurden die innerstaatlichen Produktivitätsgefälle und die damit verbundenen Lohndifferenzen immer größer und führten sukzessive zu einer Abwanderung von (einheimischen) Arbeitskräften aus dem Tourismus in andere Wirtschaftszweige. Verstärkt wurde diese Tendenz durch ein fortschreitendes, generelles „upgrading“ in der Ausbildung, das im Tourismus auch feststellbar war. Die Kluft im Bildungsniveau zwischen dem gesamtwirtschaftlichen Durchschnitt und der Tourismusbranche blieb aber offen und nahezu gleich groß. Darauf wird weiter unten noch näher einzugehen sein. Die zunehmende (zunächst noch innerstaatliche) regionale Mobilität der Arbeitskräfte führte nunmehr dazu, dass die touristischen Anbieter am Arbeitsmarkt durch die Abwanderung gerade der qualifizierteren Arbeitskräfte in eine schwierige Situation gerieten. Die Tiroler Tourismuswirtschaft reagierte mit der Anwerbung regionsfremder Arbeitskräfte. Saisonarbeitskräfte aus anderen österreichischen Bundesländern kompensierten zunächst den Angebotsausfall auf dem Tiroler Arbeitsmarkt. Schließlich musste der Tiroler Tourismus aber auf Gastarbeiter zurückgreifen, um die touristische Dienstleistung weiterhin in dieser Quantität produzieren zu können.

Diese Strategie erwies sich in ihrer Anfangsphase als wenig problematisch. Die Gefahr des Identitätsverlustes – wie in der Schweiz schon früh spürbar – war wegen der vorerst relativ geringen Zahl nicht gegeben. Das schleichende Ansteigen des Anteils von nicht-einheimischem Personal – 1993 erreichte der Gastarbeiteranteil an den unselbstständig Beschäftigten im Hotel- und Gaststättenwesen mit 36 Prozent seinen Spitzenwert[16] – führte aber auch in Tirol zunehmend zur Befürchtung, die tirolische Eigenständigkeit im Tourismus und damit an Attraktivität für wichtige Gästegruppen zu verlieren. Wie in vielen anderen gesellschaftlichen Situationen führt einzelwirtschaftlich sinnvolles Handeln zu Ergebnissen, die letztlich von allen nicht so gewollt werden.

---

[16] Quelle: Arbeitsmarktservice (AMS) Tirol nach Institut für Verkehr und Tourismus.

Solange nur wenige Unternehmen – zu ihrem (Kosten-)Vorteil und daher individuell vernünftig – auf billige auswärtige Arbeitskräfte zurückgreifen, gibt es kein Problem. Wenn aber alle so agieren, entsteht die angesprochene Gefahr des Identitätsverlusts, die in letzter Konsequenz den unternehmerischen Erfolg der Gesamtbranche gefährden kann. Die Beschränkung auswärtiger Arbeiterkontingente durch die Tourismuspolitik ist auch vor diesem Hintergrund zu interpretieren.[17]

Das relativ niedrige Preisniveau im Tiroler Tourismus ließ sich daher auf Dauer nicht mehr halten. Eine neue Strategie sollte helfen, dem (Preis-)Dilemma zu entrinnen, das der wirtschaftliche Aufschwung in Österreich und in Tirol für den Tourismus mit sich gebracht hatte: der Qualitätstourismus. Der Begriff war nicht neu. Bereits Mitte der Fünfzigerjahre tauchte die Forderung nach mehr Qualität auf. Damals wurde die quantitative Zunahme der touristischen Nachfrage als Problem gesehen. Vertreter der Tourismuspolitik und hochrangige Kammerrepräsentanten orteten besonders im Westen Österreichs und hier vor allem in den Tourismuszentren Grenzen des Tourismus. „Die Zunahme des Reiseverkehrs … kann nur auf Kosten der Qualität gehen.“[18] Aus heutiger Sicht kann dadurch die Relativität des Begriffs „Grenze“ klar nachvollzogen werden, erhöhte sich doch seitdem in den angesprochenen Zentren – z. B. Seefeld, Kitzbühel, St. Anton und Sölden – die touristische Nachfrage zumindest um das Vierfache; teilweise war das Wachstum sogar noch ausgeprägter. Während es damals also vor allem darum ging, das quantitative Wachstum zu begrenzen und durch Qualität zu ersetzen, ist die gegenwärtige Qualitätsstrategie als Antwort auf die Stagnation der Nachfrage entwickelt worden. In jedem Fall aber bereitet es Schwierigkeiten, den Begriff der „Qualität“ inhaltlich zu füllen. Eine klare Definition von „Qualität einer Dienstleistung“ kann es nicht auch gar nicht geben, weil ein objektivierbarer Maßstab – wie im Sachgüterbereich vorhanden – fehlt. Allerdings lässt sich aus heutiger Perspektive klar herausarbeiten, was inhaltlich mit der Verfolgung einer Qualitätsstrategie im Tiroler Tourismus verbunden ist.

Die Beurteilung der Qualität einer touristischen Dienstleistung erfolgt durch den Gast selbst. In erster Linie ist folglich auf die Wünsche und Vorstellungen des Gastes einzugehen. Im Zuge der wirtschaftlichen Entwicklung in den Herkunftsländern der Gäste haben sich die Vorstellungen an das touristische Leistungsbündel vor allem in den letzten 10 bis 15 Jahren gründlich gewandelt. Genügten früher einfache „Unterkunfts- und Verpflegungsarrangements“, die den Gast zufrieden stellten, so sind in einer Zeit des (materiellen) Überflusses die inhaltlichen Anforderungen an das touristi-

---

[17] Dasselbe Problem tritt im Übrigen – in Tirol ebenfalls aus touristischer Sicht bedeutsam – im Umweltbereich auf. Solange nur eine Region die Natur zwecks Steigerung der Wertschöpfung intensiv nutzt, bleibt die Gesamtbelastung gering. Wenn aber alle Regionen mit denselben Motiven so agieren, kommt es zur Übernutzung, die in weiterer Folge den langfristigen Erfolg des Tourismus gefährden kann. Restriktive Maßnahmen der Natur-, Umwelt- und Landschaftspolitik sollen dies zum Vorteil aller einschränken.

[18] Harald LANGER-HANSEL, Staatsvertrag und Fremdenverkehr, in: Tiroler Verkehr, Nr. 14/1955, 2.

sche Produkt enorm gestiegen. Es umfasst nunmehr eine breite Leistungspalette. Nur dann ist der Urlaub für den Touristen jenes Kontrasterlebnis, das ihn in allen seinen Ansprüchen zufrieden stellt. Die Sicherstellung der Qualität der touristischen Dienstleistung erfordert somit sowohl innovative Kräfte als auch handwerkliche Fähigkeiten, wobei sich das Gewicht tendenziell zur ersten Komponente, den innovativen Fähigkeiten, verlagert. Sie äußern sich in den beiden Fragen:

- Was macht ein attraktives und marktgerechtes touristisches Produkt aus und wie ändert es sich im Zeitverlauf bei den verschiedenen Gästesegmenten?
- Wie kann der Prozess der Dienstleistungsproduktion effizient abgewickelt werden?

Die erste Frage hängt unmittelbar mit den immer differenzierter werdenden Bedürfnissen zusammen, die sich in den hohen Anforderungen der Gäste an die touristische Dienstleistung konkretisieren. Die Qualität beginnt damit beim Produkt an sich. Seine Entwicklung und Gestaltung erfordert innovative unternehmerische Fähigkeiten. Das wirtschaftliche und gesellschaftliche Umfeld in Österreich und Tirol bot dafür grundsätzlich günstige Ausgangsbedingungen. Das Bildungsniveau stieg in den letzten fünfzig Jahren beträchtlich und damit entwickelte sich auch ein Potenzial für eine erfolgreiche Produktentwicklung. Aus der Sicht des Tourismus aber wanderte es eher in andere Wirtschaftssektoren ab. Zwar stieg das Bildungsniveau auch im Tourismus an, es hinkt aber – wie bereits erwähnt – nach wie vor dem gesamtwirtschaftlichen Durchschnitt hinterher. Gerade im so wichtigen Bereich der Produktentwicklung liegt die Vermutung nahe, dass die touristischen Chancen, die sich auch in einer hoch entwickelten Volkswirtschaft mit hohem Bildungs- und Qualifikationsniveau bieten, bislang nicht ausreichend genutzt werden konnten. Dies gilt umso mehr, als eine erfolgreiche Produktentwicklung im Dienstleistungssektor unter Umständen sogar schwerer zu bewerkstelligen ist als bei einer rein industriellen Güterproduktion.

Die Volkszählung 1991 zeigt das bildungsbezogene Nachhinken der im Tourismus Berufstätigen hinter jenen der Gesamtwirtschaft. Knapp über 47 Prozent der Tiroler Touristiker (Berufstätige im Beherbergungs- und Gaststättenwesen) hatten nur einen Pflichtschulabschluss. Sie lagen damit weit über dem Wert aller Tiroler Berufstätigen, die zu knapp einem Drittel als höchsten Abschluss eine Pflichtschule absolviert hatten. Demgegenüber hatten im Beherbergungs- und Gaststättenwesen knapp 5 Prozent zumindest eine höhere Schulausbildung hinter sich; in der Gesamtwirtschaft waren es aber fast 15 Prozent. Überraschend dabei ist auch, dass bei einem Vergleich mit Gesamtösterreich der Tiroler Tourismus in seinem Bildungsniveau hinter jenem Gesamtösterreichs lag. 6,8 Prozent der österreichischen Touristiker – in Tirol 5 Prozent – hatten zumindest eine höhere Schulausbildung hinter sich. Bezogen auf den reinen Pflichtschulabschluss waren es in Österreich nur 42 Prozent gegenüber den erwähnten 47 Prozent in Tirol. Der Tiroler Tourismus hat hier also einen doppelten Nachholbedarf: innerhalb Tirols selbst gegenüber dem Durchschnitt der Tiroler Wirtschaft, aber auch gegenüber dem gesamtösterreichischen Tourismus (vgl. Abbildung 3).

Für diese mangelnde Bindung qualifizierten Innovationspotenzials im Tourismus ist die Eigenart der Produktion der touristischen Dienstleistung selbst mitverantwortlich. Zumindest für die Vergangenheit waren die Rationalisierungsmöglichkeiten im Tourismus im Vergleich zur Sachgüterproduktion eher beschränkt. Durch die Notwendigkeit, sich bei der Lohnentwicklung nicht zu sehr vom gesamtwirtschaftlichen Durchschnitt abzukoppeln und vor allem gute Arbeitskräfte zu verlieren, geriet der Tourismus in die Kostenschere, deren Bewältigung als vordringlich angesehen wurde. Das damit verbundene intensive Verharren der Führungskräfte im operativen Tagesgeschäft beschränkte den Blick auf die aufgrund der Marktentwicklungen vordringliche Produktentwicklung. Verstärkt wurde die Vernachlässigung dieses strategisch herausragenden Bereichs bei der überwiegenden Zahl der Unternehmer durch die fehlende Marktinformation.

**Abbildung 3: Höchster Bildungsabschluss der Berufstätigen 1991**

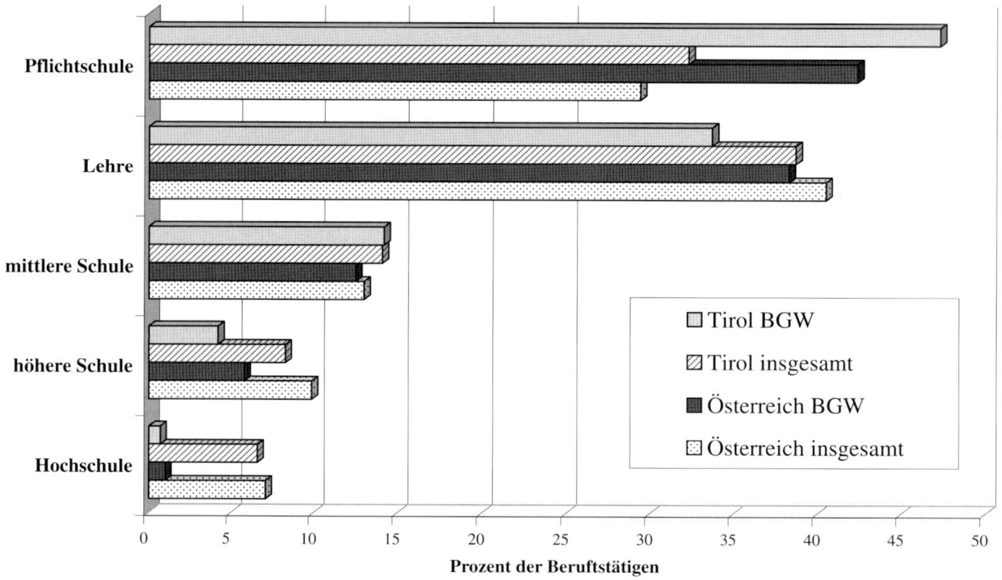


Quelle: Österreichisches Statistisches Zentralamt, Volkszählung 1991

Es bot sich damit dem einzelnen touristischen Anbieter eine völlig neue Situation. An ein kontinuierliches und nahezu von selbst wachsendes Gästeaufkommen gewohnt, dessen Wünsche und Erwartungen durch den persönlichen Kontakt ausgelotet werden konnten, ergab sich mit nachlassender Nachfrage die Notwendigkeit einer aktiven Markterkundung direkt an der Quelle. Die hohen Kosten einer fundierten Marktforschung hinderten den einzelnen Anbieter in der klein- und mittelbetrieblichen Tourismusbranche an der Wahrnehmung dieser unternehmerischen Aufgabe. Damit eröffnete sich ein neues Kooperationsfeld für den Tiroler Tourismus, das von seiner Logik in den Kompetenzbereich der Tourismusorganisationen fiel.

Die Tiroler Tourismusorganisationen konnten bereits auf eine lange Tradition verweisen.[19] Das Schwergewicht der Aktivitäten aber lag neben reinen Verwaltungsagenden lange Zeit fast ausschließlich in Maßnahmen vor Ort – in erster Linie Erstellung von kleineren und größeren Infrastrukturen sowie Auskunfts-/Beratungsaktivitäten für die Gäste – und in der Werbung. Die Frage der touristischen Marktforschung war infolge der beschriebenen Marktkonstellation verständlicherweise kein Thema. Darüber hinaus waren die kleinen Organisationen bei Marktforschungsaktivitäten ohnedies kostenmäßig weit überfordert. Eine Kooperation zwischen den Organisationen aber scheiterte an regionalen Partikularinteressen. Erst in den Achtzigerjahren wurden von Seiten der Tiroler Tourismuswerbung verstärkt Anstrengungen in Richtung Marktforschung unternommen; die Beteiligung an der Gästebefragung Österreich (GBÖ) und eigene Marktforschungsstudien waren die ersten Schritte. Der Transfer zur Basis aber scheiterte weitgehend. Die Intention der Tourismuspolitik zur Reorganisation der Tourismusorganisationen in Richtung größerer Einheiten ab Mitte der Neunzigerjahre eröffnet neben der Effizienzsteigerung in den klassischen Aktivitäten zumindest für die Zukunft auch die Möglichkeiten einer effizienten und auch für den einzelnen Anbieter nutzbringenden Marktforschungsaktivität im Tiroler Tourismus.

Der strikten und ausschließlichen Verfolgung einer einseitigen Kostensenkungsstrategie konnte auf Dauer kein Erfolg beschieden sein. Die traditionellen Produkte ließen sich trotz aller Bemühungen im Vergleich zur Konkurrenz nur zu hohen Kosten und damit hohen Preisen bereitstellen. Allmählich trat aber im Bewusstsein der Branche ein Wandel ein. Es setzte sich die Erkenntnis durch, dass das Produkt das zentrale Erfolgselement im Tourismus ist und nicht der Versuch, eine kostengünstige Produktion bei nicht mehr marktfähigen Produkten zu bewerkstelligen, wobei die Erfolgsaussichten von reinen Kostensenkungsstrategien durch das wirtschaftliche Umfeld ohnedies mehr als fraglich sind.

Die Verfolgung der Schiene „Qualitätstourismus“ bedeutet daher die Bereitstellung hochwertiger innovativer Produkte bei effizienter Produktion zu einem wettbewerbsfähigen Preis. Diese simpel klingende Aussage steckt jedoch voller Tücken. In erster Linie geht es darum, zu klären, wie eine solche Strategie erfolgreich realisiert werden kann. Die Umsetzung bereitet vor allem deshalb Schwierigkeiten, weil zunächst ein Verlassen von alten Geleisen erforderlich ist und ein Umdenken notwendig wird, das zwar bereits Platz, aber bei weitem noch nicht umfassend gegriffen hat.

---

[19] Siehe dazu den umfassenden und fundierten Überblick bei Adolf Lässer, 100 Jahre Fremdenverkehr in Tirol (Tiroler Wirtschaftsstudien 40), Innsbruck 1993.

## 2.3 Die Kulturkreisnähe

Die Tirol-Urlauber der Fünfziger-, Sechziger- und Siebzigerjahre gehörten einer Generation an, die zum einen noch keine große Reiseerfahrung aufweisen konnte – sie waren gleichsam die Piongeneration – und die zudem aufgrund der spezifischen Ausbildungssituation kaum Fremdsprachenkenntnisse hatte. Es lag daher nahe, zunächst jene Destinationen aufzusuchen, die zwar anders, aber doch irgendwie verwandt waren. Vor allem fielen für die deutschen Urlauber in Österreich die Verständigungsschwierigkeiten weg, die besonders dann problematisch sind, wenn die Erfahrung fehlt, sich an fremden Orten zurechtzufinden. Österreich wurde von den Deutschen, den immer noch wichtigsten Nachfragern im internationalen Tourismus, gleichsam als Inland betrachtet. Der Binnentourismus dominierte bis Ende der Sechzigerjahre bei den deutschen Urlaubsreisenden, bei den Auslandszielen aber hat Österreich erst Mitte der Achtzigerjahre seine Spitzenposition zunächst an Italien und dann an Spanien verloren.[20] Dennoch ist festzuhalten: Über einen Zeitraum von fast 40 Jahren nach dem Krieg war Österreich – und damit auch Tirol – das wichtigste Auslandsziel der Deutschen, nicht zuletzt wegen der erwähnten kulturellen Nähe, die entsprechende Sicherheit für diese erste Urlaubergeneration vermittelte. Das Kontrastprogramm boten die natürlichen Gegebenheiten – das Hochgebirge in all seinen Facetten – und die feinen, aber doch klar wahrgenommenen kulturellen Unterschiede bei den Menschen und ihren Lebensumständen.

Dieser einstige Vorteil der relativen kulturellen Nähe bei der Wahl der Urlaubsdestination gilt aber nicht mehr. Im Gegenteil: Die heutigen Urlauber suchen nunmehr nach größtmöglichen Kontrasten, die Tirol im kulturellen und landschaftlichen Bereich den Urlaubern aus den klassischen Herkunftsgebieten nicht mehr in ausreichendem Ausmaß bieten kann. Der Grund dafür liegt in der hohen Reiseerfahrung, die erstens dazu fuhrt, dass die meisten Urlauber Österreich bzw. Tirol kennen, Destinationen, die demnach der Suche nach Neuem nicht mehr entsprechen. Zweitens reduziert die umfangreiche Reiseerfahrung – verbunden mit den entsprechenden Sprachkenntnissen und neuen Kommunikationstechnologien – auch die Angst vor gänzlich Neuem, ja sie schwindet ganz. Der klassische Reisemarkt Tirols droht daher in einem größeren Ausmaß auszutrocknen als durch die sogenannten neuen Märkte zusätzliche Nachfrage entstehen kann. Da die Nachfrage aus diesen Märkten – wie bereits erwähnt – zudem ein völlig anderes Reiseverhalten an den Tag legt, das Tirol nicht mehr als klassisches Erholungsland mit einer längeren Aufenthaltsdauer ansieht, sondern als eine Station unter vielen, ändert sich selbstverständlich auch die Struktur des Tourismus. Während Innsbruck und einige wenige andere touristische Attraktionen in Tirol davon profitieren können, bleiben die peripheren Regionen bei diesem Wandel auf der Strecke.

---

[20] Vgl. Hermann BAUSINGER, Wie die Deutschen zu Reiseweltmeistern werden. In: Haus der Geschichte der Bundesrepublik Deutschland, Endlich Urlaub, 25–32 und Karl Heinz MÜLLER, So reisten die Deutschen – Die deutschen Österreich-Urlauber. In: Der Fremdenverkehr + Das Reisebüro, 9/1985 (Sonderdruck).

Die Tourismusmärkte haben sich schon seit geraumer Zeit globalisiert und die Vielfalt der (im Urlaub gesuchten) Kontraste hat damit enorm zugenommen. Gegenüber den Warenmärkten war der Tourismusmarkt im Übrigen schon viel früher liberalisiert, nicht zuletzt deshalb, weil durch nationale Regierungen auferlegte Reisehemmnisse unmittelbar das Reisebedürfnis der eigenen Bevölkerung betrafen. Eine solche direkt empfundene Einschränkung der individuellen Freiheit machte den Aufbau von Reisehemmnissen in demokratischen Gesellschaften – sie stellen das Hauptpotenzial der weltweiten touristischen Nachfrage – schwer. Argumente wie in der Warenproduktion, protektionistische Maßnahmen zum Schutz heimischer Arbeitsplätze aufzubauen, zogen nicht.

Das Reisen war daher nicht durch politische Faktoren räumlich eingeschränkt, sondern es lag an den oben diskutierten technologischen und ökonomischen Rahmenbedingungen, die Tirol und näher gelegene Destinationen zunächst begünstigten. Mit der Änderung dieser Faktoren begann gleichsam die Globalisierungswelle im internationalen Tourismus, zunächst in engen Radien, die sich aber zunehmend vergrößerten und heute die gesamte Erde erfassen. Vor allem die Entwicklungsländer sahen im Tourismus eine Möglichkeit, an der weltweiten Arbeitsteilung teilzuhaben. Die Situation dort ähnelt in gewisser Weise jener Tirols in der Zwischenkriegszeit und auch noch nach dem Ende des 2. Weltkriegs. Da hohe Qualifikationen bei der Dienstleistungsproduktion zunächst nicht notwendig waren – das Neue in Natur, Kultur und Gesellschaft bot enorme Anreize, die Mängel bei der Dienstleistungsproduktion in den Hintergrund treten ließen – war es möglich, einen Tourismus aufzubauen. Die Motive und Hoffnungen der neuen Destinationen in den Tourismus waren und sind die gleichen wie früher jene des Tiroler Tourismus. Und doch lässt sich ein ganz wesentlicher Unterschied ausmachen: In Tirol entwickelte sich der Tourismus trotz all seiner Dynamik relativ kontinuierlich. Dadurch konnte ein eigenständiger Aufbau erfolgen. Die positiven Wirkungen kamen überwiegend der einheimischen Bevölkerung zugute. Hingegen fließen aufgrund der doch eher abrupten touristischen Entwicklung in den neuen Tourismuszielen der Entwicklungsländer die positiven Wirkungen nicht nur den Einheimischen, sondern zum Teil auch Regionsfremden zu.[21] Für den Tiroler Tourismus ist dies unerheblich: Er muss sich mit der Tatsache auseinander setzen, dass die immer noch wachsende weltweite Nachfrage ein immer größer werdendes Angebot vorfindet. Der globale Angebotsüberschuss führt zu jenem Verdrängungswettbewerb, der ein Bestehen viel schwieriger macht als es in der bisherigen Geschichte des Tiroler Tourismus jemals der Fall war. Die Lösung für ein erfolgreiches Bestehen kann in einer solchen Konstellation nur über das Produkt gefunden werden; hier liegt der Schlüssel zum weiteren Erfolg. Effiziente Produktion des Produkts ist unter den gegebenen Rahmenbedingungen ohnedies eine Selbstverständlichkeit.

---

[21] Die touristischen Kapazitäten – Infra- und Suprastrukturen – müssen in einer Dimension errichtet werden, die die einheimischen Potenziale weit überfordert. Zudem fehlt das notwendige „Tourismus-know-how", das ebenfalls importiert werden muss. Die dadurch bedingten Abflüsse schmälern den ökonomischen Erfolg im Entwicklungsland.

Das Finden konkurrenzfähiger Kontrastprogramme steht folglich im Zentrum der Konzeption erfolgversprechender Tourismusstrategien. Nischenprodukte wie z. B. sanftes Reisen, Golf, alpine Extremsportarten etc. sind dabei wichtige Elemente, aber jeweils nur Mosaiksteine im Gesamtbild des Tourismus. Insgesamt bedeutet steigender Wohlstand immer differenziertere Bedürfnisse, auf die die Anbieter eingehen müssen. Umfassende Patentlösungen kann es in solchen Situationen logischerweise nicht mehr geben. Es sind vielmehr die vielen kleinen Mosaikbausteine, die das Gesamtergebnis ausmachen. Die Entwicklung der einzelnen Bausteine des Gesamterfolgs kann dabei nur dezentral, durch die einzelnen Unternehmer, erfolgen. Darauf wird weiter unten noch zurückzukommen sein.

In Summe führten all die genannten Faktoren in Verbindung mit der Entwicklung der internationalen Tourismusmärkte dazu, dass aus der Sicht Tirols der Verkäufermarkt zum Käufermarkt mutierte. Es war jedoch nicht eine einheitliche Wandlung, sondern sie trat bei den beiden Saisonen zeitverzögert auf. Die erforderlichen Anpassungen seitens der Tiroler Tourismuswirtschaft waren dabei in der ersten Phase weniger intensiv, brachte der Winter doch nach wie vor die erhofften Zuwachsraten, die das Problem des Sommer etwas kaschierten. Nunmehr aber ist der Käufermarkt total: Nicht nur wegen der oben beschriebenen Faktoren, sondern die Situation wird sich durch die neuen Informationstechnologien tendenziell noch verstärkten. Aus der Sicht Tirols können diese neuen Technologien zweifelsohne große Vorteile bringen. Die rechtzeitige und richtige Nutzung – wie bis jetzt zweifelsohne durch TIScover geschehen – und ihre anwendungsorientierte Weiterentwicklung ist ein Gebot der Stunde.

In jedem Fall sind also laufende und immer raschere Anpassungen erforderlich. Jene Destinationen, denen diese am besten gelingt, werden die Gewinner auf diesen Märkten sein. Tirol hat zwar eine scheinbar relativ schlechtere Position (Preise, Präferenzen), aber das gewonnene touristische „Know-how" ist nach wie vor ein Faktor, der eine gute Ausgangsbasis schafft. Dieses „Know-how" gilt es zu aktivieren und weiter zu fördern. Eine nachhaltige Anpassung ist erforderlich. Sie scheint noch nicht ganz geglückt zu sein, vor allem auch deshalb nicht, weil sie Zeit braucht.

## 2.4 Die natürlichen Angebotsfaktoren

Die Aussagen der Marktforschung sind eindeutig: Die „intakte Umwelt" und die „Gastfreundschaft und Kultur der Einheimischen" sind seit jeher die zentralen Angebotsfaktoren im Tiroler Tourismus. Feststellungen wie „Die hohe landschaftliche Schönheit bildet eine der hauptsächlichsten Voraussetzungen für den Fremdenverkehr"[22] und „die Besucher unseres Landes suchen tirolische Eigenart nicht nur in der Landschaft, sondern auch in kultureller Hinsicht"[23] datieren bereits aus der Zwischen-

---

[22] Ferdinand RÖGGLA, Naturschutz, in: Tiroler Verkehr, Nr. 9/1927, 1.

[23] Landeshauptmann Stumpf in einer Sitzung des Landesverkehrsrates 1930, in: Tiroler Verkehr, Nr. 13/1930, S. 2.

kriegszeit und fanden später ihre Bestätigung in wissenschaftlich fundierten Marktforschungsstudien.[24] Dass deren Stellenwert innerhalb des gesamten Angebotsbündels bis heute nicht nachgelassen hat, bestätigen die neuesten Gästebefragungen, die seit Mitte der Achtzigerjahre in regelmäßigen Abständen im Tiroler Tourismus durchgeführt wurden. Sie zeigen auch die nach wie vor hohe Zufriedenheit mit diesen natürlichen Angebotselementen. Befragt nach der Erfüllung ihrer Urlaubserwartungen gaben beispielsweise im Sommer 1994 40 Prozent der befragten Tirol-Urlauber an, dass hinsichtlich des Landschaftsbildes ihre Erwartungen sogar übertroffen wurden, und 59 Prozent sahen ihre diesbezüglichen Erwartungen als erfüllt an. Im Übrigen sind auch die Zufriedenheitsgrade – gemessen an der Erwartungserfüllung – hinsichtlich des Gesamturlaubs durchaus sehr positiv zu werten (vgl. Abbildung 4).[25]

Im Grunde liegen also kaum empirische Belege dafür vor, dass die Gäste mit dem Umweltzustand in Tirol nicht zufrieden sind. Dies ist jedoch etwas zu relativieren, weil kritische Gäste die Möglichkeit haben, von einem Tirol-Urlaub Abstand zu nehmen. Das Potenzial der Unzufriedenen ist damit nicht unmittelbar greifbar. Die Kritik an der Qualität der natürlichen Angebotsfaktoren ist daher durchaus ernst zu nehmen. Bereits in den Zwanzigerjahren war der Tiroler Tourismus davon betroffen, und dies setzte sich nach dem Wiederaufbau fort. Grenzen der Entwicklung wurden bereits Mitte der Fünfzigerjahre geortet: „Klasse statt Masse" war der Slogan, der durchaus als Vorläufer der heutigen Qualitätsdebatte gesehen werden kann. Während damals die touristische Umwelt(über)beanspruchung noch nicht so sehr im Vordergrund der Kritik stand, sondern eher das massenhafte Auftreten als solches negativ interpretiert wurde, begann Anfang der Siebzigerjahre die intensivere Umweltkritik. Zu dieser Zeit tauchte erstmals der Slogan „Tourismus zerstört Tourismus" auf.[26] Einerseits überrascht der Zeitpunkt ein wenig, begann doch zu dieser Zeit die Stagnation der Sommernachfrage. Zudem hatte der Wintertourismus noch ein vergleichsweise geringes Niveau und die Streuung der Nachfrage auf zwei Saisonen bedeutete insgesamt eine Verbesserung der Auslastung. Da jedoch die Intensität der Umwelteingriffe durch den Wintertourismus größer ist als jene des Sommers, wird die Kritik verständlicher, vor allem auch dann, wenn man be-

---

[24] Vgl dazu die Studien aus den Siebzigerjahren wie z. B. Studienkreis für Tourismus, Urlaubsreisen 1977 – Analyse des Urlaubs- und Reiseverhaltens der westdeutschen Bevölkerung 1977, Starnberg 1978, 121, 108 ff. und 222 ff. Landesfremdenverkehrsamt für Tirol, Urlaubszufriedenheit in Tirol, Innsbruck 1975, 88 ff., Institut für Grundlagenforschung Salzburg, Befragung Reiseland Südtirol, Bozen 1980, 17 ff.

[25] Grundsätzlich liefern alle Gästebefragungen Tirols während der letzten Jahre ähnlich Ergebnisse. Eine sich ebenfalls über viele Jahre hinziehende Unzufriedenheit gab es vor allem hinsichtlich des Preis-Leistungsverhältnisses bei Getränken, ein Faktum, das unter Umständen mitentscheidend für das schlechte Preisimage Tirols (und Österreichs) ist (vgl. dazu für die beiden letzten Sommerbefragungen bei Josef Mazanez, Gästebefragung Österreich Sommer 1994 – Tirol-Bericht, Wien 1995, 65 und Sara Dolnicar, Gästebefragung Österreich Sommer 1997 – Tirol-Bericht, Wien 1998, 44 f.)

[26] Paul Risch, Die Notwendigkeit der Fremdenverkehrspolitik auf Ortsebene, in: Tiroler Verkehr, Nr. 1/1971, 4.

denkt, dass bereits Ende der Zwanzigerjahre bei einem absoluten Bestand von 4 Seilbahnen vor einer Übererschließung gewarnt wurde.[27] Dennoch war der Erschließungsgrad zu Beginn der Siebzigerjahre aus heutiger Sicht noch recht niedrig. 1970 konnten

**Abbildung 4: Zufriedenheitsgrade mit Urlaub und Umweltfaktoren der Tirol-Urlauber Sommer 1994**

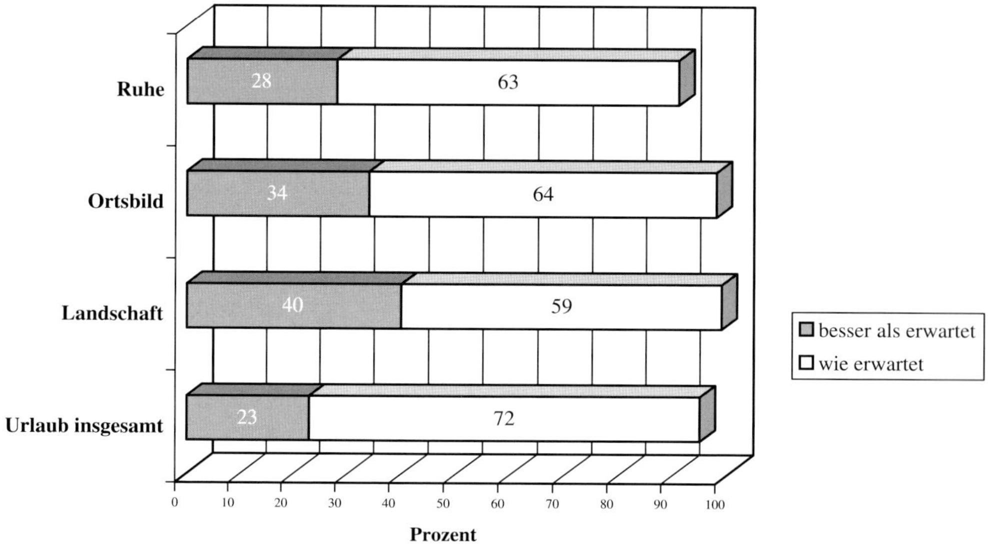


Quelle: Josef MAZANEC, Gästebefragung Österreich, Tirol Bericht, Sommer 1994, Wien

mit den Tiroler Seilbahnen rund 73.000 Personen pro Stunde[28] befördert werden. Für das Jahr 1998 weist die Seilbahnstatistik dagegen bereits ein Beförderungspotenzial von rund 565.000 Personen pro Stunde auf (vgl. Abbildung 5). Damit hat sich die Beförderungskapazität fast verachtfacht. Die Steigerungsraten sind aber differenziert zu interpretieren. Ein Gutteil der Ausweitung der Seilbahnkapazitäten war auf den Ersatz von Schleppliften durch Seilbahnen zurückzuführen. Das Zahlenmaterial lässt hier nur

---

27 Es wurde vorgeschlagen, „Gebiete bergsteigerischen Fremdenverkehrs und solche des Bergbahnverkehrs sondernd auseinander zu halten", um damit die vermeintliche „Erschließungswut" zu kanalisieren. Siehe dazu bei RÖGGLA, Naturschutz, in: Tiroler Verkehr, Nr. 9/1927, 2.

28 Bei der Darstellung der Kapazitäten der Aufstiegshilfen wird sehr oft die „Transportkapazität" mit der „maximalen Förderleistung × überwundene Höhenmeter pro Stunde" ausgewiesen. Der Vergleich der Entwicklungen beider Indikatoren zeigt aber kaum Unterschiede, so dass aufgrund der Verfügbarkeit der statistischen Daten an der Kennziffer „Personen pro Stunde" festgehalten wird.

eine Analyse der Entwicklung seit 1977 zu. Ab diesem Jahr nahm die Seilbahnkapazität um das Vierfache, die Schleppliftkapazität aber nur um das 1,2fache zu. Da die Schleppliftkapazität aber über der Seilbahnkapazität lag, erhöhte sich die Förderkapazität aller Aufstiegshilfen in Tirol zwischen 1977 und 1998 nur um das 1,8fache.[29] Damit aber hat sich das Verhältnis Seilbahnkapazitäten zu Schleppliftkapazitäten von 1:3,9 im Jahr 1977 bis 1998 zugunsten der Seilbahnkapazitäten auf 1:1,2 verändert. Aus der Sicht des Schifahrers bedeutet dies mit Sicherheit eine bedeutsame Qualitätsverbesserung.

**Abbildung 5: Förderleistung der Seilbahnen und Schlepplifte in Tirol, 1970–1998**

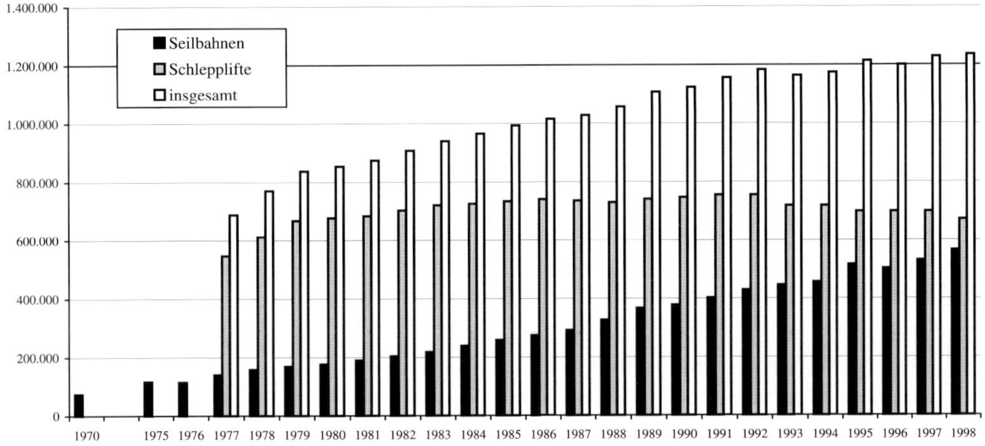


Quellen: 1970: Bundesministerium für Verkehr, Österreichisches Seilbahnkonzept, 1975–1998: Institut für Verkehr und Tourismus, Tiroler Verkehr in Zahlen

Mit dem zunehmenden Erschließungsgrad nahmen aber die gesellschaftlichen Auseinandersetzungen zu. Die Befürworter weiterer Expansionen verwiesen auf die starke internationale Konkurrenz, die weitere und vor allem großräumigere Gebiete für technische Erschließungen erfordere. Die Gegner argumentierten mit den natürlichen Grenzen, die der knappe Raum vorgibt. Die Tourismus- und Raumordnungspolitik kam nunmehr in ein Dilemma, weil die großzügige Genehmigungspraxis der Vergangenheit

29 Die konkreten Zahlen dafür sind: 1977: Kapazität der Seilbahnen 140.700, der Schlepplifte 547.300, Gesamtkapazität 688.000. 1998: Kapazität der Seilbahnen 564.500, der Schlepplifte 670.700, Gesamtkapazität 1.235.200 (Kapazität in Personen pro Stunde). [Die Daten stammen aus Institut für Verkehr und Tourismus, Tiroler Verkehr in Zahlen, Innsbruck lfd.]

sich nicht mehr fortsetzen ließ. Die Beurteilung von einzelnen Erschließungsvorhaben und vor allem der Vergleich zwischen der Vielzahl der Projekte war durch die bürokratischen Instanzen nicht mehr zu bewältigen.

Die Tiroler Tourismuspolitik schlug daher einen neuen Weg ein, der aus ordnungstheoretischer Sicht grundsätzlich in die richtige Richtung wies. In den Seilbahngrundsätzen des Landes[30] wurden nur noch die Außengrenzen der Schigebiete hoheitlich festgelegt. Innerhalb der Grenzen konnten sich die Seilbahnunternehmen unter Beachtung anderer, ebenfalls eher allgemeiner Normen, frei bewegen. Die Politik beschränkte sich somit auf ihre eigentliche Aufgabe, die Vorgabe von Rahmenbedingungen bei weitgehender Wahrung unternehmerischer Autonomie. Das Konfliktpotenzial wurde aber damit nicht beseitigt, sondern es verlagerte sich zunehmend auf die Auseinandersetzung um die Außengrenzen. Alle fünf Jahre – solange dauerten bisher die jeweiligen Grundsatzentscheidungen – hat sich die Politik mit den verschiedenen Interessensvertretern hinsichtlich der neuen Außengrenzen zu befassen, wobei sich die Auffassungen oft diametral gegenüberstehen und die Politik vor eine schwierige Entscheidungssituation stellen.[31]

Vom Ansatz her sind die Seilbahngrundsätze richtungsweisend für die gesamte Tourismuspolitik. Die Politik zieht sich dabei aus Detailfragen zurück, deren Lösung für sie aufgrund der wachsenden Komplexität und dem damit verbundenen Informationsdefizit zunehmend unmöglich wurde. Sie beschränkt sich auf grundsätzliche Vorgaben, die ihrerseits aber notwendig sind, weil ansonsten der Marktmechanismus zu Entwicklungen führen würde, die gesellschaftlich keine Akzeptanz mehr fänden. Die Seilbahngrundsätze schränken einerseits die ansonsten ungebremste Erschließungsdynamik ein, ermöglichen es jedoch den Unternehmen, unter Wahrung der generellen (und notwendigerweise auch restriktiven!) Vorgaben, ihr Angebot nachfragegerecht zu verbessern. Die Vorbildwirkung der Seilbahngrundsätze für die gesamte Tourismuspolitik ergibt sich aus dem Abgehen von detaillierten und in die Entscheidungskompetenz von Unternehmern fallenden Problemen hin zu allgemeinen (oder zumindest allgemeineren) Vorgaben, die den Spielraum der Wirtschaftsakteure vorgeben. Voraussetzung dafür aber ist auch, dass die Spieler in der Lage sind, auf diesem Spielfeld effizient und marktgerecht zu agieren. Die Vorbereitung und Schulung der Spieler tritt damit in den Vordergrund: Die Rolle der Wirtschafts- und Tourismuspolitik muss sich zunehmend zu der eines Trainers verlagern. Sehr lange war sie durch eine Spielerfunktion gekennzeichnet. Und gerade in der Frage der Umwelt muss sie zudem die Größe des Spielfeldes vorgeben.

---

[30] Siehe dazu im Detail in Amt der Tiroler Landesregierung, Seilbahngrundsätze des Landes Tirol mit Festlegung der Grenzen der Schigebiete in den Tourismusintensivgebieten, Innsbruck 1992.

[31] Dies zeigte sich bereits im Zuge der Neufassung der Seilbahngrundsätze des Jahres 1996 – siehe Amt der Tiroler Landesregierung, Seilbahngrundsätze des Landes Tirol 1996 mit Festlegung der Grenzen der Schigebiete in den Tourismusintensivgebieten, Innsbruck 1996 –, vor allem aber bei der Diskussion um die Neuformulierung im Jahr 2000.

Das Spielfeld in Tirol, auf dem der Tourismus agieren kann, ist durch die Natur begrenzt. Neben den seilbahntechnischen Erschließungen entstand in den Siebzigerjahren durch die starke Zunahme der Zweitwohnsitze ein weiterer Druck auf die Landschaft. Durch raumordnungspolitische Maßnahmen konnte das Problem – wenn auch unter großen Schwierigkeiten – zumindest tendenziell begrenzt werden. In den Neunzigerjahren kam – wieder[32] – die Golfdiskussion hinzu, die vom Ansatz her einer allgemeineren politischen Lösung zugeführt hätte werden sollen. Während die ersten beiden Golfplatzkonzepte der Jahre 1988 und 1993[33] noch versuchten, Entscheidungen eher von Fall zu Fall herbeizuführen, gab das Golfplatzkonzept 1997[34] nur noch die allgemeinen Rahmenbedingungen vor. An diesem letzten Beispiel zeigte sich aber auch die Anfälligkeit der Politik für Rückschläge. Die (durch reine Partikularinteressen hervorgerufene) Aufhebung des Golfplatzkonzepts 1997 im Jahr 1999 öffnete wieder den Weg für Einzelentscheidungen, ein Weg, der auf Dauer nicht zielführend sein kann, es sei denn, man hat in zentrale Entscheidungen sehr hohes Vertrauen.

Die Auseinandersetzung mit Umweltfragen nahm im Tiroler Tourismus einen zentralen Stellenwert ein. Daran wird sich auch in Zukunft nichts ändern. Der Faktor „Umwelt“ ist einerseits eine herausragende Stärke des touristischen Angebots, andererseits ist die „Umwelt“ knapp und jede weitere Inanspruchnahme verschärft das Problem. Die Schwierigkeit, objektive Anhaltspunkte für die Grenzen der Inanspruchnahme zu finden, lässt jede weitere intensive touristische Nutzung zu einer Gratwanderung zwischen nachhaltigem Schutz (auch für den Tourismus) und höherer (unter Umständen aber nur kurzfristiger) Wertschöpfung werden. Inzwischen ist jedoch bei allen Beteiligten das Problembewusstsein gestiegen, sodass in der Auseinandersetzung alle Parteien Gehör finden; die politische Entscheidung bleibt allerdings immer umstritten, egal in welche Richtung sie ausfällt.

Lässt man die Erfolgsfaktoren des Tiroler Tourismus Revue passieren, gelangt man zur Erkenntnis, dass die meisten von ihnen heute kaum mehr Gültigkeit haben. Herausragend bleibt der Faktor „Umwelt“, der verbunden mit dem im Zuge der langen touristischen Tradition gewonnenen „Tourismus-Know-how“ durchaus Chancen für die weitere Absicherung der positiven gesellschaftlichen und wirtschaftlichen Wirkungen des Tourismus in Tirol eröffnet. Erforderlich dafür aber sind Änderungen im Tiroler Tourismus, die oben bereits angedeutet und ausgeführt wurden. Aufgrund ihrer Bedeutung aber sollen sie im folgenden nochmals kurz resümiert werden.

---

32 Aus den Dreißigerjahren stammt das folgende Zitat: In der Auseinandersetzung um den Bau eines Golfplatzes am Hahnenkamm wurde argumentiert, man müsse der internationalen Welt zeigen, „sie finde in der Bergwelt Tirols auch das, was sie zu Hause nicht entbehren kann, nicht nur großstädtische Hotels mit allem Komfort, sondern auch einen Golfplatz, ohne den man sich ja überhaupt keinen Engländer oder Amerikaner mehr vorstellen kann“. Otto König, Golf im Hochgebirge, in: Tiroler Verkehr, Nr. 17/1930, 2.

33 Amt der Tiroler Landesregierung, Tiroler Golfplatzkonzept, Innsbruck 1988 und Amt der Tiroler Landesregierung, Tiroler Golfplatzkonzept 1993, Innsbruck 1993.

34 Amt der Tiroler Landesregierung, Tiroler Golfplatzkonzept 1997, Innsbruck 1997.

### 2.5 Anpassungserfordernisse im Tiroler Tourismus infolge des Wandels der Erfolgsfaktoren

Die Tourismusakteure – Führungskräfte und Mitarbeiter touristischer Unternehmen, Tourismusorganisationen und Tourismuspolitik – haben im Laufe der Tourismusentwicklung immer schon auf die geänderten Gegebenheiten reagiert. Gerade die ökonomischen und gesellschaftlichen Veränderungen in den letzten zehn bis zwanzig Jahren erfordern aber mehr als eine bloße Anpassung. Nunmehr geht es um einen grundsätzlichen Wandel im unternehmerischen und tourismuspolitischen Handeln. Die Komplexität des touristischen Umfeldes hat in einem Maße und mit einer Geschwindigkeit zugenommen, die die Wirkungen partikularer und auf Einzelprobleme gerichteter Handlungen sehr rasch verpuffen lassen. Dem komplexen System Tourismus kann beim derzeitigen Entwicklungsstand nur mit Maßnahmen geholfen werden, die diese Komplexität berücksichtigen.

Die Nachfrageschwäche des Tiroler Sommers zu Beginn der Siebzigerjahre brachte eine erste Herausforderung für die Touristiker und die Tourismuspolitik. Zunächst erfolgte eine intensive Auseinandersetzung mit möglichen Ursachen der Nachfrageschwächen. In weiterer Folge wurden tourismus- und bereichsverwandte Konzepte erstellt, die versuchten, Ziele und Maßnahmen zu entwickeln, um wieder positive Wachstumsraten zu erreichen. Ein erstes Tiroler Fremdenverkehrskonzept aus dem Jahre 1973[35] wurde neun Jahre[36] später revidiert; das Tiroler Erholungsraumkonzept[37] und vor allem das Tiroler Seilbahn- und Pistenkonzept[38], beide 1981 verabschiedet, hatten ebenfalls überwiegend touristische Schwerpunkte. Eines war allen Konzepten gemeinsam: Sie formulierten die Ziele nur qualitativ und die Maßnahmen erschöpften sich sehr oft in Allgemeinplätzen. Der Tourismus war damit jedoch nicht allein. Nahezu alle Konzepte dieser Zeit wiesen ähnliche Mängel auf. Vor allem aber zeugten die tourismusbezogenen Konzepte von der damals vorherrschenden Auffassung, dass durch staatliche Förderungen der touristischen Infra- und Suprastruktur den Problemen des Tourismus wirksam begegnet werden könne. Im übrigen war auch dies keine Tiroler Eigenart, sondern sie fand sich in den meisten anderen alpinen Regionen Europas und entsprach dem damaligen Vertrauen in direkte staatliche Eingriffe.

Es fällt schwer, die Erfolge bzw. Misserfolge der Konzepte im Nachhinein zu beurteilen. In jedem Fall haben sie aber dazu geführt, sich intensiver und systematischer mit dem Tourismus und seinen Problemen auseinander zu setzen. Ob die angesprochenen Förderungen jene erwünschten Wirkungen gebracht haben, muss dahingestellt bleiben. Aus heutiger Sicht lassen sich in diesem Zusammenhang zwei Einwände vorbringen,

---

35 Amt der Tiroler Landesregierung, Tiroler Fremdenverkehrskonzept, Innsbruck 1973.
36 Amt der Tiroler Landesregierung, Tiroler Fremdenverkehrskonzept II, Innsbruck 1982.
37 Amt der Tiroler Landesregierung, Tiroler Erholungsraumkonzept, Innsbruck 1981.
38 Amt der Tiroler Landesregierung, Tiroler Seilbahn- und Pistenkonzept, Innsbruck 1981.

die in weiterer Folge die Hauptargumente für einen grundsätzlichen Wandel in der Tourismuspolitik liefern werden.

Nach wie vor hat die Tourismuspolitik die Verantwortung für die Schaffung der Grundlagen, die für eine gedeihliche touristischen Entwicklung erforderlich sind. Es ist jedoch inhaltlich abzuklären, was unter „Grundlagen“ zu verstehen ist. Unbestritten ist, dass erst ausreichende Basisinfrastrukturen ein Entstehen des Tourismus und die Entfaltung seiner Wirkungen ermöglichen. Der Neu- und Ausbau von Straßen, die Adaptierung der Ver- und Entsorgungseinrichtungen und die Ausweitung anderer Basisinfrastrukturen waren mit Sicherheit wesentliche Voraussetzungen für eine (nicht nur) touristische Entwicklung. Diese Infrastrukturen haben eindeutig die Eigenschaft öffentlicher Güter[39], die eine privatwirtschaftliche Bereitstellung scheitern lassen. Kritischer sind jene Förderungen zu beurteilen, die touristische Infrastrukturen i. e. S. (z. B. Aufstiegshilfen, Schwimmbäder) und vor allem Suprastrukturen (z. B. Hotel- und Restaurantkapazitäten) betreffen. Sie sind keine öffentlichen Güter und können durch private Wirtschaftsaktivität bereitgestellt werden. Nicht zuletzt haben die teilweise hohen Förderungen von Aufstiegshilfen und von Hotel- und Restaurantkapazitäten in der ersten Hälfte des von uns betrachteten Zeitraums, lange Zeit eine der Hauptaktivitäten der Tourismuspolitik, zum Aufbau von Kapazitäten geführt, die heute Teil des vielfach beklagten Überangebots sind.

Die Hauptprobleme der direkten staatlichen Förderung von Privatinvestitionen liegen in der nur unzureichenden Information der Bürokratie über die marktliche Sinnhaftigkeit des zu fördernden Investitionsvorhabens. Woher soll der hoheitliche Entscheidungsträger die Information haben, um zu wissen, dass eine Förderung des Projekts A sinnvoll, jene des Projekts B hingegen zurückzuweisen ist? Dieses Informationsproblem war in der unmittelbaren Aufbauphase des Tiroler Tourismus von untergeordneter Bedeutung. Der Mangel an Kapazitäten war eklatant und die Bedürfnisse der Nachfrager einfach. Die Förderungen waren daher in dieser Situation inhaltlich sicher nicht falsch. Allenfalls aber haben sich unerwünschte Verteilungswirkungen ergeben. Mit zunehmender Komplexität des touristischen Systems wird die Beurteilung der Marktchancen der immer differenzierter werdenden Investitionsvorhaben durch zentrale Instanzen schwieriger bis unmöglich. Damit fehlen aber den bürokratischen Instanzen die Entscheidungsgrundlagen für die Beurteilung der Förderungsvergabe und es entsteht die Gefahr, dass Ressourcen von guten Unternehmen durch Steuern genommen werden, um sie im Zuge von Förderungen schlechten Unternehmen zukommen zu lassen. Die konkrete Konstellation auf den Tourismusmärkten führt somit dazu, dass dieses klassische Instrument der Tourismuspolitik keine Rechtfertigung mehr findet und zum Scheitern verurteilt ist.

---

[39] Öffentliche Güter haben unter anderem die Eigenschaft, dass sie von den Wirtschaftssubjekten benutzt werden können, ohne von der Nutzung ohne (direkte) Zahlung eines Preises ausgeschlossen werden zu können. Ein privater Unternehmer wird daher diese Einrichtung nicht bereitstellen, weil er zwar die Kosten tragen müsste, aber keine Erlöse lukrieren kann.

Eine Zeitlang konnte die Tourismuspolitik trotz eindeutiger Sommerkrise noch in alten Geleisen fahren, weil der Wintertourismus jenen Aufschwung erlebte, der fast jenem der Expansion des Sommers vergleichbar war. In dieser Expansionsphase, gekennzeichnet durch einen Nachfrageüberschuss, fand die direkte Investitionsförderung nochmals einen fruchtbaren Boden, weil ihr die Förderung von Fehlinvestitionen nur schwer nachzuweisen war. Ende der Achtziger- bzw. Anfang der Neunzigerjahre traten jedoch auch im Winter eklatante Nachfrageschwächen auf, die gezielte, marktnischenspezifische Investitionen erforderlich machten, die in ihrer differenzierten und ausgeklügelten Form nur auf Basis unternehmerischer Entscheidungen Sinn ergaben. Nunmehr sah sich die Tourismuspolitik sowohl im Sommer als auch im Winter mit jenem Informationsmangel konfrontiert, der sinnvolle Überprüfungen von eingereichten Investitionsprojekten nahezu unmöglich machte.

Was kann nun in der schwierigen, aber in hochentwickelten Märkten durchaus normalen Situation unternommen werden, um dem Tiroler Tourismus eine günstige Ausgangsposition zu verschaffen? Die neuen Herausforderungen der Tiroler Tourismuswirtschaft liegen in

- der adäquaten Begegnung von Nachfrageschwächen, vor allem durch
- die Beseitigung von Angebotsdefiziten, die ihrerseits
- höhere Qualifikationserfordernisse nach sich ziehen. Diese sind auch nötig, weil
- die geänderten Wettbewerbsbedingungen auf den Arbeitsmärkten Maßnahmen erfordern, die touristische Arbeitsplätze aus der Sicht der Arbeitnehmer wieder attraktiv werden lassen. Daneben bedarf es neuer Formen bzw. Inhalte der Kooperation, die
- in eine Reform der Tourismusorganisationen münden sollte. Schließlich darf
- die Auseinandersetzung mit Umweltfragen gerade auch in Zeiten stagnierender Nachfrage nicht vernachlässigt werden, ist es doch gerade dieser Angebotsfaktor, auf dem der Tiroler Tourismus auch in Zukunft bauen kann.

In Summe bedeuten die angeführten Punkte, dass das Hauptaugenmerk der Tourismuspolitik auf Qualitätsverbesserungen der touristischen Basis bzw. auf die Absicherung der natürlichen Grundlagen zu legen und somit langfristig anzulegen ist. Das damit verbundene Umdenken – ebenfalls bei allen Beteiligten – erfordert in jedem Fall Zeit. Vielleicht ist das mit ein Grund, dass trotz immer wieder erhobener Forderungen die Umsetzung bislang noch nicht ganz gelungen ist. In jedem Fall bilden diese beiden tourismuspolitischen Schwerpunkte – 1998 sogar ausdrücklich im Wirtschaftsleitbild des Landes Tirol verankert – das Fundament, auf dem sich andere tourismuspolitische Erfordernisse (wie z. B. Stärkung des Kooperationspotenzials, Reorganisation der Tourismusorganisationen oder Steigerung der Attraktivität touristischer Arbeitsplätze) erst aufbauen lassen.

In den meisten Wirtschaftsbereichen wird Nachfrageschwächen in erster Linie durch Marktforschung begegnet. Eine intensive Ursachenanalyse des Nachfragerückgangs, eine empirisch untermauerte Erkundung der Wünsche und Bedürfnisse der

Nachfrage und daran ausgerichtete Produkt- und Angebotsverbesserungen sind die zentralen Bausteine der Problembewältigung. Die spezifische Eigenart des Tiroler Tourismus verhinderte und verhindert immer noch eine solche Vorgangsweise. Zunächst versuchte es die Branche mit unmittelbaren Maßnahmen zur Steigerung der Nachfrage. Durch Verstärkung der Werbeanstrengungen, die von den vielen lokalen Tourismusverbänden relativ unkoordiniert vorgenommen wurden, sollte die Nachfrage wieder belebt werden. Diese Aufsplitterung der beschränkten Mittel wurde und wird neuerdings zwar heftig kritisiert, konnte jedoch nicht eine systematische Marktforschung herbeiführen. Ohne fundierte Marktforschung und vor allem ohne Rezeption dieser Informationen bei der touristischen Basis kann einerseits eine effiziente Marktbearbeitung nicht erfolgen, andererseits schwebt auch die Angebotserstellung im informationsarmen Raum.

Die Ursachen für den niederen Stellenwert der Marktforschung liegen in erster Linie in der klein- und mittelbetrieblichen Struktur des Tiroler Tourismus. Einem einzelnen Unternehmer ist es unmöglich, Marktforschung im Stil der Konsumgüterindustrie anzugehen. Die erforderliche Kooperationsbereitschaft fehlt weitgehend und der mit der Marktforschung verbundene Finanzbedarf schreckt ab. Dazu kommt die oft fehlende Einsicht in die grundsätzliche Notwendigkeit von – auch psychologisch untermauerten – Untersuchungen und die mangelnde Kenntnis der (auch rein betrieblich einsetzbaren) Marktforschungsmethoden.

Das Fehlen der Marktinformation wird aber bei immer differenzierter werdenden Marktstrukturen zu einem umfassenden Problem. Einerseits kann Nachfrageschwächen nur dadurch begegnet werden, dass das Angebot entsprechend den Wünschen und Bedürfnissen adaptiert wird. Wenn diese nicht bekannt sind, führen Anpassungen beim Angebot eher zufällig zum erwünschten Ergebnis. Zum anderen erfordert eine effiziente Marktbearbeitung entsprechendes Wissen, das sicherstellt, dass die knappen Ressourcen für jene Aktivitäten eingesetzt werden, die entsprechenden Erfolg versprechen.

Um diese abweisende Haltung zu verringern und in weiterer Folge die richtigen Anpassungsstrategien einzusetzen, kann die Tourismuspolitik eine Qualifikationsoffensive starten. Eine Forcierung der Aus- und Weiterbildung wird die touristische Basis eher in die Lage versetzen, die Probleme des Marktes selbständig zu lösen, ohne dass sie hilfesuchend nach jenen Institutionen ruft, die eine Lösung objektiv nicht herbeiführen können. Die Verantwortung für den Markterfolg liegt im hoch entwickelten marktwirtschaftlichen System in erster Linie beim Unternehmer selbst. Die beste Hilfestellung der Tourismuspolitik für den Tourismus zur Krisenbewältigung liegt folglich in erster Linie in der Verbesserung der unternehmerischen Qualifikationen sowie der Qualifikationen der Mitarbeiter. Eine solche Qualifikationsoffensive macht zum einen mit den Methoden der Entscheidungsfindung und ihrem zielgerichteten Einsatz vertraut und stattet die touristische Basis zum anderen mit jenem Wissen und Fähigkeiten aus, die zur erfolgreichen Umsetzung der entsprechenden Strategien erforderlich sind. Die Verbesserung der Problemlösungsfähigkeiten muss daher ins Zentrum der tourismuspolitischen Maßnahmen rücken und nicht die Problemlösung selbst. Neben den Problemen auf den Tourismusmärkten muss sich der Tourismus auch auf den Arbeitsmärkten mit der neuen Situation auseinandersetzen. Die starke Konkurrenz um qualifizierte Arbeitskräfte erfordert eine Attraktivitätssteigerung der touristischen Berufe, die eng mit der Qualifikation der Führungskräfte zusammenhängt. In der Qualifikationsoffensive liegt somit wohl einer der zentralen Schlüssel zur Bewältigung der vielfältigen Herausforderungen, denen sich die Tiroler Tourismuswirtschaft aktuell gegenüber sieht.[40]

Der Erfolg bei der Bewältigung anderer Herausforderungen ist ebenfalls eng mit dem „upgrading" des Qualifikationsniveaus im Tourismus verknüpft. Die Reorganisation der Tourismusorganisationen setzt das Erkennen und Akzeptieren der Probleme voraus. Das Beharren auf historisch gewachsenen Strukturen, das zwar eine Nähe zur Basis, aber keine zu den Märkten aufweist, verhindert eine sinnvolle und erfolgversprechende Adaption der Tourismusorganisationen und damit auch jene Aktivitäten, die nur koordiniert über alle und für alle bewältigbar sind. Da ein freiwilliges Entstehen wegen des bekannten Trittbrettfahrerverhaltens in absehbarer Zeit nicht zu erwarten sein wird, hat die Tourismuspolitik den Rahmen für sinnvolle Strukturen zu schaffen. Tourismuspolitisch durchsetzbar sind diese – mit einer langen Tradition brechenden – Reorganisationen der Tourismusorganisationen nur dann, wenn die Basis diese auch akzeptiert. Das Wissen und das Verständnis um deren Sinnhaftigkeit ist dafür Grundvoraussetzung; die bessere Qualifikation ihrerseits fördert dieses Verständnis. Dies gilt auch für einen weiteren zentralen Erfolgsfaktor im Tourismus, die Bewahrung einer hohen Umweltqualität. Auch hier sind es zunächst Partikularinteressen, die oft den Umweltschutz beeinträchtigen und die wegen des mangelnden Wissens um ökologische Zusammenhänge auch politisch und mit Unterstützung einer breiten Öffentlichkeit umgesetzt werden. Das Wissen um die komplexen Zusammenhänge ihrerseits würde die breite Unterstützung für umweltbelastende Aktivitäten kleiner werden lassen und dem politischen Aktor Unterstützung bei umweltpolitischen Entscheidungen geben, die zwar gegenwärtig mit einem gewissem Verzicht verbunden sind, dafür aber langfristig und gesellschaftlich Sinn machen. Auch das Verständnis für neue umweltpolitische Instrumente würde dadurch gestärkt, ein Verständnis, das erforderlich ist, um den Umweltschutz unter Wahrung ökonomischer Effizienz zu gewährleisten.

---

[40] Die Errichtung eines Fachhochschulstudiengangs für Unternehmensführung im alpinen Tourismus in Innsbruck, gestartet im Herbst 2000, stellt im Rahmen des touristischen Ausbildungssystems einen ersten wesentlichen Schritt zur Hebung des Qualifikationsniveaus des Führungskräftenachwuchses im Tiroler Tourismus dar. Bereits seit dem Studienjahr 1988/89 bietet die Sozial- und Wirtschaftswissenschaftliche Fakultät der Universität Innsbruck einen Universitätslehrgang für Tourismus an, der als Weiterbildungsinstitution das Ziel hat, Berufstätige im Tourismus besser für Führungsaufgaben zu qualifizieren.

## 3. Resümee und Ausblick

Der Tourismus in Tirol hat in den letzten 50 Jahren mehrere gesellschaftliche Funktionen nachhaltig und eindrucksvoll unterstützt. Eine der wichtigsten war wohl sein Beitrag, in Tirol den gesellschaftlichen und wirtschaftlichen Strukturwandel von der Agrargesellschaft zur Industrie- bzw. Dienstleistungsgesellschaft relativ friktionsfrei ermöglicht zu haben. Bei diesem sektoralen Wandel übersprang Tirol zumindest in bestimmten Landesteilen den sekundären Sektor. Die räumlichen und topographischen Gegebenheiten Tirols hätten ohne Tourismus wohl nicht jenes Potenzial eröffnet, um den Wandel auf diese Art und Weise zu bewerkstelligen. Vor allem aber sicherte der Tourismus in den peripheren Landesteilen die regionale Lebensgrundlage. Das erklärte Ziel der Tiroler Politik, alle Landesteile weitgehend besiedelt zu erhalten, konnte wohl nur durch den Tourismus erreicht werden. Jeder Lebensraum setzt voraus, dass er auch als Wirtschaftsraum geeignet ist. Die Basis des Wirtschaftsraums war und ist in vielen Landesteilen der Tourismus.

Auf diesen historischen Verdiensten aber kann sich der Tiroler Tourismus nicht ausruhen. Zunehmend sieht er sich in Tirol dem Vorwurf ausgesetzt, dass er einen Hemmschuh für die weitere wirtschaftliche und gesellschaftliche Entwicklung darstelle. Dafür ist nicht zuletzt die niedrige Produktivität verantwortlich, die der Tourismus im Vergleich zu anderen Wirtschaftssektoren nach wie vor aufweist. Als Hauptursache dafür wird die klein- und mittelbetriebliche Struktur genannt, die größere Produktivitätsfortschritte nicht zulässt. Der Ruf nach größeren Einheiten wird daher immer lauter. Dabei wird jedoch auch eine andere Möglichkeit, jene der Kooperation, ins Treffen geführt, wobei die vergangenen Kooperationserfahrungen bislang aber wenig ermutigend waren.

Die kritisierte klein- und mittelbetriebliche Struktur war aber in der Vergangenheit Grundlage der vielen positiven Wirkungen des Tourismus für Tirol und seine Bevölkerung. Der Wandel auf den internationalen Tourismusmärkten, auf denen die Tiroler Touristiker als „little player" auftreten, setzt aber ein völlig anderes Agieren als in der Vergangenheit voraus. Eine tiefgehende Änderung der Betriebsstrukturen würde aber die Funktionen des Tourismus in Tirol ebenfalls nachhaltig ändern. Da der Tiroler Tourismus für die Bevölkerung von diesen Funktionen her seine Verdienste hat, stellt sich die Frage, wie sich große Strukturen im Tiroler Tourismus auswirken. Nur als Tummelplatz für große Konzerne, die die Natur ohne Bezug zur regionalen Gesellschaft vermarkten, verliert dieser Wirtschaftszweig wesentlich an Bedeutung für das Land. Ohne die Erfüllung der bisherigen Funktionen wäre ein tourismusfreies Tirol wohl besser als eines, das den Tourismus als Selbstzweck und ohne Bindung zur lokalen und regionalen Bevölkerung sieht.

Folglich gilt es, den Tourismus so zu entwickeln, dass er einerseits nach wie vor jene Funktionen ausfüllt, die er schon in der Vergangenheit hatte – die regionale Ausgleichsfunktion steht dabei an vorderster Stelle. Dazu ist es unbedingt erforderlich, den Tourismus an die neuen Gegebenheiten auf den internationalen Tourismusmärkten anzupassen. Dafür aber müssen die Voraussetzungen geschaffen werden. In der Vergangenheit hat sich das gleichsam automatisch entwickelt; in der Zukunft ist diese Parallelität nicht mehr gegeben.

Der Schlüssel zur Anpassung wurde bereits mehrfach angedeutet: Eine intensive Qualifizierungsoffensive ist Voraussetzung Nummer 1. Dazu aber müssen in erster Linie die Tourismusakteure bereit sein, und die Tourismuspolitik ist gefordert, sie dabei zu unterstützen. Im Zusammenhang damit gilt es aber auch, das Kooperationspotenzial zu entwickeln, denn nur dann kann den großen Tourismusakteuren auf den internationalen Tourismusmärkten auch mit kleinerer Einheiten Paroli geboten werden.

Bei der Bewältigung der zukünftigen Herausforderungen für den Tiroler Tourismus kommt auch den Tourismusorganisationen große Bedeutung zu. Gerade wegen der mittelbetrieblichen Struktur sind bestimmte für den Unternehmenserfolg wesentliche Aufgabenfelder durch den einzelnen Tourismusakteur nicht zu bewältigen. In erster Linie geht es um die Marktforschung und Marktbearbeitung, die organisatorische und vor allem finanzielle Dimensionen angenommen haben, die die Potenziale der einzelnen Tourismusunternehmen überfordern. Allerdings müssen auch die Tourismusorganisationen ihre Strukturen in organisatorischer und inhaltlicher Hinsicht überprüfen. Die Zeiten, in denen jede (lokale) Organisation alle Agenden wahrgenommen hat, sind vorbei. Die Arbeitsteilung muss auch zwischen den Organisationen Platz greifen, damit der nachhaltig Erfolg des Tourismus abgesichert werden kann.

Die Umstrukturierung der Tourismusorganisationen ist zur Zeit im Gang. Die Tirol Werbung hat ebenfalls die Weichen für ihre zukünftige Arbeit gesetzt. Durch den „Neuen Tiroler Weg“[41], einem umfassenden Marketingkonzept, soll auf den internationalen Märkten Tirol neu und nachhaltig positioniert werden. Dazu aber ist es auch erforderlich, dass alle Tiroler Tourismusakteure die gemeinsame Grundlinie unterstützen. Der breite Konsens, den der „Neue Tiroler Weg“ – vor allem auch wegen der Einbindung der touristischen Basis bei seiner Erarbeitung – gefunden hat, ist eine gute Ausgangsbasis für die touristische Zukunft Tirols.

Zum Abschluss wagen wir keine Prognose. Wir möchten nicht das Schicksal jener Prognostiker teilen, mit deren Zukunftsaussagen wir unseren Beitrag begonnen haben. Vielmehr ist es uns ein Anliegen, der Hoffnung Ausdruck zu verleihen, dass sich der Tourismus zum Wohle der Tiroler Gesellschaft weiter entwickelt. Der Bezug zur einheimischen Bevölkerung ist im Auge zu behalten. Die Wirtschaft und der Tourismus sind in diesem Sinn nur Instrumente zur Absicherung der Lebensqualität im Land. Der Tourismus hat in der Vergangenheit in diesem Zusammenhang eine wichtige Rolle gespielt und er wird sie auch in Zukunft einnehmen können. Nur spielen muss er diese Rolle selbst, konkret der Touristiker!

---

[41] Die umfangreichen Unterlagen dieses Konzepts sind in der Tirol Werbung verfügbar. Eine komprimierte Darstellung der Grundzüge findet sich in Daniel FISCHER, Der Neue Tiroler Weg – Wegweiser für den Tourismus in einem turbulenten Umfeld, Innsbruck 2000.

**Tabelle 1: Die touristische Nachfrage in Tirol 1950–2000**

| Tourismusjahr | Ankünfte | | | Nächtigungen | | | |
|---|---|---|---|---|---|---|---|
| | absolut | Anteile % | | absolut | Anteil % | Ausländeranteile % | |
| | insgesamt | Winter | Ausländer | insgesamt | Winter | Winter | Sommer |
| 1950 | 569.768 | 24,7 | 63,1 | 2.342.146 | 25,3 | 67,0 | 66,5 |
| 1951 | 668.722 | 23,3 | 65,9 | 2.784.090 | 25,8 | 72,8 | 71,4 |
| 1952 | 755.891 | 25,0 | 70,0 | 3.257.567 | 27,2 | 79,4 | 74,3 |
| 1953 | 896.052 | 22,8 | 74,9 | 3.895.303 | 24,1 | 80,4 | 80,2 |
| 1954 | 1.025.123 | 20,4 | 76,9 | 4.619.383 | 22,6 | 84,0 | 82,5 |
| 1955 | 1.311.428 | 20,1 | 78,7 | 6.098.412 | 23,1 | 84,3 | 84,4 |
| 1956 | 1.442.555 | 21,1 | 79,1 | 6.986.142 | 23,3 | 85,1 | 84,8 |
| 1957 | 1.621.723 | 19,7 | 81,1 | 8.398.420 | 21,1 | 85,5 | 86,7 |
| 1958 | 1.808.843 | 20,2 | 82,5 | 9.419.815 | 22,0 | 86,3 | 88,0 |
| 1959 | 2.028.011 | 20,8 | 83,4 | 10.901.264 | 22,8 | 87,5 | 88,7 |
| 1960 | 2.209.195 | 20,9 | 84,0 | 11.863.289 | 23,3 | 87,9 | 89,6 |
| 1961 | 2.276.109 | 23,7 | 84,8 | 13.165.085 | 24,6 | 89,7 | 90,2 |
| 1962 | 2.562.328 | 24,1 | 86,3 | 15.637.164 | 25,2 | 89,8 | 91,7 |
| 1963 | 2.574.368 | 23,5 | 86,4 | 16.087.541 | 24,7 | 89,8 | 92,2 |
| 1964 | 2.646.166 | 24,0 | 86,5 | 16.924.970 | 24,8 | 89,0 | 92,1 |
| 1965 | 2.730.880 | 24,5 | 87,3 | 18.011.049 | 26,2 | 90,0 | 92,6 |
| 1966 | 2.886.742 | 25,3 | 87,3 | 19.015.691 | 26,9 | 89,8 | 92,8 |
| 1967 | 2.832.381 | 27,2 | 87,3 | 18.535.249 | 29,3 | 89,7 | 92,6 |
| 1968 | 3.169.971 | 27,9 | 87,7 | 20.379.224 | 28,9 | 90,2 | 93,3 |
| 1969 | 3.432.289 | 28,3 | 88,1 | 22.259.169 | 30,6 | 90,7 | 93,3 |
| 1970 | 3.865.644 | 28,4 | 89,6 | 25.712.335 | 30,3 | 91,1 | 94,4 |
| 1971 | 4.178.805 | 28,3 | 90,1 | 29.331.964 | 29,0 | 91,9 | 94,8 |
| 1972 | 4.378.997 | 28,4 | 90,7 | 30.804.235 | 28,5 | 92,4 | 95,4 |
| 1973 | 4.420.352 | 29,6 | 90,6 | 30.913.919 | 29,8 | 92,2 | 94,9 |
| 1974 | 4.233.986 | 33,0 | 89,6 | 29.863.710 | 33,2 | 91,6 | 94,4 |
| 1975 | 4.658.998 | 35,3 | 89,9 | 32.890.846 | 35,9 | 91,5 | 94,7 |
| 1976 | 4.831.697 | 36,3 | 89,6 | 34.188.889 | 37,7 | 90,8 | 94,6 |
| 1977 | 4.897.049 | 37,4 | 89,1 | 33.981.117 | 39,2 | 90,9 | 94,0 |
| 1978 | 5.095.223 | 38,9 | 89,4 | 35.362.703 | 41,0 | 91,4 | 94,1 |
| 1979 | 5.409.196 | 38,0 | 89,5 | 36.804.715 | 40,3 | 91,5 | 94,1 |
| 1980 | 5.809.511 | 38,2 | 89,8 | 38.675.032 | 40,9 | 91,4 | 94,1 |
| 1981 | 6.030.754 | 41,0 | 90,0 | 40.844.546 | 43,5 | 92,0 | 94,2 |
| 1982 | 6.213.999 | 42,6 | 89,8 | 40.997.306 | 45,7 | 92,3 | 93,7 |
| 1983 | 6.240.486 | 42,6 | 89,8 | 39.729.877 | 46,7 | 92,4 | 93,3 |
| 1984 | 6.414.988 | 43,7 | 90,0 | 39.401.967 | 47,8 | 92,4 | 93,5 |
| 1985 | 6.455.699 | 44,1 | 90,1 | 39.053.173 | 49,7 | 92,9 | 93,4 |
| 1986 | 6.434.982 | 45,4 | 90,0 | 38.953.082 | 49,8 | 92,9 | 93,2 |
| 1987 | 6.637.975 | 46,8 | 90,3 | 38.938.135 | 51,4 | 93,0 | 93,1 |
| 1988 | 6.885.305 | 46,7 | 90,4 | 39.376.010 | 51,2 | 93,1 | 93,3 |
| 1989 | 7.439.813 | 46,7 | 90,5 | 42.036.734 | 50,6 | 93,3 | 93,3 |
| 1990 | 7.732.938 | 44,6 | 90,5 | 42.462.375 | 48,5 | 93,5 | 93,2 |
| 1991 | 8.069.175 | 45,0 | 90,4 | 45.335.736 | 48,0 | 93,4 | 93,3 |
| 1992 | 8.107.318 | 47,1 | 90,7 | 45.792.522 | 48,9 | 93,4 | 93,4 |
| 1993 | 7.869.650 | 48,6 | 90,4 | 45.053.683 | 50,9 | 93,8 | 93,5 |

| Tourismusjahr | Ankünfte | | | Nächtigungen | | | |
|---|---|---|---|---|---|---|---|
| | absolut | Anteile % | | absolut | Anteil % | Ausländeranteile % | |
| | insgesamt | Winter | Ausländer | insgesamt | Winter | Winter | Sommer |
| 1994 | 7.587.629 | 49,1 | 90,1 | 42.556.689 | 52,1 | 93,4 | 93,2 |
| 1995 | 7.379.802 | 50,2 | 89,6 | 40.530.160 | 52,8 | 93,0 | 92,4 |
| 1996 | 7.241.185 | 50,3 | 89,9 | 38.885.237 | 53,4 | 93,4 | 92,9 |
| 1997 | 7.106.575 | 50,0 | 89,2 | 38.000.658 | 53,3 | 93,3 | 91,9 |
| 1998 | 7.382.837 | 50,7 | 89,1 | 38.793.824 | 53,4 | 93,0 | 91,9 |
| 1999 | 7.545.622 | 52,2 | 89,1 | 39.528.303 | 54,8 | 93,2 | 91,5 |
| 2000 | 7.766.837 | 53,4 | 88,8 | 39.802.936 | 56,3 | 93,1 | 90,8 |

Quellen: Amt der Tiroler Landesregierung (lfd.), Sachgebiet Statistik, nach Daten des Österreichischen Statistischen Zentralamts; eigene Berechnungen.

**Tabelle 2: Entwicklung der Nächtigungen in ausgewählten Gemeinden Tirols 1975–1999**

Index: 1974/75 bzw. 1975 = 100

| Sommer | 1975 | 1980 | 1985 | 1990 | 1995 | 1999 |
|---|---|---|---|---|---|---|
| Sölden | 100 | 117,6 | 99,4 | 112,3 | 115,5 | 106,0 |
| Neustift | 100 | 128,6 | 114,0 | 115,6 | 112,6 | 119,2 |
| Seefeld | 100 | 121,9 | 104,8 | 131,1 | 110,3 | 103,8 |
| Kirchberg | 100 | 128,1 | 105,0 | 124,0 | 117,7 | 105,8 |
| Kitzbühel | 100 | 119,8 | 106,6 | 104,4 | 90,7 | 83,1 |
| Wildschönau | 100 | 100,8 | 78,2 | 97,8 | 78,9 | 73,1 |
| St.Anton | 100 | 116,3 | 108,0 | 120,1 | 95,8 | 71,2 |
| Eben/Achensee | 100 | 126,4 | 128,6 | 142,8 | 139,3 | 127,7 |
| Mayrhofen | 100 | 111,0 | 91,3 | 96,5 | 93,8 | 88,4 |
| Ischgl | 100 | 129,3 | 162,2 | 216,9 | 122,1 | 120,7 |
| TIROL | 100 | 108,5 | 93,2 | 103,7 | 90,7 | 84,7 |

| Winter | 1974/75 | 1979/80 | 1984/85 | 1989/90 | 1994/95 | 1998/99 |
|---|---|---|---|---|---|---|
| Sölden | 100 | 139,2 | 159,3 | 205,7 | 211,1 | 240,4 |
| Neustift | 100 | 190,1 | 284,2 | 340,5 | 368,9 | 379,7 |
| Seefeld | 100 | 106,3 | 101,8 | 95,8 | 102,1 | 93,1 |
| Kirchberg | 100 | 111,4 | 141,3 | 124,6 | 126,2 | 121,6 |
| Kitzbühel | 100 | 115,8 | 132,8 | 106,2 | 102,9 | 101,2 |
| Wildschönau | 100 | 105,3 | 113,7 | 113,2 | 103,9 | 95,1 |
| St.Anton | 100 | 110,9 | 160,8 | 183,0 | 191,6 | 205,5 |
| Eben/Achensee | 100 | 129,9 | 186,7 | 187,2 | 188,7 | 176,2 |
| Mayrhofen | 100 | 116,4 | 161,7 | 201,0 | 214,3 | 237,8 |
| Ischgl | 100 | 174,8 | 207,7 | 251,0 | 323,2 | 328,5 |
| TIROL | 100 | 134,2 | 164,3 | 174,4 | 181,2 | 183,5 |

Quellen: Eigene Berechnungen nach Amt der Tiroler Landesregierung (lfd.), Der Fremdenverkehr (Tourismus) im Sommer- bzw. Winterhalbjahr

**Tabelle 3: Die Top 20 des Tiroler Tourismus**

Winter 1950/51, 1984/85 und 1998/99 – Sommer 1951, 1985 und 1999

| Winter 1950/51 | | | Winter 1984/85 | | | Winter 1998/99 | | |
|---|---|---|---|---|---|---|---|---|
| 1. | Innsbruck/Igls | 146.024 | 1. | Sölden | 1.061.811 | 1. | Sölden | 1.602.263 |
| 2. | Kitzbühel | 108.828 | 2. | St. Anton | 634.612 | 2. | Ischgl | 896.346 |
| 3. | St. Anton | 61.379 | 3. | Seefeld | 611.469 | 3. | St. Anton | 813.830 |
| 4. | Seefeld | 53.643 | 4. | Kitzbühel | 594.309 | 4. | Mayrhofen | 687.693 |
| 5. | Sölden | 52.985 | 5. | Kirchberg | 582.505 | 5. | Neustift | 649.002 |
| 6. | Ehrwald | 24.499 | 6. | Ischgl | 566.714 | 6. | Seefeld | 558.997 |
| 7. | Kirchberg | 19.381 | 7. | Innsbruck/Igls | 517.246 | 7. | Tux | 547.278 |
| 8. | Berwang | 16.586 | 8. | Neustift | 485.861 | 8. | Serfaus | 541.014 |
| 9. | Galtür | 12.281 | 9. | Tux | 471.050 | 9. | Kirchberg | 501.432 |
| 10. | Lermoos | 11.058 | 10. | Mayrhofen | 467.590 | 10. | Innsbruck/Igls | 453.067 |
| 11. | Lienz | 10.236 | 11. | Wildschönau | 439.394 | 11. | Kitzbühel | 453.024 |
| 12. | Silz/Kühtai | 10.053 | 12. | Leutasch | 388.383 | 12. | Wildschönau | 367.598 |
| 13. | Hall | 9.461 | 13. | St. Johann | 368.402 | 13. | Fiss | 364.115 |
| 14. | Tux | 8.804 | 14. | Serfaus | 349.733 | 14. | Leutasch | 337.364 |
| 15. | Wildschönau | 7.696 | 15. | Eben/Achensee | 343.780 | 15. | Ellmau | 324.260 |
| 16. | Kufstein | 6.877 | 16. | Söll | 275.998 | 16. | Eben/Achensee | 324.186 |
| 17. | Westendorf | 6.454 | 17. | Ellmau | 271.342 | 17. | St. Leonhard | 309.194 |
| 18. | Alpbach | 6.046 | 18. | Westendorf | 266.807 | 18. | Nauders | 293.771 |
| 19. | Gerlos | 5.309 | 19. | Galtür | 247.967 | 19. | St. Johann | 274.796 |
| 20. | Thiersee | 5.136 | 20. | Fieberbrunn | 242.992 | 20. | Kappl | 268.864 |
| Summe Top 20 | | 582.736 | Summe Top 20 | | 9.187.965 | Summe Top 20 | | 10.568.094 |
| Summe Tirol | | 719.025 | Summe Tirol | | 19.404.510 | Summe Tirol | | 21.670.230 |
| Anteil Top 20 (%) | | 81,0 | Anteil Top 20 (%) | | 47,3 | Anteil Top 20 (%) | | 48,8 |

| Sommer 1951 | | | Sommer 1985 | | | Sommer 1999 | | |
|---|---|---|---|---|---|---|---|---|
| 1. | Innsbruck/Igls | 360.412 | 1. | Innsbruck/Igls | 931.520 | 1. | Innsbruck/Igls | 694.635 |
| 2. | Mayrhofen | 99.057 | 2. | Mayrhofen | 588.766 | 2. | Mayrhofen | 570.448 |
| 3. | Kitzbühel | 97.596 | 3. | Seefeld | 535.424 | 3. | Seefeld | 530.234 |
| 4. | Seefeld | 94.506 | 4. | Eben/Achensee | 529.035 | 4. | Eben/Achensee | 525.410 |
| 5. | St. Anton | 48.662 | 5. | Kitzbühel | 434.240 | 5. | Neustift | 446.848 |
| 6. | Eben/Achensee | 47.985 | 6. | Neustift | 427.357 | 6. | Sölden | 441.944 |
| 7. | Lienz | 46.029 | 7. | Sölden | 414.556 | 7. | Kirchberg | 360.283 |
| 8. | Oetz | 40.497 | 8. | Wildschönau | 368.220 | 8. | Wildschönau | 344.523 |
| 9. | Steinach | 38.722 | 9. | Kirchberg | 357.409 | 9. | Kitzbühel | 338.695 |
| 10. | Kufstein | 37.750 | 10. | Walchsee | 339.021 | 10. | Kössen | 314.943 |
| 11. | Sölden | 33.982 | 11. | St. Johann | 328.702 | 11. | Ellmau | 306.754 |
| 12. | Ehrwald | 33.915 | 12. | Leutasch | 268.497 | 12. | Leutasch | 271.020 |
| 13. | Kössen | 27.705 | 13. | Reith i. A. | 250.701 | 13. | St. Johann | 247.810 |
| 14. | St. Jakob/Defer. | 27.313 | 14. | Ellmau | 236.826 | 14. | Tux | 243.229 |
| 15. | Kirchberg | 25.010 | 15. | Kössen | 230.796 | 15. | Serfaus | 221.467 |
| 16. | Fieberbrunn | 23.851 | 16. | Ehrwald | 223.533 | 16. | Lermoos | 212.068 |
| 17. | Längenfeld | 23.536 | 17. | Längenfeld | 221.907 | 17. | Achenkirch | 211.961 |

| Sommer 1951 | | | Sommer 1985 | | | Sommer 1999 | | |
|---|---|---|---|---|---|---|---|---|
| 18. | Walchsee | 20.560 | 18. | Tux | 220.034 | 18. | Söll | 205.360 |
| 19. | Hall | 19.681 | 19. | Westendorf | 203.384 | 19. | Walchsee | 200.171 |
| 20. | Matrei/Osttirol | 19.237 | 20. | Ötz | 199.483 | 20. | Längenfeld | 197.931 |
| Summe Top 20 | | 1.166.006 | Summe Top 20 | | 7.309.411 | Summe Top 20 | | 6.885.734 |
| Summe Tirol | | 2.065.065 | Summe Tirol | | 19.648.663 | Summe Tirol | | 17.858.073 |
| Anteil Top 20 (%) | | 56,5 | Anteil Top 20 (%) | | 37,2 | Anteil Top 20 (%) | | 38,6 |

Quellen: 1950/51: Tiroler Verkehr, Nr. 14/1951, 3. 1984/85: Amt der Tiroler Landesregierung, Der Fremdenverkehr im Winterhalbjahr 1984/85 (Innsbruck 1985), 17. 1998/99: Amt der Tiroler Landesregierung, Der Tourismus im Winterhalbjahr 1998/99 (Innsbruck 1999), 21. 1951: Tiroler Verkehr, Nr. 12/1951, 4; Nr. 14/1951, 3; Nr. 17/1951, 3; Nr. 18/1951, 3; Nr. 20/1951, 3; Nr. 22/1951; 3. 1985: Amt der Tiroler Landesregierung, Der Fremdenverkehr im Sommerhalbjahr 1985 (Innsbruck 1985), 20. 1998: Amt der Tiroler Landesregierung, Der Tourismus im Sommerhalbjahr 1999 (Innsbruck 2000), 21.

**Tabelle 4: Bettenbestand in Tirol 1962–1999***

| | Sommer (Stichtag 31. August) | | | | Winter (Stichtag 28./29. Feber) | | | |
|---|---|---|---|---|---|---|---|---|
| Jahr | gewerblich | privat | sonstige | insgesamt | gewerblich | privat | sonstige | insgesamt |
| 1962 | 91.330 | 90.198 | 16.446 | 197.974 | . | . | . | . |
| 1963 | 98.141 | 96.177 | 17.294 | 211.612 | . | . | . | . |
| 1964 | 104.817 | 105.252 | 17.548 | 227.617 | . | . | . | . |
| 1965 | 114.667 | 109.648 | 18.071 | 242.386 | . | . | . | . |
| 1966 | 121.028 | 115.066 | 17.826 | 253.920 | . | . | . | . |
| 1967 | 126.090 | 116.946 | 18.345 | 261.381 | . | . | . | . |
| 1968 | 129.426 | 122.921 | 17.477 | 169.824 | 114.624 | 86.925 | 11.330 | 212.879 |
| 1969 | 131.633 | 127.727 | 19.496 | 281.856 | 122.226 | 91.671 | 12.132 | 226.029 |
| 1970 | 143.216 | 130.682 | 18.455 | 292.353 | 127.524 | 92.220 | 11.814 | 231.558 |
| 1971 | 150.451 | 138.251 | 18.038 | 306.740 | 135.690 | 98.885 | 11.724 | 246.299 |
| 1971 | 147.334 | 136.830 | 9.761 | 293.925 | 132.918 | 97.795 | 7.175 | 237.888 |
| 1972 | 154.270 | 138.237 | 13.743 | 306.250 | 140.673 | 102.901 | 7.055 | 250.629 |
| 1973 | 163.171 | 149.010 | 13.177 | 325.358 | 152.951 | 111.995 | 7.933 | 272.879 |
| 1974 | 160.641 | 144.117 | 10.623 | 315.381 | 154.122 | 110.403 | 6.999 | 271.524 |
| 1975 | 163.997 | 145.907 | 10.926 | 320.830 | 155.889 | 112.790 | 8.308 | 276.987 |
| 1976 | 172.724 | 151.728 | 11.680 | 336.132 | 165.177 | 123.901 | 8.389 | 297.467 |
| 1977 | 178.222 | 152.332 | 14.736 | 345.290 | 171.885 | 127.064 | 11.161 | 310.110 |
| 1978 | 187.916 | 148.856 | 18.451 | 355.223 | 179.788 | 127.659 | 13.193 | 320.640 |
| 1979 | 191.078 | 151.576 | 19.276 | 361.930 | 186.814 | 129.599 | 16.183 | 332.596 |
| 1980 | 198.233 | 144.445 | 24.948 | 367.626 | 192.522 | 126.275 | 19.218 | 338.015 |
| 1981 | 198.169 | 145.123 | 28.741 | 372.033 | 196.521 | 128.325 | 24.325 | 349.171 |
| 1982 | 201.763 | 141.834 | 30.223 | 373.820 | 197.944 | 127.338 | 29.230 | 354.512 |
| 1983 | 206.350 | 138.672 | 32.431 | 377.453 | 203.058 | 129.073 | 29.778 | 361.909 |
| 1984 | 209.928 | 133.449 | 33.559 | 376.936 | 207.891 | 123.755 | 31.703 | 363.349 |
| 1985 | 209.347 | 129.901 | 36.698 | 375.946 | 206.676 | 117.270 | 33.775 | 357.721 |
| 1986 | 208.469 | 124.935 | 39.634 | 373.038 | 203.410 | 110.754 | 34.833 | 348.997 |
| 1987 | 210.074 | 121.833 | 41.031 | 372.938 | 207.506 | 107.850 | 36.629 | 351.985 |
| 1988 | 207.984 | 116.412 | 42.518 | 366.914 | 208.467 | 104.292 | 39.890 | 352.649 |

| Jahr | Sommer (Stichtag 31. August) gewerblich | privat | sonstige | insgesamt | Winter (Stichtag 28./29. Feber) gewerblich | privat | sonstige | insgesamt |
|---|---|---|---|---|---|---|---|---|
| 1989 | 211.682 | 114.980 | 44.567 | 371.229 | 212.193 | 102.716 | 39.933 | 354.842 |
| 1990 | 210.531 | 106.025 | 50.491 | 367.047 | 209.342 | 94.303 | 45.157 | 348.802 |
| 1991 | 211.357 | 102.774 | 53.797 | 367.928 | 210.482 | 92.888 | 50.475 | 354.845 |
| 1992 | 211.466 | 100.597 | 58.807 | 370.870 | 209.686 | 90.880 | 55.215 | 355.781 |
| 1993 | 211.298 | 94.266 | 62.322 | 367.886 | 211.847 | 85.542 | 59.918 | 357.307 |
| 1994 | 210.442 | 90.591 | 67.606 | 368.639 | 209.899 | 82.516 | 63.943 | 356.358 |
| 1995 | 209.234 | 86.445 | 69.777 | 365.456 | 209.137 | 79.493 | 66.171 | 354.801 |
| 1996 | 208.937 | 82.444 | 71.017 | 362.398 | 210.296 | 76.342 | 67.774 | 354.412 |
| 1997 | 205.415 | 79.488 | 73.646 | 358.549 | 208.027 | 74.385 | 69.779 | 352.191 |
| 1998 | 206.522 | 73.491 | 73.473 | 353.486 | 208.166 | 69.113 | 69.389 | 346.668 |
| 1999 | 204.893 | 70.096 | 75.890 | 350.879 | 208.852 | 65.901 | 71.852 | 346.605 |

* Bis 1971 Bettenbestand einschließlich Notbetten und Matratzenlager, ab 1971 ohne Notbetten und Matratzenlager. Sonstiger Bettenbestand: Betten in (privaten) Ferienwohnungen, Kur- und Erholungsheimen, Jugendherbergen, Schutzhütten etc.
Quellen: Amt der Tiroler Landesregierung (lfd.), Sachgebiet Statistik, nach Daten des Österreichischen Statistischen Zentralamts.

**Tabelle 5: Hauptseilbahnen, Kleinseilbahnen und Schlepplifte in Tirol 1955–1998***
**(Stichtag jeweils 31. Dezember)**

| Jahr | Haupt- und Kleinseilbahnen Zahl | stdl. Förderl. Pers./h | Kapazität pro Anlage Pers./h | Schlepplifte Zahl | stdl. Förderl. Pers./h |
|---|---|---|---|---|---|
| 1955 | 45 | 14.700 | 327 | | |
| 1960 | 69 | 24.300 | 352 | | |
| 1965 | 105 | 40.300 | 384 | | |
| 1970 | 163 | 73.400 | 450 | | |
| 1975 | 185 | 116.300 | 629 | 776 | |
| 1976 | 179 | 114.200 | 638 | 817 | |
| 1977 | 228 | 140.700 | 617 | 832 | 547.300 |
| 1978 | 236 | 158.400 | 671 | 862 | 612.200 |
| 1979 | 243 | 168.900 | 695 | 940 | 668.000 |
| 1980 | 249 | 176.300 | 708 | 965 | 677.200 |
| 1981 | 258 | 189.800 | 736 | 973 | 683.900 |
| 1982 | 269 | 204.100 | 759 | 934 | 703.200 |
| 1983 | 273 | 218.600 | 801 | 937 | 720.900 |
| 1984 | 287 | 239.100 | 833 | 921 | 725.700 |
| 1985 | 293 | 258.600 | 882 | 928 | 733.600 |
| 1986 | 301 | 274.100 | 911 | 944 | 740.600 |
| 1987 | 307 | 291.800 | 950 | 949 | 735.600 |
| 1988 | 318 | 326.600 | 1.027 | 1.009 | 729.600 |
| 1989 | 330 | 366.900 | 1.112 | 893 | 740.300 |
| 1990 | 334 | 377.464 | 1.130 | 900 | 746.253 |
| 1991 | 341 | 401.907 | 1.179 | 930 | 754.445 |
| 1992 | 350 | 428.684 | 1.225 | . | . |
| 1993 | 351 | 445.774 | 1.270 | 863 | 718.083 |
| 1994 | 354 | 456.045 | 1.288 | . | . |

| Jahr | Haupt- und Kleinseilbahnen Zahl | stdl. Förderl. Pers./h | Kapazität pro Anlage Pers./h | Schlepplifte Zahl | stdl. Förderl. Pers./h |
|---|---|---|---|---|---|
| 1995 | 358 | 515.691 | 1.440 | 828 | 698.000 |
| 1996 | 365 | 501.742 | 1.375 | . | . |
| 1997 | 376 | 530.134 | 1.410 | . | . |
| 1998 | 387 | 564.524 | 1.459 | 784 | 670.735 |

* Hauptseilbahnen: Standseilbahnen, Doppel- und Mehrfachsessellifte; Kleinseilbahnen: Einsessel und Kombilifte.

Quellen: 1955–1970: Bundesministerium für Verkehr, Österreichisches Seilbahnkonzept, Teil II: Grundlagen (Wien 1978) 66; 1975–1989: Institut für Verkehr und Tourismus, Tiroler Verkehr in Zahlen (Innsbruck 1975 ff.)

## Schrifttum

Amt der Tiroler Landesregierung, Seilbahngrundsätze des Landes Tirol mit Festlegung der Grenzen der Schigebiete in den Tourismusintensivgebieten. Innsbruck 1992.

Amt der Tiroler Landesregierung, Seilbahngrundsätze des Landes Tirol 1996 mit Festlegung der Grenzen der Schigebiete in den Tourismusintensivgebieten. Innsbruck 1996.

Amt der Tiroler Landesregierung, Tiroler Erholungsraumkonzept. Innsbruck 1981.

Amt der Tiroler Landesregierung, Tiroler Fremdenverkehrskonzept II. Innsbruck 1982.

Amt der Tiroler Landesregierung, Tiroler Fremdenverkehrskonzept. Innsbruck 1973.

Amt der Tiroler Landesregierung, Tiroler Golfplatzkonzept 1993. Innsbruck 1993.

Amt der Tiroler Landesregierung, Tiroler Golfplatzkonzept 1997. Innsbruck 1997.

Amt der Tiroler Landesregierung, Tiroler Golfplatzkonzept. Innsbruck 1988.

Amt der Tiroler Landesregierung, Tiroler Seilbahn- und Pistenkonzept. Innsbruck 1981.

BAUSINGER, Hermann, Wie die Deutschen zu Reiseweltmeistern werden. In: Haus der Geschichte der Bundesrepublik Deutschland, Endlich Urlaub! Die Deutschen reisen wieder. Köln 1996.

Deutsches Fremdenverkehrspräsidium, Tourismusbericht des Fremdenverkehrspräsidiums 1986. Bonn–Frankfurt 1986.

DOLNICAR, Sara, Gästebefragung Österreich Sommer 1997 – Tirol-Bericht. Wien 1998.

FISCHER, Daniel, Der Neue Tiroler Weg – Wegweiser für den Tourismus in einem turbulenten Umfeld. Innsbruck 2000.

FRANCK, Dieter, Die Welt der Jahrhundertmitte, 1940–1960: Von schweren und von schönen Zeiten. Bergisch Gladbach 1991.

GÖCKERITZ, Heinz, Die Bundesbürger entdecken die Urlaubsreise. In: Haus der Geschichte der Bundesrepublik Deutschland (Hrsg.), Endlich Urlaub! Die Deutschen reisen wieder. Köln 1996, 43–50.

HUTSCHENREITER, Gernot / Michael PENEDER, Wettbewerbsfähigkeit, Technologie und Produktivität. 210. In: Heinz HANDLER (Hrsg.), Wirtschaftsstandort Österreich – Wettbewerbsstrategien für das 21. Jahrhundert. Wien 1996.

Institut für Grundlagenforschung, Salzburg, Befragung – Reiseland Südtirol. Bozen 1980.

Institut für Verkehr und Tourismus, Tiroler Verkehr in Zahlen. Innsbruck lfd.

KÖNIG, Otto, Golf im Hochgebirge. In: Tiroler Verkehr, Nr. 17/1930, 2.

Landesfremdenverkehrsamt für Tirol, Urlaubszufriedenheit in Tirol. Innsbruck 1975.

LANGER-HANSEL, Harald, Staatsvertrag und Fremdenverkehr. In: Tiroler Verkehr, Nr. 14/1955, 2.

LÄSSER, Adolf, 100 Jahre Fremdenverkehr in Tirol (Tiroler Wirtschaftsstudien 40), Innsbruck 1993.

MAZANEC, Josef Gästebefragung Österreich Sommer 1991. Tirol-Bericht, Wien 1991.

MAZANEZ, Josef, Gästebefragung Österreich Sommer 1994 – Tirol-Bericht. Wien 1995.

MÜLLER, Karl-Heinz, So reisten die Deutschen – Die deutschen Österreich-Urlauber. In: Der Fremdenverkehr + Das Reisebüro, 9/1985 (Sonderdruck).
NUSSBAUMER, Josef, Sozial- und Wirtschaftsgeschichte von Tirol 1945–1985 (Tiroler Wirtschaftsstudien 42), Innsbruck 1992.
RISCH, Paul, Die Notwendigkeit der Fremdenverkehrspolitik auf Ortsebene. In: Tiroler Verkehr, Nr. 1/1971.
RÖGGLA, Ferdinand, Naturschutz. In: Tiroler Verkehr, Nr. 9/1927, 1.
Studienkreis für Tourismus, Urlaubsreisen 1977 – Analyse des Urlaubs- und Reiseverhaltens der westdeutschen Bevölkerung 1977. Starnberg 1978.
Tiroler Fremdenverkehrswerbung, Licht und Schatten – Geschichten zum Nachdenken über den Tiroler Fremdenverkehr. Innsbruck (ohne Jahr).
TSCHURTSCHENTHALER, Paul / Günther LEHAR, Die Wertschöpfung des Tourismus in Tirol – Methodenstudie und Entwicklung eines Modells zur Berechnung der touristischen Wertschöpfung. Innsbruck 1994.
TSCHURTSCHENTHALER, PAUL, Der Tourismus im Bundesland Tirol 1918–1990. In: Anton PELINKA / Andreas MAISLINGER (Hrsg.), Handbuch zur neueren Geschichte Tirols, Band 2: Zeitgeschichte. Innsbruck 1993.

## Summaries

Der Tourismus hat sich in den letzten 50 Jahren zu einem bedeutenden Wirtschaftsfaktor Tirols entwickelt und er konnte diese Position bis in die Gegenwart behaupten. Dabei liegt das Hauptverdienst des Tiroler Tourismus darin, vornehmlich in jenen Landesregionen Einkommens- und Beschäftigungsmöglichkeiten geboten zu haben, in denen ökonomische Alternativen als Voraussetzung der Erhaltung der Lebensraumfunktion weitgehend fehlten. Trotz Stagnationserscheinungen im Sommertourismus, die bereits zu Beginn der Siebzigerjahre auftraten, nahm die Bedeutung des Tourismus in Folge des stark boomenden Wintertourismus noch weiter zu. Doch Mitte der Neunzigerjahre zeichneten sich gesamthaft Sättigungserscheinungen ab. Die Ursachen dafür sind vielfältig und liegen in erster Linie in den Entwicklungen auf den nunmehr globalisierten Tourismusmärkten. Aus dieser Konstellation entstehen auch die neuen Herausforderungen für den Tiroler Tourismus. Im Wesentlichen geht es darum, Strategien zu entwickeln, die trotz der schweren Position Tirols im globalen Tourismus gewährleisten, die Funktionen des Tourismus im Land nachhaltig abzusichern. Dazu sind Verhaltensänderungen bei allen Tourismusakteuren erforderlich. In erster Linie gilt es, die Fähigkeiten und Potenziale der privaten Tourismusanbieter zu entwickeln. Eine Höherqualifizierung ist Voraussetzung für erfolgreiches Unternehmertum im Tourismus und für das Entstehen von gedeihlichen Kooperationen, die ebenfalls notwendig sind, um den zukünftigen Herausforderungen im internationalen Tourismusgeschäft zu begegnen. Nur wenn dies gelingt, kann der Tourismus auch in Zukunft jene wichtige Position einnehmen, die er sich geschaffen hat und ihn zu einem wesentlichen Instrument des regionalen Einkommensausgleichs in Tirol werden ließ. Diese Funktion gilt es zu erhalten, wenn der Tiroler Lebensraum auch in den abgelegeneren Landesteilen erhalten werden soll.

In the second half of the 20th century tourism has grown into an important factor in the Tyrolean economy and has been able to keep its position until now. This significant position of tourism has resulted primarily from its contribution to income and employment in those regions where economic alternatives were limited. Although, beginning in the early seventies, summer tourism has slid into a phase of stagnation, tourism as a whole continued to increase thanks to a massive growth in winter tourism. But not later than in the middle of the nineties a change in most factors which are essential for Tyrol's position in international tourism markets has led to an overall tendency to stagnation in tourism demand. From this new challenges arise for all those dealing with tourism in country. There is a need to develop strategies ensuring a prosperous future of Tyrolean tourism despite its difficult position in global tourism. Therefore an overall change in behaviour is essential. It is above all necessary that entrepreneurs be enabled to accept that challenge of the globalising market. An increase in the educational level supported by tourism policy will be one of the most powerful measures to achieve this goal. A higher level of education is a prerequisite for successful entrepreneurs and for the establishment of new forms of co-operation, which are also an important step to a powerful market offensive. A comprehensive improvement of qualifications is therefore one of the major keys to assure that tourism can keep its position in the Tyrolean economy. Only then this sector can maintain its character as an instrument of regional distribution of income, which still remains the most important function of tourism in the Tyrol.

* * *

Nella seconda metà del ventesimo secolo il turismo ha ulteriormente consolidato la sua posizione di fattore cardine dell,economia tirolese, posizione risultante in primo luogo dal contributo in termini di reddito e di sviluppo dato dal turismo alle regioni con limitate alternative economiche. Sebbene dagli inizi dei primi anni settanta il turismo estivo sia entrato in una fase di ristagno, ha continuato a prosperare grazie a una massiccia crescita durante la stagione invernale. Ma già a metà degli anni novanta un cambiamento dei fattori alla base del mercato turistico tirolese ha causato una nuova stagnazione della domanda. Da qui nascono le nuove sfide per gli operatori del settore. E'necessario sviluppare delle strategie che assicurino al turismo tirolese un futuro di prosperità nonostante la sua difficile posizione all'interno del turismo globale. L'obiettivo è quello di modificare l'atteggiamento degli operatori affinché siano in grado di affrontare le nuove sfide del mercato globale. Una delle misure di fondo sarà pertanto un miglioramento dell'educazione turistica fra gli operatori, che sia ancorato nella politica turistica. Un più alto livello di formazione è un prerequisito essenziale anche per la creazione di nuove forme di cooperazione, passo importante verso una potente offensiva di mercato. Un miglioramento generale delle qualificazioni è una delle chiavi più importanti per assicurare al turismo tirolese il suo ruolo di centralità come strumento essenziale di distribuzione del reddito regionale.

# Drehkreuz am „Dachgarten Europas“

## Die Tiroler Verkehrswirtschaft im Spannungsfeld zwischen Mobilitätsgesellschaft und Ökologie

Helmut Lamprecht / Günther Lehar

## 1. Marksteine der Tiroler Verkehrswirtschaft Ein Entwicklungsabriss

Die vergangenen 50 Jahre der Verkehrsentwicklung in Tirol waren von einer Dynamik geprägt, die alle vorherigen Epochen verblassen lässt. Sie betrifft Bereiche der Infrastruktur ebenso wie die verschiedenen Zweige der Verkehrswirtschaft Tirols.[1]

### 1.1 Verkehrsinfrastruktur

Permanentes Wirtschaftswachstum, eine zunehmende Arbeitsteilung, die Intensivierung der internationalen Wirtschaftsverflechtung und ein steigendes Mobilitätsbedürfnis der Tiroler Bevölkerung erhöhten den Bestand an Kraftfahrzeugen seit 1955 auf mehr als das 12fache.

Dabei nahm der private Kfz-Bestand am stärksten zu. Dieser „hausgemachte“ Mobilitätszuwachs sowie der ständig wachsende Personen- und Gütertransitverkehr durch Tirol stellten hohe quantitative und qualitative Anforderungen an das Straßennetz, die es vor allem hinsichtlich der Leistungsfähigkeit und der Schaffung wintersicherer Alpenübergänge zu erfüllen galt. Der Bau der *Brenner-Autobahn mit der Europa-Brücke* in den 60er Jahren sowie des *Arlberg-Straßentunnels* Mitte der 70er Jahre gehörten zweifellos zu den bedeutendsten und herausforderndsten Vorhaben im Bereich der Tiroler Straßeninfrastruktur. Mit dem Bau der *Felbertauernstraße* konnte schließlich Osttirol ab 1967 eine wesentlich bessere Verkehrsanbindung erhalten.

Anfang der 60er Jahre wuchs auf der Brenner-Bundesstraße der Verkehr im Vergleich zum übrigen Bundesstraßennetz mehr als viermal so schnell; permanente Staus

[1] Leider können aus Platzgründen aber nicht alle Sparten wie z. B. die Spedition, Schifffahrt Nachrichtenübermittlung, Fahrschulen, Garagen und sonstige Verkehrshilfsgewerbe Berücksichtigung finden. Für eine sämtliche Sparten der Verkehrswirtschaft umfassende Chronologie der Ereignisse wird auf die seit 1977 erscheinenden umfangreichen Jahresberichte der Sektion Verkehr verwiesen.

und eine überdurchschnittliche Unfallhäufigkeit waren die Folge.[2] Andererseits wurde jedoch durch den Ausbau des Straßennetzes in der Schweiz eine zunehmende Umfahrung Tirols befürchtet.[3]

**Abbildung 1: Bestand an zugelassenen Kraftfahrzeugen in Tirol**

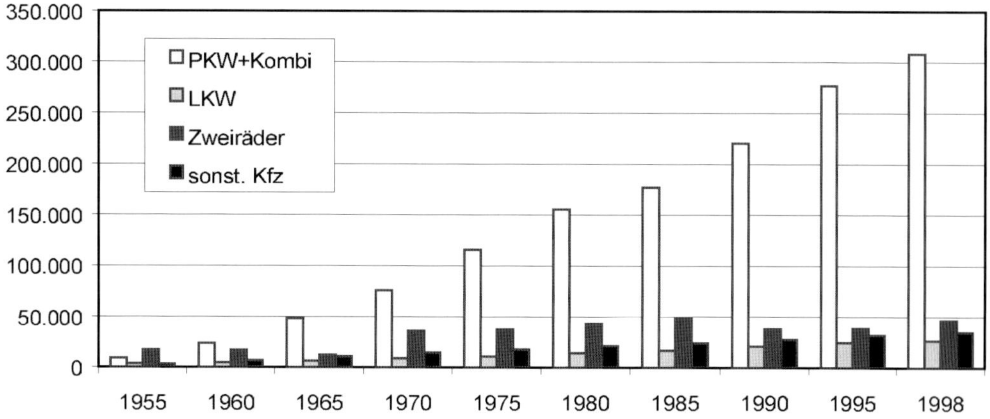


Quelle: Institut für Verkehr und Tourismus (Hrsg.): Tiroler Verkehr in Zahlen, Innsbruck, lfd. Jahrgänge

Für den Bau der Brenner-Autobahn spielten auch gesamteuropäische Überlegungen eine Rolle: Nachdem der Autobahnbau auf deutschem Gebiet bis an die österreichische Staatsgrenze vorgerückt war und in Italien ebenso Pläne für einen Autobahnbau zum Brenner reiften, stieg die Notwendigkeit für leistungsfähige Straßen auf Tiroler Gebiet. Die Lücke in der Verbindung München – Modena sollten die Inntal- und die Brenner-Autobahn schließen.

Mit dem Bau der Brenner-Autobahn war letztlich auch ein ästhetischer Ehrgeiz Tiroler Straßenbauer verbunden: Sie sollte nicht nur eine wichtige Wirtschaftsverbindung, sondern auch eine Panoramastraße ersten Ranges werden. Im Geleitwort des damaligen österreichischen Bundeskanzlers Bruno Kreisky zur Brenner-Autobahn-Festschrift heißt es u. a.: „… Die Trassenführung durch zwei der schönsten Täler Europas, wenn nicht der Welt, wird nicht nur in keiner Weise als störend empfunden, vielmehr

---

[2] 1965 zählte man durchschnittlich 4.738 Fahrzeuge am Brennerpass; Schätzung für den Zeitpunkt der Vollmotorisierung: 10.000 bis 15.000 Fahrzeuge im Durchschnitt, vgl. Otto RASCHAUER, Die Brenner-Autobahn im Netz der Europastraßen, in: Brenner-Autobahn-Aktiengesellschaft (Hrsg.), Die Brenner Autobahn. Die erste alpenüberquerende Vollautobahn. Innsbruck 1972, 20; (1998: DTV 10.161 Fahrzeuge gem. automatischer Straßenverkehrszählung).

[3] Vgl. hierzu die Ausführungen in Kap. 3.1.

entspricht die teilweise großartige Architektur der technischen Lösungen den gigantischen Formen der Tiroler Hochgebirgswelt.“[4]

Das erste Teilstück der Brenner-Autobahn wurde 1964, das letzte Teilstück auf Nordtiroler Seite Ende 1968 dem Verkehr übergeben. Auf Südtiroler Seite dauerte der Bau aufgrund geologischer Probleme bis 1971; der durchgehende Betrieb von Innsbruck über den Brenner nach Bozen wurde am 5. 4. 1971 aufgenommen.

Der Bau der österreichischen Brenner-Autobahn war jedoch nur durch eine außerbudgetäre Lösung[5], die letztlich eine Bemautung mit sich brachte, möglich; Budgetmittel allein konnten dafür nicht aufgebracht werden. Diese Finanzierungsform wurde später auch bei anderen überregionalen Straßenbauvorhaben (Tauern-, Gleinalm-, Phyrn-Autobahn, Arlberg-Straßentunnel) angewendet.

Die Fahrzeug-Frequenzen auf der Brenner-Autobahn sind seit ihrem Bestehen kontinuierlich gestiegen; dies gilt für alle Kfz-Arten (siehe Abbildung 2).

**Abbildung 2: Frequenzen auf wichtigen Durchzugsrouten Tirols seit 1970 (sämtliche Kraftfahrzeuge)**

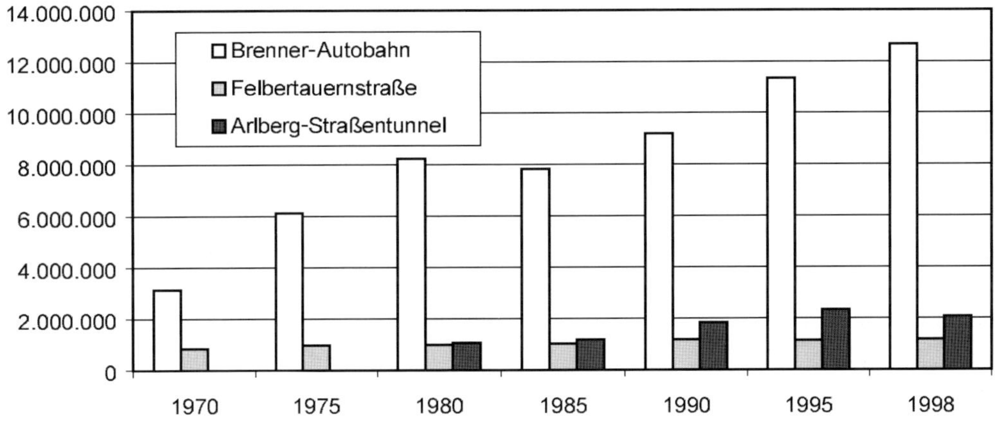


Quelle: Institut für Verkehr und Tourismus (Hrsg.): Tiroler Verkehr in Zahlen, Innsbruck, lfd. Jahrgänge

Mit der Betriebsaufnahme der *Felbertauernstraße* im Juni 1967 war eine weitere wichtige Nord-Süd-Verbindung, in erster Linie für den PKW-Transitverkehr von Deutschland nach Norditalien und Slowenien bzw. Kroatien, entstanden. Sie verband

[4] Brenner-Autobahn-Aktiengesellschaft (Hrsg.), Die Brenner Autobahn. Die erste alpenüberquerende Vollautobahn. Innsbruck 1972, 7.

[5] Finanzierung durch aus dem Budget ausgegliederte Sondergesellschaften; Beschaffung der Finanzmittel am freien Kapitalmarkt und Rückzahlung aus den späteren Mauteinnahmen.

aber auch gleichzeitig die zwei Landesteile Nord- und Osttirol bzw. Osttirol mit dem Bundesland Salzburg. Für Osttirol als relativ schwer zugänglichem Bezirk kam der Felbertauernstraße eine wichtige Anbindungsfunktion insbesondere für die von Norden kommenden Reiseströme an das nationale und internationale Hauptstraßennetz zu. Mit der Aufnahme des Vollbetriebes der Inntal- und Brenner-Autobahn im Jahr 1973 sowie mit der Eröffnung von Teilstücken der Tauernautobahn gingen zwar die Frequenzen auf der Felbertauernstraße vorübergehend etwas zurück[6]; sie verzeichneten aber in den letzten Jahren wieder einen leichten Anstieg (siehe Abbildung 2).

Im Vergleich zur Nord-Süd-Achse durch Tirol spielte der Verkehr Richtung Ost-West seit jeher eine etwas geringere Rolle. Zum einen ist der Arlberg-Pass höher und schwerer zugänglich als der Brenner- oder der Reschenpass; zum anderen gab es dadurch auf der West-Ost-Achse weniger ausgeprägte wirtschaftliche Verflechtungen. Mit dem Bau des fast 14 km langen *Arlberg-Straßentunnels* und dessen Verkehrsfreigabe am 1. Dezember 1978 wurde eine leistungsfähige, vor allem wintersichere Straßenverbindung zwischen Tirol und Vorarlberg geschaffen. Die Kraftfahrzeug-Verladung der Autos auf die Bahn[7] war damit nicht mehr die einzige Alternative zur Fahrt über den im Winter häufig unpassierbaren Arlberg-Pass.

Im Vergleich zu den großen Straßenbauten wurden die Projekte im Bereich der *Bahninfrastruktur* von der Bevölkerung lange Zeit kaum wahrgenommen. Erst mit gestiegenem Umweltbewusstsein rückten Maßnahmen zur Verlagerung des Schwerverkehrs auf die Schiene stärker in den Blickpunkt des öffentlichen Interesses.

Die Modernisierungsmaßnahmen im Bereich der Schiene begannen mit dem *zweigleisigen Ausbau* der Arlberg-Strecke. In Etappen wurde zunächst der Abschnitt Innsbruck–Telfs (1967 bis 1977) und Telfs–Ötztal (in den 80er Jahren), sodann die Strecke zwischen Schönwies und Landeck mit dem Zammer Tunnel (1999) und einem Doppelspurabschnitt zwischen Schnann und St. Jakob a. Arlberg (1997) ausgebaut. Eine neue Bahnumfahrung von St. Anton a. Arlberg konnte mit der Schi-WM 2001 durchgesetzt und errichtet werden. Auch auf Vorarlberger Seite wird die Bahn zweigleisig ausgebaut, sodass im Jahr 2002 eine insgesamt 23 km lange, zweigleisig ausgebaute Scheitelstrecke verfügbar sein wird.[8]

Modernisierungsmaßnahmen erfolgten weiters auf der Inntal-Brenner-Strecke, wo Engpässe beseitigt sowie unterbau-, signal- und sicherungstechnische Maßnahmen gesetzt wurden. Diese sind gleichzeitig Teil eines mittelfristigen Projektes zur grundlegenden Modernisierung der *Bahnlinie München – Verona*, das als spezifisches Projekt

---

6 Institut für Verkehr und Tourismus, Auswirkungen der Felbertauernmaut auf den Bezirk Lienz. Innsbruck 1976, 14 ff.

7 Arlberg-Bahn und Bahn-Tunnel seit 1884 in Betrieb.

8 Thomas Mösl, Die Eisenbahnen im mittleren Alpenraum. Ihre Entstehung, gegenwärtige Bedeutung und Zukunft. Ein Beitrag zur Tiroler Eisenbahngeschichte, in: Tirol Atlas. Eine Landeskunde in Karten. Begleittexte XIV (Sonderdruck aus Tiroler Heimat, Jahrbuch für Geschichte und Volkskunde 63. Band 1999). Innsbruck 1999, 55–56.

ins Transeuropäische Netz (TEN) aufgenommen wurde und dessen Realisierung in Richtung Hochleistungsbahn schrittweise erfolgen soll.[9] Ein wesentlicher Baustein dieser Achse ist die *Umfahrung Innsbruck*, eröffnet am 28. Mai 1994, die bei Baumkirchen abzweigt und der Entlastung des Bahnknotens Innsbruck dient. Sie wurde primär für den Gütertransit errichtet. Die Umfahrung ist insgesamt 15,4 km lang und weist den bisher längsten Eisenbahntunnel Österreichs mit einer Länge von 12,776 km auf (bis dahin hatte der Arlbergtunnel dieses Prädikat).

Mit dem Projekt einer neuen, parallelen *Unterinntal-Trasse*[10] soll die mit bis zu 300 Zügen pro Tag an der Kapazitätsgrenze angelangte Bahnstrecke zwischen Wörgl und Baumkirchen entlastet werden und gleichzeitig die Funktion einer Zulaufstrecke zum künftigen Brenner-Basis-Tunnel übernehmen. Für Projektierung und Bau war 1996 die Brenner Eisenbahn Gesellschaft (BEG) gegründet worden. Die Finanzierung der Baukosten in Höhe von 17 Mrd. Schilling für den ersten Bauabschnitt, die Teilstrecke Kundl/Radfeld–Baumkirchen, wurde von der österreichischen Bundesregierung 1997 mittels Staatsvertrag mit Tirol vereinbart. Nachdem die Umweltverträglichkeitsprüfung positiv abgeschlossen wurde, wird mit dem Bau noch im Laufe des Jahres 2000 begonnen werden; die Inbetriebnahme ist für 2006 vorgesehen. Die Umweltverträglichkeitsprüfung für den zweiten Abschnitt zwischen Kundl und Schaftenau befindet sich derzeit im Vorbereitungsstadium.

Ein wichtiges Projekt zur Modernisierung der Tiroler Verkehrsinfrastruktur war letztlich auch der *Ausbau des Innsbrucker Flughafens*, mit dem Tirol eine Anbindung an den internationalen Flugverkehr erhalten hat.

Der *„Alpenflughafen Innsbruck“* war Anfang der 60er Jahre – z. B. 1960 mit rd. 1.300 Flugbewegungen und rd. 25.000 ankommenden und abfliegenden Passagieren – nach Wien-Schwechat der am stärksten frequentierte Flughafen in Österreich. Austrian Airlines, Swissair und Eagle-Airways unterhielten ständige Linienverbindungen. Wegen der Winterolympiade 1964 in Innsbruck war der Flughafen Innsbruck ausgebaut worden – u. a. durch Verlängerung der Start- und Landebahn, Errichtung eines neuen Abfertigungsgebäudes sowie eines Flugsicherungskontrollturmes.

Ab der zweiten Hälfte der 60er Jahre begann allerdings ein massiver Fluggästeschwund einzusetzen; der Innsbrucker Flughafen wurde fast nur noch als Sportflughafen genutzt, nicht zuletzt auch wegen des Absturzes einer britischen Linienmaschine am Glungezer im Jahre 1964, bei dem 83 Menschen ums Leben kamen. Danach stand der Innsbrucker Flughafen jahrelang auf einer „schwarzen Liste“ von Pilotenvereinigungen. In der Folge wurde der Flughafen jedoch mit modernen Navigations- und Sicherheitseinrichtungen versehen, sodass flugtechnisch einer stärkeren Nutzung durch eine neue Generation von Regionalflugzeugen nicht mehr viel entgegenstand.

---

[9] Siehe weitere Ausführungen hiezu unter Abschnitt 3.4.

[10] Vgl. hierzu: Hans LINDENBERGER, Die Brennerachse München – Verona. Projekt und Finanzierung. Vortrag anlässlich des 2. Verkehrsforums Seefeld, Jänner 1998.

Auf Grund einer von der Tiroler Handelskammer initiierten und gemeinsam mit dem Institut für Verkehr und Tourismus erstellten Marktstudie für den Flughafen Innsbruck[11] wurden ab 1979 wieder Linienflüge ab Innsbruck von der Crossair und der Aircraft Innsbruck durchgeführt. 1980 nahm dann die neu gegründete Tyrolean Airways ihren Linienflugbetrieb von Innsbruck nach Zürich und Wien auf. Dadurch erhöhte sich die Zahl der ankommenden und abfliegenden Fluggäste sprunghaft auf rd. 110.000, die Zahl der An- und Abflüge auf rd. 4.600. Bis 1999 hat sich die Zahl der An- und Abflüge auf insgesamt 13.534 (Linien- und Bedarfsverkehr zusammen) und die Zahl der ankommenden und abfliegenden Fluggäste auf über 612.000 erhöht.

In den letzten 20 Jahren verzeichnete der Flughafen in Innsbruck somit eine steile Aufwärtsentwicklung. Er ist für Betriebsansiedlungen durch internationale Firmen, für den heimischen Import und Export und selbstverständlich für den Tiroler Tourismus ein nicht mehr wegzudenkender Standortfaktor geworden. Der Flughafen Innsbruck stieg zu einem der größten Betriebe der Landeshauptstadt auf; die Umsätze belaufen sich derzeit auf 2,8–3,0 Milliarden Schilling pro Jahr. Mit den im Umfeld beschäftigten rund 1.000 Mitarbeitern und 23 Unternehmen ist der Flughafen nicht nur für die Stadt Innsbruck, sondern für das ganze Land ein beachtliches Wirtschaftsunternehmen geworden. Dessen ungeachtet ist der Flughafen Innsbruck laufend bemüht, wettbewerbsfähig zu bleiben und investiert deshalb jährlich den gesamten Cash-flow. Im Gegensatz zu seinen Konkurrenten im Ausland wird der Flughafen aber nicht von der öffentlichen Hand gefördert. Dennoch wird der Flughafen Innsbruck unverständlicherweise laufend angefeindet.

Bei allen skizzierten Entwicklungen auf dem Gebiet der Verkehrsinfrastruktur, wozu noch die Errichtung der – hier nicht näher behandelten – Tiroler Zollfreizone zu zählen wäre, hat die Wirtschaftskammer Tirol Vordenkarbeit geleistet und mit hartnäckigem Druck die Umsetzung betrieben und kann somit durchaus als Motor der Tiroler Verkehrspolitik bezeichnet werden.

## 1.2 Das Tiroler Straßengütertransportgewerbe auf dem Weg zur Europareife

Keine Sparte der Tiroler Verkehrswirtschaft war in den vergangenen fünf Jahrzehnten so intensiv in die gesamteuropäische Verkehrsentwicklung und deren Verkehrspolitik eingebunden wie das Straßengütertransportgewerbe. War die Nachkriegszeit noch von dem bereits in den 30er Jahren spürbaren Wettbewerb Schiene – Straße und der ordnungspolitischen Fixierung auf eine „natürliche Aufgabenteilung“ zwischen beiden Verkehrsträgern beherrscht, so überlagerte infolge der zunehmenden Dynamik der zwischenstaatliche Interessenausgleich *innerhalb* des Straßengüterfernverkehrs die immer häufigeren, aber wirkungsloseren Regulierungsversuche des Verhältnisses Straße – Schiene. In dieser zweiten Phase trat die Tiroler Verkehrspolitik zunehmend in den

[11] Institut für Verkehr und Tourismus (Hrsg.), Nachfrageanalyse Flughafen Innsbruck, bearbeitet von W. Hämmerle und H. Lamprecht i. A. der Tiroler Handelskammer. Innsbruck 1979.

Blickpunkt der internationalen Öffentlichkeit; es wurden Tiroler Verkehrsprobleme zu europäischen Verkehrsproblemen „hochstilisiert".

Ein Blick zurück zur „Marktordnung" im Gütertransportgewerbe zeigt, dass mit dem Güterbeförderungsgesetz 1952 die bis dahin teilweise noch geltenden „reichsrechtlichen" Vorschriften mit eigenem Zwangsverband für die Fernverkehrsbetreiber etc. zwar abgelöst wurden, es aber doch weiter beabsichtigt war, den Wettbewerb zwischen Schiene und Straße auszuschalten. Der Schiene sollte der Fernverkehr und der Straße der Nahverkehr vorbehalten bleiben. So verpflichteten sich einerseits die österreichischen Bundesbahnen (nicht aber die damals noch zahlreichen Privatbahnen) innerhalb der Nahverkehrszone keine Wettbewerbsmaßnahmen gegenüber dem gewerblichen Straßenverkehr zu setzen. Andererseits war aber die Vergabe der zur Güterbeförderung im gesamten Bundesgebiet berechtigenden Konzessionen an eine Bedarfsprüfung gebunden, bei der u. a. auf vorhandene Eisenbahnunternehmungen Bedacht zu nehmen war. Zudem war der Güterfernverkehr auf der Straße einer besonderen Beförderungssteuer unterworfen.

Mit der Güterbeförderungsgesetz-Novelle 1963 wurde ein Schritt zur Entwicklung eines modernen Straßentransportgewerbes gesetzt. Zum einen wurde es wegen der immer mehr zu beachtenden, vielfältigen nationalen und internationalen Rechtsvorschriften als notwendig angesehen, den bisher nur aus einer vierjährigen Fahrpraxis bestehenden Befähigungsnachweis mit einer Sachkundeprüfung zu ergänzen. Zum anderen wurde der „Fachverband für das Lastfuhrwerksgewerbe"[12] ermächtigt, im Einvernehmen mit dem Handels- und dem Verkehrsministerium verbindliche Margentarife für den Güterfernverkehr festzusetzen. Dafür wurde die Verpflichtung zur Führung umfangreicher Aufzeichnungen sowie zur Verwendung von Frachtbriefen übernommen.

Die Margentarife im Fernverkehr konnten sich als Instrument zur Verhinderung eines „ruinösen" Wettbewerbs aber nie richtig durchsetzen. Sie wurden – obwohl vergleichsweise zu dem in Deutschland geltenden Reichskraftwagentarif ohnehin wesentlich niedriger – in der Regel um etwa 10–15 % unterboten.[13] Mit einem Urteil des OGH aus dem Jahre 1983, das dem Österreichischen Straßen-Gütertarif (ÖSTGT) den normativer Charakter absprach, wurde dessen faktisches Ende eingeleitet. Ab 1. 9. 1986 herrschte schließlich ein tarifloser Zustand.

In den 80er und 90er Jahren wurde das Güterbeförderungsgesetz noch mehrfach novelliert. Die wesentlichen Änderungen waren der Wegfall der sog. „unbeschränkten Konzessionen" und die Aufhebung der bisherigen Trennung in Nah- und Fernverkehrskonzessionen. Diese Trennung war als Reaktion auf die 1987 mit einem Erkenntnis des Verwaltungsgerichtshofs aufgehobene und interessenpolitisch ohnehin eher umstrittene Bedarfsprüfung zu verstehen. Nach mehrjährigem Probelauf war im Jahre 1992

---

[12] Heute Fachverband für das Güterbeförderungsgewerbe.

[13] Vgl. hierzu: Helmut LAMPRECHT und Günther LEHAR, Einzelwirtschaftliche Ertragsentwicklung der Unternehmungen im Bereich des Straßenverkehrs, Bd. 5 der Forschungsarbeiten aus dem Verkehrswesen, hrsg. vom Bundesministerium für öffentliche Wirtschaft und Verkehr. Wien 1987, 107 ff.

der Lehrberuf „Berufskraftfahrer" eingeführt worden, und am 1. 7. 1993 erfolgte die Anpassung des Güterbeförderungsgesetzes an die EWR-Vorschriften. Damit wurde die Güterbeförderung vom konzessionspflichtigen zum nur mehr bewilligungspflichtigen Gewerbe erklärt und der nationalen Verkehrsmarktordnung im Bereich Schiene – Straße ein Ende gesetzt.

Die eingangs als zweite verkehrspolitische Phase bezeichnete Entwicklung *innerhalb* des internationalen Straßengüterfernverkehrs nahm ihren Ursprung im System bilateraler Kontingentverträge, die Österreich seit den 50er Jahren mit den meisten europäischen Staaten abgeschlossen hatte. Durch das zunehmende Engagement der Tiroler Straßentransportunternehmer im grenzüberschreitenden Straßengüterverkehr häuften sich vor allem die Schwierigkeiten bei Kontingentfragen mit deutschen und italienischen Behörden, aber auch mit dem Verkehrsministerium in Wien und der Tiroler Landesregierung, an die die Genehmigungsvergabe für den Deutschland- und Italienverkehr delegiert worden war. Die Konflikte nahmen insbesondere ab 1979 zu, als das Kontingentsystem von sog. Dauerausweisen auf Einzelgenehmigungen umgestellt wurde. Zum einen gab es innerhalb der Transportunternehmer immer wieder Vorwürfe, wonach große Betriebe bei der Genehmigungsvergabe bevorzugt würden. Zum anderen kam es im Zuge des Wirtschaftswachstums immer wieder zu Engpässen bei den Genehmigungskontingenten oder zu übertrieben restriktiven Vergaben. Oft konnten Engpässe bei den Genehmigungskontingenten nur durch massive Interventionen der Kammerorganisation behoben werden.

Davon abgesehen geriet das Tiroler Transportgewerbe in den beiden vergangenen Jahrzehnten zusätzlich in einen „Vielfrontenkrieg", dessen „Schauplätze" und Verläufe im Rahmen des vorliegenden Beitrags nur überblicksartig skizziert werden können:

Die jahrelang praktizierte *schleppende Grenzabfertigung am Brenner* führte im Feber 1984 zu einer achttägigen LKW-Blockade des Brennerpasses. Sie löste schließlich im Folgejahr eine Reihe von technischen, personellen und organisatorischen Maßnahmen (Erhöhung der Zahl der Abfertigungsspuren und Abfertigungskassen, elektronische Verwiegung) aus, die eine Entspannung der Situation bewirkten.

Nach dem ersten Nachtfahrverbot (22.00–5.00 Uhr) auf der Loferer Bundesstraße B 312 im Jahre 1986 kam es in den Folgejahren zu einer sukzessiven Ausweitung derartiger Verkehrsbeschränkungen (z. B. 1987 – Seefelder Straße B 177, 1988 – Ehrwalder Landes- und Bundesstraße, 1989 – Nachtfahrverbot auf der Inntal- und Brenner-Autobahn). Zugleich gab es ab 1986

- die Auseinandersetzungen um den österreichischen Straßenverkehrsbeitrag, der in einer Reihe von Nachbarstaaten entsprechende Vergeltungsmaßnahmen (Retorsionssteuern) auslöste,
- teilweise „ruckartige" Erhöhungen der Brennermaut und
- schließlich Probleme im sog. „kleinen Grenzverkehr" mit Deutschland.

Durch den Beitritt Österreichs zur Europäischen Union mit 1. 1. 1995 mussten schließlich die gemeinschaftlichen Rechtsvorschriften beachtet werden, womit den verkehrspolitischen „Einzelgängen" des Landes Tirol bzw. des österreichischen Verkehrsministeriums Einhalt geboten wurde. Allerdings kam es infolge des intensivierten Wettbewerbs durch Aufhebung der Kontingente im grenzüberschreitenden Verkehr und Schaffung offener Märkte zu einem Verfall der Transportpreise um bis zu 40 %. Nur durch Erhöhung der Produktivität konnte das Tiroler Gütertransportgewerbe seine Marktanteile weitgehend halten oder in Nischenmärkte ausweichen.

In den letzten zwei Jahrzehnten war die Interessenvertretung zudem politisch und medial stark gefordert. Infolge der starken Zunahme des gewerblichen Lkw-Verkehrs entstand – durch Pressekampagnen und Bürgerinitiativen entsprechend dramatisiert – in der Öffentlichkeit ein Lkw-Feindbild. Überzogene Verkehrsbeschränkungen sowie Fahrverbote während der Nacht und für bestimmte Gütergruppen galt es zu bekämpfen. Einsprüche bei den Höchstgerichten waren teilweise von Erfolg gekrönt. Trotz engagierten Einsatzes der Interessenvertretung sowie hoher Investitionen in lärm- und schadstoffarme Lkw seitens der Tiroler Transportwirtschaft gelang es aber nicht, die negative Grundstimmung gegen das Nutzfahrzeug Lkw entscheidend zu unterlaufen.

## 1.3 Liberalisierung im Personenbeförderungsgewerbe

Auch die Entwicklung im Personenbeförderungsgewerbe der letzten 50 Jahre kann als ein allmähliches Herauslösen aus einer teilweise stark kasuistischen Marktverfassung bezeichnet werden, deren historische Wurzeln – noch viel älter als jene im Straßengüterverkehr – in den großstädtischen Fiaker- (österreichisch) oder Droschkenordnungen (Deutschland) des 17. Jahrhunderts zu sehen sind. Stellte im Straßengüterverkehr die Konkurrenz Schiene – Straße lange Zeit das zentrale verkehrspolitische Leitmotiv dar, galten die Regulierungsversuche im Straßenpersonenverkehr vorwiegend dem Marktzugang innerhalb des Gewerbes selbst, wobei die Frage des Bedarfs eine dominierende Rolle spielte. Dieser Bedarf wurde vom rasant steigenden Motorisierungsgrad der Bevölkerung eingeengt, sodass zum Schutze der bereits am Markt befindlichen gewerblichen Personenbeförderer lange Zeit ein möglichst restriktiver Kurs bei der Vergabe neuer Konzessionen verfolgt worden war. So stieg zwischen 1937 und 1959 die Zahl der Personenkraftwagen in Tirol insgesamt von 1.331 auf 19.493, also fast um das 15fache an, wogegen sich die Zahl der Taxis im gleichen Zeitraum mit 467 Wagen im Jahre 1959 nur verdoppelt hatte.

Ähnlich dem Güterbeförderungsgewerbe wurden die in der unmittelbaren Nachkriegszeit noch in Geltung stehenden „reichsrechtlichen" Bestimmungen erst 1952 mit dem sog. Gelegenheitsverkehrsgesetz abgelöst. Das Gelegenheitsverkehrsgesetz 1952 bestimmte vier Arten der Ausübung der Personenbeförderung, wovon das *Mietwagengewerbe* und das *Hotelwagen-Gewerbe bzw. Gästewagengewerbe* von vornherein einen sehr engen Berechtigungsumfang aufwiesen. Demgegenüber stellen das *Ausflugswagengewerbe* und das *Taxigewerbe* als Berechtigungen zur Beförderung mit Omnibussen bzw. mit Personenkraftwagen „zu jedermanns Gebrauch" die Hauptsparten innerhalb der Personenbeförderungsgewerbe dar. Beim Taxigewerbe müssen die Fahrzeuge tatsächlich an öffentlichen Orten bereitgehalten werden, um einen unvorhergesehenen und dringenden Verkehrsbedarf abzudecken. Diese Bestimmung spielte immer wieder in der Judikatur zur Bedarfsfrage eine entscheidende Rolle. So verzeichnete etwa Innsbruck Ende der 70er Jahre die größte Taxidichte unter allen österreichischen Landeshauptstädten, weil nach der Spruchpraxis des Verwaltungsgerichtshofs ein Bedarf bereits dann gegeben war, wenn ein Kunde länger als fünf Minuten auf ein Taxi-Fahrzeug warten musste.

In der Personenbeförderung mit Omnibussen hatten sich bereits Ende der 50er Jahre die Aktionsradien zunehmend ausgeweitet, sodass in der Folge zahlreiche zwischenstaatliche Abkommen mit den Nachbarländern Bundesrepublik Deutschland, Italien, Schweiz sowie mit weiteren europäischen Staaten zur Abwicklung des Ausflugsverkehrs, von Rundfahrten, des Abholverkehrs u. ä. abgeschlossen wurden.

Das Gelegenheitsverkehrsgesetz und die im Rahmen der sog. Ausführungsgesetzgebung hiezu erlassenen Betriebsordnungen als innerösterreichische Marktzugangsregeln wurden in der Folge mehrfach novelliert. Die am 1. 6. 1982 in Kraft getretene Novelle verschärfte die sog. subjektiven Marktzutrittsvoraussetzungen, die bis dato gegenüber der Bedarfsprüfung nur eine untergeordnete Rolle gespielt hatten. Es wurden ein Befähigungsnachweis und eine Eignungsprüfung für künftige Personentransportunternehmer eingeführt. Schließlich kam es bei allen Personenverkehrsgewerben durch die Aufhebung der Bedarfsprüfung mit Wirkung 31. 5. 1987 zum tiefen „Riss" in einer bisher stark reglementierten Marktordnung. Die noch mit der Gelegenheitsverkehrsgesetz-Novelle 87 den Landeshauptleuten eingeräumte Möglichkeit einer Festsetzung von Höchstzahlen im Taxigewerbe – im Falle Innsbrucks mit dem 1,284fachen der vorhandenen Auffahrmöglichkeiten fixiert – wurde bereits Ende 1988 wieder aufgehoben.

1993 wurde in Angleichung an die liberalisierten Verkehrsmärkte des sog. Europäischen Wirtschaftsraumes (EWR) das Gelegenheitsverkehrsgesetz neuerlich novelliert, die Verhältniszahl-Verordnung gestrichen, die Zuverlässigkeitsprüfung verschärft und die sog. „EWR-Bürger" beim Gewerbezutritt österreichischen Bewerbern gleichgestellt. Im Übrigen beschränkten sich die bundesgesetzlichen Vorschriften auf die Ausbildung und Prüfung der Konzessionswerber. Die Betriebsordnungen wurden in die Kompetenz der Länder übertragen, weshalb per 1. 1. 1994 eine neue Tiroler Personenbeförderungs-Betriebsordnung mit Regeln zur Ausstattung der Fahrzeuge, Beförderungspflicht etc. erlassen wurde.

Für die Interessenvertretung gab es im Zuge der Einführung der sog. Schülerfreifahrten, die den Personentransportunternehmen neue Auftragsmöglichkeiten eröffneten, und durch die sog. Sitzend-Kranken-Transporte ein reiches Betätigungsfeld. Die Krankentransporte, die aufgrund vertraglicher Vereinbarung direkt mit den Sozialversicherungsträgern abgerechnet werden konnten, führten aber über lange Jahre immer wieder zu Auseinandersetzungen mit dem – an und für sich nur für Liegend-Transporte zuständigen – Roten Kreuz und anderen freiwilligen Rettungsorganisationen. 1996 kam es infolge der zunehmend defizitären Gebarung der Tiroler Gebietskrankenkasse zur Kündigung der Direktverrechnung von Sitzend-Krankentransporten.

Wie beim Busverkehr wurde die Interessenvertretung zudem immer wieder durch diverse Schikanen im grenzüberschreitenden Verkehr mit Bayern sowie durch Probleme bei der Tarifierung von Schülertransporten gefordert.

Unter der Patronanz der Fachgruppe wurden weiters schon sehr früh Image- und Werbemaßnahmen ergriffen, um das zwischen eigenen Überkapazitäten und dem hoch subventionierten öffentlichen Personennahverkehr (ÖPNV) „lavierende“ Taxigewerbe besser am Markt zu positionieren. Nach ersten Werbeaktivitäten im Jahre 1977 wurde 1988 ein Pilotversuch – Theaterheimfahrt mit Sammeltaxis – unternommen, der aber nicht die erforderliche Resonanz fand, um beibehalten zu werden. Hingegen konnte sich das 1995 eingeführte Service eines „Frauen-Nacht-Taxi“ mit einem einheitlichen Tarif in Innsbruck als eine von der weiblichen Bevölkerung der Stadt relativ gut angenommene Einrichtung etablieren.

Die Entwicklung im Autobus-Gelegenheitsverkehr kann vor dem Hintergrund der zuvor geschilderten Entwicklung im Personenbeförderungsgewerbe mit PKW relativ kurz skizziert werden. Diese Sparte hatte naturgemäß ungleich stärker als die gewerblichen PKW-Unternehmen mit dem Anstieg des motorisierten Urlauber-Individualverkehrs sowie mit den seit den 70er Jahren stärker wechselnden Konjunkturlagen im Sommertourismus zu kämpfen. Zunehmende Probleme bereitete dem Gewerbe ferner die ausländische Konkurrenz bei der Beförderung von Reisegruppen, insbesondere die im „Vor-EU-Zeitalter“ unerlaubte Kabotage[14] ausländischer Busse auf österreichischem bzw. Tiroler Gebiet.

Umgekehrt gab es jahrelang Probleme bei der Abholung von Gästen aus Drittstaaten von deutschen Flughäfen und Bahnhöfen, wozu spezielle Genehmigungen erforderlich waren. Ein besonderes Problem stellte dabei jahrzehntelang der Zubringer- und Abholverkehr zum Flughafen München-Riem dar. Die periodischen Erfolge bei Erhöhungen der Zahl der Abhol-Genehmigungen wurden immer wieder durch Behinderungen von bayerischer Seite abgelöst, die erst mit dem EU-Beitritt Österreichs am 1. 1. 1995 ihr Ende fanden.

Ein weites Aufgabenfeld der Interessenvertretung eröffnete sich in den letzten drei Jahrzehnten mit den immer mehr um sich greifenden Belastungen durch Straßensteuern sowie Mautgebühren.

## 1.4 Öffentlicher Personennahverkehr: Verkehrsverbund Tirol

Im öffentlichen Personennahverkehr Tirols gab es von Anfang an zahlreiche private Personentransportunternehmen, die mit Omnibussen und Kleinbussen vor allem die zahlreichen Seitentäler sowie die von den staatlichen Verkehrsträgern Postbus und Bahnbus nicht abgedeckten regionalen Marktnischen bedienten. Ihr Linienverkehr

[14] Unter Kabotage versteht man die Durchführung von inländischen Anschluss-Transporten (Ausflugsfahrten) durch ausländische Fahrzeuge, also Transporte außerhalb des Zubringer- , Abhol- und Rundreiseverkehrs.

konnte aber mit keiner „Verlust-Abdeckungsgarantie" über öffentliche Haushalte rechnen, sondern musste eigenwirtschaftlich und somit kostendeckend durchgeführt werden. Trotz dieser Wettbewerbsverzerrung konnten sich die privaten Kraftfahrlinienunternehmen am Markt behaupten, nicht zuletzt infolge entscheidend höherer Produktivität.

1995 wurde der *Verkehrsverbund Tirol (VVT)* eingeführt, nachdem bereits einige Vorläufermodelle zur Attraktivierung des ÖV praktiziert worden waren (Innsbrucker Verkehrsverbund, Tarifmodell '92, Tiroler Familien-Halbpreispass, Tarifmodell Außerfern). Der VVT basiert auf einer Vereinbarung zwischen dem Land Tirol und den Unternehmungen des öffentlichen Eisenbahn- und Kraftfahrlinienverkehrs. Der wichtigste Schritt zur Schaffung des VVT war die Vereinheitlichung der Preise von Bus und Bahn.

Die Gebietskörperschaften (1/3 Bund, 2/3 Land Tirol) übernehmen die durch den Tarifverbund erwachsenden Einnahmenausfälle der Unternehmen; sie werden aus dem Zuschlag zur Mineralölsteuer finanziert. Der VVT umfasst heute 21 Verkehrsunternehmen und rd. 160 Verbundlinien. Zum Verbundraum gehören auch die grenzüberschreitenden Bahnstrecken über Garmisch-Partenkirchen ins Außerfern und über das Pustertal nach Osttirol sowie die Busverbindung über den Felbertauern nach Osttirol.

Die Fahrgäste haben zwischen dem Einstiegs- und Ausstiegsort freie Verkehrsmittelwahl, egal ob Bus oder Bahn, privat oder staatlich. Sie ersparen sich bei Umsteige-Relationen damit den mehrmaligen Erwerb von Fahrscheinen, wodurch die Fahrt billiger wird, weil der hohe Grundtarif nur einmal bezahlt werden muss.

Tirol wurde in 12 Tarifregionen eingeteilt, innerhalb denen die Fahrscheine gültig sind. Das Fahrkartenangebot umfasst Einzel- und Zeitkarten wie Tages-, Wochen-, Monats- und Jahreskarten, wobei die Jahreskarte das Zehnfache des Preises der Monatskarte kostet. Im Rahmen des VVT wird auch der sog. Familienpass angeboten, der Familien eine stark ermäßigte Nutzung des ÖV ermöglicht. Für den Stadt- und Ortsverkehr sowie für die 12 Tarifregionen und Tirol insgesamt werden zudem Netzkarten angeboten. Als Informations- und Marketingmedium dient ein Verbundfahrplan.

In den letzten beiden Jahren wurden Verhandlungen zur Schaffung eines „Verkehrsverbundes-Tirol neu" aufgenommen. Ziel ist die Koordinierung der Interessen der betroffenen Verkehrsunternehmen, die Schaffung einer Kooperationsgemeinschaft sowie eine längerfristige Sicherung der finanziellen Basis des Verkehrsverbundes Tirol.

## 1.5 Luftfahrt

Der Flughafen Innsbruck lag – wie unter 1.1 bereits ausgeführt – lange Zeit in einer Art „Dornröschenschlaf". Erst durch eine Intensivierung des Charterverkehrs konnte er seine Bedeutung als Regionalflughafen wieder erlangen. 1978 begann das Bedarfsflugunternehmen „Aircraft Innsbruck", der „Vorläufer" von Tyrolen Airways, mit Flugversuchen auf der Strecke Innsbruck – Wien, um den Bedarf nach einem regelmäßigen Linienflugverkehr zu testen. Es wurden zwei Flüge pro Woche angeboten. Eine kostendeckende Auslastung konnte durch „Garantien“ einiger Institutionen, unter anderem der Tiroler Landesregierung, der damaligen Tiroler Handelskammer und einiger Bankinstitute, in Form von „Abo-Sitzplätzen“ erreicht werden.

Mit der Gründung der Luftfahrtgesellschaft Tyrolean Airways am 1. April 1980 begann ein imposanter Aufschwung des Flugverkehrs am Innsbrucker Flughafen. Zunächst wurden Linienflüge nach Zürich und Wien mit 48-sitzigen Dash 7 und 39-sitzigen Dash-8-100 (Turboprop-Maschinen) durchgeführt. 1995 kam mit einem Fokker 70 der erste Jet zur Tyrolean-Flotte, 1996 drei Canadair Regional Jets. 1994 übernahmen die Austrian Airlines 42,85 % des Aktienkapitals, die übrigen Aktienanteile wurden persönlich von Gernot Langes, Gesellschafter der Firma Swarovski, und von der Leipnik-Lundenburger Industrie AG gehalten. 1998 gingen auch diese Anteile an die Austrian Airlines über.

Das Streckennetz der Tyrolean Airways umfasste Anfang 2000 50 Destinationen in 25 Ländern mit über 1.500 Flügen pro Woche. Die Flotte bestand aus 31 Flugzeugen, mit denen 1999 über 2 Mio. Passagiere befördert wurden. Mit mehr als 1.000 Mitarbeitern wurde 1999 ein Umsatz von über 4,5 Milliarden Schilling sowie ein EGT (Ergebnis gewöhnlicher Geschäftstätigkeit) von 236,6 Millionen Schilling erzielt. Der große wirtschaftliche Erfolg wurde durch den Preis der European Regions Airline Association (ERA) „Regional Airline of the Year 1997–98“ unterstrichen.

Seit 1999 hat eine weitere Fluggesellschaft, die *Air Alps Aviation (AAA),* ihren Sitz in Innsbruck. Sie verbindet seither Innsbruck und Salzburg direkt mit dem Flugnetz der KLM via Amsterdam und konkurrenziert seit Ende März 2000 mit mehreren Kurspaaren Innsbruck – Wien Tyrolean Airways auf einer ihrer Stammlinien.

Innsbruck ist weiters Standort der *Tyrolean Air Ambulance*, die sich zum europaweiten Marktführer auf dem Flugambulanzmarkt entwickelte und mit 3 Ambulanzjets sowie einer zum „fliegenden Lazarett“ umgerüsteten Turboprop-Maschine international rd. 2.000 Patienten pro Jahr transportiert.

Anfang Mai 2000 nahm die *Welcome-Air*, gegründet von Mag. Jakob Ringler, der bereits 20 Jahre vorher Tyrolean Airways aufbaute, ihren Flugbetrieb auf und bedient im Linienverkehr die Strecke Innsbruck – Graz. Mit *Tyrolean Jet Service* ist ein weiteres Luftverkehrsunternehmen, das im Business Jet-Bereich tätig ist, in Tirol stationiert.

Regen Flugbetrieb erzeugen weiters die Flug-Rettungseinsätze, die von den drei in Zams, Innsbruck und Kitzbühel/St. Johann stationierten Notarzthubschraubern der *Heliair* (Christophorus 5, 1 und 4) durchgeführt werden. Im Jahr 1999 mussten damit fast 3.000 Einsätze geflogen werden. Schließlich bestehen in Tirol zahlreiche sportlich orientierte, sog. motorisierte und nicht motorisierte Flugunternehmungen, darunter etliche Drachenflug- und Paragleiterschulen.[15]

---

[15] Ende 1999 gab es 52 aktive Mitglieder in der Fachvertretung der Luftverkehrsunternehmungen, 1961 waren es erst 3.

## 1.6 Seilbahnwirtschaft als Motor des Wintertourismus

Unter den gewerblichen Verkehrsanlagen nehmen die Seilbahn-, Sessel- und Schleppliftunternehmen in Tirol eine Sonderstellung ein. Nach einer ersten Boom-Phase bei der Errichtung sog. Seilschwebebahnen[16] in den Jahren 1926–1928 gab es seit 1951, also innerhalb von 5 Jahrzehnten, einen unvergleichlichen Aufstieg des Seilbahn- und Liftsektors von einzelnen in Tirol verstreuten Anlagen zur für den Wohlstand des Landes bedeutenden Leitbranche des Tiroler Wintertourismus.

1945 standen in ganz Österreich erst 15 Seilbahnen zur Verfügung; Sessellifte waren zu diesem Zeitpunkt noch gar nicht vorhanden. Dies bringt erst richtig zum Bewusstsein, welche Entwicklung das Seilbahnwesen seither genommen hat, wobei aber auch in Tirol, dem Seilbahnland Österreichs par excellence, die „leisen Wege in die Berge" zunächst nur sehr zögernd entstanden. 1951 gab es in Tirol erst 26 Anlagen, davon eine Standseilbahn, 7 Pendelbahnen, 7 Einsessellifte und 11 Schlepplifte.

In technischer Hinsicht wurden die Pendelbahnen mit ihrer schwachen Förderleistung allmählich durch verschiedene Seilbahnsysteme abgelöst. Fand bei den in der Zeit bis 1937 gebauten Seilbahnen ausschließlich das System der Zweiseilbahn (Trag- und Zugseil) mit geschlossenen Wagen und Pendelbetrieb Anwendung, so wurde ab 1946 mit den Einsesselliften das System der Einseilbahn mit offenen Sesselgehängen und Umlaufbetrieb eingeführt. Auch das sich stark verbreitende System der Schlepplifte basiert auf Umlauf-Betrieb; deren Gehänge sind durch fix montierte Klemmen mit dem Förderseil verbunden.

Der technische Fortschritt und die wirtschaftlichen Verhältnisse brachten ab 1954 die ersten Doppel-Sesselbahnen mit höherer Förderleistung und angemessenen Baukosten. Die erste mit Trag- und Zugseil und kuppelbaren Gehängen ausgestattete Doppelsesselbahn war die 1954 in Betrieb genommene Muttereralmbahn in Mutters, die erste Einseil-Doppelsesselbahn mit fix geklemmten Sesselgehängen die zu Weihnachten 1954 fertiggestellte Schindlerbahn in St. Anton am Arlberg. Um die Fahrgeschwindigkeit und damit die Förderleistung erhöhen zu können, ohne den Ein- und Aussteigevorgang in den Stationen zu erschweren, führte die weitere Entwicklung zu Einseilbahnen mit Klemmapparaten und betrieblich lösbaren, somit kuppelbaren Sesselgehängen.

Ab 1965 wurden fast nur mehr Doppelsesselbahnen mit einer Förderkapazität von rd. 1.440 Personen pro Stunde, ab 1978 zusätzlich 3-Sesselbahnen mit einer Förderkapazität von rd. 2.100 Personen pro Stunde und ab 1984 vermehrt 4-Sesselbahnen mit einer Förderkapazität von bis zu 2.890 Personen pro Stunde in Betrieb genommen. Einsessellifte wurden ab den 70er Jahren kaum mehr errichtet.

---

[16] Die wenigen vor dem ersten Weltkrieg errichteten Seilbahnen waren überwiegend Standseilbahnen wie z. B. die 1908 errichtete Hungerburgbahn.

Auf dem Sektor der witterungsgeschützten Beförderungsmöglichkeiten durch Kabinenbahnen kamen ebenfalls die Einseil-Umlaufbahnen zum Zuge. Als erste Einseil-Umlaufbahn Österreichs mit 4-Personen-Kabinen wurde 1972 die Pardatschgratbahn in Ischgl in Betrieb genommen.

Diese technische Entwicklung, die – wie sich später mit den Sechser- und seit 1999 neuerdings mit Achtersesselbahnen herausstellte – noch keineswegs abgeschlossen war, brachte mit dem boomenden Wintertourismus auch eine starke Zunahme der Seilbahn- und Liftanlagen in Tirol. Waren es im Jahr der ersten Olympischen Winterspiele 1964 in Innsbruck erst 339, so sind es zur Jahrtausendwende – wie die folgende Tabelle zeigt – rund 1.200 Anlagen.

**Tabelle 1: Bestandsstatistik Tiroler Seilbahnen**

| Jahr[1] | Seilbahnen[2] | Mehrplätzige Sesselb.[3] | Einsessellifte | Schlepplifte | Anlagen gesamt |
|---|---|---|---|---|---|
| 1951 | 8 | – | 7 | 11 | 26 |
| 1956 | 14 | – | 31 | 58 | 103 |
| 1960 | 23 | 2 | 37 | 122 | 184 |
| 1970 | 26 | 16 | 110 | 509 | 661 |
| 1980 | 57 | 77 | 118 | 965 | 1.217 |
| 1990 | 82 | 173 | 83 | 908 | 1.246[4] |
| 1995 | 96 | 207 | 57 | 843 | 1.203 |
| 1999 | 107 | 258 | 47 | 770 | 1.182 |

[1] jeweils zum 31. 12. j. J.
[2] Standseilbahnen, Pendelseilbahnen, Umlaufbahnen mit geschl. Fahrbetriebsmitteln
[3] Doppel-, 3-, 4-, 6- u. 8-Sesselbahnen
[4] Die Höchstzahl wurde 1988 mit 1260 Anlagen erreicht

Quelle: Unterlagen der Sektion Verkehr, Wirtschaftskammer Tirol

Das Transportangebot der Seilbahn-, Sesselbahn- und Schleppliftanlagen Tirols entwickelte sich in den vergangenen fünf Jahrzehnten somit äußerst dynamisch. Hinter dieser Entwicklung stand jeweils die Initiative von Persönlichkeiten mit Risikobereitschaft, Hartnäckigkeit und Durchsetzungsvermögen. Dieses Angebot wurde nicht von großen Konzernen realisiert, es ist – verteilt über das ganze Land – ein „Produkt“ von Pionieren.

Fast in allen Regionen Tirols, wo innerhalb der letzten fünf Jahrzehnte Seilbahnen und Liftanlagen gebaut worden sind, haben diese nach bereits kurzer Zeit eine wirtschaftsbelebende Schlüsselfunktion erlangt. Die Seilbahnen bewirkten in der Regel eine Art Initialzündung für die Entwicklung einer touristischen Infrastruktur weitesten Ausmaßes. Sie schufen und sicherten Arbeitsplätze und konnten entlegenen Gebirgsorten, teils sogar ganzen Regionen, die sonst von Abwanderung bedroht gewesen wären, eine Existenzgrundlage bieten. Wurden z. B. 1964 im Winter von den Seilbahn- und Liftunternehmen rund 1.700 Personen direkt beschäftigt, so waren es

1999 bereits rund 5.800 Personen, das rund 3½fache. Der Wintertourismus heutigen Ausmaßes wäre ohne den unternehmerischen Elan der Seilbahnwirtschaft nicht denkbar.

- Der Trend zu höherwertigen Systemen hatte sich in den vergangenen zwei Jahrzehnten systematisch fortgesetzt,
- von Schleppliften, Einsessellifen und Doppelsesselbahnen zu Systemen, die gleichzeitig Komfort und Geschwindigkeit erhöhen und
- zu kuppelbaren Systemen – mit oder ohne Förderband-Einstieg –, die ein bequemes und sicheres Auf- und Absteigen bzw. Aus- und Einsteigen garantieren.

Zudem half der Bau leistungsstärkerer Bahnen auf den Trassen der Altanlagen, unnötige Landschaftsbenützung zu vermeiden und Wartezeiten beträchtlich zu verkürzen oder überhaupt zu beseitigen. Für die Anlagen mit Zubringerfunktion setzten sich die Umlaufbahnen mit offenen und geschlossenen Fahrbetriebsmitteln verstärkt durch. Allein in den Jahren 1991–1999 wurden von Tirols Seilbahn- und Liftunternehmen insgesamt 16,1 Mrd. Schilling investiert, davon 11,1 Mrd. Schilling in die Erneuerung der Anlagen bzw. in den Bau moderner, komfortabler und leistungsfähigerer Bahnen sowie rd. 4 Mrd. Schilling in den Bau von Schneeanlagen.

Noch in der ersten Boomphase des Wintertourismus hatte die Seilbahnwirtschaft mit der Erarbeitung von Qualitätsstandards begonnen. So war anstelle eines kurzfristig diskutierten Pistengesetzes in Zusammenarbeit zwischen der Fachgruppe der Seilbahnen und dem Amt der Tiroler Landesregierung beschlossen worden, den Schiabfahrtserhaltern unter bestimmten Voraussetzungen das „Pistengütesiegel des Landes Tirol" zu verleihen. Mittlerweile besitzen 45 Skigebiete mit insgesamt über 450 Anlagen diese begehrte Auszeichnung.

1979 war der erste Ausbildungskurs für das Liftpersonal zum Umgang mit Gästen mit großem Erfolg durchgeführt worden. 1981 konnte in Zusammenarbeit mit Vertretern der Landwirtschaft und des Gemeindeverbandes ein Muster-Dienstbarkeitsvertrag über die Errichtung und den Betrieb von Skipisten erarbeitet und damit ein traditionelles Konfliktpotential zwischen Bauern und Seilbahnunternehmen in geordnete Bahnen gelenkt werden. 1986 wurde ein Branchen-Leitbild vorgestellt, in dem das Selbstverständnis und die Beziehung der Seilbahnwirtschaft zur Öffentlichkeit und zur Umwelt in 12 Punkten näher definiert wurden. Im Rahmen der jährlichen „Begrünungsexkursionen" wurden die Rekultivierungsmaßnahmen der Pistenerhalter öffentlichkeitswirksam dokumentiert.

Im August 1989 hatten die Landesräte Weingartner und Eberle eine sog. „Seilbahnnachdenkpause" ausgerufen. Das Land Tirol beabsichtigte damit, in den 4 Jahren 1989–1992 eine sehr restriktive Seilbahnpolitik zu betreiben, während dieses Zeitraumes die wirtschaftlichen, sozialen und ökologischen Auswirkungen, die mit Seilbahnerschließungen verbunden sind, gründlich zu untersuchen und letztlich neue Richtlinien für Skierschließungen zu erarbeiten. Zu diesem Zweck wurde die Arbeitsgruppe „Tourismusgrenzen" eingesetzt, die sich generell mit den Grenzen des touristischen

Wachstums zu befassen hatte und in der Folge drei Ansatzpunkte für einen umwelt- und sozialverträglichen Tourismus empfahl:

- die Beschränkung der Bettenzunahme,
- die Festlegung von Außengrenzen für die Skigebiete und
- die Kontingentierung der Skifahrerzahlen.

Von diesen drei Punkten blieb schließlich nur die Festlegung von Außengrenzen der Skigebiete übrig, die beiden anderen wurden relativ rasch wieder „politisch abgesetzt".

In der Phase des „Nachdenkens" konnten Tirols Seilbahnunternehmen durch ihre Interessenvertretung einen strategisch bedeutenden Erfolg erringen. Durch die Veranstaltung eines Symposiums zum Thema „Beschneien von Skipisten" gelang es, die Landespolitik zu überzeugen, dass die technische Schnee-Erzeugung in der Regel keine negativen ökologischen Folgen nach sich zieht, sondern gesamtwirtschaftlich hohe positive Effekte bringt und zur Absicherung des Wintertourismus sowie zur Stärkung der Wettbewerbssituation Tirols unerlässlich ist.

In der Folge beschloss nach 3-jähriger „Nachdenkpause" die Tiroler Landesregierung am 20. Juli 1992 die sog. „Seilbahngrundsätze des Landes Tirol" mit der Festlegung der Grenzen der Skigebiete in den sog. Tourismusintensivgebieten als Leitlinie für die Beurteilung von Erschließungsprojekten. Damit war zwar nur mehr eine etwas restriktive Weiterentwicklung erlaubt, doch gab es dadurch – vorerst für vier Jahre bis Anfang 1996 – klare Rahmenbedingungen, an denen sich die Tiroler Seilbahnwirtschaft orientieren konnte:

- keine Neuerschließungen in bisher unberührten Gebieten – ausgenommen Kleinanlagen mit geringer Kapazität;
- unter bestimmten Kriterien Möglichkeit einer räumlichen Erweiterung von Skigebieten in bisher von technischen Anlagen unberührte Landschaftsräume für wirtschaftsschwache und abgelegene Gebiete;
- Möglichkeit von Kapazitätserhöhungen und geringfügigen räumlichen Erweiterungen in wirtschaftsstarken Zentralräumen;
- in Regionen mit intensivem Tourismus galten alle Maßnahmen als grundsätzlich erwünscht, die der Anhebung der Attraktivität des Skigebietes dienen, bei gleichzeitiger kartographischer Festlegung der Außengrenzen dieser Skigebiete.

Diese „Grundsätze" wurden von der Tiroler Seilbahnwirtschaft als beiderseitige Kompromisslösung akzeptiert, konnte doch so der jahrelange, fast völlige Stillstand in der Entwicklung beendet werden.

Die im Jahr 1992 von der Tiroler Landesregierung beschlossenen Seilbahngrundsätze des Landes Tirol mit Festlegung der Grenzen der Skigebiete in den Tourismusintensivgebieten liefen 1996 aus und waren daher neu zu verhandeln sowie neu zu beschließen. Dass in diesen vier Jahren keineswegs ein „Seilbahnstop" in Tirol herrschte, zeigt sich darin, dass während dieser Zeit ca. 60 Seilbahnen und etwa ebenso viele

Schlepplifte neu gebaut wurden und die Transportkapazität von 1992 auf 1996 um 8,7 % zunahm.

Bei der Neufassung der Grundsätze im Jahr 1996 waren jedoch die geänderten Rahmenbedingungen zu berücksichtigen. Während die Festlegungen im Jahr 1992 auf dem Höhepunkt eines jahrelangen Nächtigungsbooms erfolgten, waren seither – wie übrigens in ganz Österreich und auch in der Schweiz – beachtliche Nächtigungsrückgänge zu verzeichnen, und zwar auch in der für stabiler gehaltenen Wintersaison. Vor allem die Orte mit kleinen Skigebieten kamen zunehmend in Bedrängnis, da ganz offensichtlich die Nachfrage Großraumskigebiete bevorzugt und allgemein ein Konzentrationsprozess stattfindet. Die Seilbahnwirtschaft konzentrierte sich daher auf die Verbindung von Skigebieten, was nicht nur der Verkehrsvermeidung, sondern auch der Erhöhung der Angebots-Attraktivität dient. Dies wurde von der Landespolitik akzeptiert und es wurden – ausgehend von den seitens der Fachgruppe der Seilbahnen eingebrachten Erschließungswünschen – sog. Planungsgebiete eingeführt, womit unter bestimmten Voraussetzungen Erschließungen zulässig wurden.

Mit den Seilbahngrundsätzen 1996 bis 2000 des Landes Tirol durfte die Fläche der Skigebiete in den touristischen Intensiv-Gebieten um bis zu 3 % vergrößert werden, und zwar ohne Einbezug der Planungsgebiete, was aber bisher nicht ausgenützt worden war. Neu eingeführt wurden jedoch in einigen Skigebieten sog. Endausbaugrenzen. Das politische Signal, verstärkt Skigebietszusammenschlüsse in Angriff zu nehmen, war für die Seilbahnwirtschaft jedenfalls ein Erfolg. Bisher medial umstrittene Verbindungen konnten in der Folge auch bis zum Jahr 2000 realisiert werden bzw. stehen knapp vor ihrer Umsetzung. Insofern hat sich die konstruktive Politik der Fachgruppe der Seilbahnen als Interessenvertretung mit ihren strategischen Ausrichtungen bewährt. Damit sind zur Jahrtausendwende Rahmenbedingungen gegeben, durch die den Wünschen und Trends der Wintersportgäste Rechnung getragen werden kann.

Am 31. 12. 1999 verfügte Tirol mit 410 Seilbahnen und Sesselliften sowie einer maximalen Stunden-Förderleistung (je Richtung) von fast 600.000 Personen über fast die Hälfte aller österreichischen Anlagen. Mit durchschnittlich 5.800 beschäftigten Personen – in Spitzenzeiten über 8.000 – wird ein Umsatz von mehr als 5,2 Mrd. S bei rund 200 Mio. Beförderungsfällen erzielt. In den Jahren 1998 und 1999 investierten allein Tirols Seilbahn- und Liftunternehmen knapp 2,4 Mrd. S. Davon entfielen jeweils 1,5 Mrd. S auf die Qualitäts- und Komfortsteigerung, den Ersatz alter Anlagen sowie Ergänzungen innerhalb der Skigebiete durch modernste Umlaufbahnen und Sesselbahnen. Rund $^1/_2$ Milliarde Schilling betraf den Ausbau der Anlagen zur Schnee-Erzeugung. Damit können nun rund 38 % der Skipisten Tirols – dies entspricht dem österreichischen Durchschnitt – beschneit werden. Die Schneesicherheit und Schneegarantie ist heute die Voraussetzung schlechthin, um überhaupt im internationalen „Konzert" reüssieren zu können. Auch für den Gast steht die Schneegarantie an der Spitze seiner Erwartungen, gefolgt von komfortablen Beförderungsanlagen und entsprechenden Skipisten.

## 2. Tourismus und Verkehr – eine wechselhafte Allianz

### 2.1 Verkehrsberuhigung in Tourismusorten

Zwischen „Ohne Verkehr kein Tourismus" und „Verkehr frisst den Tourismus" spannt sich gegenwärtig das Spektrum der Einsichten über die Beziehungen der beiden Wirtschaftszweige, welche an sich in der Frühzeit unseres modernen Massentourismus als Einheit verstanden wurden. Noch heute ist in der Schweiz anstelle des nunmehr in Tirol etablierten Ausdruckes „Tourismusverband" der Ausdruck „Verkehrsverein" gebräuchlich, der auch in Nord- und Südtirol früher die gängige Bezeichnung für diese lokalen Tourismusorganisationen darstellte. Schließlich waren viele Tiroler Regionen von verkehrlicher Standortungunst geprägt und konnten in der Folge von der Erschließungswirkung neuer oder verbesserter Straßen voll profitieren.

Mit dem Ausbau des hochrangigen internationalen Straßennetzes nach und durch Tirol sowie dem steten Anstieg insbesondere des Wintertourismus bei gleichzeitig wachsender Ausflugstätigkeit der Einheimischen und der Bevölkerung aus den süddeutschen Ballungsräumen akkumulierten sich allerdings die verkehrlichen Belastungen; sie wurden in den Tourismusorten, gleichsam den „Endlagerstätten" des Tourismus- und Freizeitverkehrs, besonders wirksam. Diese Belastungen wurden am Beginn der 90er Jahre, als einerseits die Sommersaison nach der krisenhaften Phase zwischen 1982 und 1987 einem neuen „Zwischenhoch" zustrebte und andererseits die Wintersaison erst ihren absoluten Höhepunkt erreichte, offenbar besonders akut empfunden. Sie waren mit ein Auslöser für die bereits unter Kapitel 1.6 behandelte „Nachdenkpause", in deren Rahmen u. a. eine Erhebung zu touristischen Belastungsproblemen unter Tiroler Gemeinderäten durchgeführt wurde. Mit 39 % der Nennungen lagen die Verkehrsbelastungen auch weit voran. Die räumlich wesentlich dispersere Verteilung des Individualverkehrs im Sommer wurde dabei ungünstiger beurteilt als jene im Winter, wo sich die Negativangaben eher auf die touristischen Zentren wie z. B. Ischgl, Mayrhofen, Neustift, St. Anton, Seefeld, Sölden etc. konzentrierten, dafür aber wesentlich stringenter („Verkehr ist unzumutbar") wahrgenommen als im Sommer.

In zahllosen öffentlichen Veranstaltungen, Podiumsdiskussionen und Symposien wurden für die Lösung der „tourismusgemeindlichen" Verkehrsprobleme eine Reihe von Referenzmodellen vorgestellt. Für Tirol am bekanntesten wurde die „U-Bahn-Lösung" der Gemeinde Serfaus, in der bereits in den frühen 70er Jahren der motorisierte Individualverkehr am Ortseingang gestoppt und Gäste sowie Einheimische nur nach einem sorgfältig ausgeklügelten System mit ihrem eigenen Fahrzeug in das Ortsinnere einfahren durften. Als dieses System letztlich nicht den gewünschten Erfolg brachte, wurde 1985 in Serfaus eine nach dem Luftkissensystem funktionierende, 1,3 km lange „Dorfbahn" in Betrieb genommen, die direkt zu den am Ortsende gelegenen Talstationen von vier Seilbahnen führt.

Besonders öffentlichkeitswirksam diskutiert wurden ferner die Schweizer Beispiele der „Gemeinschaft autofreier Schweizer Tourismusorte", die Kontingentierung der Schifahrer in Lech und Zürs, der (elektrisch betriebene) Lungauer Tälerbus in Salzburg etc. Auch zur Umsetzung einer „theoretisch" durchaus vertretbaren Strategie, von vornherein die Zahl der via PKW anreisenden Schitouristen zu reduzieren, wurden – ausgehend von einem Vorarlberger Skizug-Pilotprojekt – gemeinsam mit den ÖBB Initiativen gestartet, die aber teils an nicht vorhandenen Bahnkapazitäten scheiterten, teils mangels entsprechender Nachfrage seitens der Schifahrer wieder eingestellt wurden. Insgesamt zeigt sich, dass – zufolge des enormen Investitionsaufwandes für Tiefgaragen, Zubringersysteme etc. – wirklich effiziente Lösungen bisher eher den großen Tourismuszentren wie z. B. Mayrhofen, Seefeld oder St. Anton vorbehalten waren. Auch eine entsprechende Förderaktion des Wirtschaftsministeriums scheiterte an den viel zu geringen Fördermitteln bzw. verfehlte wegen ungünstiger Förderbedingungen ihren Zweck.

Was von der „Tourismus-Verkehr-Diskussion" der frühen 90er Jahre wirklich übrig blieb, waren die vielen hoch effizienten Schibusnetze, in der Regel von den Seilbahngesellschaften initiiert, betrieben und finanziert, die seither nahezu alle Tiroler Wintersportregionen überziehen. Takthäufigkeit und Transportlogistik als früher vielfach sträflich vernachlässigte Hauptkriterien für die Akzeptanz des Schipublikums wurden entscheidend verbessert. Ein nachhaltiger Lernprozess bewirkte, dass die Thematik etwa ab 1993 nahezu schlagartig aus der Fach- und Tagespresse verschwand und den mit dem Nächtigungsrückgang der folgenden Tourismusjahre verbundenen Problemen Platz machte. Zurückgeblieben ist aber auch im Sommertourismus in vielen Ortskernen eine notwendige und nachhaltige Verbesserung der Lebens- und Verkehrsqualität durch Auffangparkplätze, verkehrsberuhigte Zonen u. ä. m.

## 2.2 Strategische Optionen der Seilbahnwirtschaft in der Erlebnisgesellschaft

Im Zusammenhang mit der politischen Debatte über die Seilbahngrundsätze (siehe Kap. 1.6) gelang es, der Bevölkerung und den Medien in Erinnerung zu rufen, dass ohne Seilbahnwirtschaft und Tourismus in Tirol viele Seitentäler längst von der Entsiedelung bedroht wären. Nur die Entwicklung des Tourismus – die Seilbahn- und Schleppliftanlagen sind ein wesentlicher Teil davon – hat Wohlstand gebracht, Arbeitsplätze geschaffen und gesichert. Eine allenfalls industrielle Erschließung in den Seitentälern wäre wohl keine ernsthafte Alternative gewesen.

Heute ist die Seilbahnwirtschaft als integrierender Bestandteil des Tourismusangebotes, und zwar einerseits als Grundvoraussetzung für den Wintersport und Wintertourismus, andererseits als attraktive Bereicherung für den Sommertourismus, nicht mehr wegzudenken.

Die Seilbahnwirtschaft hat mit den von ihr in Auftrag gegebenen wissenschaftlichen Untersuchungen sowie den folgenden Umsetzungen in der Praxis bewiesen, dass sie generell mit Natur und Landschaft behutsam umzugehen versteht. Dessen ungeachtet umfassen die Skipisten in Tirol ohnedies nur 0,8 % der Landesfläche, während bereits mehr als 25 % der Fläche Tirols als Ruhegebiete bzw. Naturschutzgebiete ausgewiesen sind. Es gibt auch wenige Wirtschaftszweige, die auf so geringer Fläche eine so hohe Wertschöpfung erzielen.

Von Ende der 80er Jahre – Beginn der Nachdenkpause – bis zum Auslaufen der „Seilbahngrundsätze“ im Jahr 1996 traten zum Teil gravierende Änderungen auf dem „Seilbahnmarkt“ und bei den Wintersport-Gästen ein:

- Der „Seilbahn-Markt“ veränderte sich vom Verkäufer- zum Käufermarkt, damit wurden Kundennähe, Vertrieb, Marketing-Strategien etc. entscheidend; gute Technik mit perfektem Unterhalt werden von den Kunden vorausgesetzt – ein gut funktionierender Bahnbetrieb allein entspricht nur einer defensiven Strategie;
- die Skifahrer und Wintersportgäste erwarten sich von vornherein eine rasche und bequeme Beförderung ins und im Skigebiet; Wartezeiten von mehr als 10 Minuten werden nicht mehr akzeptiert; ausreichende Kapazitäten der Anlagen sowie der Pisten bei gleichzeitig hoher Qualität sind gefordert;
- überregionale und regionale Tarifverbünde wurden aus Gründen der besseren Vermarktung unabdingbar;
- die Bemühungen richteten sich immer mehr auf Zusammenschlüsse von Skigebieten mit hohem Erschließungsgrad und großer Attraktivität für den Skigast, auf die sog. Ski-Schaukeln;
- die Skigebiete müssen künftig Komfort und optimalen Service aufweisen sowie Schneesicherheit gewährleisten, um national und international konkurrenzfähig zu bleiben; Anlagen zur Erzeugung von Schnee gehören heute nahezu in allen Skigebieten zum Standard.

Bei der Neufassung der Seilbahngrundsätze im Jahre 1996 mussten die oben skizzierten, vorwiegend noch eher „technokratischen“ Einsichten um eine ganzheitliche Sichtweise des Wintersports ergänzt werden: Es hatte sich herausgestellt, dass der Wintersportgast neue Erlebnisse im Schnee sucht. Insofern geht auch die zukunftsorientierte Neuausrichtung der Skigebiete in Richtung „Erlebnisstationen“. Der Gast kauft immer mehr ein Gesamterlebnis, daher müssen alle Komponenten eines Wintersportgebietes zusammen eine begeisternde „Symphonie“ spielen!

Es handelt sich um die Gestaltung eines ganzen Ferientages von 16 Stunden – die restliche Zeit schläft der Gast. Dabei sollen sich am Berg auch die Gäste ohne Sportgeräte wohl fühlen und ein Berg-Gesamtangebot vorfinden können. Dazu wurde aber in der Vergangenheit zuviel in die sog. Hardware und zuwenig in PR-Arbeit, Events, Werbung, Ausbildung, Erlebniskomponenten etc. investiert. Ein Marketingbudget sollte wenigstens 3–7 % vom Umsatz ausmachen; im Vergleich dazu gibt z. B. die Skistation in Vail (USA, Staat Colorado) 12 % aus!

Der erste Schritt müsste daher darin bestehen, das Skigebiet als Ganzes zu sehen und eine „Marke“ aufzubauen. Die Tourismusverbände sollten sich dabei aber mehr zu Verkaufsorganisationen entwickeln, die Skischulen noch enger mit den Bergbahnen kooperieren, um den wichtigen Bereich „Lernen und Fun“ zu vermitteln.

Die Zeit der reinen Sessel- und Seilbahnbetreiber ist daher vorbei; sie müssen sich vom „Beförderer“ zum qualitativen „Allround-Anbieter“ wandeln. Es werden zusehends die regionalen Verbünde entscheidend. Der Gast kommt nicht wegen der Seilbahn allein, sondern wegen der Dienstleistungen der Seilbahnunternehmen und deren Region. Die Seilbahnunternehmen selbst werden immer mehr zu Managern einer Region. Alle touristischen Leistungsträger müssen sich vom „Kirchturmdenken“ trennen und zusammen attraktive „Gesamt-Pakete“ samt Anreise, Ausrüstung und Lernen sowie solche für bestimmte Zielgruppen – z. B. „die jungen Alten“ – schnüren, damit überhaupt ein Produkt erkennbar wird. Dieses Produkt sollte wiederum die emotionalen Kundenerwartungen nach Freundlichkeit, Kontakt, Erlebnis, Erholung, Sicherheit und Spaß befriedigen können. Dabei muss die Qualität stimmen und auch kontrolliert werden, weshalb Kundenforschung unerlässlich ist. Weiters muss der Preisgestaltung und der Kommunikation, d. h. dem „Hinüberbringen“ der jeweiligen Dienstleistungen und Spezialitäten bzw. Vorteile höchste Aufmerksamkeit geschenkt werden.

In der modernen Gesellschaft steht mehr als ein Drittel der Zeit als Urlaub oder Feiertage zur Verfügung. Einerseits sollte man dieses Zeitbudget mehr entzerren, andererseits müsste neues Potenzial angezapft werden, gibt es doch weltweit „bloß“ 50 Mio. Skifahrer, aber bereits 80 Mio. Skateboarder.

Das Grundprinzip aller Innovationen sollte daher „mach es dem Gast bequem – make it convenient“ lauten. Der Gast kommt z. B. gestresst mit Anzug an und nach kurzer Zeit befindet er sich in einer anderen Welt – bestens versorgt und ausgerüstet für Bergerlebnisse mittels Seilbahnen bzw. Liftanlagen. Die Seilbahnwirtschaft hat ihre Flexibilität und Innovationskraft in den letzten fünf Jahrzehnten unter Beweis gestellt; deshalb sollte sie auch die Herausforderungen der Zukunft tatkräftig und mit Optimismus angehen.

## 3. Transitproblem und europäische Integration

Die in diesem Beitrag zur Verkehrsgeschichte Tirols in den letzten 50 Jahren skizzierten Entwicklungen und Fakten verblassen nahezu gegenüber dem Echo in der Öffentlichkeit, das seit fast zwei Jahrzehnten vom sog. Transitthema ausgelöst wird. Zeitungsartikel, Fachbeiträge, Studien, Diplomarbeiten und Dissertationen hiezu füllen bei Einbeziehung des gesamten deutschen Sprachraums mittlerweile Bibliotheken; unzählige Lösungen und „richtige“ Sichtweisen wurden bereits präsentiert.

Die Entstehungsgeschichte des Tiroler Transitproblems wird traditionell mit dem Hinweis auf die niedrige Meereshöhe des Brennerpasses (1.371 Meter) im Vergleich zu den übrigen, insbesondere schweizerischen Übergängen im Mittelteil des Alpenhauptkammes eingeleitet. Dieser Vorteil wird dadurch verstärkt, dass der Brenner im Gegensatz etwa zum Reschenpass zugleich die *einzige* Höhe ist, die überwunden werden muss, um vom Norden in den Süden oder umgekehrt zu gelangen.

### 3.1 Entwicklung des Transitverkehrs ab den 50er Jahren

In der Entwicklung des Transitverkehrs lassen sich drei Phasen skizzieren, deren erste bis zur Eröffnung der Brenner-Autobahn im Jahre 1971, deren zweite von diesem Datum bis zum „Transitvertrag“ Österreichs mit der Europäischen Wirtschaftsgemeinschaft[17] im Jahre 1992 und schließlich deren dritte von 1992 bis heute datiert werden kann.

Besonders interessant, da weitgehend in Vergessenheit geraten, erscheint die Sichtweise des Transitverkehrs in der ersten Phase, in der durchaus bereits vom Transitproblem gesprochen wurde, aber in einer der heutigen Situation völlig diametralen Betrachtungsweise. In seinem Beitrag zur Festschrift „Hundert Jahre Tiroler Verkehrsentwicklung 1858–1958“[18] skizziert Univ.-Prof. Dr. Franz Egert zunächst die Ausgangslage an der Transitachse München – Bozen, die unmittelbar nach dem 2. Weltkrieg durch den Verlust der deutschen Ostgebiete an die DDR an Bedeutung verloren hatte. Egert kam dann zu folgender Bewertung: „An der Belebung des Transits, unabhängig davon, wo der Güterumschlag erfolgt, sind die Eisenbahn und die Fernlaster interessiert. Für sie – vor allem aber für die Eisenbahn bedeutet eine Erhöhung des Verkehrsvolumens eine stärkere Ausnützung ihrer Kapazität …“[19] In weiterer Folge spricht Egert unter dem Zwischentitel *„Umfahrungsprobleme“* den schweizerischen „Gotthard als den gefährlichen Rivalen des Brenners“[20] an, der Letzterem beim Obst- und Gemüsetransit aus dem Süden beträchtliche Marktanteile abgenommen hätte.

Die Sichtweise des Gotthard als „gefährlicher Rivale“ des Brenners blieb in den Folgejahren durchaus erhalten; wobei allerdings unter dem Eindruck der ab den 60er Jahren zunehmenden internationalen Arbeitsteilung und des dadurch ausgelösten stärkeren Wachstums des Straßengüterverkehrs im Vergleich zum Bahntransit die Rolle des „Rückeroberers“ bereits dem leistungsfähigeren alpenquerenden Straßennetz zugedacht war. So wurde in einer Sonderausgabe der „Tiroler Nachrichten“ aus dem Jahre 1973 anlässlich der endgültigen Fertigstellung der Inntalautobahn zwischen Kufstein und Innsbruck unter der Überschrift „Tirol im Spannungsfeld zweier großer expansiver Wirtschaftsräume“ eine bezeichnende Grafik veröffentlicht. Sie bringt zum Ausdruck, dass von dem zwischen den EWG-Wirtschaftsräumen Mitteleuropas und Italien transportierten Gütervolumen 23,2 Mio. Tonnen (58 %) auf die Bahn und nur 3,2 Mio. Tonnen (8 %) auf den Straßenverkehr entfielen.[21] Vom Güterverkehrsvolumen der Bahn

---

[17] „Abkommen zwischen der Europäischen Wirtschaftsgemeinschaft und der Republik Österreich über den Güterverkehr im Transit auf der Schiene und der Straße“ (Beschluss des Rates vom 27. Nov. 1992, 92/577/EWG), verlautbart im BGBl. 823 v. 29. 12. 92.

[18] Franz Egert, Die Stellung Tirols im europäischen Verkehr, in: Hundert Jahre Tiroler Verkehrsentwicklung 1858–1958, hrsg. von der Jubiläumsstiftung der Kammer der gewerblichen Wirtschaft für Tirol. Innsbruck 1961, 2–18.

[19] Egert, Die Stellung Tirols im europäischen Verkehr (wie Anm. 18) 8–9.

[20] Egert, Die Stellung Tirols im europäischen Verkehr (wie Anm. 18) 13.

[21] Rest auf dem Seeweg.

wurden 6,5 Mio. Tonnen über die Gotthard- und 3,6 Mio. Tonnen über die Brennerbahnlinie befördert. Auf der Brenner-Autobahn bzw. Brenner-Bundesstraße wurden erst 2,7 Mio. Tonnen Güter transportiert. Die Grafik enthielt noch folgende Information: „Das Verkehrsangebot zwischen den EWG-Wirtschaftsräumen nördlich und südlich der Alpen erreicht eine Größenordnung von rund 40 Millionen Tonnen Gütertransporten pro Jahr. Nur acht Prozent hievon werden von den transalpinen Straßen, in erster Linie von der Brenner-Straße (Autobahn) aufgenommen. Man erkennt daraus, dass es noch immer viel zuwenig leistungsfähige alpenüberquerende Straßen gibt."[22]

## 3.2 Entstehung des Transitproblems

Schon wenige Jahre nach der endgültigen Fertigstellung der Transitroute Kufstein-Brenner-Bozen verschob sich der bereits vorher auseinanderdriftende Modal-Split zwischen Schiene und Straße drastisch zugunsten der Straße. Zwischen 1970 und 1980 vervierfachte sich das auf der Straße im Transit transportierte Gütervolumen von 2,7 Mio. auf 10,7 Mio. Nettotonnen, während die Bahn im gleichen Zeitraum nur einen bescheidenen Zuwachs von 3,2 Mio. auf 3,7 Mio. Nettotonnen verzeichnen konnte, wofür nicht zuletzt zahlreiche bahneigene, d. h. betriebliche, organisatorische und kommerzielle Mängel etc. mitentscheidend waren.

In dieser zweiten Phase der Transitentwicklung entstand das Transitproblem „heutiger Prägung", wobei insbesondere die zweite Hälfte dieses Zeitraums – etwa 1980 bis 1992 – von einer intensiven öffentlichen Diskussion geprägt war. Diese Diskussion konzentrierte sich zum Ersten auf die Verlagerungsfähigkeit des Transitverkehrs auf die Schiene, zum Zweiten auf die Frage des sog. Umwegtransits, ausgelöst durch das 28-Tonnen-Limit für LKW-Transporte auf Schweizer Straßen, und zum Dritten auf die sowohl in Österreich als auch in der Schweiz spürbar intensivierte Diskussion neuer Schienen-Verkehrswege durch die Alpen, wie das Brenner-Basistunnel-Projekt und das Schweizer **N**eue-**E**isenbahn-**A**lpen-**T**ransversale-Projekt NEAT mit seinen verschieden Varianten.

Die politisch stark propagierte Verlagerung der Gütertransporte auf die Schiene kreiste primär um das Verlagerungspotential des kombinierten Verkehrs. Sie wurde aber durch „lokale" Insuffizienzen der Eisenbahninfrastruktur auf italienischer Seite wie ungenügende Licht- bzw. Eckraumprofile der Tunnels für den Huckepack-Verkehr, Gleichstrombetrieb etc. zusätzlich akzentuiert. Eine Phalanx „bahnaffiner" sozialistischer Verkehrsminister – wie Lausecker, Lacina, Streicher – „verbiss" sich in die Vorstellung, den Transitverkehr bereits mittelfristig auf die Schiene bringen zu können, wobei die Komplexität des Problems jeweils massiv unterschätzt wurde. So traten z. B. 1984 der damalige Bundeskanzler Fred Sinowatz, Verkehrsminister Karl Lausecker sowie Umwelt- und Gesundheitsminister Kurt Steyrer mit dem ehrgeizigen Projekt eines als „Transitkorridor" bezeichneten „Umlenkungsprogramms" an die Öffentlichkeit,

[22] Vgl. Sonderausgabe „Tiroler Nachrichten", 27. Jänner 1973, 1.

mit dem bis zum „Zieljahr" 1989 ein Volumen von 9,7 Mio. Tonnen oder 55 % des gesamtösterreichischen Transitvolumens künftig jährlich auf die Schiene verlagert werden sollte. 8,2 Mio. Tonnen waren für die Form der sog. „rollenden Landstraße" (= begleiteter Kombinierter Verkehr bzw. Huckepackverkehr) vorgesehen, der Rest sollte durch Forcierung des konventionellen Wagenladungsverkehrs bzw. durch andere Formen des unbegleiteten kombinierten Verkehrs wie Container oder Wechselaufbauten auf die Schiene verlagert werden. Dieses Verlagerungsziel hätte bezogen auf die Brennerroute den *zusätzlichen* Einsatz von mindestens 48 Blockzügen *pro Werktag* auf der Strecke Kufstein – Brenner erfordert; ganz abgesehen von den infrastrukturellen Erfordernissen im Vor- und Nachlauf und der logistischen Erfassung der über ganz Mittel- und Westeuropa verstreuten Versandpunkte des Transitverkehrs.

Bereits nach kürzester Zeit wurden die ersten „Bremsklötze" bei der Realisierung des ehrgeizigen Transitkorridor-Programms sichtbar. Zum einen stellte sich heraus, dass auf italienischer Seite die notwendige Ausweitung der Licht- und Eckraumprofile in den bestehenden Tunnels nicht annähernd in der für die Verwirklichung des Verlagerungsziels erforderlichen Zeit zu erreichen war. Weiters konnte man in der Frage der Huckepack-Tarife zwischen Deutschland einerseits und Italien bzw. Österreich andererseits keine befriedigende Lösung finden. So wurde das Verlagerungsziel mehrfach umformuliert: Verkehrsminister Lacina als Nachfolger von Lausecker wollte nur mehr den jährlichen Zuwachs des Transitvolumens auf die Schiene bringen; Minister Streicher wiederum schob den Zeitpunkt für die Erreichung des Verlagerungszieles auf das Jahr 1992 hinaus. Auch die „flankierenden" Maßnahmen im Bereich des Straßengüterverkehrs wie etwa laufende Erhöhungen der Lkw-Maut für die Benützung der Brenner-Autobahn sowie des Straßenverkehrsbeitrags konnten eine Verlagerung der Gütertransporte auf die Schiene nicht spürbar beschleunigen. Zusätzlich setzte Italien wegen der Probleme im operativen Bereich seiner Bahn sowie aus grundsätzlichen verkehrspolitischen Erwägungen kaum Initiativen und zeigte auch sonst wenig Bereitschaft, am Verlagerungsprojekt mitzuwirken.

Im Zuge der intensivierten Transitdiskussion der 80er Jahre erhob sich auch die Frage der „Arbeitsteilung" zwischen Österreich und der Schweiz bei der Bewältigung des alpenquerenden Transitvolumens. Untersuchungen ergaben, dass bei einer Angleichung des Lkw-Gesamtgewichtes zwischen Österreich und der Schweiz auf 38 bzw. 40 Tonnen nach dem „Prinzip des schnellsten Weges" bis zu 40 % des über den Brenner verbrachten Transitvolumens über die Schweiz befördert werden könnten. Da nach Vorgabe der damaligen eidgenössischen Verkehrspolitiker die alpenquerenden Straßen der Schweiz eine Angleichung auf das österreichische Gewichtslimit nicht erlaubten, konzentrierte man sich von vornherein auf den Ausbau der Bahntransversalen. Dabei standen insgesamt 5 Varianten in der West- und Ostschweiz (Lötschberg- / Simplontunnel, Gotthardtunnel, Y-Lösung zwischen Gotthard und Splügen, zwei Splügenvarianten) zur Diskussion. 1989 fiel eine Vorentscheidung zu Gunsten der Korridorlösung Gotthard–Lötschberg, welche schließlich mit der Volksabstimmung vom 27. September 1992 im Eidgenössischen Parlament abgesegnet wurde.

In der zweiten Hälfte der 80er Jahre kam schließlich das Tiroler Transitproblem auch auf die verkehrspolitische Verhandlungsagenda mit der Europäischen Gemeinschaft, nachdem seitens Österreichs die bis dato angestrebte Mitfinanzierung der Innkreis-Pyrhn-Autobahn durch die EG nicht mehr weiter betrieben wurde. Im Dezember 1987 erteilte der EG-Rat der Kommission das Mandat, mit der Schweiz und Österreich über Verkehrsfragen zu verhandeln. 1990 wurde der erste Entwurf eines Transitabkommens mit der EG vorgelegt, der eine Limitierung der Lärm- und Schadstoffemission *pro* Lkw in Verbindung mit einer fixierten Gesamtzahl für die Transitfahrten über österreichisches Gebiet vorsah.

## 3.3 Auf der Suche nach einer „Alpenlösung“

Nach dreieinhalbjährigen Verhandlungen einigte sich schließlich Österreich mit der EG am 21. Oktober 1991 auf ein Abkommen über den Güterverkehr im Transit auf der Schiene und der Straße. Eckpfeiler des Vertrages waren einerseits die Festlegung von sog. *Ökopunkten* auf der Basis des damals geltenden EG-Grenzwertes für Stickstoffoxide von 15,8 NOx/kWh pro Lkw, andererseits die Plafondierung der Lkw-Transitfahrten mit der für 1991 geschätzten Zahl von 1,38 Mio, die letztendlich auf 1,497 Mio. korrigiert wurde, auf die Dauer von 12 Jahren mit einer Toleranzschwelle nach oben von max. 8 %. Das aus der Multiplikation von Lkw-Anzahl 1991 mit dem pro Lkw zulässigen Stickstoffoxid-Ausstoß errechnete Ökopunkte-Kontingent von rd. 22 Mio. Punkten sollte bis 2003 nach einem jährlichen Stufenplan um 60 % verringert werden. Die für die Schweiz und Österreich geltenden Gewichtslimits von 28 bzw. 38 Tonnen Gesamtgewicht blieben gegenüber dem EG-Limit von 40 Tonnen erhalten; zu übernehmen waren lediglich die Richtlinien der EG über die Abmessung der Fahrzeuge. Nach Zuteilung der Ökopunkte auf die einzelnen am Transit beteiligten Länder, wobei eine Reserve von 3,34 % bei der EG-Kommission verblieb, und Genehmigung des Transitabkommens durch den EG-Ministerrat trat das Abkommen am 1. 1. 1993 im Kraft.

Damit hatte die dritte und bis heute andauernde Phase der Transitentwicklung begonnen, charakterisiert durch eine immer stärker werdende Verflechtung der österreichischen und der schweizerischen Transitpolitik gegenüber der Europäischen Union. Sie kann mit „Alpenlösung Österreich – Schweiz“ treffend umschrieben werden.

Die Ausgangsbedingungen einer „Alpenlösung“ waren aber nach wie vor äußerst komplex und eher von einer Verhärtung der Standpunkte bei den einzelnen Akteuren gekennzeichnet. Auf Schweizer Seite geriet zwar vorerst das NEAT-Projekt im Gefolge des Referendums von 1992 ins Stocken, wofür insbesondere Finanzierungsprobleme, aber auch die Abstimmung zwischen den Kantonen über die Streckenführung im Detail ursächlich waren. In weiterer Folge konnte man sich jedoch auf die Variante mit einem vorzeitigen Ausbau der Lötschberg-Strecke und dem Baubeschluss für den Gotthard-Basistunnel einigen.

Insgesamt war die Schweiz aber mit ihrem Vorhaben, den Umwegtransit via Bahn „zurückzunehmen“, deutlich in Zeitverzug geraten. Somit gewann das EU-Begehren nach einer schrittweisen Angleichung der zulässigen Gesamttonnage von 28 Tonnen auf 40 Tonnen neue Aktualität. Die Schweiz war dazu allerdings nur bereit, wenn ihr zum Ausgleich hiefür die Einhebung einer sog. leistungsabhängigen Schwerverkehrsabgabe (LSVA) gestattet würde. Mit dem sog. „Landverkehrsabkommen Schweiz–EU"[23], das im Jahr 2000 noch einer Volksabstimmung in der Schweiz unterzogen werden musste, verpflichtete sich schließlich die Schweiz, ihr Straßennetz schrittweise bis 2005 für 40-Tonnen-Lastkraftwagen zu öffnen und schon vorher einer kontingentierten Anzahl derartiger Fahrzeuge (jeweils 300.000 in den Jahren 2001 und 2002 sowie 400.000 in den Jahren 2003 und 2004) das Befahren des Schweizer Straßennetzes zu ermöglichen.

Mit dem Landverkehrsabkommen versuchte die Schweiz, Ziele und Instrumente ihrer Verlagerungspolitik gegenüber Europa abzusichern und in die Tat umzusetzen. Mit einem weiteren innerstaatlichen allgemeinverbindlichen Verlagerungsbeschluss und zusätzlichen flankierenden Maßnahmen strebt der Bundesrat eine verstärkte Umlagerung von möglichst viel alpenquerendem Güterverkehr von der Straße auf die Schiene an. Gleichzeitig wurden damit die finanziellen Mittel für ein Maßnahmenpaket gesichert, so dass die Verlagerung bereits in der Übergangsphase bis 2005 bzw. bis zur Inbetriebnahme des Lötschberg-Basistunnels zu greifen beginnen dürfte.

In Österreich bzw. in Tirol beherrscht hingegen die emotional von gewissen Gruppierungen über die Medien geführte und von den eigentlichen Realitäten absehende Diskussion die politische Bühne. Man glaubt, mit Blockadedrohungen etc. die EU bzw. die am Alpentransit hängenden Mitgliedstaaten in die „Knie" zwingen zu können. Dazu gesellt sich das beim Europäischen Gerichtshof anhängige Verfahren betreffend Mauthöhe für Schwerfahrzeuge auf der Brenner-Autobahn, die eindeutig der EU-Wegekostenrichtlinie widerspricht. Versuche, durch ein sog. Mautstretching auf die Strecke Innsbruck – Kufstein der A12 der Verurteilung zu entgehen, fanden jedoch mit Rücksicht auf die große Belastung der regionalen Wirtschaft keinen politischen Konsens. Hier hat es die Wirtschaftskammer Tirol verstanden, rechtzeitig durch unwiderlegbare Argumente gegenzusteuern.

Der nächste „Knackpunkt" scheint in der Frage der Ökopunkte zu liegen, da man sich noch kaum darüber einig ist, was nach dem Auslaufen des Ökopunktemodells im Jahre 2003 an dessen Stelle treten soll.

Während der eigentliche Transitverkehr mit Lkw, der immerhin auf der Brennerrelation Mauteinnahmen von fast 1,8 Mrd. Schilling erbringt und so seine Wegekosten mehr als ausreichend deckt, nur rund 1/6 des Gesamtverkehrs auf dieser Relation ausmacht, wird der Pkw-Verkehr auf der Brennerroute „totgeschwiegen" bzw. von nahezu keiner Gruppierung kritisch betrachtet. Immerhin stehen aber hier den 1,5 Mio. Lkw

[23] Das Landverkehrsabkommen umfasst die vier Hauptbereiche Marktzugang im Straßenverkehr, Harmonisierung von Normen und Zulassungsbedingungen im Straßenverkehr, Marktzugang im Schienenverkehr und koordinierte Verkehrspolitik im Alpenraum.

fast 12 Mio. Pkw gegenüber[24], die für die immer wiederkehrenden Staueffekte und Überlastungen der Autobahn an Wochenenden sowie zu Ferienterminen verantwortlich sind.

Zur Lösung der Probleme des alpenquerenden Verkehrs – der Begriff Transit erscheint zu eng und nicht mehr adäquat, schließlich handelt es sich mit Ausnahme der Schweiz um einen Binnenmarktverkehr – bedarf es aber nicht nur der Einbeziehung sämtlicher Fahrzeuggattungen des Straßenverkehrs, sondern auch längerfristiger Rahmenbedingungen zur weiteren Absenkung von Lärm- und Schadstoffbelastungen sowie weitblickender Entscheidungen für große Investitionen in ein neuzeitliches Hochleistungs-Schienennetz als wesentliche Voraussetzung für attraktive Angebotsprofile in der Zukunft.

### 3.4 Exkurs: Der Brenner-Basistunnel: Genealogie eines Mammutprojekts

Der Ausbau der Eisenbahnachse Brenner zählt gegenwärtig zu den wichtigsten Infrastrukturvorhaben Europas. Projekte für einen Brenner-Basistunnel als Kernstück einer leistungsfähigen Nord-Süd-Alpenbahnverbindung wurden aber schon seit Beginn des 20. Jahrhunderts gewälzt.[25] So brachte 1940 Helmuth Thurner in Weiterentwicklung eines Vorschlages aus dem Jahr 1902 einen 14,2 km langen Tunnel zwischen Stafflach und Gossensaß in Diskussion. 1955 legte August Dreßler den Plan einer neuen Bahntrasse München – Verona vor, mit einem 31,5 km langen Tunnel zwischen Fall im Isartal und Innsbruck und einem Basistunnel mit 65 km Länge nach Schenna bei Meran. 1959 unterbreitete Robert Neuner einen Trassenvorschlag München – Garmisch – Wettersteintunnel – Flaurling – Innsbruck – Basistunnel ins Passeiertal – Bozen. 1961 legte Graf Sardagna einen Vorschlag für die Strecke Innsbruck – Franzensfeste mit einem 40 km langen Tunnel bis Sterzing vor, der Mitte der 60er Jahre von Ing. Marin, dem ehemaligen Generaldirektor der FS, weiterentwickelt worden war.

All diesen Vorschlägen lag die Idee eines Tunnels von 40 km bis 65 km Länge unter dem Alpenhauptkamm südlich von Innsbruck zu Grunde, wobei Dreßler und Neuner eine Flachbahn mit einem Basistunnel vorschlugen, während Ing. Marin eher eine Art Scheiteltunnel von Innsbruck nach Sterzing, eine „schiefe Ebene", bevorzugte. Politisch fixiert war damals ein südöstlich von Sterzing bei Freienfeld geplanter Güterzugbahnhof.

Hier ist einzufügen, dass sich ab Ende 1966 auch die Tiroler Handelskammer intensiv mit der Frage einer grundlegenden Modernisierung der Brennereisenbahn beschäf-

---

[24] Zahlen für 1999.

[25] Vgl. im Folgenden: Horst Wessiak, Scheiteltunnel – Basistunnel. Zukunft der Brennerbahn? Vortrag, gehalten am 4. Oktober 1979 in Innsbruck vor der Landesstelle Tirol der österreichischen Verkehrswissenschaftlichen Gesellschaft, erschienen in: Institut für Verkehr und Tourismus (Hrsg.), Schriftenreihe B, Vorträge B10. Innsbruck 1979, 2–3.

tigte. Anlass war ein Auftrag des damaligen Präsidenten Heinrich Menardi, dass die Tiroler Handelskammer zum 100-Jahr-Jubiläum der Brennereisenbahn im Jahr 1967 die Vorstellungen der Wirtschaft zur Modernisierung einbringt und nachhaltig verfolgt.

Die Schwierigkeiten der Eisenbahnen im internationalen Verkehr bewegten insbesondere auch den Internationalen Eisenbahnverband (UIC) mit Sitz in Paris. 1970 fasste die UIC den Beschluss, das Transportpotential einiger international wichtiger Eisenbahnverbindungen in Europa – kurz Achsen genannt – untersuchen zu lassen. In der Folge wurde daher 1971 auch für die Achse München – Brenner – Verona eine Arbeitsgruppe – kurz „Achsengruppe Brenner“ genannt – beauftragt, das Transportpotential dieser Achse zu analysieren und zukunftsorientierte Vorschläge für Verbesserungen des Eisenbahnverkehrs zwischen München und Verona zu erarbeiten. Vor allem sollten für das Kernstück der Achse, für die Brennerbahn zwischen Innsbruck und Bozen, unter Berücksichtigung aller bekannten Dokumentationen, Studien und Ideen konkrete Maßnahmen zur Modernisierung mit dem Blick auf die Jahre 1985 bis 2000 vorgeschlagen werden.

An den Arbeiten der Achsengruppe Brenner, die in den Jahren 1971 bis 1975 mit 17 Tagungen sowie 1979 durchgeführt wurden, nahmen Vertreter der Deutschen Bundesbahn (DB), der Italienischen Staatsbahn (FS) und der Österreichischen Bundesbahnen (ÖBB), die den Vorsitz der Achsengruppe erhielt, teil. Über das Ergebnis der Untersuchungen wurden 1973 zwei Berichte sowie 1975 der Endbericht der UIC vorgelegt. Darin wurde – neben kurz- und mittelfristigen Maßnahmen – als langfristige Lösung das sog. Projekt „FS-UIC 74“, der Neubau einer Flachbahn mit Basistunnel von Innsbruck entweder ins Passeiertal oder ins Eisacktal, empfohlen.

Im Jahre 1978 ließ das Land Tirol von der Ingenieurgemeinschaft Lässer-Feizlmayr (ILF) in Innsbruck im Sinne der langfristigen UIC-Empfehlung ein Vorprojekt für den auf Tirol entfallenden Abschnitt einer neuen Brennerbahn ausarbeiten, das zwei Basistunnelvarianten – „West“ Innsbruck–Meran nach Neuner und „Ost“ Innsbruck–Aicha nach FS-UIC 74 – vorsah.

1979 wurde im Auftrag der UIC von der Achsengruppe ein Ergänzungsbericht zum 1977 von Ing. Puccio eingebrachten Vorschlag eines Scheiteltunnels unter dem Brennerpass verfasst, diese Lösung jedoch wieder verworfen. In der Folge waren es vor allem die Tiroler Handelskammer und die Industrie- und Handelskammer für München und Oberbayern, die zusammen mit den Handelskammern Bozen und Trient sowie teilweise Verona immer wieder die Basistunnel-Lösung politisch ins Spiel brachten. Ohne diese Initiativen wäre fast ein Jahrzehnt verloren gegangen.

Die zahlreichen Studien in den 70er Jahren und zu Beginn der 80er Jahre zeigten bereits, dass die bestehende Brenner-Bahnlinie nicht in der Lage ist, den Verkehrsanforderungen kommender Jahrzehnte Rechnung zu tragen. Angesichts der auch im gesamten Alpentransit immer schwieriger werdenden Verkehrssituation vereinbarten die Verkehrsminister von Deutschland, Österreich und Italien am 11. 7. 1986 in Rom eine Machbarkeitsstudie für den Brenner Basistunnel. Am 16. 4. 1989 wurde diese durch das „Internationale Brennerkonsortium (IBK)“ erstellte Studie von den drei Verkehrsministern beim Treffen in Udine angenommen und eine sog. Trilaterale Kommission mit der Fortführung der Arbeiten beauftragt, insbesondere Machbarkeitsstudien für die nördliche und südliche Zulaufstrecke zu erstellen. Am 31. 5. 1993 lieferte das „IBK" den Endbericht der Machbarkeitsstudie für eine „Neue Eisenbahnachse München–Verona" an die drei Auftraggeber DB, FS und ÖBB ab. Im Juni 1994 einigten sich dann mit dem Memorandum von Montreux die Verkehrsminister von Deutschland, Österreich und Italien zusammen mit der EU auf den Grundsatzbeschluss, die Achse München–Verona schrittweise entsprechend der tatsächlichen Verkehrsentwicklung auszubauen. Folgende Trassenführung wurde festgelegt:

- Nordzulauf durch das Inntal als beste von 59 Varianten,
- 56 km langer Brenner-Basistunnel zwischen Innsbruck und Franzensfeste
- Südzulauf durch das Eisack- und Etschtal.

Als Teil der künftigen neuen Bahnstrecke war 1994 der Bau des 12,8 km langen Umfahrungstunnels Innsbruck mit einem 200 m langen „Abzweiger" zum späteren Basistunnel abgeschlossen und in Betrieb genommen worden.[26]

Die Kosten für den Brennerbasistunnel wurden auf rd. 3,8 Mrd. EURO geschätzt, die Kosten für den Ausbau der nördlichen und südlichen Zulaufstrecken auf 1,65 Mrd. bzw. 0,63 Mrd. EURO.

Mittlerweile war 1994 durch den EU-Verkehrsplan der Transeuropäischen Netze (TEN) die Eisenbahn-Hochleistungsstrecke Verona–München und ihre Verlängerung nach Berlin von insgesamt 14 Projekten als „Spezifisches Vorhaben Nr. 1" platziert worden. Sie ist somit Teil eines strategischen Europäischen Schienenkorridors und soll auf einer Gesamtlänge von 1.160 km Skandinavien, Deutschland, Österreich und Italien miteinander verbinden.

Zur Umsetzung der Beschlüsse von Montreux wurde auf österreichischer Seite die Brenner Eisenbahn GmbH (BEG) mit der Aufgabe gegründet, den Ausbau der Brennerachse auf österreichischem Gebiet zu planen und zu realisieren. Zum Generaldirektor war Dipl.-Ing. Hans Lindenberger bestellt worden, der es durch unermüdlichen Einsatz verstand, eine rund 40 km lange neue, zweigleisige, meist in Tunnellage geführte Unterinntaltrasse zwischen Baumkirchen und Kundl durchzusetzen, deren Bau noch Ende 2000 begonnen wurde und bis 2005/2006 abgeschlossen sein soll.

Die Europäische Kommission bekräftigte im November 1994 die Vereinbarungen von Montreux und legte im Memorandum von Brüssel die Vorgangsweise zur Untersuchung von rentabilitätsverbessernden Maßnahmen fest, welche 1997 mit dem Bericht an die drei betroffenen Verkehrsminister und die EU-Kommission abgeschlossen und angenommen wurden.

1998 kam es zum grundsätzlichen Beschluss über die Erstellung der vertraglichen Voraussetzungen zur Gründung einer Projektorganisation für die Planung des Brenner-Basistunnels sowie zur Abstimmung der Vertragsstatuten. Im April 1999 folgte die

[26] Siehe Abschnitt 1.1.

„Gemeinsame Erklärung“ der Verkehrsminister Österreichs und Italiens über die Durchführung der erforderlichen Planungsarbeiten für die Errichtung des Brenner-Basistunnels, womit die politische und rechtliche Basis geschaffen wurde, dass die „Brenner Eisenbahn GmbH (BEG)“ und die „Ferrovie dello Stato S. p. A. (FS)“ gemeinsam eine sog. „Europäische Wirtschaftliche Interessensvereinigung (EWIV)“, das ist eine Planungsgesellschaft, gründen können. Am 17. November 1999 erfolgte dann die offizielle Gründung der „Brenner-Basistunnel EWIV“ mit Sitz in Innsbruck und paritätischer Beteiligung von BEG und FS am Kapital. Am 1. Dezember 1999 wurde mit den Arbeiten begonnen.

Die EWIV wird nach österreichischem Recht arbeiten; ihre Aufgabe besteht in der Ausarbeitung eines baureifen und baugenehmigungsfähigen Projektes für den Brenner-Basistunnel. Die Planung der Zulaufstrecken zum Tunnel auf österreichischem und italienischem Staatsgebiet gehört ebenso wie die Erstellung von Finanzierungs- und Konzessionsmodellen dazu. Vor der Gründung der EWIV war die Projektbegleitung und Aufbereitung der Entscheidungen in den Händen einer sog. Trilateralen Kommission gelegen, die jedoch über keine organisatorischen und technischen Einrichtungen für die weitere operative Bearbeitung verfügte.

Nach mehr als 30-jährigem, unermüdlichem Lobbying für grundlegend neue Strukturen beim Schienenverkehr über den Brenner scheint die Wirtschaftskammer Tirol ihr Ziel bald erreicht zu haben. Sie war ein ständiger Mahner und „Antreiber“, teils im Alleingang, teils im engen Schulterschluss mit den Handelskammern an der Brennerlinie, teils in überregionalen Gremien wie z. B. im italienischen „Komitee zur Förderung des Brennerverkehrs“, bei diversen Tagungen der österreichisch-italienischen Handelskammer, im Rahmen der „Union Europäischer Industrie- und Handelskammern (UECC) – Rhein, Rhône, Donau, Alpen“ oder in der Verkehrskommission der Arge Alp und zuletzt besonders intensiv in der von der Arge Alp 1991 gegründeten „Aktionsgemeinschaft Brennerbahn“. Die Wirtschaftskammer Tirol ist schlussendlich seit Anfang 2000 im Beirat der Brenner-Basistunnel-EWIV vertreten.

Die Tiroler Handelskammer hatte vor rund 120 Jahren die Rolle einer treibenden Kraft beim 35-jährigen Ringen um die Realisierung des zweigleisigen Arlberg-Eisenbahntunnels gespielt[27]; beim Brenner-Basistunnel scheint sich nun die Geschichte zu wiederholen.

## 3.5 Der „unsichtbare“ Transit – die Transalpine Ölleitung

1964 war die „Transalpine Ölleitung in Österreich Gesellschaft m. b. H. (TAL)“ mit Sitz in Innsbruck gegründet worden, um den österreichischen Teil eines Pipelinesystems von Triest nach Ingolstadt und nach Karlsruhe mit Abzweigungen in Köt-

[27] Siehe Protokoll der ordentl. Sitzung der Handels- und Gewerbekammer in Innsbruck am 7. Juli 1879; „Innsbrucker Tagblatt“ 8. Juli 1879; „TGW“ Nr. 27, 7. Juli 1979, 8f.

schach-Mauthen (Kärnten) zur Adria-Wien-Pipeline (AWP) bzw. zur Raffinerie in Schwechat sowie in Vohburg (Bayern) zu bauen und zu betreiben.

Der Transport von Gütern durch Rohrleitungen stellte schon immer eine der umweltfreundlichsten und wirtschaftlichsten Transportarten dar: Man sieht, hört und riecht nichts, und doch wird ein größeres Gütervolumen als von vielen anderen Verkehrsträgern transportiert. Dieser Verkehrsträger hat somit mehrere Vorteile:

- Er bringt keine Störung des Landschaftsbildes, erzeugt weder Lärm noch Abgase;
- es wird nur das Transportgut bewegt; es gibt keinen Mit- und Rücktransport leerer Behälter;
- durch Unabhängigkeit von Witterung und Wasserstand ist Dauerbetrieb möglich und große Versorgungssicherheit gegeben;
- es besteht praktisch kein Raumbedarf durch unterirdische Verlegung;
- er bringt eine beachtliche Kostenersparnis; die Transportkosten betragen ca. ein Zwanzigstel der Bahn- bzw. ein Fünftel der Binnenschifffahrts-Transportkosten.

Die TAL bewältigt jährlich einen Durchsatz in der Höhe von rund 35 Mio. Tonnen, davon gehen ca. 18 Mio. Tonnen an die bayerischen Raffinerien in Ingolstadt, Neustadt und Burghausen, ca. 8 Mio. Tonnen an die Raffinerien in Karlsruhe sowie ca. 8 Mio. Tonnen an die Adria-Wien-Pipeline (AWP) und ca. 1 Mio. Tonnen an die Mitteleuropäische Rohölleitung (MERO). Seit der Betriebsaufnahme im Jahr 1967 pumpte die TAL insgesamt annähernd 800 Mio. Tonnen Rohöl für die Mineralölversorgung Österreichs und Deutschlands von Triest aus ohne Belastung der Umwelt über bzw. durch die Alpen.

Mit den von Triest nach Österreich beförderten Rohölmengen trägt die TAL zu etwa 75 % zur österreichischen Mineralölversorgung bei, was ungefähr einem Drittel der gesamtösterreichischen Energieversorgung entspricht. Für diese Transportleistung würde man vergleichsweise ca. 11.000 Straßentankzüge täglich benötigen, das sind ungefähr doppelt so viele, als Lkw-Züge täglich auf der Brenner-Autobahn verkehren.

## 4. Verkehrspolitik zwischen Realitätszwängen und Visionen zur Jahrtausendwende

### 4.1 Realitätszwänge aus Vergangenheit und Gegenwart beim Verkehrswachstum

Obwohl der Verkehr immer schon eine wesentliche Rolle in der Gesellschaft gespielt hat und diese weiter behalten wird, ist offenbar den meisten Bürgern, aber auch vielen Politikern die Erkenntnis abhanden gekommen, dass für das Verkehrswachstum der individuelle Wohlstand und die Dynamik einer arbeitsteiligen Wirtschaft hauptverantwortlich sind. Parallel zum Wirtschaftswachstum ist in den vergangenen fünf Jahrzehnten das Verkehrsaufkommen in Europa und auch in unserem Land jährlich um etwa zwei bis drei Prozent gestiegen. Damit erhöhte sich zwischen 1960 und 1998 die jährliche Gütermenge pro Kopf von rund 20 t auf fast 40 t; die Transportleistung (tkm) pro Kopf nahm infolge der Internationalisierung der Arbeitsteilung sogar um das Viereinhalbfache zu.

Neben der räumlichen Arbeitsteiligkeit im privaten Bereich – Wohnen, Arbeiten, Konsumieren und Freizeitaktivitäten finden in der Regel nicht am selben Ort statt – oder im wirtschaftlichen Bereich – hinsichtlich der räumlich verteilten Orte der Rohstoffgewinnung, der Produktion von Halb- und Fertigfabrikaten sowie der Absatzmärkte – ist als gewichtiger Faktor die Zentralisierung der verkehrsinduzierenden Aktivitäten unter Ausnutzung von Größenvorteilen, d. h. der „economies of scale“, zu nennen. Die Ausnutzung von Größenvorteilen bringt einerseits Spezialisierungs- und Rationalisierungseffekte, sie ist aber andererseits mit größeren Transportentfernungen und einer Ausdehnung der Einzugsbereiche für den Warenverkehr wie für den Verkehr von Beschäftigten und Kunden verknüpft. Dies ist jedoch keineswegs nur ein Phänomen der industriellen Produktion. Konzentrationen auf größere, leistungsfähigere Einheiten fanden auch im Bildungsbereich (Schul- und Ausbildungszentren), im Bereich der staatlichen Verwaltung und im Bereich des Handels (Einkaufs- oder Dienstleistungszentren) statt.

Bei Kultur-, Freizeit- oder Messezentren etc. sehen wir ähnliche verkehrserzeugende „Quellen“ wie bei der Ausnutzung von Standortgunst im Bereich von Industrie, Handel und Gewerbe. Dabei geht es vor allem um gute Verkehrsanbindungen, um günstigen Zugang zu Ressourcen, um die Verfügbarkeit gut ausgebildeter Arbeitskräfte bei akzeptablen Lohnkosten etc. Nicht zuletzt sind für die Verkehrszunahme auch die gewachsenen individuellen oder gesellschaftlichen Ansprüche wie z. B. Tendenz zur Kleinfamilie, zu Single-Haushalten, zu qualifizierter Ausbildung oder Berufsausübung zu nennen. Sie führen im Endeffekt ebenfalls zu erheblich vergrößertem Verkehrsbedarf bzw. zu längeren Schul- oder Berufswegen.

Auch bei den Freizeitaktivitäten im Bereich des Sports, der Kultur oder der Erholung lassen sich ähnliche Individualisierungstendenzen, Anspruchshaltungen und differenzierte Bedürfnisse feststellen. Sie haben jedenfalls dafür gesorgt, dass heute der Urlaubs- und Freizeitverkehr die höchsten Wachstumsraten unter allen Verkehrszwecken aufweist. So entfallen gegenwärtig auf einen Kilometer Berufsverkehr schon zwei Kilometer Freizeitverkehr.

Schließlich dürfen die „Europäisierung“ mit dem Wegfall der EU-Binnengrenzen und der Öffnung neuer Märkte in Osteuropa sowie die Globalisierung, der wir uns wohl nicht entziehen können, als weitere Quellen des Verkehrswachstums nicht übersehen werden.

## 4.2 Künftige Auswirkungen der Trends

Auf absehbare Zeit wird sich an diesen Trends nichts ändern. Eine Entkopplung von Wachstum und Verkehr ist, wie wissenschaftliche Untersuchungen belegen, auch keine reale Perspektive. Die Nachfrage aus dem produzierenden Sektor und dem Handel wird weiter steigen, denn

- das Outsourcing – was nicht der Kernkompetenz eines Unternehmens entspricht – wird zunehmen,
- die Qualitätsansprüche bei Geschwindigkeit, Preis, Plan- und Kalkulierbarkeit an die Transportleistung werden wachsen,
- die Fertigungstiefe wird weiter reduziert, Beschaffung und Absatz erfolgen weltumspannend,
- das Ideal des bestandsfreien Lagers wird angepeilt.

Aus diesen Gründen wird sich die Zahl der Transportvorgänge weiter erhöhen, wobei die Gütermenge pro Transportauftrag zwar abnehmen, aber die durchschnittliche Transportentfernung größer werden wird. Prognostiker rechnen damit, dass der Güterverkehr auf Basis 1995 in den nächsten 15–20 Jahren voraussichtlich um ca. 50 Prozent zulegen wird. Schon bisher wurden jedoch die meisten Verkehrsprognosen von der Realität noch übertroffen.

Der Güterkonsum ist aber nur eine Seite des Wohlstands; die andere äußert sich in der Steigerung der persönlichen Mobilität. So stieg z. B. die Pkw-Beförderungsleistung pro Kopf von 1960 bis 1997 um das 5fache auf über 10.000 km p. a. an; die Flugbeförderungsleistung wuchs noch rasanter – Trends, die weiter anhalten und auch den Personenverkehr weiter zunehmen lassen.

All diesen Entwicklungen wird sich auch das „Land im Gebirge“, das seit jeher Verkehrsdrehscheibe war und davon profitiert hat, nicht verschließen können; schließlich liegt es im Schnittbereich wichtiger europäischer Verkehrskorridore und Wirtschafts- bzw. Ballungszentren. Jeder ist Verursacher von Verkehr, jeder ist von den Wirkungen betroffen; dies gilt auch für die einzelnen Länder und Regionen. Veränderungen von Verkehrsverteilungen sind auch kein Nullsummenspiel, sondern bedeuten Gewinner und Verlierer; selbst ein nur temporäres Abkoppeln vom Verkehr würde regionale und soziale Isolationswirkungen nach sich ziehen.

### 4.3 Unterschiedliche Leistungsprofile der Verkehrsträger

Zu den Realitätszwängen zählt weiters, dass die einzelnen Verkehrsträger nur sehr unterschiedlich den logistischen Anforderungen entsprechen, obwohl die Kapazitäten aller Verkehrsträger benötigt würden, um eine tragbare Mobilität von Personen und Gütern dauerhaft zu sichern.

So erfüllt z. B. im Güterverkehr der „Lkw“ die Ansprüche derzeit am Besten. Die Eisenbahnen haben Probleme im System selbst sowie beim Management und durch die häufige Vernachlässigung des Güterverkehrs gegenüber dem Personenverkehr. In Europa liegt beispielsweise die durchschnittliche Transportgeschwindigkeit der Güter auf der Bahn derzeit bei 18 km/h; und der Kombinierte Verkehr hat gerade 1999 in vielen europäischen Ländern ein „Waterloo“ erlebt. Demgegenüber gewinnt das Flugzeug für die Frachtbeförderung weiterhin an Bedeutung, da es qualitativ hochwertige Leistungen bietet. Ähnliches gilt im Personenverkehr, wo Pkw und Flugzeug sich im Geschäftsreise-, Freizeit- und Urlaubsverkehr als nahezu unschlagbar erwiesen haben.

Pkw und Lkw in all ihren Erscheinungsformen werden auch auf längere Zeit im 21. Jahrhundert die tragenden Säulen bei Verkehrsorganisation und -abwicklung bleiben. Vor diesem Hintergrund relativieren sich jene verkehrspolitischen Zielvorstellungen, die immer nur von Verlagerungsphantasien getragen werden. Der Öffentlichkeit wird z. B. suggeriert, dass der Straßengüterverkehr zu einem großen Teil auf die Schiene oder das Schiff verlagert werden könnte. Ein populistisches Ziel, das in Anbetracht der Fakten wohl wirklichkeitsfremd erscheint. Trotz vieler internationaler und nationaler politischer Erklärungen zu Gunsten von Eisenbahn und Binnenschifffahrt werden die Entscheidungen der verladenden Wirtschaft nicht nach verkehrspolitischen, sondern ausschließlich nach transportwirtschaftlichen Kalkülen getroffen. Es ist daher eine falsche Politik, den Straßengüterverkehr besonders zu belasten oder gar den Gütertransport von der Straße zu verbannen. Es geht vielmehr darum, Fehlentwicklungen der Vergangenheit, insbesondere bei der Güterbahn, durch Modernisierung zu beseitigen bzw. zu korrigieren. Nur so kann im freien Wettbewerb der Kräfte eine volkswirtschaftlich sinnvolle Verlagerung des Güterverkehrs von der Straße auf die Schiene erfolgen.

Wie uns schon die tägliche Erfahrung lehrt, ist im Verkehr die Schere zwischen Wunsch und Wirklichkeit besonders groß: Rekordzahlen bei Pkw-Zulassungen, jährlich steigender Straßenverkehr und in der Folge davon Stau, gravierende Mängel im Angebot von Bahn und Bus, politische Vorstellungen der EU, des Bundes und einzelner Länder zu europaweiten Verkehrsnetzen, Netz- und Lückenschlüsse im hochrangigen Straßennetz und ständig die Frage der Finanzierung; das ist eine kleine Auswahl an Stichworten zur aktuellen verkehrspolitischen Diskussion. Meistens bringt diese lediglich endlose Fragen, und bislang gibt es nur Lösungsvorschläge anhand von Einzelbeispielen sowie vorwiegend ideologiebehaftete Antworten.

## 4.4 Eckpfeiler einer visionären Verkehrspolitik zur Jahrtausendwende

Für die Gestaltung des Verkehrssystems der kommenden Jahrzehnte ergeben sich als Ausgangsparameter:

- die Nachfrage nach Verkehrsleistungen wird weiter deutlich wachsen;
- die Zunahme wird im Güterverkehr größer sein als im Personenverkehr;
- der Straßenverkehr wird seine führende Rolle behalten.

Der Auftrag, der hieraus erwächst, besteht im richtigen Weichenstellen, damit diese Entwicklung effizient und nachhaltig erfolgt. Mit anderen Worten: Leitgröße einer nachhaltigen Mobilität muss die Wahrung ökonomischer, ökologischer und sozialer Belange heutiger und zukünftiger Generationen sein.

Eine solche Verkehrskonzeption steht vor drei Aufgaben: Neben der Erhaltung der Beschäftigung und der Reduzierung der Umweltbelastungen durch den Verkehr geht es auch darum, die Mobilität zu sichern, indem Ökologie und Ökonomie uns das „Recht“ auf individuelle Mobilität im Einklang mit der Gesellschaft erhalten. Nur wer dies in seiner Verkehrspolitik berücksichtigt, hat Chancen auf gesellschaftlichen Konsens und damit die Möglichkeit der Veränderung. Dazu gehört eine Verbesserung der Verkehrssicherheit ebenso wie eine geringere Beanspruchung der Umweltressourcen durch Verkehr. So ist z. B. die Automobilindustrie erfolgreich dabei, die Emissionen des Straßenverkehrs in einer Weise drastisch zu reduzieren, dass über Abgasbelastungen bald nicht mehr diskutiert werden muss.

Verkehr sollte aber nicht nur sicherer und umweltschonender werden, er muss – dies ist aus Sicht des Nutzers entscheidend – auch schneller und relativ kostengünstiger, flexibler und planbarer werden. Die Eckpfeiler einer „visionären“ Verkehrspolitik zur Jahrtausendwende könnten somit lauten:

– In der Zielhierarchie zu verankern ist die Schaffung eines integrierten Verkehrssystems, das die verschiedenen Verkehrsmittel und Infrastrukturnetze verknüpft. Damit würde die Kapazität des gesamten Verkehrsnetzes effizienter genutzt werden können. Innerhalb der Verkehrsträger ließen sich vor allem durch den Einsatz moderner Verkehrstechnik noch erhebliche Effizienzgewinne erzielen, wie z. B. beim Güterumschlag in den Knotenpunkten. Neue Technologien und Dienstleistungen bieten in einem integrierten Verkehrssystem zudem die Chance, die hohe Mobilität nachhaltig zu sichern.
– Die Verknüpfung und Optimierung der Verkehrsträger erfordert auch ein intelligentes Verkehrsmanagement (Telematik) sowie den Ausbau von leistungsfähigen Schnittstellen bzw. Knotenpunkten (wie z. B. Umschlagterminals, Güterverteilzentren, Flughäfen mit Bahnanschluss etc.).
– Die Vision für das 21. Jahrhundert, dass die Verkehrsträger zu einer kooperativen Einheit zusammenwachsen, ist realisierbar, sofern die alte Diskussion „Schiene gegen Straße“ über Bord geworfen und endlich in die Vergangenheit „befördert“ wird. Wer dieser Debatte noch anhängt, hat den Anschluss bereits verpasst. Das Miteinander der Verkehrsträger und die Vernetzung der einzelnen Transportmittel zu einem Gesamtsystem ist auf Dauer unverzichtbar.
– In einem integrierten Verkehrssystem müssen auch die bestehenden Verkehrswege wirtschaftlich und ökologisch optimal genutzt werden können. Deshalb wird in Zukunft insbesondere in den Bestand der Infrastruktur zu investieren sein, nicht nur zwecks Instandhaltung, sondern auch für den Erweiterungs- und Ausbaubedarf, dies sowohl bei der Schiene als auch bei der Straße.

  Eine leistungsfähige Verkehrsinfrastruktur ist für die Wettbewerbsfähigkeit von zentraler Bedeutung und unverzichtbar; es geht um die Standortbedingungen. Auf Grund der immer länger werdenden Vorlaufzeit von Projekten muss zum Aufbau einer integrierten Verkehrsinfrastruktur rechtzeitig Vorsorge getroffen werden. Hier geschieht zur Lösung der allseits anerkannten Zukunftsprobleme – wie z. B. des alpenquerenden Güterverkehrs – jedoch viel zu wenig.

- In einem integrierten Verkehrssystem gewinnen für die Wirtschaft vor allem Planbarkeit und Zuverlässigkeit weiter an Bedeutung. Die Verbesserung der Informationssysteme für den einzelnen Nutzer, die Verkehrsunternehmen und die Infrastrukturbetreiber nimmt deshalb eine Schlüsselfunktion ein. Ohne eine wirksame Vernetzung des Verkehrs mit Telekommunikation und Multimedia-Anwendungen wird es auch nicht gelingen, das Verkehrssystem stärker zu integrieren und Leistungsfähigkeit und Akzeptanz intermodaler Transportketten (Kombi-Verkehre) zu verbessern sowie die Haus-zu-Haus-Logistik zu optimieren.
- Schlussendlich ist auch die Rolle des Staates, dessen Einfluss im Verkehr durch Überreglementierung seit jeher dominant war, zu überdenken und neu zu definieren. Deregulierung und Liberalisierung erschließen auch im Verkehr Innovations- und Kreativitätspotentiale. Tatsächlich finden derzeit schon wesentliche Entscheidungen abseits von Staat und Politik statt.
- Der Staat und seine Verkehrspolitik sollte sich auf die Schaffung fairer Wettbewerbsregeln für alle Verkehrsträger beschränken sowie Rahmenbedingungen kreieren, welche die unternehmensübergreifende Kooperation fördern und belohnen, damit sich integrierte Verkehrssysteme verstärkt etablieren können.

Nicht der Mut zu unpopulären Entscheidungen, wie ihn viele Politiker immer noch fordern, sondern mutige Entscheidungen sind gefragt – nicht restriktive, sondern konstruktive Maßnahmen. Ausschlaggebend für die Zukunft sind Entscheidungsträger mit klar umrissenen Visionen und dem Mut zu langfristigem Vorausplanen in generationsübergreifenden Schritten. Wenn die Verantwortlichen vor über 150 Jahren diese beiden Grundlagen nicht gehabt hätten, gäbe es heute weder U-Bahnen in Paris, London, Moskau noch den zweigleisigen Arlbergtunnel oder die Brennerbahn noch das Netz der europäischen Bahnen, dem heute alle die Hauptlast des Verkehrs übertragen wollen. Unsere Probleme sind hausgemacht – es liegt an jedem Einzelnen von uns, zu ihrer Beseitigung beizutragen.

## Schrifttum

Abkommen zwischen der Europäischen Wirtschaftsgemeinschaft und der Republik Österreich über den Güterverkehr im Transit auf der Schiene und der Straße (Beschluss des Rates vom 27. Nov. 1992, 92/577/EWG), verlautbart im BGBl. 823 v. 29 .12. 92.

Brenner-Autobahn-Aktiengesellschaft (Hrsg.), Die Brenner Autobahn. Die erste alpenüberquerende Vollautobahn. Innsbruck 1972.

EGERT, Franz, Die Stellung Tirols im europäischen Verkehr, in: Hundert Jahre Tiroler Verkehrsentwicklung 1858–1958. Hrsg. von der Jubiläumsstiftung der Kammer der gewerblichen Wirtschaft für Tirol, Innsbruck 1961.

Innsbrucker Tagblatt vom 8. Juli 1879.

Institut für Verkehr und Tourismus (Hrsg.), Auswirkungen der Felbertauernmaut auf den Bezirk Lienz. Innsbruck 1976.

Institut für Verkehr und Tourismus (Hrsg.), Tiroler Verkehr in Zahlen. Innsbruck (verschiedene Jahrgänge).
Institut für Verkehr und Tourismus (Hrsg.), Nachfrageanalyse Flughafen Innsbruck, bearbeitet von Walter HÄMMERLE und Helmut LAMPRECHT i. A. der Tiroler Handelskammer. Innsbruck 1979.
LAMPRECHT, Helmut / Günther LEHAR, Einzelwirtschaftliche Ertragsentwicklung der Unternehmungen im Bereich des Straßenverkehrs, Bd. 5 der Forschungsarbeiten aus dem Verkehrswesen, hrsg. vom Bundesministerium für öffentliche Wirtschaft und Verkehr. Wien 1987.
LINDENBERGER, Hans, Die Brennerachse München – Verona. Projekt und Finanzierung. Vortrag anlässlich des 2. Verkehrsforums Seefeld, Jänner 1998.
MÖSL, Thomas, Die Eisenbahnen im mittleren Alpenraum. Ihre Entstehung, gegenwärtige Bedeutung und Zukunft. Ein Beitrag zur Tiroler Eisenbahngeschichte, in: Tirol Atlas. Eine Landeskunde in Karten. Begleittexte XIV (Sonderdruck aus Tiroler Heimat, Jahrbuch für Geschichte und Volkskunde 63. Band 1999), Innsbruck 1999, 5–61.
Protokoll der ordentlichen Sitzung der Handels- und Gewerbekammer in Innsbruck am 7. Juli 1879, in: TGW Nr. 27 vom 7. Juli 1979.
RASCHAUER, Otto, Die Brenner-Autobahn im Netz der Europastraßen, in: Brenner-Autobahn-Aktiengesellschaft (Hrsg.): Die Brenner Autobahn. Die erste alpenüberquerende Vollautobahn, Innsbruck 1972, 19–20.
Tiroler Nachrichten vom 27. Jänner 1973, Sonderausgabe.
WESSIAK, Horst, Scheiteltunnel – Basistunnel. Zukunft der Brennerbahn? Vortrag, gehalten am 4. Oktober 1979 in Innsbruck vor der Landesstelle Tirol der österreichischen Verkehrswissenschaftlichen Gesellschaft, erschienen in: Institut für Verkehr und Tourismus (Hrsg.), Schriftenreihe B, Vorträge B 10. Innsbruck 1979.

## Summaries

In den letzen 50 Jahren haben die verschiedenen Sparten der Tiroler Verkehrswirtschaft gewaltige Umwälzungen erfahren. Im Bereich der Infrastruktur waren der Bau der Brenner-Autobahn mit der Europa-Brücke und der Felbertauernstraße in den 60er Jahren sowie des Arlberg-Straßentunnels Mitte der 70er Jahre zweifellos die im Bewusstsein der Öffentlichkeit nachhaltigsten Ereignisse.

Die Verkehrspolitik war gezeichnet durch einen anfänglich recht zähen Ausbruch aus dem rigiden Marktordnungskorsett der Nachkriegszeit. Erst im Vorfeld des Eintritts Österreichs in die Europäische Union gewannen die Liberalisierungstendenzen im Verkehrsgewerbe zunehmend an Dynamik, bis schließlich seit 1993 von einem weitgehend freien Marktzutritt gesprochen werden kann.

Hiervon abgesehen, ist Tirol jedoch im grenzüberschreitenden Verkehr durch seine Achsenfunktion mehr als jedes andere österreichische Bundesland in einem gesamteuropäischen Kontext eingebettet, der bis zum heutigen Tag die Verkehrspolitik in Atem hält: Der aktuelle Neuregelungsbedarf im Transitabkommen aus dem Jahre 1993, die ungeklärten Fragen der Bemautung der Route Kufstein–Brenner und die ungewisse Zukunft des Projekts Brenner-Basistunnel beleuchten diese Situation.

Die Seilbahnwirtschaft hat sich im Untersuchungszeitraum durch eine einige und starke Interessenvertretung in der Auseinandersetzung mit den Fragen der alpinen Ökologie als auch mit den neuen Ansprüchen der sog. Erlebnisgesellschaft zur maßgeblichen Schlüsselindustrie des Tiroler Tourismus entwickelt.

An der Schwelle des dritten Jahrtausends sieht sich die Tiroler Verkehrspolitik erneut vor großen infrastrukturellen und organisatorischen Herausforderungen, wie sie insbesondere den Beginn und die 60er und 70er Jahre des 20. Jahrhunderts geprägt hatten. Gefragt sind mutige Entscheidungen und konstruktive Maßnahmen.

* * *

In the course of the past 50 years the various branches of the transport industry in the Tyrol have experienced considerable changes. In the field of infrastructure the construction of the Brenner Motorway including the famous Europa Bridge and of the Felbertauernstraße in the sixties as well as the Arlberg Tunnel in the middle of the seventies have undoubtedly left the most impressive and lasting traces in transport history.

Transport policy was characterised by tenacious but initially often unavailing efforts to loosen the rigid corset of post-war market regulation. It was not until Austria's decision to join the European Union that liberalisation in the transport industry gained dynamic force, and since 1993 entry to the market can be considered by and large free.

Besides, due to its role as an axis in cross-border transport, the Tyrol is more than any other Austrian province embedded in a European context which has transport politics always kept going: Examples thereof are the need to re-negotiate the Agreement on Transit of 1993, the still unanswered questions of the motorway toll for the route between Kufstein and the Brenner pass, and the unclear future of the Brenner Base Tunnel rail project.

The ropeway industry, by the help of a unified and powerful lobby, has grown into the leading key-industry in Tyrolean tourism in the ecological discussion as well as in dealing with the challenges of our fun-oriented postmodern society.

On the threshold of the third millennium Tyrolean transport politics is again confronted with enormous challenges in the fields of infrastructure and organisation similar to those early in the $20^{th}$ century as well as and in the sixties and seventies. Courageous decisions and constructive measures will be necessary.

* * *

Negli ultimi 50 anni nei diversi settori dell'economia dei trasporti tirolese si sono registrate delle enormi trasformazioni. Tra i progetti più imponenti nel settore delle infrastrutture rientrano negli anni sessanta la costruzione dell'autostrada del Brennero, del ponte Europa, dell'autostrada dei Felbertauern e alla metà degli anni settanta la costruzione della galleria dell'Arlberg. Nel secondo dopoguerra, dopo una fase di iniziali difficoltà nel tentativo di liberarsi dal rigido assetto di mercato del secondo dopoguerra, bisognerà attendere la vigilia dell'adesione dell'Austria all'Unione Europea per giungere ad una progressiva dinamica nell'economia dei trasporti, sulla scia di un processo di liberalizzazione, che è sfociato nel 1993 in un accesso pressoché totale al mercato libero.

Per quanto riguarda il traffico transfrontaliero il Tirolo nella sua funzione di asse nord-sud è inserito più di ogni altra regione federale austriaca in un contesto europeo che influenza tuttora in modo decisivo la politica dei trasporti. La necessità di una ridefinizione dell'Accordo sul traffico di transito del 1993, le questioni ancora irrisolte legate al problema del pedaggio sulla direttrice Brennero-Kufstein nonché l'incerto futuro del progetto del traforo di base del Brennero sono solo alcune componenti.

Nel periodo qui analizzato, grazie a una forte e unitaria rappresentanza di categoria sui temi dell'ecologia alpina e delle nuove esigenze della «società del tempo libero», l'economia funiviaria ha assunto un ruolo chiave nel turismo tirolese.

Alle soglie del terzo millennio la politica dei trasporti dovrà affrontare grandi sfide di carattere infrastrutturale e organizzativo, simili a quelle che dovette affrontare tra gli anni sessanta e settanta. Esse richiedono decisioni coraggiose e misure costruttive.

# Tiroler Banken im Spannungsfeld von Wettbewerb und Kooperation

THERESIA THEURL

Banken erfüllen durch die Erbringung von Finanzdienstleistungen wichtige Funktionen in arbeitsteilig organisierten Wirtschaften. Dies gilt international, auf nationaler Ebene sowie für regionale Wirtschaftsräume wie Tirol. Sie ermöglichen eine effizientere Nutzung der vorhandenen Ressourcen und sind in der Lage, einen eigenständigen Beitrag zur Entwicklung und zur Innovationsfähigkeit einer Region zu erbringen, indem sie Ersparnisse poolen und in produktive Verwendungsmöglichkeiten lenken, indem sie Risiken handeln, diversifizieren und absichern, indem sie Informationen produzieren und indem sie Unternehmensleitungen im Sinne der Kapitalgeber kontrollieren und disziplinieren.[1]

Die Funktionsfähigkeit in statischer Hinsicht hängt von der konkreten Ausgestaltung des Bankwesens und den Anforderungen und Restriktionen seines Umfeldes ab. In dynamischer Hinsicht ist die institutionelle und die strategische Anpassungsfähigkeit an sich ändernde Rahmenbedingungen ausschlaggebend.

Wie überall agieren auch die Banken Tirols in einem sich immer schneller verändernden Umfeld. Die konkrete Gestalt des Bankwesens und der Banken, ihre Strategien und ihre Produkte unterliegen daher einem ständigen Wandel. Historischer und aktueller Strukturwandel sowie die Notwendigkeit zur weiteren Veränderung zeigen sich auch im Tiroler Bankwesen, das den Inhalt dieses Beitrages bildet. Dabei sind die „Megatrends“, die heute die Entwicklung des Bankwesens bestimmen, sehr allgemeine und ohne ausgeprägte regionale (und nationale) Komponenten. Dennoch spiegeln sich *Tiroler Besonderheiten* und die historische Entwicklung einerseits auch in seinem Bankwesen und andererseits bestimmen sie, welche Optionen den Banken für die zukünftige Positionierung offenstehen und welche konkrete Gestalt der *Finanzplatz Tirol* in Zukunft annehmen wird.

Dieser Beitrag ist weniger vergangenheits- als zukunftsorientiert. Es geht um die Ortung und Analyse der aktuellen Herausforderungen für das Bankwesen und um das Aufzeigen möglicher Reaktionen darauf. Erkenntnisleitend für die weiteren Überle-

[1] Vgl. z. B. Ross LEVINE, Financial Development and Economic Growth: Views and Agenda, in: Journal of Economic Literature 35 (1997) 688–726.

gungen ist, dass die Tätigkeit der Banken einerseits von einem komplexen gesamtwirtschaftlichen, regulatorischen und internationalen Umfeld beeinflusst wird, dass Banken andererseits aber nicht nur neutrale Mitspieler auf den Finanzmärkten sind, sondern durch ihre Aktivitäten regionalwirtschaftliche Entwicklungen hervorrufen.

Die hier präsentierten Überlegungen zum Tiroler Bankwesen weisen folgende Struktur auf: Am Beginn werden die Funktionen, die Banken in der Regionalwirtschaft erfüllen, sowie die Konsequenzen für die institutionelle Ausgestaltung des Bankwesens aufgezeigt. Diese grundsätzliche Einleitung ist für die folgende Argumentation unabdingbar, weil sie den Rahmen für die Analyse des Strukturwandels im Bankwesen beinhaltet. Es folgt eine kurze Charakterisierung der Tiroler Bankenszene, wie sie sich aktuell darstellt. Auf dieser Basis werden Anpassungsbedarf und Anpassungsfähigkeit im Spiegel der Entwicklung der letzten fünf Jahrzehnte nachgezeichnet sowie die Perspektiven für den folgenden Zeitraum umrissen, in dem sich neuerlich die Herausforderungen, die Gestalt von Banken, ihre Strategien und ihre Produkte wandeln werden.

Die Veränderung rechtlicher, ökonomischer und technischer Rahmenbedingungen sowie neue Bedürfnisstrukturen von Anbietern und Nachfragern bedingen das Aufkommen neuer *Bankenorganisationsformen* (z. B. Direktbanken, virtuelle Banken...), zusätzlicher *Konkurrenten* (z. B. Versicherungen, Handelshäuser, e-banking...), neuer *Kooperationsarrangements* (z. B. Allfinanzkonglomerate, Allianzen, Joint Ventures und Fusionen...) und neuer *Instrumente* (z. B. innovative Zahlungs- und Vertriebssysteme, individuell gestylte Problemlösungen...).

## 1. Banken und Finanzdienstleistungen im regionalen Umfeld

### 1.1 Bedeutung für die Realwirtschaft

Der Finanzsektor einer Region besteht aus all jenen Institutionen (vor allem, aber nicht nur Banken), die den Sektoren der Realwirtschaft spezialisierte Finanzdienstleistungen anbieten. Diese Dienstleistungen weisen Besonderheiten auf[2], die auch das *Bankgeschäft* zu einer besonderen Tätigkeit machen und organisatorische und regulative Konsequenzen nach sich ziehen. Bankdienstleistungen sind *nicht speicherbar*. Daraus folgt, dass hinreichende Kapazitäten vorgehalten werden müssen, damit der Nachfrage entsprochen werden kann. Eine im Vergleich zu anderen Wirtschaftszweigen hohe Fixkostenbelastung sowie eine (kurzfristig) geringe technisch-organisatorische Elastizität sind die Folgen. Bankdienstleistungen sind *abstrakt*. Die damit verbundene Erklärungsbedürftigkeit von Produkten und Verträgen stellt Anforderungen an das gebundene Humankapital der Anbieter und macht die Beratungsqualität zu einem Kosten- und

[2] Vgl. Johann Heinrich von Stein, Arten und Wesensmerkmale der Bankleistung, in: Norbert Kloten / Johann Heinrich von Stein (Hrsg.), Geld-, Bank- und Börsenwesen, Stuttgart 1993, 357–359.

Wettbewerbsparameter. Gleichzeitig besteht in der äußeren Produktgestaltung wenig Spielraum mit weitreichenden Konsequenzen für die Absatzpolitik. Bankleistungen sind nicht *patentfähig*. Damit ist verbunden, dass Vorsprünge einzelner Banken nicht konservierbar und nicht marktfähig sind. Die nicht vermeidbare Nachahmung aber führt zu einer gleichartigen Angebotspalette mit wenigen *Alleinstellungsmerkmalen*.[3]

Die besonderen Charakteristika von Finanzdienstleistungen spiegeln die Funktionen, die Banken in der Realwirtschaft und auf Finanzmärkten im Allgemeinen und in der Regionalwirtschaft im Besonderen erfüllen. In einer arbeitsteilig organisierten Wirtschaft existieren Personen mit Zahlungsmittelüberschüssen und solche mit Zahlungsmitteldefiziten. Auf Finanzmärkten werden *Finanzkontrakte* gehandelt, Verträge, die Ansprüche auf gegenwärtige oder zukünftige Zahlungen beinhalten. Finanzmärkte bringen Überschuss- und Defiziteinheiten zusammen. Sie erfüllen Koordinations-, Allokations- und Transformationsfunktionen. Mit ersteren wird ein Ort zur Verfügung gestellt, auf dem Angebot und Nachfrage nach Kapital aufeinander treffen können. Die Akteure müssen sich dabei allerdings Informationen über die Wünsche und über die Bonität des potentiellen Vertragspartners beschaffen, sich über die Vertragsmodalitäten einigen und auf dieser Basis konkrete Finanzkontrakte formulieren und austauschen. Die Allokationsfunktion[4] beinhaltet sowohl die Aufteilung von Kapital auf bestimmte Verwendungen als auch die Verteilung von Risiko.

Diese Aktivitäten sind mit Informations-, Transaktions- und Transformationskosten verbunden. Fehlende Informationen über aktuelle und potentielle Schuldner, die Qualität von Investitionsprojekten und Konsequenzen von unterschiedlichen Veranlagungsstrategien bewirken sie. *Finanzintermediäre* leisten gerade dann besonders gute Dienste, wenn relevante Informationen fehlen, wenn sie asymmetrisch verteilt sind oder wenn andere Ursachen zu einem eingeschränkten Funktionieren der Finanzmärkte führen.[5] Sie erleichtern in dieser Konstellation die Interaktion zwischen Kapitalgebern und -nehmern (z. B. Finanzmaklern, Rating-Agenturen) und/oder nehmen Kapital von Überschusseinheiten entgegen und geben es unter Akzeptanz von Risiko an Defiziteinheiten (Banken) weiter. Sie leisten Intermediation, indem sie einerseits als Makler tätig sind und andererseits Vermögen auf vielfältige Art und Weise transformieren.

Dabei sind Banken spezielle Intermediäre. Sie zeichnen sich dadurch aus, dass ein großer Anteil ihrer Anlagen einen geringen und ihre Verbindlichkeiten einen hohen Liquiditätsgrad aufweisen. Wenn Banken als Finanzintermediäre die Finanzmarktfunktionen erfüllen, findet eine Transformation des Finanzvermögens der Kapitalgeber (Überschusseinheiten) in Passiva der Banken (Einlagen, Anleihen und Eigenkapital) statt,

---

[3] Allerdings können sich Banken oder Sektoren mit entsprechenden Vorsprüngen ein Pionierimage aufbauen.

[4] Vgl. dazu z. B. Helmut DIETL / Markus PAULI / Susanne ROYER, Internationaler Finanzplatzwettbewerb, Wiesbaden 1999, 5–20.

[5] Es ist empirisch gut abgesichert, dass Banken umso mehr Aufgaben erfüllen, je weniger gut entwickelt die Finanzmärkte sind.

während ihre Aktiva zum Fremdkapital der Kapitalnehmer (Kredite, Finanzanlagen) werden.[6] Das kombinierte Einlagen- und Kreditgeschäft stellt den Bereich des *commercial banking* dar. Über diese Kernfunktion hinaus sind Banken im *investment banking* tätig und beteiligen sich mit dieser Aktivität am Handel auf den Finanzmärkten.

Banken machen bei der Existenz von unvollkommenen Kapitalmärkten also Regionalwirtschaften effizienter, weil sie in ihrem Aktivgeschäft eine Informations- und Kontrollleistung und in ihrem Passivgeschäft Liquiditätsleistungen erbringen sowie in der Lage sind, Größenvorteile zu nutzen.[7] Die Informationen in der Kreditbeziehung sind asymmetrisch zugunsten des Kreditnehmers verteilt; er kann sie durch sein Verhalten nach der erfolgten Kreditnahme zulasten des Kreditgebers nutzen. Geschäftsbanken sind geeignet, für die Kreditgeber die Kontrollfunktion wahrzunehmen. Sie können in langfristigen Kundenbeziehungen und wiederholten Kreditverhandlungen über den Aufbau entsprechender Informationen und von Know how die Kontrollkosten reduzieren und gleichzeitig über eine Sammlung von Kreditkontrakten eine Risikodiversifizierung betreiben.

Werden individuelle Risiken von Kapitalgebern schlagend, kann die Rückforderung von Kapital eine vorzeitige Liquidierung von Investitionen erzwingen. Die Liquiditätsleistung der Banken besteht nun darin, liquide Finanzinstrumente in illiquide Investitionen zu transformieren. Sie bewerkstelligen also die Kombination von Veranlagung und Liquidität und versichern dabei private Anleger quasi gegen Liquiditätsrisiken. Ein Risikoausgleich zwischen Banken erfolgt dabei auf dem Geldmarkt, einem Interbankenmarkt für Liquidität. Größenvorteile können vorwiegend in der Abwicklung des Zahlungsverkehrs sowie im Portfoliomanagement genutzt werden. Indem Banken diese Leistungen erbringen, erfüllen sie die Losgrößen-, die Fristen-, die Risiko- und die Informationstransformation. Banken haben einen komparativen Vorteil bei der Erfüllung dieser Funktionen, können sie also mit geringeren Transaktionskosten erbringen. Sie sind in der Lage, zu ihren Kunden langfristige Beziehungen aufzubauen. Dies bedeutet, dass auf beiden Seiten *Beziehungskapital* entsteht. Banken können Vorteile daraus ziehen, dass sie das Wissen über Kunden zur Ausschöpfung von Cross-Selling-Potenzialen nutzen. Bankkunden kommt zugute, dass Banken gezwungen sind, geschäftsfördernde Reputation aufzubauen und zu erhalten.[8]

Bei der Erfüllung ihrer ökonomischen Funktionen sind Banken mit spezifischen *Risiken*[9] konfrontiert, deren Bedeutung mit der Veränderung des Bankenumfeldes vari-

---

[6] Vgl. dazu Thomas HARTMANN-WENDELS / Andreas PFINGSTEN / Martin WEBER, Bankbetriebslehre, 2. Auflage Berlin 2000, 13–26.

[7] Vgl. Ernst BALTENSPERGER, Banken und Finanzintermediäre, in: Jürgen VON HAGEN / Axel BÖRSCH-SUPAN / Paul WELFENS (Hrsg.), Springers Handbuch der Volkswirtschaftslehre, Band 1, Berlin 1996, 268–304 sowie Uwe VOLLMER, Funktionen und Organisationen der Bankenwirtschaft, in: Karl-Hans HARTWIG / Jörg THIEME (Hrsg.), Finanzmärkte, Stuttgart 1999, 25–59.

[8] Zahlungs-, Umtausch- und Depotaktivitäten sind darüber hinausgehend Dienstleistungen, die von Banken erbracht werden.

[9] Vgl. dazu z. B. Hans BÜSCHGEN, Bankbetriebslehre, Wiesbaden, 5. Auflage 1998, 868–872.

iert. Abgesehen von den normalen Geschäftsrisiken ist mit bankbetrieblichen Erfolgsrisiken und mit Liquiditätsrisiken zu rechnen. Erstere setzen sich aus Preisrisiken (Zinsänderungsrisiken, Kursänderungsrisiken, Wechselkursrisiken) und Ausfallrisiken (Forderungsausfälle, Risiken aus Beteiligungen) zusammen. Banktypische Liquiditätsrisiken sind das Abruf-, das Termin- und das Refinanzierungsrisiko. Diese Risiken sind bankintern Inhalt des Risikomanagements. Sie werden hingenommen oder diversifiziert oder an Dritte weitergegeben.

Auf regulatorischer Ebene sind sie Anknüpfungspunkt für die Bestimmungen der *Bankenaufsicht* und der *Bankenregulierung*, die verhindern sollen, dass Systemkrisen (Bankenkrisen) entstehen und dass der Gläubigerschutz gewährleistet ist. Dabei sind unterschiedliche Aufsichts- und Regulierungsansätze zu differenzieren, die kombiniert angewendet werden.

Krisen verhindern sollen Regelungen wie Eigenkapital- und Liquiditätsvorgaben, Rechnungslegungs- und Bilanzierungsvorschriften, Diversifikationspflichten, Kreditstrukturgebote. Einlagen- und/oder Bankensicherungssysteme sollen Bankkunden im Falle nicht zu vermeidender Krisen entschädigen. Schließlich sollen mittels Wettbewerbspolitik die Entstehung und die Gefahr der Ausnutzung von Marktmacht verhindert werden. Die konkrete Ausgestaltung von Aufsichts- und Regulierungssystemen beinhaltet Anreize für das Verhalten von Banken und Bankkunden, so etwa die Entwicklung von innovativen Finanzdienstleistungen, die nicht unter die staatlichen Restriktionen fallen.[10]

### 1.2 Bedeutung als Standortfaktor

Eine besondere und zusätzliche Bedeutung gewinnen Banken und Finanzdienstleistungen für eine Region, wenn diese sich entscheidet, Finanzdienstleistungen für einen darüber hinausgehenden Raum zu erbringen. Sie positioniert sich dann im regionalen Standortwettbewerb mit der Spezialisierung auf Finanzdienstleistungen, womit zusätzliche realwirtschaftliche Vorteile (Investitionen, Einkommen…) lukriert werden können. Ein *Finanzierungscluster* wird aufgebaut. Ein wettbewerbsfähiges Angebot an Finanzdienstleistungen beinhaltet Wachstumsimpulse und ein Entwicklungspotenzial für die standortgebende Regionalwirtschaft. Es geht also darum, *Finanzplatzfunktionen* zwecks Förderung des Standortes wahrzunehmen. Der Aufbau eines Finanzplatzes wird so zu einem regionalpolitischen Instrument. Diese Konstellation spiegelt sich in einem hohen Wertschöpfungs- und Beschäftigtenanteil des Bankwesens (und anderer Finanzintermediäre). Finanzzentren sind nicht durch die Region abgegrenzt, sondern in Metropolen angesiedelt. Die dortigen Finanzmarktaktivitäten strahlen jedoch auf das

---

[10] Vgl. zu den Verhaltensanreizen für die betroffenen Wirtschaftssubjekte, die alternativen Regulierungssystemen inhärent sind, Stijn CLAESSENS / Daniela KLINGEBIEL, Alternative Frameworks for the Provision of Financial Services. Economic Analysis and Country Experiences. World Bank Working Paper 2189, Washington 1999.

regionale Umland aus. Kennzeichen für ein Finanzzentrum ist, dass die aufgezeigten Finanzmarktfunktionen effizient und konzentriert (Agglomeration von Finanzinstitutionen) für einen größeren Wirtschaftsraum und durch das Angebot überlegener Informations- und Produktangebote erbracht werden.

Es ist zu berücksichtigen, dass die Entstehung der aktuellen (internationalen und regionalen) Finanzzentren nicht nur durch das Vorliegen struktureller und institutioneller Voraussetzungen erklärt werden kann, sondern dass historische Zufälligkeiten eine wichtige Determinante darstellen. Ein starkes Wirtschaftspotenzial der Region mit dem entsprechenden realwirtschaftlich bedingten Finanzbedarf ist eine notwendige, aber keinesfalls eine hinreichende Bedingung für die Herausbildung eines regionalen Finanzplatzes.

Als Minimalanforderung müssen zusätzlich bestimmte ökonomische Voraussetzungen vorliegen. Nicht nur die Verfügbarkeit von Humankapital für die Entwicklung und Erbringung von Finanzdienstleistungen mit adäquater Qualität und zu entsprechenden Kosten, Büroraum, eine geeignete Informations- und Kommunikationsinfrastruktur, sondern auch die Kosten der Kapitalaufbringung und der Mobilisierbarkeit sind von Bedeutung. Dazu kommt die Existenz von Anwälten, Wirtschaftsprüfern, Treuhändern, Beratern und anderen komplementären Qualifikationen (finanzmarktnahe Dienstleistungen). Das Vorliegen kritischer Mindestgrößen und die Nutzung von Größenvorteilen sind eine weitere wesentliche Determinante. Eine große Zahl von (differenzierten) Anbietern mit einer breiten Palette von Finanzdienstleistungen fördert Liquidität und Effizienz von Finanzmärkten, indem die Transaktionskosten und -zeiten sinken und indem viele Informationen in die Preisbildung eingehen. Ein breites Produktsortiment fördert die Attraktivität des Standortes für die Nachfrager, was einerseits deren Such- und Transaktionskosten reduziert, andererseits aber zusätzliche Anbieter anzieht. Die Fixkosten für Overhead-Funktionen und Background-Einrichtungen sinken für die einzelnen Anbieter, für die sich zusätzliche Kooperationsmöglichkeiten herausbilden. Längerfristig ist von Bedeutung, dass Anreize zu Innovationen existieren und dass Standards vorgegeben werden können.

Zur Schaffung komparativer Vorteile gegenüber anderen regionalen Finanzzentren oder zum Aufbau eines neuen Finanzplatzes ist vor den aktuellen Rahmenbedingungen eine Strategie der Differenzierung und der Spezialisierung auf bestimmte Produkte, Kundengruppen oder spezifische Nischen unabdingbar. „Als kaum Erfolg versprechend muss für derartige Finanzplätze der Versuch bewertet werden, möglichst die gesamte Palette international handelbarer Finanzdienstleistungen anzubieten. Demgegenüber kann die Konzentration auf Aktivitäten, die einen hohen Wissensstand über regionale Spezifika voraussetzen und lokale Kontakte erfordern bzw. lokale Besonderheiten nutzen, substantielle Entwicklungschancen auch kleiner oder ‚neuer' Finanzplätze begründen."[11]

---

[11] Peter Mooslechner u. a., Voraussetzungen und Chancen für die Entwicklung eines Finanzplatzes Innsbruck, Kurzfassung, Wien 1993.

## 1.3 Konsequenzen für die Ausgestaltung des Bankwesens

Aus den bisherigen Ausführungen folgen mehrere höchst relevante Konsequenzen für die Ausgestaltung und Entwicklung des Bankwesens. Erstens: Commercial Banking, Investment Banking, die Aktivitäten von Nichtbankfinanzintermediären und die Angebote der Finanzmärkte stehen in Konkurrenz zueinander, die sich auf dieselben Kundengruppen bezieht und damit einen Wettbewerb um *Marktanteile* bedeutet. Jene Institutionen, die die Leistungen zu den besten Konditionen erbringen, dominieren längerfristig. Die Entwicklung von ökonomischen, technischen und rechtlichen Rahmenbedingungen verändert dieses Verhältnis und damit die *relative Wettbewerbsfähigkeit* der einzelnen Institutionen. Es ist zu fragen, welche Anbieter von Finanzdienstleistungen durch die gegenwärtige Ausprägung des Umfeldes begünstigt werden.

Zweitens: Die *Internationalisierung* des Wirtschaftens, die derzeit in Gang ist, beinhaltet auch einen Wettbewerb zwischen Finanzsystemen, die sich in der Vergangenheit herausgebildet haben. Unterschiedliche staatliche Regulierungen und ökonomische Entwicklungen haben zu divergenten Systemen geführt. Als die beiden Grundtypen haben sich marktdominierte und bankendominierte Systeme parallel entwickelt. In letzteren dominieren Banken bei der Vermögensanlage und bei der Unternehmensfinanzierung und -kontrolle. Sie zeichnen sich durch folgende Merkmale aus:[12]

- niedriger Anteil des Marktwertes des Aktienkapitals inländischer Unternehmen am BIP,
- hoher Anteil des Geschäftsvolumens der Banken am BIP,
- hoher Verschuldungsgrad der Unternehmen,
- hoher Anteil von Bankkrediten an der Unternehmensfinanzierung,
- überwiegend langfristige Beziehungen zwischen Unternehmen und Banken,
- hohe Konzentration von Eigentümern und Kapitalgebern,
- relativ illiquide Märkte für Futures und Options,
- unbedeutender Markt für Unternehmenskontrolle.

Marktorientierte Finanzsysteme orientieren sich bei der Unternehmensfinanzierung und -kontrolle an den Interessen der Aktionäre. Sie sind durch die Dominanz von Kurzfristbeziehungen gekennzeichnet. Bankendominierte Systeme spiegeln Langfristbeziehungen; sie orientieren sich an den Interessen der Gläubiger, wenn es um Finanzierung und Kontrolle von Unternehmen geht. Sie haben bei der intertemporalen Risikoteilung einen klaren komparativen Vorteil gegenüber Märkten, die durch schwankende Wertpapierkurse gekennzeichnet sind. Die interpersonale Risikoteilung erfolgt am besten in einem Mix aus Finanzmärkten und Banken (Hedging-Möglichkeiten der Märkte und Kombination von Liquiditätsgarantie und Transformation in langfristige Investitionen durch Banken). Es ist davon auszugehen, dass der aktuelle Systemwettbewerb dazu führt, dass bankendominierte Systeme zunehmend marktorientierte Ele-

---

[12] Vgl. Franklin ALLEN / Douglas GALE, A Welfare Comparsion of Intermediaries and Financial Markets in Germany and the US, in: European Economic Review 39 (1995) 179–209.

mente aufnehmen werden. Auf den Tatbestand der *Disintermediation* sei bereits an dieser Stelle hingewiesen.

Drittens: Staatliche Regulierung und zunehmend auch privatwirtschaftliche Spezialisierung stehen hinter der Praxis von Banken, gleichzeitig Wertpapier- und Kreditgeschäfte durchzuführen oder dies nicht zu tun. Es geht dabei um die Ausgestaltung als Universalbanken- oder als Trennbankensystem. In den EU-Staaten herrschen *Universalbankensysteme* vor.[13] Ihre relativen Vorzüge bestehen in den *Informationsvorteilen* aus der besseren Kenntnis von Kundenbedürfnissen und aus langfristigen Beziehungen, *Größenvorteilen* (bei Overheadfunktionen), *Synergieeffekten* (Risikomanagement, Marketingaktivitäten, Beziehungskapital...) und Möglichkeiten zur *Risikodiversifikation*. Gegen Universalbankensysteme sprechen die Gefahr von *Interessenkonflikten*, die Aushöhlung von Wettbewerb und damit die Perspektive der *Konzentration* von wirtschaftlicher und politischer Macht, schließlich höhere Anforderungen für die *staatliche Bankenaufsicht*. Es ist davon auszugehen, dass auch bei gegebenen regulativen Vorgaben die Veränderung der Rahmenbedingungen zu einem Wandel der derzeitigen Arbeitsteilung zwischen den Anbietern von Finanzdienstleistungen im allgemeinen und zwischen den Geschäftsbanken im besonderen führen wird. Bereits jetzt ist die Unterscheidung zwischen Universalbanken- und Trennbankensystem eher eine idealtypische, die nicht mehr einwandfrei geeignet ist, verwirklichte Systeme eindeutig einzuordnen.

Viertens: Bankensysteme bestehen aus mehreren Gruppen von Banken (Sektoren). Dies gilt auch für das österreichische Bankensystem.[14] Die Institute der einzelnen Sektoren unterscheiden sich in ihrer Entstehungsgeschichte, in ihren ursprünglichen Zielsetzungen, in ihren traditionellen Kundengruppen und Aktivitätsschwerpunkten sowie in ihrer internen Organisations- und Verbundstruktur.[15]

Geschäftsbanken mit privatwirtschaftlicher Orientierung und ausschließlich erwerbswirtschaftlichen Zielen sind die *Aktienbanken und Bankiers* (z. B. die Bank für Tirol und Vorarlberg Aktiengesellschaft in Tirol). *Sparkassen* mit gemeinwirtschaftlichen Zielsetzungen und ursprünglich durchgehend regionaler Organisation stehen im Wettbewerb mit *Genossenschaftsbanken* (Raiffeisenbanken und Volksbanken), die die Förderung ihrer Mitglieder als explizite Zielsetzung in den Statuten verankert haben. Dazu kommen die von Ländern als Spezialinstitute für Hypothekarkredite gegründeten *Landes-Hypothekenbanken*, die sich im Laufe ihrer Geschichte zu Universalbanken entwickelt haben. Schließlich agieren *Bausparkassen* und *Sonderbanken* wie die Österreichische Postsparkasse. Die Spitzeninstitute der mehrstufigen Sektoren sind über sektorale Kooperationsarrangements (Liquiditätsausgleich, Einlagensicherungssysteme, Revisions- und Prüfungsverbände), einstufige Banken über Beteiligungen mit kleine-

---

[13] Vgl. für die Herausbildung von Universalbankensystemen Richard Tilly, Universal Banking in Historical Perspective, in: Journal of Institutional and Theoretical Economics 154 (1998) 7–32.

[14] Vgl. dazu Dietmar Klein, Die Bankensysteme der EU-Länder, Frankfurt, 3. Auflage 1998, 166–182.

[15] Die Diktion entspricht der offiziellen österreichischen Bankenklassifikation.

ren Banken auf regionaler Ebene verbunden. Bereits heute sind die Unterschiede in den verfolgten Strategien, Zielsetzungen und geschäftspolitischen Entscheidungen geringer als in der Vergangenheit. Auf die einzelnen Sektoren wirken die aktuellen Entwicklungen undifferenziert ein. Dies ist zum einen mit der zunehmenden Angleichung von Reaktionsmustern und zum anderen mit dem Ansteigen der Wahrscheinlichkeit sektorübergreifender Kooperationsstrategien verbunden.

Fünftens: Die Existenz eines (regionales) Finanzzentrums ist für die Banken einerseits mit direkter Konkurrenz durch die Finanzmärkte verbunden, ermöglicht es diesen aber, Finanzmarktaktivitäten in ihre Tätigkeit zu integrieren. Die Schaffung eines Finanzzentrums setzt die Bildung einer entsprechenden Finanzmarktinfrastruktur voraus. Die Aktivitäten von Banken sind dann mit zusätzlichen Möglichkeiten, aber auch mit neuen Risiken verbunden.

# 2. Status Quo des Tiroler Bankwesen

## 2.1 Positive realwirtschaftliche Fundierung in Vergangenheit und Zukunft

Damit ist der Gesamtzusammenhang abgesteckt, in dem sich das Tiroler Bankwesen analysieren lässt. Insgesamt ist Tirol wirtschaftlich als *dynamische Region* zu charakterisieren. Die demografische und die realwirtschaftliche Fundierung des Tiroler Bankwesens ist eine positive. Die Tiroler Bevölkerung und die Tiroler Wirtschaft wachsen seit langem stärker als der österreichische Durchschnitt. Dabei ist nicht eine einzelne Branche Wachstumsmotor, sondern die unterschiedlichen Bereiche entwickeln sich jeder für sich überdurchschnittlich. Ebenso sind die Schwankungen im regionalen Konjunkturmuster geringer als in Österreich. Die Beschäftigungs- und Arbeitsmarktsituation (Entwicklung von Beschäftigung und Arbeitslosigkeit) entwickeln sich seit Anfang der 80er Jahre besser als der österreichische Durchschnitt. Die *Exportorientierung* der Tiroler Wirtschaft ist ausgeprägt. Gemessen am österreichischen Durchschnitt wird hier der höchste Anteil des Umsatzes im Ausland erwirtschaftet. Ein weiterer Faktor, der zur positiven wirtschaftlichen Entwicklung beiträgt ist die geografische Nähe zu den dynamischen Regionen in Südtirol, Norditalien und Süddeutschland.

Die Struktur der Tiroler Wirtschaft weist einige Besonderheiten auf, die für die Bedeutung und für die Entwicklung des Bankwesens relevant sind:

- weitgehendes Fehlen großer, international agierender Unternehmen,
- Dominanz kleiner und mittelständischer Unternehmen,
- überdurchschnittlich hoher Dienstleistungsanteil,
- unterdurchschnittlich geringer, aber sehr dynamischer Anteil an Industrie,
- überdurchschnittlich hoher Gewerbeanteil,
- überdurchschnittlich hohe Anteile der Bereiche Tourismus, Verkehr und Nachrichtenübermittlung sowie Bau an der Tiroler Wertschöpfung.

Jeder einzelne dieser strukturellen Faktoren fördert nicht nur die Finanzintermediation im Vergleich zu direkten Aktivitäten auf den Finanzmärkten, sondern speziell die *Bankenfinanzintermediation*. Es sind typische Rahmenbedingungen für langfristig orientierte Hausbankbeziehungen, während die allgemeine wirtschaftliche Dynamik der Region nur eine gesicherte bzw. steigende Nachfrage für Finanzdienstleistungen hervorruft, nicht aber zwischen Anbietern differenziert. Die Zukunft des Tiroler Bankwesens hängt also nicht zuletzt davon ab, ob sich im Entwicklungsprozess auch die strukturellen Gegebenheiten verändern.

## 2.2 Bankendominierter Finanzplatz Tirol mit hoher Bankstellendichte

Die derzeitige Ausprägung des Tiroler Bankwesens ist Ergebnis der Interaktion von den ökonomischen Rahmenbedingungen des Tiroler Wirtschaftsraumes, von den strukturellen Entwicklungen auf den internationalen Finanzmärkten, von den österreichischen ordnungspolitischen Entscheidungen und Regulierungsdetails der Vergangenheit, von den bankenspezifischen Regulierungsvorschriften der Europäischen Union und von daraus resultierenden Strategien der einzelnen Banken in Vergangenheit und Gegenwart. Der Tiroler Finanzplatz ist heute ein bankendominiertes, sektoral strukturiertes System, in dem die einzelnen Institute überwiegend als Universalbanken agieren. Damit ist er derzeit einem Strukturwandel unterworfen, der für das österreichische Bankwesen generell kennzeichnend ist und der bereits seit geraumer Zeit im Gange ist.

Bevor auf weitere Details eingegangen wird, soll hervorgehoben werden, dass der Anteil der Wertschöpfung der Vermögensverwaltung als Anteil an der Brutto-Wertschöpfung Tirols im Österreich-Durchschnitt liegt. Der Standort Tirol insgesamt ist also kein Finanzzentrum, wenn auf Österreich abgestellt wird. Auch der Anteil der Bankenintermediation (am BIP) entspricht dem Österreich-Durchschnitt, der seinerseits dem EU-Durchschnitt nahekommt und die hohe Bedeutung der Banken im Finanzierungs- und Veranlagungsprozess Europas widerspiegelt. Die Bankenintermediation in Tirol ist (sehr) langsam rückläufig, während die Bedeutung institutioneller Investoren wie Lebensversicherungen, Pensionsfonds und Investmentfonds zunimmt, aber absolut gering bleibt. Von einer weiteren Zunahme der Aktivitäten von Nichtbankenintermediären und der Nachfrage nach ihren Produkten ist auszugehen.

Gemessen an der Bevölkerung und an der Beschäftigung im Bankwesen weist Tirol ein *dichtes Bankstellennetz* auf, das noch höher als der Österreich-Durchschnitt ist, der im Euroland am oberen Rand liegt.[16] Auf eine Bankstelle kommen in Tirol derzeit 1160 und in Österreich 1450 Einwohner.[17] Diese Konstellation ist auf die Kombination der sektoralen Bankenstruktur und der Wettbewerbsstrategien der Banken in der Vergan-

---

[16] Vgl. Europäische Zentralbank, Der Bankensektor im Euroraum: strukturelle Merkmale und Entwicklungen, in: Monatsbericht April (1999) 53–54.

[17] Eigene Berechnungen aus der Statistik der inländischen Kreditinstitute der Oesterreichischen Nationalbank. Oesterreichische Nationalbank, Tabellenteil, in: Statistisches Monatsheft 4 (2000) 42.

genheit zurückzuführen und befindet sich derzeit in den Anfängen eines Konsolidierungs- und Konzentrationsprozesses. Das Tiroler Bankwesen zeichnet sich traditionell durch eine starke Ausprägung des *relationship banking* aus. Das lokale Privat- und das Firmenkundengeschäft basieren auf einer langfristig orientierten Kunde-Bank-Beziehung. 84 % der Tiroler Banken sind mehrstufig organisiert; der Anteil ist damit etwas höher als im Österreich-Durchschnitt (80 %).[18]

**Tabelle 1: Bankengeschäftsstellen in Tirol (31. 12. 1999)**

| Bankensektoren | Hauptanstalten | Zweigstellen |
|---|---|---|
| Aktienbanken und Bankiers | 2 | 60 |
| Sparkassensektor | 9 | 141 |
| Landes-Hypothekenbanken | 1 | 22 |
| Raiffeisenbanken | 97 | 181 |
| Volksbanken | 4 | 47 |
| Bausparkassen | 0 | 4 |
| Sonderbanken | 1 | 1 |
| Insgesamt | 114 | 456 |

Quelle: Oesterreichische Nationalbank, Statistisches Monatsheft 4/2000, 42

Die rückläufige Anzahl der Banken spiegelt sich noch kaum in Rückgängen bei den Zweigstellen und bei den Beschäftigten.[19] Auch dies ist ein österreichweites Phänomen. Wird die Entwicklung der Anzahl der Bankgeschäftsstellen zwischen Ende 1994 und Ende 1999 in Tirol mit jener in Österreich verglichen, zeigt sich in Österreich bei den Hauptanstalten eine Abnahme von 10 % und bei den Zweigstellen von 2 %, während in Tirol die Hauptanstalten um 9 % und die Zweigstellen um 3 % reduziert wurden.[20]

Insgesamt ist die Konzentration des Bankwesens ansteigend, liegt aber unterhalb des Euroland-Durchschnittes.[21] Auch das Bankwesen Tirols bleibt klein- und mittelbetrieblich strukturiert.

Wird nicht nach einzelnen Banken differenziert, zeigt sich auch im Tiroler Bankwesen trotz eingeleitetem Konsolidierungsprozess das Ausbleiben von nachhaltigen Effizienzfortschritten. Dies spiegelt sich in der Ertrags- und Gewinnsituation, die im internationalen Vergleich unterdurchschnittlich ist, aber wiederum über dem Österreich-

[18] Eigene Berechnungen aus der Statistik der inländischen Kreditinstitute der Oesterreichischen Nationalbank. Oesterreichische Nationalbank, Tabellenteil, in: Statistisches Monatsheft 4 (2000) 42.

[19] Vgl. dazu die Beschäftigungsstatistik der Wirtschaftskammer Tirol.

[20] Eigene Berechnungen aus der Statistik der inländischen Kreditinstitute der Oesterreichischen Nationalbank. Oesterreichische Nationalbank, Tabellenteil, in: Statistisches Monatsheft (mehrere Jahrgänge).

[21] Vgl. Europäische Zentralbank, Der Bankensektor im Euroraum: strukturelle Merkmale und Entwicklungen, in: Monatsbericht April (1999) 52–53.

**Tabelle 2: Arbeitnehmer bei Banken und Versicherungen Tirols (1. 8. 1998)**

| Größentyp | Anteile an den Beschäftigten |
|---|---|
| Kleinstbetriebe (1–9 Beschäftigte) | 4,0 % |
| Übrige Kleinbetriebe (10–49 Beschäftigte) | 20,1 % |
| Mittelbetriebe (50–250 Beschäftigte) | 42,8 % |
| Großbetriebe (über 250 Beschäftigte) | 33,1 % |

Quelle: Beschäftigtenstatistik der Wirtschaftskammer Tirol

Durchschnitt liegt.[22] Es ist also davon auszugehen, dass der aktuelle Anpassungsprozess im Tiroler Bankwesen der Tendenz nach zur Nutzung von vorhandenen Produktivitätspotenzialen, zu einer stärkeren Ertragsorientierung, zur Verringerung der Zweigstellendichte und zu einer Zunahme der Konzentration im Bankwesen führen wird.

Tiroler Banken engagierten sich bereits früh im *Auslandsgeschäft*. Ihre Internationalisierung im Österreich-Durchschnitt ist hoch. Dabei werden die Auslandsgeschäfte überwiegend über eigene Repräsentanzen und Filialen im Ausland abgewickelt, deren meisten sich in Norditalien finden. Innsbruck kann nach Wien innerhalb Österreichs als der zweite internationale Finanzplatz[23] angesehen werden, falls diese Diktion angebracht ist. Das Internationalisierungspotenzial der Tiroler Banken ist noch nicht ausgeschöpft und im weiteren Integrationsprozess sind internationale Kooperationen und eine Intensivierung der Aktivitäten im Ausland zu erwarten.

## 3. Anpassungsbedarf und Anpassungsfähigkeit des Tiroler Bankwesen im Spiegel von fünf Jahrzehnten

Dass sich im Bankwesen etwas bewegt, ist nicht neu, wenngleich die Veränderungen derzeit sehr massiv auftreten. Die aktuellen Herausforderungen decken auch auf, dass die von den Banken gezeigte Anpassungsfähigkeit in der Vergangenheit unzureichend war. Es folgt ein kurzer Abriss über die Entwicklungen des Tiroler Bankwesens seit dem Ende des 2. Weltkrieges.[24]

---

22 Vgl. zur Ertrags- und Gewinnsituation österreichischer Banken im EU-Vergleich, wo allerdings nur in einzelnen Aspekten nach Bundesländern differenziert wird, Georg Hubmer, Auswirkungen des Euro auf die Stabilität der österreichischen Banken, in: Berichte und Studien 3 (1999) 84–102 sowie Stefan Kirmsse / Jörn Grimmer, Strukturveränderungen am Bankenmarkt. Sind Österreichs Banken fit für die Zukunft?, in: Österreichisches Bankarchiv 47 (1999) 113–119.

23 Vgl. für einen Beleg dieser Einordnung Peter Mooslechner u. a., Voraussetzungen und Chancen für die Entwicklung eines Finanzplatzes Innsbruck, Kurzfassung, Wien 1993, 27–45.

24 Vgl. dazu Theresia Theurl, Geld und Banken nach dem Zweiten Weltkrieg: Österreich. Von der Austrifizierung zur Europäisierung, in: Hans Pohl (Hrsg.), Europäische Bankengeschichte, Frankfurt 1993, 584–591.

Der Zeitraum bis zum Ende der 50er Jahre beinhaltete die Beseitigung der monetären Kriegs- und Nachkriegsschäden, die Schaffung einer monetären Ordnung als Voraussetzung für die Erfüllung von Funktionen durch Finanzintermediäre sowie die Normalisierung der Struktur des Bankwesens und der Banktransaktionen. In den Jahren bis 1955 erfolgte die legistische Grundlegung des Geld- und Bankwesens. Unmittelbar nach Kriegsende war eine Kreditlenkungskommission eingerichtet worden, die öffentliche und private Kredite für den Wiederaufbau sichern sollte. Das *Bankenrekonstruktionsgesetz* war eines der sogenannten Kapitalmarktgesetze von 1955. Es ermöglichte durch die Abdeckung von Bilanzlücken die endgültige Bereinigung der Kriegsfolgen für die Banken sowie die Sicherstellung ihrer Eigenkapitalbasis. Das Kreditwesengesetz des Deutschen Reiches von 1939 blieb in Kraft.

Vor der Stabilisierung der österreichischen Währung 1952 dominierten kurzfristige Transaktionen die Geschäftsstruktur der Tiroler Banken. Erst im Laufe der 50er Jahre begannen sich auch die langfristigen Transaktionen zu entwickeln, was sich zugunsten der Sparkassen, später vor allem der Raiffeisenbanken auswirkte. Die Transformation kurzfristiger Ersparnisse zur Befriedigung des langfristigen Kapitalbedarfs war die dringendste Aufgabe dieser Jahre. Der Liquiditätstransfer verlief innerhalb der Sektoren. Der Spitzenausgleich erfolgte zwischen Großbanken, Spitzeninstituten und Postsparkasse. Die Teilmärkte der Institutsgruppen waren streng *segmentiert.* Die Struktur des Tiroler Bankwesens von 1956 ist in Tabelle 3 ersichtlich.

**Tabelle 3: Anzahl der Banken in Tirol 1956**

| | |
|---|---|
| Banken | 5 |
| Sparkassen | 9 |
| Sparkassen-Zweigstellen | 7 |
| Gewerbliche Kreditgenossenschaften (Volksbanken) | 8 |
| Ländliche Kreditgenossenschaften (Raiffeisenbanken) | 188 |
| (davon hauptamtlich geführt) | 28 |
| Wechselstuben | 28 |

Quelle: Franz AUBELE, Wirtschaftskunde Nord- und Osttirols, Innsbruck 1957, 144

Ab 1948 wurden Habenzinsabkommen mit Obergrenzen für Einlagenzinsen, seit 1951 Kreditkontrollabkommen (passivseitige Kreditplafonds sowie Liquiditätsvorgaben) abgeschlossen.

Auch in den 60er Jahren blieb das Bankwesen ein stark regulierter Wirtschaftsbereich. Das *KWG* beinhaltete die Genehmigungspflicht für Zweigstellen durch den Bundesminister für Finanzen, das Regionalitätsprinzip für die Sparkassen, Habenzinsabkommen sowie nach wie vor die Festlegung der einzelnen Sektoren auf bestimmte Transaktionen und Produkte. Die Geschäftspolitik der Tiroler Banken setzte in diesen Jahren auf die Erschließung von Kundengruppen und Gebieten, deren Versorgung mit Bankdienstleistungen gering war. Mit dem Ausbau des bargeldlosen Zahlungsverkehrs, dem Angebot von Gehaltskonten und Privatkleinkrediten wurde eine Expansionsstrategie umgesetzt. Vorerst konzentrierten sich die einzelnen Sektoren auf ihre angestammten Kundengruppen. Bald zeichnete sich ein Aufbrechen der traditionellen Kundengruppenorientierung ab. Die traditionellen Industrie- und Handelsbanken forcierten Privatkredite und Spareinlagen, insgesamt das Geschäft mit unselbständig Beschäftigten. Die Spitzeninstitute der mehrstufigen Sektoren drangen in die Industriefinanzierung ein. Mit dieser Entwicklung wurde eine Verlagerung der eingespielten Formen der Mittelaufbringung und -verwendung sowie der Refinanzierung zwischen den Sektoren eingeleitet.[25]

Sukzessive wurden die Tiroler Banken – wie in Österreich generell – zu Universalbanken. Die Unterschiede zwischen den Institutsgruppen verringerten sich. Es begann ein intensiver *Kampf um Marktanteile* durch das Angebot einer breiten Produktpalette und durch die Abwerbung von Kunden. Bis Mitte der 70er Jahre dominierten Strategien des Qualitätswettbewerbs. Produktinnovationen und Werbung waren die Instrumente dieser Aktivitäten. Es folgten der Wettbewerb im Wirtschaftsraum Tirol durch einen intensiven Zweigstellenausbau und nach der Freigabe der Habenzinsen (1980) der Preiswettbewerb. Die Erfolgsindikatoren reduzierten sich auf die globale Bilanzsumme. Ihre Ausweitung erfolgte nicht zuletzt auch durch die Aufstockung ertragsarmer Positionen. Universalisierung und einseitige Bilanzsummenorientierung waren mit einer sinkenden Eigenmittelausstattung und Profitabilität, aber auch mit zunehmenden Forderungen nach einer Liberalisierung des Kreditwesengesetzes verbunden.

In den letzten Jahren vor Inkrafttreten des *KWG 1979* wurden die Bestimmungen des alten bereits in seinem Sinne gehandhabt. Als Liberalisierungsinstrument angekündigt, sanktionierte es bereits eingetretene Entwicklungen und Strukturprobleme. Zu den wesentlichen Inhalten des KWG, die für das Tiroler Bankwesen Bedeutung erlangten, zählten die Festschreibung des Universalbankenprinzips für alle Sektoren, die Freigabe von Filialgründungen und Habenzinsen, die Begrenzung von Einzelkrediten sowie die Regelung des Bankgeheimnisses. Nicht zuletzt wegen der Besorgnis erregenden Eigenmittel- und Ertragssituation der österreichischen Banken erfolgte bereits 1986 eine Reform, deren hauptsächlicher Inhalt und deren Zielsetzung in der Neuregelung der Eigenmittelbestimmungen zwecks Angleichung an den internationalen Standard und der Sicherstellung einer ausreichenden Haftkapitalunterlegung bestanden. Zwischen 1985 und 1989 vereinbarten die österreichischen Banken in sogenannten Ordnungspolitischen Vereinbarungen[26] Mindestsätze für Kreditzinsen sowie Maximalsätze für Einlagenzinsen. Eine breite Reformdiskussion problematisierte interne Rationalisierungsmöglichkeiten, Geschäftsstrukturen, Preispolitik, Respezialisierung, Kooperationsformen, Bankengröße, Zweigstellennetz... Dies geschah vor allem im Hin-

[25] Vgl. dazu auch Gunther TICHY, Drei Phasen des Strukturwandels im österreichischen Kreditapparat, in: Österreichisches Bankarchiv 25 (1977) 307–319 sowie Walter WASCHICZEK, Die österreichischen Banken zu Beginn der Währungsunion, in: Berichte und Studien 3 (1999) 106–113.

[26] Dieses Vorgehen wurde immer wieder als Kartellverhalten kritisiert.

blick auf den sich abzeichnenden Wettbewerbsdruck, der mit der Teilnahme am Binnenmarkt und an der Wirtschafts- und Währungsunion der Europäischen Union erwartet werden konnte.

Bereits in den siebziger Jahren hatte die Internationalisierung der Tiroler Banken begonnen, die nun ihre Intensivierung erfuhr. Seit Ende 1991 war der Kapitalverkehr Österreichs mit dem Ausland vollständig liberalisiert. 1993 wurde das KWG durch das *Bankwesengesetz* abgelöst. Durch die Teilnahme Österreichs am EWR wurde der Tiroler Finanzplatz Teil des europäischen Binnenmarktes. Mit dem gleichzeitigen Inkrafttreten des *Finanzmarktanpassungsgesetzes* wurden die für das Bankwesen wichtigsten Richtlinien und Empfehlungen der Europäischen Union in österreichisches Recht umgesetzt.

Mit dem EU-Beitritt Österreichs und der Vertiefung des EU-Integrationsprozesses durch die Euro-Währungsunion wurden für die Tiroler Banken
- die Veränderung von Rahmenbedingungen intensiviert, die bereits vorher begonnen hatten und
- die Entwicklung von Strategien zur Positionierung für das zukünftige Umfeld immer drängender.

Beide Entwicklungen werden innerhalb einiger Jahre zu einem Tiroler Bankwesen führen, das sich von der heutigen Ausprägung unterscheiden wird, wenn derzeit auch noch nicht abgeschätzt werden kann, welche konkrete Gestalt der Finanzplatz Tirol annehmen wird. Unbestritten ist jedoch, dass die zukünftige Positionierung der einzelnen Tiroler Banken aktiv und zeitgerecht entschieden werden muss.

## 4. Perspektiven der Tiroler Banken für das neue Jahrtausend

Abschließend hat nun nach dem Inhalt der mehrfach angesprochenen neuen Rahmenbedingungen und den Konsequenzen für die Tiroler Banken gefragt zu werden.

### 4.1 Globale Megatrends mit Zwang zu regionaler Anpassung

Die Tätigkeit der Tiroler Banken wird von den Kräften und Mechanismen eines komplexen Umfeldes beeinflusst, das in Bewegung gekommen ist. Vorerst seien ohne Strukturierung genannt: der technologische Wandel mit seinen weitreichenden Konsequenzen für die *Informations- und Kommunikationstechnologie*, die zunehmende Internationalisierung des Wirtschaftens, verbunden mit der Liberalisierung von Finanzmarkttransaktionen und der Tätigkeit von Finanzintermediären, die *Deregulierung* einzelwirtschaftlicher Entscheidungen, formelle Integrationsabkommen wie die Schaffung von Binnenmarkt und Euro-Währungsunion, wachsende Geldvermögen privater Haushalte bei insgesamt geändertem Anlageverhalten, die *Konsolidierungszwänge* von staatlichen Haushalten, verbunden mit einer Rückführung jener Aufgaben, vor allem im Bereich der sozialen Sicherung, die staatlicherseits erfüllt werden. Ein Teil des Anpassungsbedarfs für Banken wurde durch politische/wirtschaftspolitische Entscheidungen ausgelöst, während daneben Anreize wirken, die sich marktendogen, also aus generellen ökonomischen Entwicklungen und Gesetzmäßigkeiten ergeben. Erstere enthalten Binnenmarkt, Währungsunion, Liberalisierung/Deregulierung, staatlichen Konsolidierungsbedarf und Zwang zur Reform sozialer Sicherungssysteme („Privatisierung sozialer Sicherung").

Die Veränderung der relevanten Rahmenbedingungen kann zweitens strukturiert werden nach Einflussfaktoren, die auf die Angebots- und solche, die auf die Nachfrageseite der Bankentätigkeit wirken. *Angebotsseitig* kommt vor allem die technologische Entwicklung zum Tragen, die einerseits Kostendruck, andererseits sinkende Ertragsspannen für die etablierten Anbieter nach sich zieht (Investitionen in entsprechende Infrastruktur, Zunahme des operativen Risikos, Existenz eines ausgebauten Zweigstellensystems...), es andererseits neuen Anbietern (ausländischen Banken, Nichtbankenfinanzintermediären ...) erleichtert, in den Markt einzudringen. Das Entstehen neuer Distributionskanäle (Internetbanking, direct-banking...) sowie die Möglichkeit der individuellen Ausgestaltung von Finanzdienstleistungen sind weitere unmittelbare Folgen der technologischen Entwicklung.

*Nachfrageseitig* wirkt ein verändertes Anlageverhalten, das gestiegenen Geldvermögensvolumina, zusätzlichen Diversifizierungsangeboten, einer höheren Renditeorientierung, einer gestiegenen Risikobereitschaft und der Unsicherheit über die Zukunft der staatlichen Sicherungssysteme entspringt. Dazu kommen neuerlich die technologischen Entwicklungen, die die Markttransparenz erhöhen. Veränderte Anreize wirken auch auf die Nachfrage nach Finanzierungen sowohl bei privaten Haushalten als auch im Unternehmenssektor. Insgesamt entsteht ein neues Nachfragemuster nach Finanzdienstleistungen.

## 4.2 Konsequenzen für das Bankwesen

Es verändern sich also nicht nur Angebot und Nachfrage nach Finanzdienstleistungen, sondern auch deren Inhalte. Die aufgezeigten Entwicklungen wirken sich vor allem über drei Wirkungskanäle, die miteinander verbunden sind, auf Tirols Banken aus:

- eine generelle Zunahme des Wettbewerbs auf dem Markt für Finanzdienstleistungen,
- eine Tendenz zur Diversifizierung von Finanzierungs- und Veranlagungsdienstleistungen und
- eine Verringerung der Bankenintermediation.

Letztere kann ihrerseits als Folge der beiden erstgenannten Trends verstanden werden. Es zeichnet sich ab, dass die private Vermögensbildung zu einer Wachstumsbranche werden wird, während die Nachfrage nach Direktbankenkrediten weiter rückläufig sein wird. Finanzierungs- und Anlagegewohnheiten wirken gegen die traditionelle Hausbankenfunktion, führen zu einer *Erosion der Kernfunktionen* der Banken. Diese

Entwicklung wird unterstützt durch den Anstieg der Integration der Finanzmärkte, deren Umfang und Tiefe zunimmt. Mit der Zunahme der Funktionsfähigkeit der Finanzmärkte und mit dem Markteintritt wettbewerbsfähiger Nichtbankfinanzintermediäre kommen Banken unter Druck, kommt es zur *Bankendisintermediation*.[27]

Banken sind in diesem Prozess dann immer weniger an der Allokation von Kapital von den Sparern und Anlegern zu den Kreditnehmern beteiligt. Die Unternehmensfinanzierung erfolgt über direkte Kapitalmarkttransaktionen statt über Bankenkredite und die Finanzabteilungen von Unternehmen übernehmen zusätzlich ehemals von Banken ausgeführte Transformationsfunktionen. Diese Form der Bankendisintermediation ist heute im Euroland noch nicht allzuweit fortgeschritten. An den Rentenmärkten dominieren nach wie vor Staatsanleihen und Emissionen von Finanzinstitutionen, während der Anteil an Industrieobligationen gering ist.[28] Weiter fortgeschritten ist die Bankendisintermediation auf der Veranlagungsseite; Bankeinlagen werden zunehmend durch die Produkte von Investmentfonds und von anderen Wertpapieren substituiert. Institutionelle Investoren werden wichtiger, und die Geldvermögensbildung, die in den Bankbilanzen ihren Niederschlag findet, verliert an Bedeutung. Die Banken kommen auch deshalb unter Druck, weil die Kosten der Refinanzierung ansteigen.

Zusammenfassend führt das veränderte Umfeld für die Tätigkeit der Tiroler Banken zu Anreizstrukturen, die die Bankendisintermediation fördern. Dies ist ebensowenig Tirol-spezifisch wie die Reaktionsmuster der Banken. Mittels unterschiedlicher Strategien wurde die Erosion der banktypischen Kernfunktionen ersetzt, indem von den Banken Intermediationsleistungen integriert wurden, die bisher außerhalb des Bankwesens erbracht wurden. Die organisatorischen Lösungen bestanden in der Gründung eigener Investmenttochtergesellschaften sowie in diversen Kooperationsarrangements mit Versicherungen und Beteiligungen an anderen Finanzmarktinstituten. Das Universalbankensystem kommt solchen Strategien entgegen und führte auch in Tirol zu einer stärkeren *Integration des Finanzdienstleistungssystems*. Ein Teil der nicht mehr realisierbaren Zinserträge wurde so durch Erträge aus Provisionen substituiert; Bilanztransaktionen wurden durch außerbilanzielle Aktivitäten ersetzt. Auch durch diese Entwicklung entsteht ein weiterer Druck auf die Ertragssituation der Tiroler Banken.

Für die aufgezeigte Praxis können zwei Gründe angeführt werden. Erstens geht es um die Erlangung *neuer Ertragspotenziale* als Reaktion auf die Aushöhlung der bisherigen Quellen. Daneben hat jedoch eine weitere Überlegung zu treten. Einerseits verlieren Banken vor den neuen Rahmenbedingungen an Wettbewerbsfähigkeit gegenüber Nichtbankintermediären und gegenüber direkten Finanzmarktbeziehungen. Gleichzei-

---

[27] Bankendisintermediation enthält einmal den Tatbestand, dass Finanzdienstleistungen, die vormals von Banken erbracht wurden, nun direkt auf dem Finanzmarkt angeboten und/oder nachgefragt werden. Dazu kommt die Entwicklung, dass Bankleistungen durch die Dienstleistungen von Nichtbankfinanzintermediären ersetzt werden.

[28] Vgl. Europäische Zentralbank, Der Bankensektor im Euroraum: strukturelle Merkmale und Entwicklungen, in: Monatsbericht April (1999) 55–60.

tig ist aber zu beobachten, dass das Geschehen auf den Finanzmärkten komplexer und riskanter wird. Genau aus diesem Grund kann aber neuerlich auf die Notwendigkeit von Banken geschlossen werden. Kapitalgeber und -nehmer bedienen sich ihrer, um damit an die Märkte gehen zu können. Dies bedeutet, dass in der Vergangenheit Finanzmarkt und Banken konkurrierende Institutionen waren, während Banken (oder andere Finanzintermediäre) sich nun zwischen Kapitalgeber (oder Kapitalnehmer) und Finanzmarkt schieben. Die meisten Transaktionen werden über Finanzintermediäre abgewickelt, die ihrerseits auf den Finanzmärkten agieren.[29] Die Strategie der Integration der Nichtbankenfinanzintermediäre in Banken führt vor den aktuellen Rahmenbedingungen zu folgenden Konsequenzen: Sie

- nutzt die spezifischen Vorteile der Bankentätigkeit, die im Abschnitt 1 aufgezeigt wurden,
- sichert Banken Marktanteile auf dem Markt für Finanzdienstleistungen,
- verändert aber das Transaktionsprofil der Banken.

Dies ist mit der Konsequenz verbunden, dass Banken dann wettbewerbsfähig bleiben, wenn sie in der Lage sind, Transaktionen an sich zu ziehen, die in der Vergangenheit nicht banktypisch waren.

### 4.3 Positionierung für die Zukunft: Bereitschaft zu Veränderungen

Die angeführten Megatrends mit ihren Auswirkungen auf die Tiroler Banken haben – wie aufgezeigt – bereits einen Prozess strategischer Anpassungen seitens der Banken eingeleitet, der sich fortsetzen wird. Er besteht in organisatorischen Veränderungen, dem Angebot neuer Produkte und Dienstleistungen, diversen (auch grenzüberschreitenden) Kooperationsvereinbarungen, Fusionen sowie strategischen Allianzen in einzelnen Geschäftsfeldern. Die Integration der Nichtbankenintermediäre (Investmentfonds, Versicherungen, Finanzmakler...) ist Teil dieser Strategie. Insgesamt werden sich diese Entwicklungen weiterhin in folgenden *Spannungsfeldern* bewegen:

- Kooperation/Fusion/Integration im Bankwesen versus Wettbewerb zwischen Banken,
- Regionale (incl. grenzüberschreitende) Ausrichtung der Geschäftstätigkeit versus internationale/globale Orientierung,
- Standardisierung versus Individualisierung von Produkten und Dienstleistungen,
- Pflege dauerhafter Kunden-Bank-Beziehungen versus Förderung von Flexibilität und Anpassungsfähigkeit an sich ändernde Rahmenbedingungen,
- Festhalten an der generellen Sektorstrukturierung versus weitere Aufweichung,
- Größenwachstum versus Kompetenzwachstum.

Der Anpassungsprozess wird durch den Wettbewerb von Nicht-Banken und neuen Vertriebsformen, durch neue Substitutionsmöglichkeiten zwischen Finanzprodukten

---

[29] Vgl. Franklin ALLEN / Douglas GALE, Financial Markets, Intermediaries, and Intertemporal Smoothing, in: Journal of Political Economy 105 (1997) 523–546.

und durch weitere technologische Entwicklungen aufrechterhalten werden. Damit aber werden sich Finanzdienstleister herausbilden, die weiterhin als Banken bezeichnet werden, die sich aber

– untereinander stärker unterscheiden als dies heute der Fall ist (Zunahme der Organisationsvielfalt) und
– die sich von jener Bank abheben, die noch vor fünf bis zehn Jahren als „typisches Bankinstitut" bezeichnet wurde.

Einzelne Institute werden unterschiedliche Strategien wählen. So werden Fusionen und Allianzen innerhalb des heimischen Bankensektors durchgeführt werden. Es ist davon auszugehen, dass diesbezüglich die Sektorgrenzen (weiter) aufbrechen werden. Die *Allfinanzstrategie* in Form der Integration von Nichtbankenfinanzintermediären ist naheliegend, da sie eine Erweiterung der Produktpalette und die Gestaltung individueller Kundenproblemlösungen ermöglicht. Sie ist aber nicht für alle Institute zielführend. Schließlich werden diverse *Spezialisierungs- oder Nischenstrategien* praktiziert werden. Wie das Bankwesen Tirols in zehn oder zwanzig Jahren strukturiert sein wird, kann heute nicht seriös prognostiziert werden. Es kann jedoch vermutet werden, dass die traditionellen Grenzen

– zwischen Bankdienstleistungen und anderen Finanzdienstleistungen,
– zwischen Banken und anderen Finanzintermediären,
– zwischen diversen Bankengruppen und Sektoren sowie
– zwischen nationalen Instituten unterschiedlicher Sektoren

weiter ausgehöhlt und schließlich bedeutungslos werden. Damit entsteht aber *eine neue Arbeitsteilung* innerhalb des Marktes für Finanzdienstleistungen. Manche Autoren[30] sehen das Endstadium des Finanzmarktes in Form einer Spezialisierung entlang der Wertschöpfungskette, ähnlich der Entwicklung in der Automobilindustrie. Kleine Anbieter spezialisieren sich auf die Bereiche Produktion, Vertrieb und Administration und positionieren sich um die großen Privatkundenspezialisten und Firmenkundenspezialisten. Auch andere Szenarien sind denkbar.

In Abschnitt 2 wurde argumentiert, dass die realwirtschaftlichen Rahmenbedingungen des Tiroler Bankwesens solche sind, die tendenziell der traditionellen Tätigkeit der Banken entgegenkommen. Dies gilt vor allem für die Finanzierungssituation der zahlreichen Klein- und Mittelbetriebe, für die der Bankkredit nach wie vor große Bedeutung hat. Die Informationsvorsprünge lokaler Banken sowie die traditionellen Bank-Kunde-Beziehungen werden weiterhin wichtige Faktoren bleiben. Dennoch sind auch in diesem Segment Anpassungen erforderlich. Es ist eine empirische Gesetzmäßigkeit, dass nur jene Unternehmen Bestand haben, denen es gelingt, sich an veränderte Umweltbedingungen anzupassen und die zudem in der Einschätzung der Nachfrager *Einzigartiges* anzubieten haben. Dies aber setzt voraus, dass der einzelnen Bank bewusst

[30] Vgl. z.B. Walter GUBERT, Herausforderungen für die europäische Finanzindustrie, in: Österreichisches Bankarchiv 107 (1999) 12–14.

ist, worin ihre Einzigartigkeit besteht, dass zweitens die Veränderung des Umfeldes überhaupt zur Kenntnis genommen wird und dass drittens *rechtzeitig* eine klare Positionierung für die Zukunft erfolgt.

## Schrifttum

ALLEN, Franklin / GALE, Douglas, A Welfare Comparsion of Intermediaries and Financial Markets in Germany and the US, in: European Economic Review 39 (1995) 179–209.

ALLEN, Franklin / GALE, Douglas, Financial Markets, Intermediaries, and Intertemporal Smoothing, in: Journal of Political Economy 105 (1997) 523–546.

AUBELE, Franz, Wirtschaftskunde Nord- und Osttirols, Innsbruck 1957.

BALTENSPERGER, Ernst, Banken und Finanzintermediäre, in: Jürgen VON HAGEN / Axel BÖRSCH-SUPAN / Paul WELFENS (Hrsg.), Springers Handbuch der Volkswirtschaftslehre, Band 1, Berlin 1996, 268–304.

BÜSCHGEN, Hans, Bankbetriebslehre, Wiesbaden, 5. Auflage 1998.

CLAESSENS, Stijn / KLINGEBIEL, Daniela, Alternative Frameworks for the Provision of Financial Services. Economic Analysis and Country Experiences. World Bank Working Paper 2189, Washington 1999.

DIETL, Helmut / PAULI, Markus / ROYER, Susanne, Internationaler Finanzplatzwettbewerb, Wiesbaden 1999.

Europäische Zentralbank, Der Bankensektor im Euroraum: strukturelle Merkmale und Entwicklungen, in: Monatsbericht April (1999) 47–60.

GUBERT, Walter, Herausforderungen für die europäische Finanzindustrie, in: Österreichisches Bankarchiv 107 (1999) 6–14.

HARTMANN-WENDELS, Thomas / PFINGSTEN, Andreas / WEBER, Martin, Bankbetriebslehre, 2. Auflage, Berlin 2000.

HUBMER, Georg, Auswirkungen des Euro auf die Stabilität der österreichischen Banken, in: Berichte und Studien 3 (1999) 84–102.

KIRMSSE, Stefan / GRIMMER, Jörn, Strukturveränderungen am Bankenmarkt. Sind Österreichs Banken fit für die Zukunft?, in: Österreichisches Bankarchiv 47 (1999) 113–119.

KLEIN, Dietmar, Die Bankensysteme der EU-Länder, Frankfurt, 3. Auflage 1998, 166–182.

LEVINE, Ross, Financial Development and Economic Growth: Views and Agenda, in: Journal of Economic Literature 35 (1997) 688–726.

MOOSLECHNER, Peter u. a., Voraussetzungen und Chancen für die Entwicklung eines Finanzplatzes Innsbruck, Kurzfassung, Wien 1993.

Oesterreichische Nationalbank, Tabellenteil, in: Statistisches Monatsheft (mehrere Jahrgänge).

STEIN, Johann Heinrich von, Arten und Wesensmerkmale der Bankleistung, in: Norbert KLOTEN / Johann Heinrich VON STEIN (Hrsg.), Geld-, Bank- und Börsenwesen. Stuttgart 1993, 357–359.

THEURL, Theresia, Geld und Banken nach dem Zweiten Weltkrieg: Österreich. Von der Austrifizierung zur Europäisierung, in: Hans POHL (Hrsg.), Europäische Bankengeschichte, Frankfurt 1993, 584–591.

TICHY, Gunther, Drei Phasen des Strukturwandels im österreichischen Kreditapparat, in: Österreichisches Bankarchiv 25 (1977) 307–319.

TILLY, Richard, Universal Banking in Historical Perspective, in: Journal of Institutional and Theoretical Economics 154 (1998) 7–32.

VOLLMER, Uwe, Funktionen und Organisationen der Bankenwirtschaft, in: Karl-Hans HARTWIG / Jörg THIEME (Hrsg.), Finanzmärkte, Stuttgart 1999, 25–59.

WASCHICZEK, Walter, Die österreichischen Banken zu Beginn der Währungsunion, in: Berichte und Studien 3 (1999) 103–133.

## Summaries

Das Bankwesen Tirols erfährt derzeit einen Anpassungsprozess an ein verändertes Umfeld. Ökonomische, rechtliche und technische Rahmenbedingungen haben sich verändert. Dies beeinflusst sowohl die Angebots- als auch die Nachfrageseite der Tätigkeit von Banken. Eine starke Tendenz zur Bankendisintermediation entsteht. Dieser wurde bisher durch die Integration von nicht banktypischen Produkten und von Nichtbankintermediären in das Bankwesen begegnet. Fusions- und Kooperationsstrategien zur Nutzung von Größenvorteilen, der Aufbau von Allfinanzinstituten sowie eine stärkere Spezialisierung sind die Antworten. Die bisherigen Grenzen zwischen den einzelnen Segmenten des Finanzmarktes verlieren zunehmend ihre Bedeutung.

* * *

The existence of banks is justified by the role they play in the process of resource allocation, and more specifically in the allocation of capital. During the last years Tyrolean banking has entered a process of change: the process of disintermediation. The main challenge is to deal efficiently with the implied structural change. Advances in technology and globalization is the new framework for banking. The future of the banking industry depends on the rivalry and interplay between intermediation and securitization. Cooperative projects, strategic alliances, and various new forms of network relationship have gained widespread attention in the banking community. But in Tyrol there will exist small banks too. These banks focus on local markets, lending to local business.

* * *

Il sistema bancario tirolese sta subendo un processo di adattamento che è la conseguenza di un cambio strutturale a livello economico, giuridico e tecnico. Tali fattori influenzano notevolmente sia l'offerta che la domanda dell'attività bancaria. Si sta delineando una forte tendenza alla disintermediazione bancaria, finora realizzata integrando prodotti non tipicamente bancari e intermediari non bancari. Lo indicano le nuove strategie di fusione e cooperazione per sfruttare al meglio i vantaggi legati alle dimensioni, la nascita di istituti finanziari universali e una maggiore specializzazione. I confini tra i singoli segmenti del mercato finanziario stanno scomparendo sempre di più.

# Kapitel III

# Wirtschaft und Gesellschaft im Umbruch

# Tirol im Schnittpunkt wirtschaftlicher Entwicklungslinien

HELMUT KRAMER

## 1. Einleitung

Tirol liegt in der geographischen Mitte Europas. Seine wirtschaftliche Entwicklung wurde immer von dieser Einbettung mitbestimmt. Tiroler Ideen und Wirtschaftsgüter fanden den Weg in alle Richtungen Europas und darüber hinaus. Ideen von „außen" wirkten herein. Dies gilt für die Wirtschaft ebenso wie für die Politik.

Tirol liegt am Schnittpunkt einer besonders wichtigen europäischen Nord-Süd-Achse mit der österreichischen Ost-West-Achse. Tirols Wirtschaft verdankt ihre Entwicklung und Struktur teilweise der Lage an diesen Alpenübergängen, vor denen in früheren Zeiten Reisende verweilten und Waren umgeschlagen werden konnten. Was früher trennte, verbindet heute. „Ganz Tirol ist eine Grenze, teilt und verbindet."[1]

Die Kapazität der modernen Verkehrswege hat die Wertschöpfung aus der Lage am Alpenübergang in den letzten Jahrzehnten abgebaut. Hingegen ist das Transitvolumen zur Belastung für die Landschaft und die Bewohner geworden. Der Brennerübergang stellt einen der entscheidenden Engpässe im europäischen Verkehrsnetz dar, hat daher – wie die europäische Entscheidung über die Maut beleuchtet – gesamteuropäische Bedeutung. Ein Interessenausgleich muss auf dem Spannungsfeld zwischen dieser Funktion und den Interessen des Landes und seiner Bevölkerung gefunden werden.

Freilich sichern die gleichen Verkehrswege auch den eigenen Zugang zu den Märkten und Partnern sowie die Anreise von Gästen der Tourismuswirtschaft.

Von den 370 Millionen Bürgern der Europäischen Union leben rund 45 Millionen in der regionalen Nachbarschaft Tirols (Oberitalien, Zentral- und Ostschweiz, Württemberg, Bayern südlich des Main, angrenzende österreichische Bundesländer), der größere Teil davon innerhalb eines Autoradius von drei Stunden, darunter die Großstädte München, Stuttgart, Zürich, Mailand und etliche kleinere.

Die vorliegende Arbeit versucht im ersten Teil die politischen und wirtschaftlichen Veränderungen der europäischen Landkarte der neunziger Jahre als Umgebung für die künftige Entwicklung Tirols zu analysieren. Die Frage nach den regionalen Effekten

---

[1] C. MAGRIS, Die Welt en gros und en détail, München-Wien 1999, 240.

der europäischen Integration und der bevorstehenden Osterweiterung hat in der Literatur bisher freilich keineswegs eindeutige Antworten gebracht, und so werden die Ableitungen für Tirol auch einen deutlich spekulativen Charakter haben. Im zweiten Teil werden die internationalen Wirtschaftsbeziehungen nach Ländern und Regionen untersucht und deren Entwicklungsperspektiven abgeleitet. Im dritten Teil werden einige Schlussfolgerungen für den künftigen Wirtschaftsstandort und für die Standortpolitik des Landes diskutiert.

## 2. Die regionalen Effekte der europäischen Integration

### 2.1 Theoretische Hypothesen

Verschiebungen der regionalen Wirtschaftsschwerpunkte können eine Reihe von Ursachen haben:

- Politische Veränderungen, beispielsweise der Bildung einer Zoll-, einer Wirtschafts- oder einer Währungsunion, die die wirtschaftlichen Konsequenzen nationaler Grenzziehungen abbauen.
- Bewusste regionalpolitische Einflussnahme.
- Bedeutung und Verfügbarkeit von Produktionsfaktoren: (qualifizierte) Arbeit, unternehmerische Kapazität, Erfahrung und Dynamik, Kapitalbildung, Rohstoffe, Infrastruktur. In jüngster Zeit wird das Potenzial an technologischen und organisatorischen Innovationen zum Schlüsselfaktor der Entwicklung.
- Präferenzen der Konsumenten (Moden, Nachfragewellen, Sättigung).
- Schließlich: nahezu alle internationalen empirischen Analysen deuten darauf hin, dass die genannten, empirisch erfassbaren Faktoren regionale Unterschiede der Wirtschaftsentwicklung nicht voll erklären. Ein mehr oder minder großes Residuum bleibt, das vor allem mit gesellschaftlichen Einstellungen und kulturellen Prägungen zu tun hat. Die Sozialwissenschaft nennt deren Beitrag „Sozialkapital" oder „gesellschaftliche (Neuerungs-)Fähigkeit (capability)". Sie basiert auf informeller Kongruenz von gesellschaftlichen Normen und Wertvorstellungen. Hier liegt eine Chance für die regionale Entwicklung, die globalen Kräfte effizient zu nutzen oder auch sich von ihnen abzukoppeln und damit Gewinn aus dem Schwimmen gegen den Strom zu ziehen.

Um diesen letzteren Punkt mit einem kleinen Exkurs zu erläutern: in der Festschrift zur 100-Jahrfeier der Tiroler Handelskammer im Jahr 1951 umschrieb Adolf Günther[2] das, was gemeint ist, folgendermaßen: „Ist es auch nicht mehr der Raum von ehedem, in dem sich die tausendjährige Geschichte eines Volkes gestaltete, so verpflichtet das,

[2] A. GÜNTHER, Die gewerbliche Wirtschaft in Tirol. Tatsachen und Probleme, in: Festgabe zur 100-Jahrfeier der Tiroler Handelskammer, Band III (Schlern-Schirften 79), Innsbruck 1951, 5.

was von ihm übriggeblieben ist, zu eher noch stärkeren Anstrengungen. Denn er ist es, an dem, wenn man so sagen darf, die ‚Firma Tirol' vorzugsweise haftet und durch den sie in der Wirtschaft Europas und der Welt Geltung hat".

Alle diese Einflüsse überlagern, kompensieren oder verstärken sich, sind teilweise miteinander korreliert. Aus der Beobachtung der tatsächlichen Entwicklung lässt sich das Gewicht der einzelnen Einflüsse nur sehr schwer isolieren.

Überdies lässt uns die Theorie im Unklaren über die reinen Integrationseffekte: Führt die Aufhebung nationaler Wirtschaftsgrenzen zu einer Konvergenz der regionalen Entwicklungsstrukturen oder, im Gegenteil, zu einer Verstärkung der schon vorhandenen Schwerpunkte?

Im ersten Fall wird angenommen, dass die bisherigen Grenzschranken vor allem kleine oder periphere Regionen behindert haben, voll am internationalen Wirtschaftsaustausch teilzunehmen, und dass ihr Wegfall von selbst zu einem Aufholprozess der Zurückgebliebenen führt. Diese Hypothese entspricht dem neoklassischen Modell der Marktwirtschaft.

Im anderen Fall wird angenommen, dass die vorhandene regionale Struktur, die Ausnützung von Skalenerträgen der schon auf dem Markt Etablierten, Eintrittsbarrieren gegenüber neuer Konkurrenz (newcomern) aufgebaut hat. Damit muss deren Potenzial zurückbleiben, während ihr bisher abgeschirmter Markt nun für die Großen und Starken geöffnet wird. Diese werden noch größer. Sie konzentrieren ihre Wertschöpfung, nicht unbedingt die Produktionsanlagen, in den bisherigen Kernzonen. Die empirische Beobachtung spricht eher für die zweite Hypothese.

Konvergenzprozesse entstehen in der Regel nicht von selbst, sondern müssen unter massivem Einsatz von Kapital – Regional- und Strukturförderung – politisch beschlossen und erkauft werden. Die Regionalpolitik der EU hat genau dieses Ziel und verwendet eine Art von – insgesamt noch bescheidenem – europäischem Finanzausgleich zur Stärkung der zurückgebliebenen Regionen, mit teilweise umstrittenen Erfolg (siehe dazu die Widersprüche in zwei rezenten empirischen Überprüfungen der Konvergenzhypothese: Jan Fagerberg / Bart Verspagen[3] kommen zum Resultat, dass die regionale Konvergenz in den achtziger Jahren zum Stehen kam, und Raffaele Paci[4] meint, dass sie sich bis in die neunziger Jahre fortsetzte. Das Ergebnis wird von der regionalen Gebietsabgrenzung und der untersuchten Variable maßgeblich beeinflusst).

Die jüngere Regionaltheorie geht von einer zusätzlichen Hypothese aus, für die mittlerweile eine Reihe von Beispielen sprechen: Durch mehr oder minder exogene Kräfte entsteht an einem nicht unbedingt durch räumliche Gegebenheiten determinierten Standort ein Entwicklungskern für bestimmte Produktions- oder Dienstleistungszweige. Der kleine Kern wächst, weil er für die Neuansiedlung und den Zuzug von Her-

---

[3] J. Fagerberg / B. Verspagen, Heading for Divergence? Regional Growth in Europe Reconsidered, in: Journal of Common Market Studies 34 (1996) 431–448.

[4] R. Paci, More Similar and Less Equal: Economic Growth in the European Regions, in: Weltwirtschaftliches Archiv 133 (1997) 609–634.

stellern gleichartiger oder komplementärer Produkte attraktiv ist. Die Attraktivität besteht, theoretisch gesprochen, in der Senkung externer Kosten, praktisch in Vorteilen der sektoralen Spezialisierung in den Bereichen Arbeitsmarkt, Ausbildung, Forschung, Marketing und Infrastruktur. Es bildet sich ein Cluster. In modernen Wirtschaftszweigen stellt häufig eine höhere Bildungs- oder Forschungseinrichtung den Kristallisationskern dar. Die Wirtschaftsstruktur des berühmten Silicon Valley ist auf das Ausstrahlen universitärer Innovationen aus der Stanford University in räumlich benachbarte, risikoreiche Entwicklungsunternehmen zurückzuführen.

Auch früher gab es Cluster: etwa Holzverarbeitung an Standorten mit reichem natürlichen Holzangebot oder Ballungen der Eisenverarbeitung in der Umgebung von Eisenerzlagern und Energiequellen (Kohle und/oder Wasserkraft). Die Bedeutung solcher rohstoffabhängiger Cluster ist aber stark geschwunden. Der wichtigste Rohstoff einer modernen Wirtschaft, entscheidend für Standorte auf dem Entwicklungs- und Einkommensniveau des heutigen Österreich, ist Wissen, präziser: nicht etwa Wissen generell, sondern neuartiges oder jedenfalls exklusiv nutzbares Wissen oder eher Know-how, ist die Verfügbarkeit von „Kernfähigkeiten", die, wenn schon nicht durch Patente zu schützen, jedenfalls vorübergehend nur unter prohibitiven Kosten imitiert werden können.

Die Vorteile der Senkung externer Kosten durch Clusterbildung können durch ein regionalökonomisches Konzept verstärkt werden. Die Einrichtung von Bildungs- oder Forschungsinstituten (z. B. Fakultäten, Fachhochschulen, Forschungszentren) kann mit öffentlicher Unterstützung bewusst so gezielt werden, dass sie für davon abhängige Betriebe die Ansiedlung interessant werden lassen.

Die Beobachtung der überbetrieblichen Zusammenhänge in Betrieben, die die neuen Informationstechnologien nutzen, hat zu einer modernen Adaptierung der Cluster-Hypothese geführt: Netzwerke sind allokative Systeme, die in ihren Eigenheiten sowohl vom traditionellen hierarchischen wie vom Organisationsmodell des Marktes abweichen. Betriebe, die durch Netzwerke verbunden sind, steigern nicht nur den Warenaustausch untereinander, sondern vor allem die Ströme von immateriellen Faktoren wie Informationen, Direktiven und Dienstleistungen. „Die räumliche Dimension ist im Netzwerk-Modell klarerweise mitenthalten. Netzwerke können in lokalen Systemen von industriellen Erzeugern oder Dienstleistern bestehen, die an bestimmten Orten räumlich konzentriert sind. Sie können aber auch aus einem Satz unterschiedlicher Standorte bestehen, die durch räumliche oder wirtschaftliche Distanz voneinander getrennt sind, welche aber die Knoten für einen intensiven Strom von Gütern, Dienstleistungen, Menschen, Kapital und Informationen darstellen."[5] Auch solche Netzwerke hat es immer gegeben: etwa die Beziehungen zwischen Binnenstandorten und den Seehäfen. Produktion auf der Basis der modernen Informationstechnologie erleichtert jedoch die Nutzung von Synergien über große Distanzen in räumlicher, kultureller oder wirtschaftlicher Hinsicht.

---

[5] R. Cappelin, Regional Internalisation and urban Networks, University of Calabria and Bocconi University 1992, 4.

Demnach ist es auf Basis der Cluster-Annahmen durchaus sinnvoll, dass benachbarte Standorte unter gleichen exogenen Rahmenbedingungen – etwa unter den gemeinsamen Bedingungen der Alpenländer – kooperieren. Es kann aber in der modernen Wirtschaft auch sinnvoll sein, Kooperationen in Netzwerken zu unterstützen, die so entfernte Standorte wie Katalonien, Baden-Württemberg und das dänische Seeland umfassen.

„Dringt einmal der gesamteuropäische und mit ihm der weltwirtschaftliche Gedanke mehr durch, dann kann man sich auf einigen gewerblichen Gebieten, für welche der Raumfaktor entscheidend ist – Elektrowirtschaft, Fremdenverkehr, Holzwirtschaft – eine fruchtbare Kooperation vorstellen, welche die Alpen zu einem wirklichen Faktor der europäischen und der Weltwirtschaft machen würde. Sollte sich der Gedanke der französisch-italienischen Zollunion einspielen, dann werden die italienischen und französischen Alpenanteile zusammen mit denen Österreichs, der Schweiz und Deutschlands geradezu das Rückgrat einer weltwirtschaftlichen Neuorientierung sein können." Dies betont A. Günther in seinem grundlegenden Beitrag zur Entwicklung der Tiroler Wirtschaft vor einem halben Jahrhundert[6] seherisch in Bezug auf die europäischen Kooperationsmöglichkeiten, Jahre vor der Gründung der EWG, aber erfreulicherweise zu kurz gegriffen angesichts der seither erzielten Integrationsfortschritte. Jedenfalls ist Günther dem klassischen Denkmodell verhaftet, demzufolge sich für Tirol die anderen Alpenländer als Partner am ehesten anbieten. Die neuen Wirtschaftsformen und Technologien haben dies nicht wertlos gemacht, weisen aber doch weit darüber hinaus.

Die räumlichen Verdichtungen und Verdünnungen, die die europäische Integration entstehen lassen würde, standen lange Zeit unter dem Einfluss der „Bananen-Hypothese". Sie vermutete das Rückgrat der zusammenwachsenden europäischen Wirtschaft in einem Band von Ballungen, das vom Südosten Englands (London) über die Niederlande, Belgien, den Rhein aufwärts, die Schweiz durchquerend bis in den Raum Mailand-Genua reichen würde. Auffallenderweise bliebe Paris etwas westlich davon nicht vollständig eingebunden. An Berlin, Prag und Wien dachte in den achtziger Jahren, als diese Hypothese angesichts des Projekts zur Vollendung des Binnenmarkts aufgestellt wurde, noch kaum jemand. Dieses Band würde seitlich ein wenig ausufern, weil in den eigentlichen Kernzonen bereits Ballungsnachteile wirksam werden könnten, die Breite wäre jedoch kaum viel mehr als 500 Kilometer. Optisch entstünde das Bild einer gegen Nordosten konvexen Banane. Der östliche Rand der Banane würde Tirol den Raum Innsbruck durchschneiden.

Eine Ergänzung dieser etwas simplen europäischen Raumhypothese wurde etwa gleichzeitig in einem gleichfalls gebogenen Band gesehen, das von Katalonien entlang des nördlichen Randes des Mittelmeers bis in den Raum Venedig reichen könnte. Dort, wo die Alpen im Midi direkt ans Meer reichen, wäre das Band sehr eng, südlich von Barcelona, im Roussillon und in der Poebene immerhin zweihundert Kilometer breit.

---

[6] GÜNTHER, Die gewerbliche Wirtschaft (wie Anm. 2) 9.

Nur die „Taille“ in der Gegend von St. Tropez verhinderte, dass man eine weitere, zur ersten querliegende Banane erkennen mochte. Auch dieser zweite Ballungsraum würde jedenfalls hart an die Grenzen des heutigen Tirol heranreichen und Südtirol einbeziehen.

Die Begründung für das mediterrane Band war einerseits die Beobachtung hoher ökonomischer Vitalität, andererseits die Attraktivität dieses Raums zwischen Alpen und Meer für die Ansiedlung und für den Tourismus. Der Zug nach Süden ist ja ohnehin ein Ergebnis der verbesserten wirtschaftlichen Möglichkeiten, der immer mehr Menschen ihre unwirtliche Umgebung verlassen lässt: Er brachte auch eine Binnenwanderung in Finnland, Schweden und Norwegen, darüber hinaus jedoch vor allem in Deutschland und in Frankreich jeweils nach dem Süden dieser Staaten, südlich der Alpen, in Italien und Spanien hingegen nach dem Norden, also tatsächlich zu den hypothetischen Verdichtungszonen.

Die sich an den südlichen Abhängen der Alpen (Marseille, Grenoble, Nizza, Genua, Turin, Mailand, Verona) überlagernden „Bananen“ versprachen dem westlichen Österreich zumindest räumliche Nähe zu wichtigsten räumlichen Kräften der Dynamik, die die europäische Integration auslösen könnte.

Die hübschen Bilder sind mittlerweile ziemlich obsolet: nicht, dass nicht gewisse zusätzliche Konzentrationen entlang des Rheins oder in Oberitalien, Südfrankreich und Katalonien bis heute erkennbar wären.

Auch Tirol verzeichnet eine bis zuletzt ungebrochene Attraktivität für Ansiedlungen. Sie muss ihre Erklärung jedoch nicht unbedingt in der Begünstigung durch die Schnittstelle der beiden europäischen Epizentren suchen.

Die Fragwürdigkeit des Bananen-Bildes ergibt sich einerseits aus dem Fall des Eisernen Vorhangs, der seither eingetreten ist und unvermeidlich die wirtschaftlichen Schwerpunkte der Europäischen Union schrittweise nach Osten verschiebt. Warum soll man jetzt, nach der deutschen Wiedervereinigung und angesichts des bevorstehenden Beitritts Polens, Tschechiens oder Ungarns nicht Bänder von Paris über Brüssel, Köln nach Berlin und Warschau oder von Berlin über Prag, Wien nach Budapest annehmen?

Zum anderen rührt die Überholtheit des simplen Modells der achtziger Jahre daher, dass für die wirtschaftliche Dynamik andere Kräfte entscheidender wurden als die Nähe zu den Ballungszentren, zu den Konsumenten und zu den Arbeitsmärkten. Transport ist, nicht zuletzt wegen fragwürdiger Prioritäten der europäischen Verkehrspolitik, billig. Information ist billig (im Internet für jedermann überall und jederzeit nahezu ohne Kosten verfügbar), Nachrichtenübermittlung ist billig. Die Standortfaktoren der modernen, wissensbasierten Gesellschaft sind, auch wenn die industrielle Produktion nach wie vor einen erheblichen Teil des persönlichen Konsums beliefert, andere als die des Industriezeitalters: Es geht um die Verfügbarkeit von ganz speziellen, insgesamt anspruchsvollen Qualifikationen, es geht um Standortbedingungen, die für die Benützung moderner Technologien vorteilhaft oder unerlässlich sind (Telekom-Infrastruktur, Forschung in der Nähe von einschlägigen Universitäten), es geht um das manchmal zufällige Entstehen von Netzwerken, die eine gewisse Tendenz zur Selbstverstärkung entwickeln können. Die Standorte für die eigentliche Sachgüterproduktion („Hardware") wandern in der Regel in Regionen ab, die günstige Arbeitskosten und die Verfügbarkeit von industriell einsetzbaren Arbeitskräften aufweisen. Die räumlichen Distanzen zwischen diesen Standorten sind in ihrer Bedeutung geschrumpft. Dazu tragen die geringen Transportkosten und die höhere Leistungsfähigkeit der Logistik bei.

So ergibt sich ein sehr viel komplizierteres Bild der wirtschaftlichen Durchmischung Europas: Dynamische Zonen unterschiedlichen Typs sind zwar nach wie vor nicht in erster Linie an der Peripherie zu erwarten, aber insgesamt weist die europäische Flur Gemengelage von vordringenden und (relativ) zurückbleibenden Gebieten auf, die durch Zufälle oder ungenügende Innovationskapazität behindert sind. Man kann das damit kommentieren, dass „Fruchtsalat" gedanklich an die Stelle der Bananen getreten ist.

## 2.2 Tirol auf der europäischen Regionalkarte

Die neuesten europäischen Regionalstatistiken beziehen die österreichischen Bundesländer erstmals ein. Vergleichbare Daten sind derzeit für 1996 verfügbar.[7]

Auf einer Karte der Regionen, die das Brutto-Regionalprodukt je Einwohner ausweist, zählt Tirol zu den Regionen mit durchschnittlichem Wertschöpfungsniveau, (90–110 Prozent des EU-Durchschnitts zu Kaufkraftparitäten). Auf dieser Stufe befinden sich auch die flächenmäßig größten Bundesländer Oberösterreich, Niederösterreich und Steiermark. Wien, Salzburg und Vorarlberg zählen zur nächsthöheren Stufe (110 bis 125 Prozent des EU-Durchschnitts), Kärnten liegt leicht, das Burgenland stärker unter dem Durchschnitt.

Das Interessanteste an dieser Karte ist, dass Tirol auf allen Seiten (sieht man von der Grenze Osttirols mit Kärnten ab) von Regionen umgeben ist, die mäßige bis stärker überdurchschnittliche Wertschöpfung aufweisen, deren Pro-Kopf-Wertschöpfung somit jene Tirols übertrifft: innerhalb Österreichs also von Salzburg und Vorarlberg, jenseits der Staatsgrenzen jedoch, mit deutlich stärkerem Gefälle, von der Schweiz (in der EU-Statistik nicht ausgewiesen, aber leicht zu eruieren), vom Regierungsbezirk Oberbayern mit München, im Süden von Trentino-Südtirol und angrenzend der Lombardei. Auch etwas hinter dieser unmittelbaren Nachbarschaft erstreckt sich noch die Zone überdurchschnittlichen wirtschaftlichen Entwicklungsniveaus: nach Venetien, Friaul-Julisch-Venetien, Emilia, Piemont und Aosta, nach Schwaben, Unterfranken, Württemberg und in den badensischen Regierungsbezirk Karlsruhe. Eine so ausgedehnte Zone überdurchschnittlicher Wirtschaftsleistung ist nirgendwo sonst im Raum der EU erkennbar. Die sonstigen Zonen mit weit über dem EU-Durchschnitt liegender Wertschöpfung liegen um die größten Städte der EU (London, Paris, Brüssel, Amsterdam-Rotterdam, Hamburg, Düsseldorf, Kopenhagen und Stockholm).

---

[7] EU, Sechster Periodischer Bericht über die sozio-ökonomische Lage und Entwicklung der Regionen der Europäischen Union, Luxemburg 1999, 18 u. 22.

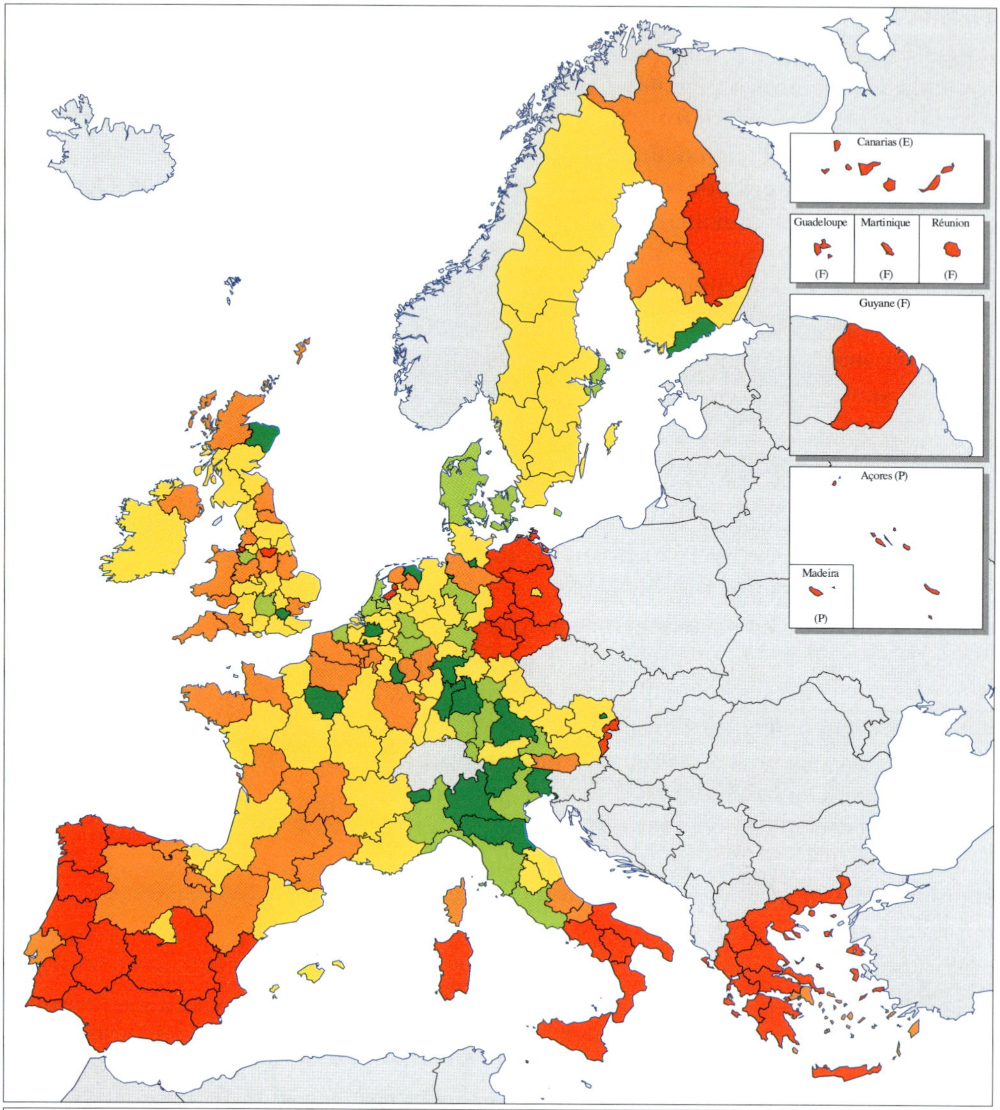


**Map 1: GDP per head by region (PPS), 1996**

Index, EUR15=100

- < 75
- 75 - 90
- 90 - 110
- 110 - 125
- >= 125

Standard deviation = 26.9
F (DOM) : 1994

Source : Eurostat

0 100 500km

XVI.A4- GIS/HP/(statmap) - p6m01_UK_C_A4P - 29 Jan 99

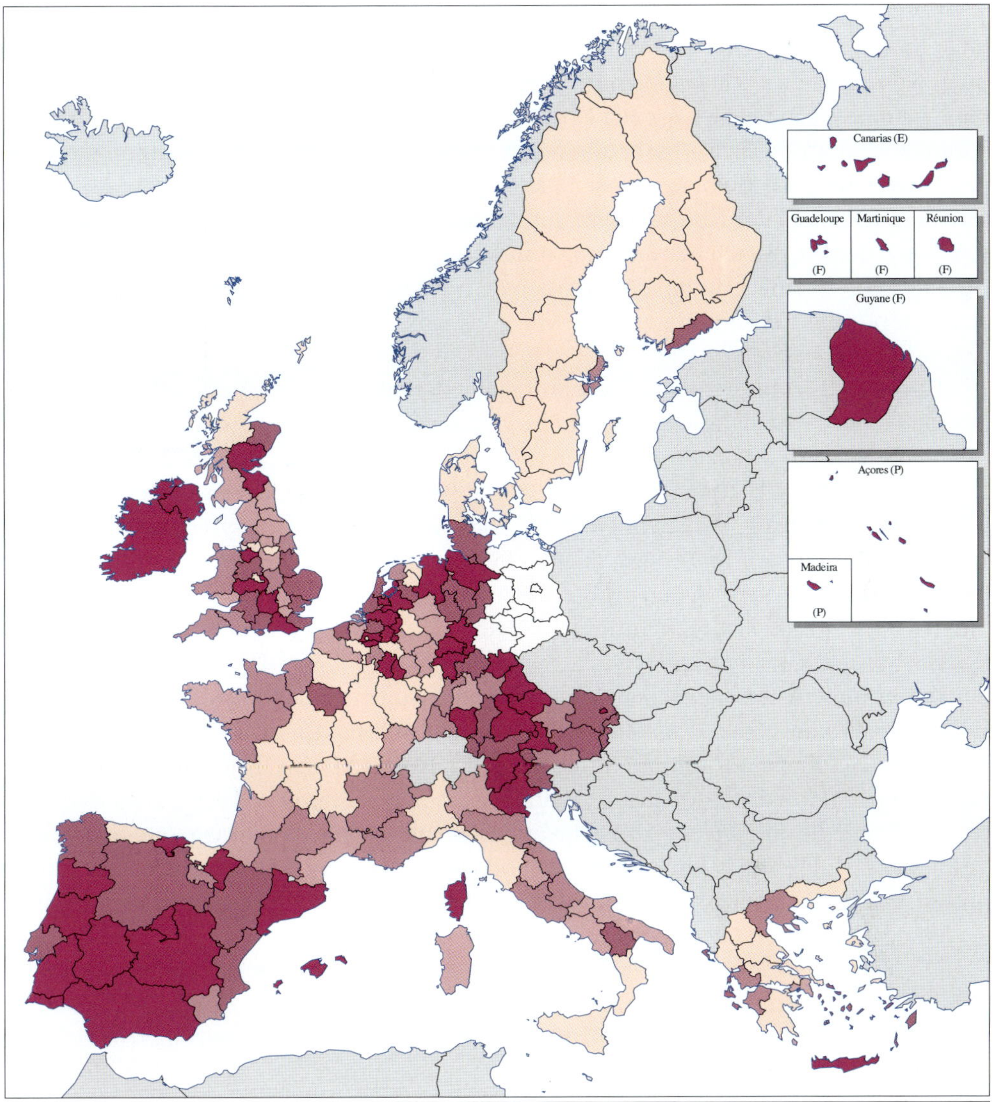


**Map 2: Growth of GDP by region, 1986-96**

Annual average % change

- < 1.5
- 1.5 - 1.9
- 1.9 - 2.3
- 2.3 - 2.7
- >= 2.7
- no data

EUR15 = 2.1
Standard deviation = 0.8

D: excl. new Länder
F (DOM) : 1986- 94

Source : Eurostat

0 100 500km

XVI.A4- GIS/HP/(statmap) - p6m02_UK_C_A4P - 29 Jan 99

Einerseits verheißt diese Einbettung Tirols gute Potenziale für die eigene Entwicklung, andererseits wirft sie die Frage nach dem – zwar signifikanten, aber nicht unbedingt wesentlichen – Rückstand auf. Dies erklärt sich aus einer Statistik dieser Art nicht ohne weiteres. Eine nahe liegende Erklärung wäre das hohe Gewicht, welches die Tourismuswirtschaft in Tirol – mehr als in den umliegenden Regionen – besitzt. Der intensive Tourismus sicherte bisher Beschäftigung und Einkommen auch und gerade in Talschaften, die sonst der Entsiedelung ausgesetzt gewesen wären, er sichert gesamtwirtschaftlich den Ausgleich der Leistungsbilanz, aber die Wertschöpfung je Einwohner ist trotz des vergleichsweise hohen qualitativen Niveaus, das die Branche gerade in Tirol erreicht, pro Beschäftigtem nach wie vor geringer als in der Industrie und in industrienahen Dienstleistungen.

Bevor im letzten Abschnitt diese Frage wieder aufgegriffen wird, soll nicht nur das Niveau, sondern auch die wirtschaftliche Dynamik verglichen werden.

Gemessen am Wachstum des Regionalprodukts zwischen 1986 und 1996, das im Durchschnitt der EU (ohne die neuen deutschen Bundesländer) in diesem Zeitraum 2,1 % pro Jahr betrug, verzeichnete Tirol überdurchschnittliche Dynamik. Es zählt zur Gruppe der Regionen mit einem durchschnittlichen jährlichen Wachstum von 2,3 bis unter 2,7 Prozent, zu der der größte Teil der österreichischen Bundesländer gehört. Salzburg gehört als einziges mit einem Wachstum von 2,7 Prozent oder mehr zu den dynamischsten Regionen der EU.

In der außerösterreichischen Nachbarschaft ist Tirol abermals eingebettet in eine Zone sehr dynamischen Wachstums (2,7 Prozent und mehr), zu welcher in Italien die Regionen Trentino-Südtirol und Venetien, in Süddeutschland Ober- und Niederbayern, die Pfalz und der württembergische Regierungsbezirk Tübingen, der bis zum Bodensee reicht, zählen. Für die Schweiz liegen vergleichbare Angaben nicht vor. Die Schweiz ist seit längerem eine wachstumsschwache Volkswirtschaft auf sehr hohem Entwicklungsniveau. Soweit schweizerische Statistiken erkennen lassen, liegen die dynamischsten Zonen der Schweiz nicht in der Ostschweiz.

Die Karte der regionalen Wachstumsraten lässt die vermuteten „Bananen“ kaum in Ansätzen erkennen: Eher kann man vermuten, dass die Zonen höheren Wachstums nördlich und östlich der geographischen Kernzone an Nieder- und Oberrhein liegen dürften, möglicherweise eine Ausuferung wegen negativer Ballungseffekte in den traditionellen Industrieräumen an Rhein und Ruhr.

Effekte der europäischen Regionalpolitik, die die Konvergenz der zurückgebliebenen, überwiegend peripheren Regionen im Westen und Süden fördert, sind deutlich erkennbar: Die südliche Hälfte Spaniens (abgesehen von Katalonien, das auf hohem Niveau rasch wächst), der Süden und die Mitte Portugals, vor allem aber Irland und Teile Schottlands, nur in Ansätzen auch einige Regionen des Mezzogiorno weisen deutlich überdurchschnittliches Wachstum auf. Der vermutete Wachstumsbogen am nördlichen Rand des westlichen Mittelmeers ist nicht erkennbar: Das Roussillon und der Midi Frankreichs wachsen bestenfalls durchschnittlich rasch, Piemont und Ligurien unterdurchschnittlich.

Eine ausgeprägte dynamische Achse stellt auf dieser Karte jedenfalls die Linie von Nürnberg über München – Salzburg, Tirol und Südtirol nach Verona und Venedig dar.

Tirol hat sich in dieses „Förderband" erfolgreich eingeklinkt. Wenn man – was nur eine eingehende Analyse der Verflechtungen und Vernetzungen ergeben könnte – annehmen will, dass die relativ dynamischen Verhältnisse der neunziger Jahre auf absehbare Zeit auch in Zukunft für wirtschaftlichen Schub sorgen, eröffnet dies einerseits günstige Wirtschaftsperspektiven für den Standort Tirol, verschärft aber andererseits die ohnehin schon belastenden Verhältnisse im Transit durch das Land. Die Wirtschaftspolitik muss daher darauf gerichtet sein, in dieser dynamischen Umgebung nicht den Transport und den Umsatz von materiellen Sachgütern (hardware) explodieren zu lassen, sondern die Vernetzung über immaterielle Wertschöpfung (Informations- und Kommunikationsbereiche, menschliche Qualifikationen, up-grading der traditionellen Produktion) zu beschleunigen.

Es kann kein Zweifel daran bestehen, dass die wirtschaftlich hoch entwickelte und dynamische Nachbarschaft vor allem im Norden und Süden eine sehr gute Voraussetzung für die Entwicklung der modernen Tiroler Wirtschaft darstellt. Dieser Standortvorteil kann sowohl von Konsum- wie von Investitionsgüterproduzenten, aber auch von Dienstleistungen mit absehbar dynamischer Nachfrage genützt werden.

Im letzten Abschnitt werden einige Überlegungen zu der allgemeinen Charakteristik erfolgversprechender Wirtschaftszweige nachgeholt.

## 3. Die internationalen Beziehungen der Tiroler Wirtschaft

Noch bis vor kurzem bestanden die Verbindungen einer mitteleuropäischen Wirtschaftsregion zur Welt jenseits der Staatsgrenzen weit überwiegend in Handelsströmen. Dazu kam regional, gerade etwa in Tirol, auch Dienstleistungsverkehr, vornehmlich in der Form des Tourismus. Neuerdings haben sich die Möglichkeiten, das eigene wirtschaftliche Können auch auf fremden Märkten zu nutzen, beträchtlich erweitert: Die Finanzmärkte sind international geworden, was sowohl bei Anlagen wie Krediten und bei der Eigenkapitalaufbringung wesentliche zusätzliche Möglichkeiten bietet, die eigenen unternehmerischen Erfahrungen und Ziele können auch durch Beteiligungen und vollständige Direkt-Investitionen im Ausland, durch Gemeinschaftsunternehmen mit Partnern (joint ventures) und durch Lizenzierung von Patentrechten und sonstigem intellektuellen Eigentum (Technologietransfer) genützt und erweitert werden.

Die statistischen Angaben haben mit diesen Entwicklungen nicht voll mitgehalten, weshalb sich ein komplettes Bild der internationalen Verflechtung der Tiroler Wirtschaft teilweise nur etwas schemenhaft gewinnen lässt.

Die Tiroler Wirtschaft ist im Vergleich zu Gesamt-Österreich leicht unterdurchschnittlich exportintensiv. Die Exportleistung erreichte 1998 in Tirol 89.000 Schilling je Einwohner im Vergleich zu 96.000 für Österreich insgesamt (Tirol 93 %). Dies hängt mit der leicht unterdurchschnittliche Präsenz der Industrie in der Wirtschaftsstruktur des Landes zusammen. Der größere Teil der exportierenden Unternehmen verzeichnet andererseits in Tirol eine an Qualität und Reichweite überragende Leistung.

Die Tiroler Wirtschaft wandte ihr Hauptinteresse nach dem 2. Weltkrieg und der politischen Spaltung Europas in dessen Gefolge verstärkt Westeuropa zu. Der Markt der Europäischen Union stellt bis heute das mit großem Abstand wichtigste Ziel Tiroler Exporte dar. 1998 nahmen knapp zwei Drittel (66,5 %) der Tiroler Ausfuhren ihren Weg dorthin. Freilich hat in den letzten zwei Jahrzehnten die Bedeutung der außereuropäischen Absatzmärkte relativ zugenommen, in den neunziger Jahren auch die Osteuropas.

Im Vergleich zur Exportstruktur der gesamten österreichischen Wirtschaft hat die EU als Zielregion für Tiroler Exportgüter eine signifikant höhere Bedeutung (Österreich 63,9 %). Hingegen spielt Osteuropa für Tiroler Ausfuhren noch lange nicht jene Rolle, wie es dies vor allem für weiter östliche Teile Österreichs bereits tut (Tirol: 5,9 %, Österreich 16,3 %). Daraus ist zu entnehmen, dass der reine Nachbarschaftsverkehr nach wie vor eine wichtige Komponente des Außenhandels ist.

In Bezug auf Osteuropa holt Tirol in den letzten Jahren einiges von dem anfänglichen Rückstand im Vergleich zum übrigen Österreich auf. Freilich wird man auch bedenken müssen, dass diese Regionen, die teilweise der früheren österreichisch-ungarischen Monarchie angehörten, für die Tiroler Wirtschaft nie jene Bedeutung hatten wie für Ostösterreich, wo kulturelle Affinitäten mit diesem mitteleuropäischen Raum immer ausgeprägter waren. Nimmt man an, dass sich zumindest jene Länder Mittel- und Osteuropas, die in absehbarer Zeit Mitglieder der EU werden könnten, auf längere Sicht rascher entwickeln könnten als die bisherigen Mitgliedsländer der EU, wäre es nicht verfehlt, von Tiroler Seite dieser potenziellen Wachstumsregion verstärkte Aufmerksamkeit zu schenken.

**Tabelle 1: Exportstruktur Tirols und Österreichs 1998**
**Anteil am Gesamtexport, Prozent**

| | Tirol | Österreich |
|---|---|---|
| EU 15 | 66,5 | 63,9 |
| davon Deutschland | 36,8 | 36,0 |
| Italien | 13,3 | 8,6 |
| EFTA | 8,7 | 5,9 |
| davon Schweiz | 6,1 | 5,0 |
| Mittel-und Osteuropa | 5,9 | 16,3 |
| USA, Kanada | 6,8 | 4,7 |
| Japan | 1,0 | 0,9 |
| Übriges Asien | 7,0 | 4,2 |
| Australien, Neuseeland | 0,3 | 0,5 |
| Afrika | 1,1 | 1,0 |
| Lateinamerika | 1,6 | 1,2 |
| Sonstige | 1,1 | 1,4 |
| Summe | 100,0 | 100,0 |

Im Vergleich zur Exportstruktur Österreichs im Durchschnitt fällt nicht nur diese Besonderheit Tirols auf. Einige andere Feststellungen sind interessant:

- Die Bedeutung der vor der Haustüre gelegenen Märkte Italien und Schweiz ist für Tirol signifikant wichtiger als für Österreich insgesamt (Tirol: 19,4 %, Österreich 13,6 %), während der deutsche Markt sowohl für Tirol wie für Österreich insgesamt mit Abstand der wichtigste ist und in seiner Bedeutung kaum signifikant differiert.
- Die außereuropäischen Märkte spielen für Tirol eine signifikant größere Rolle als für Österreich insgesamt (Tirol 17,8 %, Österreich 12,5 %). Dies trifft insbesondere für Nordamerika und Asien einschließlich Japan zu, gilt aber auch für Lateinamerika und Afrika. Es ist daher richtig festzuhalten, dass der Exportradius der Tiroler Exporte deutlich größer ist als jener der österreichischen im Durchschnitt.

Eine höhere Reichweite von Außenhandelsgütern hat im Allgemeinen mit einer höheren Wertschöpfung je Mengeneinheit zu tun, die die Lieferung über größere Distanzen unempfindlicher gegenüber Transportkosten macht. Insbesondere in Hinblick auf einige führende Tiroler Exportgüter (im Glas-, Metall-, aber auch Textilbereich), die hochentwickelte Spezialitäten für Konsum- wie für Investitionsgütermärkte darstellen, kann darüber hinaus angenommen werden, dass sich das weltweite Marketing auf ein hohes Prestige und auf unübertreffliche Technologie der betreffenden Markenprodukte stützen kann.

Spielen Erlöse aus dem Export von industriellen Produkten in der Tiroler Wirtschaft eine leicht unterdurchschnittliche Rolle, verglichen mit ganz Österreich, so übertrifft die Tourismusintensität jene Österreichs bei weitem. Je Einwohner erlöst der Tiroler Tourismus nahezu das Zehnfache an Devisen als Österreich im Durchschnitt. Dies erklärt, dass nicht nur Qualität und Preis hohen Anforderungen entsprechen müssen, sondern dass auch die Pflege eines positiven und attraktiven Erscheinungsbildes Tirols in der Welt für das Land von ungleich größerer Bedeutung ist als für den Durchschnitt des übrigen Österreich.

Was für den Außenhandel mit Waren gilt, trifft mit Einschränkungen auch für den Tourismus zu: Verglichen mit nahezu allen Bundesländern ist das Einzugsgebiet der Tiroler Gäste deutlich weiter gesteckt (Angaben für das Kalenderjahr 1998). Dies gilt allerdings nicht für Wien, das wegen seiner weltweiten Bedeutung als Musik- und Kulturstadt gerade Überseegäste anzieht. Selbst das Bundesland Salzburg überschreitet die Attraktivität Tirols nur bei den Gästen aus Japan, die als besonders musikliebend anzusehen sind, und liegt bei den Gästen aus den USA annähernd gleichauf.

In den neunziger Jahren verzeichneten die Gäste aus Mittel- und Osteuropa einen starken Zuwachs. Rein quantitativ stellten sie das wichtigste Wachstumskontingent im Tiroler Tourismus dar. Allerdings zeigt ein Vergleich mit dem übrigen Österreich, das freilich geographisch zu manchen Herkunftsländern überwiegend näher liegt als Tirol, dass diese Märkte noch bei weitem nicht ausgeschöpft sind.

Die internationalen Beziehungen der übrigen Dienstleistungswirtschaft sind statistisch ungenügend erfasst. Immerhin sind Ansätze zu einem regionalen Finanzplatz

Innsbruck zu erkennen, dessen Ausstrahlung in die benachbarten Regionen Südtirols und Bayerns reicht.

Eine bedeutende Rolle in der internationalen Verankerung der Tiroler Wirtschaft spielt die ausgeprägte Straßentransportkapazität, die von der Lage an einer der großen europäischen Verkehrs-Magistralen Nutzen ziehen kann. Freilich bedeutet dies gleichzeitig die Öffnung des Straßengütermarktes für andere EU-Anbieter und trägt damit direkt und indirekt zur Belastung der Transitrouten bei.

Der Name Tirols wird täglich in zahlreichen Flügen von Tyrolean Airways in alle Himmelsrichtungen Europas, von Helsinki bis Rom und von Edinburgh bis Ibiza, getragen. Die Qualität und der Erfolg dieses Tiroler Unternehmens üben über den eigentlichen Flugverkehr hinaus eine nicht zu unterschätzende Werbewirkung für die Tiroler Wirtschaft aus.

**Tabelle 2: Herkunft der Gäste Tirols und Österreichs (1998)**
**Anteile in Prozent der Ausländer-Ankünfte**

| | Tirol | Österreich |
|---|---|---|
| EU 15 | 88,8 | 86,0 |
| davon: Deutschland | 62,5 | 55,9 |
| Italien | 3,7 | 5,6 |
| EFTA | 4,9 | 4,3 |
| davon: Schweiz | 4,7 | 4,0 |
| Mittel- und Osteuropa | 2,1 | 3,2 |
| USA, Kanada | 2,6 | 4,2 |
| Japan | 0,3 | 1,6 |
| Sonstiges Asien | 0,8 | 1,4 |
| Australien, Neuseeland | 0,6 | 0,7 |
| Afrika | 0,2 | 0,2 |
| Lateinamerika | 0,5 | 0,6 |

Für die Präsenz einer modernen Wirtschaft auf den internationalen Märkten werden Warenlieferungen immer mehr ergänzt und ersetzt durch Investitionen direkt in den interessanten ausländischen Märkten. Auf diese Weise werden nicht nur Handelsbarrieren leichter überwunden, es können auch billigere Produktionsfaktoren eingesetzt werden oder die Produktion befindet sich näher am Verbraucher. Die Form des Auslandsengagements kann von der Beteiligung an bestehenden Unternehmen und der Kooperation mit ausländischen Partnern bis zur Errichtung einer eigenen Tochterunternehmung reichen. Für die österreichische Wirtschaft insgesamt hat die Bedeutung der Auslandsinvestitionen in den letzten zwanzig Jahren stark zugenommen. Waren Anfang der achtziger Jahre noch nur rund 15.000 Arbeitskräfte im Ausland unter dem Einfluss eines österreichischen Unternehmens beschäftigt, so beträgt deren Zahl heute schon an die 200.000.

Eine umfassende quantitative Information über die Bedeutung der Auslandsinvestitionen der Tiroler Wirtschaft liegt derzeit leider nicht vor. Eine Sondererhebung der

Wirtschaftskammer Tirol ergab 1999 erstmals ein ungefähres Bild der direkten Engagements der Tiroler Wirtschaft in Mittel- und Osteuropa. „Von den insgesamt 53 Tiroler Unternehmen, die bereits Ostkontakte etabliert haben, melden 20 Direktinvestitionen und Joint ventures in diesem Raum. In den meisten Fällen folgen diese Investitionen einer schon früher etablierten Export- und Importbeziehung und ergänzen diese bei wachsendem Geschäftserfolg. Vom Branchenschwerpunkt her gesehen handelt es sich überwiegend um Industriebetriebe (Metallverarbeitung, Textil-Bekleidung, Baustoffe, Chemie, Fahrzeugbau), jedoch haben sich auch schon Handel, Wirtschaftsdienste und Transportgewerbe in diesem Raum etabliert. Als wichtigster regionaler Schwerpunkt der Tiroler Direktinvestitionen scheint Polen auf. An zweiter Stelle folgen die Tschechische Republik und Ungarn. Eine regionale Konzentration auf Projekte in Bulgarien ist erkennbar.“[8]

Es kann kein Zweifel bestehen, dass die Bedeutung der direkten Niederlassungen von Tiroler Unternehmen im Raum der EU, in der Schweiz und in Nordamerika jene in Mittel- und Osteuropa wesentlich übersteigt. Umgekehrt haben ausländische Mutterfirmen sehr namhafte Unternehmen in Tirol übernommen. Eigene Entwicklungen in den Bereichen Pharma, Chemie, Sportartikel, Baustoffe, Metalle, Elektrogeräte und anderen Branchen sind damit in die Strategien ausländischer Konzerne integriert. In einigen Fällen ist die Entwicklungskapazität auf diese Weise nicht im Land geblieben. Insgesamt wird man, wie für die gesamte österreichische Wirtschaft, annehmen müssen, dass die Außensteuerung von in Tirol ansässigen Industrieunternehmen wirtschaftlich bedeutender ist als die Einflussnahme von Tiroler Unternehmen auf ausländische Niederlassungen.

Es ist höchste Zeit, von den merkantilistischen Vorstellungen einer „nationalen“ Volkswirtschaft Abschied zu nehmen. Möchte man das Wirtschaftsgefüge des Landes auf „reine“ Tiroler Unternehmen reduzieren, müsste man gleichzeitig Abstriche vom volkswirtschaftlichen Einkommensniveau akzeptieren. Die Verflechtung der Wirtschaft über nationale Grenzen hinweg und in jeder wirtschaftlich denkbaren Form (Außenhandel, Dienstleistungen, Kapital, Technologie, Kooperation) garantiert den hohen Entwicklungsstand, der heute erreicht ist.

Dass in einer solchen Situation, in der es immer schwerer wird, genau zu definieren, was eigentlich noch als „Tiroler Wirtschaft“ angesprochen werden kann, auch auf längere Sicht eine zufriedenstellende Entwicklung sichergestellt erscheint, ist mehr als das Gewährenlassen der Marktkräfte notwendig. Dazu bedarf es eigener Anstrengungen des Landes, seiner Politik, seiner Unternehmer und seiner Bevölkerung, die sich Ziele für Tirol setzen und die auch die Rahmenbedingungen festlegen sollen, unter welchen sie diese Ziele ansteuern.

---

[8] H. Kramer, Die Bedeutung von Ostöffnung und Osterweiterung für die Tiroler Wirtschaft. Studie für die Wirtschaftskammer Tirol, Innsbruck, September 1999, 52–53.

## 4. Wirtschaftspolitische Überlegungen zum internationalen Standort Tirol

Tirol lag und liegt an großen europäischen Verkehrswegen. Diese brachten Reisende, Ideen und Waren ins Land und ließen Tiroler Erzeugnisse und unternehmerische Menschen in alle Himmelsrichtungen hinaus dringen. Anders als bis ins 19. Jahrhundert vollzieht sich die Befruchtung der Kulturen und der Wirtschaft heute nicht mehr durch Reisende mit der Postkutsche.

Auch die Dominanz des reinen Warenaustauschs im Außenhandel hat ihren Höhepunkt hinter sich. Wirtschaftliche Wertschöpfung muss heute und in Zukunft zunehmend aus der Vernetzung von Informationen und von Wissen, präziser: von Know-how gesucht werden. Die Kanäle, über welche dieses wirtschaftlich genutzt wird, sind (Direkt-)Investitionen außerhalb des eigenen Standorts und immer mehr auch der Verkauf oder der Tausch von exklusivem Wissen („Technologietransfer": Lizenzierung, Joint ventures).

Dies bedeutet nicht, dass die physischen Volumina des Außenhandels – und mit ihnen bedauerlicherweise auch die des Transits – absolut abnehmen werden. Ihr Tausch ist nur immer weniger Quelle der Wertschöpfung im Vergleich zum Tausch oder zum Anreichern der Produkte mit innovativen Technologien, Organisationsformen und Problemlösungen.

Es ist irreführend, das angebrochene Zeitalter als wissensorientierte Wirtschaft zu bezeichnen. Wissen ist heute, zum Unterschied von der Nachkriegsära, in außerordentlich großen Quanten zu sehr geringen Kosten überall (in Stadt und Land, auf der ganzen Welt) und jederzeit (rund um die Uhr) abrufbar: Das WWW (worldwide web) stellt es jedermann nahezu kostenlos zur Verfügung. Gleichzeitig etabliert es sich auch als „Markt" für die Produkte und Dienstleistungen, gleichfalls kostensparend und jederzeit abrufbar.

Der Zugang zu den ungeheuren Mengen an Information im Web sichert allein noch nicht eine ausreichende Basis für Arbeit und Einkommen (jedenfalls nicht auf dem heute erreichten Niveau in unserem Land). Hinzutreten muss jedenfalls die eigene Leistung: die Umsetzung, Aufbereitung und Verknüpfung der Informationen, vor allem aber ihre Anreicherung mit eigenen Ideen, Entwicklungen und Erfahrungen.

Dies soll nicht missverstanden werden: Keineswegs spricht das Postulat, „eigene" Entwicklungen zu betreiben, gegen Kooperationen und gegen den Austausch von Ideen in einem unternehmerischen Netzwerk. Im Gegenteil: Die österreichische Wirtschaft – und Tirol ist da keine Ausnahme – ist unter anderem gekennzeichnet vom Typus des Unternehmers als Einzelkämpfer. Die Zahl der Erfolgsgeschichten tüchtiger Unternehmer vor allem aus der Nachkriegsgeneration mit ihrem hohen Marktwachstum ist sehr groß. Sie zählt sehr namhafte Beispiele, gerade auch in Tirol. Die große Einzelleistung ist nach wie vor nicht unmöglich. Es gibt auch ganz moderne Beispiele dafür, gerade auch in den neuen Technologien, gerade auch in Tirol. Doch stützen sie sich in aller Regel auf Teams von ähnlich motivierten und einander ergänzenden Mitarbeitern und Partnern.

Ein sehr entscheidender Faktor ist, ob ähnliche Motivationen, ähnliche Zielvorstellungen, ähnliche Verhaltensweisen und Wertvorstellungen organisiert werden können. Dafür prägte die neuere Sozialwissenschaft den Begriff des Sozialkapitals: „Wie physisches Kapital und Humankapital erzeugt Sozialkapital Reichtum und besitzt daher Wert für eine Volkswirtschaft. Sozialkapital ist auch Voraussetzung für jede Art von gemeinsamer Unternehmung in einer Gesellschaft. Die Einzelnen erweitern ihre Macht und ihre Fähigkeiten, wenn sie kooperativen Regeln folgen, die ihre Wahlfreiheit einschränken, aber es ihnen erlauben, mit anderen in Austausch zu treten und ihr Handeln zu koordinieren. Es ist möglich, ohne Sozialkapital mittels formeller Koordinationsmechanismen wie Verträgen, Hierarchien, Verfassungen, Rechtsordnungen funktionsfähige Gruppen zu bilden. Aber informelle Normen reduzieren erheblich die Transaktionskosten, wie das die Ökonomen nennen – die Kosten, die entstehen, wenn formelle Vereinbarungen geschlossen werden, ihre Einhaltung überwacht, gegebenenfalls gerichtlich durchgesetzt werden muss. Unter bestimmten Umständen kann das Sozialkapital die Innovationsfähigkeit und Flexibilität von Gruppen erhöhen.“[9]

Die gewachsene Kultur und die Tradition, die ein Land wie Tirol besonders auszeichnen und die gelegentlich auch als übermächtige soziale Kontrolle abweichender Ideen gesehen werden können, offerieren jedenfalls eine Basis für ein gemeinsames Verständnis, welche Wirtschaft das Tirol des 21. Jahrhunderts prägen wird. Übereinstimmende Motivationen zu bündeln und das individuelle Wirtschaftsrisiko zu reduzieren, sind die wichtigsten Funktionen von Wirtschaftsleitbildern, wie Tirol eines in den letzten Jahren erarbeitet hat.

Es knüpft an zweifellos gegebene besondere Erfahrungen und Umweltbedingungen an, wenn es von den Gegebenheiten eines traditionsreichen Landes im Gebirge ausgeht und die Kompetenzfelder „Alpintechnologie“, „alpine Wohnkultur“, „(alpine) Umwelttechnik“, „Freizeit und Mode“, „vom Handwerk zur industriellen Fertigung“ und „alpine Wellness“ postuliert.

Unsere Beobachtung der Einbettung Tirols in säkulare europäische Standorttrends steht nicht in Widerspruch zu diesen Vorschlägen. Die Kompetenzfelder sind enger und präziser definiert, als sich auf Grund der Verflechtung Tirols mit einer europäischen Wohlstandszone und mit seiner Lage an einem besonders dynamischen Band der Entwicklung ableiten lässt.

Die Wirtschaftskarten Europas zeigen, dass Tirol in der Mitte einer europäischen Zone mit überdurchschnittlichem wirtschaftlichen Entwicklungsniveau und überdies an einem auffallend dynamischen Band der Entwicklung zwischen dem bayrischen und dem oberitalienischen Raum liegt. Dieser Standortvorteil lässt eine Reihe von Produkt- und Dienstleistungstypen erfolgversprechend erscheinen.

Er kann einerseits von Konsumgüterproduzenten gesucht werden, für die die vor den Grenzen Tirols gelegenen Absatzmärkte mit relativ hoher Kaufkraft erfolgverspre-

---

[9] F. FUKUYAMA, Der Starke ist am stärksten allein? Zitiert nach: Die Presse, Spectrum, 4./5. März 2000.

chend sind. Generell müssen sie allerdings versuchen, hohe und höchste und möglichst auch unverwechselbare Qualität mit dem attraktiven Image Tirols als einer der schönsten Alpenregionen zu bieten.

Darüber hinaus kommt der Standort Tirol wegen der relativ kurzen Distanzen für die Zulieferung industrieller Vorprodukte in Frage. Auch dabei müssen die Chancen eher in hoher Spezialisierung und innovativer Technologie gesucht werden als in Standardprodukten, die dem Charakter der „verlängerten Werkbank“ entsprechen würden. Für solche unter scharfem Preisdruck stehende Produktionen wäre die Wertschöpfung zu gering. Sie brächte ein ständig gegenüber der Nachbarschaft zurückbleibendes Einkommensniveau und würde die Transportbelastung des Landes nicht rechtfertigen.

Die eigentliche Chance der günstigen Lage in einem europäischen Wachstumsband sollte jedoch in der Möglichkeit innovativer Entwicklungen auf Basis der modernen Schlüsseltechnologien gesehen werden. Diesen Begriff ein wenig ausdehnend, sind darunter vor allem die Informations- und Kommunikationstechnologien (IT), die Biochemie und der Einsatz moderner Werkstoffe zu verstehen. Für alle drei Sparten gibt es in Tirol österreichweit oder sogar weltweit führende Unternehmen. Das Gewicht dieser Sektoren an der Tiroler Volkswirtschaft kann wesentlich gesteigert werden, wenn auf die Vernetzung untereinander und mit der Universität oder entsprechenden Forschungseinrichtungen und auf deren Ausstrahlung zugunsten der Gründung neuer Unternehmen gesetzt wird.

Als vierte Kategorie, die gute Chancen verspricht, können, ausgehend von den Erfahrungen des Tiroler Tourismus, Dienstleistungen aller Art im Freizeitsegment der Nachfrage angesprochen werden. Die Spezialisierung dabei auf die spezifischen Gegebenheiten alpiner Regionen und ihre besonders sensible Umwelt liegt nahe.

Eine fünfte Stoßrichtung könnte sehr wohl an die Aufsehen erregenden Leistungen der Innsbrucker medizinischen Fakultät anknüpfen, etwa in der Entwicklung von Medizintechnik.

Es fällt auf, dass die mögliche Vernetzung der Tiroler Wirtschaft sich weniger auf angrenzende alpine Regionen – also in West-Ost-Richtung – aufdrängt als in Nord-Süd-Richtung. Spezifische Kompetenz in der Behandlung von Problemen, die sich in gebirgigen Regionen stellen, muss freilich nicht heißen, dass in erster Linie die Schweiz oder Frankreich als Absatzmärkte oder Kooperationspartner in Frage kommen. Eine solche Kompetenz kann sowohl weltweit eingesetzt werden, wie auch die Vernetzung nicht unbedingt einen Standort im alpinen Raum voraussetzt. Mag sein, dass angesichts durchaus parallel gelagerter Probleme alpiner Länder – Transit, Umwelt, Gefahren, Tourismus – die Kooperation mit dem Alpenraum noch immer leitbildhafte Kraft annimmt, wie dies A. Günther vor fünfzig Jahren vermutete.

Moderne Problemlösungen aus dieser Umgebung sind daher durchaus in den anderen Alpenländern und darüber hinaus erfolgversprechend. Das Rückgrat der Tiroler Wirtschaft werden sie wohl nicht bilden. Dies nicht nur, weil die Verkehrswege in Ost-West-Richtung deutlich mühevoller sind – der Verkehr bleibt im Gebirge –, sondern weil das Potenzial der Vernetzung mit der bayrischen und der oberitalienischen Wirtschaft auf jeden Fall größer und vielfältiger ist.

Die wahren Spitzenleistungen der Tiroler Wirtschaft – die Weltunternehmen in den Sparten Glas, Biochemie, Metalle – entstammen unternehmerischen Initiativen, die ihren Standort weitgehend ohne Bezug auf die alpinen Merkmale Tirols wählten, die sich aber auf das ausgeprägte Tiroler Sozialkapital eines fleißigen, erfindungsreichen Volkes stützen konnten, für das die Geographie und die Topographie seines Landes eine Herausforderung zur unternehmerischen Überwindung darstellte. „Sich zu isolieren, entspricht nicht der Tiroler Art zu wirtschaften, diese war immer offen gegen die Welt und musste es angesichts des Grenzcharakters auch sein."[10]

## Schrifttum

CAPPELLIN, Riccardo, Regional Internationalisation and Urban Networks. The Role of Competition and Cooperation in the Europe of the 90's. Paper. University of Calabria and Bocconi University 1992.

Europäische Union, Sechster Periodischer Bericht über die sozio-ökonomische Lage und Entwicklung der Regionen der Europäischen Union. Luxemburg 1999.

FAGERBERG, Jan / Bart VERSPAGEN, Heading for Divergence? Regional Growth in Europe Reconsidered. In: Journal of Common Market Studies 34 (1996) 431–448.

FUKUYAMA, Francis, Der Starke ist am stärksten allein? Zitiert nach: Die Presse, Spectrum, 4./5. März 2000.

GÜNTHER, Adolf, Die gewerbliche Wirtschaft in Tirol. Tatsachen und Probleme. In: Festgabe zur 100-Jahrfeier der Tiroler Handelskammer, Band III (Schlern-Schriften 79), Innsbruck 1951.

KRAMER, Helmut, Die Bedeutung von Ostöffnung und Osterweiterung für die Tiroler Wirtschaft. Studie für die Wirtschaftskammer Tirol. Innsbruck 1999.

MAGRIS, Claudio, Die Welt en gros und en détail. München-Wien 1999.

PACI, Raffaele, More Similar and Less Equal: Economic Growth in the European Regions. In: Weltwirtschaftliches Archiv 133 (1997) 609–634.

## Summaries

Die Frage, welche wirtschaftlichen Schwerpunkte sich im europäischen Binnenmarkt herausbilden werden, ist heftig umstritten. Die ursprüngliche Vision von zwei in der Form einer Banane ähnelnden Verdichtungskernen (von London und den Niederlanden rheinaufwärts und rhoneabwärts sowie von dort entlang des nördlichen Ufers des Tyrrhenischen Meeres bis an die obere Adria) entsprechen nicht der seither eingetretenen politischen Entwicklung (Ostöffnung!) und den empirischen Erfahrungen. Ti-

[10] GÜNTHER, Die gewerbliche Wirtschaft (wie Anm. 2) 236.

rol läge im Schnittpunkt dieser Zonen. Seine Entwicklung wird jedoch durch messbare Gravitationszonen, die nördlich und südlich an das Land angrenzen, mit determiniert; diese dynamischen Zonen zeichnen sich außerdem schon heute durch ein relativ hohes Durchschnittseinkommen aus. Sich in ihre Entwicklung einzuklinken – vornehmlich nicht in erster Linie in Form von Transitverkehr – ist eine strategische Aufgabe der Tiroler Wirtschaftsentwicklung.

Das klassische Denkmodell, demzufolge sich für Tirol die anderen Alpenländer als Wirtschaftspartner am ehesten anbieten, ist gleichfalls überholungsbedürftig. Neue Wirtschaftsformen und neue Technologien ergeben vielfältigere Optionen als die Arbeitsteilung in alpenspezifischen Wirtschaftszweigen. Die wahren Spitzenleistungen der Tiroler Wirtschaft entstammen schon bisher und mit Sicherheit in Zukunft unternehmerischen Initiativen, die ihren Standort in Tirol weitgehend ohne dessen alpine Merkmale wählten und wählen.

* * *

An earlier image expected the European internal market to gravitate along two banana-like zones, one from the Channel upwards the Rhine and downwards the Rhone to Catalonia, the other from there along the northern rim of the Mediterranean to the northern Adriatic. Tyrol would be positioned close to the intersection of these assumed dynamic zones. This concept seems to have no relevance any more due to political developments since then (integration of Eastern Europe) and it is not supported by empirical evidence. Tyrol, however, can enjoy the economic opportunities opened by the extraordinary dynamic as well as highly developped regions north and south of its borders: South-East Germany and Northern Italy. The strategic option the country has to take is clicking into this growth region and to profit from it in other ways than in increasing transit transport.

Equally outdated (as the "bananas") seems the classical idea of an intensive division of labour between the Tyrol and other Alpine regions. New forms of economic organisation as well as new technologies point to a more extended spectrum of specialisations, perhaps to the appearance of clusters profiting in some way from the economic strength of the neighbouring regions. That can only partly be expected from economic policy strategies. Many success stories of Tyrolean companies can be attributed to entrepreneurial initiatives who choose the Tyrol as location for other than its alpine characteristics.

* * *

Il dibattito sulle possibili linee di sviluppo economico del Mercato interno europeo è assai controverso. La visione iniziale di due nuclei simili nella forma ad un arco (l'uno che parte da Londra e dai Paesi Bassi e risale il Reno e il basso corso del Rodano; l'altro che dal basso corso del Rodano risale la sponda settentrionale del Tirreno fino all'Adriatico settentrionale) non corrisponde allo sviluppo politico attuale (basti pensare al futuro ampliamento a est dell'Unione) né all' evidenza empirica. Secondo tale visione il Tirolo verrebbe a trovarsi nel punto di intersezione di queste due zone, ma di fatto il suo sviluppo si svolge all'interno di due zone gravitazionali a nord e a sud del paese, quali l'area tedesca sudoccidentale e l'Italia settentrionale, regioni il cui dinamismo economico è caratterizzato già oggi da un reddito medio relativamente alto. La strategia dello sviluppo economico tirolese dovrebbe essere finalizzata a inserirsi in queste aree di crescita economica ( e non solo come paese di transito).

Va rivisto anche il modello tradizionale che considera il Tirolo il partner economico più ovvio per gli altri paesi dell'arco alpino, in quanto le nuove forme economiche e le nuove tecnologie offrono una serie di opportunità assai più svariate che non le tradizionali attività nei settori specifici dell'economia alpina. Le migliori prestazioni dell'economia tirolese provengono già oggi – e ciò vale a maggior ragione per il futuro – da quelle iniziative imprenditoriali che hanno scelto il Tirolo per altri motivi che non per le sue caratteristiche di regione alpina.

# Hat Tirol eine High-Tech-Zukunft?

Bruno Buchberger

## 1. High Tech am Beispiel der Informations- und Kommunikationstechnologien

Innovativ heißt „immer neu". Bei Innovation denken viele nur an Technik, oft an kalte Technik, oft an Technik im Gegensatz zur Natur. Immer neu zu sein ist aber das Wesen der Natur. Das Streben nach Neuheit ist Teil des natürlichen Flusses der Natur und natürlich auch der menschlichen Natur.

Tirol hat sehr viel an – vom Menschen unberührter – Natur. Tirol hat auch einen wesentlichen Teil seiner Wirtschaft darauf ausgerichtet, mit der Attraktivität der naturbelassenen Natur zu punkten. Tirol hat aber auch etliche Firmen und Forschungseinrichtungen, die am heute im Vordergrund stehenden technischen Feld der Innovation internationales Renomee genießen.

Ich glaube aber, dass Tirol seine Möglichkeiten zur Innovation in der heutigen Zeit zu wenig beherzt und bewusst auslebt. Diese Möglichkeiten leben gerade in der Spannung zwischen der bewussten Bewahrung der vom Menschen nicht beeinflussten Natur und der vom Menschen – unter Ausnutzung der feinsten Ebenen der Natur – bewusst entwickelten Technologien.

In diesem Beitrag möchte ich diese Gedanken punktuell nur an einem Beispiel in größerem Detail entwickeln, nämlich am Beispiel der Informations- und Kommunikationstechnologien (IKT). In den „Zukunftsgedanken für Tirol" habe ich diese Gedanken für den Gesamtbereich der technologiebasierten Wirtschaft erarbeitet.[1]

Man muss wohl zugeben, dass Tirol auf dem Gebiet der IK-Technologien die Entwicklung der letzten dreißig Jahre so ziemlich versäumt hat, was wirtschaftlich tatsächlich als eine Katastrophe betrachtet werden könnte. Ich werde in diesem Artikel deshalb auch sehr konkret werden und ein Gesamtkonzept für die rasche Entwicklung der IKT-Wirtschaft in Tirol vorschlagen, mit dem es mir möglich erscheint, dass Tirol auf diesem Gebiet nicht nur aufholt, sondern in einer eigenständigen und tirolspezifischen Art Neues und Spannendes kreieren kann.

---

[1] Bruno Buchberger im Namen des Arbeitskreises von Auslandstirolern, Zukunftsgedanken für Tirol. Innsbruck 1999.

Wenn wir von IKT-Wirtschaft sprechen, ist es wichtig, eine grundlegende Unterscheidung zu treffen:

- IKT-*Konsumation*: Die IK-Technologien bilden eine Querschnittstechnologie, das heißt, es gibt kaum einen Wirtschaftszweig, der die IK-Technologien nicht essenziell benötigt. Ja es wird immer augenscheinlicher, dass die IK-Technologien die gesamte Gesellschaft so grundlegend verändern werden wie keine Technologie davor. Das heißt, jeder einzelne, jeder Betrieb, jede Organisation, jede Region, jeder Staat, ja die gesamte globale Gesellschaft wird zum Konsumenten der IK-Technologien werden. Dieser Prozess wird eintreten, ob wir das wollen oder nicht, bzw. es wäre nur durch eine bewusste Entscheidung – vielleicht – möglich, sich aus dieser Entwicklung auszuklinken. Der freie Markt wird – auch in Tirol – dafür sorgen, dass wir – als Konsumenten – bei den IK-Technologien dabei sind. Der Überlebensdruck für die Wirtschaft ist zu groß, als dass es sich eine regionale Wirtschaft leisten könnte, sich die Möglichkeiten der IK-Technologien nicht auf modernstem Stand zur Verfügung zu halten. Das allein ist aber nicht ausreichend, um in Zukunft eine wirtschaftlich erstklassige Region zu sein. Vielmehr ist es notwendig, eine eigene IKT-Wirtschaft zu haben, die wenigstens in einigen gut gewählten Feldern IK-Technologien produziert. Und das ist der Inhalt dieses Beitrags.
- IKT-*Produktion*: IKT-produzierende Wirtschaft ist jene Wirtschaft, die in den weitgefächerten Themen dieser Technologien (Hardware, Software, Netzwerke) selbst neue Methoden und Produkte entwickelt. Nur wer heute selbst zur Entwicklung der IK-Technologien beiträgt, wird in Zukunft als Wirtschaftspartner ernst genommen werden und im internationalen Konzert der Technologie-Anbieter profitabel geben und nehmen können. Und in dieser Beziehung glaube ich, dass Tirol – von wenigen heroischen Ausnahmen abgesehen – faktisch am Punkt null ist. IKT-Produzent zur werden ist auch nicht etwas, was durch die Kräfte des freien Markts von selbst entstehen wird. Vielmehr muss eine Region, die noch keine eigene IKT-produzierende Wirtschaft hat und diese in kurzer Zeit aufbauen möchte, eine konzentrierte und konzertierte Anstrengung unternehmen, um das Ruder herumzureißen. Das ist eine zutieftst politische Aufgabe, in welcher die politischen Kräfte Tirols die Initiative übernehmen und alle Kräfte (Forschungs-, Ausbildungs- und Wirtschaftseinrichtungen) koordinieren und einbinden müssen, um das Ziel zu erreichen.

Ich beschreibe also im Folgenden zunächst einige Grundstrategien und dann Maßnahmen, die mir geeignet erscheinen, um Tirol in kurzer Zeit zu einer IKT-produzierenden Region zu machen und Tirol damit neben seinen traditionellen Wirtschaftsstärken eine neue wirtschaftliche Chance zu eröffnen. Die meisten der Strategien und Maßnahmen sind auch auf andere Technologiebereiche übertragbar, in denen Tirol innovativ sein möchte.

## 2. Innovationsstrategien für Tirol

Um jetzt das Ziel einer hoch entwickelten IK-Wirtschaft in Tirol rasch zu erreichen, sind konzertierte, konzentrierte und beherzte Maßnahmen erforderlich, die nach den folgenden Strategien ausgerichtet sein müssen:
- Strategie „eingebettet in Gesamtzusammenhang“
- Strategie „das Höchste zuerst“
- Strategie „spiralförmig“
- Strategie „alle Aspekte zugleich“
- Strategie „starker Anfangsimpuls“
- Strategie „aus der Schwäche die Stärke machen“
- Strategie „Technologie und Lebensstil“
- Strategie „Internationalität“
- Strategie „Allianz mit Trento“

*Strategie „eingebettet in Gesamtzusammenhang“:*
Der Aufbau der IKT-Wirtschaft muss eingebettet sein in die Gesamtzukunftsplanung für Tirol. Das heißt insbesondere, dass der Aufbau der IKT-Wirtschaft als Teil der Entwicklung des „Tiroler Technologie- und Lifestyle-Netzwerks“ erfolgen muss, siehe dazu die Details in den „Zukunftsgedanken für Tirol“.

*Strategie „das Höchste zuerst“:*
Das heißt, dass in Tirol zuallererst eine starke, eigene, akademische und wirtschaftsbezogene Forschung und Ausbildung in den IK-Technologien aufgebaut werden muss, weil nur dann die angewandten Wirtschaftsbereiche, Firmengründungen, Ansiedlungen, Ausbildung an AHS und BHS etc. rasch nachgezogen werden können.

*Strategie „alle Aspekte zugleich“:*
Alle drei Grundaspekte des Bereichs IKT – Forschung, Ausbildung und wirtschaftliche Umsetzung – müssen von Anfang an zugleich aufgebaut werden. Nur dann entstehen rasch die Synergien zwischen den Bereichen mit den gegenseitigen Verstärkungseffekten. In allen drei Aspekten sind alle Ebenen zugleich aufzubauen (Forschung: Grundlagenforschung, industrielle Forschung, präkompetitive Entwicklung; Ausbildung: Doktorat, Master, Bakkalaureat, FH, HTL, berufsbegleitende Ausbildung; Anwendung: Entwicklung und Produktion, internationales Marketing, Vertrieb, Beratung, Schulung etc.).

*Strategie „spiralförmig“:*
Beginnend von einem kleinen Nukleus in allen Aspekten des Bereichs IKT müssen alle Aspekte in immer größeren Spiralen aufgebaut werden.

*Strategie „starker Anfangsimpuls“:*
Der Anfangsimpuls in der Spirale muss stark sein wie ein Paukenschlag. Das heisst insbesondere, dass am Anfang (Jahre 2001–2009) ein signifikanter Einsatz von öffent-

lichen Mitteln (insbesondere seitens des Landes Tirol und auf Betreiben des Landes Tirol auch seitens des Bundes, der EU, der Wirtschaft etc.) in der Größenordnung von ca. 10–15 Mio. Euro pro Jahr notwendig ist, um die Entwicklungsspirale rasch in Gang zu bringen. Wenn die Spirale greift, kann erwartet werden, dass der Einsatz öffentlicher Mittel schrittweise zurückgehen kann, weil dann die privaten Marktmechanismen greifen müssen. Eine starkes finanzielles Engagement des öffentlichen Sektors muss dennoch auch für die Jahre 2010–2020 in der Größenordnung von 5–8 Mio. Euro pro Jahr vorgesehen werden.

*Strategie „aus der Schwäche die Stärke machen“:*

Abgesehen von isolierten Spitzenleistungen ist der Bereich der IK-Technologien in Tirol im Augenblick eine tabula rasa. Das bedeutet aber auch eine Chance, nämlich dass man jetzt in der Planung eines Forschungs- und Ausbildungsimpulses keine „Altlasten“ berücksichtigen muss und – auf den Erfahrungen von Forschungs- und Bildungseinrichtungen anderer Regionen aufbauend – einen zukunftsorientierten, modernen Impuls setzen kann, mit dem man sich auf die „Überholspur“ setzen kann.

*Strategie „Technologie und Lebensstil“*

Tirol hat seine traditionelle Stärke im Fremdenverkehr. Dies kann und sollte ein starker Faktor für die Attraktion von Spitzenkräften (Forschern, Firmen, Studenten) aus dem Ausland werden: „Die besten Technologiezentren in die attraktivsten Orte Tirols.“

*Strategie „Internationalität“:*

Die IKT-Forschung, -Ausbildung und auch -Wirtschaft sollte sich in besonderer Weise bemühen, internationale Kräfte (Forscher, Studenten, Firmen) und auch benachbarte Institutionen im Ausland, die bereits eine starke IKT-Position haben, in den Aufbau des IKT-Bereichs in Tirol einzubeziehen. Tirol braucht für einen raschen Aufbau und auch für eine langfristige Spitzenposition auf diesem Gebiet dringend Impulse von außen. Die umgekehrte Richtung, dass Tiroler nach außen gehen, passiert von selbst und ist nicht der wesentliche Teil der „Internationalität“.

*Strategie „Allianz mit Trento“:*

In den „Zukunftsgedanken für Tirol“ habe ich genau analysiert, warum – unter allen möglichen Nachbarn – gerade eine Allianz Tirols mit Trento eine besondere Chance für die Belebung aller gesellschaftlichen, insbesondere aber der wirtschaftlichen Bereiche birgt. In dem vorliegenden Vorschlag wird klar werden, dass gerade für den raschen Aufbau eines Forschungskerns in den IK-Technologien die Allianz mit Trento (speziell mit der Universität Trento und dem Forschungsinstitut IRST bei Trento) unverzichtbar ist, weil sonst die nötige kritische Masse nicht erzielt werden kann, und daraus auch ein einmaliger, unverwechselbarer USP entwickelt werden kann. Die Kooperation mit Trento birgt auch die historische Chance des Aufbaus einer multikulturellen Region im Herzen der EU.

Im Sinne dieser Strategien und des Gesamtzusammenhangs des „Technologie- und Lifestyle-Netzwerks Tirol“ wird im Folgenden ein Entwicklungsplan für die Forschung, Ausbildung und wirtschaftliche Umsetzung für den Bereich der IK-Technologien vorgeschlagen, .der folgende drei Institutionen aufeinander abgestimmt umfasst:

- Universität Innsbruck für den Bereich der IKT-*Forschung* und der *Kernausbildung* im IKT-Bereich
- Fachhochschulbreich Tirol für die angewandte IKT-*Ausbildung*
- „ICT-Tyrol" (International Center for Information and Communication Technologies) für die enge Verflechtung mit der zukünftigen IKT-*Wirtschaft* in Tirol.

Von diesem Kern ausgehend können dann auf allen Ebenen die weiteren Facetten der zukünftigen IKT-Landschaft in Tirol (Erwachsenen- und berufsbegleitende Ausbildung, IKT-Ausbildung in den Schulen, Firmengründungen und Firmenansiedlungen in allen Teilen Tirols) rasch entwickelt werden.

## 3. Forschungs- und Ausbildungsplans im Bereich der IK-Technologien für Tirol

Die Schlüsseleinrichtungen Universität, FH und ICT in Tirol sollten wie folgt arbeitsteilig, aber synergetisch beim Aufbau der IKT-Forschung, -Ausbildung und wirtschaftlichen Umsetzung zusammenwirken:

*Uni Innsbruck:*

- Grundlagenforschung in gut gewählten Gebieten moderner IKT-Forschung mit den entsprechenden Synergien untereinander.
- Einrichtung von mindestens 8 Lehrstühlen für diese Forschung, insbesondere auch die Grundlagenforschung an der Uni Innsbruck.
- Ansiedlung dieser Lehrstühle als Kern des ICT Tyrol in Kranebitten.
- Intensive Interaktion dieser Lehrstühle mit den anderen Forschungseinrichtungen und den anzusiedelnden Firmen am ICT in Kranebitten.
- Intensive Interaktion dieser Lehrstühle in der Forschung und Ausbildung mit den (wenigen) derzeit existierenden, wenigstens zum Teil mit IK-Technologien befassten Lehrstühlen und Arbeitsgruppen an der Uni Innsbruck.
- Aufbau eines modernen, deutschsprachigen Bakkalaureat-Studiums für die IK-Technologien an der Uni Innsbruck. Unterricht am Campus der Uni in Kranebitten. Die Absolventen sollten für die praktischen allgemeinen IKT-Bedarfe der Tiroler Wirtschaft sofort einsetzbar sein.
- Aufbau eines modernen, englischsprachigen, internationalen Master's-Studiums für die IK-Technologien an der Uni Innsbruck. Unterricht am Campus der Uni in Kranebitten.
- Aufbau eines englischsprachigen, internationalen Doktoratsstudiums und Schaffung von Postdoc-Plätzen.

- Initiierung von IKT-FH-Studiengängen unter konzeptioneller Führung der Uni Innsbruck, am besten am Campus der Uni in Kranebitten.
- Schrittweise Umwandlung der gesamten Uni zu einer IKT-basierten Uni, die das „universelle Wissen der heutigen Zeit" unter Verwendung der IK-Technologien organisiert und anbietet. Es braucht also sowohl einen schrittweisen organisatorischen Umbau der Uni zur IKT-basierten Uni als auch insbesondere die Ausbildung in der fachspezifischen „Computer Literacy" in allen Studiengängen der Uni Innsbruck, z. B. in der Medizinerausbildung, der Ausbildung der Betriebswirte, Physiker, Biologen etc. und die zugehörige angewandte Forschung. Einrichtung eigener angewandter IKT-Lehrstühle in den Fakultäten.

*FH Tirol:*
- Aufbau von zwei bis drei FH-Studiengängen im Bereich der IK-Technologien mit ca. 50 Studienplätzen pro Jahrgang und Studiengang in Synergie mit der Uni Innsbruck. Abstimmung der Themen mit den Themen der anderen für Tirol existierenden und geplanten FH-Studiengänge und mit den Themen der anderen österreichischen FH-Studiengänge.
- Die Themen der FH-Studiengänge müssen so gewählt werden, dass die Absolventen die praktischen speziellen IKT-Bedarfe der – gegenwärtigen und zukünftigen (aufzubauenden) – Tiroler Wirtschaft abdecken können.
- Einbindung der FH-Studenten während ihrer Praktika und im Praxissemester vornehmlich in Tiroler Betriebe.
- Ansiedlung dieser Studienrichtungen am Campus der Uni in Kranebitten.

*ICT Tyrol in Kranebitten:*
- Das ICT Tyrol in Kranebitten umfasst die Labors der IKT-Lehrstühle der Uni, andere nationale und internationale Forschungseinrichtungen bzw. Ableger davon und Firmen (Ableger internationaler Firmen und Gründerfirmen).
- Die mit dem ICT kooperierenden Uni-Lehrstühle müssen auf der starken Basis ihrer Grundlagenforschung und der Lehre im Bakkalaureat-, Master- und Doktoratsstudium auch für die angewandte Forschung und Entwicklung der im ICT anzusiedelnden IKT-Firmen und IKT-Institutionen (und anderer Firmen in Tirol, in Österreich und international) attraktiv sein und die Zusammenarbeit mit der Wirtschaft suchen. Diese Lehrstühle sollten am besten in einem „Department" (Fakultät) zusammengefasst sein und eine eigene Interfereinrichtung für die Kooperation mit den Firmen angeschlossen haben, die nach privatwirtschaftlichen Regeln funktioniert. Diese Interfereinrichtung sollte danach trachten, sehr bald einen starken Anteil des Budgets der Lehrstühle aus Drittmitteln zu lukrieren.
- Die Interfereinrichtungen anderer Forschungsinstitute sollten motiviert werden, ehestens Ableger am ICT einzurichten, um die Forschungspotenz des ICT und die Attraktivität des ICT für Firmenansiedlungen und Firmengründungen zu erhöhen. Insbesondere sollte die geplante Hochschule für Medizininformatik der TILAK in den Campus des ICT integriert werden.

- Die Themen für die angewandte Forschung und Entwicklung der Institute und Firmen sind nicht vorherplanbar und müssen sich dem rasch ändernden Bedarf der Firmen und Institutionen am ICT flexibel anpassen.
- Einrichtung eines ICT-Tagungs- und Schulungszentrums in Seefeld als Ableger und Aushänger des ICT in Kranebitten. Das internationale ICT-Tagungszentrum sollte danach trachten, Sitz des geplanten gesamtösterreichischen internationalen Tagungszentrums „e-Austria“ zu werden.

# 4. IKT-Forschung an der Universität Innsbruck

## 4.1 Grundkonzept

Wir charakterisieren hier die Entwicklung der IKT-Technologien durch drei Entwicklungslinien: World of Desires; Natureware; Brainware.

*World of Desires:*

Die Welt der Wünsche, die die Individuen und die Gesellschaft an IKT-Systeme stellen, wird immer komplexer, subtiler, anspruchsvoller. IKT-Systeme sollen so funktionieren, dass sie mit immer weniger IKT-Spezialwissen direkt in der „Sprache der

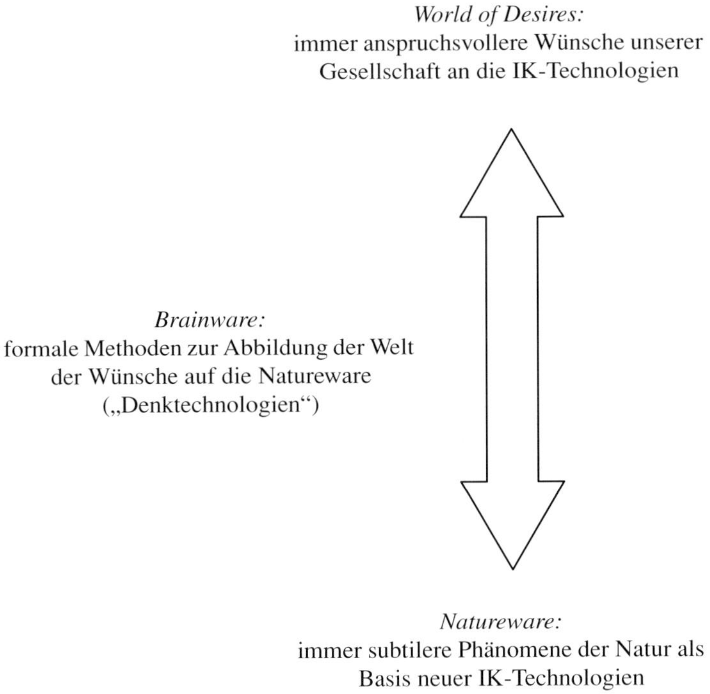

Wünsche" und nicht in der „Sprache der Technik" von immer mehr Menschen benutzt werden können. IKT-Systeme sollen immer besser in die zahlreichen, verflochtenen Systeme der Gesellschaft (z. B. medizinischen Systeme, Ausbildungssysteme, Freizeitsysteme, Verwaltungssysteme, Verkehrssysteme, Kunstsysteme etc.) integriert und untereinander regional und global vernetzt sein.

*Natureware:*

Die technische Entwicklung der IKT-Systeme in der Vergangenheit und Zukunft ist dadurch gekennzeichnet, dass immer subtilere Phänome der Natur zur ihrer technischen Realisierung herangezogen werden können. Beginnend von den elektrischen Schaltern (Relais), elektronischen Schaltern (Röhren), Festkörperphänomenen (Transistoren, integrierte Schaltkreise), optischen Phänomenen (Lichtwellenleitern) stehen wir heute an der Schwelle zur Ausnutzung subatomarer und biologischer Phänomene zur technischen Realisierung von IKT-Systemen (Quantencomputing, biologische Computer etc.). Da für die Art der Naturphänomene, die als Basis für die technologische Realiserung von IKT-Systemen herangezogen werden können, im Prinzip keine Grenzen bestehen, fassen wir diesen Bereich durch das Schlüsselwort „Natureware" zusammen.

*Brainware („Denktechnologien"):*

Da die Spanne zwischen den Ansprüchen der Individuen und der Gesellschaft an IKT-Systeme und der Beherrschung immer subtilerer Naturphänomene für die technische Realisierung der IKT-Systeme immer größer wird, wird die Abbildung der Ansprüche auf die technisch möglichen Systeme eine immer größere Herausforderung an den menschlichen Intellekt. Die Spanne wird überbrückt durch die *formalen Methoden*, die in immer subtileren Hierarchien übereinander die Abbildung der Wunschwelt auf die technische Welt immer automatischer gestatten: Das ist die Welt der Logik, Mathematik, Software, Sprachtechnologie und ausschließlich eine Kreation des menschlichen Intellekts, die wir hier unter dem Schlüsselwort Brainware zusammenfassen. Die Weiterentwicklung der formalen Methoden zur Automatisierung der Abbildung zwischen der Wunschwelt und der technischen Realisierung ist somit der dritte Schlüssel zur Weiterentwicklung der IKT-Technologien.

## 4.2 Ganzheitliche Sicht der IKT-Technologien

Das Miteinander der drei Schlüsselrichtungen

- World of Desires
- Natureware
- Brainware

ist unverzichtbar für den Aufbau einer zukunftsorientierten IKT-Forschung und wird deshalb hier in das Zentrum der Überlegungen für die IKT-Forschung in Tirol gestellt. Die drei Schlüsselrichtungen spannen den gesamten Raum der heutigen und zukünftigen Entwicklung der IKT-Forschung auf.

Es ist klar, dass ein relativ kleines Forschungszentrum wie das geplante Uni-Department (angegliedert ICT Tyrol) auch nicht annähernd die wichtigen zukünftigen IKT-Forschungsrichtungen umfassend vertreten kann. Deshalb ist es notwendig, strategische Partnerschaften einzugehen. Wir schlagen dazu in den „Zukunftsgedanken für Tirol“ eine enge Kooperation mit Universitäten im benachbarten Ausland, insbesondere eine strategische Allianz mit der Uni Trento und dem IRST in Trento vor. Uni Innsbruck und ICT am Nordende und Uni Trento und IRST am Südende markieren die neue „Technologie- und Lifestyle-Achse“ Tirol / Trentino.

Durch die Abstimmung der IKT-Forschungspläne von Uni Innsbruck / ICT und Uni Trento / IRST sollte es gelingen, die kritische Masse zu entwickeln, um im Bereich der IKT-Forschung international einen prominenten Platz einzunehmen, von dem aus eine starke IKT-Wirtschaft in den beiden Regionen entwickelt werden kann. (Die Uni Trento hat inzwischen ihr Entwicklungsprogramm bereits in allen Details ausgearbeitet und ist mit voller Energie in der Realisierungsphase. Nordtirol ist in Gefahr, hinten zu sein, obwohl beide Initiativen ungefähr gleichzeitig, 1998, begonnen wurden.)

Welche Schwerpunkte genau aufgebaut werden sollen, wird weitgehend auch von den Arbeitsrichtung der internationalen Schlüsselforscher abhängen, die als Professoren für die Lehrstühle gewonnen werden können, und auch davon, welche zusätzlichen Forschungseinrichtungen und Firmen zur Ansiedlung im ICT bewogen werden können.

Strategisch ist es auch besser, lieber wenige Spezial-Schwerpunkte mit jeweils mehreren Lehrstühlen zu besetzen als viele Schwerpunkte mit jeweils nur einem Lehrstuhl: Gute Forscher gehen dorthin, wo auch andere gute Leute im selben Schwerpunkt tätig sind und haben keine Angst vor Konkurrenz.

## 4.3 Die dynamische Entwicklungsspirale, die auf Grundlagenforschung basiert

Weiters ist es wichtig zu verstehen, dass die Gesamtentwicklung der IKT-Wirtschaft in Tirol von exzellenter originaler Grundlagenforschung ausgehen muss. Auch wenn das ultimative Ziel der gesamten IKT-Task-Force in Tirol der Aufbau einer IKT-Wirtschaft ist, wird dies – gemäß der Strategie „das Höchste zuerst“ – nur gelingen, wenn es einen Kern von international erstklassiger Tiroler IKT-Grundlagenforschung gibt.

Der Aufbau von exzellenten Schwerpunkten in der IKT-Grundlagenforschung wird die strategisch wichtigste Aktion für den Aufbau der IKT-Wirtschaft in Tirol sein. Deshalb muss in diese Aktion auch die Hauptinvestition von öffentlicher Seite getätigt werden. Diese Schwerpunkte können sich nicht selbst tragen oder von der Wirtschaft finanziert werden. Sie stellen jedoch den Kern der Infrastruktur dar, der – in Kombination mit dem einmaligen Lebensstil in Tirol – in einer „dynamischen Spirale“ mehr und mehr Facetten einer starken Tiroler IKT-Wirtschaft hochziehen wird: Es besteht dann die beste Chance

- weitere nationale und internationale Forschungsinstitute und Forschungsinstitutionen anzusiedeln, die dann zum Großteil von nationalen und internationalen Forschungsförderungseinrichtungen und forschungsorientierten Firmen finanziert werden werden,
- die Elite der Forscher zu Gastaufenthalten anzuziehen,
- die Elite der internationalen Jugend als Doktorats- und Postdoc-Studenten anzuziehen,
- die interessantesten internationalen IKT-Kongresse nach Tirol zu bringen und damit wieder das Forschungspotential und den Fluss der Ideen zu intensivieren und Tirols IK-Visibility zu erhöhen,
- die besten internationalen IKT-Firmen zur Ansiedlung von Entwicklungsabteilungen im ICT zu motivieren,
- den Nährboden für die Gründung zukunftsorientierter Tiroler IKT-Gründerfirmen zu schaffen,
- Spinoffs der IKT-Wirtschaft in anderen Orten Tiroler zu kreieren,
- bestes Lehrpersonal für die IKT-Ausbildung an der Uni Innsbruck, an den Tiroler Fachhochschulstudiengängen und den anderen Tiroler Bildungseinrichtungen (HTL, WIFI, HAK, AHS etc.) bereitzustellen,
- die gesamte Tiroler Wirtschaft durch bestens ausgebildetes Fachpersonal auf eine neue Ebene der IKT-Kompetenz zu heben,
- IKT-Fachleute für die Tiroler Technologie- und Wirtschaftspolitik bereitszustellen,
- und das „Fenster zur globalen IKT-Welt" von Tirol hinaus in die Welt und aus der Welt hinein nach Tirol weit aufzumachen.

### 4.4 Themenfindung für konkrete Forschungsschwerpunkte

Wie oben ausgeführt, sollte man sich bei der konkreten Bestimmung der Forschungsschwerpunkte nicht zu früh fixieren und rasch folgenden Prozess einleiten:
- intensive Diskussion innerhalb der Uni Innsbruck,
- intensive Diskussion mit Vertretern der Uni Trento und des IRST,
- Beiziehung externer Experten, die dem Anliegen des Aufbaus von eigener IKT-Grundlagenforschung in Tirol positiv gegenüberstehen und daran ein gewisses persönliches Interesse haben und zu Engagement bereit sind,
- Sondierung bei internationalen IKT-Spitzenforschern, die allenfalls zur Annahme einer Professur am ICT bereit wären,
- allenfalls auch Abstimmung mit der Auswahl der IKT-Spezialthemen für die einzurichtenden FH-Studienrichtungen in Innsbruck.

Beispiele aktueller Forschungsthemen habe ich in den „Zukunftsgedanken für Tirol" zusammengestellt.

Insbesondere ist der Abstimmungsprozess mit Uni Trento / IRST von zentraler Wichtigkeit: Es wird für viele internationale Spitzenforscher wahrscheinlich sehr attraktiv – vielleicht sogar einmalig attraktiv – sein, ihre Forschungsaktivität und die Arbeit mit den Doktorats- und Postdoc-Studenten auf beide Zentren (Uni Innsbruck / ICT und Uni Trento / IRST) zu verteilen. Mit dieser Doppelzugehörigkeit sollte es möglich sein, wirkliche Topleute anzuziehen. Auch sollte es für internationale Doktorats- und Postdocstudenten besonders attraktiv sein, Semester wechselweise in Tirol und im Trentino zu verbringen. Auch ist es wirtschaftlich wahrscheinlich viel effizienter, Spezial-Lehrveranstaltungen jeweils nur an einem der beiden Standorte anzubieten.

## 5. Akademische IKT-Ausbildung (UNI, FH)

Wir schlagen vor, im Bereich der IK-Technologien folgende Studien einzurichten:
- ein Bakkalaureatsstudium an der Uni
- ein Master's-Studium an der Uni
- mehrere FH-Studiengänge
- ein Doktoratsstudium.

Diese Studien sollen aufeinander abgestimmt sein und voneinander verschiedene, genau definierte Ausbildungsziele haben.
Das *Bakkalaureatsstudium an der Uni* soll „Informatik" heißen und folgende Charakteristika haben:
- Die Absolventen dieses Bakkalaureats sollen typischerweise für das breite Spektrum der Basis-IK-Technologien (Planung, Installation, Adaptierung, Benutzung und Entwicklung von IKT-Systemen) bei allen Betrieben, in denen Probleme auftreten, die mit vorhandenen Basis-IK-Technologien gelöst werden können, als Sachbearbeiter eingesetzt werden können.
- Dementsprechend werden im Bakkalaureat die wesentlichen Basis-Techniken des gesamten Gebiets der IK-Technologien praktisch und in ihrem Zusammenhang vermittelt.
- Einstiegsmöglichkeiten für das Bakkalaureat: AHS-Matura oder BHS-Matura oder einschlägige Studienberechtigungsprüfung.
- Das Bakkalaureat soll drei Jahre dauern und im Wesentlichen in Deutsch abgewickelt werden, mit reichlich Gelegenheit zu englischsprachigen Lehrveranstaltungen.
- Das Bakkalaureat ist zudem eine der möglichen Studienvoraussetzungen für das Masterstudium.

Das *Master's-Studium* an der Uni soll ebenfalls „Informatik" heißen und folgende Charakteristika haben:
- Die Absolventen sollen in der Lage sein, in einem breiten Feld von IK-Technologien selbst Entwicklungen zu betreiben. Sie sollen typischerweise in Betrieben zum Einsatz kommen, die selbst IK-Technologien entwickeln, und dort sowohl Entwicklerpositionen als auch Führungspositionen einnehmen können.

- Dementsprechend wird im Master's-Studium der Zusammenhang zwischen den einzelnen IK-Technologien vertieft und vor allem werden auch die theoretischen Grundlagen vermittelt.
- Außerdem wird an *einem* Arbeitsgebiet exemplarisch vermittelt, wie man sich selbstständig in ein Arbeitsgebiet bis zum heutigen Stand der Technik einarbeitet, so dass man dann sinnvoll zu Neuentwicklungen beitragen kann.
- Besonderer Wert wird auf das Training für Führungsaufgaben gelegt.
- Einstiegsmöglichkeiten: Bakkalaureat in IK-Technologien oder Bakkalaureat in einer verwandten in- oder ausländischen Studienrichtung oder FH-Diplom in einer einschlägigen speziellen FH-Studienrichtung.
- Das Master's-Studium soll ebenfalls drei Jahre dauern (mit Anrechenbarkeiten für spezielle Vorbildung, z. B. einschlägige FH-Studien) und zur Gänze in Englisch abgehalten werden. (Dies einerseits deshalb, um die Absolventen EU-kompatibel zu machen, und andererseits vor allem auch, um ausländische Studenten anzureizen, dieses Studium an der Uni Innsbruck zu machen und damit für die Tiroler Wirtschaft zur Verfügung zu stehen.)
- Dieses Master's-Studium ist auch eine der möglichen Zulassungsvoraussetzungen für das Doktoratsstudium.

Die *FH-Studiengänge* haben verschiedene, den jeweiligen Spezialbereich beschreibende Namen und folgende Charakteristika:
- Die Absolventen sollen in der Lage sein, in einem genau umschriebenen Teil der IK-Technologien am heutigen Stand der Technik bei der Lösung einschlägiger Probleme in einschlägigen Betrieben als Sachbearbeiter und Teamleiter tätig zu sein.
- Dementsprechend ist die Ausbildung in jedem FH-Studiengang auf das Aneignen der heute verfügbaren Techniken in dem genau umschriebenen Anwendungsfeld ausgerichtet, sodass die Absolventen sofort, ohne längere spezielle Einschulung, in den Betrieben eingesetzt werden können.
- Besonderer Wert wird auf das Training des Projektmanagements, des Arbeitens im Team und des Leitens von Teams gelegt.
- Einstiegsmöglichkeiten: AHS-Matura oder BHS-Matura oder einschlägige Studienberechtigungsprüfung.
- Jeder FH-Studiengang soll vier Jahre dauern und in Deutsch abgewickelt werden, mit der extensiven Möglichkeit zu englischsprachigen Lehrveranstaltungen.
- Der Abschluss eines dieser FH-Studiengänge ist auch eine der möglichen Zulassungsvoraussetzungen für das Master's-Studium der IK-Technologien.

Das *Doktoratsstudium* hat den Namen „Informatik" und folgende Charakteristika:
- Die Absolventen sollen in der Lage sein, im Bereich der IK-Technologien international kompetitiv selbständig zu forschen und Entwicklung zu managen.
- Dementsprechend ist die Ausbildung auf die Aneigung des Standes der Wissenschaft in einem Spezialgebiet, auf das Erzielen neuer Forschungsresultate und auf die Aneignung der Techniken des Entwicklungs- und Forschungsmanagements gerichtet.

- Einstiegsmöglichkeiten: Diplom oder Magister (Master) auf dem Gebiet der IK-Technologien oder in verwandten Gebieten.
- Das Doktoratsstudium dauert mindestens drei Jahre und sollte in der Regel nicht mehr als vier Jahre dauern. Das gesamte Studium wird in Englisch abgewickelt.

## 6. Das ICT-Tyrol

Das ICT-Tyrol soll für Tirol der wesentliche Impulsgeber zwischen Forschung und Wirtschaft im Bereich der IK-Technologien werden. Es kann und soll darüber hinaus ein Muster für die zukünftige Organisation des Interfers zwischen Forschung und Wirtschaft auch in anderen Zukunftsbereichen in Tirol sein und den neuen Stil eines regionalen „Technologie- und Lifestyle-Netzwerkes" begründen.

Das ICT-Tyrol wird um den Kern der IKT-Lehrstühle der Uni Innsbruck aufgebaut. Die Forschung an diesen Lehrstühlen auf höchstem internationalem Niveau durch international profilierte Professoren bildet den Motor und die Hauptattraktivität des ICT. Die Lehrstühle werden am Campus in Kranebitten eingerichtet, wo ein Anlagern von anderen Forschungsorganisationen und vor allem von zukünftigen Betrieben möglich ist. Die IKT-Lehrstühle wirken innerhalb der Uni durch ihre Lehre und nach außen durch die Aktivitäten als Mittelpunkt des ICT.

Die einzelnen möglichen Facetten des ICT wurden eingangs schon beschrieben. Wie man solche Zentren organisiert, ist bekannt, siehe z. B. den Software-Park Hagenberg in Oberösterreich.

Es ergibt sich auch zusätzlich die einmalige Verbindung zwischen einem top Technologie-Zentrum in Kranebitten und einem top Fremdenverkehrsort (Seefeld). Unter den vielen möglichen Synergien denke man z. B. nur an das Faktum, dass in Seefeld täglich Dutzende von führenden Persönlichkeiten aus Wirtschaft, Politik, Wissenschaft, Kunst etc. in einer entspannten Atmosphäre aus- und eingehen. Zwanglose Gespräche, Besuche und Kontakte mit den Personen, Institutionen, Firmen im ICT ergeben ein unbegrenztes Potential an neuen, unplanbaren aber moderierbaren, kreativen Chancen für die Wirtschaft und Technologie in Tirol.

## 7. Die Rolle der formalen Ausbildung

Ich möchte in diesem Abschnitt noch ganz besonders auf die zentrale Rolle der formalen Ausbildung für die Zukunft der IKT-Forschung, IKT-Ausbildung und damit auch der IKT-Wirtschaft eingehen.

Ich habe in den vergangenen 25 Jahren nicht nur ein international ausgerichtetes Forschungsinstitut (RISC) und einen Technologie-Park (Software-Park Hagenberg) erfolgreich vom Punkt Null hochgezogen, sondern auch an vielen Orten der Welt (USA,

Japan, Australien und in vielen europäischen Staaten) bei der Ausbildung von Doktoratsstudenten und beim Aufbau etlicher Forschungsprogramme und Technologie-Transfer-Programme in anderen Ländern mitgewirkt. Auch habe ich Dutzende internationale PhD-Studenten selbst ausgebildet. Als Resumee dieser Erfahrungen möchte ich gerne für meine Tiroler Heimat am Startpunkt einer neuen Zukunft, die sich stark auf die IK-Technologien gründet, eine Art geistiges Vermächtnis hinterlegen, das ich in „Fakten“ und „Konsequenzen“ gliedere:

*Fakten:*

- Wesentliche Neuentwicklungen auf dem Gebiete der IK-Technologien von historischer Bedeutung (z. B. die Erfindung des programmgesteuerten Computers, die Erfindung der ersten höheren Programmiersprachen, die Erfindung des „strukturierten Programmierens“, die Erfindung der abstrakten Datentypen, die Erfindung des logischen Programmierens, die Erfindung der relationalen Datenbanken, die Erfindung der Java-Technologie, der Entwurf integrierter symbolisch/nummerisch/grafischer mathematischer Software-Systeme etc.) sind von Leuten gemacht worden, die ein hohes Maß an formalem Training hatten.
- Oft sind diese Erfindungen von sehr jungen Leuten gemacht worden, die sich durch die Fähigkeit zu hoher Abstraktion ausgezeichnet haben.
- Die Ausbildung in den formalen Methoden lässt weltweit sehr zu wünschen übrig. Nur in wenigen Ausbildungsgängen erreichen die Studenten (einschließlich der Doktoratsstudenten) einen Grad an formaler Ausbildung, der sie befähigt, die subtilen Sprachebenen zu beherrschen, die heute notwendig sind, um wirklich fundierte Neuentwicklungen in den verschiedenen Teilen der IK-Technologien durchzuführen.
- Die erschreckend schwache Qualität vieler Publikationen im Bereich der IK-Technologien und von vielen Algorithmen, Programmen und Software-Systemen ist meist auf das erschreckend schwache Niveau der Beteiligten in ihrem formalen Denk-, Sprech-, Schreib- und Kommunikationsniveau zurückzuführen.
- Das erschreckend schwache Denk-, Sprech-, Schreib- und Kommunikationsniveau ist bei vielen Studierenden auch der Grund, warum die Essenz fortgeschrittener IKT-Techniken nicht verstanden werden kann und die Fähigkeit zum flexiblen, selbstständigen Aneignen neuer Techniken nicht gegeben ist.
- Die formalen Denkmethoden bilden die intellektuelle Konstante, die über die rasch sich ändernden IKT-Technologien gleich bleibt und zukunftssichere Flexibilität und Kreativität sichert.

*Konsequenzen:*

- Die formalen Methoden, auf denen die IKT-Technologien gründen, umfassen die subtilen Denk-, Sprech-, Illustrations-, Diskussions- und Kommunikationstechniken der Mathematik (unabhängig von bestimmten mathematischen Inhalten), ausgedrückt in den zahlreichen fundamentalen Sprachkonstrukten, Sprachen und Sprachebenen der Logik, und gewisse grundlegende, sehr allgemein verwendbare Inhalte der Mathematik.

- Die praktische Ausbildung in diesen formalen Methoden (in der Form von interaktiven Intensivkursen) als Werkzeuge der täglichen Arbeit (und nicht als „Lernstoff") sollte in allen Ausbildungsprogrammen im Tiroler Netzwerk der IKT-Ausbildung einen wesentlichen Kern ausmachen, vor allem aber im Master's-Studium und im Doktoratsstudium.
- Das Master's- und Doktoratsstudium sollte eine zentrale Stellung als „Kaderschmiede" der zukünftigen Tiroler IKT-Forschung und IKT-Wirtschaft einnehmen und besonders gepflegt werden.
- Besonderes Augenmerk sollte auch darauf gelegt werden, junge Leute aus der ganzen Welt zu motivieren, in Tirol zu studieren. Die Studiengänge für Fortgeschrittene (Master und Doktorat) müssen also so gestaltet werden, dass sie den Einstieg von ausländischen Studierenden einfach ermöglichen. Insbesondere sollten sie in Englisch abgehalten werden.
- Tirol muss sich bemühen, in der Forschung in den formalen Methoden über alle kurzzeitigen Änderungen der Realisierungen („Natureware") und Anwendungen („World of Desires") hinweg international ganz vorne zu sein. Ausdrücklich warne ich davor, sich – aus einem falschen Verständnis des Begriffs der „Anwendung" heraus – in Tirol mit einer „Dünnbrett-Informatik" oder einseitigen „Angewandten Informatik" zu begnügen.

Bei Berücksichtigung der in diesem Aufsatz beschriebenen umfassenden und fundierten Ausrichtung bin ich sicher, dass die Zukunft der Tiroler IKT-Forschung, IKT-Ausbildung und IKT-Wirtschaft auf einer festen Grundlage steht und sich Tirol im Konzert und in der globalen Konkurrenz der IKT-Wirtschaft „auf die Überholspur" begeben und diesen Platz auch behaupten wird können.

## Summaries

Wir gehen davon aus, dass Innovation ganzheitlich betrachtet werden muss, das heißt in der heutigen Zeit in der Spannung zwischen Natur und Technik. Tirol hat hier eine ganz besondere Chance und Rolle. Es gilt, den Wert der vom Menschen unberührten Natur um uns und in uns zugleich mit dem Wert der sinnvollen technologischen Benutzung der Natur zu verbinden.

Wir betrachten dann technologische Innovation für Tirol am Beispiel der Informations- und Kommunikationstechnologien (IKT). Man muss sich wohl ehrlich eingestehen, dass Tirol auf diesem Gebiet die Entwicklung der letzten dreißig Jahre versäumt hat. Dies ergibt aber die Chance für einen Neubeginn. In dem Beitrag werden Strategien und konkrete Maßnahmen vorgeschlagen, wie Tirol auf dem Gebiet der IK-Technologien in kurzer Zeit eine starke Stellung in Forschung, Ausbildung und wirtschaftlicher Umsetzung erreichen kann. Im Zentrum der Überlegungen steht dazu der Ausbau der Universität Innsbruck in Richtung IKT, der Aufbau des IKT-Fachhochschulbereichs und die Einrichtung eines IKT-spezifischen Technologie-Parks. Alle diese Einrichtungen sollten an einem Campus in Kranebitten konzentriert sein, mit einem Ableger in Seefeld als internationales Tagungszentrum.

* * *

We start from the view that innovation has to proceed in a way that harmonizes nature and technology. In this view, Tyrol can play a specific role and has specific possibilities. Tyrol should aim at combining the value of nature in its pure form with the value of a responsible technological exploitation of nature.

We then consider innovation in the special example of the information and communication technologies (ICT). It is apparent that, in this technological area, Tyrol has lost contact to the development of the past thirty years. However, this can also be conceived as a chance for a promising new start. In this article, we propose strategies and concrete measures how Tyrol can build up a strong position in ICT research, education and economy in short time. The core of our proposal is formed by a plan to expand the University of Innsbruck by academic ICT research and education, to build up ICT curricula in the frame of the Tyrolean Polytechnic University, and to create an ICT-oriented technology park. All these institutions should be built up on one campus in Kranebitten with an extension in Seefeld for international conferences.

* * *

Le innovazioni vanno considerate in un'ottica globale, il che nella nostra epoca significa che esse vanno considerate all'interno del rapporto tra natura e tecnica. Il Tirolo riveste in questo senso un ruolo particolare, in quanto si tratta di conciliare due valori: quello di una natura intatta attorno a noi e dentro di noi e quello di un suo adeguato usufrutto tecnologico.

Nel presente contributo l'innovazione tecnologica riguarda le tecnologie dell' informazione e della comunicazione, un settore nel quale il Tirolo negli ultimi trent'anni non ha tenuto il passo con gli sviluppi. Ma tale svantaggio può rappresentare ora un'occasione concreta per un nuovo inizio. Nell'articolo si presentano strategie e concrete misure perché il Tirolo possa raggiungere a breve termine una forte posizione nel settore delle tecnologie dell'informazione a livello di ricerca, formazione e realizzazione economica. Al centro di tali riflessioni si pone un ampliamento dell'Università di Innsbruck in direzione delle sopraddette tecnologie, la creazione di un apposito dipartimento nelle scuole tecniche superiori e l'istituzione di uno specifico «Technologiepark». Tutte queste attività devono svilupparsi in un campus a Kranebitten con una estenzione a Seefeld per conferenze internazionali.

# Geben und Nehmen über die Grenze

## Südtirol und seine Rolle im gemeinsamen Tirol

Michl Ebner

Die gegenseitige Befruchtung der Tiroler Landesteile im vergangenen Jahrhundert nachzuvollziehen, das Geben und Nehmen über die Grenze hinweg zu bewerten, ist weniger eine statistische als vielmehr eine historische und politische Aufgabe, die quantitativ in Kürze kaum bewältigt werden kann, hingegen sich gut für eine qualitative Einschätzung eignet. Dabei spielen politische und emotionale Erwägungen eine vordergründige Rolle, denn das „Tiroler sein" und „Sich als Tiroler fühlen" ist rein materiell weder zu erfassen noch zu erklären. Wohl aber kann dieses Gefühl historisch und kulturell eingeordnet werden.

Vorweg sei gesagt, dass, um auf den Titel dieser Darstellung einzugehen, über lange Jahre Südtirol in seinem Verhältnis zu Nordtirol fast nur die Rolle des Nehmenden gespielt hat, ja aufgrund der historischen Ereignisse spielen musste. Das heißt, dass bei einer objektiven Bewertung des Gesamttiroler Naheverhältnisses auf Südtiroler Seite ohne Zweifel ein Defizit des Gebens gegenüber einem Überschuss des Nehmens besteht, und dass es noch lange brauchen wird, um hier, wenn überhaupt, ein Gleichgewicht herzustellen, wobei offen bleiben soll, ob ein solches Gleichgewicht unbedingt erstrebenswert ist. Tatsache ist, dass Südtirol ohne all das, was Nordtirol über die Grenze hinweg – also seit 1919 – für dieses Land geleistet hat, heute nicht als das selbstbewusste, aufstrebende, in jeder Weise blühende Gebiet dastehen würde.

Es bleibt also eine historische Dankesschuld aufrecht. Wie diese zustande gekommen ist und wie beide Landesteile sich damit zurechtfinden, lässt sich an einzelnen Ereignissen und Entwicklungen aufzeigen und erklären, aber sicher nicht erschöpfend ergründen.

**Tabelle 1: Land und Bevölkerung im Vergleich**

| Nord- und Osttirol | Südtirol |
|---|---|
| Fläche: 12.647 km$^2$ | Fläche: 7.400 km$^2$ |
| Einwohner:<br>im Jahre 1900: 266.414<br>im Jahre 1951: 427.465<br>im Jahre 1998: 665.391 | Einwohner:<br>im Jahre 1900: 222.793<br>im Jahre 1951: 333.900<br>im Jahre 1998: 460.000 |

# 1. Historischer Rückblick

## 1.1 Die Hypothek der Brennergrenze

Durch die weltpolitische Entwicklung wurde Südtirol seit dem Ende des Ersten Weltkrieges 1918 in eine Position gezwungen, die einen schmerzhaften und abrupten Bruch mit seiner Geschichte bedeutete. Die Abtrennung des südlichen Landesteils Tirols vom Bundesland Tirol und von Österreich und die Annexion an Italien, eine von uns Tirolern noch heute als historisches Unrecht empfundene Entscheidung der Siegermächte, beendete eine jahrhundertelange Entwicklung an der Seite des Habsburgischen Kaiserreiches.

Was dies bedeutete, ist der heutigen Generation kaum mehr bewusst, auch weil die Kenntnis der eigenen Geschichte sowohl diesseits wie auch jenseits des Brenners lückenhaft, um nicht zu sagen bei vielen bruchstückhaft geworden ist. Die Fixierung der Staatsgrenze am Brenner, im Verein mit der dramatischen politischen Entwicklung Italiens ab Beginn der zwanziger Jahre, wurde zu einem historischen Riss, wie man ihn sich tiefer und brutaler kaum vorstellen kann. Zerrissen wurden das historische Band, das politische Band, das wirtschaftliche, das kulturelle, das familiäre; unterbrochen wurde der Informationsfluss ebenso wie der gesellschaftspolitische Fluss in seiner Gesamtheit. Der südliche Landesteil durfte für den nördlichen, ausgenommen im Herzen der Menschen und in der Erinnerung an die gemeinsame Vergangenheit, nicht mehr da sein.

Sehr bald gesellte sich zu diesen enormen Verlusten noch ein weiterer: Der Verlust der Freiheit, an deren Stelle die faschistische Diktatur trat. Jahrhundertelang hatten die Tiroler ihre Freiheiten als ein kostbares Gut empfunden und danach gelebt. Die Freiheitskämpfe des Jahres 1809 sind nur ein Beispiel, wie ein freiheitsliebendes Volk seine Rechte zu verteidigen bereit ist.

Am 10. Oktober 1920 ging von den politischen Parteien Südtirols ein herzzerreißender Aufruf an die Bevölkerung:

*„Südtiroler! Mit dem heutigen Tage ist die Einverleibung Südtirols in das Königreich Italien vollzogene Tatsache. Damit ist das alte Land Tirol in zwei Teile zerrissen. Südtirol ist das Opfer des Friedensvertrages geworden, der uns trotz des feierlich verkündeten Selbstbestimmungsrechtes von unseren Volksgenossen losreißt. Italien hat durch die Einverleibung anderssprachiger Volksteile ebenso wie die verbündeten Staaten bewiesen, dass es die Zeichen der Zeit noch nicht versteht und sich nicht vom Geiste der Gerechtigkeit leiten lässt. Die Bevölkerung Südtirols erhebt am heutigen Tage die Stimme des schärfsten Protestes gegen diesen Faustschlag, der gegen Recht, Freiheit und Friedenssehnsucht der Völker geführt wird. Wir Südtiroler haben die unerschütterliche Hoffnung, dass der Tag kommen wird, an welchem uns Gerechtigkeit und weitschauende Politik die nationale Befreiung bringen werden. Südtiroler! Aufrecht wollen wir den heutigen Tag über uns ergehen lassen! Wir fordern euch auf, jede Ungesetzlichkeit zu vermeiden und mit Ruhe und Würde das Schicksal zu ertragen. Südtirol, 10. Oktober 1920.*

*Die Tiroler Volkspartei*
*Die deutschfreiheitliche Partei in Südtirol*
*Die sozialdemokratische Partei in Südtirol."*

Über Jahrhunderte – mit Ausnahme der kurzen Franzosenzeit – hatten die Tiroler in ihrem Land keine innere Grenze fühlen müssen. Jetzt war unvermittelt aus der Wasserscheide der Alpen eine politische Grenze geworden, die als Unrechtsgrenze in das Denken der Menschen einging. Die Landeshauptstadt Innsbruck, politischer, administrativer und kultureller Bezugspunkt, wurde über Nacht zur fernen Stadt. Bozen wurde zum Provinzzentrum einer aus dem Süden herangetragenen neuen Verwaltung, die mit österreichischer Tradition und Bürgernähe nichts mehr gemein hatte. Eine neue Sprache hielt Einzug und die Vorboten kommenden Unheils ließen sich, trotz der gegenteiligen Versprechungen des italienischen Königs, bald erahnen. Der „Blutsonntag" am 21. Februar 1921, bei dem die Faschisten in Bozen erstmals die brutale Gewalt des Unterdrückers vorexerzierten und mit dem Mord am Marlinger Lehrer Josef Innerhofer ein Zeichen für die bevorstehende dunkle Zeit setzten, die darauf folgenden Entnationalisierungsdekrete mit spezifischer Bezugnahme auf die Ortsnamen (1923 und 1940), das Verbot alles Deutschen, die Einführung der italienischen Schule, das Verbot, mit Tirol die alten Beziehungen zumindest auf menschlicher Ebene weiterleben zu lassen: Dies und vieles mehr untermauerte die Wende.

Aus der Geschichte dieser Zeit wissen wir, dass die Südtiroler gegen den Faschismus Widerstand leisteten, dass sie ihre Sprache und Kultur über die Katakombenschulen und über das heimlich gehegte Brauchtum zu erhalten trachteten, dass unter großer persönlicher Gefahr Bücher und Schriften über den Brenner nach Südtirol geschmuggelt wurden, dass die mit Maulkorb versehene Presse trotz allem in verschlüsselter Form (in der zum Beispiel einer der großen Anführer des geistigen Widerstandes, der Publizist und Priester Kanonikus Michael Gamper, ein großer Lehrmeister war) den Leuten im Lande reinen Wein einschenkte. Aber die Tatsache, dass Südtirol abgetrennt war von seinem Mutterland, blieb. Südtirol wurde zu einem besetzten Land. Dieser Umstand hat sich bis zum heutigen Tag erhalten, denn noch heute weist Südtirol eine zehnmal höhere Präsenz italienischen Militärs auf als etwa die Nachbarprovinz Trient – das vormalige Welsch-Tirol –, das mit dem Ersten Weltkrieg ebenfalls zu Italien geschlagen wurde.

Der schmerzhafte Wandel zeigte sich besonders auch im kulturellen Bereich. Mit einem Male war das Band zur Universität Innsbruck abgeschnitten. Seit ihrer Gründung (im Jahr 1669) war die „Oenipontana" für Tirol zum Zentrum der Wissenschaft, Forschung, Medizin und Hochkultur geworden. Fast alle Akademiker, die das heutige Südtirol in den Jahrzehnten vor der Annexion hervorbrachte, hatten in Innsbruck (zu einem kleinen Teil in Wien) studiert. Wie die Statistiken ausweisen, ergab sich nach der Annexion ein Knick: die Zahl der Studenten ging rapide zurück, in Innsbruck sank sie fast auf Null. Wer studieren wollte, musste nach Italien. Die Folge war eine kulturelle und bildungspolitische Verarmung, ja Austrockung, an der Südtirol noch Jahrzehnte nach Ende des Zweiten Weltkrieges fühlbar litt.

Aber nicht nur auf der höchsten Bildungsebene, sondern auch im Grundschulwesen mit dem Zwang zum Italienischen öffneten sich Lücken, die in der Schülergeneration von damals noch heute nachwirken. Südtirol verarmte und die Abgeschiedenheit in den Jahren von 1920 bis 1943/45 führte auch zu einer von den damaligen Machthabern gewollten Entfremdung zwischen den Landesteilen. Die Wunden dieser Entwicklung sind zum Teil bis heute geblieben, denn eine acht Jahrzehnte dauernde Trennung hinterlässt Spuren.

Die Wechselbeziehungen zwischen Nord- und Südtirol schrumpften fast bis auf den Nullpunkt. Dies war für Südtirol ein Substanzverlust von gewaltigem Ausmaß. Während die Nord- und Osttiroler den Verlust des südlichen Landesteils vor allem politisch und emotional stark fühlten, konnten sie ihre Wirtschaft und Verwaltung, obwohl um den südlichen Teil verkleinert, ihr Bildungswesen und ihre politischen Vorstellungen weiterhin im Rahmen der gewachsenen Strukturen und, soweit es die übergeordnete politische Entwicklung zuließ, ohne Einschnitte der Art, wie sie Südtirol erlitt, weiterführen. Insgesamt aber war die Abtrennung Südtirols für Gesamttirol ein schwerer Schlag; auch die intensiven Wirtschaftsbeziehungen wurden unterbrochen. In Südtirol wurde eine neue Währung eingeführt, und der Währungsumtausch entzog der sparsamen Bevölkerung einen wesentlichen Teil ihrer Kaufkraft.

Fast dreißig Jahre lang konnte man von einer Wechselbeziehung, wie wir sie heute empfinden, gar nicht mehr reden. In dieser Zeit schwemmte über uns alle der Zweite Weltkrieg hinweg, über Südtirol zudem die von Hitler und Mussolini beschlossene Option von 1939, die Südtirol weitere Substanz raubte, denn rund 75.000 Südtiroler verließen unter dem doppelten Druck der mit dem Faschismus gemachten bitteren Erfahrungen und der Verlockungen der nationalsozialistischen Propaganda die Heimat, und der Großteil von ihnen kehrte nie mehr nach Südtirol zurück.[1]

Allerdings: Zehntausende von Optanten fanden in Tirol und in Österreich Aufnahme und trugen über Jahrzehnte nach dem Krieg wesentlich dazu bei, Südtirol in Österreich nicht vergessen zu lassen und die Überzeugung wachzuhalten, dass die Südtiroler Hilfe brauchten. Die Verbände der Heimatfernen haben bis herauf in die Gegenwart die Wurzeln der Zusammengehörigkeit gepflegt und sich überall – in Tirol, in Vorarlberg, in der Steiermark, in Niederösterreich, in Kärnten, in Wien – für ein breites Südtirol-Verständnis, mit Erfolg übrigens, eingesetzt.

[1] Am 22. 6. 1939 wird in Berlin das Deutsch-Italienische Abkommen zur Umsiedlung der Südtiroler geschlossen. Sie können bis zum 31. Dezember 1939 für die deutsche Staatsbürgerschaft optieren mit der Verpflichtung der Auswanderung, oder für die Beibehaltung der italienischen mit der Drohung, daß sie keinen Schutz für ihr Volkstum mehr in Anspruch nehmen können. Wer nicht optiert, bekennt sich zur Beibehaltung der italienischen Staatsbürgerschaft. Am 31. Dezember ist die Optionsfrist abgelaufen. Dem amtlichen Ergebnis zufolge haben in der damaligen Provinz Bozen (ohne Unterland) 166.488 und in den Provinzen Trient (Unterland), Udine (Kanaltal) und Belluno (Buchenstein) 16.572 für Deutschland optiert. Die Zahl der Nichtoptanten betrug in der Provinz Bozen 63.017 und in den drei genannten anderen Provinzen 19.530. Diese Zahlen sind von italienischer Seite „frisiert" worden. Laut verlässlichen privaten Quellen haben sich von 246.036 Optionsberechtigten 211.799 für die deutsche Staatsbürgerschaft entschieden, 34.237 für die Beibehaltung der italienischen.

## 1.2 Nach dem Zweiten Weltkrieg

Die 1945 erfolgte Wende zur Demokratie konnte zwar die Hoffnung auf eine bessere Zukunft nähren, aber die zwanzig Jahre Faschismus hinterließen unauslöschliche Spuren: Die Brennergrenze blieb, obwohl sich die Südtiroler mit übergroßer Mehrheit in einer Volksabstimmung für die Selbstbestimmung, d. h. für die Rückgliederung zu Österreich entschieden und Bundeskanzler Figl in einer für unsere Geschichte denkwürdigen Stunde (am 22. April 1946) in Innsbruck 158.628 Unterschriften überreichten.[2] Es blieb das Vakuum in der Verwaltung, in der Kenntnis der eigenen Muttersprache (vor allem in der Schrift); eine ganze Generation war ihres Rechts auf Ausbildung in der eigenen Sprache und Kultur und des Zuganges zu den Bildungsstätten Österreichs und, was Südtirol besonders schwer traf, in Innsbruck beraubt worden.

## 1.3 Vom Pariser Abkommen zur Autonomie

Der Pariser Friedensvertrag von 1946 sollte einen Schlussstrich unter den Zweiten Weltkrieg setzen und zugleich – dies kann man heute im Rückblick sagen – die zweite Hälfte eines Jahrhunderts einleiten, das für den demokratischen Teil des europäischen Kontinents eine lange, noch nie dagewesene Zeit des Friedens bringen sollte. Im Rahmen des Pariser Friedensvertrages wurde auch die Grundlage für die weitere Entwicklung Südtirols zwischen Österreich und Italien vereinbart. Am 5. September 1946 unterzeichneten der österreichische Außenminister, der Tiroler Karl Gruber, und der italienische Ministerpräsident und Außenminister Alcide Degasperi das Pariser Abkommen, mit dem Südtirol im Ansatz Schutz der sprachlichen und kulturellen Entwicklung und gleichzeitig eine eigene, autonome Verwaltung zuerkannt wurde.[3] Dies war der Beginn einer lange dauernden politischen, kulturellen und wirtschaftlichen Hilfestellung Österreichs und Nordtirols für Südtirol. Allerdings – auch dies sei vermerkt – mit dem Pariser Abkommen trat das Verlangen nach Selbstbestimmung in die zweite Linie zurück. Schweren Herzens mussten die Südtiroler der Realpolitik vor der „Politik des Herzens“ den Vorzug geben, weil keine andere Möglichkeit bestand. Italien hatte, auch weil es sich, gleich wie im Ersten Weltkrieg, rechtzeitig auf die Seite der Siegermächte geschlagen hatte, seinen Anspruch auf Südtirol aufrechterhalten können.

Doch eines zumindest war durch das Pariser Abkommen wieder hergestellt: Das Recht Österreichs, als Mitunterzeichner dieser internationalen Vereinbarung für Südtirol einzutreten. Wie wertvoll dieses Recht war, sollte sich später noch erweisen, als Ös-

---

[2] Am 1. Mai 1946 wiesen die Außenminister der vier Großmächte (USA, Sowjetunion, Frankreich, England) die österreichische Forderung einer Selbstbestimmung in Südtirol endgültig ab.

[3] Punkt 1 des Pariser Abkommens: „Die deutschsprachigen Einwohner der Provinz Bozen und der benachbarten zweisprachigen Gemeinden der Provinz Trient genießen die volle Gleichberechtigung mit den italienischsprachigen Einwohnern, im Rahmen besonderer Maßnahmen zum Schutze der volklichen Eigenart und der kulturellen und wirtschaftlichen Entwicklung der deutschen Sprachgruppe…“

terreich durch den Staatsvertrag vom 15. Mai 1955 seine volle Souveränität und damit die außenpolitische Handlungsfähigkeit zurückgewann. Damit war ein wichtiger Weg freigemacht. Er führte 1960 und 1961 zu einer diplomatischen Konfrontation mit Italien vor den Vereinigten Nationen (UNO) und in der Folge zur Ausarbeitung eines Autonomiestatuts, das dem Geiste des Pariser Abkommens bzw. einer echten Selbstverwaltung Südtirols bereits um einiges näher kam.

Südtirol brauchte nach dem Zweiten Weltkrieg Hilfe auf allen Ebenen, denn das Land lag darnieder. Damit soll nicht gesagt sein, dass die wirtschaftliche Lage in Nordtirol um vieles besser war, denn die Zerstörungen des Krieges hatten niemanden verschont. Aber in Südtirol trat infolge der politischen Notlage vieles dramatischer zutage.

Südtirol war während der Zeit des Faschismus wirtschaftlich in seiner Entwicklung stark beeinträchtigt worden. Der italienische Staat legte vor allem Gewicht darauf, die auf sein Betreiben nach Südtirol zugewanderte und bis Anfang der sechziger Jahre weiterhin zuwandernde Bevölkerung wirtschaftlich zu verwurzeln und gleichzeitig dieser nördlichsten Provinz des Staates ein italienisches Gepräge zu geben. Zu diesem Zwecke waren in Bozen und Meran Industriezonen aus dem Boden gestampft worden – die Gründe wurden den Südtirolern Bauern enteignet und miserabel entschädigt –, in denen fast ausschließlich Italiener beschäftigt wurden. Südtirols Bevölkerung wurde also aus der industriellen Entwicklung, die nach dem Krieg in ganz Europa mit neuem Schwung einsetzte, vorerst ausgeschlossen, und es entstand bei der deutschen Bevölkerung eine industriefeindliche Haltung, die Jahrzehnte andauern sollte.

Die Stärke Südtirols aus der Sicht der Erhaltung von Volkstum und Tradition, aber zugleich auch seine Schwäche lag in der Landwirtschaft, in der nach Ende des Zweiten Weltkrieges mehr als 50 Prozent der arbeitenden deutschen und ladinischen Bevölkerung beschäftigt waren. Weil der Kinderreichtum in den ländlichen Gebieten andauerte und die Landwirtschaft die nachwachsende Generation nur schwer aufnehmen bzw. ihr Arbeit bieten konnte, nahm die Arbeitslosigkeit bald zu und Tausende von Südtirolern wanderten aus: nach Deutschland, in die Schweiz, nach Österreich. Diese Lage war auf Dauer unhaltbar und es entstand nochmals, allerdings weniger dramatisch als 1939 durch die Option, die Gefahr des ethnischen Ausblutens.

Ein kleiner Lichtblick schien sich dadurch abzuzeichnen, dass in das Pariser Abkommen vom 5. September 1946 von österreichischer Seite – und unter Einwirkung der Südtiroler Berater auf der Friedenskonferenz – ein Absatz aufgenommen wurde, der Sonderabmachungen zur Erleichterung eines erweiterten Grenzverkehrs und örtlichen Austauschs bestimmter Mengen heimischer Erzeugnisse und Güter zwischen Österreich und Italien vorsah.

Auf dieser Basis entstand das sogenannte „Accordino", die Vereinbarung über den freizügigeren Warenaustausch zwischen Südtirol und dem Trentino auf der einen und Nordtirol und Vorarlberg auf der anderen Seite. Die Warenmengen, vor allem aus der Landwirtschaft (Wein, Obst, Milchprodukte, Fleisch usw.), die in diesem Rahmen ausgetauscht werden konnten, waren, bezogen auf das Bruttosozialprodukt der beiden Gebiete südlich und nördlich des Brenners, nicht sehr groß. Der Wert des Abkommens lag vor allem darin, dass Süd- und Nordtirol sich wirtschaftlich wieder näher kommen konnten und ein Instrument vorhanden war, das auch in Zeiten erheblicher Spannungen zwischen Österreich und Italien (wegen Südtirol) Bestand hatte. Alljährlich trat die Accordino-Konferenz zusammen, um die Warenkontingente zu vereinbaren. Es war eine Gelegenheit, Wirtschaftsgespräche zu führen und Kontakte zu schmieden, bis dahin bestandene Schranken zu überwinden. Man kann im Nachhinein sagen, dass Italien an diesem Abkommen kein allzu großes Interesse hatte und Erweiterungen der Warenkontingente nur sehr ungern zustimmte. Aber das Faktum blieb: Süd- und Nordtirol verfügten über ein international gesichertes Instrument, um die gegenseitigen Wirtschaftsbeziehungen zu beleben.

Der Wirtschaftsaustausch in einem Europa der Zollbeschränkungen und Kontingentierungen erfolgte anfänglich unter schwierigen Bedingungen. Aber die Südtiroler und die Nordtiroler wollten aus dem wenigen Gebotenen das Beste machen.

Ein weiterer Faktor wirtschaftlicher Kooperation und gegenseitiger Befruchtung ergab sich aus dem Wiederaufleben der Bozner Messetradition und parallel dazu der Innsbrucker Messeveranstaltungen. In diesem Rahmen bewies Österreich durch die Einrichtung eines eigenen Pavillons in Bozen, der von Nordtiroler Seite gestaltet und betreut wurde und wird, seine Entschlossenheit, die wirtschaftlichen Bande zu verstärken. Südtirol setzte seinerseits einen eigenen Stand auf der Innsbrucker Messe durch.

Einen weiteren Schritt setzten die 1957 abgeschlossenen Römischen Verträge, die Geburtsstunde der europäischen Wirtschaftsgemeinschaft. Österreich konnte oder wollte ob seines Status der immerwährenden Neutralität diesem Abkommen nicht beitreten und schloss sich der EFTA an. Dieser Umstand erleichterte die Handelsbeziehungen zu Südtirol nicht. Dennoch bedeuteten die Römischen Verträge einen ersten entscheidenden Schritt auf dem Wege, der im letzten Jahrzehnt des abgelaufenen Jahrhunderts zum politischen und wirtschaftlichen Zusammenschluss eines Großteils Europas in der EU führte. Der Beitritt Österreichs zu EU war 1995 für Südtirol eines der wichtigsten Ereignisse in der zweiten Jahrhunderthälfte, denn er führte zum faktischen Abbau der Grenzen und zur Bildung eines einheitlichen Wirtschaftsraumes, in dessen Rahmen Süd- und Nordtirol ihre Nachbarschaft und ihre historische Gemeinsamkeit heute voll ausspielen können.

Wahrscheinlich wird es nie vollständig erfasst werden können, welch großes Gewicht Nordtirol in der politischen Aufwärtsentwicklung Südtirols seit Kriegsende hatte, denn vieles von dem, was sich in dieser Hinsicht getan hat, war zähe Kleinarbeit. Tatsache ist, dass die Nordtiroler Politiker aller Parteien über Jahrzehnte ihr Gewicht in Wien in die Waagschale gelegt haben, um die Wünsche und Hoffnungen Südtirols zu unterstützen. Was Staatssekretär Prof. Dr. Franz Gschnitzer, Landeshauptmann Eduard Wallnöfer, letzterer in ständigem Kontakt mit den Südtiroler Verantwortlichen, aber auch zahlreiche andere verstorbene und noch lebende Tiroler Politiker für Südtirol erwirkt haben, ist in seiner Tragweite von historischer Bedeutung. Die Jahre von 1945 bis 1972, also bis zum Inkrafttreten des zweiten, erweiterten Autonomiestatuts Südtirols, waren, wenn man es aus der Sicht des Gebens und Nehmens betrachtet, fast ausschließlich eine Tiroler „Einbahnstraße in Richtung Südtirol". Südtirol konnte die Hilfe, die ihm auf allen Ebenen zuteil wurde, vorerst durch nichts wettmachen, außer durch das ständige politische Bekenntnis zur geistigen Einheit Tirols und durch Äußerungen der Dankbarkeit. Es waren die Tiroler Politiker und Berater, die der Wiener Regierung bei der Verhandlungen über das Autonomie-Paket zur Seite standen (Wallnöfer, Steiner, Stadlmayer, Zechtl u. v. a.). Vor allem Eduard Wallnöfer erreichte durch sein Verhandlungsgeschick und durch seine große Glaubwürdigkeit bei den Wiener Regierungen ein Höchstmaß an Einsatz für die Sache Südtirol.

Wallnöfer auf der einen, Silvius Magnago auf der anderen Seite legten durch die Gründung der Europaregion Tirol im Jahre 1972 in Mösern bei Innsbruck auch den Grundstein für eine gezielte Annäherung der beiden Landesteile. Sie wurden zu den treibenden Kräften nicht nur in der Politik, sondern auch in zahlreichen anderen Bereichen. Die Grenze am Brenner, so lag es in ihrer Absicht, sollte die beiden Landesteile nicht davon abhalten, einander näher zu kommen und die lange Trennung durch aktives Einwirken zu überwinden. Dies war nie einfach, denn in Rom und bei den nationalistisch eingestellten Italienern in Südtirol wurden Kontakte zwischen Bozen und Innsbruck mit großem Argwohn verfolgt. Trotzdem gelang es in der Zeit Wallnöfers, die Wirtschaftsbeziehungen zu verbessern – ein Anlass dazu war auch die von Tirol mit Einsatz betriebene Realisierung der Brennerautobahn –, den Informationsfluss zwischen den Landesteilen zu verbessern, menschliche Kontakte zu knüpfen, Süd- und Nordtiroler Gemeinden zu Partnerschaften anzuregen, gemeinsames Brauchtum zu verstärken und grenzüberschreitende Gepflogenheiten neu aufleben zu lassen.

## 2. Die Aufgaben und Herausforderungen der Gegenwart

### 2.1 Bildung, Kultur und die Rolle der Universität Innsbruck

Die politische Zusammenarbeit entwickelte sich als unaufhaltbarer Prozess, der von einer großen Anzahl von anderen Initiativen flankiert wurde. Jedoch blieb in der Zeit bis herauf zur Jahrtausendwende ein Anliegen besonders vordergründig: die kulturelle Anbindung Südtirols an die deutsche Kulturnation, wobei unter diesem Begriff der gesamte deutschsprachige Raum zu verstehen ist. Der Anfang der fünfziger Jahre beschworene „Todesmarsch" der Südtiroler, also die Gefahr, dass Muttersprache und ethnischer Bestand unter dem Druck der italienischen Assimilierungspolitik verloren gehen könnten, wurde durch die Bemühungen um die Erhaltung und Stärkung der ethnischen Identität in den Jahrzehnten herauf abgemildert. Dennoch war man sich in Bozen und Innsbruck im Klaren, dass nur eine konsequente und hartnäckige Kulturpolitik sowie die bewusste Pflege der deutschen Muttersprache diese Gefahr endgültig beseitigen konnten.

Hier bewies das historische Band zwischen den beiden Landesteilen seine ganze Haltbarkeit. Es war zuallererst eine „stille Hilfe". Wiederum über die Vermittlung der

Tiroler Landespolitiker und ihr Einwirken auf die österreichische Bundesregierung kam ein Fluss an finanziellen Mitteln und rechtlichen Bestimmungen in Gang. Diese Entwicklung ist unlösbar mit den Namen der österreichischen Unterrichtsminister Drimmel und Piffl-Percevic verbunden, für welche die kulturelle Erholung Südtirols nach der faschistischen Unterdrückung zu einem Wesenselement der Kulturpolitik wurde. Die herausragenden Etappen dieses Prozesses betrafen die Hochschulbildung.

Die Gleichstellung der Südtiroler Studenten deutscher und ladinischer Sprache mit den österreichischen Hochschülern auf gesetzlicher Ebene, die Bereitstellung einer Reihe von Studienbeihilfen des Bundes und der Länder für Südtiroler Studenten, die Unterbringung in Studentenheimen in Innsbruck, Salzburg, Graz, Wien, der ständige Beistand auch bei außeruniversitären Tätigkeiten – zum Beispiel bei den inzwischen leider längst aufgelassenen Meraner Hochschulwochen – waren Meilensteine auf diesem Wege.

Die zentrale Rolle fiel dabei der Universität Innsbruck zu, die seit ihrer Gründung als die Landesuniversität der Südtiroler betrachtet wurde. Während noch in der Kriegszeit und in den ersten Jahren der Nachkriegsepoche einige wenige Südtiroler „schwarz" über die Grenze gingen (gehen mussten), um überhaupt in Österreich zu einem Universitätsstudium zu kommen, bedeutete in der Folge die dem italienischen Staat abgerungene Bereitschaft, nicht nur das Auslandsstudium der Südtiroler zuzulassen, sondern auch die in Österreich erworbenen Studientitel in Italien anzuerkennen, eine tief greifende positive Wende. Es war ein einseitiger Akt des Entgegenkommens von unschätzbarem Wert. Er war um so bedeutsamer, als Südtirol dieser kulturellen „Einbahnstraße" nichts weiteres entgegenbringen konnte als seine Dankbarkeit. Hier zeigte sich mehr als in vielen politischen Beteuerungen der Wille Tirols und Österreichs, an die gemeinsame Geschichte anzuknüpfen und die dunklen Jahre der Abtrennung und des Faschismus kulturell und geistig zu überwinden.

Man muss sich bewusst sein, dass Südtirol in der Zeit des Faschismus kulturell, besonders auf der akademischen Ebene, stark verarmt war, denn das dem Lande aufgezwungene italienische Schulsystem konnte bei der deutschen Bevölkerung keine Wurzeln schlagen, und ein Hochschulstudium war nur an italienischen Universitäten möglich. Die Folge war ein Rückstand in der universitären Ausbildung, der sich über Jahrzehnte nach dem Kriege noch fühlbar machte. Eines unter vielen Beispielen dafür war der Mangel an ausgebildeten Lehrern sowohl an den Grundschulen, als auch insbesondere an den Mittel- und Oberschulen.

Als in den sechziger Jahren die Pflichtmittelschule eingeführt wurde, stand Südtirol vor einer gewaltigen Herausforderung und viele befürchteten, dass es unmöglich sein würde, die Lehrkräfte, die laut Gesetz einen akademischen Titel besitzen sollten, je aufbringen zu können. Südtirol behalf sich in der Anfangsphase mit Hunderten von sogenannten „Supplenten", also Lehrern, die nur das Reifezeugnis – und in manchen Fällen nicht einmal dieses – aufwiesen. Damit soll keineswegs gesagt werden, dass diese Lehrkräfte nicht von der ersten Stunde an ihre Aufgabe mit großem Einsatz wahrnahmen und die Südtiroler Mittel- und Oberschule zu einer für staatliche Verhältnisse mustergültigen Einrichtung ausbauten. Dieser Zustand war aber für die Betroffenen auf die Dauer unhaltbar und wurde erst durch die Anfang der siebziger Jahre in Brixen eingerichteten Supplentenkurse, an denen Professoren und Assistenten der Universität Innsbruck unterrichteten und auch die Prüfungen abnahmen, bereinigt.

Dazu kamen kurze Zeit darauf die Werkstudentenkurse des Südtiroler Bildungszentrums in Bozen, die ebenfalls von Lehrkräften der Universität Innsbruck an den Wochenenden abgehalten wurden und den bereits berufstätigen Teilnehmern einen Studienabschluss bis zum Doktorat ermöglichten.

In dieser Situation war die Arbeit der österreichischen Universitäten von unschätzbarem Wert. Hunderte und bald Tausende von Südtiroler Studenten konnten vor allem in Innsbruck und Wien ihre Ausbildung unter Vorzugsbedingungen erfahren, nicht nur in den geisteswissenschaftlichen, sondern auch in den technischen Fächern. Der Bedarf an Akademikern war überall gleich groß. Es fehlten Lehrer, Ärzte, Architekten, Juristen, es fehlten Forschungseinrichtungen im pädagogischen Bereich. Die Universität Innsbruck nahm sich dieses Notstandes an. Sie wurde nicht nur zur Ausbildungsstätte, sondern auch zum Beratungszentrum. Über Jahrzehnte hatte es, im Unterschied zur Zeit vor der Annexion, an der Universität Innsbruck keine Südtiroler Assistenten, Dozenten und Professoren mehr gegeben. Auch hier zeigte Tirol die Bereitschaft, den Südtirolern das Tor zu öffnen, auch wenn dies unter den gesetzlichen Gegebenheiten nicht einfach war. Hier ist bis herauf in die jüngste Zeit eine Lücke offen geblieben, die wohl erst in den kommenden Jahren und angesichts der geänderten gesetzlichen Voraussetzungen (weil Österreich jetzt Teil der EU ist und damit neue Rechtsmittel zur Verfügung stehen) zur Gänze geschlossen werden kann.

Es ist auf jeden Fall unzweifelhaft, dass die akademische Ausbildung, die Innsbruck (und in etwas geringerem Maße, quantitativ gesehen, Wien, Graz und andere Einrichtungen dieser Art) den Südtirolern zur Verfügung gestellt hat, für die Identität Südtirols von ausschlaggebender Bedeutung war und bleibt. Die Überlegung ist einfach: Die Akademiker sind dazu berufen, die Führungsschicht der Gesellschaft zu sein. Man kann nun, ohne jede Polemik, wohl behaupten, dass es wesentlich ist, in welchem Umfeld diese Ausbildung erfolgt. Für die volkliche Minderheit in Südtirol stellt daher die akademische Ausbildung innerhalb der deutschen Kulturnation eine logische Basis auch für Identitätsbildung und Stärkung des eigenen kulturellen Selbstbewusstseins dar, ganz unabhängig von politischen Einstellungen.

Neben den Brixner Supplentenkursen spielte die Einrichtung des „studium irregulare" der Rechtswissenschaften an der Universität Innsbruck eine zweite wichtige Sonderrolle in dieser generellen Bildungsoffensive. Während die erstgenannte Maßnahme darauf abzielte, zahlreichen Supplenten an den Mittel- und Oberschulen die Möglichkeit eines akademischen „Nachholstudiums" zu eröffnen und damit die Lehrkräfte systematisch in das Unterrichtssystem einzubauen, hat das Rechtsstudium ein sektoriales, eminent wichtiges Ziel: Südtiroler Studenten in Innsbruck im italienischen Recht auszubilden und damit ein großes Vakuum vor allem in der Verwaltung auszufüllen.

Man darf nicht vergessen, dass durch das erste Autonomiestatut (1948) und durch das erweiterte zweite Autonomiestatut (1972) Südtirol eine weitgehende Selbstverwaltung erhalten hat. Annexion und Faschismus hatten die vor 1918 geltende österreichische Verwaltung völlig aus den Angeln gehoben. Die Südtiroler wurden fast ausnahmslos aus den öffentlichen Stellen hinausgeworfen. Die bewährte tirolisch-österreichische Verwaltungstradition ging fast zur Gänze verloren. 1948 stand man also vor einem Neubeginn. Verwaltung braucht Experten, sie braucht vor allem Juristen. Weil die Landesverwaltung in den siebziger und achtziger Jahren zufolge des zweiten Autonomiestatuts ihre Aufgabenbereiche stark ausweiten konnte, war der Bedarf an Juristen und Verwaltungsfachleuten sehr gestiegen. Durch die Einführung des italienischen Rechtsstudiums in Innsbruck, das auf der Grundlage eines von Wien und Rom genehmigten Abkommens zwischen den Universitäten Innsbruck und Padua wirksam wurde, konnten Hunderte von Südtiroler Studenten diese spezielle Ausbildung und deren direkte Anerkennung durch den italienischen Staat erfahren. Die Folge davon war, dass heute der öffentliche Verwaltungsapparat des Landes nicht mehr allein auf Absolventen italienischer Universitäten angewiesen ist – wo vor allem italienisches Recht gelehrt wird –, sondern auch auf diese „Innsbrucker“ Akademiker zurückgreifen kann, die nicht nur im italienischen, sondern auch im österreichischen und internationalen Recht Wissen erwerben.

Heute verfügt die öffentliche Verwaltung in Südtirol weitgehend über die erforderlichen Fachkräfte und die Lücken der Vergangenheit werden allmählich geschlossen. Dies gilt nicht nur für die öffentliche Verwaltung, sondern ebenso für alle anderen Bereiche: Lehrer, Ärzte, Biologen, Architekten, Ingenieure, Politologen, Psychologen, Wirtschaftswissenschaftler, Chemiker, Physiker, Publizisten u. v. a. Von einem Mangel an Akademikern kann heute in Südtirol nicht mehr die Rede sein, auch wenn der Anteil der Akademiker an der Gesamtbevölkerung noch unter dem europäischen Durchschnitt liegt. Der Weg, um aufzuschließen ist geebnet, und die Arbeit, die Österreichs Universitäten, vor allem Innsbruck, dafür geleistet haben, tritt allenthalben zutage. Tausende von Südtiroler Akademikern in der Vergangenheit und Tausende in der Gegenwart haben in Innsbruck ihr Rüstzeug erhalten. Die folgenden wenigen Daten belegen dies:

**Tabelle 2: Hörer an österreichischen Universitäten mit italienischer Staatsbürgerschaft**

| Studienjahr | Universität Innsbruck | Universitäten in Österreich |
|---|---|---|
| 1965/66 | 276 | 507 |
| 1980/81 | 1562 | 2165 |
| 1988/89 | 2287 | 3311 |
| 1997/98 | 4496 (davon 4278 Südtiroler) | 6446 (davon 5778 Südtiroler) |

Dieser Abschnitt wäre aber nicht vollständig, ohne auf die Gründung der Freien Universität Bozen kurz einzugehen. Seit es die Universität Innsbruck gibt, ist sie der akademische Bezugspunkt Südtirols. Dies wird auch in Zukunft so bleiben, wiewohl in den allerletzten Jahren Ereignisse eintraten, die das bisherige Bild etwas verschieben.

Im Jahr 1998 hat die Freie Universität Bozen, die am 31. Oktober 1997 gegründet wurde, den Betrieb aufgenommen. Die Entscheidung, in Südtirol eine eigene Hochschulstätte zu schaffen, steht am Ende einer Entwicklung, die über den Rahmen des Verhältnisses Südtirol–Nordtirol hinausgeht. Die Ursachen lassen sich kurz folgendermaßen zusammenfassen: Über Jahrzehnte hat die politische Führung Südtirols beharrlich das Angebot des italienischen Staates ausgeschlagen, in Bozen eine (italienische) Universität zu errichten. Die Gründe der Ablehnung waren vor allem kulturpolitischer Natur. Man war aufgrund der vergangenen Erfahrungen zu Recht besorgt darüber, dass der italienische Staat ein solch eminent wichtiges Bildungsinstrument (auch) dazu verwenden würde, um auf die Mentalität und Geisteshaltung der heranwachsenden Führungsgenerationen in Südtirol Einfluss zu nehmen. Man darf nicht vergessen, dass der Einfluss bzw. der Druck der Kultur und der Kulturpolitik eines Sechsundfünfzig-Millionen-Volkes innerhalb des Staates Italien auf die 300.000 Südtiroler deutscher und ladinischer Sprache eo ipso stark ist, und dass Kulturpolitik immer auch einen Hauch von nationalem Bewusstsein und von Beeinflussung der Minderheiten aufweist. Bei allem Vertrauen in die demokratische Grundhaltung des italienischen Staates haben die Südtiroler nie vergessen, was in der Vergangenheit geschehen war und dass selbst demokratische Staaten ihren Minderheiten gegenüber ihre Assimilierungsabsichten nie vollständig aufgeben. Heute ist Italien dafür nicht mehr (negatives) Beispiel; diese Rolle hat Frankreich übernommen.

Kurzum: Solange die Südtiroler sich ihrer Identität nicht vollkommen sicher waren, konnten und wollten sie das Risiko einer Universität, die vom Staate bestimmt wurde, nicht eingehen, unabhängig von der Freiheit der Lehre und der weitgehenden Selbstbestimmung akademischer Einrichtungen. In den Jahrzehnten nach Kriegsende hat es immer wieder Versuche gegeben, den Südtirolern ein „trojanisches Pferd" ins Land zu setzen, die ebenso regelmäßig zurückgewiesen wurden.

In der Zwischenzeit wurde in Trient eine Universität gegründet, die heute rund 15.000 Studenten aufweist. Das Beispiel von Trient aber schreckte die Südtiroler um so mehr ab, denn aus der dortigen soziologischen Fakultät sind anfänglich (linksextreme) Bewegungen hervorgegangen, die von einer christlich-konservativen Gesellschaft als destabilisierende Elemente betrachtet werden mussten. Etwas Ähnliches konnte und wollte Südtirol auf jeden Fall vermeiden; daher wurde die Bindung zur Universität Innsbruck um so stärker betont.

Nach den anfänglichen Turbulenzen entwickelte sich die Universität Trient jedoch zu einer „normalen" Hochschule, die schließlich ihren privaten Charakter aufgab und vom Staat übernommen wurde. Innerlich zur Ruhe gekommen, begannen die südlichen Nachbarn, ihre Fühler nach Norden auszustrecken, und sie versuchten, sich verstärkt auch als Universität für Südtirol (nicht nur für die italienische Sprachgruppe, sondern auch für Deutsche und Ladiner) zu etablieren, obwohl der seinerzeitige Trentiner Landeshauptmann Bruno Kessler, Gründervater der Universität Trient, Südtirol gegenüber das Versprechen abgegeben hatte, dass Trient niemals die Rolle des geistigen Zentrums für die Region Trentino-Südtirol, also auch für die deutsche und ladinische Bevölkerung, übernehmen werde. Dieses Versprechen geriet in Vergessenheit, und Trient suchte Wege der Zusammenarbeit mit der Universität Innsbruck. Tatsache ist, dass heute rund tausend Studenten aus Südtirol an dieser Universität eingeschrieben sind. Eine Gliederung dieser Studenten nach Sprachgruppenzugehörigkeit ist nie vorgenommen worden, daher sind genaue Daten nicht verfügbar. Wohl aber hat die Universität Trient durch Einführung von Vorlesungen in deutscher Sprache ihre Anziehung auf Südtiroler Studenten erhöht.

In den achtziger und neunziger Jahren hat sich das Selbstbewusstsein der Südtiroler stark entwickelt. Die durch die Autonomie gewährten Zuständigkeiten im kulturellen und kulturpolitischen Bereich wurden voll genutzt und haben dazu geführt, dass die ethnische Identität, das „Tiroler sein", beständig gewachsen ist. Die Angst, sprachlich und kulturell von Italien überrollt zu werden, schwand in dem Ausmaß, wie das eigene Selbstwertgefühl wuchs. In allerletzter Zeit sind zwei Faktoren dazu gekommen, welche die Entwicklung in diese Richtung weiter verstärkten: Der Beitritt Österreichs zur EU am 1. Jänner 1995 und das Inkrafttreten des „Schengener Abkommens" am 1. April 1998. Beide Ereignisse hatten für Südtirol (und für Nordtirol) grundlegende Bedeutung. Durch den EU-Beitritt Österreichs wurden die Beziehungen zu Italien und zu Europa auf eine neue Grundlage gestellt.

Daraus ergaben sich zusätzliche Möglichkeiten der politischen Zusammenarbeit, die auch auf Südtirol positiv abfärben mussten.

Solange Österreich nicht bei der EU war, hatten die Südtiroler Europaparlamentarier[4], soweit es in ihren Möglichkeiten lag, die Interessen Nordtirols, vor allem im Sektor der Landwirtschaft, in Brüssel und Strassburg mit vertreten. Schließlich waren die Anliegen der alpinen Landwirtschaft, aber auch jene des Verkehrs und der Umwelt, zu beiden Seiten des Brenners die gleichen oder zumindest sehr ähnlich, und hier bot sich die Chance, den Nordtirolern, die so viel für Südtirol getan hatten, auch etwas „zurückzugeben".

Durch den faktischen Abbau der Grenzen zufolge des Schengener Abkommens verlor die Staatsgrenze am Brenner, die seit 1918 zwischen Süd- und Nordtirol eine harte Trennwand dargestellt hatte, ihre Bedeutung. Der ungehinderte Verkehr von Menschen, Waren und Dienstleistungen über die Binnengrenzen der EU hinweg bedeutete für Südtirol einen echten Aufbruch in eine Zukunft „ohne Grenzen". Doch wiederum, dies nur nebenbei bemerkt, war schlussendlich Nordtirol dazu berufen, in der EU auch für Südtirol eine bedeutende Funktion zu erfüllen. Durch die Berufung des Tirolers Dr. Franz Fischler zum EU-Kommissar für Landwirtschaft, und dies in einer Zeit, in der die europäische Landwirtschaftspolitik mit der „Agenda 2000" tiefgreifend reformiert wurde, konnten die Südtiroler Anliegen in Brüssel verstärkt wahrgenommen werden. In der äußerst kritischen Lage der europäischen Landwirtschaft, besonders in den Alpen, hat diese Tiroler Präsenz in der EU für Südtirol große Bedeutung und die Kontakte sind entsprechend eng.

---

[4] Zuerst Dr. Joachim Dalsass, in der Folge Dr. Michl Ebner.

Mit dem verstärkten Selbstbewusstsein Südtirols hängt es zusammen, dass in breiten Kreisen, vor allem in der Wirtschaft, erneut der Wunsch laut wurde, in Bozen (und in Brixen) Hochschulstrukturen zu errichten, um spezifische Ausbildungsmöglichkeiten zu bieten, die von anderen Universitäten nur umständlich, wenn überhaupt wahrgenommen werden konnten (zum Beispiel die akademische Aus- und Weiterbildung von Grundschullehrern und Kindergärtnerinnen und die Berücksichtigung der in Südtirol vorgegebenen Zweisprachigkeit). Die politische Führung des Landes sagte nicht mehr nein. Sie erwirkte in Rom bei einer betont minderheitenfreundlichen Regierung die Voraussetzungen für die Gründung einer „Freien Universität Bozen". Diese wurde so konzipiert, dass sie keine direkte Konkurrenz zur Landesuniversität Innsbruck, sondern eine den Besonderheiten Südtirols entsprechende Ergänzung darstellt, wobei der Rückgriff auf Professoren der „Oenipontana" eine der Voraussetzungen für das Gelingen dieses Unterfangens darstellt. Die Stärke der Universität Bozen liegt, abgesehen von der spezifischen Ausbildung von Grundschullehrern und Kindergärtnerinnen, in der strengen Dreisprachigkeit, und dafür hat Innsbruck Verständnis. An der Fakultät für Wirtschaftswissenschaften in Bozen wird in drei Sprachen gelehrt: Deutsch, Italienisch und Englisch. Diese Entscheidung, die von vornherein eine strenge Selektion bedeutet, verleiht der Einrichtung eine Sonderstellung; sie nutzt die in Südtirol vorhandene Zweisprachigkeit, erweitert die Berufschancen der auszubildenden dreisprachigen Wirtschaftsakademiker auf europäischer Ebene enorm. Sie vermeidet durch diese Spezialisierung das Abgleiten in die Zweitklassigkeit einer kleinen Hochschule, wie sie in den letzten Jahrzehnten in Italien und anderswo in Europa zu Dutzenden aus dem Boden geschossen sind.

Allerdings: Dadurch, dass Bozen eine Universitätsstadt wurde, ist die kulturpolitische Ebene in der Alpenregion Tirol (Trentino, Südtirol, Nordtirol) ausgeglichener geworden. Alle drei Landeshauptstädte verfügen nun über Hochschuleinrichtungen, was im Falle Bozens (Südtirols) sicher zusätzlich das Selbstbewusstsein gefestigt hat. Man sollte dabei vielleicht eines nicht vergessen: Durch diese begrenzte Eigenständigkeit zieht Südtirol in einem Bereich nach, in dem es bisher immer nur „Nehmer" war. Es ist im nachbarschaftlichen Verhältnis nicht immer vorteilhaft, wenn der eine in irgendeinem Bereich zurückbleibt und von anderen abhängig ist. Autonomie bedeutet auch im kulturpolitischen Leben auf eigenen Füßen zu stehen, selbst wenn es sich im vorliegenden Fall um eine begrenzte Maßnahme handelt, die kein Ersatz ist und kein Ersatz sein will für jahrhundertelang gewachsene Strukturen. Aber daraus könnte und sollte sich eine gegenseitige Befruchtung und Ergänzung entwickeln, die dem Gesamttiroler Bewusstsein wohl nur förderlich sein kann.

## 2.2 Die Wirtschaft

Gleich nach dem Krieg sprach man in Nordtirol häufig von den „armen Südtirolern", wobei arm nicht so sehr wirtschaftlich aufgefasst wurde, denn in dieser Hinsicht war der Unterschied zwischen Nord und Süd als Folge des Krieges nicht sehr groß. Die

„Armut" bezog sich vor allem auf die zurückliegenden Jahrzehnte und das, was die Südtiroler über sich hatten ergehen lassen müssen und das, was ihnen durch den erzwungenen Verbleib bei Italien wieder bevorstand. Diese Armut ist inzwischen auch mit der vorhin geschilderten Hilfe durch Nordtirol weitgehend überwunden.

Im Wirtschaftsleben verlief die Entwicklung der beiden Landesteile in ähnlichen Bahnen, wenn auch in den einzelnen Sektoren mit Unterschieden, handelte es sich doch um ein Gebiet mit gleichen geographischen und strukturellen Voraussetzungen.

In der *Industrie* ging man allerdings von verschiedenen Voraussetzungen aus. Während sich nördlich des Brenners eine als normal zu bezeichnende Wandlung von der ländlichen zur industriellen Gesellschaft vollzog und daher nach dem Kriege auf eine Industrietradition aufgebaut werden konnte, lagen die Dinge in Südtirol ganz anders. Der Faschismus mit seiner gewaltsamen Industrialisierungspolitik hatte dem Südtiroler Unternehmertum auf längere Zeit die Initiative entzogen und in der Bevölkerung eine Abneigung gegen die Industrie erzeugt. Erst ab Beginn der sechziger Jahre, als der Druck der sogenannten „weichenden Erben" aus der Landwirtschaft unerträglich stark wurde und sich nur die zwei Möglichkeiten anboten, entweder auszuwandern oder im Land Arbeitsplätze außerhalb der Landwirtschaft zu schaffen, setzte eine dezentralisierte, von der Landespolitik massiv geförderte Industrialisierung ein, die nicht rein zufällig das Nordtiroler Modell nachvollzog: Nicht der Mensch sollte von weither zum Arbeitsplatz geführt, sondern der Arbeitsplatz sollte in die Nähe der Arbeitskräfte-Reservoirs gebracht werden. So entstanden in allen größeren Orten Südtirols Handwerks- und Industriezonen, die ihrerseits ein doppeltes Ziel verfolgten: Die Abwanderung durch neue Arbeitsmöglichkeiten zu verhindern und die Wanderbewegung vom Berg in die Städte abzufangen. Diese Politik ist in Nord- wie in Südtirol mit Erfolg betrieben worden. So gab es in Südtirol in den vergangenen Jahrzehnten kaum Auflassungen von Bergbauernhöfen, weil durch Industrie, Handwerk und tertiäre Tätigkeiten vor Ort die gleichzeitige Bearbeitung landwirtschaftlicher Kleinbetriebe ermöglicht wurde.

Diese Strategie war auch das Ergebnis des ständigen Ideen- und Erfahrungsaustausches zwischen Nord- und Südtirol.

Im *Handel,* der in Südtirol auf eine seit Jahrhunderten bewährte Tradition zurückblicken kann, lief es etwas anders. Hier fanden sich die Südtiroler allein zurecht. Die Handelspolitik gestern und heute verfolgt das Ziel, die flächendeckende Versorgung der Bevölkerung zu gewährleisten und diese Standortvorteile an der internationalen Brennerachse voll zu nutzen, so wie es in der Vergangenheit der Fall gewesen war. Weil durch die oben beschriebene Industrialisierungspolitik die Bevölkerung an der Peripherie ausharrte, hatte der Handel keine größeren Probleme, sich diese Situation zunutze zu machen. Mit der Industrie entfaltete sich auch die Exportwirtschaft, welche vermehrt den internationalen Warenaustausch zur Folge hatte.

Im *Fremdenverkehr* hatte Südtirol über lange Zeit große Mühe, an die gute Vergangenheit aus der Zeit vor 1918 anzuschließen. Durch die Zerstörungen der Kriege, durch die neuen Grenzziehungen, durch Währungsengpässe und zum Teil protektionistische Maßnahmen einzelner europäischer Länder blieben die internationalen Gäste weitgehend aus, und 1945 war von der vormaligen Erholungs- und Kurlandschaft Südtirol (Meran, Bozen-Gries, Brixen, Innichen, Karersee-Gebiet, Mendel, Überetsch usw.) vielfach nur mehr die Erinnerung übrig geblieben. Die Zeit zwischen dem Ersten und Zweiten Weltkrieg brachte eine Zäsur im Tourismus, die sich doppelt auswirkte: Nur wenige touristische Strukturen wurden erneuert, kaum welche dazu gebaut und die fachliche Ausbildung, die vielfach die Qualität ausmacht, blieb auf der Strecke. In Nordtirol hingegen konnte die gewachsene Fremdenverkehrswirtschaft viel besser und leichter an das, was bereits vorhanden war, anschließen.

Dabei war es bald klar, welche wichtige Funktion im europäischen Erholungstourismus Südtirol und Tirol in Zukunft einnehmen würden, sowohl im Sommer wie auch im Winter. Und hier zeigte sich erneut die Bereitschaft Nordtirols, den Freunden südlich des Brenners mit Rat und Tat zur Seite zu stehen. In den sechziger Jahren, als die europäische Wirtschaft mit dem Zugpferd Deutschland (Ludwig Erhard) wieder zu „boomen" begann und die Voraussetzungen für den Massentourismus schuf, wurde man sich in Südtirol des gewaltigen Nachholbedarfs sowohl in den Strukturen wie auch in der Ausbildung bewusst. Der Tiroler Hotelierverband und die Südtiroler Schwesternorganisation traten in enge Kooperation, wobei die Nordtiroler Erfahrungen, die jenen Südtirols erheblich voraus waren, gerne aufgenommen wurden, obwohl es sich um einen Wirtschaftszweig handelte, in dem die beiden Landesteile zueinander im Wettbewerb lagen. Nordtiroler Know-how wurde in Südtirol mit Erfolg eingesetzt.

In diesem Zusammenhang spielte und spielt die Umweltpolitik eine erhebliche Rolle. Die Südtiroler und Tiroler Raumordnung wurden zu wesentlichen Bestandteilen der Entwicklungspolitik. Zu beiden Seiten des Brenners – und vielfach in Absprache – erkannte man die Bedeutung einer intakten Umwelt für die Entwicklung des Fremdenverkehrs und die Notwendigkeit einer gesetzlichen Regelung. Sehr bald wurde es klar, dass eine ungezügelte Erschließung negative Folgen für den großen Erholungsraum der Alpen haben würde, dass ziellose Zersiedelung ein historisch gewachsenes Landschaftsbild zerstören könnte. Das Tiroler Grundverkehrsgesetz hat hier einen Damm errichtet, während in Südtirol mit der Landesraumordnungsplanung strikte Vorschriften eingeführt wurden, die nach dem Prinzip der „kontrollierten Entwicklung" den sparsamen Umgang mit Grund, Boden und landschaftlichen Werten verordneten. Dieser parallelen gesetzgeberischen Tätigkeit ist es zuzuschreiben, wenn heute der Gesamttiroler Raum trotz Industrialisierung, Wohnungsbau, Erschließung und touristischer Nutzung im Sommer und Winter Europas Erholungsgebiet Nummer eins in den Alpen geblieben ist.

Dass Fleiß und Ausdauer ein bestimmendes Merkmal der Tiroler Bevölkerung insgesamt sind, braucht nicht eigens erwähnt zu werden. Dass die vergangenen Jahrzehnte von einem gesunden wirtschaftlichen Wettbewerb zwischen den Landesteilen gekennzeichnet waren, ist ebenso bekannt. Beide haben aus dem ihnen zu Gebote Stehenden das Beste gemacht. Dabei ergaben sich für Südtirol aufgrund der weitreichenden autonomen Zuständigkeiten in mancherlei Hinsicht die günstigeren Voraussetzungen. Da neun Zehntel der im Land erwirtschafteten Steuereinnahmen in den Landeshaushalt fließen, verfügte Südtirol im Vergleich zu Nordtirol in den letzten beiden Jahrzehnten über erheblich umfangreichere öffentliche Mittel als Nordtirol und hat diese auch gezielt eingesetzt. Sie machen heute pro Jahr rund 7000 Milliarden Lire aus und haben wesentlich dazu beigetragen, eine solide Volkswirtschaft aufzubauen, mit allen Vor- und Nachteilen, die sich aus öffentlicher Förderung für die private Initiative ergeben können.

Südtirol hat nahezu die Vollbeschäftigung erreicht. Seit mehreren Jahren liegt der Prozentsatz der fast ausschließlich strukturellen Arbeitslosigkeit bei rund zwei Prozent, was einer der niedrigsten Sätze in Europa insgesamt ist. Dieser Zustand der Vollbeschäftigung, der in Nordtirol derzeit nicht erreicht wird, hat allerdings zu Begleiterscheinungen geführt, um die unser Land nicht immer zu beneiden ist. Der Mangel an qualifizierten Arbeitskräften hat zum einen die Kosten in die Höhe getrieben und zum anderen zur verstärkten und notwendigen Einwanderung aus Drittländern geführt, was wiederum Probleme besonderer Art mit sich bringt. In Nordtirol ist der Anteil der Fremdarbeiter ebenfalls erheblich, allerdings ist er dort konstant gewachsen und somit auch kontinuierlicher unter Kontrolle gehalten worden.

**Tabelle 3: Wirtschaftsstruktur Südtirol (1991)**

| | |
|---|---|
| Landwirtschaft | 20.377 (10,7 % der Erwerbstätigen) |
| Produzierendes Gewerbe | 50.041 (26,3 % der Erwerbstätigen) |
| Dienstleistungen | 119.673 (63,0 % der Erwerbstätigen) |
| Insgesamt | 190.091 (100,0 %) |
| Bruttoregionalprodukt zu Marktpreisen (1995) | 15.856 Milliarden Lire (rund 114 Milliarden ATS) |

**Tabelle 4: Wirtschaftsstruktur Nord- und Osttirol (1991)**

| | |
|---|---|
| Land- und Forstwirtschaft | 11.956 ( 4,1 % der Erwerbstätigen) |
| Produzierendes Gewerbe | 96.390 (32,8 % der Erwerbstätigen) |
| Handel, Tourismus, Verkehr | 99.644 (33,9 % der Erwerbstätigen) |
| Sonstige Dienstleistungen | 86.141 (29,3 % der Erwerbstätigen) |
| Insgesamt | 294.131 (100,0 %) |
| Bruttoregionalprodukt zu Marktpreisen (1995) | 176,9 Milliarden ATS (rund 24.600 Milliarden Lire) |

Ein Problem, das Südtirol von Nordtirol unterscheidet, ist der höhere Handelswert von Grund und Boden. Die Knappheit des verfügbaren und wirtschaftlich nutzbaren Bodens und die gleichzeitige raumordnerische Beschränkung des Gewerbebaulandes, aber auch der Wohnbauflächen, hat die Grundpreise stark in die Höhe getrieben. Im gewerblichen Bereich führt dies zu überhöhten Investitionskosten bei Betriebserweiterungen, was nicht wenige Südtiroler Unternehmen in letzter Zeit dazu veranlasst hat, in Nord- und Osttirol, aber auch in den italienischen Provinzen (Verona) Zweigniederlassungen zu gründen und Produktionszweige auszulagern.

Weil in Nordtirol die Grundpreise erschwinglicher und – auch das sei gesagt – die bürokratischen Vorschriften einfacher sind, haben mehrere namhafte Südtiroler Unternehmen in Osttirol und in Nordtirol Betriebe errichtet, sowohl im technologischen wie auch im Lebensmittelbereich, und sind Joint Ventures eingegangen oder haben in Tiroler Betriebe investiert. Doch allein die Bodenknappheit und die teuren Grundpreise sind es nicht, die zu dieser Entwicklung geführt haben. Die Arbeitskosten liegen im österreichischen Schnitt unter denjenigen Italiens und auch die Besteuerung wird nördlich des Brenners als angemessener empfunden, obwohl sie auch dort hoch ist. Zudem übten die Stabilität der österreichischen Wirtschaft und die harte Währung eine bemerkenswerte Anziehungskraft auf Investoren aus. Bei Letzterem wird es durch die Einführung der einheitlichen europäischen Währung allerdings zu einem Ausgleich kommen, der Faktor Stabilität bleibt hingegen aufrecht.

Eine Nebenerscheinung der Vollbeschäftigung bzw. des Angebots an Arbeitsplätzen hat im Lehrlingsbereich zur engen Zusammenarbeit der einschlägigen Landesämter und Berufsorganisationen geführt und zahlreichen Nordtiroler Jugendlichen Lehrstellen in Südtiroler Betrieben ermöglicht.

## 2.3 Der Verkehr

Die Tiroler zu beiden Seiten des Brenners sind eine (auto)mobile Gesellschaft geworden. In Nordtirol waren 1998 insgesamt 416.436 Kraftfahrzeuge registriert, in Südtirol rund 293.000. Zu diesen Zahlen kommen in beiden Ländern noch Zehntausende von Touristenautos hinzu, die je nach Jahreszeit und Saison in unterschiedlichem Ausmaß die Straßen beider Länder bevölkern. Der intensivste Verkehrsfluss in beide Richtungen besteht auf der Brennerachse, die durch den Bau der Brennerautobahn verstärkt zu einer der großen europäischen Nord-Süd-Adern geworden ist.

Ähnlich wie in den Bereichen Landwirtschaft, Fremdenverkehr und Umwelt haben Nord- und Südtirol auch im Verkehrswesen ähnliche Probleme. In erster Linie ist es seit Jahren die Überlastung der Brennerstrecke durch den Schwerverkehr, aber auch die steigende Frequenz von Personenkraftwagen. Die Belastung durch Lärm und Abgase hat ein schier unerträgliches Ausmaß angenommen und zu beiden Seiten des Brenners zur Bildung von Aktionsgruppen geführt, die das Ziel verfolgen, vor allem den Transitverkehr und den nächtlichen Lkw-Verkehr einzuschränken. Man kann sagen, dass die Umweltschützer in beiden Ländern dieselben Anliegen vertreten, auch wenn die gesetzliche Lage bzw. die Verteilung der Zuständigkeiten unterschiedlich ist. Während beispielsweise Tirol in der Verkehrspolitik gegenüber der EU auf die Unterstützung der Bundesregierung rechnen kann und beim Verkehrsabkommen mit der EU ein gewichtiges Wort mitreden konnte, nimmt die gesamtstaatliche italienische Verkehrspolitik auf die diesbezüglichen Südtiroler Anliegen weit weniger Rücksicht. Nur gegen allergrößte Widerstände konnte beispielsweise die (italienische) Brennerautobahngesellschaft, an der das Land Südtirol Anteile besitzt, ein Überholverbot für Lkw durchsetzen, von einem Nachtfahrverbot gar nicht zu reden. Darüber hinaus hat Südtirol größte Mühe, den Bau neuer Autobahnen durch sein Gebiet (Alemagna, Ulm–Mailand durch den Vinschgau) abzuwehren, weil der Druck der nationalen, im besonderen der norditalienischen Wirtschaft sehr stark ist.

Die gemeinsame Vorgangsweise beider Tiroler Landesteile hat jedoch auch einige Erfolge bewirkt: Die Verlagerung eines Teils des Warenverkehrs von der Straße auf die Schiene, die Beschränkung des Transitverkehrs und die Realisierung des Brennerbasistunnels sind gemeinsam vertretene Anliegen, bei denen man sich gegenseitig Schützenhilfe geben kann, ohne allerdings das eigene Gewicht zu überschätzen. Notwendig ist auf jeden Fall, dass beide Tiroler Länder in Zukunft ihre Verkehrspolitik noch besser abstimmen, im Interesse der Umwelt und der Volksgesundheit und im Bewusstsein, dass die Zeit des grenzenlosen (Verkehrs-)Wachstums angesichts einer stark gefährdeten Natur vorbei sein muss.

## 2.4 Gesundheit und Soziales

Vor rund dreißig Jahren wurde in Italien das öffentliche Gesundheitswesen tiefgreifend reformiert. Südtirol konnte aufgrund seiner Autonomie diese Reform weitgehend den örtlichen Erfordernissen anpassen und einen Standard erreichen, der in Italien beispielhaft ist und europäisches Niveau erreicht hat. Zum hohen Standard der gesundheitlichen Versorgung der Bevölkerung hat, neben anderen, die Ärzteschaft beigetragen, die zu einem wesentlichen Teil an österreichischen Universitäten, vor allem in Innsbruck, ausgebildet wurde und wird. Die Innsbrucker Universitätsklinik genießt in Südtirol hohes Ansehen und Vertrauen.

Das Land Südtirol hat mit der Universitätsklinik Innsbruck eine Konvention abgeschlossen[5], desgleichen mit dem Rehabilitationszentrum Häring[6], die nicht nur medizinische Versorgung in Bereichen, die durch das Südtiroler Sanitätswesen nicht equivalent abgedeckt werden, betrifft, sondern auch – für die Südtiroler Patienten – die Deckung der Kosten durch die öffentliche Hand ermöglicht. Damit trägt Südtirol nicht unwesentlich zur Auslastung und zum Budget der Innsbrucker Kliniken bei. Gleichzeitig besteht die Gewähr, dass schwierige Fälle, für welche die Südtiroler Strukturen nicht gerüstet sind, in Innsbruck behandelt werden können. Für die Südtiroler Bevölkerung hat diese Vereinbarung großen Wert; desgleichen die Möglichkeit, Nordtiroler Rehabilitationszentren (Bad Häring) in Anspruch zu nehmen. Hier bietet sich eine

[5] Vereinbarung vom 7. 1. 1992, Art. 1: „Das Land Tirol erklärt sich bereit, den in Südtirol wohnhaften Personen, welche Anspruch auf Krankenbetreuung seitens der in der Autonomen Provinz Bozen-Südtirol bestehenden Sanitätseinheiten haben und einer qualifizierten stationären oder ambulanten Krankenhausbetreuung und anderer qualifizierter Leistungen bedürfen, die Aufnahme in das A. Ö. Landeskrankenhaus (Universitätskliniken) Innsbruck und im Ö. Landeskrankenhaus Natters sowie im Landes-Nervenkrankenhaus Hall in Tirol, auf Rechnung der Autonomen Provinz Bozen-Südtirol im Rahmen der frei verfügbaren Betten zu gewähren…“

[6] Vereinbarung vom 24. 1. 1989.

Chance, auf wirtschaftlicher Ebene zum beiderseitigen Vorteil einzugreifen. Nebenbei bemerkt, an der Innsbrucker Klinik stehen jungen Südtiroler Ärzten fachliche Ausbildungsmöglichkeiten zur Verfügung. Der Wert dieser knapp bemessenen und äußert kostbaren Ausbildungsplätze kann nicht hoch genug eingeschätzt werden. Beim Aufbau des Südtiroler Gesundheitswesens hat die Universität Innsbruck eine wesentliche Rolle gespielt.

## 2.5 Die Gewerkschaften

1964 wurde in Meran der Autonome Südtiroler Gewerkschaftsbund (ASGB) gegründet. Nur die Eingeweihten wissen, welch entscheidende Rolle die Tiroler Gewerkschaften dabei gespielt haben. Man kann heute sagen, dass die enge Zusammenarbeit auf der Gewerkschaftsebene in Südtirol den sozialen Frieden erhalten und den Klassenkampf gebannt hat.

Nach dem Kriege war es eines der großen Bemühen der italienischen Linksgewerkschaften, vor allem der damals kommunistisch beherrschten CGIL, die Südtiroler Arbeiterschaft in den Griff zu bekommen. Das konservativ-christliche Südtirol sollte also, nach diesen Vorstellungen, zum Austragungsort des in ganz Italien herrschenden Klassenkampfes werden. Da sich die Südtiroler Arbeiterschaft im Zuge des wirtschaftlichen Wiederaufbaues und des Entstehens einer Industriegesellschaft gewerkschaftlich organisieren wollte, um die eigenen Interessen besser vertreten zu können, schloss sie sich anfänglich mehrheitlich der christlichsozialen Gewerkschaft CISL an, erkannte aber bald, dass dort die besonderen Anliegen der deutschen und ladinischen Arbeiterschaft nicht voll berücksichtigt wurden.

Aus der geschichtlichen Entwicklung heraus lag es nie im Wesen der Südtiroler, einen Konfrontationskurs zwischen Arbeitgebern und Arbeitnehmern zu steuern. Das kommunistische Gedankengut fand in Südtirol keinen guten Nährboden. Hingegen war das österreichische Beispiel der Sozialpartnerschaft ein gangbarer Weg. Die Entscheidung zugunsten dieses Weges erwies sich als richtig. Die Nordtiroler Gewerkschaften leisteten dabei große Hilfe. Das Ergebnis zeigte sich bis herauf in die Gegenwart. Südtirol hat den Klassenkampf, der Italiens Wirtschaft über Jahrzehnte mit einer schweren Hypothek belegte, kaum verspürt und seine sozialen Probleme auf der sozialpartnerschaftlichen Ebene behandelt und gelöst. Die gute wirtschaftliche Entwicklung ist auch ein Ergebnis dieser Gewerkschaftsstrategie.

## 2.6 Die Rolle der Medien

Die achtzig Jahre Abtrennung Südtirols von Österreich haben zu einem Auseinanderdriften der drei Landesteile (Nord-, Ost- und Südtirol) geführt. Eine Ursache dafür lag auch in der mangelnden gegenseitigen Information. Während der Jahre des Faschismus und bis nach Kriegsende standen die Medien unter der Kontrolle bzw. Zensur der Machthaber. Journalisten, die ihre Meinung trotzdem frei äußern wollten, wurden entweder mundtot gemacht oder endeten in den Konzentrationslagern. Die Information war geknebelt. Was aber nicht täglich schwarz auf weiß zu lesen ist, gerät, wie die Erfahrung lehrt, sehr schnell in Vergessenheit.

Erst nach dem Krieg haben die Medien ihre eigentliche Rolle im demokratischen Gemeinwesen ausüben können. Aber zu diesem Zeitpunkt war das gegenseitige Interesse der Tiroler Landesteile bereits so verkümmert, dass auch eine aktive Medienarbeit daran kurzfristig nicht viel ändern konnte. Die regionalen Medien waren verständlicherweise darauf ausgerichtet, die Information im jeweils eigenen Raum zu verbessern. Hierbei wurde zu beiden Seiten des Brenners Pionierarbeit geleistet.

*Diese Periode des Ausbaus mündete schließlich in das, um es einmal so zu bezeichnen, „freie Medienzeitalter“, wo mit Hilfe moderner Mittel (Elektronik, Datenübertragung, Vereinfachung der Produktionsmethoden usw.) die Informationsmöglichkeiten explosionsartig zunahmen. Der Liberalisierungsprozess, das Abgehen von den Monopolsituationen bei Printmedien, Fernsehen und Rundfunk führte zu einer Medienvielfalt, wie sie in der Geschichte noch nie vorhanden war und in Tirol ebenfalls neue Chancen eröffnete. Nicht zu übersehen ist jedoch auch die damit verbundene Gefahr der Verzettelung und der mangelnden Selbstkontrolle, der Verflachung und der vom Markt geforderten Sensationslust, um in dem immer härter werdenden Wettbewerb zu überleben.*

Die größere Vielfalt verschaffte den Nachrichten mehr Platz. Tirol hat daraus Nutzen gezogen, und einzelne Medien haben bewusst die Grenzen des eigenen Einzugsgebietes verlassen und auch den Nachbarn immer stärker mit einbezogen. Dafür gibt es zumindest vier markante Beispiele: „Dolomiten“, „Tiroler Tageszeitung“, ORF Tirol und RAI Sender Bozen, die eine grenzüberschreitende Informationspolitik eingeleitet haben und dazu stehen. Parallel zur politischen Entwicklung, in deren Rahmen die Idee der Europaregion Tirol verstärkt zutage tritt und vor allem auf politischer Ebene viele Bemühungen laufen, die Landesteile einander näher zu bringen, gemeinsame Initiativen zu ergreifen, ist das Terrain auch für die Medien günstiger geworden. Es geht hierbei nicht so sehr darum, Medienzusammenschlüsse, kommerzielle Kooperation oder Ähnliches zu betreiben, sondern gemeinsame Themen aufzugreifen und der Bevölkerung näher zu bringen. Das Aufgreifen gemeinsamer Anliegen ist die eine Seite, die relativ einfach zu verwirklichen ist.

Weit schwieriger ist es hingegen, solche Themen auch in ähnlicher oder übereinstimmender Weise abzuhandeln, obwohl Tirol vieles aufweist, das ein gemeinsames Vorgehen angeraten sein ließe, wie beispielsweise Verkehr, Umweltschutz, Umgang mit den Ressourcen, Fremdenverkehr, Erschließung, soziale Abstimmung, gemeinsame Geschichte, Bewältigung der Vergangenheit, vor allem Zukunftsperspektiven, um nur einiges zu nennen. Die Stärkung des regionalen Gedankens sollte im vereinigten Europa, auch als Gegengewicht zur Gefahr der Gleichmacherei, als gemeinsame Pflicht über alle unterschiedlichen Denkungsweisen hinweg empfunden werden. Dies ist ein Bereich, der auch weit in die Kultur dieses Raumes hineinreicht und nicht allein eine Frage der Medien bleiben soll.

## 3. Schlussbemerkungen

Will man das Mit- und Nebeneinander von Nord- und Südtirol richtig einschätzen, so kann man, wie schon eingangs bemerkt, von emotionalen Erwägungen nicht absehen. Denn vieles, was sich zwischen den beiden Landesteilen ereignet hat und heute entfaltet, weist starke emotionale Komponenten auf, die nicht immer nur positiv sind. Einige davon seien hier angeschnitten:

Die Nordtiroler halten heute den Südtirolern manchmal vor, sie hätten einiges, das zum Klischee der Italiener gehört, übernommen, darunter auch die Fähigkeit zum „levantinischen Verhandeln". Bozen war immer eine Handelsstadt; deswegen ist den Boznern vor allem der „Handelscharakter" angeboren. Das stimmt. Und es mag auch zutreffen, dass das achtzigjährige Leben innerhalb des italienischen Staatsverbandes nicht ohne Einfluss geblieben ist. Schließlich hat das italienische Sechzig-Millionen-Volk mit seiner starken, alten Kultur einiges unternommen, um die Südtiroler zu Italienern zu „bekehren", allerdings in letzter Konsequenz ohne Erfolg. Rom – ob Mussolini oder Degasperi, Andreotti oder Berlusconi – hat eben das dicke Fell der Tiroler unterschätzt. Dennoch: Italienische Sitten, italienische Mode, italienische Speisen haben auch in Südtirol Eingang gefunden. In diesem Zusammenhang muss aber auch bemerkt werden, dass das Südtiroler Modebewusstsein positiv auf Nordtirol ausgestrahlt hat. Der Einkauf in Bozen, Brixen, Sterzing war vor allen in Zeiten, bevor die italienische Mode ihren Siegeszug in alle Länder Europas antrat, auch ein „verbindendes Element". Inzwischen hat Südtirol, zum Teil aus eigener Initiative, aber auch unter dem Nordtiroler Einfluss, dem „Tiroler look" Platz gemacht. Tiroler Trachtenmode ist zu einem Erkennungsmerkmal zu beiden Seiten des Brenners geworden.

Die Südtiroler ihrerseits waren seit jeher stolz darauf, auf der Sonnenseite der Alpen angesiedelt zu sein, wie es der zum geflügelten Wort gewordene Satz ausdrückt: „Südtirol ist der Garten Gottes, Nordtirol die Alm Gottes." Dass beide „Gottes" sind, geht, um auf den religiösen Bereich einzugehen, auf das Bündnis mit dem Herzen Jesu zurück, das die Tiroler in großer Not eingingen und noch heute am Herz-Jesu-Sonntag eines jeden Jahres begehen.

Mit dem „Garten Gottes" sind einige Merkmale verbunden, die Tirol in seiner Gesamtheit so vielfältig erscheinen lassen: der Südtiroler Wein, die Äpfel, die Kastanien, das Törggelen, das südliche Klima. Diese Bevorzugung durch die Natur hat bewirkt, dass stets mehr Nordtiroler nach Südtirol gekommen sind und kommen als umgekehrt, auch wenn – das sei vermerkt – ob der wachsenden Mobilität und der Verkehrserschließung durch Autobahn und Flugzeug heute auch mancher Nordtiroler an Südtirol vorbei zum Gardasee oder zur Adria fährt.

Im sportlichen Bereich liegen die beiden Länder im Wettbewerb, wobei zwei Wintersportdisziplinen im Vordergrund stehen: Ski alpin und Rodeln. Südtirol hatte nie einen Toni Sailer, wohl einen Gustav Thöni und einige schnelle Mädchen, aber es steht außer Zweifel, dass im alpinen Skiwettkampf die Nordtiroler mehr Geschichte und auch mehr Spitzenathleten und Athletinnen aufweisen. Das hat eigentlich nie zu Neidkomplexen geführt, obwohl es manches Mal unliebsame Zwischenfälle gibt, dann zum Beispiel, wenn österreichische Kommentatoren (aber es sind ja keine Tiroler) die Südtiroler Athleten als „Italiener“ bezeichnen und die Südtiroler Ortsnamen in ihrer italienischen, veterofaschistischen Diktion nennen. Das tut weh und trägt sicher nicht dazu bei, das Gefühl des „einen Tirol“ bzw. des „Vaterlands Österreich“ zu verstärken. Aber man weiß, dass die Emotionen im Sport ganz besonders hochgehen können.

Ähnlich verhält es sich im Rodelsport. Über Jahre hat eine Art Tauziehen um die Trainingsmöglichkeiten auf der Bahn in Igls die einschlägigen Kreise beschäftigt und zu mancher Missstimmung geführt, denn die Südtiroler glaubten oder vermuteten, dass sie nicht unbedingt immer gern gesehene Trainingsgäste waren, weil sie in dieser Disziplin den Nordtirolern wirklich das Wasser reichen können. Es kam so weit, dass in Südtirol (Meransen) unbedingt eine eigene Kunstrodelbahn gebaut werden sollte. Daraus ist nichts geworden. Wahrscheinlich hat sich inzwischen auch die Spannung etwas gelegt.

Der größte Wettbewerb aber, um es einmal so zu nennen, wird zwischen den beiden Landeshauptstädten ausgetragen, obwohl man es generell nicht wahrnimmt. Innsbruck war über Jahrhunderte die Hauptstadt Tirols, Bozen ist der Hauptort Südtirols, die Handelsstadt an der Brennerachse. Die Geschichte hat es dann mit sich gebracht, dass Innsbruck seine Funktion als Hauptstadt auf Nord- und Osttirol beschränken musste, während Bozen seinerseits zur Landeshauptstadt Südtirols – unter dem Faschismus „Provinzhauptstadt“ – wurde.

Dieser Rolle war Bozen nach geschichtlich gewachsenen Kriterien und im Vergleich zu Österreichs Bundesländer-Hauptorten lange Zeit optisch nicht gewachsen. In Bozen gab es keine „Hofburgen“, keine Universität, kein „Landhaus“, kein Verwaltungszentrum, wo die Fäden des ganzen Landes zusammenliefen, kein „Landestheater“, kein „Ferdinandeum“, keinen Bischofssitz und ebenso wenig all die Paläste und Prachtbauten sowie „Regierungsviertel“, die in Landeshauptstädten über die Jahrhunderte entstanden waren.

Kein Wunder also, dass Bozen sich die Rolle als Landeshauptstadt erst allmählich erobern musste und dass diesbezüglich über lange Zeit eine Art Minderwertigkeitskomplex vorherrschte. Die Verantwortlichen sahen sich vor eine Entscheidung gestellt: Entweder blieb Innsbruck die „heimliche Hauptstadt“ Gesamttirols, oder aber Bozen suchte seinen eigenen Weg. Aus Sachzwängen und realpolitischer Vernunft wurde der zweite Weg gewählt, auch weil inzwischen – in den dreißiger und vierziger Jahren – Bozen zu einer mehrheitlich italienischen Stadt geworden war, deren aus vielen Teilen Italiens zugewanderte Bürger sich mit der Tiroler Geschichte und mit dem engen Verhältnis der deutschen und ladinischen Südtiroler zu Tirol nie anfreunden konnten. In der Tat sind noch heute die Geschichtskenntnisse der italienischen Bevölkerung Südtirol äußerst dürftig, was aus der italienischen Politik der letzten achtzig Jahre heraus verständlich sein mag, aber keineswegs gutzuheißen ist.

Weil Bozen sozusagen zwei Seelen in seiner Brust trägt – eine mehrheitliche italienische und eine um rund zwei Drittel kleinere deutsche – entspann sich sehr bald ein hartes Ringen um das Erscheinungsbild und das Wesen dieser Stadt zwischen Deutsch und Italienisch. Die Italiener wollten die Stadt zur „italienischen“ Hauptstadt eines deutschen Hinterlandes machen; die Südtiroler setzten alles daran, dies zu vermeiden. Damit waren die Spannungen zwischen Land und Stadt vorprogrammiert. Spannungen dieser Art gibt es zwischen jeder Hauptstadt und ihrem Hinterland. Die „Stadtler“ und die „Landler“ findet man auch in Tirol, und es sehen die einen manchmal eher abschätzig auf die anderen herab – und umgekehrt. In Bozen kam noch das ethnische Element dazu.

Dies hat dazu geführt, dass im Unterschied zu Innsbruck die Stadtentwicklung Bozens über lange Jahre recht unnatürlich verlief. Als Bozen Mitte der sechziger Jahre die Einwohnerzahl von 100.000 erreichte[7], waren die Italiener sehr stolz darauf, denn nun war „ihre“ Stadt zu einer Großstadt geworden. Die deutschen Bürger waren alles eher als stolz, denn der Bevölkerungszuwachs ging ja nur zu einem geringen Teil auf ihr Konto; er war vorherrschend eine Folge italienischer Zuwanderung. Um eine solche Entwicklung zu unterbinden, wurde über die Landesraumordnungsplanung, die in Händen des Landes liegt, ein strenger Gürtel um die Stadt gezogen, der dazu führte, dass Bozen bald wieder unter die 100.000-Einwohner-Grenze zurückfiel. Inzwischen hat die Zuwanderung aus dem Süden fast völlig aufgehört, und der natürliche Geburtenzuwachs der Stadt reicht nicht aus, um einen Aktivsaldo zu erreichen. Aber nicht nur der Zuzug aus dem Süden, auch die Migration Land-Stadt in Südtirol selbst kam fast zum Stillstand. Die Ursache dafür liegt, wie weiter oben bereits beschrieben, in der vom Land betriebenen Wirtschaftspolitik, die mit Erfolg darauf abzielte, durch die Schaffung von Beschäftigungsmöglichkeiten in allen Bezirken bzw. in den größeren Gemeinden (Industrie, Handel, Fremdenverkehr, Dienstleistung usw.) die Menschen an ihren angestammten Orten zu halten. Südtirol hat auch aus diesem Grunde bisher keine Verarmung der Berggebiete hinnehmen müssen.

Anders, wesentlich natürlicher, verlief die Entwicklung Innsbrucks, obwohl sich parallele Entwicklungen zeigen. Auch Tirols Landespolitik war in der Lage, der Landflucht durch eine dezentralisierte Gestaltung der Wirtschaft einigermaßen Einhalt zu gebieten, weshalb die Stadt Innsbruck zur Jahrtausendwende nicht um sehr vieles „größer“ ist als Bozen (rund 25.000 Einwohner mehr).

Abgesehen von der demographischen Entwicklung hat sich in Bozen ein starker Wandel in Richtung einer echten Landeshauptstadt vollzogen. Dieser Wandel hängt zu einem wesentlichen Teil mit der Entfaltung der Landesautonomie Südtirols zusammen.

Die Südtiroler Landesverwaltung beschäftigte 1998 9.241 Personen. Insgesamt wiesen die Lokalverwaltungen (Land, Gemeinden, Schule, Gesundheitsdienst usw.) im Jahr 1998 31.049 Beschäftigte auf. Hinzu kamen 5.401 Staatsbeamte, Militär (4.023 ohne Präsenzdiener) inbegriffen, und 2.485 Angestellte bei Bahn und Post. Ein sehr erheblicher Teil dieser Verwaltung ist in der Landeshauptstadt konzentriert. Dies hat aus

[7] Volkszählung 1961: 88.799 Einwohner (EW); 1971: 105.557 EW; 1998: 97.043 EW.

Bozen in erster Linie ein Zentrum der Verwaltung und der Ausbildung (Grundschulen, Mittel- und Oberschulen, Fachschulen, Universität) gemacht. Nach und nach haben sich Stadtgemeinde und Land, die in Bozen nicht immer ganz reibungslos zusammenleben, einige der Strukturen geschaffen, die den Charakter einer Landeshauptstadt ausmachen: Stadttheater (das vormalige Stadttheater war im Krieg zerstört worden), Konzerthaus, Universität, Messezentrum, Flugplatz für den Zivilverkehr, Museen (darunter das „Ötzi"-Museum), „regionales" Landeskrankenhaus, große neue Verwaltungsgebäude, Sportanlagen (Eishalle), Bibliotheken, Ober- und Fachschulzentren usw.

Auch die Kirche hat der Stellung Bozens als Landeshauptstadt Rechnung getragen. Durch die Errichtung der Diözese Bozen-Brixen im Jahr 1964 (zuvor gehörte Bozen zum Erzbistum Trient, während Brixen eigener Bischofssitz war) wurden auch die kirchlichen Schwerpunkte in die Landeshauptstadt verlagert.

All dies hat dazu geführt, dass heute alle drei Sprachgruppen (Deutsche, Italiener und Ladiner) Bozen als „ihre" Landeshauptstadt betrachten, eine Stadt, die kulturell aufrüstet und sich nahtlos in das Gefüge Trient-Bozen-Innsbruck einordnet. All dies mag auf den ersten Blick als eine „Wegentwicklung" von der idealen Vorstellung eines einzigen Tirol erscheinen, doch wenn man die Geschichte objektiv betrachtet, dann musste es wohl so kommen.

Die beiden Länder Nordtirol und Südtirol führen heute ein dynamisches Eigenleben, die gegenseitige Abhängigkeit ist in den vergangenen acht Jahrzehnten um vieles geringer geworden. Politische Sachzwänge sind weggefallen, wirtschaftliche, kulturelle und soziale Sachzwänge sind geblieben. Geblieben und gewachsen ist der Wettbewerb zwischen zwei Ländern in den Alpen, die beide einem maßvollen Fortschritt verschrieben sind, eine gemeinsame Tradition aufweisen, weltanschaulich sehr eng zusammen liegen und bereit sind, der gemeinsamen Geschichte gegenüber ihre Schuldigkeit zu tun.

Südtirol erfüllt heute wie in der Vergangenheit eine wichtige Brückenfunktion zwischen Nord und Süd, zwischen dem germanischen und dem romanischen Raum, zwischen Deutsch und Italienisch, zwischen zwei unterschiedlichen europäischen Mentalitäten, welche durch das vorbehaltlose Bekenntnis zur Demokratie geschichtlichen tirolisch-österreichischen Herkunft einen großen gemeinsamen Nenner aufweisen.

## Summaries

Die Wechselbeziehungen zwischen Südtirol und dem Bundesland Tirol, das „Geben und Nehmen" in den Jahrhunderten der gemeinsamen Geschichte, besonders aber nach der kriegsbedingten Annexion Südtirols an Italien, stehen im Mittelpunkt der Darstellungen von Michl Ebner. Ebner betont, dass seit der Annexion im Jahre 1920 Südtirol in erster Linie ein „Nehmender" war, dass die ständige politische, kulturelle und wirtschaftliche Hilfe diese Jahrzehnte stark gekennzeichnet und zugleich beigetragen hat, den Aufschwung des südlichen Landesteils zu befruchten. Er beschreibt die unter dem gegenseitigen Einfluss erfolgte Entwicklung auf den verschiedenen Ebenen und zitiert in diesem Zusammenhang wichtige institutionelle Instrumente, wie etwa das Pariser Abkommen, das Abkommen für den bevorzugten Handelsaustausch (Accordino), die UNO-Beschlüsse, die universitäre Zusammenarbeit, die Kooperation im Sanitätsbereich, das Entstehen eigenständiger Strukturen in Südtirol, die politische Abstimmung und insgesamt die Hilfestellung, die Tirol (und Österreich) seit jeher gegenüber Südtirol einnehmen.

Die geschichtlichen Ereignisse haben eine Trennlinie zwischen den Landesteilen gezogen; doch in jüngster Zeit haben durch die europäische Entwicklung, vor allem durch die Verträge von Schengen, die Grenzen innerhalb der Union weitgehend ihre Bedeutung verloren und zu einer neuen Annäherung, zur grenzüberschreitenden Kooperation und zur teilweisen Verheilung der von der Geschichte geschlagenen Wunden geführt. Südtirol erfüllt heute wieder eine wichtige Brückenfunktion zwischen Nord und Süd und hat seine Zukunftsperspektiven ständig erweitert und verbessert. All dies, stellt Ebner fest, wäre ohne den ständigen Beistand Österreichs und vor allem des Bundeslandes Tirol nicht möglich gewesen. Hier zeigt sich, dass trotz geschichtlicher Härten die gemeinsame Zukunft gewahrt werden kann, wenn der Wille dazu vorhanden ist, stellt Ebner fest.

* * *

The relations between the South Tyrol and the Federal Region of the Tyrol, the "Give and Take" throughout the centuries of common history, especially following the annexation of the South Tyrol to Italy as a consequence of the First World War are the principal topics stated by Dr. Michl Ebner, South-Tyrolean member of the European Parliament. Ebner declares that since the annexation in 1919, the South Tyrol is before all a "receiver", that the constant political, cultural and economic aid has been the outstanding characteristic of these decades, and that this magnanimous help has contributed greatly to fertilise the positive development of the southern part of the Tyrol. Ebner describes the evolution on numerous levels that has taken place under the reciprocal influence, and he remembers the most important institutional instruments like the Treaty of Paris (1946), the "Accordino" for preferential economic relations, the decisions of the United Nations, the co-operation on the university level and in matters of health policy, the creation of many autonomous structures in the South Tyrol, the political convergence, and summarily all the aid that the Tyrol and Austria have given to the South Tyrol in the past decades.

History has caused a deep division between the parts of the Tyrol. Only in recent times, due to the European evolution, in particular to the Treaty of Schengen, the frontiers within the European Union have lost some of their importance and brought about a new era of vicinity, of co-operation beyond the political frontiers, and the historical wounds have been partly healed in this process. Nowadays, South Tyrol has again acquired an important role as a bridge between North an South, and its future perspectives are gradually growing and improving. All these would not have been possible without the constant help of Austria and in particular without the Federal Region of the Austrian Tyrol, states Ebner. That may stress the fact that a common future can be attained, even in the presence of adverse historical events, if there exists the will to overcome all hindrances, Ebner says.

* * *

Le relazioni bilaterali tra il Tirolo del Sud e il Nordtirolo, il «dare e l'avere» durante secoli di storia comune ma in particolare dopo l'annessione dell'Alto Adige all'Italia sono tematiche centrali del contributo di Michl Ebner, deputato sudtirolese al Parlamento europeo. Dopo il 1919 l'Alto Adige si è trovato nella posizione di colui «che riceve» e che il continuo aiuto politico, culturale ed economico dei decenni passati ha contribuito in modo fondamentale alla crescita del paese. L'autore descrive i diversi livelli di sviluppo e le reciproche influenze facendo riferimento a importanti strumenti istituzionali quali il Trattato di Parigi (1946), l'Accordino (per lo scambio economico agevolato), le risoluzioni dell'ONU, la cooperazione universitaria e quella in ambito sanitario, la nascita di strutture autonome in Alto Adige, le convergenze politiche e nel complesso tutte quelle misure di sostegno che il Tirolo e l'Austria hanno adottato nei confronti dell'Alto Adige.

Gli eventi storici hanno tracciato un confine tra le due regioni a nord e a sud del Brennero ma in tempi recenti, grazie al processo di integrazione europea e al Trattato di Schengen in particolare, anche i confini interni dell'EU hanno perso il significato originario, portando ad un riavvicinamento, alla cooperazione transfrontaliera e in parte al risanamento delle ferite inferte dalla Storia. L'Alto Adige ricopre oggi un'importante funzione di collegamento tra nord e sud ed ha costantemente ampliato e migliorato le sue prospettive future – ma tutto ciò non sarebbe stato possibile senza il costante impegno del Tirolo e dell'Austria. Nonostante la dura lezione della Storia con la forte volontà di entrambe le parti si può ora continuare ad operare in direzione di un futuro comune.

# Tirol zwischen Tradition und Fortschritt

Adolf Leidlmair / Wilfried Keller

## 1. Raum und Gesellschaft im Modernisierungsprozess der Gegenwart

Montana, Land im Gebirge, wurde Tirol bevor es im Lauf des Mittelalters seinen späteren Namen erhielt, genannt. Sicher gab dabei nicht das landschaftliche Erlebnis, das nun sein größtes Kapital ist, den Ausschlag, sondern die das Leben seiner Bewohner bedrohende und die Durchreisenden oft in Angst und Schrecken versetzende Naturgefahr. Die in jüngster Zeit soviel Schäden anrichtenden und Opfer fordernden Lawinen, Muren, Felsstürze und Überschwemmungen haben uns eindringlich vor Augen geführt, dass an dieser das Besondere des Landes hervorhebenden Bezeichnung trotz aller technischen Fortschritte immer noch etwas Wahres ist.

Umso deutlicher hebt sich vor diesem Hintergrund der tiefgreifende Wandel ab, der in fast allen Bereichen Platz gegriffen hat, wodurch vieles, das zum Klischee des Tirolers gehörte und bei festlichen Veranstaltungen oder den diversen Formen der Brauchtumspflege so gerne vermarktet wird, bei weitem nicht mehr mit der Realität der Gegenwart übereinstimmt. Um sich davon zu überzeugen, bedarf es keiner Hilfe der Soziologen und Psychologen, denn überall wird deutlich, wie sehr die Welt eine andere geworden ist. Das Urteil von Joseph Rohrer in der von ihm 1796 verfassten ersten Volkskunde des Landes, die Tiroler hielten an allem fest, was alt ist, hat somit ein für allemal seine Gültigkeit verloren.[1]

Bereits zwischen den beiden Kriegen bekam das der bäuerlichen Überlieferung verpflichtete Landesbewusstsein etliche Sprünge. Was Hermann Wopfner, der Altmeister der heimischen Volkskunde, in dem 1933 veröffentlichten, heute noch lesenswerten Alpenvereinswerk über Tirol schrieb: „Die Eigenart des Tiroler Volkstums ist bäuerliche Eigenart", traf somit schon in jener Zeit nur mehr sehr bedingt zu.[2] Mit dem kräftig

---

[1] Joseph Rohrer, Über die Tiroler. Faksimiledruck der 1796 erschienenen Ausgabe, Bozen 1985, 77 ff.

[2] Hermann Wopfner, Die geistige Eigenart des Tiroler Volkes. In: Tirol – Land und Natur, Volk und Geschichte, geistiges Leben. Hrsg. vom Hauptausschuss des Deutschen und Österreichischen Alpenvereins, Band 1, München 1933. 149 ff.

einsetzenden Wiederaufbau in den fünfziger Jahren wurde es unwiderruflich zur Geschichte.

Symptomatisch dafür ist schon das Bevölkerungswachstum, das längst nicht mehr in den ruhigen Bahnen eines vorwiegend ländlichen Milieus verläuft. Um über die Hälfte haben die Einwohnerzahlen seit 1950, als die Wirtschaftskammer ihr 100-jähriges Jubiläum feierte, zugenommen, am meisten wegen eines inzwischen nie mehr erreichten Geburten- und auch Wanderungsüberschusses in der Zeit von 1960 bis 1970.[3]

Wie sehr gerade jene Jahre eine Periode des verstärkt einsetzenden Umbruchs waren, geht daraus hervor, dass ebenfalls mehr als die Hälfte der über 63.000 Erwerbstätigen, die seit 1951 der Landwirtschaft den Rücken kehrten, sich damals dazu entschlossen. Selbst in den abgelegensten Orten ist sie für viele nicht mehr ihr Hauptberuf geblieben. Die Kriegsfolgen waren überwunden und die Erinnerung daran, dass der Bauer unter dem Hunger der Kriegs- und Nachkriegsjahre am wenigsten gelitten hatte, verblasst. Was lag daher näher, als sich nicht länger abzurackern, um das Nötigste vom eigenen Stall und Feld auf den Tisch zu bringen und sein Brot dort zu suchen, wo man es leichter verdient, und wo der Achtstundentag, das freie Wochenende und der Urlaubsanspruch zum selbstverständlichen Recht für jeden gehören. Die dadurch ausgelöste Krise der Landwirtschaft wurde zu einem Dauerthema, so dass es eine unnötige Wiederholung wäre, darauf nochmals einzugehen. Übersehen wird jedoch in der Regel, dass verlassene Höfe die Ausnahme blieben, was man erwarten müsste, wenn die so alarmierenden Zahlen der amtlichen Statistik über den Rückgang der Agrarbevölkerung im vollen Umfang gültig wären. Dieser Widerspruch löst sich indessen auf, wenn man berücksichtigt, auf wie vielen Höfen ein zusätzlicher Verdienst, etwa durch die Mithilfe bei öffentlichen Arbeiten oder durch das einst so weit verbreitete Hausgewerbe immer schon nötig war, um das Auslangen zu finden. Nachdem nun die von den Massenmedien verbreiteten Berichte überall Eingang fanden, erschien die Arbeit als Bauer in einem anderen Licht, das nicht mehr dem herkömmlichen Bild des Königs auf der eigenen Scholle entsprach. Dazu kamen die durch die soziale Gesetzgebung den anderen Berufsgruppen eingeräumten Vorteile, was die Absage an die bäuerliche Herkunft nicht mehr als gesellschaftlichen Abstieg und Prestigeverlust empfinden ließ. Man sah ein, dass das, was man bisher nur als Nebenverdienst betrachtete, tatsächlich mehr lohnte und keinesfalls minder zu bewerten war. Sicher spielte dabei die Mechanisierung, die es ermöglichte, vieles, das früher einen ganzen Mann und einen ganzen Tag verlangte, in einigen Stunden zu erledigen, auch eine Rolle. Aber trotzdem, ohne dass es zu einer wirklichen, einschneidenden Verlagerung der Tätigkeit gekommen wäre, nannten sich viele nicht mehr Bauer, sondern Arbeiter oder Angestellter, auch wenn sie immer noch bei feierlichen Anlässen bei einer der 258 Schützenkompanien in der al-

[3] Dazu und zu den folgenden Ausführungen vgl. bezüglich der bevölkerungsstatistischen Daten: ÖSTAT, Ergebnisse der Volkszählungen 1951, 1961, 1971, 1981, 1991. Vgl. ferner den Beitrag von W. Hämmerle in diesem Band.

ten, das Erbe der Väter zur Schau stellenden Tracht aufmarschierten. Wenn von Landflucht, insofern man darunter die Aufgabe der Landwirtschaft versteht, die Rede ist, sollte man somit nicht übersehen, dass sie zu einem erheblichen Teil ein Phänomen der Selbsteinschätzung ist und daher auch zu keinem Ortswechsel geführt hat.

Inzwischen ist die den Anteil an den Berufstätigen ausweisende Agrarquote auf 4 % abgefallen, und nur mehr ein Viertel der landwirtschaftlichen Nutzfläche wird von Bauern bewirtschaftet, die allein davon leben.[4] Die Dienstleistungsgesellschaft mit ihren auch im ländlichen Raum vielfältigen Möglichkeiten ist mit einem erheblichen Vorsprung an die Stelle der althergebrachten Agrargesellschaft getreten.

Unübersehbar sind, wie uns die tägliche Erfahrung lehrt, die Spuren, die der sozioökonomische Wandel der letzten fünf Jahrzehnte mit seinem nüchternen Kalkül von Kosten, Nutzen und individueller Freiheit in der Siedlungslandschaft hinterließ. Allein von 1971 bis 1991 wurde das Nettobauland in Tirol um etwa 53 % und im Bezirk Innsbruck-Land sogar um 59 % größer, was den Durchschnitt von ganz Österreich um das Doppelte übertrifft.[5] Das vielerorts wirre Ausufern des Baulandes, unbehindert durch eine auf die funktionale Gliederung bedachte Trennung von Wohn-, Gewerbe- und anderen, der Infrastruktur dienenden Flächen, hat den Gegensatz zwischen Stadt und Land verwischt. Die Urbanisierung als bauliches und soziales Phänomen, die im Industriezeitalter die Städte so stürmisch über ihre einstigen Mauern wachsen ließ, hat sich in die Gemeinden ihres Umlandes verlagert. So ist die Bevölkerungskurve im näheren Einzugsgebiet von Innsbruck seit dem Ende des Zweiten Weltkrieges kontinuierlich recht kräftig angestiegen, womit die Stadt selbst nicht Schritt halten konnte und nach 1991 sogar mit einem deutlichen Minus in die roten Zahlen geriet.

Gegen 20.000 ha hat die landwirtschaftliche Nutzung seit dem Beginn der Fünfzigerjahre durch den Ausbau des Siedlungs- und Verkehrsnetzes eingebüßt. Schwerer als dieser Verlust an Flächen wiegt jedoch der damit verbundene Wandel von der bäuerlichen Produktions- zur vorwiegend der städtischen Bevölkerung dienenden Erholungslandschaft, was somit ebenfalls ein Symptom der auf den ländlichen Raum übergreifenden Urbanisierung ist. Den Fremdenverkehr und die Freizeitansprüche allein dafür an den Pranger zu stellen, wie es oft geschieht, wäre indessen reichlich vordergründig. Viel mehr haben die weltweit wirkenden Marktmechanismen mit ihrem Konkurenzdruck und wachsendem Zwang zur Rationalisierung den Ausschlag gegeben. Der „Kulturlandschaftspflegeeffekt“, den die Agenda 2000 als Ziel der Agrarpolitik im Visier hat, gewann somit zusehends an Bedeutung.[6]

---

[4] Bericht über die Lage der Tiroler Land- und Forstwirtschaft 1993/94. Hrsg. vom Amt der Tiroler Landesregierung, Innsbruck 1995.

[5] Gerhard ZANETTI, Strukturwandel und Flächennutzungsänderungen in der österreichischen Land- und Forstwirtschaft. In: ÖROK, Schriftenreihe 145, Wien 1999, 27.

[6] Ebd. 72.

## 2. Sölden als Beispiel

Unbestritten bleibt dennoch, dass erst der Tourismus vielfach zur Treibfeder von Fortschritt und Wohlstand wurde, und Tirol durch die von ihm bereitgestellten zusätzlichen Erwerbsmöglichkeiten auch in jenen entlegenen Landesteilen, wo es einst für viele keine andere Alternative als die Arbeit in der Fremde gab, weitgehend jene düsteren Bilder der Verarmung und des Verfalls erspart blieben, wie sie in den französischen Hochalpen trotz aller auch dort aktiv gewordenen Bergbauernpolitik abseits der spektakulären, auf höchste Ansprüche bedachten Skistädte immer noch nicht verschwunden sind. Dies bestätigte auch das Ergebnis einer im Auftrag der Tiroler Landesregierung durchgeführten Erhebung, wonach zumindest 1990 die Gemeinden mit einer überdurchschnittlich großen touristischen Nachfrage unter anderem nach dem Ausweis ihrer Steuerleistung und des Einkommens der Arbeitnehmer den höchsten wirtschaftlichen Entwicklungsstand erreichten.[7] Sölden steht schon seit Jahren in der ersten Reihe und in der Fremdenverkehrsdichte, der Anzahl der Übernachtungen je Einwohner, auch in ganz Österreich an der vordersten Front. Der Versuch liegt daher besonders nahe, gerade hier, wo der Umbruch von einem mit allen erdenklichen Erschwernissen belasteten Bergbauerngebiet zu einem international renommierten Treffpunkt von Erholung und Vergnügen suchenden Gästen aus aller Welt so offensichtlich ist, der Frage nach dem Wechselspiel von Tradition und Fortschritt nachzugehen und zu prüfen, ob die Sonnen- oder Schattenseiten überwiegen und was positiv oder negativ zu Buch schlägt. Vieles kann allerdings nur angedeutet und nicht mit der wünschenswerten Ausführlichkeit beantwortet werden, wie dies in einer vor 25 Jahren abgeschlossenen, in den Veröffentlichungen des Österreichischen MaB-Programms publizierten Studie auf Grund umfangreicher Befragungen und daher in einer viel erschöpfenderen Weise geschah.[8] So etwa die Frage, ob die damals bestehenden Prioritäten im Image der sozialen Identität noch gleich geblieben sind oder sich verändert haben, da es dazu einer interdisziplinär durchzuführenden Untersuchung bedürfte, die in dem hier vorgegebenen Rahmen nicht zu leisten wäre. Nicht nur im Tourismus zählt Sölden zu den Spitzenreitern. Mit 467 km² ist es flächenmäßig die größte und mit den Rofenhöfen bei Vent in 2014 m auch jene Gemeinde Österreichs, wo der Dauersiedlungsraum seine oberste Grenze erreicht. In der Luftlinie liegt Sölden in der Mitte zwischen dem Inn- und dem Etschtal. Die Beziehungen zum südlichen Tirol waren daher immer eng, und der Fund des Eismannes auf dem Tisenjoch im September 1991 hat erwiesen, dass bereits im Neolithikum der Alpenhauptkamm hier keine unüberwindbare, den Norden vom Süden trennende Barriere war. Im Schnalstal dürfte

---

[7] Franz SINT und Walter GRIMM, Entwicklungsprogramm für die wirtschaftlich benachteiligten Gebiete. Hrsg. vom Amt der Tiroler Landesregierung, Innsbruck 1990.

[8] Hasso von BUSSE / Thomas SEIDEL / Dietmar MUNZ / Helmut HEUBERGER, Der sozioökonomische Strukturwandel des inneren Ötztales (Gemeinde Sölden). MaB-Projekt Obergurgl 10, Innsbruck 1987.

der Ötzi zu Hause gewesen sein, und von dort erfolgte auch die Besiedlung des Venter Tales, das deshalb erst 1854 zur Gemeinde Sölden kam. Örtlichkeits- und Familiennamen, der Almbesitz der Schnalser Bauern im Niedertal oberhalb von Vent und der jährliche Übertrieb von etwa 3000 Schafen aus Südtirol über das Hoch-, Nieder- und Timmelsjoch auf die Hochweiden jenseits der nunmehrigen Grenze zeigen, wie weit die Verbindungen von Sölden mit seinen Nachbarn im Süden, im Schnalser- aber auch Passeiertal, zurückreichen und auch in der Gegenwart noch nicht völlig erloschen sind.

Schon Johann Jakob Staffler war, wie man in seiner mehrbändigen, 1839–1846 erschienenen Landeskunde von Tirol und Vorarlberg nachlesen kann, nach dem „ermattenden Weg" durch die das mittlere vom oberen Ötztal trennende Schlucht über der „furchtbar dahinstürmenden Ache" von der Landschaft von Sölden mit ihrem geräumigen, in den mürben Schiefern eingebetteten Talboden und den darüber auf dem weniger steilen Hang im Westen emporsteigenden Weilern und Einzelhöfen so angetan, dass sie ihm geradezu als eine „idyllisch anmuthige Gegend" erschien.[9] Von einem beschaulichen und sorgenfreien Leben, wie man es nach diesen Worten erwarten könnte, war die Wirklichkeit allerdings weit entfernt. Die spärlichen Roggenfelder, die Staffler noch sah, lieferten bei weitem nicht so viel, wie zum Backen des Brotes, ohnehin nur zwei- bis dreimal im Jahr, nötig gewesen wäre. So behalf man sich mit der Gerste, von der es genug gab und die auch als Suppeneinlage geschätzt wurde.[10] Der im Ötztal, besonders in Umhausen und Längenfeld, einst so gewinnbringende Flachsanbau und die Leinenweberei erreichten Sölden nicht mehr, und das Spinnen und Weben der Wolle, das man noch in der Zwischenkriegszeit auf einigen Höfen betrieb [11], war kein ausreichender Ersatz dafür.

Die Viehwirtschaft bildete somit die Voraussetzung, um überleben zu können. Mehr als die Hälfte aller landwirtschaftliche Betriebe waren Zwerg- und Kleinbetriebe mit höchstens 5 ha, wozu allerdings noch die Servitute in Wald und Weide kamen. 480 Rinder soll sie in der zweiten Hälfte des 19. Jahrhunderts auf den Markt gebracht haben[12], was ohne das auf der ausgedehnten Almregion gewonnene Futter nicht möglich gewesen wäre, denn die Wiesen gaben lediglich in den tieferen Lagen zwei Schnitte her. Vier bis sieben Wochen verbrachte man in der Regel mit Kind und Kegel auf den zwischen dem Windachtal und Hochsölden besonders zahlreichen Thaien, den mit ei-

---

9 Johann Jakob STAFFLER, Tirol und Vorarlberg statistisch und topographisch mit geschichtlichen Bemerkungen, 2. Teil, Band 2, Innsbruck 1841, 364.

10 Hans FEHN, Kulturgeographische Beobachtungen im Venter Tal. In: Mitteilungen der Geographischen Gesellschaft München 40 (1955) 170.– Franz Josef GSTREIN / Erika HUBATSCHEK, Die Bauernarbeit im Ötztal einst und jetzt, Innsbruck, 3. Auflage 1995, 98f. – Karl KOLB, Der Ackerbau im Ötztal. Geographische Hausarbeit, Innsbruck 1939, 40.

11 Elisabeth FALKNER, Formen und Typen des bäuerlichen Nebenerwerbs im Ötztal. Geographische Hausarbeit, Innsbruck 1980, 32.

12 GSTREIN / HUBATSCHEK, Bauernarbeit im Ötztal (wie Anm. 10), 100.

ner Küche, einer Stube und einem Schlafraum ausgestatteten Almhütten, um das Heu der Bergmähder einzubringen.

Dass die Verlockungem des heraufziehenden Industriezeitalters nur zögernd Eingang fanden, ist vor allem der späten und lange recht dürftigen Verkehrserschließung zuzuschreiben. Noch 1855 gab es bloß bis Längenfeld einen befahrbaren Weg, und erst 1904 erreichte eine einigermaßen leistungsfähige Straße Sölden und 1911 Zwieselstein. Bis 1936 dauerte es, dass Gurgl, und bis 1956, dass auch Vent den Anschluss an den motorisierten Verkehr fanden.

Dennoch überwog die Abwanderung. In der ersten Hälfte des 19. Jahrhunderts erreichte sie die größten Ausmaße und führte zu einem beträchtlichen Rückgang der Wohnbevölkerung. Auch in den Jahrzehnten danach und bis unmittelbar nach dem Ersten Weltkrieg war noch mancher gezwungen, sein Bündel zu schnüren und sein Glück in der Fremde zu suchen. Aber es sind doch nicht mehr so viele gewesen, und die Kurve der Bevölkerungsentwicklung stieg wieder an oder blieb wenigstens stabil (Abbildung 1).[13] Sölden wurde somit zur Ausnahme, da im übrigen Tirol die in den Bergbauerngebieten der ganzen Alpen damals grassierende Höhenflucht gerade nun, und zwar vor allem zwischen 1880 und 1890, zu besonders großen Einbußen führte.[14]

Entscheidend waren sicher der Erfolg und das Vorbild jener, denen der nun beginnende Tourismus einiges zusätzlich zu dem, was die Landwirtschaft hergab, einbrachte. Die Anfänge waren allerdings höchst bescheiden, denn 1855 gab es nur in Sölden ein Gasthaus. Wer zu einem Gipfelsieg in das innerste Ötztal aufbrach, musste sich mit einer Unterkunft im Pfarrhaus von Vent oder Gurgl begnügen. 1849 waren es 92 Personen, die im Fremdenbuch aufscheinen, unter den Verzeichneten ist drei Jahre zuvor Erzherzog Johann. Gegen Ende des Jahrhunderts sollen bereits Jahr für Jahr einige Tausend gekommen sein[15], die nun unter 7 Gasthöfen und Hotels, je eines in Vent und Gurgl, auswählen konnten. Dazu kamen die dank des unermüdlichen Einsatzes des um das Wohl seiner Landsleute so besorgten Kuraten von Vent und „Gletscherpfarrers“ Franz Senn in rascher Folge entstehenden Schutzhütten vorwiegend finanzkräftiger reichsdeutscher Sektionen des Deutschen und Österreichischen Alpenvereins: das später von der Sektion Brandenburg übernommene Hochjochhospitz 1871, die alte Samoarhütte 1877, die Breslauer Hütte unter der Wildspitze 1882, die Brunnkogel-, Karlsruher- und Vernagthütte 1887, 1896 und 1901 sowie das Brandenburgerhaus 1909.[16]

Ein Beispiel dafür, wie man sich nicht bloß auf fremde Hilfe und Ratschläge Auswärtiger verließ, sondern auch selbst die Initiative ergriff, ist das 1921 von der Sektion

---

13 ÖSTAT, Volkszählung 1991 (mit der Bevölkerungsentwicklung nach Gemeinden seit 1869).

14 Ferdinand ULMER, Höhenflucht (Schlern-Schriften 27), Innsbruck 1935, 80ff.

15 Heinrich HESS, Die Ötztaler Gruppe. In: Eduard Richter, Die Erschließung der Ostalpen, Band 2, Berlin 1894, 250.

16 Heinrich und Henriette KLIER, Ötztaler Alpen. Alpenvereinsführer, Innsbruck, 6. Auflage 1972.

Hamburg übernommene, aber bereits 1883 von Martin Scheiber, einem Bauernsohn aus Obergurgl, erbaute Ramolhaus.[17] So ist es auch später zu keiner nennenswerten Überfremdung durch den Tourismus gekommen. Sicher hat der auf Ertrag und Profit bedachte Geschäftssinn manche Blüten getrieben und zu Auswüchsen geführt, die nicht mehr reparabel sind, so dass sich zu Recht mahnende Stimmen dagegen erhoben. Aber dennoch erreichten sie nicht solche Ausmaße wie in anderen Gegenden.

**Abbildung 1: Bevölkerungsentwicklung in Sölden**

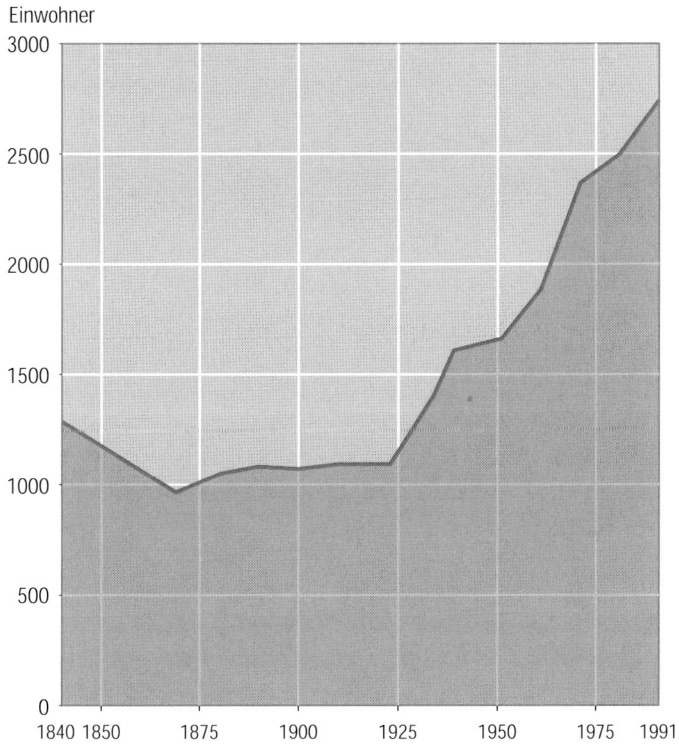


Um 1930 betrug die Zahl der Übernachtungen zwar erst etwa 4 % jener am Ende des 20. Jahrhunderts, was aber dennoch verrät, dass Sölden selbst in der durch die Wirtschaftskrise erschütterten Zwischenkriegszeit und trotz der empfindlichen Verluste durch die vom nationalsozialistischen Deutschen Reich verordnete 1000-Mark-Sperre seinen Erfolgskurs im Fremdenverkehr fortsetzen konnte. Die Mehrzahl der Gäste ka-

[17] Otto STOLZ, Zur Geschichtskunde des Ötztales. Ötztaler Buch (Schlern-Schriften 229), Innsbruck 1963, 130f.

men zunächst noch im Sommer, und die Aufenthaltsdauer lag im Durchschnitt bei über neun Tagen. Der Ruhe und Erholung versprechende Urlaub in der warmen Jahreszeit brachte mehr ein als das kurzfristige Erlebnis von Ski- und Gipfeltouren. Schon 1930 jedoch entfielen auf den Winter genau so viele Buchungen wie auf den Sommer, woraus der weitere Weg von Sölden zu einer vor allem vom Wintersport profitierenden Gemeinde ersichtlich ist. Die herkömmlichen Muster in Gesellschaft und Wirtschaft blieben allerdings noch gültig, denn 1938 fanden 61 % der Wohnbevölkerung nach wie vor in der Landwirtschaft ihr tägliches Brot. Trotzdem kündigte sich bereits der Rückzug aus der Agrargesellschaft an. Nicht mehr genutzte Bergmähder blieben keine Ausnahme und der Viehstand nahm ab.

Wie in den meisten Teilen des Landes brachten auch in Sölden aber erst die späten fünfziger und frühen sechziger Jahre die große Wende. Schon 1953 übertrafen die Nächtigungen jene von 1930 um ein Drittel und erreichten 1992 und 1993 mit über 2 Millionen ihren Rekord (Abbildung 2).[18] Der steile Verlauf der Wachstumskurve gleicht im wesentlichen der für ganz Tirol zutreffenden Entwicklung, jedoch mit der Ausnahme, dass sich die negativen Schwankungen in engeren Grenzen hielten. Das betrifft vor allem die jüngste Vergangenheit, als die Anzeichen einer Stagnation unübersehbar wurden und Sölden in den letzten 10 Jahren immer noch eine Zunahme der Nächtigungen von etwa einem Fünftel registrieren konnte. Abbildung 2 ist aber auch zu entnehmen, wie viel dem Wintertourismus zu verdanken ist und dass dieser somit der eigentliche Motor war, denn Anfang der fünfziger Jahre entfielen auf ihn 55 % und demnach nur eine knappe Mehrheit, 1998 hingegen 75 % der Nachfrage. Dazu kam das größer und vielseitiger gewordene Einzugsgebiet der Gäste, wodurch der Fremdenverkehr krisensicherer und ein noch verlässlicheres Standbein wurde. 1975 bestritten drei Länder neun Zehntel aller Nächtigungen, die BRD 82 %, Großbritannien 4,5 % und die Niederlande 4 %. 1998 sind es sieben geworden, wobei auf die BRD 67,2 %, die Niederlande 8,4, Belgien 5,3 %, die Schweiz 4,9 %, Großbritannien 3,2 %, Frankreich 0,9 % und Italien 0,8 % entfielen. In der gleichen Zeit hat auch der Anteil der Inländer von 2,8 % auf 4,6 % zugenommen.[19]

Ein Spiegelbild des Aufstiegs von Sölden zur Fremdenverkehrsgemeinde schlechthin ist ferner die Anzahl der Fremdenverkehrsbetriebe. 1953 sollen es nach der amtlichen Statistik lediglich 42 gewesen sein, 1998 hingegen nicht weniger als 632 mit einer Kapazität von 14140 Betten. Die privaten Vermieter konnten damit freilich nicht Schritt halten, und besonders in letzter Zeit ist ihr Bettenangebot so drastisch zurückgegangen, dass es nur mehr etwa die Hälfte des Jahre 1960 ausmacht. Die gestiegenen Ansprüche der Gäste und damit der zusehends an Boden gewinnende Qualitätstourismus sind nicht der ausschließliche Grund, denn es ist auch dazu gekommen, dass die bisher nur als zu-

---

[18] Alice Picard, Les vallées septentrionales du Massif de l'Oetztal, Paris 1963, 382. – ÖSTAT, Der Fremdenverkehr in Österreich 1954–1998 (erscheint jährlich).

[19] Busse et al., Strukturwandel des inneren Ötztales (wie Anm. 8), 52 und Auskunft des Tourismusverbandes Sölden.

sätzliches Einkommen betrachtete Vermietung von Gästezimmern, durch die Vergrößerung des Angebotes über das gesetzliche Limit zur gewerblich deklarierten Tätigkeit wurde.

**Abbildung 2: Entwicklung der Übernachtungen in Sölden**

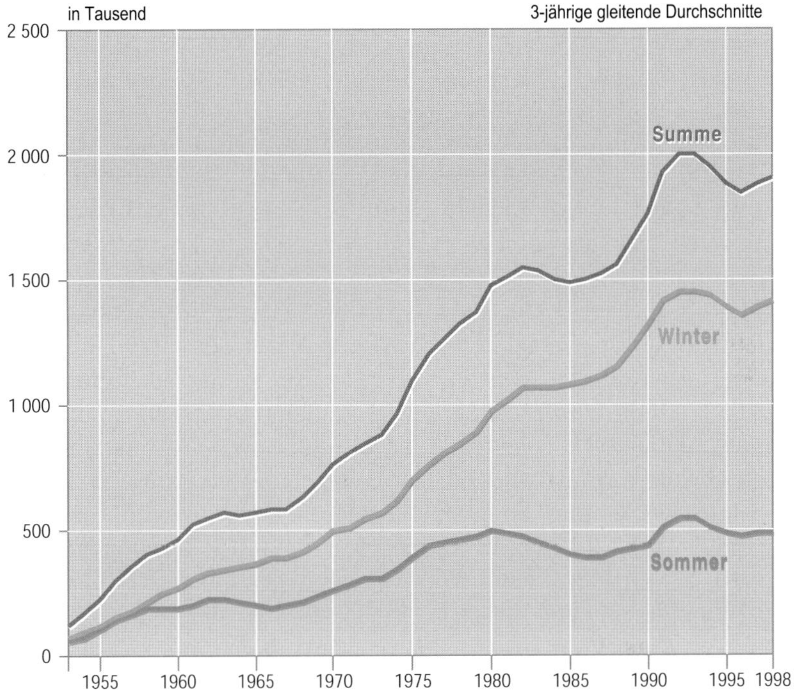


Das Geschäft mit dem Tourismus blüht somit überall. Die Vermutung liegt daher auf der Hand, die bäuerliche Welt mit ihren Einzelhöfen, Almhütten und ihrer von den Belastungen des Großstadtlebens noch verschonten Landschaft sei nur mehr eine dekorative, folkloristische Fassade, hinter der sich die schon in der Zwischenkriegszeit einsetzende, nun aber mit Riesenschritten voranschreitende Talfahrt der Landwirtschaft verbirgt und es absehbar ist, wann sie endgültig auf der Strecke bleibt. Die Veränderungen der Berufsstruktur scheinen dafür zu sprechen, denn die letzte Volkszählung im Jahr 1991 registrierte nur mehr eine Agrarquote von 3,6 % und demnach weniger als in ganz Tirol. Das Gaststätten- und Beherbergungswesen hingegen brachte es auf ein Drittel aller Erwerbstätigen. Insgesamt waren es hier 664 Personen, genau so viele wie 1951 im agrarischen Bereich, wo es 1991 lediglich 47 gewesen sind. Die ohnehin recht spärliche ackerbauliche Nutzung wurde nach dem Ausweis der Bodennutzungserhebung offensichtlich gänzlich aufgeben. Der Bestand an Rindern, der immer die Grundlage der bäuerlichen Wirtschaft bildete, ist in den vergangenen drei Jahrzehnten um fast ein Fünftel zurückgegangen. Nur Schafe werden wesentlich mehr gehalten, da sie wegen des geringeren Arbeitsaufwands einen größeren Gewinn einbringen. Beinahe um ein Viertel ist die Zahl der landwirtschaftlichen Betriebe seit dem Ende der fünfziger Jahre zurückgegangen. Für vier Fünftel aller Bauern bildet die Agrarproduktion nur mehr einen Zu- oder Nebenerwerb.[20]

Dennoch ist dieses Szenarium nicht so düster, wie es auf dem ersten Blick erscheinen könnte. Bei allen Klagen und Sorgen wegen dem damit einhergehenden Verfall der einst so fest gefügten bodenständigen Überlieferung sollte man nicht übersehen, dass der Bruch mit der Tradition noch schmerzlicher und tiefgreifender wäre, wenn nicht zahlreiche Bauern – 1990 waren es drei Viertel – durch die Einrichtung von Fremdenzimmern etwas dazuverdienen könnten, damit sie ihre zum Leben zu wenig und zum Sterben zu viel einbringende Landwirtschaft nicht völlig aufgeben müssen. Der Fremdenverkehr bestimmt durch den Wechsel der Saison den Lebenszyklus, in der Gastronomie, Hotellerie, in allen Formen der Beherbergung sowie weitgehend im Handel. Auch die Landwirtschaft bekommt ihn zu spüren, aber nicht allein zu ihrem Nachteil. Wenn der große Ansturm der Wintersportler vorüber ist und im Sommer die meiste bäuerliche Arbeit anfällt, finden die vielen als Skilehrer oder deren Gehilfen – im ganzen Gemeindegebiet dürften es gegen 300 sein – und bei den Liften Tätigen Zeit, um auf dem heimatlichen Hofe, so etwa bei der Heuernte, Hand anzulegen.

Der Almwirtschaft kommt dies ebenfalls zugute, und zwar nicht bloß aus den eben erwähnten Gründen. Der Zwang zur Rationalisierung führte zwar auch hier zu Einbußen. Die Zeit, in der die ganze Familie mehrere Wochen auf den Thaien zubrachte, ist vorüber, und schon vor etlichen Jahren lag die Hälfte aller Bergmähder brach.[21] Es wird ferner nicht mehr so viel Vieh aufgetrieben wie einst. Von einem die Almwirtschaft bedrohenden Verfall kann indessen keine Rede sein, denn im ganzen Gemeindegebiet gibt es nur zwei aufgelassene, hochgelegene Schafalmen.[22] Ein Drittel aller Almen sind zugleich Jausenstationen, einige sogar mit einem regelrechten Restaurantbetrieb und Übernachtungsmöglichkeiten; sie sind mit den von ihnen ausgehenden Aufstiegshilfen viel besuchte Stützpunkte für Wanderungen und Gipfeltouren. Der Tourismus leistet daher ebenfalls seinen Teil zu ihrem Überleben, denn es ist mehr als fraglich, ob in unserer der Informationsflut der Medien so ausgesetzten Zeit die Romantik des Hirtenlebens in der zwar großartigen, aber doch recht kärglichen Welt des Hochgebirges noch so attraktiv wäre, um allein damit zufrieden zu sein.

---

[20] Vgl. dazu: ÖSTAT, Volkszählung 1991 und Land- und forstwirtschaftliche Betriebszählung 1990 und Walter Schöpf, Agrargeographie des oberen Ötztales. Geographische Hausarbeit, Innsbruck 1977, 30–35, 60ff.

[21] Schöpf, Agrargeographie des oberen Ötztales (wie Anm. 20) 49f.

[22] Bruno Paldele, Die aufgelassenen Almen Tirols. Innsbrucker Geographische Studien 23 (1994) 138. – Dazu ferner: Alperhebung 1974/75 und Auszahlungsbescheide 1982.

Wie vielen der Fremdenverkehr eine sichere oder wenigstens bessere Existenz brachte, deutet das rapide Bevölkerungswachstum mit einer Zunahme von 850 Personen in der Zeit von 1961 bis 1991 an, wozu es zuvor doppelt so lang, nämlich 60 Jahre brauchte.[23] Bis Anfang 2000 sollen nach der allerdings nicht ganz vergleichbaren Fortschreibung weitere 600 dazugekommen sein. Trotzdem reicht das heimische Angebot längst nicht mehr aus, um aus eigener Kraft alles zu bewältigen. In dem Maße wie sich Sölden zu einem hochrangigen Zentrum für Gäste aus aller Welt entwickelte, wuchs auch seine Bedeutung als zentraler Ort auf dem Arbeitsmarkt. 43 % aller am Ort Beschäftigten waren 1991 Einpendler und somit mehr als in allen anderen Gemeinden des Bezirks einschließlich seines Hauptortes Imst. Wesentlich größer als diese Jahreswerte sind noch die der Hochsaison im Winter. Die unmittelbare Nachbarschaft, Längenfeld und Umhausen, stellen das größte Kontingent, aber das Einzugsgebiet geht weit über die Grenzen Tirols hinaus, vor allem in die Steiermark und Kärnten, wo bei der Volkszählung von 1991 weit über die Hälfte aller Fernpendler aus den übrigen österreichischen Bundesländern ihren ständigen Wohnsitz hatten. Dazu kamen im Winter 1999/2000 gut 800 ausländische Gastarbeiter, in erster Linie aus dem ehemaligen Jugoslawien und, jedoch mit einem großen Abstand, aus der Türkei.[24]

Noch enger als beim Bevölkerungswachstum ist der Zusammenhang mit dem Tourismus bei der baulichen Entwicklung, denn der zwar sehr beträchtliche Zuwachs von zwei Drittel der Wohnbevölkerung in den letzten 40 Jahren blieb weit hinter jenem der Gebäude, deren Zahl um das Zweieinhalbfache größer wurde, zurück (vgl. Abbildung 3). Was für Staffler[25] einst kein eigentliches Dorf, sondern nur eine Ansammlung von Einzelhöfen und Weilern war, ist inzwischen weitgehend zu einem beinahe geschlossenen Siedlungsband entlang der Hauptstraße zusammengewachsen. Die Feststellung von Madame Picard, die Siedlungskonzentration habe sich auf die Talsohle beschränkt, während in den Außen- und Hangbereichen weniger Häuser als früher stünden, traf zur Zeit ihrer eingehenden Erhebungen in den fünfziger Jahren sicher zu[26], heute jedoch nur mehr sehr bedingt. Dagegen sprechen schon die zwei neuen Hotelsiedlungen Hochsölden und Hochgurgl, die an die Retortenstationen, Skifabriken, station intégrée – oder wie immer ihre Bezeichnungen lauten mögen – in den französischen Nordalpen erinnern, ohne freilich in deren Gigantomanie zu verfallen wie etwa ihr Prototyp La Grande Plagne.[27] Dennoch hat gelegentlich bei der Planung das reine Geschäft allzu kräftig die Feder und zu Bildern geführt, die keine reine Augenweide

---

[23] ÖSTAT, Volkszählung 1991.

[24] ÖSTAT, Volkszählung 1991 und Auskunft des Gemeindeamtes Sölden.

[25] Staffler, Tirol und Vorarlberg (wie Anm. 9) Teil 2, Bd. 1, 364.

[26] Picard, Les Vallés Septentrionales du Massif de l'Oetztal (wie Anm. 18) Karte 46.

[27] Adolf Leidlmair, Urbanisation as process of population and settlement development in rural areas of the Alps, in: Nordia 17 (1983) 103. – Angelika Pöhl, La Grande Plagne, in: Österreichische Geographische Gesellschaft, Zweigverein Innsbruck, Jahresbericht 1984/86, 198.

sind und die Kehrseite der durch den boomenden Tourismus ausgelösten, rasanten Bautätigkeit zeigen, vor allem wenn im Sommer die sie verhüllende Schneedecke weggeschmolzen ist.

Der Spruch „Tirol wurde ein einziges Hotel“[28] , wie es einmal geheißen hat, ist zwar nicht wörtlich zu nehmen. Mit dem Blick auf Sölden, Vent und Gurgl gewinnt man indessen doch den Eindruck, einiges könnte daran wahr und nicht bloß eine plakative Übertreibung sein: 69 Hotels, 41 Gasthöfe und 308 Frühstückspensionen sowie Ferienheime (vgl. Abbildung 4)! So lautet die stolze Bilanz im neuesten Katalog des Tourismusverbandes Sölden und Obergurgl/Hochgurgl. Das entsprich fast genau der Hälfte des gesamten Baubestandes, wie er zuletzt (1991) erhoben wurde.[29] In Hochsölden und Hochgurgl, wo es neben dem Fremdenverkehr praktisch keine anderen Funktionen gibt, ist dieser Anteil so groß, dass er beinahe die 100 % Grenze erreicht. Von über 18.100 Gästebetten in der ganzen Gemeinde ist inzwischen schon die Rede, gut fünfmal so viel als die derzeitige Wohnbevölkerung, und offensichtlich genug, um auch den größten Ansturm in der Hochsaison bewältigen zu können. Aber nicht nur ein Maximum an Konfort bei der Unterbringung – wofür besonders die Ausstattung der 35 mindesten vier Sterne tragenden Hotels sorgt – sollen die Fremden vorfinden, sondern auch möglichst weniges, das sie sonst noch brauchen, vermissen. Auf kaum 50 Einwohner kommt ein Geschäft, was weit über den Bedarf der bodenständigen Einwohnerschaft hinausgeht. Drogeriewaren, optische Artikel, Schmuck und Schuhe sind in Fachgeschäften zu haben, während in anderen Orten vergleichbarer Größe oft nicht einmal die Nahversorgung mit den nötigsten Lebensmitteln gewährleistet und der mit dem Auto nicht mehr so sichere Senior auf fremde Hilfe angewiesen ist.

Mit dem Slogan „Natur pur“ wirbt Sölden wie ganz Tirol um Gäste. Sein prächtiges Panorama mit weit über 100 Dreitausendern, Gletschern und seinen blumenreichen Bergwiesen, die sich im Winter, in dem die Sonne häufiger scheint als anderswo, unter der glitzernden Schneedecke verbergen, geben dem Recht. 59 Aufstiegshilfen, darunter sechs Kabinenbahnen, stehen im ganzen Gemeindegebiet für beinahe 94.000 Benutzer, die sie in einer Stunde befördern könnten, zur Verfügung. Ferner gibt es präparierte und gesicherte Abfahrten mit einer Länge von 250 km. Einige können beleuchtet werden, um auf das gerade in der Nacht so prickelnde Skivergnügen nicht verzichten zu müssen (Abbildung 5).

Grüne Utopien, ohne an die zu denken, denen die klingelnden Kassen Arbeit und ein besseres Einkommen bringen, sind nicht angebracht. Angesichts des bunten Treibens auf den Pisten, des Gedränges bei den Liften, des programmierten Spaßes in den Aprés Ski Bars und Diskotheken und all dessen, was das Vokabular der Touristiker unter dem Motto „Snow, Sun and Fun“ oder anderen Bezeichnungen anpreist, um ja keine

[28] Franz Fliri, Franz Senn und die er rief, die Geister, in: Berg 84, Alpenvereinsjahrbuch und Zeitschrift 108 (1984) 103.

[29] ÖSTAT, Häuser- und Wohnungszählung 1991.

Langeweile aufkommen zu lassen, ist jedoch die Überlegung nicht so abwegig, ob nicht „Vergnügen pur“, wofür die Natur nur die Kulisse bereitstellt und nicht zum Erlebnis wird, ein glaubwürdigeres Schlagwort abgäbe. Vor allem, wenn in Ober- und Hochgurgl 24 Schneekanonen – computergesteuert, versteht sich – 90 % der Pisten mit entkeimtem Trinkwasser beschneien, wovon ein Schluck in den unter der extremen Hitze und Dürre stöhnenden Ländern der dritten Welt kostbarer wäre als das Stamperl Enzian an der Bar, das dem erschöpften Skifan wieder auf die Beine hilft, und wenn dafür ein Speichersee mit einem Fassungsvermögen von 90.000 $m^3$ in Bau ist, damit man gewappnet ist, „sollte Frau Holle einmal vergessen haben, die Betten zu schütteln“, wie in einem Prospekt zu lesen ist.

Wie und wo die Mitte zu finden ist zwischen kommerzieller Notwendigkeit, ökologischer und sozialer Erträglichkeit, lässt sich aus der Perspektive einer einzelnen Gemeinde nicht entscheiden. Wohl aber ist es ein Gebot der Verantwortung vor Ort, in der räumlichen Entwicklung, nicht zuletzt durch den Fremdenverkehr, die Grenzen dort zu beachten, wo die natürlichen Voraussetzungen Einhalt gebieten. Das Ötztal ist ein Musterbeispiel dafür, denn die Gefahren des Hochgebirges waren hier immer gegenwärtig und haben die Menschen oft genug in ihre Schranken verwiesen.

Nur wenige Täler Tirols dürften so häufig von Murbrüchen und Überschwemmungen heimgesucht worden sein. Zeugen davon sind die vielen Schuttkegel, die beinahe die Hälfte der Talsohle in den fünf Becken des Tales einnehmen und von den seitlichen Zubringern aufgeschüttet wurden, wenn sie sich bei Gewittern im Hochsommer in reißende, mit Schutt und Schlamm beladene Wildbäche verwandelten. Von 71 größeren Muren in der Zeit von 1678 und 1960 berichten die Chroniken. So hat, um nur an zwei Fälle zu erinnern, der aus dem Sulztal kommende Fischbach mehrmals in Längenfeld schwere Verwüstungen angerichtet, Häuser zerstört und die Brücke weggerissen. Die größte Katastrophe betraf Umhausen, als 1762 die Mure des Horlachbaches in das Dorf einbrach, 70 Häuser und ihre Nebengebäude verschüttete, und die davon Betroffenen in einer neuen Siedlung, dem „Neudorf“, untergebracht werden mussten.

Sölden blieben solche Erreignisse zwar in einem derartigen Ausmaß, aber dennoch nicht völlig erspart. Eine ständige Sorge bildete der Rettenbach, von dem im Sommer 1921 eine Mure abging, welche die Kirche und das Widum bedrohte und auch sonst im Ortszentrum etliche Schäden hinterließ. Alle Hände mussten daher im Ötztal immer wieder zugreifen, um die Archen, Schutzdämme aus Holzstämmen und großen Steinen, instand zu halten. Nicht weniger schwer war das „Mure wenden“ oder „Mure machen“, wie es auch hieß, bei dem man die von Geröll und Schutt bedeckten Felder umschöpfte und dadurch die Bodenkrume wieder an die Oberfläche brachte. Der in den vergangenen fünf Jahrzehnten so rasch fortschreitende, mit der zunehmenden Bedeutung des Fremdenverkehrs Hand in Hand gehende Siedlungsausbau in Sölden, den die für diesen Beitrag durchgeführte Baualterkartierung verdeutlichen sollte (vgl. Abbildung 3), verrät, wie kurz das Gedächtnis in unserer raschlebigen Zeit geworden ist, denn er hat sich in Bereiche vorgewagt, wo die Natur schon oft

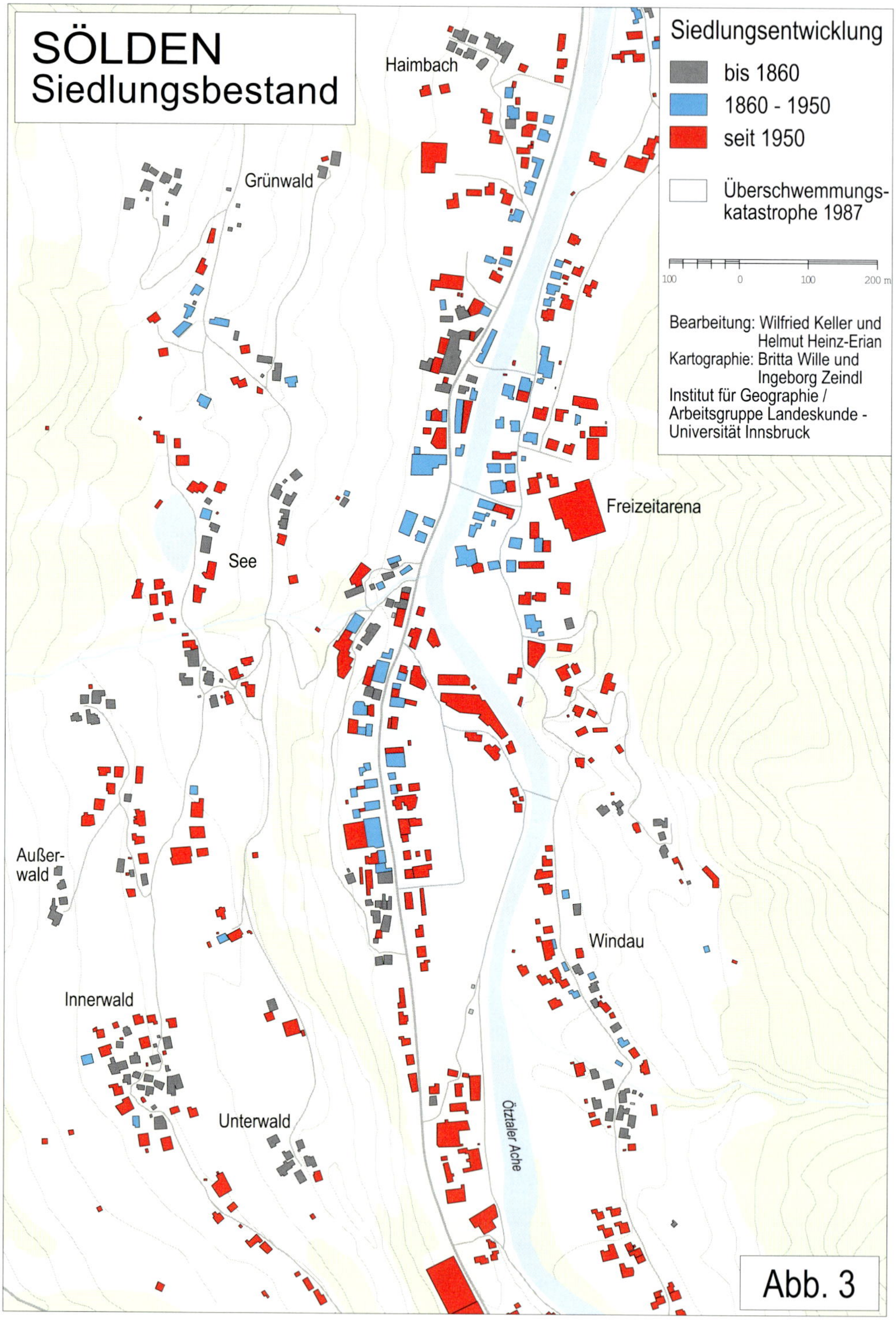
SÖLDEN
Siedlungsbestand
Siedlungsentwicklung
bis 1860
1860 - 1950
seit 1950
Überschwemmungs-
katastrophe 1987
100
0
100
200 m
Bearbeitung: Wilfried Keller und
Helmut Heinz-Erian
Kartographie: Britta Wille und
Ingeborg Zeindl
Institut für Geographie /
Arbeitsgruppe Landeskunde -
Universität Innsbruck
Haimbach
Grünwald
See
Freizeitarena
Außer-
wald
Innerwald
Unterwald
Windau
Ötztaler Ache
Abb. 3

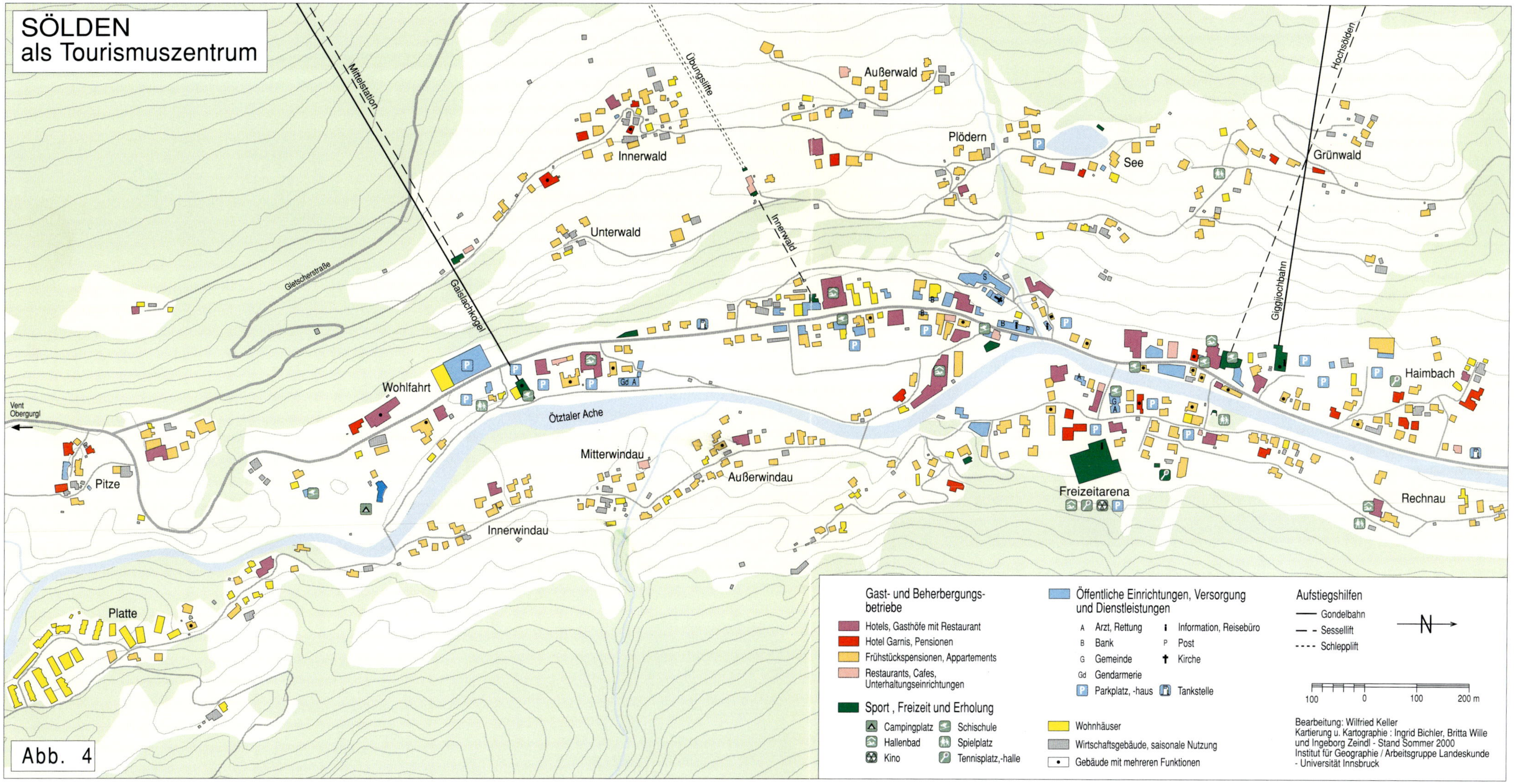

SÖLDEN
als Tourismuszentrum
Mittelstation
Übungslifte
Außerwald
Plödern
See
Grünwald
Hochsölden
Innerwald
Unterwald
Innerwald
Gaislachkogel
Gletscherstraße
Giggijochbahn
Wohlfahrt
Haimbach
Vent
Obergurgl
Ötztaler Ache
Mitterwindau
Außerwindau
Pitze
Innerwindau
Freizeitarena
Rechnau
Platte
Gast- und Beherbergungs-betriebe
Hotels, Gasthöfe mit Restaurant
Hotel Garnis, Pensionen
Frühstückspensionen, Appartements
Restaurants, Cafes, Unterhaltungseinrichtungen
Sport, Freizeit und Erholung
Campingplatz
Schischule
Hallenbad
Spielplatz
Kino
Tennisplatz,-halle
Öffentliche Einrichtungen, Versorgung und Dienstleistungen
A Arzt, Rettung
i Information, Reisebüro
B Bank
P Post
G Gemeinde
Kirche
Gd Gendarmerie
Parkplatz, -haus
Tankstelle
Wohnhäuser
Wirtschaftsgebäude, saisonale Nutzung
Gebäude mit mehreren Funktionen
Aufstiegshilfen
Gondelbahn
Sessellift
Schlepplift
N
100
0
100
200 m
Bearbeitung: Wilfried Keller
Kartierung u. Kartographie : Ingrid Bichler, Britta Wille und Ingeborg Zeindl - Stand Sommer 2000
Institut für Geographie / Arbeitsgruppe Landeskunde - Universität Innsbruck
Abb. 4

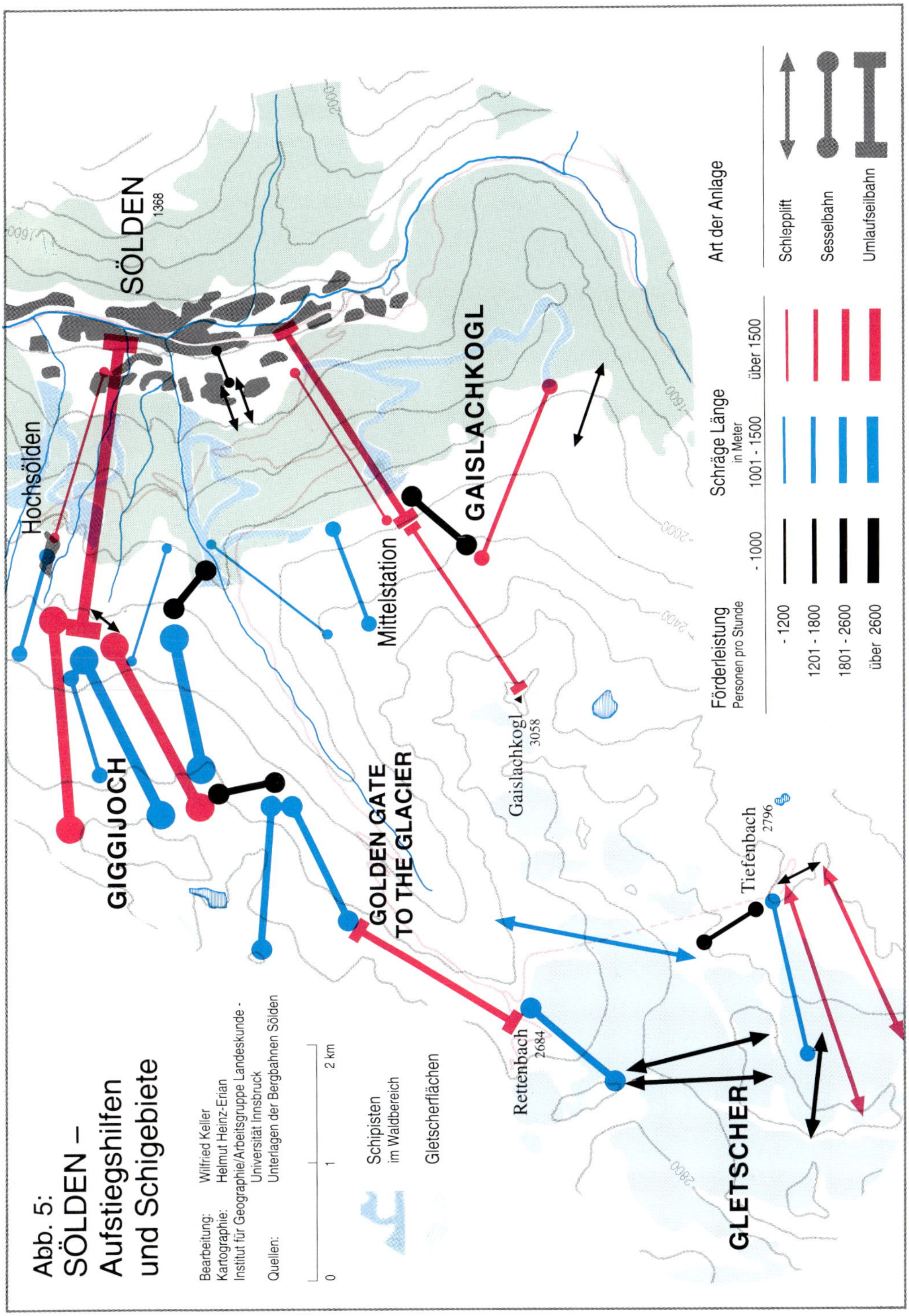
Abb. 5:
SÖLDEN –
Aufstiegshilfen
und Schigebiete
Bearbeitung: Wilfried Keller
Kartographie: Helmut Heinz-Erian
Institut für Geographie/Arbeitsgruppe Landeskunde - Universität Innsbruck
Quellen: Unterlagen der Bergbahnen Sölden
0
1
2 km
Schipisten im Waldbereich
Gletscherflächen
SÖLDEN
1368
Hochsölden
GAISLACHKOGL
Mittelstation
GIGGIJOCH
GOLDEN GATE TO THE GLACIER
Gaislachkogl
3058
Tiefenbach
2796
Rettenbach
2684
GLETSCHER
2000
2400
2800
1600
Förderleistung
Personen pro Stunde
- 1200
1201 - 1800
1801 - 2600
über 2600
Schräge Länge
in Meter
- 1000
1001 - 1500
über 1500
Art der Anlage
Schlepplift
Sesselbahn
Umlaufseilbahn

Unheil anrichtete. Zur Zeit Maria Theresias war man offenbar besonnener und plante auf längere Sicht, da es ein Verbot gegeben haben soll, sich in unmittelbarer Nähe des Rettenbaches anzusiedeln.[30]

Wie gut man beraten gewesen wäre, sich daran zu halten, lehrte das Jahrhundertereignis der Hochwasserkatastrophe im August 1987. Allein im Stubai- und Ötztal erreichte die Schadenssumme einen Betrag von S. 360 Mill.[31], und wiederum traf es Umhausen und Längenfeld besonders hart. Aber auch Sölden blieb nicht verschont. Die Verbindung mit dem äußeren Tal wurde unterbrochen, eine Straßenbrücke weggerissen und die überbordende Ache überflutete mit ihren Schlammassen die Talsohle und damit 100 Häuser, die dort vorwiegend in den sechziger Jahren mit behördlicher Genehmigung entstanden waren.[32]

Die Grenzen des Wachstums, die gerade dadurch die Natur so unübersehbar aufzeigte, gelten indessen ebenso für Bereiche, welche die Einstellung und die Wertmaßstäbe einer Gemeinschaft betreffen. Im Hinblick darauf sollte jedoch düsterer Pessimismus trotz der kritischen Anmerkungen, die auch in diesen Zeilen zur Sprache kommen mussten, den Blick in die Zukunft Söldens nicht verstellen. Die zum Zauberwort gewordene Globalisierung hat zwar auch dort Eingang gefunden, vor allem wenn man an die breit gefächerte Herkunft seiner Gäste denkt. Als Besitzer der zahlreichen gastgewerblichen Betriebe und Pensionen blieb man jedoch Herr im eigenen Haus, und wenn die Gefahr bestand, Auswärtige, die nicht schon lange hier sesshaft sind, könnten dabei zum Zug kommen, sprang seit den achtziger Jahren die Gemeinde ein, bis sich ein einheimischer Käufer fand. Internationale Hotelketten, die sich zurückziehen und ihr Personal im Regen stehen lassen, wenn die Konjunktur nachlässt, bekamen somit keine Chance. Beim Grund und Boden konnte gleichfalls der Fremdbesitz nicht Fuß fassen. So besteht die Gewähr, dass weiterhin das Wohl und die Interessen der bodenständigen Bevölkerung Vorrang haben und, um an den Titel dieses Beitrages anzuknüpfen, der Fortschritt nicht zum Feind der Tradition wird.

## Schrifttum

AULITZKY, Herbert, Sommerhochwässer 1987 in Tirol. Naturkatastrophen oder fehlende Vorbeugung, in: Österreichische Wasserwirtschaft 40 (1988) 122–128.

BERICHT über die Lage der Tiroler Land- und Forstwirtschaft 1993/94. Hrsg. vom Amt der Tiroler Landesregierung, Innsbruck 1995.

---

[30] Rudolf SCHWARZ, Muren und Murschäden im Ötztal, in: Ötztaler Buch (Schlern-Schriften 229), Innsbruck 1963, 56 ff.

[31] Herbert AULITZKY, Sommerhochwässer in Tirol – Naturkatastrophen oder fehlende Vorbeugung, in: Österreichische Wasserwirtschaft 40 (1988) 123.

[32] A. MUHAR, Hochwasserschäden 1987 und Siedlungsentwicklung im Tiroler Ötztal, ebd. 191 ff.

BUSSE, Hasso von / Thomas SEIDEL / Dietmar MUNZ / Helmut HEUBERGER, Der sozioökonomische Strukturwandel des inneren Ötztales (Gemeinde Sölden). MaB Projekt Obergurgl (Veröffentlichungen des österreichischen MaB Programms Band 10), Innsbruck 1987.

FALKNER, Elisabeth, Formen und Typen des bäuerlichen Nebenerwerbs im Ötztal. Geographische Hausarbeit, Innsbruck 1980.

FEHN, Hans, Kulturgeographische Beobachtungen im Venter Tal, in: Mitteilungen der geographischen Gesellschaft München 40 (1955) 145–180.

FLIRI, Franz, Franz Senn und die er rief, die Geister, in: Berg 84, Alpenvereinsjahrbuch 103 (1984) 99–105.

GSTREIN, Franz Josef / Erika HUBATSCHEK, Die Bauernarbeit im Ötztal einst und jetzt, Innsbruck, 3. Auflage 1995.

HESS, Heinrich, Die Ötztaler Gruppe, in: Eduard Richter, Die Erschließung der Ostalpen, Band 2, Berlin 1894, 245–376.

HEUBERGER, Helmut, Das Ötztal, in: Tirol – geographischer Exkursionsführer (Innsbrucker geographische Studien 2), Innsbruck 1975, 219–249.

KLIER, Heinrich und Henriette, Ötztaler Alpen. Alpenvereinsführer, München, 6. Auflage 1971.

KOLB, Karl, Der Ackerbau im Ötztal. Geographische Hausarbeit, Innsbruck 1939.

LEIDLMAIR, Adolf, Urbanisation as process of population and settlement development in rural areas of the Alps, in: Nordia 17 (1983) 53–59.

MUHAR, A., Hochwasserschäden und Siedlungsentwicklung im Tiroler Ötztal, in: Österreichische Wasserwirtschaft 40 (1988) 188–194.

ÖSTAT (Österreichisches statistisches Zentralamt), Ergebnisse der Volkszählungen 1951, 1961, 1971, 1981, 1991 (mit der Wohnbevölkerung nach Gemeinden seit 1869).

ÖSTAT, Häuser und Wohnungszählung 1951, 1961, 1971, 1981, 1991.

ÖSTAT, Der Fremdenverkehr in Österreich 1954–1998, jährlich.

ÖSTAT, Land- und forstwirtschaftliche Betriebszählung 1951, 1960, 1970, 1980, 1990.

PALDELE, Bruno, Die aufgelassenen Almen Tirols (Innsbrucker geographische Studien 23), Innsbruck 1994.

PATZELT, Gernot, Modellstudie des Ötztales. Landschaftsgeschichte im Hochgebirgsraum, in: Mitteilungen der österreichischen geographischen Gesellschaft 138 (1996) 53–70.

PICARD, Alice, Les vallées septentrionales du massif de l'Oetztal, 2 Bände, Paris 1963.

PÖHL, Angelika, La Grande Plagne, in: Österreichische geographische Gesellschaft, Zweigverein Innsbruck, Jahresbericht 1984–86, 18–41.

ROHRER, Joseph, Über die Tiroler. Faksimiledruck der 1796 erschienenen Ausgabe, Bozen 1985.

SCHÖPF, Walter, Agrargeographie des oberen Ötztales. Geographische Hausarbeit, Innsbruck 1977.

SCHWARZ, Rudolf, Muren und Murschäden im Ötztal, in: Ötztaler Buch (Schlern-Schriften 229), Innsbruck 1963, 55–63.

SINT, Franz / Walter GRIMM, Entwicklungsprogramm für wirtschaftlich benachteiligte Gebiete. Hrsg. vom Amt der Tiroler Landesregierung, Innsbruck 1990.

STAFFLER, Johann Jakob, Tirol und Vorarlberg – statistisch und topographisch mit geschichtlichen Bemerkungen, 2 Teile, Innsbruck 1841.

STOLZ, Otto, Zur Geschichtskunde des Ötztales, in: Ötztaler Buch (Schlern-Schriften 229), Innsbruck 1963, 183–247.

ULMER, Ferdinand, Höhenflucht (Schlernschriften 27), Innsbruck 1935.

WOPFNER, Hermann, Entstehung und Wesen des tirolischen Volkstums, in: Tirol – Land und Natur, Volk und Geschichte, geistiges Leben. Hrsg. vom Hauptausschuss des Deutschen und Österreichischen Alpenvereins, Band 1, München 1933, 139–206.

ZANETTI, Gerhard, Strukturwandel und Flächennutzungsänderung in der österreichischen Land- und Forstwirtschaft (Schriftenreihe der österreichischen Raumordnungskonferenz 145), Wien 1999.

## Summaries

Der endgültige Wandel von der Agrar- zur Dienstleistungsgesellschaft hat den Weg bestimmt, den Tirol in den vergangenen 50 Jahren beschritten hat. Die Schranken zwischen Stadt und Land sind dadurch niederer geworden, und der Fremdenverkehr hat zusätzlich zu den die Landwirtschaft unter Druck setzenden, weltweiten Marktmechanismen dazu beigetragen, dass mancherorts die agrarische Produktions- zur freizeitorientierten Erholungslandschaft wurde.

Sölden ist ein eindrucksvolles Beispiel für den Aufstieg einer ursprünglich von den Erschwernissen des Hochgebirges belasteten Bergbauern- zu einer Fremdenverkehrsgemeinde, die zu den Spitzenreitern dieser Kategorie in ganz Österreich gehört. Die absolute Dominanz des Tourismus zeigt sich in allen Bereichen, so in den in diesem Beitrag auch kartographisch dokumentierten Funktionen der Bausubstanz sowie in deren Zunahme, die jene der Wohnbevölkerung deutlich übertrifft und sich den von der Natur vorgezeichneten Grenzen des Wachstums genähert hat. Das gleiche gilt für den Ausbau der vorwiegend dem Wintersport dienenden Infrastruktur mit ihren zahlreichen, dem Ansturm des Massentourismus angepassten Aufstiegshilfen. Bezeichnend für Sölden ist aber auch, dass die Landwirtschaft trotz ihrer massiven Verluste in der Berufsstruktur darum nicht zum völligen Erliegen kam und die für ein derart hochrangiges touristisches Zentrum unerlässlichen internationalen Verflechtungen zu keiner die Interressen der einheimischen Bevölkerung gefährdenden Überfremdung von Grund und Boden geführt haben.

* * *

In the last 50 years the Tyrol was characterised by a the shift of a society mainly based on agriculture towards service economy. The difference between rural and urban areas have been reduced. Agriculture being under pressure of global market factors and being influenced by tourism has developed from a production oriented landscape into a recreation area.

Sölden is an impressive example for the rise of a village on which the difficulties of Alpine farming had left their mark now one of the Top 10's of Austria's tourist resorts. The absolute dominance can be seen in economic and social fields. As documented with cartographic material in this essay, the growth of building which does not correspond with the growth of population has nearly reached ist nature given limits. The same applies to the enlargement of the infrastructure facilities for wintersport, focused on mass tourism. Significant of Sölden is that agriculture has not come to a complete stand still even though there was a loss in ist job structure. Furthermore has Sölden managed to integrate the for tourist centres necessary international interlocking with the interests of the population by limiting the purchase of land ba foreign investors.

Negli ultimi cinquant'anni si è compiuto anche nel Tirolo il passaggio definitivo dalla società agraria a quella del terziario. Le barriere tra città e campagna si sono attenuate, e in parecchie località il turismo ha contribuito – accanto ai meccanismi del mercato internazionale che hanno prodotto una crisi dell'agricoltura – a far sì che il paesaggio agricolo si sia adeguato alle esigenze ricreative del tempo libero.

Sölden nella Ötztal rappresenta a tal proposito un esempio significativo. La località si è infatti trasformata da comune alpino costantemente legato alle sorti difficili dell'alta montagna in una delle località turistiche fra le più note dell'Austria.

L'assoluta predominanza del turismo caratterizza tutti i settori, sia la funzione della sostanza edilizia – come documenta il materiale cartografico – che il suo relativo aumento, il quale supera di gran lunga le reali esigenze della popolazione avvicinandosi a quei limiti di crescita che la natura ci impone. Lo stesso dicasi per l'ampliamento dell'infrastruttura legata soprattutto agli sport invernali, con la costruzione di nuovi impianti di risalita che soddisfano le esigenze del turismo di massa. Sölden è riuscita a conservare una struttura agricola malgrado le numerose perdite in termini di addetti e pur essendo un centro turistico di rango internazionale non si è verificata un'infiltrazione di interessi stranieri nell'acquisto di terreni ed edifici.

# Tirol den Tirolern?

## Bevölkerung und Wirtschaft im Raum

Franz Rauter

In Tirol wird die gesellschaftliche und wirtschaftliche Entwicklung ganz besonders von den räumlichen Verhältnissen geprägt. Die Gebirgigkeit setzt Grenzen und eröffnet Chancen. Die Besonderheit der natürlichen Ressourcen lässt die Erhaltung der hohen Lebensqualität und wirtschaftlichen Erfolg auf Dauer nur im Rahmen einer Nachhaltigkeitsstrategie zu.

Die folgenden Ausführungen haben zum Ziel, die räumlichen Aspekte der Bevölkerungs- und Wirtschaftsentwicklung in Tirol zu verdeutlichen und die Notwendigkeit strategischer Orientierungen für Raumordnung und Raumentwicklung darzulegen.

## 1. Die Kraft der dritten Dimension: Großräumige Lage und Gebirgsnatur bestimmen die räumliche Entwicklung

### 1.1 Tirol – eine Region im Herzen Europas

Wer ein Satellitenbild Mitteleuropas betrachtet, dem springt der Alpenbogen sofort ins Auge. Und wer sich die Mühe macht, auf diesem Foto Tirol zu lokalisieren, erkennt, dass dieses Land in seiner zentralen Lage zwischen dem süddeutschen und dem norditalienischen Wirtschaftsraum innerhalb der Alpen eine besondere Brückenposition einnimmt.

Die Lage an der *Brenner-Route* als einem der wichtigsten alpenquerenden Verkehrswege hat Tirol bereits in der Geschichte strategische Bedeutung verliehen und die wirtschaftliche Entwicklung begünstigt. Heute ist der Brennerübergang wichtiges Glied der transeuropäischen Verkehrsnetze und Schlagader des transalpinen Warenaustausches am Europäischen Binnenmarkt. Dem wirtschaftlichen Nutzen dieser exzellenten Verkehrslage stehen allerdings mittlerweile auch massive Belastungen von Bevölkerung und Umwelt gegenüber.

Die *Wirtschaftsmetropolen München* (130 Straßenkilometer von Innsbruck entfernt) und *Mailand* (350 Kilometer) liegen Tirol näher als die Bundeshauptstadt *Wien* (445 Kilometer). Tirol ist damit Teil einer Nord-Süd-Entwicklungsachse, deren Dynamik wesentlich ausgeprägter ist als die innerösterreichische Ost-West-Orientierung des Landes.

**Abbildung 1: Lage Tirols im Raum**

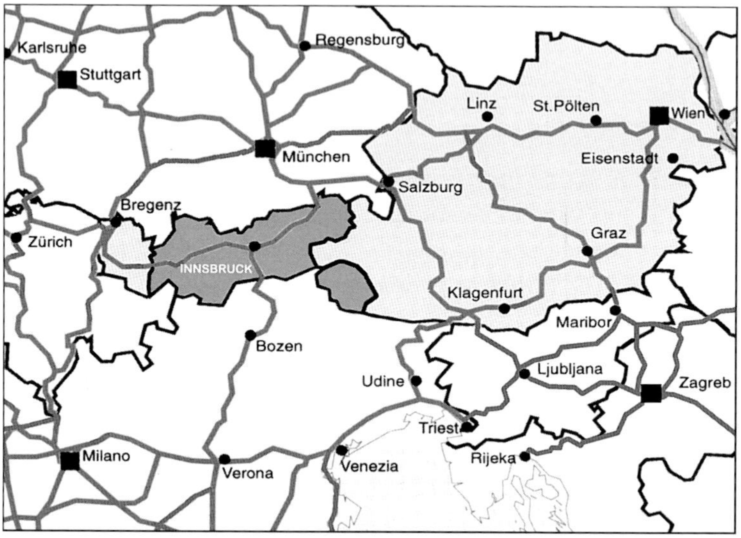


Nordtirol liegt zudem im *Tagesausflugs-Einzugsbereich* des Großraumes München und zieht daher über den Urlaubstourismus hinaus wirtschaftlichen Nutzen aus dem Erholungsbedürfnis der Bevölkerung der Großstadtregion.

Die großräumige Lagegunst Tirols darf allerdings nicht darüber hinwegtäuschen, dass innerhalb des Landes höchst *unterschiedliche Erreichbarkeitsverhältnisse* bestehen. Eine Sonderstellung nimmt dabei Osttirol ein, das sich nicht nur in Bezug auf hochrangige internationale Verkehrswege, sondern auch innertirolisch in einer ausgeprägten Randlage befindet und in seinen wirtschaftlichen Entwicklungsmöglichkeiten deutlich benachteiligt ist.

In den vormals schwer erreichbaren Nordtiroler Seitentälern wurden hingegen durch den konsequenten Ausbau des Straßennetzes die lagebedingten Nachteile gemildert.

## 1.2 Tirol – „das Land im Gebirge“

Die Faszination des technisch Machbaren und die Dynamik wirtschaftlicher Entwicklungsprozesse verdecken heute gelegentlich den Blick darauf, dass das, was Tirol von anderen Regionen abhebt, ursächlich in den natürlichen Gegebenheiten begründet ist und auch künftig sein wird.

Klima, Flora und Fauna, Landschaft, Siedlung, Gefährdungspotenziale, Infrastruktur und Wirtschaft werden letztlich von der Gebirgsnatur maßgeblich beeinflusst. In Abhängigkeit von der Höhe und von der Lage zum Alpenrand bestehen höchst differenzierte klimatische Verhältnisse mit extremen jahreszeitlichen und ortsbedingten Unterschieden. Naturgefahren in Form von Massenbewegungen, Hochwässern und Lawinen engen den Siedlungs- und Wirtschaftsraum ein. Große Teile des Waldes dienen der Stabilisierung der Hänge und dem Schutz des Dauersiedlungsraumes.

**Abbildung 2: Flächennutzung in Tirol und Österreich**

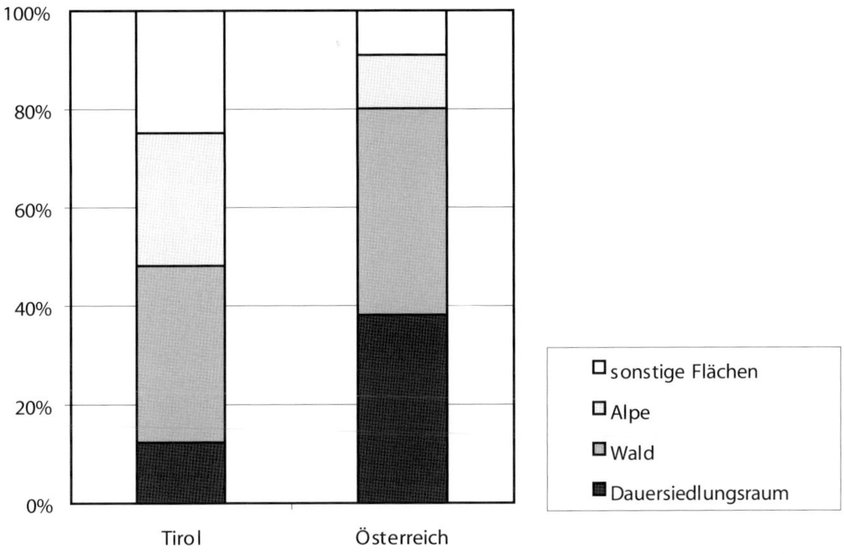


Quelle: Amt der Tiroler Landesregierung, Raumordnung-Statistik

Es bestehen eine spezifische Artenvielfalt und ein Reichtum an natürlichen und naturnahen Lebensräumen mit hoher Sensibilität und Einzigartigkeit. Reines Wasser ist reichlich vorhanden und stellt eine der wichtigsten Zukunftsressourcen von globaler Bedeutung dar. Die extensive alpine Landwirtschaft prägt das Aussehen der Landschaft, von den Tallagen bis hinauf zu den höchsten Almen und Bergmähdern.

Zwischen 465 m (Inntal bei Erl) und 3.798 m Seehöhe (Gipfel des Großglockners) bewegt sich die *„dritte Dimension"* unseres Bundeslandes, die im Wechsel von Berg und Tal in eine ausgeprägte Kleinteiligkeit der Landschaft mündet. Diese stellt sich dem Betrachter von jedem Standort, unter jedem Blickwinkel wieder anders dar und ist in ihrer Vielfalt und Schönheit eine der Schlüsselressourcen unseres Landes. Bis auf 2000 m Seehöhe finden wir Dauersiedlungen, und allein im Gebiet einzelner Gemeinden beträgt die Höhendifferenz zwischen niedrigst- und höchstgelegenem Wohnhaus bis zu 1.000 m, in Ausnahmefällen bis zu 1.400 m (Kühtai, Gemeinde Silz).

Der Anteil des *Dauersiedlungsraumes* beträgt im Landesdurchschnitt nur 12,3 % der Gesamtfläche (Österreich insgesamt: 38,1 %). Im Bezirk Landeck sind es nur 7,3 % und in einer ausgeprägten Berggemeinde wie Galtür verschwindende 2,7 %, die als unmittelbarer Siedlungs- und Wirtschaftsraum zur Verfügung stehen. Dieser wird noch durch Gefahrenzonen eingeengt und stellt auch die Flächenbasis für die Landwirtschaft dar.

**Abbildung 3: Entwicklung des Kfz-Bestandes in Tirol**

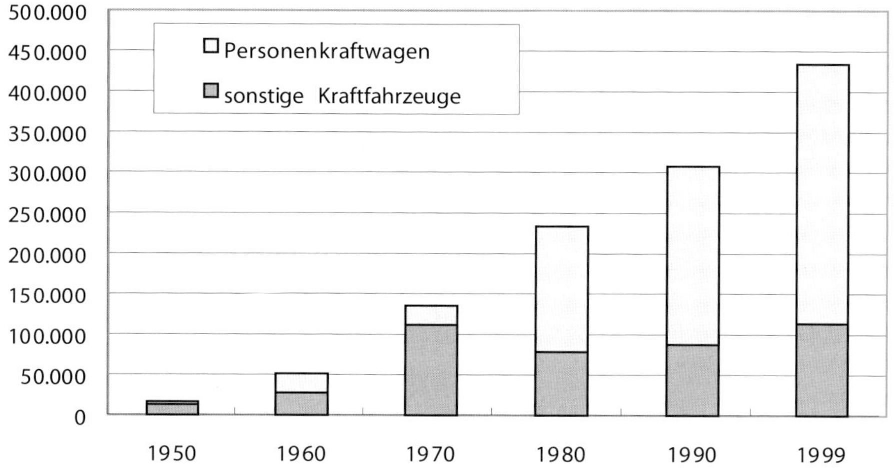


Quelle: ÖSTAT bzw. Bundesanstalt Statistik Österreich, Bestandsstatistik der Kraftfahrzeuge in Österreich, jeweilige Jahrgänge

Für die räumliche Entwicklung Tirols ergibt sich aus diesen Fakten die Notwendigkeit,

- den haushälterischen Umgang mit Grund und Boden,
- die Schonung der Ressourcen Naturraum, Wasser und Landschaft
- sowie die Vorbeugung und den Schutz vor Naturgefahren

bei allen Entwicklungsstrategien und -maßnahmen als Grundprinzipien zu berücksichtigen.

In besonderem Maße gilt das für die Siedlungsentwicklung und die Bautätigkeit sowie für die Wirtschaft, der aus der alpinen Situation besondere Chancen, aber auch Verpflichtungen erwachsen.

# 2. Die Motoren der Veränderungen im Raum

## 2.1 Die letzten 50 Jahre im Rückblick

Steigende Bevölkerungszahlen, ständig neue Ansprüche an das Lebensumfeld und eine wachsende und sich wandelnde Wirtschaft bewirkten in Tirol massive Veränderungen der Raumnutzung und der räumlichen Strukturen.

**Abbildung 4: Entwicklung der Bevölkerung, Wohnungen, Haushalte und Gebäude in Tirol**

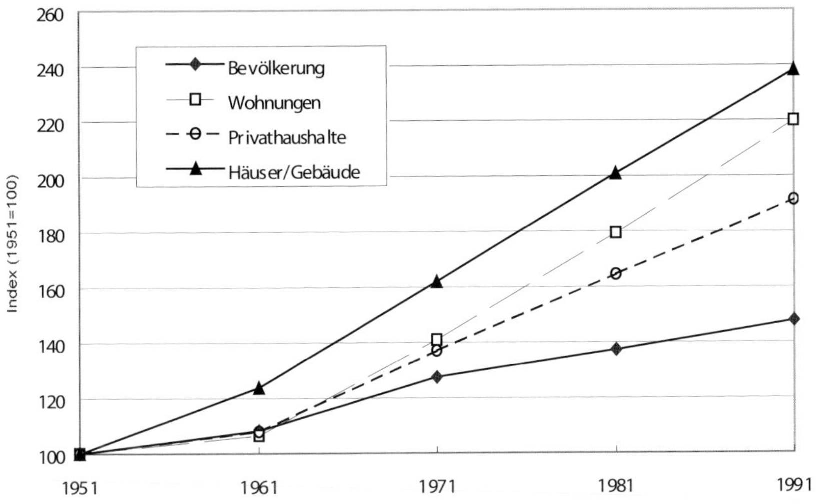


Quelle: ÖSTAT, Volkszählungen, Häuser- und Wohnungszählungen

Der stärkste Schub auf die Entwicklung der räumlichen Strukturen ging von der etwa ab 1955 einsetzenden und bis heute anhaltenden *Motorisierung* aus. Sie wurde von einem entsprechenden Ausbau des Straßennetzes, und zwar sowohl der Hauptverkehrsrouten als auch der Regional- und Flächenerschließung, begleitet.

Die raumbezogenen Konsequenzen waren vielfältig:

- Das Land als Ganzes konnte am wirtschaftlichen Aufschwung Mitteleuropas teilhaben;
- periphere Siedlungsräume erfuhren eine wirtschaftliche Belebung, insbesondere durch den Tourismus;
- die Bindung des täglichen Lebens an das Wohnumfeld wurde aufgelöst, die Reichweite des Einzelnen für seine persönliche Lebensgestaltung erhöhte sich massiv;
- die fortschreitende räumliche Funktionsteilung mündet in eine zunehmende funktionale Entleerung dünn besiedelter ländlicher Gebiete;
- Belastungen durch den Verkehr führen mehr und mehr zu einem Verlust an Umwelt- und Lebensqualität.

Wachsender *Wohlstand* ermöglichte ein beträchtliches Bevölkerungswachstum, veränderte die gesellschaftlichen Strukturen und löste eine starke bauliche Entwicklung aus. Dies führte zu einem anhaltenden Bedarf an Bauland und damit zu einer permanenten Herausforderung an die Raumordnung. Das „gebaute Tirol" veränderte sein Gesicht sowohl hinsichtlich der Gestalt der Siedlungen als auch der Baukultur in diesen Jahrzehnten ganz massiv.

**Abbildung 5: Axams 1953 mit aktueller Baulandgrenze**

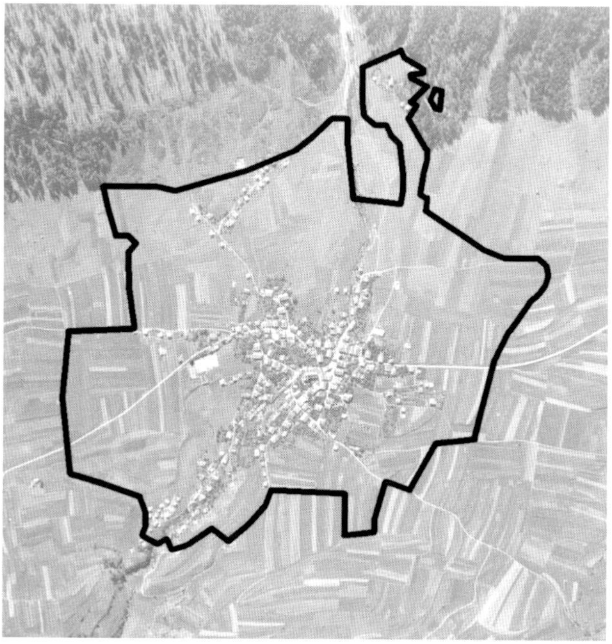

© BEV-2001, vervielfältigt mit Genehmigung des Bundesamtes für Eich- und Vermessungswesen (BEV) in Wien, Zl. 39572/01

Die *Umstrukturierung der Landwirtschaft* und die Bestrebungen, die Produktionsbedingungen zumindest in den Tallagen zu verbessern, zogen eine Ausräumung der früher vielgestaltigen Tallandschaftsräume nach sich. Zugleich war es aber auch möglich, die Flächenbewirtschaftung weitgehend aufrechtzuerhalten und das für viele Berggebiete typische Brachfallen landwirtschaftlicher Nutzflächen auch in ungünstigen Lagen in Grenzen zu halten.

In einem besonderen Maße raumprägend war und ist der *Tourismus*, der insbesondere abseits der Zentralräume breit gestreuten Wohlstand ins Land brachte. Zugleich übte der Tourismus auf das bauliche Erscheinungsbild und die sozialen Strukturen der Ortschaften und – vor allem durch die Schigebietserschließungen – auf den alpinen Raum starken Einfluss aus.

Sehr markant haben sich in der „gebauten Umwelt“ auch die grundlegenden *Veränderungen im Handel* manifestiert. Die meist an verkehrsgünstigen Ortsrandlagen entstandenen Einkaufszentren und Fachmärkte sind über ihre bauliche Erscheinung hinaus Symbole eines grundlegenden Wandels der Versorgungsstrukturen. Dessen Kennzeichen sind die Konzentration der Einrichtungen auf immer weniger Standorte und die primäre Orientierung am motorisierten Kunden.

Trotz tiefgreifender struktureller und produktionstechnischer Veränderungen hat sich die Entwicklung der *Industrie* im Raum hingegen weithin unspektakulär vollzogen. Mit dem Übergang von rohstoff- zu Know-how- und technologieorientierten Betrieben wurde vielmehr der Beweis erbracht, dass landschaftliche Attraktivität, hohe Lebensqualität, Tourismuseignung und industrielle Entwicklung keine Gegensätze sein müssen.

### 2.2 Aktuelle Trends

## In der näheren Zukunft werden vor allem die folgenden Trends die räumliche Entwicklung Tirols maßgeblich beeinflussen:

- Die Revolution der *Informations- und Kommunikationstechnologie* schafft für den Standort Tirol insgesamt und für den ländlichen Raum im Besonderen neue Chancen für die Gründung von Betrieben und die Schaffung von Arbeitsplätzen. Ein nennenswerter Beitrag zur Verringerung der Verkehrsproblematik ist jedoch dadurch nicht zu erwarten.
- Der Wettbewerbsdruck auf internationalen Märkten und die völlige Verwirklichung des EU-Binnenmarktes verstärken den Trend zu *räumlichen Konzentrationen*. Dies läuft der grundlegenden regionalpolitischen Ausrichtung Tirols zuwider, wonach eine räumlich ausgewogene wirtschaftliche Entwicklung angestrebt wird. Der Stärkung der klein- und mittelbetrieblichen Strukturen durch Qualifizierung, Innovation und Kooperation kommt daher weiter zunehmende Bedeutung zu.
- Die *Privatisierung* bisher im (teil-)öffentlichen Bereich bereitgestellter Infrastrukturen und Versorgungsdienste stellt dezentrale Leistungsangebote aus Kostengründen in Frage. Dieser Prozess benachteiligt dünn besiedelte ländliche Räume. Es wird daher eine Diskussion über das öffentliche Interesse an der Aufrechterhaltung dezentraler Strukturen und die daraus zu ziehenden Konsequenzen notwendig sein.
- Die *Verschmelzung von Einkauf und Freizeitgestaltung zum Erlebniskonsum* führt zu einer massiven Veränderung der Versorgungsstrukturen. Diese reicht weit über den Handel hinaus. Die städtischen Siedlungskerne werden noch mehr unter den Wettbewerbsdruck der künstlichen Konsum- und Erlebniswelten geraten. Die Versorgungssituation wenig mobiler Bevölkerungsschichten wird zunehmend problematischer und bedarf neuer Lösungsansätze.
- Der Stellenwert von *Freizeit, Urlaub und Reisen* wird weiter zunehmen. Neue Outdoor-Freizeitaktivitäten führen zu einer Intensivierung der Erholungsraumnutzung und werden über kurz oder lang einen erhöhten Abstimmungsbedarf auslösen.

– Die *Individualisierung der Gesellschaft* setzt sich weiter fort. Staatliches Handeln wird vom Einzelnen primär danach beurteilt, ob es den persönlichen Interessen dienlich ist. Im Interesse des Gemeinwohls erfolgende Einwirkungen auf individuelle Freiheiten werden immer weniger akzeptiert. Umgekehrt werden öffentliche Interessen gerne bemüht, wenn es darum geht, eigene oder gruppenspezifische Interessen durchzusetzen. Der Auftrag der Raumordnung, um die geordnete Gesamtentwicklung des Landes bemüht zu sein, ist daher immer schwieriger zu erfüllen.

**Abbildung 6: Entwicklung der Bevölkerung in Tirol**

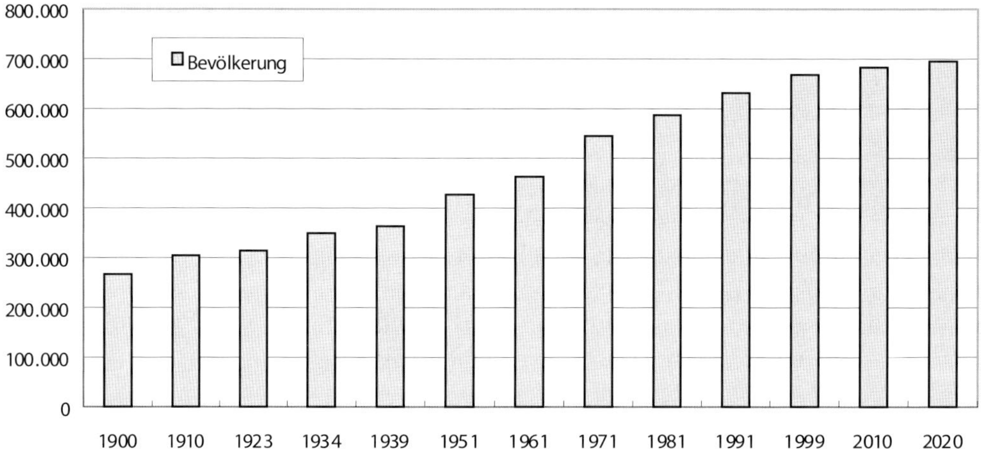


Quelle: ÖSTAT, Volkszählungen und Bevölkerungsvorausschätzung 1999–2050 Tirol, mittlere Variante

# 3. Räumliche Aspekte der Bevölkerungsentwicklung

## 3.1 Wachstum der Bevölkerung

Die Entwicklung der Bevölkerung nach Zahl und Struktur ist ein wesentlicher Parameter für die Beurteilung des Erfolges und der Angemessenheit räumlicher und wirtschaftlicher Entwicklungsprozesse.

Im gesamten Alpenraum bildete Tirol zusammen mit Salzburg, Vorarlberg, Südtirol und dem bayerischen Alpenanteil in Bezug auf die Bevölkerungsentwicklung von 1870–1990 eine Wachstumsregion, wogegen in den italienischen und französischen Westalpen im selben Zeitraum ein großräumiger Strukturzusammenbruch mit Entvölkerungstendenzen stattfand.[1]

[1] Werner Bätzing und Mitarbeiter, Der sozio-ökonomische Strukturwandel des Alpenraumes im 20. Jahrhundert – eine Analyse von „Entwicklungstypen" auf Gemeinde-Ebene, Bern 1993.

In Tirol hat die Bevölkerungszahl von rund 267.000 im Jahr 1900 auf rund 668.000 im Jahr 1999 und somit auf das Zweieinhalbfache zugenommen. Die beiden Weltkriege und die wirtschaftliche Depression in der Zwischenkriegszeit unterbrachen diese Dynamik vorübergehend, die dann in den in den 60er Jahren mit fast 17 % Bevölkerungszuwachs in nur 10 Jahren ihren Höhepunkt erreichte. Seither findet der gesellschaftliche Wandel in stark sinkenden Geburtenraten und damit auch in insgesamt abnehmenden Zuwächsen der Gesamtbevölkerung seinen Niederschlag.

Bei den Geburtenrückgängen ist in den 90er Jahren eine Beschleunigung festzustellen: Die Anzahl der jährlichen Geburten in Tirol sank seit 1993 um 20 % und hält derzeit bei 7.096 (1999).[2] Die Prognosen signalisieren uns ein Anhalten dieses Trends. Bis 2010 wird die Anzahl der jährlichen Geburten auf 6.300 absinken. Von 2010 bis 2020 wird nur mehr mit einem Bevölkerungszuwachs von 1,7 % gerechnet, das wäre seit 1900 der geringste 10-Jahres-Wert[3].

Ist die Geburtenentwicklung sehr stark durch gesellschaftliche Prozesse beeinflusst, so stellt die *Wanderungsbewegung* einen verlässlichen Indikator für die wirtschaftliche Tragfähigkeit eines Raumes dar.

In den 50er Jahren hat Tirol per Saldo noch knapp 6.800 Einwohner durch Wanderungsverluste eingebüßt. Von 1961 bis 1998 sind hingegen in Summe 59.000 Personen mehr nach Tirol zu- als von Tirol weggezogen.

Mit Blick auf die regionalwirtschaftliche Entwicklung sind hier auch die Unterschiede zwischen den einzelnen Bezirken bemerkenswert:

**Tabelle 1: Wanderungssalden 1951 bis 1998 nach Bezirken**

| Bezirk | 1951–1961 Personen | 1961–1971 Personen | 1971–1981 Personen | 1981–1991 Personen | 1991–1998 Personen |
|---|---|---|---|---|---|
| Innsbruck-Stadt | 4.170 | 9.816 | 769 | 1.186 | 879 |
| Imst | –1.178 | –69 | 508 | 1.097 | 2.342 |
| Innsbruck-Land | –422 | 6.889 | 8.641 | 7.760 | 5.215 |
| Kitzbühel | –1.358 | 383 | 481 | 1.596 | 3.358 |
| Kufstein | –2.437 | 1.740 | 1.745 | 2.978 | 3.156 |
| Landeck | –1.650 | –1.113 | –1.163 | –571 | 399 |
| Lienz | –2.288 | –2.301 | –1.585 | –2.054 | –1.166 |
| Reutte | –292 | 783 | –232 | 542 | 940 |
| Schwaz | –1.307 | 1.307 | 136 | 2.068 | 2.763 |
| TIROL abs. | –6.762 | 17.135 | 9.300 | 14.602 | 17.886 |
| % | –1,6 | 3,7 | 1,7 | 2,5 | 2,9 |

Quelle: 1951 bis 1991: ÖSTAT, Volkszählungsergebnisse; 1991 bis 1998: Amt der Tiroler Landesregierung, Raumordnung-Statistik, nach Melderegister-Daten der Gemeinden

[2] Amt der Tiroler Landesregierung, Raumordnung-Statistik, Demografische Daten Tirol 1993 und 1999.

[3] ÖSTAT, Bevölkerungsvorausschätzung 1999–2050 Tirol, mittlere Variante, Wien 1999.

Noch in den 50er Jahren wanderten – mit Ausnahme der Stadt Innsbruck – aus allen Tiroler Bezirken deutlich mehr Personen ab als zugezogen sind. Der wirtschaftliche Aufschwung des folgenden Jahrzehnts schlug sich umgehend in einem markant positiven Wanderungssaldo nieder, mit dem Schwergewicht der Zuwanderung in der Inntalfurche zwischen Telfs und Kufstein. Das fand auch nach 1971 seine Fortsetzung, allerdings mit dem grundlegenden Unterschied, dass der Zuzug in die Landeshauptstadt weitgehend abflachte und stattdessen der Bezirk Innsbruck-Land die stärksten Wanderungsgewinne zu verzeichnen hatte. Darin spiegelt sich sehr stark auch die Stadt-Umland-Wanderung (Suburbanisierung) wider, die in den 70er Jahren voll einsetzte. In den Bezirken Imst und Landeck hielten die Abwanderungstendenzen länger an, im Bezirk Lienz haben sie sich bis heute kaum abgeschwächt, was als Hinweis auf die nach wie vor besondere raumwirtschaftliche Situation dieses Landesteiles gelten mag.

## 3.2 Bevölkerungsbewegung im Raum

Die Wanderungssalden besagen noch nichts über die tatsächliche längerfristige *Mobilität der Bevölkerung*. Über den *Wohnsitzwechsel* stehen erst seit 1996 mit der Wanderungsstatistik des ÖSTAT umfassende Daten zu Verfügung.

**Tabelle 2: Wechsel des Hauptwohnsitzes über Gemeindegrenzen hinaus im Jahresdurchschnitt 1996/1997/1998**

| | Zugezogene aus | Weggezogene nach |
|---|---|---|
| anderen Tiroler Gemeinden | 22.933 | 22.933 |
| anderen Bundesländern | 3.138 | 3.487 |
| dem Ausland | 7.333 | 6.180 |
| Wohnsitzwechsel gesamt | 33.404 | 32.600 |

Quelle: ÖSTAT, Wanderungsstatistik

Ungeachtet des Umstandes, dass derzeit noch beträchtliche Differenzen zwischen den errechneten Wanderungssalden und den Wanderungsbilanzen laut Wanderungsstatistik auftreten, sind die Ergebnisse der neuen Wanderungsstatistik durchaus bemerkenswert: Pro Jahr verlegen demnach über 20.000 Personen ihren Hauptwohnsitz über die Landesgrenzen hinweg. Dazu kommen rund 23.000 Personen, die innerhalb Tirols ihre Wohngemeinde wechseln. Die für die Durchschnittsbildung herangezogenen Jahreswerte weichen dabei nur geringfügig voneinander ab.

Hochgerechnet auf ein Jahrzehnt würde das Potenzial derer, die nach Tirol zuwandern oder aus Tirol wegziehen, zusammen rund 30 % der Gesamtbevölkerung betragen. Unter Einbeziehung der Binnenwanderung innerhalb Tirols beträgt das Wanderungspotenzial sogar 68 %. Bei aller Interpretationsbedürftigkeit der Daten, vor allem was mehrfache Wohnsitzwechsel ein und derselben Personen oder die tatsächliche Begründung von Hauptwohnsitzen anlangt, bedarf das verbreitete Bild einer wenig mobilen Tiroler Bevölkerung doch ganz offensichtlich einer Korrektur. Zumindest in den dynamischen Stadt- und Stadtumlandgebieten sowie in den Tourismuszentren findet ein beträchtlicher Bevölkerungsaustausch statt. Damit ist auch ein grundlegender Wandel der gesellschaftlichen Strukturen verbunden, die Fixierung auf die örtliche Gemeinschaft nimmt ab.

**Abbildung 7: Entwicklung der Berufspendler in Tirol**

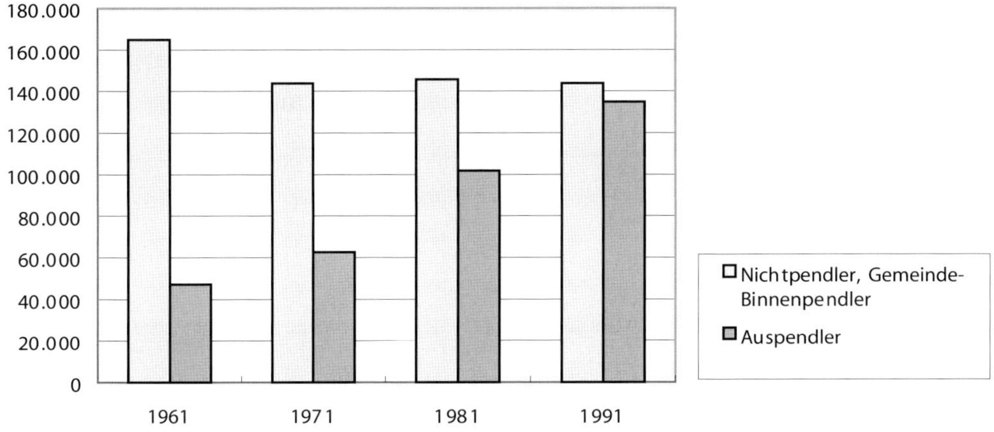


Quelle: ÖSTAT, Volkszählungen

Zur Mobilität in Form des Wohnsitzwechsels kommt die *Pendelwanderung* durch Trennung von Wohn- und Arbeitsort hinzu. Auch wenn die letzten verfügbaren Daten noch aus der Volkszählung 1991 stammen, zeigt sich in der Zeitreihenbetrachtung, wie rasch und intensiv sich die räumliche Funktionsteilung zwischen Wohnen und Arbeiten vollzogen hat.

## 3.3 Veränderung der Bevölkerungsstruktur

Die *Altersstruktur* der Tiroler Bevölkerung veränderte sich in den letzten Jahrzehnten ganz massiv. Den vorliegenden Prognosen zufolge wird sich dieser Wandel auch weiter fortsetzen. Er ist langfristig durch einen stark abnehmenden Anteil der Jungen und einen ebenso starken Zuwachs bei den älteren Mitbürgern zu charakterisieren.

Dies hat nicht nur Auswirkungen auf das Pensionssystem, das Gesundheitswesen und den Arbeitsmarkt, sondern ist unmittelbar auch für die räumliche Entwicklung Tirols und für die Entwicklung der sozialen Infrastruktur relevant.

Der Rückgang der Geburtenzahl wird am Schulsektor durch rückläufige Schülerzahlen unmittelbar wirksam werden. Die Entspannung der Bedarfslage bei den Einrichtungen zur vorschulischen Kinderbetreuung wird sich in Grenzen halten, da durch den gesellschaftlichen Wandel immer noch Nachholbedarf besteht. Als geradezu dramatisch ist jedoch die Bedarfsentwicklung bei den Einrichtungen zur Betreuung und Pflege alter Menschen zu sehen.

**Abbildung 8: Entwicklung der Altersstruktur der Tiroler Bevölkerung von 1951 bis 2020**

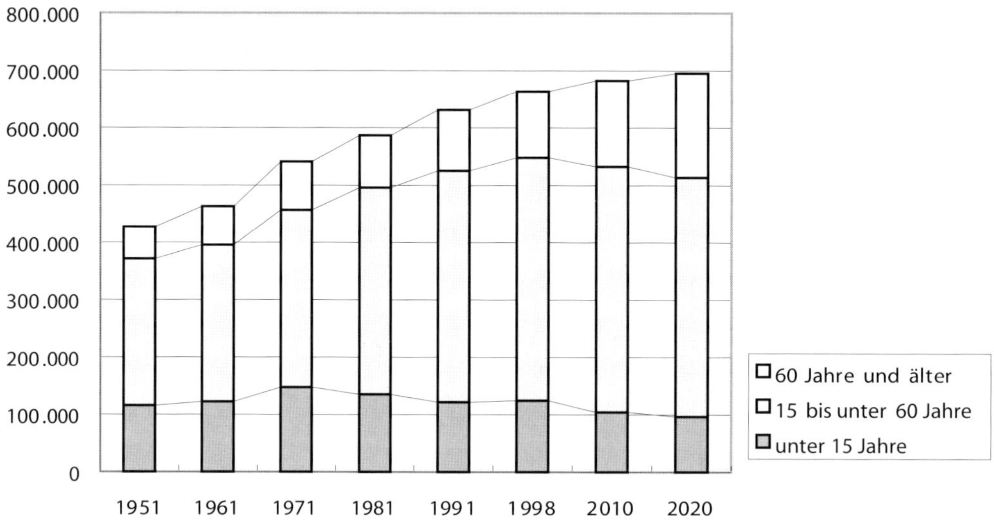


Quelle: ÖSTAT, Volkszählungen und Bevölkerungsvorausschätzung 1999–2050 Tirol, mittlere Variante

Konsequenzen ergeben sich aus dieser Entwicklung aber auch in Bezug auf die lokalen und regionalen Versorgungsstrukturen sowie auf die Entwicklung der heimischen Märkte für konsumorientierte Waren und Dienstleistungen. Die Marktbedeutung der höheren Altersgruppen nimmt stetig zu, ein Eingehen auf deren spezifische Bedürfnisse gewinnt als Erfolgsfaktor an Bedeutung.

Vor allem für den Wohnungsbedarf (und den damit verbundenen Bedarf an Bauland), aber auch für das Konsumverhalten ist die Entwicklung der Zahl und Struktur der *Privathaushalte* relevant. Von 1951 bis 1991 hat die Tiroler Bevölkerung um 48 %, die Zahl der Privathaushalte hingegen um 92 % und die der Einpersonenhaushalte sogar um 238 % zugenommen. Von 1991 bis 2020 wird uns eine Bevölkerungszunahme von nur mehr 10 %, jedoch eine weitere Zunahme der Privathaushalte um 31 % (Einpersonenhaushalte 48 %) prognostiziert.

Hinter diesen nüchternen Zahlen stehen die Auflösung der generationenübergreifenden Großfamilien, der Bedeutungsverlust der Ehe als stabiler, lebenslanger Gemeinschaft und die Ansprüche der „Jungen“ an frühe Eigenständigkeit. Für die Raumordnung bedeutet dies ein Anhalten des Baulandbedarfes, sofern nicht durch Umnutzung bestehender Bausubstanz eine teilweise Bedarfsdeckung erfolgen kann.

**Abbildung 9: Entwicklung der Zahl der Privathaushalte in Tirol**

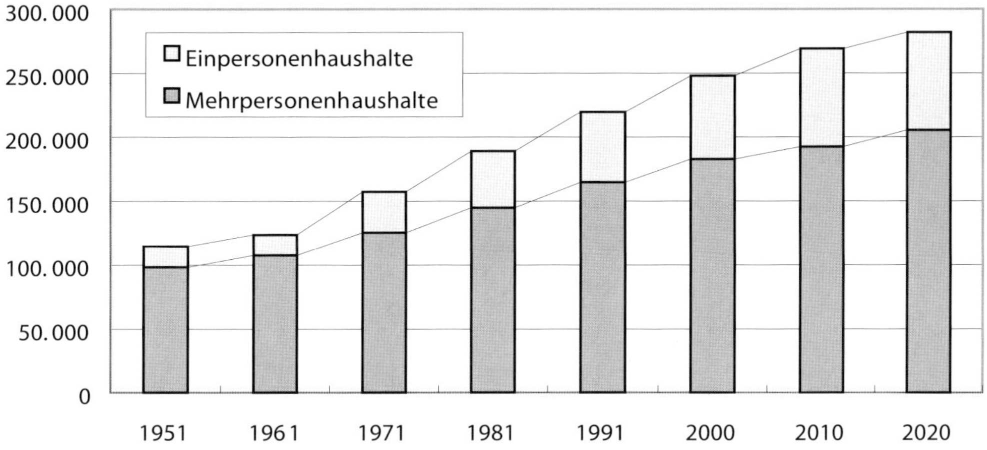


Quelle: ÖSTAT, Volkszählungen und Haushaltsprognose 1991–2030

Als Folge der Wanderungsbewegungen hat der Anteil der *Personen mit ausländischer Staatsbürgerschaft* an der Tiroler Bevölkerung im letzten Jahrzehnt deutlich zugenommen. Ein Viertel davon (mit steigender Tendenz) stammt aus EU-Staaten; der Großteil kommt aus dem ehemaligen Jugoslawien und der Türkei (Tendenz sinkend).

**Tabelle 3: Anteile ausländischer Staatsbürger an der Bevölkerung Tirols**

| | 1992 | 1995 | 1999 |
|---|---|---|---|
| Ausländer: Personen | 45.626 | 56.439 | 61.984 |
| in % der Bevölkerung | 7,1 | 8,6 | 9,3 |
| davon EU in % d. Ausl. | | 24,1 | 26,4 |
| dav. YU + TR in % d. Ausl. | 64,4 | 65,9 | 62,9 |

Quelle: Amt der Tiroler Landesregierung, Raumordnung-Statistik, Demografische Daten Tirol 1992, 1995 und 1999, Innsbruck 1993, 1996 und 2000

### 3.4 Zweitwohnsitze

Neben der Wohnbevölkerung weist die Einwohnerstatistik in Tirol Ende 1999 rund 83.000 Personen mit Zweitwohnsitz aus. Auf 100 Hauptwohnsitze trifft es damit 12,4 Zweitwohnsitze. Seit 1992 (erstmalige verlässliche Erhebung aus den Melderegistern der Gemeinden) hat sich deren Zahl nur geringfügig verändert. Dies ist insbesondere eine Folge der seit 1994 geltenden raumordnungsrechtlichen Freizeitwohnsitzregelung, die die Errichtung zusätzlicher Freizeitwohnsitze nur sehr eingeschränkt zulässt.

Die Statistik unterscheidet allerdings nicht, ob der Zweitwohnsitz für die Berufsausübung, zu Ausbildungszwecken oder als Freizeitwohnsitz genutzt wird. Abgesehen von der Landeshauptstadt Innsbruck – hier schlagen die Studenten sehr stark zu Buche – kann jedoch davon ausgegangen werden, dass der größte Teil auf Freizeitwohnsitze entfällt.

Die größte Konzentration an Zweitwohnsitzen gibt es im Bezirk Kitzbühel, gefolgt von Innsbruck und den Bezirken Landeck und Reutte.

**Tabelle 4: Zweitwohnsitzquote in Tirol**

| Zweitwohnsitze pro 100 Hauptwohnsitze | 1992 | 1995 | 1999 |
|---|---|---|---|
| Innsbruck-Stadt | 15,1 | 17,5 | 16,9 |
| Bezirk Imst | 9,6 | 7,4 | 8,0 |
| Bezirk Innsbruck-Land | 9,3 | 8,5 | 8,0 |
| Bezirk Kitzbühel | 35,5 | 33,4 | 30,4 |
| Bezirk Kufstein | 11,7 | 10,3 | 10,0 |
| Bezirk Landeck | 9,4 | 11,7 | 13,0 |
| Bezirk Lienz | 6,2 | 6,8 | 7,2 |
| Bezirk Reutte | 14,1 | 13,1 | 13,0 |
| Bezirk Schwaz | 10,6 | 8,9 | 9,7 |
| Tirol | 13,0 | 12,7 | 12,4 |

Quelle: Amt der Tiroler Landesregierung, Raumordnung-Statistik, Demografische Daten Tirol 1992, 1995 und 1999, Innsbruck 1993, 1996 und 2000

## 4. Nicht nur bunte Pläne!

## Der Gestaltungsauftrag der Raumplanung im Spannungsfeld von Ressourcenschonung und Entwicklungsdynamik

### 4.1 Der Auftrag der Raumordnung im gesellschaftlich-politischen Umfeld

Knapper Raum, empfindliche natürliche Ressourcen, ein beträchtliches natürliches Gefährdungspotenzial auf der einen, dynamische Bevölkerungs- und Wirtschaftsentwicklung auf der anderen Seite – diese Kombination birgt ein hohes Konfliktpotenzial in sich. Aufgabe der Raumordnung ist es, im Interesse der „geordneten Gesamtentwicklung des Landes“[4]

- raumbezogene Entwicklungsstrategien zu erarbeiten (raumordnungspolitischer Gestaltungsauftrag) und
- auf dieser Grundlage konkrete Nutzungen des Raumes so abzustimmen, dass Nutzungskonflikte vermieden oder minimiert werden.

Die Raumordnung bewegt sich dabei in einem permanenten Spannungsfeld zwischen dem fachlich Sinnvollen und Notwendigen, dem von Einzelnen und von gesellschaftlichen Gruppierungen Gewollten und dem politisch Machbaren.

Das Kernproblem dabei ist, dass die Raumordnung an gesellschaftliche Kosten und Nutzen anknüpft, die sich nur zu oft weder mit den monetären noch mit den emotionalen Kosten-Nutzen-Überlegungen jener decken, die den Raum nutzen oder auch schützen wollen. Diese Werteorientierung verleiht der Raumordnung eine außerordentlich starke politische Dimension, da letztlich nicht die Experten, sondern die legitimierten Entscheidungsträger die Gewichtung widersprüchlicher Ziele vorzunehmen haben. Die Transparenz der Entscheidungsfindung – auch hinsichtlich der Würdigung der fachlichen Entscheidungsgrundlagen – sowie die generelle Gültigkeit bzw. Übertragbarkeit der getroffenen Entscheidungen sind dabei wesentliche Elemente für die öffentliche Akzeptanz.

## 4.2 Handlungsebenen und Instrumente der Raumordnung

Die örtliche Raumordnung wird im eigenen Wirkungsbereich von den einzelnen Gemeinden besorgt. Die Verantwortung für die überörtliche Raumordnung liegt bei der Landesregierung.

Ein Bundesraumordnungsgesetz – wie z. B. in Deutschland und in der Schweiz – gibt es in Österreich nicht.

Die *überörtliche Raumordnung des Landes* hat ein sehr weites Aufgabenfeld abzudecken. Sie beschränkt sich nicht nur auf die unmittelbare Bodennutzungsordnung, sondern hat grundsätzlich die räumlichen Wirkungen aller in Landesverantwortung stehenden Planungen und Entscheidungen zum Gegenstand.

Ihr traditionelles Instrument sind Raumordnungs- und Entwicklungsprogramme. In ihnen werden Ziele, Strategien und Maßnahmen formuliert, die für die Entwicklung einzelner Regionen oder des ganzen Landes oder auch für bestimmte sektorale Problemstellungen erforderlich sind. Die möglichen Erscheinungsformen reichen beispielsweise von der regionalen Grünzonenplanung bis zum Leitbild für Landesentwicklung, vom Raumordnungsprogramm für Einkaufszentren bis zum Golfplatzkonzept.

Wo derartige Programme fehlen, sind die im Raumordnungsgesetz verankerten Ziele der überörtlichen Raumordnung bei raumwirksamen Entscheidungen, Infrastruk-

[4] Tiroler Raumordnungsgesetz 1997 (TROG 1997), § 1 Abs. 1.

turinvestitionen und Förderungen unmittelbar zu berücksichtigen. Aufgrund der im vorigen Punkt aufgezeigten Problematik stößt das auf beträchtliche Schwierigkeiten. Unter fachlichen Aspekten ist daher die Programmorientierung der überörtlichen Raumordnung unverzichtbar.

In der raumordnungspolitischen Realität sind hingegen Vorbehalte gegen verbindliche überörtliche Planungen zu spüren. Es besteht Sorge vor einer unangemessenen Einengung von Entscheidungsspielräumen, einer unzureichenden Flexibilität bei sich ändernden Gegebenheiten und mangelnder Akzeptanz der „Planungsbetroffenen".

Die Komplexität räumlicher Entwicklungsprozesse und die Herausforderungen an eine rahmensetzende, transparente Raumordnungs- und Raumentwicklungspolitik lassen es aber nicht zu, nachvollziehbare strategische Planungsentscheidungen beliebig durch „erfahrungsgestütze" Einzelfallentscheidungen zu ersetzen.

Der politische Stellenwert der überörtlichen Raumordnung bedarf daher – nicht nur in Tirol – einer gründlichen Reflexion.

Der einzelne Bürger nimmt die koordinativen und gestaltenden Aktivitäten der überörtlichen Raumordnung kaum direkt wahr. Sofern er über Grundeigentum verfügt oder solches erwerben will, ist er hingegen mit der *örtlichen Raumordnung* sehr hautnah konfrontiert.

Mit dem örtlichen Raumordnungskonzept und den darauf aufbauenden Flächenwidmungs- und Bebauungsplänen besteht – anders als im überörtlichen Bereich – ein flächendeckendes, aufeinander abgestimmtes Instrumentarium, das darauf ausgelegt ist, eine geordnete räumliche Entwicklung der Gemeinden zu gewährleisten.

Die Problematik der Ziel- und Nutzungskonflikte tritt in der örtlichen Raumordnung sehr deutlich zutage, geht es doch für den einzelnen Grundeigentümer um die Entscheidung, bauen oder nicht bauen zu dürfen, Wertsteigerungen durch Widmung realisieren oder nicht realisieren zu können. Diese unmittelbare monetäre Dimension macht die Wahrung öffentlicher Interessen auf örtlicher Ebene ungleich schwieriger als im überörtlichen Bereich.

## 4.3 Die Zukunft: Raumordnung als kommunikativer Prozess

Die Notwendigkeit und Angemessenheit staatlichen Handelns wird heute kritisch hinterfragt. Eine Raumordnung, die für Bürger und Wirtschaft primär nur durch Einzeleingriffe in Form von Vorschreibungen oder Genehmigungen sichtbar wird, wird weiter an Akzeptanz einbüßen.

Notwendigkeit und Nutzen der Raumordnung müssen künftig in wesentlich stärkerem Maße aktiv kommuniziert werden. Das beinhaltet das Anbieten entsprechender Lehrinhalte in den Schulen ebenso wie die Belebung der öffentlichen, fachlichen und politischen Diskussion zu wichtigen Themen und eine transparente Informationsvermittlung an die breite Öffentlichkeit.

Bei den Plänen und Programmen der Raumordnung gilt es, den bereits eingeschlagenen Weg der partnerschaftlichen Planungsprozesse mit aktiver Einbindung aller wesentlich Beteiligten konsequent fortzusetzen. Die dabei geleistete Überzeugungsarbeit ist Grundvoraussetzung für das Erzielen haltbarer Ergebnisse und deren Umsetzung. Und die Umsetzung von Planungen laufend zu beobachten und regelmäßig zu evaluieren, macht Erfolge und Misserfolge rasch sichtbar und sichert die notwendige Flexibilität.

## 5. Bauland ist knapp! – Ist Bauland knapp? Tendenzen der Siedlungsentwicklung

### 5.1 Der Streit um die Baulandmobilisierung

In ganz Tirol waren Ende 1999 knapp 177 km² an Wohn-, Misch- sowie Gewerbe- und Industriegebieten festgelegt. Pro Einwohner ergibt das eine rechnerische Baulandquote von 264 m² pro Kopf. An Sonderflächen verschiedenster Art kommen nochmals rund 22 km² dazu.[5]

Fast ein Drittel des gewidmeten Baulandes ist noch nicht baulich genutzt. Dieser Baulandreserve von etwa 5.700 ha steht laut einer ÖROK-Studie[6] ein prognostizierter Baulandbedarf 1991–2011 von rund 4.200 ha gegenüber. Rein rechnerisch könnte also in Tirol rund 25 Jahre lang der komplette Flächenbedarf für Wohnen und Wirtschaften gedeckt werden, ohne weitere Flächen widmen zu müssen. Tatsächlich hat allein von Anfang 1990 bis Ende 1999 das Bauland um rund 721 ha zugenommen (ohne Innsbruck-Stadt sowie ohne Sonder- und Vorbehaltsflächen).

Lage, Verfügbarkeit und Preis von Baugrundstücken stimmen vielfach mit dem Bedarf nicht überein und führen dazu, dass vor allem soziale Wohnbauprojekte und wirtschaftliche Nutzungen auf neu zu widmendes Bauland ausweichen, bei dem die Verkaufsbereitschaft des Eigentümers zu akzeptablen Preisen gegeben ist. Dadurch kommt es vermehrt zu einer baulichen Außenentwicklung von Gemeinden, wogegen im Kernbereich der Siedlungen gewidmetes Bauland ungenutzt bleibt. Dies widerspricht dem vorrangigen Ziel des sparsamen Umganges mit Grund- und Boden, verstärkt die Zersiedelung, erhöht den Infrastrukturaufwand und erschwert die Entwicklung leistungsfähiger örtlicher Versorgungsstrukturen.

Diese Situation konnte deshalb entstehen, weil in der ersten Generation der ab 1972 vorgeschriebenen Flächenwidmungspläne der Baulandbedarf auf mindestens 10 Jahre bemessen wurde, ohne dass durch begleitende bodenpolitische Maßnahmen eine Vorsorge für die tatsächliche widmungsgemäße Nutzung getroffen worden ist. Dadurch erfolgte die Anhäufung eines stattlichen Baulandüberhanges.

---

[5] Amt der Tiroler Landesregierung, Raumordnung-Statistik.

[6] ÖROK Schriftenreihe 127, Siedlungsentwicklung in Österreich Band II: Szenarien 1991–2011, Wien 1996, 119.

Erst mit dem Tiroler Raumordnungsgesetz 1994 wurde eine Verknüpfung zwischen Widmung und tatsächlicher Nutzung hergestellt, seither sind Vorratswidmungen weitgehend ausgeschlossen.

Derzeit wird im Zuge der Ausarbeitung der örtlichen Raumordnungskonzepte versucht, im Verhandlungswege den Baulandüberhang durch Rückwidmung zu verringern. Die Erfolge halten sich in Grenzen, ein durchschlagender Erfolg würde die Schaffung und Anwendung geeigneter gesetzlicher Instrumentarien zur Baulandmobilisierung voraussetzen. Eine aktuelle Studie[7] zeigt, dass es in einzelnen Regionen der ARGE ALP durchaus erfolgreiche Wege zur Lösung dieser Problematik gibt. In Tirol stoßen jedoch alle Bestrebungen, dieses Problem in den Griff zu bekommen, auf heftigen Widerstand.

**Abbildung 10: Entwicklung der Wohnbautätigkeit in Tirol**

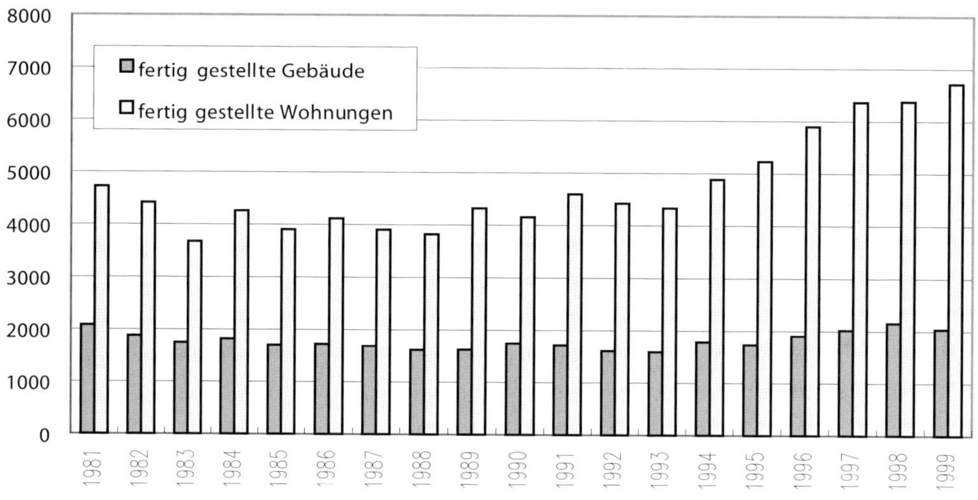


Quelle: ÖSTAT, Wohnungsdaten; AdTLR, Raumordnung-Statistik

Es gibt verschiedenste Gründe, Baulandreserven vorzuhalten: Hinter der Vorsorge für familiären Bedarf oder für betriebliche Entwicklung stehen keine spekulativen Motive, sie sind auch aus raumordnerischer Sicht zu akzeptieren. Eine ausschließliche Vorhaltung zur Maximierung des Verkaufserlöses ist zwar kaufmännisch verständlich und rechtlich zulässig. Es muss jedoch die Frage gestellt werden, ob die Externalisierung der Kosten dieser Vorhaltung (z. B. vorgezogener Erschließungsaufwand der öffentli-

[7] Arbeitsgemeinschaft Alpenländer (Hrsg: Amt der Tiroler Landesregierung), Mobilisierung von Bauland in der ARGE Alp, Innsbruck 2000.

chen Hand, zusätzlicher Aufwand für die Erschließung alternativer Widmungsbereiche) gerechtfertigt ist oder ob nicht auch unter einer marktorientierten Betrachtungsweise Steuerungen zur Herstellung der Kostenwahrheit angemessen wären.

## 5.2 Das freistehende Einfamilienhaus als Inbegriff der Tiroler Lebensqualität?

Die Schaffung von Wohnraum und Wohnfolgeeinrichtungen ist der gewichtigste Faktor für die Entwicklung des Baulandes. 51 % des Tiroler Baulandes entfallen auf Wohngebiet, 38 % auf Mischgebiete, in denen im Regelfall auch Wohnbebauung zulässig ist, und 11 % auf Gewerbe- und Industriegebiete.[8]

Die dynamische Bevölkerungs- und vor allem Haushaltsentwicklung der letzten Jahrzehnte war mit einer entsprechenden Wohnbautätigkeit verbunden.

In einer ÖROK-Prognose[9] wird der Wohnungsbedarf in Tirol im Zeitraum 1991 bis 2011 mit ca. 92.600 Einheiten angegeben (+ 37 %). Dies erfordert eine durchschnittliche Bauleistung von etwa 4.600 Wohnungen pro Jahr. Tatsächlich wurden im letzten Jahrzehnt pro Jahr durchschnittlich 5.300 Wohneinheiten fertig gestellt. Mittlerweile ist die Zahl der Baubewilligungen jedoch deutlich im Sinken begriffen, sodass längerfristig die Prognosewerte realistisch erscheinen.

Für die Durchsetzung einer sparsamen Bodennutzung ist eine dem Standort angemessene Reduktion der Grundstücksfläche pro Wohneinheit ein ganz wesentliches Kriterium. Dabei geht es nicht nur um städtisch-dichte Bebauungen in Form des Geschoßwohnungsbaues. Eine Sonderauswertung der Häuser- und Wohnungszählung 1991 durch das ÖSTAT[10] weist in Tirol für Gebäude mit einer Wohnung eine durchschnittliche Grundfläche von 917 m$^2$ aus, bei Gebäuden mit zwei Wohnungen sind es pro Wohneinheit 478 m$^2$. Das verlockt zu einem Rechenexempel: Wären alle in Tirol bestehenden Wohneinheiten in Einfamilienhäusern stattdessen in Zweifamilienhäusern untergebracht, so könnte die Wohnsiedlungsfläche des Landes um 3.600 ha bzw. 30 % geringer sein. Das entspricht in der Dimension nahezu dem gesamten Bauland des Bezirkes Innsbruck-Land.

Dies ist kein reales Szenario, soll aber aufzeigen, wie groß das Bodensparpotenzial durch den verdichteten Flachbau und durch die Forcierung von Zweifamilienhäusern wäre, also durch Bebauungsformen, die durchaus auch für den ländlichen Raum angemessen sind.

Noch dichtere Formen des Geschoßwohnungsbaues ermöglichen ein zusätzliches Grundsparpotenzial, das jedoch primär nur in städtischen bzw. städtisch strukturierten Gemeinden realisiert werden kann.

---

[8] Amt der Tiroler Landesregierung, Raumordnung-Statistik.

[9] ÖROK Schriftenreihe 103, Haushaltsentwicklung, Wohnbau und Wohnungsbedarf in Österreich 1961–2031, Wien 1992.

[10] ÖSTAT, Sonderauswertung der Häuser- und Wohnungszählung, Wien 1991.

Tatsächlich ist es insbesondere im vergangenen Jahrzehnt durch das Zusammenwirken von Raumordnung, bodenpolitischen Maßnahmen und Wohnbauförderung, aber auch unter dem Druck steigender Grundstückspreise zu einer spürbaren Reduktion des Grundflächenbedarfes je Wohneinheit gekommen. Der Anteil an geförderten Eigenheimen mit mehr als 400 m² Grund sinkt markant und beträgt derzeit nur mehr ca. 20 %.[11] Laut Wohnbaustatistik des Landes Tirol entstehen derzeit rund 20 % der fertig gestellten Wohnungen durch Zu-, Aus- oder Umbau bestehender Gebäude und somit ohne wesentliche Grund-Inanspruchnahme.[12]

Tirol braucht in Bezug auf den Grundverbrauch pro Wohneinheit den Vergleich mit anderen Bundesländern keineswegs zu scheuen, wie bereits Daten aus dem Jahr 1991 belegen:

**Tabelle 5: Grundstücksfläche je Wohneinheit in m² 1991**

| Bundesland | Insgesamt | 1+2 Fam.H. | andere |
|---|---|---|---|
| Burgenland | 793 | 853 | 150 |
| Kärnten | 598 | 860 | 145 |
| Niederösterreich | 624 | 782 | 140 |
| Oberösterreich | 520 | 779 | 123 |
| Salzburg | 371 | 639 | 109 |
| Steiermark | 607 | 965 | 123 |
| Tirol | 390 | 614 | 129 |
| Vorarlberg | 485 | 669 | 149 |
| Wien | 119 | 516 | 59 |
| Österreich | 453 | 779 | 99 |

Quelle: ÖROK Schriftenreihe 121, Siedlungsentwicklung in Österreich, Band I: Trends 1971–1991, Wien 1995, S. 55 ff.

Die günstigen Durchschnittszahlen verdecken allerdings den Blick darauf, dass dichter Bauen vor allem in dünner besiedelten ländlichen Gebieten nach wie vor abgelehnt wird und das freistehende Einfamilienhaus dort noch immer als sichtbarer Ausdruck der persönlichen Tüchtigkeit und als „gebaute Lebensqualität“ empfunden wird. Zugegebenermaßen braucht es hier auch gestalterisches Gespür: Verdichtungsansätze müssen behutsam an die bestehende Siedlungsstruktur anknüpfen und sollten nicht zu einer radikalen Veränderung des Ortscharakters führen. Im Regelfall sollte die Verdichtung im kompakteren Ortskern ansetzen und zu den Siedlungsrändern hin abnehmen.

Durch die mangelnde Verfügbarkeit des vorhandenen Baulandes wird dieser Grundsatz jedoch in der Praxis häufig ins Gegenteil verkehrt: Vergleichsweise günstige

[11] Amt der Tiroler Landesregierung, Wohnbauförderung.

[12] Amt der Tiroler Landesregierung, Raumordnung-Statistik, Tiroler Wohnbaustatistik 1999, Innsbruck 2000.

Grundstücke können am ehesten in Randlagen erworben werden und werden dann mit relativ hoher Dichte bebaut. Nicht selten entstehen auf diese Weise sehr dominante Baukörper, bei denen die Abstimmung mit dem Orts- und Landschaftsbild nicht optimal gelingt und die daher der Akzeptanz dichteren Bauens nicht unbedingt dienlich sind.

# 6. Standort(t)räume: Chancen und Grenzen der Wirtschaftsentwicklung im alpinen Raum

## 6.1 Die Qualität des Standortes Tirol

Die dynamische Bevölkerungs- und Siedlungsentwicklung Tirols wäre nicht möglich, gäbe es nicht parallel dazu eine ebenso bemerkenswerte wirtschaftliche Entwicklung. Bemerkenswert deshalb, weil in regionalpolitischen Diskussionen Bergregionen häufig als „Problemgebiete" mit eingeschränkten Entwicklungspotenzialen dargestellt werden. Zweifellos bestimmen die einleitend geschilderten räumlichen Gegebenheiten die wirtschaftliche Standorteignung unseres Landes in hohem Maße. Sie tun dies allerdings nicht nur in Form von Restriktionen, sondern ebenso in Form besonderer Chancen.

Die Firma empirica Delasasse (Köln) führte 1998 ein Ranking von 243 europäischen Regionen in Bezug auf ihre Attraktivität für Investoren durch.[13] Dabei wurden 5 Standortfaktoren durch 30 Indikatoren quantifiziert:

**Tabelle 6: Ergebnisse des Regionenrankings der Fa. empirica Delasasse, Köln 1998, für Tirol**

| Standortfaktor | Rang (von 243) |
|---|---|
| Dynamik | 93 |
| Marktpotenzial | 114 |
| Standortkosten | 133 |
| Qualifikationspotenzial | 47 |
| Lebensumfeld | 1 |

Die Ergebnisse sind für Tirol durchaus erfreulich. Das gilt nicht nur für den Spitzenrang beim Faktor „Lebensumfeld". Auch der Rang 114 beim „Marktpotenzial" ist für eine Gebirgsregion ein exzellenter Wert und bestätigt die eingangs erwähnte groß-

[13] empirica Delasasse, Zukunftsstandorte in Westeuropa 1998. Ein Regionalführer für Investoren, Köln 1998.

räumige Lagegunst. Rang 133 bei den „Standortkosten“ weist Tirol als Region mit überdurchschnittlichen Löhnen pro Beschäftigten aus, was aus Landessicht wohl nicht zum Nachteil gereicht. Im Gesamtergebnis nimmt Tirol in dieser Analyse den ausgezeichneten Rang 32 ein.

## 6.2 Räumliche Differenzierung der Tiroler Wirtschaftsstruktur

Die insgesamt sehr guten, wenngleich räumlich differenzierten Standortbedingungen ermöglichen in Tirol eine erfreulich *gemischte Wirtschaftsstruktur*, die einerseits vielfältigste Beschäftigungsmöglichkeiten bietet und andererseits keine ausschließliche Abhängigkeit von einzelnenWirtschaftszweigen aufkommen lässt. Die Diskussion, ob die Industrie oder der Tourismus die größere Bedeutung für das wirtschaftliche Wohlergehen unseres Landes haben, geht am wesentlichsten Aspekt vorbei: Gerade der Umstand, dass *beide* Sektoren stark entwickelt sind und *miteinander* die wirtschaftliche Dynamik tragen, prägt die Tiroler Situation und ist die logische Konsequenz einer zielstrebigen Nutzung alpiner Standortbedingungen.

Innerhalb des Landes ziehen die lagebedingten Unterschiede deutliche räumliche Differenzierungen und unterschiedliche Muster bei der sektoralen Ausrichtung nach sich. In der Inntalfurche sowie im Lienzer und Reuttener Becken dominieren der produzierende Sektor und die Wirtschafts- und Versorgungsdienste. In den peripheren Seitentälern und Talschlüssen sind hingegen ausgeprägte touristische Konzentrationen entstanden, von denen Impulswirkungen auf das regionale Handwerk und weitere Dienstleistungen ausgehen. Dazwischen liegen Gebiete mit einer besonders hohen Durchmischung von Produktions- und Dienstleistungswirtschaft sowie Tourismus. Beispielsweise sind hier die vorderen und mittleren Bereiche des Ötztales, des Stubaitales und des Zillertales, aber auch der Raum Kitzbühel-St. Johann i. T. zu nennen.

Eine konsequente *Regionalpolitik* hat dazu beigetragen, dass die früher sehr beträchtlichen Entwicklungsunterschiede zwischen den einzelnen Landesteilen reduziert werden konnten. Ein Blick auf die Daten zeigt allerdings, dass nach wie vor regionalpolitischer Handlungsbedarf besteht, wobei sich der Aufholprozess in Osttirol als besonders schwierig gestaltet. Ansonsten sind die regionalwirtschaftlichen „Schwächezonen“ auf einzelne Talschaften oder Talabschnitte beschränkt (wie zum Beispiel die Seitentäler des Wipptales, das Sellraintal und die Region oberes Lechtal), oder kommen in strukturellen Unausgewogenheiten zum Ausdruck (wie etwa im einseitig touristisch orientierten Bezirk Landeck).

In Fortführung der regionalpolitischen Landesinitiativen (z. B. konsequenter Infrastrukturausbau, Raumordnungs-Schwerpunktprogramm) bieten seit 1995 die *EU-kofinanzierten Regionalförderungsprogramme für den ländlichen Raum* (1995–1999: Ziel 5b; 2000–2006: Ziel 2; dazu auch noch die Gemeinschaftsinitiativen LEADER und INTERREG) einen sehr guten inhaltlichen und finanziellen Aktionsrahmen.[14] Die Grund-

---

[14] Walter GRIMM u. a., EU-Regionalförderungen in Tirol – erfolgreicher Abschluss der Programme

ausrichtung ist dabei eine Strategie der integrierten, eigenständigen Regionalentwicklung, die auf die Weckung und Stärkung der regionalen Eigeninitiative und auf die Vernetzung der kleinteiligen regionalen Strukturen setzt.

Insgesamt ist das Standortmuster der Tiroler Wirtschaft zunehmend durch eine dezentrale Konzentration auf die bestgeeigneten Standorte geprägt. Für die Industrie und sonstige größere produzierende Betriebe ist das eine Konsequenz der naturbedingt eingeschränkten Standortmöglichkeiten. Es mag aber doch überraschen, dass sich die Hälfte der gewidmeten Flächen der Kategorie Gewerbe- und Industriegebiet auf nur 18 von 279 Gemeinden konzentriert.[15]

**Abbildung 11: Bruttoregionalprodukt pro Einwohner in Tirol (in ATS)**

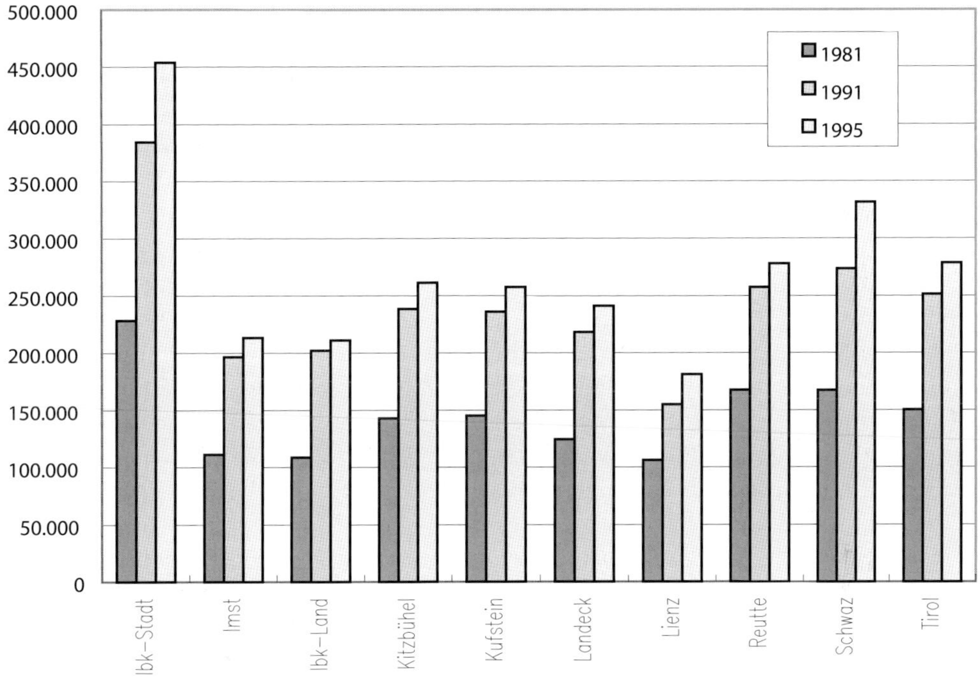


Quelle: Wirtschaftskammer Tirol

Die Entwicklungsdynamik im Tourismus lässt in jüngerer Zeit einen „Rückzug aus der Fläche" erkennen, indem sich ein zunehmender Anteil an Betten und Nächtigungen auf die im Wettbewerb erfolgreichsten Gemeinden bzw. Regionen sowie auf Betriebe

1995–1999 und EU-Regionalförderungen in Tirol – Start der EU-Strukturfondsperiode 2000–2006, in: Amt der Tiroler Landesregierung (Hrsg.), RO-Info, Heft 17, Innsbruck 2000, 13–32.

15 Amt der Tiroler Landesregierung, Raumordnung-Statistik.

mit hoher Qualität konzentriert. Die 20 führenden Tourismusgemeinden Tirols erzielen 50 % der Winter- und 39 % der Sommernächtigungen Tirols.[16]

Starke Standortkonzentrationen gibt es auch im Handel und zunehmend bei weiteren Versorgungsdienstleistungen. Es scheint, als ob der Zenit einer breiten räumlichen Streuung der wirtschaftlichen Aktivitäten erreicht oder gar schon überschritten ist.

Der regionalpolitische Anspruch, „in allen Landesteilen unter Beachtung natur- und lagebedingter Gegebenheiten möglichst gleichwertige Lebensbedingungen anzustreben“[17], bedarf daher zumindest hinsichtlich seines räumlichen Beurteilungsmaßstabes einer Überprüfung. Auf einzelgemeindlicher oder kleinstregionaler Ebene ist er weniger denn je realisierbar. Die Kooperation auf Ebene leistungsfähiger räumlicher Einheiten ist unerlässlich und die Frage des innerregionalen Lastenausgleichs bedarf immer dringender einer Antwort.

## 6.3 Standortvorsorge für Gewerbe und Industrie

Aus Sicht der Raumordnung und Regionalentwicklung ist die Sicherung und Entwicklung der Standortvoraussetzungen für nahbereichsorientierte kleine und mittlere Unternehmen grundsätzlich in allen Gemeinden ein wichtiges Thema. Es ist hier ausdrücklich einer Funktionsdurchmischung auf örtlicher Ebene das Wort zu reden, wissend, dass damit ein erhöhter Planungs- und Abstimmungsbedarf, nicht nur zwischen Wirtschaften, Wohnen und Erholen, sondern auch zwischen verschiedenen wirtschaftlichen Aktivitäten, erforderlich ist.

Dieses Bekenntnis zur wirtschaftlichen Entwicklung auf örtlicher Ebene ändert nichts daran, dass für wirtschaftliche Aktivitäten mit besonderen Standortanforderungen oder mit besonderen raumbezogenen Auswirkungen (z. B. Wirtschaftsverkehr, Kundenverkehr, Arbeitskräftepotenzial usw.) überörtliche Orientierungen und Abstimmungen erforderlich sind. Besonders muss das für die Schaffung von größeren Gewerbe- und Industriegebieten gelten.

Der verschiedentlich zu beobachtende Wettlauf von Gemeinden um die Widmung überdimensionierter Betriebsgebiete an teilweise wenig geeigneten Standorten darf der Weisheit letzter Schluss nicht sein. Es braucht dringendst bessere Instrumente – vor allem im Bereich des interkommunalen Finanzausgleiches –, um die Zusammenarbeit von Gemeinden bei der Schaffung regionaler Lösungen anzuregen und zu unterstützen. Dabei geht es um die Realisierung des bestgeeigneten Standortes in der jeweiligen Region und nicht um ein Zusammenhängen von Gewerbegebieten über Gemeindegrenzen hinweg um jeden Preis.

Auch bei den Betriebsgrundstücken ist die tatsächliche Verfügbarkeit gewidmeter Flächen zu akzeptablen Preisen ein Problem. Die in Kapitel 5.2 angesprochene Baulandmobilisierung muss daher auch aus Sicht der Wirtschaft ein Thema sein. Es ist nicht

[16] Amt der Tiroler Landesregierung, Raumordnung-Statistik, Tourismusstatistik.
[17] § 2 lit. c Tiroler Raumordnungsgesetz 1997.

zielführend, wenn an geeigneten Standorten, etwa im Bereich von Autobahnanschlussstellen, großflächig Gewerbe- und Industriegebiet ausgewiesen ist, das vom Preis her aber nur mehr für Vorhaben mit hoher Flächenproduktivität (meist im Bereich des Handels oder der Freizeitwirtschaft) in Frage kommt. Ansiedlungsvorhaben im industriell-gewerblichen Bereich müssen dann erst wieder auf Neuwidmungen ausweichen, bei denen auf den Grundstückspreis entsprechend Einfluss genommen werden kann, wo aber vielfach die optimale Standorteignung und Raumverträglichkeit nicht gegeben sind.

## 7. Das ganze Land ist „Bühne“: Die Inszenierung des Erholungsraumes für Einheimische und Gäste

### 7.1 Veränderungen des Urlaubs- und Freizeitverhaltens

Das Land Tirol ist wie kaum eine andere Region auf die Freizeit- und Tourismuswirtschaft angewiesen und von ihr geprägt. Keine andere wirtschaftliche Aktivität, lässt man die Land- und Forstwirtschaft beiseite, nimmt den Raum derart vielfältig und intensiv in Anspruch.

Über 7 Millionen Gäste besuchen jährlich Tirol, Tagesgäste nicht mit eingerechnet. 1998/99 wurden damit 39,5 Mill Übernachtungen erzielt, die Umsätze allein für Übernachtungen und Frühstück betrugen 18 Milliarden ATS. Über 25.000 Betriebe erzielen in Tirol Einkommen aus dem Tourismus.[18] Es werden damit auch in abgelegenen Landesteilen Arbeits- und Einkommensmöglichkeiten geschaffen, die ansonsten nur wenig wirtschaftliche Entwicklungschancen haben.

Dabei sind Freizeit und Tourismus in ihrer heutigen Ausprägung ein junges Phänomen, das starken Veränderungen unterliegt. Hatte vor 2–3 Generationen nur eine verschwindend kleine Bevölkerungsschicht Anteil an dieser Errungenschaft, so sind für einen Großteil der Menschen unserer heutigen Gesellschaft Freizeit und Urlaub ein fixer und bestimmender Anteil des Lebens.

Arbeitsfreie Zeit und Urlaub dienten ursprünglich primär der Erholung von den Strapazen des Arbeitsalltags und der Regeneration; Ruhe, Muße, Familie und soziales Leben standen dabei im Vordergrund.

Freizeit und Urlaub bedeuten heute hingegen zunehmend Aktivität, Erleben und Abenteuer. Auch in der Freizeit sind Leistung und Anstrengung gefragt, der berufliche Stress wird in die Freizeit mitgenommen. Individuelles Erleben, Selbsterfahrung und Konsum nehmen einen hohen Stellenwert ein. Herkömmliche Begegnung mit der Natur langt häufig nicht mehr aus: Natur und Landschaft werden zu Kulissen für Freizeit- und Sportaktivitäten, sie werden zu Medien, um Begrenzungen auszuloten und Erlebnisse zu inszenieren.

---

[18] Amt der Tiroler Landesregierung, Raumordnung-Statistik, Tourismusstatistik.

Tirol bietet beste Voraussetzungen, aus diesen neuen Ansprüchen und Trends der Freizeit- und Erlebnisgesellschaft wirtschaftlichen Nutzen zu ziehen. Die hohe Attraktivität des Landes, verbunden mit einer Inszenierung des vielfältigen Freizeit- und Erholungsangebots, bietet Chancen, im verschärften internationalen Wettbewerb um die Gunst der Touristen erfolgreich abschneiden zu können.

Mit den Chancen ist aber auch ein hohes Maß an Verantwortung verbunden: Die Grenzen des Möglichen und Verträglichen müssen erkannt und akzeptiert werden. Diese Grenzen liegen dort, wo die Inszenierung des Erholungsraumes beginnt, die prägenden Grundelemente des Landes in Frage zu stellen. Grenzen werden auch dort überschritten, wo die Industrialisierung der Freizeit in nicht mehr standortadäquate Formen mündet, die im Prinzip überall auf der Welt möglich wären und wo unsere natürlichen Ressourcen im Übermaß irreversibel in Anspruch genommen werden. Langfristig orientierte Tourismusstrategien sollten auch berücksichtigen, dass die derzeit zu beobachtende „Hyperaktivität" eines beträchtlichen Teiles der Urlauber durchaus auch durch eine Renaissance des Bedürfnisses nach wirklicher Erholung abgelöst werden könnte. Tirol muss für diese Option offen bleiben.

## 7.2 Raumwirkungen der Sport- und Freizeitaktivitäten

Im Spannungsfeld zwischen Tradition und Fortschritt, zwischen behutsamer Entwicklung und dynamischem Pioniergeist kann es nicht ausbleiben, dass in Diskussionen über Sport- und Freizeitinfrastruktur sehr konträre Haltungen aufeinandertreffen. Umso wichtiger scheint es gerade hier, eine transparente Meinungsbildung und Entscheidungsfindung unter Einbindung aller Seiten zuzulassen.

In einer durchaus positiven Weise geschieht dies seit rund 10 Jahren im Bereich der *Schigebiete und Aufstiegshilfen* mit dem Instrument Tiroler Seilbahngrundsätze.[19]

Deren Ziel war und ist es, qualitative Verbesserungen am Schigebietssektor zu forcieren, Neuerschließungen und maßgebliche Gebietserweiterungen hingegen nicht mehr zuzulassen.

Die Zielsetzung konnte in den vergangenen 10 Jahren weitestgehend eingehalten werden, wenn auch zunehmend projektierte Schigebiets-Zusammenschlüsse zu teils heftigen Diskussionen führen.

Die Schonung des hochalpinen Raumes führte jedoch keinesfalls zu einem Stillstand der Seilbahnwirtschaft. Ganz im Gegenteil wurde in diesem Zeitraum sehr viel in Modernisierung und Kapazitätsausbau investiert; die Transportkapazität stieg zwischen 1989 und 1999 um 31 %.[20]

Der massive Trend zu Großraumschigebieten wird für die regionale Verteilung des Winterfremdenverkehrs in Tirol maßgebliche Konsequenzen haben. Insbesondere wer-

---

19 Amt der Tiroler Landesregierung (Hrsg.), Seilbahngrundsätze des Landes Tirol 1996, Innsbruck 1996.

20 Amt der Tiroler Landesregierung, Seilbahnstatistik.

den kleinere Schigebiete mit geringerem Angebot und wenig Möglichkeiten zum Ausbau am Markt immer weniger bestehen können. Sie sind die klaren Verlierer dieses Trends, und mit ihnen jene Regionen, die ausschließlich auf solche kleineren Gebiete angewiesen sind. Der Konzentrationsprozess bei den Schigebieten sollte vermehrt auch unter diesem Aspekt beurteilt werden und nicht ausschließlich unter dem Blickwinkel der internationalen Wettbewerbsfähigkeit.

Ein unerwartetes Ausmaß hat in den letzten Jahren die *Golfplatz-Diskussion* in Tirol angenommen. Der Golfsport weist weltweit hohe Zuwachsraten auf, der Golftourismus gilt als Hoffnungsmarkt. Mit relativ hohen Tagesausgaben sind Golfurlauber „interessante" Gäste. Auch in Tirol möchte man dieses Marktpotenzial vermehrt nützen, wenngleich die Erwartungen bezüglich der regionalwirtschaftlichen Auswirkungen von Golfplätzen gelegentlich überschätzt werden.

Die schöne Landschaft und die vorhandene Infrastruktur sind wichtige Standortvorteile. Zugleich setzt aber die Enge des Siedlungsraumes der Errichtung derart flächenintensiver Einrichtungen Grenzen: Für einen 18-Loch-Platz werden durchschnittlich 50–60 ha Grund benötigt. Zudem können die Auswirkungen auf das Landschaftsbild, den Boden und den Wasserhaushalt, die Landwirtschaft und den Erholungsraum beträchtlich sein, sodass bei der Beurteilung der Projekte ganz besonders auf die räumliche und landschaftliche Verträglichkeit zu achten ist. Auch die soziale Akzeptanz muss berücksichtigt werden.

Neuen *Trends in Sport und Freizeit* kann sich ein Land wie Tirol nicht entziehen. Für die Einheimischen und Touristen ist ein entsprechendes Angebot bereitzustellen. Im Tourismus können nur so bestimmte Zielgruppen angesprochen und die Erlebnisvielfalt gewährleistet werden. Das Beispiel Mountainbiken zeigt sehr deutlich die Schwierigkeiten, die verschiedenen Ansprüche der Erholungssuchenden (Wanderer, Biker), aber auch der Weg- und Grundstückseigentümer zu vereinbaren. Mit einer behutsamen Entwicklung des Mountainbike-Wegenetzes geht Tirol den ausgleichenden Weg, diesem neuen Breitensport attraktive Rahmenbedingungen zu bieten, ohne andere Nutzungen und Interessen allzusehr zu beeinträchtigen.

Auch in Tirol wird vermehrt über die Errichtung von *Freizeit- und Themenparks* diskutiert. Dahinter steht der erkennbare Trend, dass Warenkonsum durch Erlebniskonsum ergänzt und die Wirklichkeit um die künstlichen Erlebniswelten erweitert werden soll.

Bei diesen Freizeit- und Themenparks geht es längst nicht mehr nur um die Ergänzung des touristischen Angebots durch „Schlechtwetter-Einrichtungen", vielmehr handelt es sich um ein Vordringen der Erlebnisindustrie auch in das Leben abseits der Metropolen. Die besondere Problematik besteht aus raumplanerischer Sicht in den notwendigen hohen Kundenfrequenzen und damit großräumigen Einzugsbereichen, verbunden mit einem entsprechenden Verkehrsaufkommen. Großformen von Freizeit- und Themenparks mit einem hohen Anteil an Tagesgästen und großräumigen Einzugsbereichen gehören an verkehrsoptimierte Standorte in Ballungsräumen und nicht in alpine Regionen.

Hingegen wird es durchaus richtig sein, zur Entwicklung und Ergänzung des lokalen und regionalen Freizeitangebotes für Einheimische und Gäste Einrichtungen zu schaffen, die allgemeinen Freizeitbedürfnissen entsprechen oder in fantasievoller Art Besonderheiten unseres Landes vermitteln.

So gesehen muss im einzelnen Projektfall sorgsam überlegt werden, ob eine wirtschaftliche Tragfähigkeit auf regionaler oder lokaler Ebene gegeben ist, ob das ohnehin vielfältige Urlaubs- und Freizeitangebot Tirols eine sinnvolle Ergänzung erfährt und ob eine Verträglichkeit mit dem klein strukturierten Tiroler Raum gegeben ist.

## 8. Nicht am Ast sägen, auf dem wir sitzen! Der schonende Umgang mit Natur- und Umweltgütern sichert Lebensqualität und wirtschaftlichen Erfolg

### 8.1 Natur und Umwelt als Standortfaktoren

Funktionsfähiger Naturhaushalt, schöne Landschaft und saubere Umwelt sind nicht nur ganz wesentliche Elemente der Lebensqualität der einheimischen Bevölkerung. Sie sind Grundvoraussetzungen für den Tourismus und sie sind zunehmend wichtige Standortfaktoren im Wettbewerb um Leistungsträger im Führungs-, Forschungs- und Entwicklungsbereich bzw. bei der Ansiedlung von zukunftsträchtigen Dienstleistungsunternehmen und von Unternehmen mit hohem Forschungs- und Entwicklungsanteil. Weiters sind sie Marketingfaktor für Produkte, die im weitesten Sinne mit Lebensfreude, Gesundheit und Wohlbefinden in Verbindung gebracht werden können.

Tirol hat diese Stärke mit aller Konsequenz auf Dauer zu bewahren und zu entwickeln, die Voraussetzungen dafür sind gut.

### 8.2 Kulturlandschaftspflege

Tirol ist durch eine besonders enge Verzahnung von Natur- und Kulturlandschaft geprägt. Das Entstehen dieser Situation und deren weitere Entwicklung ist untrennbar mit der Berglandwirtschaft verbunden, und zwar nicht nur in den Talräumen, sondern auch in der für Freizeit und Erholung sehr attraktiven Almregion.

Insgesamt 37 % der Landesfläche werden von Bauern bewirtschaftet und gestaltet (Intensivflächen und Almen). Nimmt man den ebenfalls überwiegend im Eigentum von Bauern stehenden Wald dazu, sind es sogar 73 %. Ungeachtet des mittlerweile sehr bescheidenen rechnerischen Beitrages der Land- und Forstwirtschaft zum Tiroler Bruttoregionalprodukt in Höhe von 1,1 % ist ihr Beitrag zur Landesentwicklung daher ein sehr maßgeblicher. Landschaftspflege und Landschaftsentwicklung sind nur in Partnerschaft mit ihr möglich.

Es braucht eine Balance zwischen den wirtschaftlichen Perspektiven der überwiegend im Nebenerwerb tätigen Landwirte, der Zumutbarkeit deren Arbeitsbedingungen bei der Bewirtschaftung der Flächen und der Bewahrung und Entwicklung wertvoller natur- und kulturlandschaftlicher Elemente.

Die mit der Agenda 2000 neuerlich verstärkte Qualitäts- und Umweltorientierung der EU-Agrarförderung, insbesondere in benachteiligten Gebieten, schafft dafür eine ganz wesentliche Grundvoraussetzung. Unterstützungsmaßnahmen im Rahmen des Vertragsnaturschutzes erleichtern darüber hinaus die Umsetzung naturschutzrechtlicher Vorgaben und Verpflichtungen bzw. erhöhen die Akzeptanz von Unterschutzstellungen.

Es dürfte dies auch der einzige erfolgversprechende Weg sein, das gelegentlich sehr gespannte Verhältnis zwischen Landwirtschaft und Naturschutz zu entkrampfen. Positive Beispiele stimmen zuversichtlich.

## 8.3 Naturschutz und alpine Raumordnung

Der „alpinen Raumordnung" im Sinne eines konzertierten Vorgehens von Raumordnung und Naturschutz kommt gerade in Tirol besondere Bedeutung zu. Der Schutz von Arten und die Sicherung natürlicher Lebensräume, wie auch der Schutz der Landschaft erfordern ein vorausschauend gestaltendes Tätigwerden. In Tirol sind derzeit etwa 25 % der Landesfläche als Schutzgebiete nach dem Naturschutzgesetz ausgewiesen, wobei es sich primär um Gebiete außerhalb des engeren Siedlungsraumes handelt.

Die Grundidee der „alpinen Raumordnung" ist es, einen Ausgleich zwischen Erschließungszonen und zu schützenden Bereichen herbeizuführen und dies auch verbindlich festzulegen. Primär muss dies auf örtlicher und regionaler Ebene geschehen, um der dort lebenden Bevölkerung die Ausgewogenheit und Angemessenheit von Nutzung und Schutz als Teil einer regionalen Gesamtentwicklung verdeutlichen zu können. Je großräumiger Entwicklungs- und Schutzzonen voneinander geschieden werden, desto ungerechter wird man das seitens jener Regionen empfinden, bei denen die Schutzfunktion überwiegt.

Eine derartige integrierte Schutzgebietsstrategie erfordert es auch, die Unterschutzstellung als Prozess mit Beteiligung von Bevölkerung und Wirtschaft in der betreffenden Region vorzubereiten. Hoheitsrechtliche Schutzbestimmungen müssen mit ausgleichenden Maßnahmen des Vertragsnaturschutzes verknüpft werden. Weiters ist ein Schutzgebietsmanagement einzurichten, das das geschützte Gebiet zum aktiven Teil einer integrierten Regionalentwicklung werden lässt.

Die Beispiele des Nationalparks Hohe Tauern, des Ruhegebietes Zillertaler Hauptkamm, des Alpenparks Karwendel, aber auch die regionale Eigeninitiative zur Schaffung des Naturparks Kaunergrat zeigen, dass derartige prozess- und konsensorientierte Strategien erfolgreich umsetzbar sind.

## 8.4 Wasser- und Gewässerschutz, Luftgüte

Auf die Schlüsselbedeutung der Ressource „*Trinkwasser*" wurde bereits im einleitenden Kapitel hingewiesen. Der konsequente, dauerhafte Schutz der hochalpinen Quelleinzugsgebiete, aber auch der Grundwasserkörper in Tal vor Verunreinigung muss daher höchste Priorität haben. Wer sich jemals näher informiert hat, mit welchem technischen und finanziellen Aufwand außerhalb der Alpen die Trinkwasseraufbereitung betrieben wird, und wie fatal und irreversibel sich die Anreicherung von vermeintlich belanglosen Schadstoffeinträgen auf Dauer auswirkt, dem wird klar, wie kompromisslos dieser Schutz einzufordern und umzusetzen ist.

**Abbildung 12: Schutzgebiete in Tirol (Stand: Jänner 1997)**

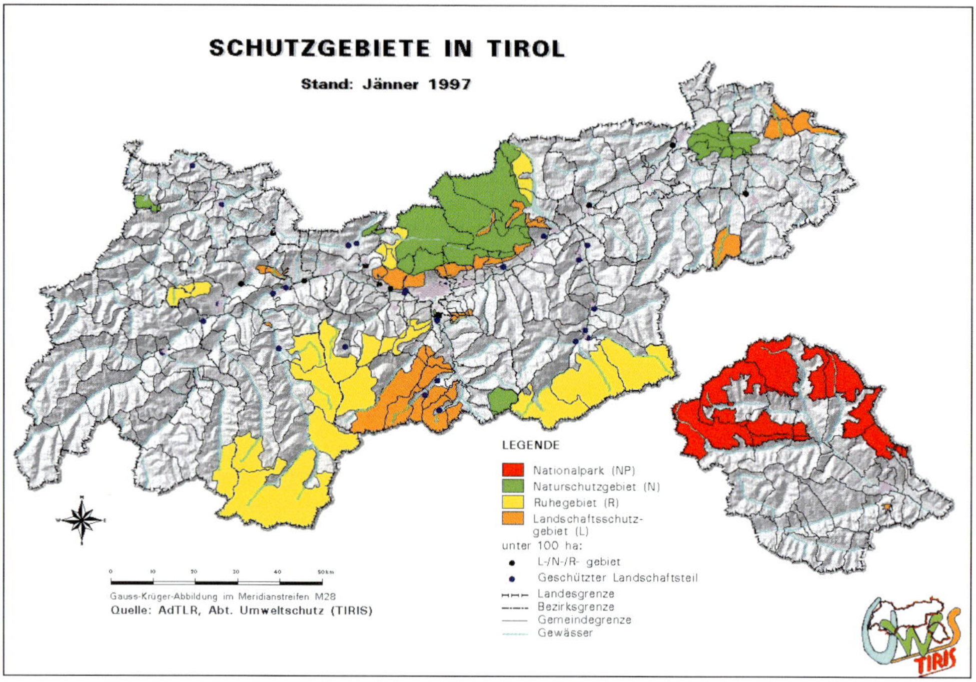


Das *Gütebild der Tiroler Fließgewässer* 1998 ist erfreulich. In der siebenstufigen Skala dominieren die Güteklassen II, I-II und I. Lediglich der Gießenbach zwischen Seefeld und Scharnitz, die Pitze in der Mündungsklamm und die Melach taleinwärts von Neustift i. St. werden noch als stark verunreinigt ausgewiesen. Eine ganze Reihe 1988 noch als II-III oder III eingestufte Gewässerabschnitte haben sich um eine oder zwei Einstufungen verbessert.[21]

Entscheidend dazu beigetragen hat der hohe Entsorgungsgrad der Abwässer in biologischen Kläranlagen, der derzeit bei 85 % liegt und bis 2010 weiter auf 97 % erhöht werden soll.

---

[21] Gütebild der Fließgewässer und der Seen Österreichs 1998, ÖROK-Atlas, 17. Lieferung, Blatt 11.04.01/99, Wien 2000.

Bezüglich der *Luftschadstoffbelastung*[22] ist eine differenzierte Betrachtung erforderlich. Der Gehalt an Schwefeldioxid ist auf sehr geringem Niveau. Bei der Schwebstaubbelastung werden die maßgeblichen Grenzwerte an allen Messtellen eingehalten. Gleiches gilt – mit einer punktuellen Ausnahme – für die Bleibelastung. Ein leicht steigender Trend mit partiellen Grenzwertüberschreitungen ist hingegen bei Stickstoffmonoxid und ein kräftiges Ansteigen bei Stickstoffdioxid zu verzeichnen, wobei die Grenzwerte an praktisch allen Messstellen erreicht oder überschritten werden. Kohlenmonoxid bleibt unter dem Grenzwert nach dem Imissionsschutzgesetz-Luft. Die mit Abstand häufigsten Überschreitungen werden hingegen bei Ozon registriert. In Bezug auf die räumliche Entwicklung ist daraus der Schluss zu ziehen, dass die Emissionen durch den Hausbrand im letzten Jahrzehnt massiv reduziert werden konnten. Hingegen steigen die verkehrsbedingten Emissionen weiter an und verschärfen vor allem entlang hochfrequentierter Verkehrswege den Zielkonflikt zwischen Verkehr und Wohn- bzw. Erholungsqualität.

## 8.5 Schutz vor Naturgefahren

Dem Reiz der Gebirgslandschaft und deren positiven Auswirkungen stehen besondere Naturgefahren in Form von Lawinen, Hochwässern, Muren und Steinschlag gegenüber, die die Raumnutzungen beeinflussen und begrenzen.

Zunehmende Nutzungsdichten durch wachsende Bevölkerung und intensiven Tourismus lassen das Gefährdungspotenzial insgesamt wachsen. Den Maßnahmen zur Gefahrenvorbeugung und Gefahrenabwehr kommt daher eine zentrale Bedeutung zu. Das betrifft die Maßnahmen im forstlichen Bereich (Waldpflege, Schutzwaldsanierung und Hochlagenaufforstung) ebenso wie die in Abstimmung damit durchgeführten vielgestaltigen technischen Maßnahmen der Wildbach- und Lawinenverbauung und des Flussbaues. In Summe werden hier Jahr für Jahr große Beträge investiert:[23] Das jährliche Projektvolumen für Maßnahmen der Wildbach- und Lawinenverbauung beträgt 450–500 Mio. ATS. Im Rahmen von Maßnahmen des Schutzwasserbaus wurden 1999 in Tirol 139,1 Mio. ATS aufgewendet, das Projektvolumen für Maßnahmen der Schutzwaldverbesserung in Tirol betrug 1999 98,8 Mio. ATS.

Da mit diesen Aktivmaßnahmen dennoch nur begrenzte Gebiete geschützt werden können, müssen sie durch „Passivmaßnahmen" in Form der Festlegung von Gefahrenzonen ergänzt werden, die für die Raumordnung und für Projektbeurteilungen verbindliche Grundlagen darstellen. Die Gefahrenzonenpläne der Wildbach- und Lawinenverbauung und des Flussbaues sind daher eine der wichtigsten und außer Diskussion stehenden Grundlagen für die Erstellung der örtlichen Raumordnungskonzepte und der Flächenwidmungspläne der Gemeinden. Bei der Verknüpfung von Gefahrenzonenpla-

---

22 Amt der Tiroler Landesregierung, Landesforstdirektion, Zustand der Tiroler Wälder, Bericht an den Tiroler Landtag, Innsbruck 2000, 39.

23 Auskunft: Forsttechnischer Dienst für Wildbach- und Lawinenverbauung, Sektion Tirol, Innsbruck; Amt der Tiroler Landesregierung, Wasserwirtschaft und Forstschutz.

nung und Raumplanung gibt es in Tirol keine Kompromisse. Nur so ist es möglich, Schäden an Personen und Sachen weitestgehend zu vermeiden. Trotz aller Anstrengungen und Sorgfalt bleibt allerdings – der Winter 1998/99 hat es dramatisch bewiesen – ein Restrisiko, mit dem Menschen im Gebirge leben müssen.

## 9. „Wo Verkehr ist, da ist Leben": Räumliche Konsequenzen der Mobilität

### 9.1 Verkehr: Fremdbestimmt oder hausgemacht ?

Im höherrangigen Tiroler Straßennetz (Autobahnen, Schnellstraßen und Bundesstraßen) ist der *Gesamtverkehr* von 1981 bis 1999 um durchschnittlich 3,3 % pro Jahr gewachsen. Insgesamt ist das ein Zuwachs um 80 % in 18 Jahren.[24] Diese Entwicklung ist eine Folge der rasanten Zunahme der Motorisierung, der Liberalisierung des Personen- und Güterverkehrs in Europa und der voranschreitenden räumlichen Funktionstrennung und wirtschaftlichen Entwicklung im eigenen Land.

Die Auswirkungen auf Raumstrukturen und räumliche Entwicklung sind tiefgreifend. Auf der Positivseite steht die Einbindung Tirols in die wirtschaftliche Dynamik Mitteleuropas und die Eröffnung von Entwicklungsperspektiven auch für die peripheren Landesteile. Beeinträchtigungen der Lebens- und Umweltqualität durch Verkehrslärm und verkehrsbedingte Luftschadstoffe sowie Grundinanspruchnahmen, Landschaftsveränderungen und Nutzungsverdrängungen durch Verkehrswege sind die zunehmend ins Gewicht fallenden negativen Aspekte.

Ganz besonders beeinträchtigen die verkehrsbedingten Belastungen die entlang der Inntal-*Brenner-Transitroute* liegenden Gebiete. Hier überlagern die internationalen Verkehrsströme den hausgemachten Verkehr, die verkehrsbedingten Belastungen nehmen daher in einem besonderen Maße zu.

Auf der Brenner-Route haben sich die Frachtmengen von 1960 bis 1999 auf das 11fache erhöht und betragen nun 35,7 Mio. Tonnen pro Jahr. Bis 1988 wurden die Steigerung fast ausschließlich von der Straße übernommen. Ein vorübergehender Anstieg des Bahnanteiles wurde in den 90er Jahren durch die starke Zunahme der Gesamttransitmengen wieder kompensiert, sodass der Bahnanteil nunmehr bei nur 24 % liegt.[25]

Auf absehbare Zeit an eine Stagnation oder gar Verringerung des Transportvolumens zu glauben, wäre unter den gegebenen Rahmenbedingungen eine Illusion. Umso mehr kommt in Bezug auf die Raumverträglichkeit des Transitverkehrs der wirksamen Verlagerung auf die Bahn Bedeutung zu. An der zügigen Realisierung des Bahnaus-

[24] Amt der Tiroler Landesregierung, Verkehrsplanung, Verkehrsentwicklung in Tirol, Bericht 1999, Innsbruck 2000, 7.

[25] Amt der Tiroler Landesregierung, Verkehrsplanung, Verkehrsentwicklung in Tirol, a. a. O., 39.

und -neubaus auf der Inntal-Brenner-Strecke und der wirkungsvollen Unterstützung der Verlagerung von der Straße auf die Schiene durch entsprechende Lenkungsmaßnahmen führt kein Weg vorbei.

So groß die Problematik des Güter-Transitverkehrs und – nicht zu vergessen – des Personen-Transitverkehrs auch sein mag, in Summe macht der *Ziel- und Quellverkehr* nach und aus Tirol sowie der hausgemachte Verkehr innerhalb Tirols den weitaus größten Teil des Verkehrsaufkommens aus. Der Frequenzverlauf der Inntal- und der Brennerautobahn an ausgewählten Zählstellen gibt darauf einen deutlichen Hinweis: Die Zählstelle Ampass weist aufgrund des auf Innsbruck ausgerichteten Regionalverkehrs nahezu das 3fache Verkehrsaufkommen auf wie die Zählstelle Brennersee.

**Abbildung 13: Verteilung der Frachtmengen auf der Brenner-Route in Tirol**

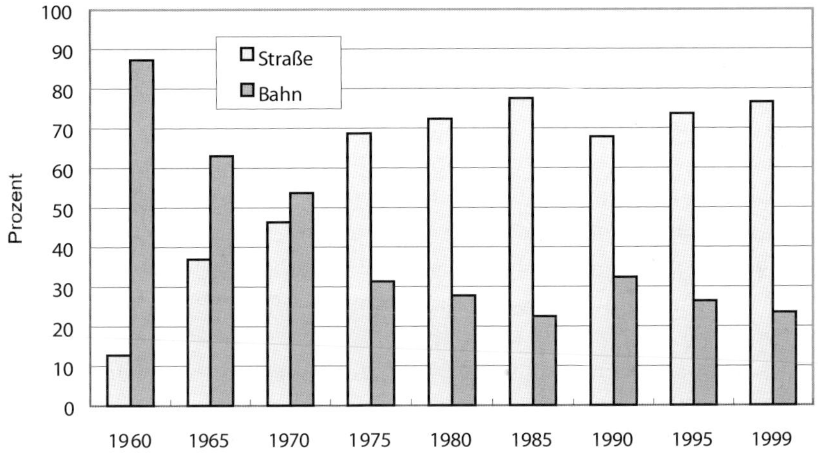


Quelle: Amt der Tiroler Landesregierung, Verkehrsentwicklung in Tirol, Bericht 1999

Im Rahmen des Ziel-/Quellverkehrs ist der *touristische Verkehr* in Tirol ein sehr maßgebliches Verkehrssegment, das durch hohe Spitzenbelastungen an Wochenenden gekennzeichnet ist. Hier erfolgt eine Konzentration des Gästewechsels, überlagert durch den Wochenend-Ausflugsverkehr. Bemühungen, die An- und Rückreise der Gäste verstärkt auf öffentliche Verkehrsmittel zu verlagern, sind notwendig, werden aber stets nur beschränkte Wirksamkeit haben. Entflechtungen des Gästewechsels zur Kappung von Belastungsspitzen wären wünschenswert.

Erfolg versprechender ist das Angebot an Alternativen zur Benützung des Autos für Fahrten am Urlaubsort. Das positive Beispiel guter Schibus-Systeme sollte auch für attraktive Sommer-Ziele weiterentwickelt werden.

**Tabelle 7: Durchschnittlicher Tagesverkehr auf der A12 und A13 1999**

| Zählstelle | Kfz./24h – gesamt | dav. Lkw., Busse, Pkw. m. Anhänger | dav. nur Lkw. |
|---|---|---|---|
| A12 Kufstein | 37.550 | 7.100 | 6.080 |
| A12 Vomp | 48.120 | 8.730 | nicht erfasst |
| A12 Ampass* | ca. 61.000 | unbek. | unbek. |
| A12 Kematen i.T. | 48.330 | 3.970 | 3.000 |
| A12 Imst | 15.340 | 1.890 | nicht erfasst |
| A13 Matrei a. Br. | 27.000 | 5.350 | 4.580 |
| A13 Brennersee | 22.670 | 5.050 | 4.250 |

Quelle: Verkehrsentwicklung in Tirol, Bericht 1999, Amt der Tiroler Landesregierung, Verkehrsplanung, Innsbruck 2000, Anlagen 2b, 3b und 4
* A12 Ampass: Hochrechnung anhand der händischen Straßenverkehrszählung 1995

Für den Tages-Ausflugsverkehr und hier insbesondere für den Schifahrerverkehr scheint das Potenzial attraktiver Kombi-Angebote für die Anreise mit öffentlichen Verkehrsmitteln inklusive Schipass trotz vorhandener Ansätze noch nicht wirklich ausgelotet. Voraussetzung wäre, die Pkw-Erreichbarkeit der betreffenden Zielorte für Tagesgäste zu erschweren, etwa durch Verknappung des Stellplatzangebotes.

Der *Wirtschafts-, Versorgungs-, Pendler- und Freizeitverkehr* im Lande trägt mengenmäßig insgesamt am stärksten zum Verkehrsaufkommen bei. Ein anschauliches Beispiel dafür liefern die Ergebnisse der im Rahmen des Verkehrskonzeptes Zillertal 1994 durchgeführten Verkehrserhebung.[26] Demnach entfallen in dieser touristisch intensiv entwickelten Region mit zusätzlich starkem Wochenend-Ausflugsverkehr im Jahresdurchschnitt 55–60 % der Fahrten auf Einheimische.

Die gegenwärtigen Trends lassen insgesamt eine weitere Zunahme der Verkehrsmengen erwarten. Die Möglichkeiten, die Verkehrsmittelwahl zu beeinflussen, sind nach den bisherigen Erfahrungen ebenfalls bescheiden und werden es bleiben, wenn sich nicht die verkehrspolitischen Rahmenbedingungen grundsätzlich ändern.

## 9.2 Raumplanerische Konsequenzen aus der Verkehrsentwicklung

Die Bewältigung der mit der Verkehrszunahme einhergehenden Probleme ist mit verkehrspolitischen Maßnahmen allein nicht möglich, sondern bedarf integrierter Ansätze aller berührten Politikbereiche. Auf Landesebene müssen die Verkehrsauswirkungen in noch stärkerem Maße als bisher auch zum Thema der Raumplanung und der raumorderischen Entscheidungsfindung gemacht werden.

[26] Dorsch Consult im Auftrag des Vereines Zukunft Zillertal, Entwicklung eines integrierten Verkehrskonzeptes für das Zillertal, nicht veröffentlichter Endbericht, München/Strass i. Z. 1996, 10.

Deren Beiträge können insbesondere in folgenden Bereichen liegen:

- Forcierung von Raumstrukturen nach dem „Prinzip der kurzen Wege“:
  Unterstützung einer verträglichen Nutzungsdurchmischung auf örtlicher Ebene, um „kurze Wege“ für häufige Versorgungsaktivitäten zu ermöglichen;
  Stärkung der dezentralen Konzentration für Versorgungseinrichtungen des periodischen und längerfristigen Bedarfes auf regionaler bzw. Bezirksebene, um Alternativen zu weiträumigen Versorgungsfahrten zu bieten;
  Vermeidung der Errichtung von Handelsbetrieben und Freizeiteinrichtungen mit großräumigen, für Tiroler Verhältnisse unangemessenen Einzugsbereichen;
  flächensparendes Bauen zum Zweck kürzerer Erschließungswege.
- Verstärkte Orientierung der Siedlungsentwicklung an den Achsen der öffentlichen Verkehrsmittel, v. a. in Ballungsgebieten.
- Vermeidung künftiger Belastungen durch konsequente Abstimmung von Verkehrs- und Raumplanung:
  Freihaltung der Trassen und der Immissionsbereiche für künftig notwendige Straßenbauten und Trassen öffentlicher Verkehrsmittel;
  Ausschluss neuer Wohngebietswidmungen im Nahbereich stark belasteter Verkehrswege.
- Mitwirkung an der Verminderung bestehender Belastungen durch raumplanerische Abstimmung von Umfahrungs- und Entlastungsprojekten und durch Mitarbeit an Verkehrsberuhigungskonzepten.

# 10. Tirol ist keine Insel: Räumliche Verflechtungen und Kooperationen eröffnen neue Chancen

## 10.1 Chancen der Zusammenarbeit nutzen

Angesichts der vielfältigen historischen, kulturellen, gesellschaftlichen und wirtschaftlichen Verflechtungen, die in Grenzregionen des Bundeslandes Tirol mit seinen Nachbarn bestehen, kommt der Entwicklung der *grenzüberschreitenden Zusammenarbeit* besondere Bedeutung zu.

Im Rahmen der EU-Regionalpolitik haben daher die *INTERREG-Programme* für den österreichisch-deutschen und für den österreichisch-italienischen Grenzraum eine Bedeutung, die über ihre finanzielle Dotierung weit hinausgeht. Sie geben Anreiz, sich mit grenzüberschreitenden Anliegen intensiver zu befassen und organisatorische Strukturen – etwa in Form von Euregios – aufzubauen, die eine intensive und effektive Zusammenarbeit überhaupt erst ermöglichen. Die Programme sind Anstoß, gemeinsame Projekte zu realisieren und, angesichts erkennbarer Erfolge, eine ergebnisorientierte Zusammenarbeitskultur zu entwickeln.

Dieses Aufeinander-Zugehen über Grenzen hinweg ist aber nicht nur eine Frage der Grenzregionen im engeren Sinne. Bei aller Unverwechselbarkeit, die Tirol und seine Regionen auszeichnet, gibt es auch Themen, die sich in anderen Bergregionen ähnlich darstellen und wo es daher Sinn macht, auch über größere Distanzen *Kooperationsnetzwerke* aufzubauen. In vorbildlicher Weise setzt dies die EU-Gemeinschaftsinitiative *LEADER* um.

Deren primäres Ziel ist die eigenständige Entwicklung kleiner ländlicher Regionen. Zur Unterstützung der regionalen Akteure bietet sie ein interregionales Netzwerk aller europäischen LEADER-Regionen an und baut damit den regionalen Verantwortungsträgern eine direkte Brücke zu europaweiten Kontakten.

Eine weitere Dimension der transnationalen und interregionalen Zusammenarbeit wird nun mit dem *INTERREG IIIB-Programm für den Alpenraum* eröffnet. Alle Staaten des Alpenbogens haben daran Anteil. Es werden damit insbesondere Maßnahmen unterstützt, die der nachhaltigen räumlichen Entwicklung im Alpenbogen im Sinne des Europäischen Raumentwicklungskonzeptes EUREK[27] dienlich sind. Damit ergibt sich unter anderem auch die Chance, für die traditionelle Zusammenarbeit in der ARGE ALP auf Projektebene EU-Kofinanzierungen zu realisieren. Und auch für Vorhaben der Europaregion Tirol bietet dieses Programm Finanzierungsmöglichkeiten.

## 10.2 Von außen kommende Anforderungen an die räumliche Entwicklung Tirols

In zunehmendem Maße werden – generell oder speziell für den Alpenraum – raumrelevante Rahmensetzungen und Entscheidungen auf EU- oder internationaler Ebene vorgenommen.

Seitens der *Europäischen Union* gibt es eine Reihe verbindlicher Rechtsvorschriften, die unmittelbar auf die Raumordnung bzw. räumliche Entwicklung einwirken. Zu nennen sind beispielsweise die Vogelschutzrichtlinie, die Flora-Fauna-Habitat-Richtlinie, die „Seveso-Richtlinie“ zur Beherrschung der Gefahren bei schweren Unfällen mit gefährlichen Stoffen, die Umweltverträglichkeitsprüfungs-Richtlinie, die zu erwartende Richtlinie über die strategische Umweltverträglichkeitsprüfung usw.

Dazu kommt das zuvor erwähnte EUREK, dessen Zielsetzung es unter anderem ist, raumwirksame EU-Politikbereiche in Bezug auf räumliche Ordnungs- und Entwicklungsziele zu koordinieren. Darüber hinaus soll durch beispielhafte Anwendungsprojekte auf nationaler und regionaler Ebene auch hier eine Umsetzungsdynamik erzeugt werden.

---

27 Europäische Kommission (Hrsg.), EUREK Europäisches Raumentwicklungskonzept. Auf dem Wege zu einer räumlich ausgewogenen und nachhaltigen Entwicklung der Europäischen Union, Luxemburg 1999.

Unter den alpenbezogenen Regelungen kommt der *Alpenkonvention* aufgrund ihres verbindlichen Charakters ein besonderer Stellenwert zu. Die Durchführungsprotokolle zu den Themen „Naturschutz und Landschaftspflege", „Berglandwirtschaft", „Raumplanung und nachhaltige Entwicklung", „Tourismus", „Energie", „Bodenschutz" und „Verkehr" enthalten eine Fülle von Vorgaben und Handlungsanweisungen in Bezug auf eine nachhaltige Raumentwicklung.

Die innerösterreichische Koordination und Kooperation in Angelegenheiten der Raumordnung erfolgt mangels einer gesamtstaatlichen Rechtgrundlage auf freiwilliger Basis im Rahmen der *Österreichischen Raumordnungskonferenz* (ÖROK), der der Bund, die Länder, die Gemeindebünde und (mit beratender Stimme) die Interessenvertretungen angehören. Diese Zusammenarbeitsplattform ist umso wichtiger, als sonst das Bindeglied zwischen den Raumplanungsaktivitäten auf EU-Ebene und jenen der Länder und Gemeinden fehlen würde.

**Abbildung 14: Räumliche Verflechtungen Tirols mit seinen Nachbarn**

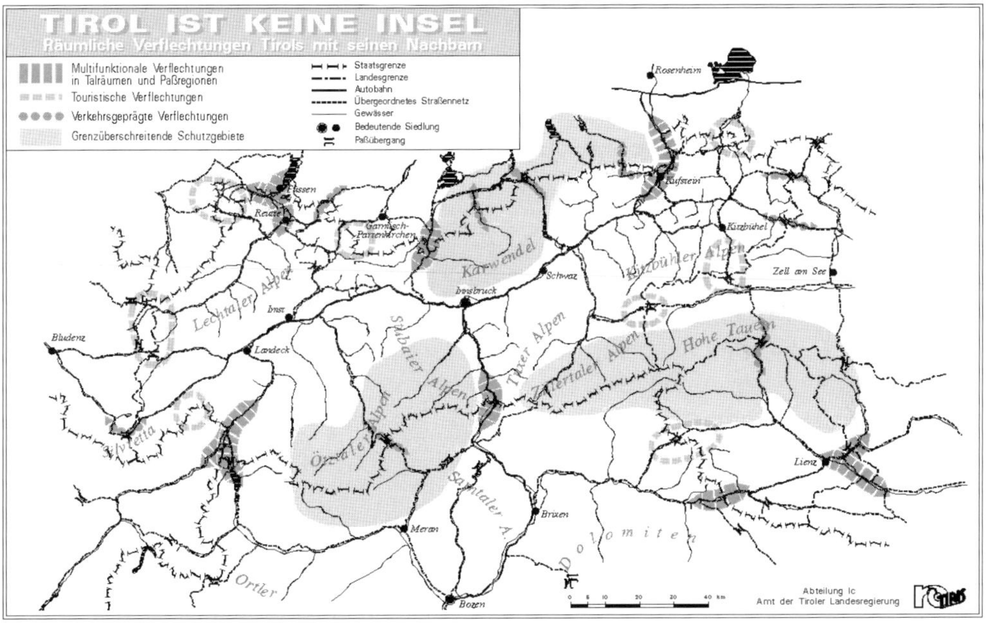


Quelle: Amt der Tiroler Landesregierung, Raumordnung-Statistik

Mit dem Projekt „Österreichisches Raumentwicklungskonzept 2001" wird derzeit auf ÖROK-Ebene an einer gesamtösterreichischen raumplanerischen Orientierung gearbeitet. Das internationale Umfeld findet dabei die entsprechende Berücksichtigung.

## 11. Kooperation statt Konzentration: Kleinteilige Strukturen und regionale Kreisläufe stärken

Die gesellschaftlichen und wirtschaftlichen Strukturen Tirols sind ebenso differenziert wie sein alpiner Raum. Von den 279 Tiroler Gemeinden haben 36 % weniger als 1.000 Einwohner. In 90 % aller Tiroler Gemeinden liegt die Einwohnerzahl unter 4.000. In diesen leben 53 % der rund 670.000 Einwohner. 30 % der Bevölkerung haben ihren Wohnsitz in Gemeinden zwischen 4.001 und 16.000 Einwohnern und 17 % in der Landeshauptstadt.

Unter den rund 25.000 Arbeitgeberbetrieben der gewerblichen Wirtschaft dominieren mit einem Anteil von 97,6 % die Kleinbetriebe mit 1 bis 49 Beschäftigten. Sie stellen knapp über 50 % der Arbeitsplätze in Tirol bereit. 30 % der Arbeitnehmer sind in Mittelbetrieben mit 50–499 Beschäftigten tätig und 19 % in Großbetrieben.

Bislang verlief die wirtschaftliche Entwicklung Tirols in guter Übereinstimmung mit den siedlungsstrukturellen Gegebenheiten. Zwischen städtisch-zentralen und ländlich-peripheren Regionen kam so ein beträchtliches Maß an Ausgewogenheit zustande. Verschiedene aktuelle Entwicklungen sind jedoch geeignet, diese Balance zu destabilisieren:

- Der Wettbewerb am Europäischen Binnenmarkt und die fortschreitende Internationalisierung der Wirtschaft erfordern besondere Anstrengungen, um leistungs- und kostenmäßig am Markt erfolgreich bestehen zu können. Kleine Strukturen sind hier tendenziell benachteiligt.
- Die Konzentrationstendenzen im Handel halten unvermindert an. Die Maschen des Nahversorgungsnetzes werden weiter, die Knoten allerdings stärker.
- Die Schaffung von Großraumschigebieten stärkt zwar die Wettbewerbsfähigkeit der jeweiligen Betreiber, beschleunigt indirekt jedoch zugleich den Niedergang der kleineren Gebiete im Lande, bei denen keine Ausweitungsmöglichkeiten bestehen.
- Die Sanierung der öffentlichen Haushalte und die Auslagerung bisher von der öffentlichen Hand erbrachten Infrastrukturleistungen in den privaten Sektor führt aus Kostengründen zu einer Reduktion des Angebotes in dünner besiedelten Räumen.
- Vor allem kleine Gemeinden geraten zunehmend in die Schere zwischen umfassenden Infrastrukturansprüchen ihrer Bürger und nachlassender Einnahmendynamik durch wirtschaftliche Entwicklungsschwäche im eigenen Ort.

Im Gegenzug eröffnen die modernen Informations- und Kommunikationstechnologien in Bezug auf Wissenserwerb, Innovationstransfer, Netzwerkbildung und Kooperationen sowie Marktauftritt Möglichkeiten für periphere Räume, die früher nur an zentralen Standorten möglich waren.

Die Sicherung der regionalen Ausgewogenheit der Landesentwicklung und die Aufrechterhaltung des Grundmusters der kleinen Strukturen, die einem großen Teil Tirols in Übereinstimmung mit den natürlichen Gegebenheiten die besondere Prägung verleihen, bedürfen daher besonderer regionalpolitischer Strategien.

Das öffentliche Interesse an räumlich ausgewogenen Versorgungsstrukturen wird neu zu definieren bzw. zu präzisieren sein. Die diesbezüglichen Zielsetzungen müssen durch rechtliche Steuerungsinstrumente und/oder durch Abgeltung im öffentlichen Interesse erbrachter Leistungen umgesetzt werden.

Die organisatorischen und finanziellen Rahmenbedingungen für regionale Zusammenarbeit müssen verbessert werden. Kooperationsanreize für Gemeinden bestehen derzeit fast ausschließlich in Form von Kostenvorteilen bei gemeinsamen Infrastrukturprojekten. Impulse zur Zusammenarbeit im Sinne einer umfassenden gemeindeübergreifenden Regionalentwicklung – etwa auch in Bezug auf Standortfragen – gibt es kaum. Ebenso wie die Regionalisierung der Tourismusverbände ein Gebot der Stunde war und ist, muss die regionale Zusammenarbeit der Gemeinden gestärkt werden. Dazu wäre es notwendig, die Regionen aufzuwerten und Instrumente für einen finanziellen Lastenausgleich auf regionaler Ebene zu entwickeln.

Speziell im Tourismus, aber auch in den damit verbunden Wirtschaftszweigen muss die Entwicklung der Angebote und deren Vermarktung noch intensiver auf regionaler Ebene erfolgen. Insgesamt muss das Prinzip der eigenständigen Regionalentwicklung durch Aufbau von Netzwerken regionaler Entscheidungs- und Entwicklungsträger weiterentwickelt werden.

Mit großem Nachdruck ist die Anwendung der Informations- und Kommunikationstechnologien auch in peripheren Regionen und für kleine und mittlere Unternehmen zu forcieren. Die dafür notwendigen Infrastrukturen und Dienstleistungen müssen vorrangig ausgebaut werden.

Und schließlich braucht es Anleitung und Unterstützung für Kooperationen und zur gezielten Entwicklung von standorttypischen Stärkefeldern, zur Besetzung von Marktnischen und zur Inwertsetzung typischer Vorteile kleiner Betriebe, wie etwa der Flexibilität und der Serviceorientierung.

So schließt sich auch der Kreis der Argumentation des vorliegenden Beitrages: Der spezifischen naturräumlichen Situation des Landes Tirol entsprechen auch besondere siedlungsstrukturelle und raumwirtschafliche Gegebenheiten. Im Interesse einer nachhaltigen Entwicklung, die gleichermaßen auf hohe Lebensqualität und wirtschaftlichen Erfolg abzielt, ist dieser Zusammenhang zu respektieren. Die Auflösung des scheinbaren Widerspruches zwischen Wachstum und Begrenztheit der Resourcen kann nur in integrierten Entwicklungsstrategien gefunden werden. Der Vernetzung der kleingliedrigen sozioökonomischen Strukturen kommt dabei eine zentrale Bedeutung zu.

## Schrifttum

Amt der Tiroler Landesregierung, Landesforstdirektion, Zustand der Tiroler Wälder, Bericht an den Tiroler Landtag. Innsbruck 2000, 39.

Amt der Tiroler Landesregierung, Raumordnung-Statistik, Demografische Daten Tirol 1993 und 1999.

Amt der Tiroler Landesregierung, Raumordnung-Statistik, Tiroler Wohnbaustatistik 1999. Innsbruck 2000.

Amt der Tiroler Landesregierung, Raumordnung-Statistik, Tourismusstatistik.
Amt der Tiroler Landesregierung, Seilbahngrundsätze des Landes Tirol 1996. Innsbruck 1996.
Amt der Tiroler Landesregierung, Seilbahnstatistik.
Amt der Tiroler Landesregierung, Verkehrsplanung, Verkehrsentwicklung in Tirol, Bericht 1999. Innsbruck 2000, 7.
Arbeitsgemeinschaft Alpenländer (Hrsg: Amt der Tiroler Landesregierung), Mobilisierung von Bauland in der ARGE Alp. Innsbruck 2000.
BÄTZING, Werner und Mitarbeiter, Der sozio-ökonomische Strukturwandel des Alpenraumes im 20. Jahrhundert – eine Analyse von „Entwicklungstypen" auf Gemeinde-Ebene. Bern 1993.
Dorsch Consult im Auftrag des Vereines Zukunft Zillertal, Entwicklung eines integrierten Verkehrskonzeptes für das Zillertal, nicht veröffentlichter Endbericht. München/Strass i. Z. 1996, 10.
empirica Delasasse, Zukunftsstandorte in Westeuropa 1998. Ein Regionalführer für Investoren. Köln 1998.
Europäische Kommission, EUREK Europäisches Raumentwicklungskonzept. Auf dem Wege zu einer räumlich ausgewogenen und nachhaltigen Entwicklung der Europäischen Union. Luxemburg 1999.
GRIMM, Walter u. a., EU-Regionalförderungen in Tirol – erfolgreicher Abschluss der Programme 1995–1999 und EU-Regionalförderungen in Tirol – Start der EU-Strukturfondsperiode 2000–2006, in: Amt der Tiroler Landesregierung (Hrsg.), RO-Info, Heft 17. Innsbruck 2000, 13–32.
ÖROK-Atlas- Gütebild der Fließgewässer und der Seen Österreichs 1998, 17. Lieferung, Blatt 11.04.01/99. Wien 2000.
ÖROK Schriftenreihe 127, Siedlungsentwicklung in Österreich Band II: Szenarien 1991–2011. Wien 1996, 119.
ÖROK Schriftenreihe 103, Haushaltsentwicklung, Wohnbau und Wohnungsbedarf in Österreich 1961–2031. Wien 1992.
ÖSTAT, Bevölkerungsvorausschätzung 1999–2050 Tirol, Mittlere Variante. Wien 1999.
ÖSTAT, Sonderauswertung der Häuser- und Wohnungszählung. Wien 1991.

## Summaries

Im Gebirgsland Tirol ist die räumliche Dimension der gesellschaftlichen und wirtschaftlichen Entwicklung besonders ausgeprägt. Die Gebirgigkeit setzt Grenzen und eröffnet Chancen. Die Sensibilität, Besonderheit und Unvermehrbarkeit der natürlichen Ressourcen lässt die Erhaltung der hohen Lebensqualität und wirtschaftlichen Erfolg auf Dauer nur im Rahmen einer Nachhaltigkeitsstrategie zu.

Das Zusammentreffen vielfältigster Nutzungsansprüche auf engem Raum und deren wechselseitige Beeinflussungen erfordern zudem ein hohes Maß an zielorientierter Abstimmung. Dies gilt umso mehr, als in Tirol seit Jahrzehnten eine sehr dynamische Bevölkerungs- und Wirtschaftsentwicklung stattfindet und daher der Qualität des Wachstums besonderes Augenmerk zu gelten hat.

Darüber hinaus stellt der regionalpolitische Anspruch, alle Landesteile als aktive und attraktive Lebensräume zu entwickeln, angesichts der unterschiedlichen lagemäßigen und naturräumlichen Voraussetzungen eine große Herausforderung dar.

Individuelle Nutzenmaximierungen allein können den Interessenausgleich und das zukunftsorientierte Maßhalten nicht gewährleisten. Die Anforderungen an Raumplanung und Regionalentwicklung, eine geordnete Gesamtentwicklung des Raumes zu ermöglichen und dafür zugleich die notwendige Akzeptanz zu finden, sind daher äußerst anspruchsvoll.

Der Beitrag unternimmt den Versuch, die räumlichen Aspekte der Bevölkerungs- und Wirtschaftsentwicklung in Tirol sowie deren Konsequenzen zu verdeutlichen, Zusammenhänge sichtbar machen, und um Verständnis für die Notwendigkeit strategischer Rahmensetzungen für die räumliche Ordnung und Entwicklung zu werben.

* * *

In a mountain region like the Tyrol, social and economic development have a pronounced spatial dimension. The mountain topography imposes limitations and creates opportunities at the same time. Given the sensitivity, and the special and finite character of the region's natural resources, the high quality of life and economic success can only be maintained in the long term on the basis of sustainability.

The conflicting claims of varied land uses and their mutual interaction in such a limited space require a high degree of targeted co-ordination, all the more so as the dynamic pace of demographic and economic development witnessed in the Tyrol over the last few years necessitates a particular emphasis on the quality aspects of growth.

A further special challenge – in view of the differences in terms of location and the natural environment – is to be seen in the regional policy goal of developing all parts of the Tyrol as active and attractive places to live and work.

The principle of maximum individual utility alone cannot guarantee the necessary reconciliation of interests and a forward-looking policy of sustainability. Spatial planning and regional development have a demanding role to play in support of the structured overall development of the region and a corresponding level of acceptance.

This paper focuses on the spatial aspects of demographic and economic development in the Tyrol, their interrelationships and their consequences for the region in an attempt to foster understanding for the need for a strategic framework for spatial development and planning.

* * *

Nel Tirolo, paese alpino per eccellenza, il territorio è un fattore determinante dello sviluppo sociale ed economico. La morfologia alpina pone limiti ma apre anche nuove prospettive. In un'ottica a lunga scadenza l'alto livello di qualità della vita e le buone prestazione economiche potranno essere garantite solo nell'ambito di una strategia durevole che tenga conto della sensibilità, particolarità e non riproducibilità delle risorse naturali.

La presenza contemporanea delle più svariate esigenze di utilizzo e delle loro reciproche influenze in uno spazio assai ristretto richiede inoltre un notevole grado di concertazione finalizzata a futuri sviluppi. Questo vale tanto più pensando al fatto che il Tirolo presenta già da decenni uno sviluppo demografico ed economico assai dinamico – e la qualità della crescita richiede pertanto un interesse particolare.

Oltre a ciò le direttive della politica regionale, volte a promuovere dinamismo e attrattività in tutte le aree del paese, devono affrontare una notevole sfida a causa delle diverse condizioni morfologiche ambientali. L'ottimizzazione dell'utile individuale non è in grado di garantire un equilibrio degli interessi e comportamenti durevoli. I compiti della pianificazione e dello sviluppo regionale, nel senso di permettere un assetto ordinato e globale del territorio trovando al contempo il necessario consenso, sono pertanto assai complessi.

L'articolo si propone di analizzare la dimensione territoriale della crescita demografica ed economica del Tirolo evidenziando la necessità di strategie per l'assetto urbanistico e il suo sviluppo.

# Autorenverzeichnis

**Univ.-Prof. Dr. Gert Ammann**, geb. 1943, Studium der Kunstgeschichte, seit 1968 am Tiroler Landesmuseum Ferdinandeum in Innsbruck, 1976 Kustos der Graphischen Sammlungen, 1983 Universitätsdozent (Österreichische Kunstgeschichte), seit 1985 Direktor des Tiroler Landesmuseums Ferdinandeum, 1992 tit. a.o. Universitätsprofessor, Mitarbeit am Dehio Tirol und Vorarlberg.
Anschrift: Tiroler Landesmuseum Ferdinandeum, Museumstraße 15, A-6020 Innsbruck.

**Dr. Norbert Beyer**, geb. 1946, Studium der Wirtschaftswissenschaften an der Universität Innsbruck. 1969–1972 Assistent der Unternehmensorganisation der KODAK AG, Stuttgart. 1972 Leiter des Referats für Allgemeine Wirtschaftsförderung im Wirtschaftsförderungsinstitut. 1975 Fachgruppengeschäftsführer in der Sektion Tourismus und Freizeitwirtschaft, 1991 Referent und seit 1992 Leiter der Volkswirtschaftlichen Abteilung der Wirtschaftskammer Tirol.
Anschrift: Wirtschaftskammer Tirol, Meinhardstraße 14, A-6020 Innsbruck.

**Univ.-Prof. Dr. Axel Borsdorf**, geb. 1948, Studium der Geographie, Germanistik und Geologie an den Universitäten Göttingen, Valdivia/Chile und Tübingen, seit 1991 o. Universitätsprofessor am Institut für Geographie der Universität Innsbruck, zugleich Direktor des Instituts für Stadt- und Regionalforschung der Österreichischen Akademie der Wissenschaften (ÖAW).
Anschrift: Institut für Geographie, Innrain 52, A-6020 Innsbruck.

**Univ.-Prof. DDr. Bruno Buchberger**, geb. 1942, Studium der Mathematik an der Universität Innsbruck, seit 1974 o. Universitätsprofessor für Computer-Mathematik an der Universität Linz, Gründer und Leiter des RISC (Research Institute for Symbolic Computation) an der Universität Linz und des Software-Parks (Technologiezentrum für Software) in Hagenberg.
Anschrift: Reserarch Institute für Symbolic Computation (RISC), Schloß Hagenberg, A-4232 Hagenberg.

**Univ.-Prof. Dr. Werner Clement**, geb. 1941, Studium an der Hochschule für Welthandel, 1970–1973 Universitätsprofessor an der Universität Innsbruck, 1973–2000 o. Universitätsprofessor an der Hochschule für Welthandel (später Wirtschaftsuniversität Wien), seit 1986 Geschäftsführer des Industriewissenschaftlichen Instituts (IWI).
Anschrift: Industriewissenschaftliches Institut, Lugeck 2, A-1010 Wien.

**Dr. Michl Ebner**, geb. 1952, Studium der Rechtswissenschaften an den Universitäten Bologna, Innsbruck und Padua, 1979–1994 Abgeordneter zur Römischen Kammer, seit 1981 Vorstandsmitglied sowie Direktor der Verlagsanstalt „Athesia", seit 1994 Mitglied des Europäischen Parlaments.
Anschrift: Athesia Verlag, Lauben 41, I-39100 Bozen.

**Univ.-Ass. Mag. Dr. Kerstin Fink**, geb. 1969, Studium der Betriebswirtschaftslehre an der Universität des Saarlandes und an der Universität Innsbruck, seit 1996 Universitätsassistentin am Institut für Wirtschaftsinformatik an der Universität Innsbruck.
Anschrift: Institut für Wertprozessmanagement, Abteilung Wirtschaftsinformatik, Universitätsstraße 15, A-6020 Innsbruck.

**Mag. Stefan Garbislander**, geb. 1972, Studium der Volkswirtschaftslehre an der Universität Innsbruck, 1997–1999 Vertragsassistent am Institut für Finanzwissenschaft, seit 1999 Referent in der Volkswirtschaftlichen Abteilung der Wirtschaftskammer Tirol.
Anschrift: Wirtschaftskammer Tirol, Meinhardstraße 14, A-6020 Innsbruck.

**Dr. Walter Hämmerle,** geb. 1946, Studium der Volkswirtschaftslehre an der Universität Innsbruck, Universitätsassistent am Institut für Wirtschaftstheorie der Universität Innsbruck (1972–1975), Geschäftsführer und wissenschaftlicher Sachbearbeiter am Institut für Verkehr und Tourismus, Innsbruck (1975–1987), Referent in der Volkswirtschaftlichen Abteilung der Wirtschaftskammer Tirol, seit 1992 Leiter des Referats für Wirtschaftsstatistik der Wirtschaftskammer Tirol.
Anschrift: Wirtschaftskammer Tirol, Meinhardstraße 14, A-6020 Innsbruck.

**Dkfm. Hannes Hess**, geb. 1950, Studium der Betriebswirtschaftslehre, Geschäftsführender Gesellschafter der *dez* Einkaufszentren GesmbH.
Anschrift: *dez* Einkaufszentren GesmbH, Amraser-See-Straße 56a, A-6029 Innsbruck.

**Komm.-Rat Dkfm. Dr. Hansjörg Jäger,** geb. 1938, Studium an der Hochschule für Welthandel in Wien, seit 1962 im Familienbetrieb Franz Gradischegg tätig, geschäftsführender Gesellschafter dieser Firma, von 1971 bis 1976 Landesvorsitzender der Jungen Wirtschaft, seit 1985 Funktionstätigkeit in der Wirtschaftskammer (Sektionsleitung Handel, WIFI-Kuratorium), seit 1989 Präsident der Wirtschaftskammer Tirol.
Anschrift: Wirtschaftskammer Tirol, Meinhardstraße 14, A-6020 Innsbruck.

**Mag. Dr. Wilfried Keller**, geb. 1941, Lehramtsstudium der Geographie und Geschichte, anschließend Doktoratsstudium der Geographie, seit 1965 im Institut für Landeskunde bzw. seit 1978 in der Abteilung Landeskunde am Institut für Geographie der Universität Innsbruck tätig, Leiter der Abteilung „Landeskunde" von 1992 bis 1999.
Anschrift: Institut für Geographie, Innrain 52, A-6020 Innsbruck.

**Univ.-Prof. Dr. Helmut Kramer**, geb. 1939, Studium der Rechts- und Volkswirtschaftslehre, seit 1963 Wirtschaftsforscher am Österreichischen Institut für Wirt-

schaftsforschung (WIFO), seit 1981 Leiter des WIFO, seit 1989 Professor für österreichische Wirtschaftspolitik an der Universität Wien.
Anschrift: Österreichisches Institut für Wirtschaftsforschung, Postfach 91, A-1103 Wien.

**Dr. Helmut Lamprecht,** geb. 1943, Studium der Wirtschaftswissenschaften an der Universität Innsbruck, 1961 Eintritt in den Dienst der Wirtschaftskammer Tirol (Sektion Verkehr), 1965 Bestellung zum Fachgruppengeschäftsführer der Sektion Verkehr, 1977 Bestellung zum Geschäftsführer der Sektion Verkehr sowie zum Leiter der Verkehrspolitischen Abteilung der Wirtschaftskammer Tirol.
Anschrift: Wirtschaftskammer Tirol, Meinhardstraße 14, A-6021 Innsbruck.

**Mag. Günther Lehar**, geb. 1950, Studium der Volkswirtschaftslehre und der Rechtswissenschaften an der Universität Innsbruck, 1979–1987 wissenschaftlicher Mitarbeiter am Institut für Verkehr und Tourismus, seit 1987 Geschäftsführer des Instituts für Verkehr und Tourismus.
Anschrift: Institut für Verkehr und Tourismus, Weiherburggasse 31, A-6020 Innsbruck.

**Univ.-Prof. Mag. Dr. Adolf Leidlmair**, geb. 1919, Studium der Geographie, Geschichte, Geologie und Germanistik an der Universität Innsbruck. Assistent (1951–57) und Dozent (1958–63) am geographischen Institut der Universität Tübingen, o. Universitätsprofessor und Vorstand des Geographischen Instituts der Universität Karlsruhe (1963–67), der Universität Bonn (1967–69) und der Universität Innsbruck (1969–89).
Anschrift: Kaponsweg 17, A-6065 Thaur.

**Josef Margreiter**, geb. 1962, Studium an der höheren Landesanstalt für Tourismus in Klessheim, ehemaliger stellvertretender Direktor des Tourismusverbandes Seefeld, Gründung und Leitung einer Reise- und Tourismus-Marketing-Agentur, seit 1995 Direktor der Tirol Werbung.
Anschrift: Tirol Werbung, Maria-Theresien-Straße 55, A-6020 Innsbruck.

**Dr. Rainer Nick**, geb. 1954, Studium der Politik-, Wirtschafts- und Rechtswissenschaften an den Universitäten Mainz, Salzburg und Innsbruck, Lehr- und Forschungstätigkeit an der Universität Innsbruck, beruflicher Schwerpunkt im Bereich der politischen Beratung, seit 1990 Leiter des Instituts für angewandte Politikwissenschaft (IFAP).
Anschrift: Institut für angewandte Politikwissenschaft (IFAP), Fuxmagengasse 12, A-6060 Hall i. T.

**Dr. Werner Plunger,** geb. 1942, Studium der Rechtswissenschaften an der Universität Innsbruck, Gerichtspraxis und Richteramtsanwärter, seit 1971 Mitarbeiter der Wirtschaftskammer Tirol in verschiedenen Funktionen, dabei von 1979–1980 als Referent und von 1981–1990 als Leiter der Volkswirtschaftlichen Abteilung, seit 1991 Direktor der Wirtschaftskammer Tirol, Stellvertreter eines Beisitzers des Kartellobergerichtes beim Obersten Gerichtshof in Wien.
Anschrift: Wirtschaftskammer Tirol, Meinhardstraße 14, A-6020 Innsbruck.

**Hofrat Mag. Franz Rauter**, geb. 1947, Studium der Sozial- und Wirtschaftswissenschaften (volkswirtschaftliche Studienrichtung) an der Universität Innsbruck, seit 1973 Tätigkeit im Tiroler Landesdienst, seit 1992 Vorstand der Abteilung Raumordnung-Statistik des Amtes der Tiroler Landesregierung.
Anschrift: Amt der Tiroler Landesregierung, Abteilung Raumordnung-Statistik, Michael-Gaismair-Straße 1, A-6020 Innsbruck.

**Univ.-Prof. Dr. Friedrich Roithmayr**, geb. 1946, Studium der Betriebswirtschaftslehre an der Universität Linz, Professuren an den Universitäten Bamberg, Duisburg, seit 1988 o. Universitätsprofessor für Wirtschaftsinformatik in Innsbruck, Gastprofessuren an den Universitäten Halle-Wittenberg, Kunstuniversität Linz und Leipzig.
Anschrift: Institut für Wertprozessmanagement, Abteilung für Wirtschaftsinformatik, Universitätsstraße 15, A-6020 Innsbruck.

**Univ.-Prof. Dr. Christian Smekal**, geb. 1937, Studium der Wirtschaftswissenschaften an der Universität Innsbruck, seit 1972 o. Universitätsprofessor für Finanzwissenschaft an der Universität Innsbruck, Dekan der Sozial- und Wirtschaftswissenschaftlichen Fakultät der Universität Innsbruck (1979–1981), seit 1976 mehrmaliger (und derzeitiger) Vorstand des Instituts für Finanzwissenschaft, Rektor der Universität Innsbruck für die Studienjahre 1995–1999.
Anschrift: Institut für Finanzwissenschaft, Universitätsstraße 15, A-6020 Innsbruck.

**Dr. Werner Steger**, geb. 1944, Studium der Rechtswissenschaften an der Universität Innsbruck, juristisch/kaufmännische Tätigkeit in der Privatwirtschaft, seit 1975 in der Lehrlingsabteilung der Wirtschaftskammer Tirol tätig, seit 1986 Leiter dieser Abteilung (seit 1992 als Bildungsabteilung bezeichnet).
Anschrift: Wirtschaftskammer Tirol, Meinhardstraße 14, A-6020 Innsbruck.

**Univ.-Prof. Dr. Theresia Theurl**, geb. 1956, Studium der Volkswirtschaftslehre an den Universitäten Innsbruck und München, wissenschaftliche Assistentin an der Universität München und Universitätsassistentin an der Universität Innsbruck, seit 2000 Geschäftsführende Direktorin des Instituts für Genossenschaftswesen der Westfälischen Wilhelms-Universität Münster.
Anschrift: Institut für Genossenschaftswesen, Am Stadtgraben 9, D-48143 Münster.

**Univ.-Prof. Dr. Paul Tschurtschenthaler**, geb. 1948, Studium der Volkswirtschaftslehre an der Universität Innsbruck, A. Universitätsprofessor am Institut für Wirtschaftstheorie, Wirtschaftspolitik und Wirtschaftsgeschichte an der Universität Innsbruck.
Anschrift: Institut für Wirtschaftstheorie, Wirtschaftspolitik und Wirtschaftsgeschichte, Universitätsstraße 15, A-6020 Innsbruck.

# TIROLER WIRTSCHAFTSSTUDIEN

Die Schriftenreihe der Jubiläumsstiftung der Wirtschaftskammer Tirol erscheint seit 1955 in zwangloser Reihenfolge. Für die Schriftleitung zeichnet *Adolf Leidlmair* verantwortlich.

1 Herbert Oberhauser, **Hydrographische Studien über den alpinen Inn.**
1955. 82 S. mit 22 Abb., 4 Tab., 1 Bildtaf. Brosch. € 14,–/öS 193,–/DM 27,40
Das Flussgebiet des alpinen Inns erstreckt sich sehr lang gedehnt zwischen den hohen, vergletscherten Zentralketten und den Nördlichen Kalkalpen, wobei es die Alpen an ihrer breitesten Stelle schräg durchdringt. In seinem Verlauf quert das Inntal verschiedenartige Gesteinszonen der Ostalpen, morphologisch und klimatisch ergeben sich wesentliche Unterschiede zwischen den Teilgebieten. Auf gründlichem Material- und Literaturstudium aufbauend, beleuchtet Herbert Oberhauser Wasserführung, Wasserhaushalt und Abfluss des Inns und seiner Zubringer auf ihrem Weg durch Tirol.

2 Brunhilde Neunlinger, **Die Brauereien von Hall in Tirol im 16.–19. Jahrhundert.**
1956. 132 S. mit zahlreichen Tab. Brosch. € 18,–/öS 248,–/DM 35,20
Im Weinland Tirol nahm das Brauereiwesen erst im 16. Jahrhundert größeren Aufschwung, als mit Ferdinand II. ein Landesfürst aus Böhmen, einer ausgesprochenen Biergegend, nach Innsbruck kam. Die Zubereitung von Bier ist in Tirol allerdings schon für das Jahr 985 (Olang im Pustertal) bezeugt, und das Urbar von Wilten aus dem Jahr 1305 führt ausdrücklich ein „preuhaus" an. Aufgrund eingehender archivalischer Studien stellt die Verfasserin Entstehung, Rohstoffbeschaffung, Erzeugung und Absatz der Brauereien von Hall dar und geht insbesondere auf die in den Betrieben arbeitenden Menschen, ihre Aufgaben und ihre soziale Stellung ein. Die Studie dokumentiert die patriarchalischen Verhältnisse eines heute hochmodernisierten Gewerbezweiges.

3 Alfred Löhmer, **Die wirtschaftliche und soziale Lage der Haller Salzarbeiterschaft im 19. Jahrhundert.**
1957. 196 S. mit zahlreichen Tab. und 12 Beilagen. 2 Falttaf. Brosch. € 22,–/öS 303,–/DM 43,–
Diese Untersuchung befasst sich mit einem staatlichen Bergwerkunternehmen und vor allem mit den darin beschäftigten Menschen. Sie schildert den Betrieb, wie er im 19. Jahrhundert vor der Anwendung modernster technischer Mittel in Berg und Pfannhaus eingerichtet war. Arbeitsverhältnisse, Löhne, Provisionen, Benefizien, Vorrückung, Krankenversicherung, Herkunft und rechtliche Stellung der Haller Salzarbeiterschaft werden dargestellt und ergeben ein eindrucksvolles Bild der wirtschaftlichen und sozialen Lage der Beschäftigten in der Tiroler Landessaline.

4 Erich Egg, **Aus der Geschichte des Bauhandwerks in Tirol.**
1957. 110 S. mit 19 Abb., 28 Bildtaf. Brosch.
€ 22,–/öS 303,–/DM 43,–

Maurer und Steinmetzen, Stuckateure und Zimmerleute standen in früheren Jahrhunderten in einem viel engeren beruflichen Naheverhältnis als heute, und der Meister war vielfach Architekt, Baumeister, Maurer und Steinmetz in einer Person. Erich Egg führt in die Zeit der Spätgotik und des Barock und ihre Bauwerke, die Dome und Münster, Dorfkirchen und Schlösser ein. Ausbildung und Organisation des Bauhandwerks, die Lohnverhältnisse, die Handwerkerwanderungen und ihr einschneidender Einfluß auf das wirtschaftliche und soziale Gefüge so mancher Talschaft sowie der Kirchenbau und seine Finanzierung bilden die Schwerpunkte des reich bebilderten Buches.

5 Franz Aubele, **Wirtschaftskunde Nord- und Osttirols.**
1957. 203 S. mit zahlreichen Tab., 1 Kartenbeilage. Brosch. € 22,–/öS 303,–/DM 43,–, Hln. € 25,–/öS 344,–/DM 48,90
Mit diesem Band liegt ein umfassendes, klar gegliedertes Nachschlagewerk zur Wirtschaft Nord- und Osttirols vor. Es behandelt ausführlich die Themenbereiche Raum und Bevölkerung, Land- und Forstwirtschaft, Industrie und Energiewirtschaft, Gewerbe, Handel, Verkehr und Fremdenverkehr, Geld-, Kredit- und Versicherungswesen sowie die Außenwirtschaft Tirols. Darüber hinaus bietet der Anhang Material zur Tiroler Zollfreizone und zur Innsbrucker Messe. Viele Tabellen erläutern und ergänzen die Ausführungen, ein Sachverzeichnis erleichtert die Benützung.

(6) Adolf Leidlmair, **Bevölkerung und Wirtschaft in Südtirol.** 1958. Vergriffen.

7 Josef Wartha, **Die Häfen der nördlichen Adria und ihre Beziehungen zur österreichischen Außenwirtschaft.**
1959. 118 S. mit 20 Abb. und zahlreichen Tab. 1 Falttaf. Brosch. € 18,–/öS 248,–/ DM 35,20
Obwohl Österreich relativ nahe am Meer liegt, ist das Land viel stärker davon abgeschnürt als die Schweiz, die durch den Rhein mit Rotterdam verbunden ist, die Tschechoslowakei als Ursprungsland der Elbe und das nach Norden und Osten hin begünstigte Ungarn. So ist Österreich in verkehrspolitischem Sinn der kontinentalste dieser vier europäischen Binnenstaaten. Für den Außenhandel ist die Sicherung, Verbesserung und Verbilligung der Zugänge zu den Seehäfen von hoher Bedeutung. Josef Wartha legt das Hauptaugenmerk auf die wechselseitigen Beziehungen der Adriahäfen und ihres österreichischen Hinterlandes, geht aber auch auf die Verkehrsbeziehungen Tirols und Vorarlbergs nach Norden ein.

8 Michael Keul, **Staatliche Gewerbepolitik in Tirol (1648–1740).**
Ein Beitrag zur Geschichte des Widerstreites zwischen merkantilistischer Idee und liberalistischer Praxis.
1960. 300 S. Brosch. € 28,–/öS 385,–/DM 54,80
Die Förderung der gewerblichen Produktion mit den Machtmitteln des absolutistischen Staates war in Tirol, dessen Wirtschaftspolitik bald nach dem Erlöschen der Tiroler Linie der Habsburger (1665) von außen geleitet wurde, kaum spürbar. Zwar wurden, wie die Stände auf dem offenen Landtag von 1691 bemerkten, „vill hailsambe verordnungen und guete dispositiones gemacht, selbige aber wenig oder nichts beobachtet und vollzogen". Am Schicksal einzelner Unternehmen und charakteristischer Projekte, so dem Achenrainer Messinghandel, dem Zillertaler Eisenhandel, der Südtiroler Seidenindustrie, den Leinwandmanufakturen und Lederfabriken, veranschaulicht Michael Keul die geringen Ergebnisse merkantilistischer Industriepolitik in Tirol.

9 Erich Egg, **Der Tiroler Geschützguss 1400–1600.**
Das Geschütz als Waffe, als frühindustrielles Erzeugnis und vor allem als Kunstwerk.
1961. 212 S. mit 13 Abb., 56 Bildtaf. mit 99 Abb. Brosch. € 28,–/öS 385,–/DM 54,80

Die zentrale Rolle Tirols in der habsburgischen Politik von Herzog Friedrich bis zum Ende des 16. Jahrhunderts ist bereits mehrfach auf ihre historischen und geographischen Bedingtheiten untersucht und in ihren Auswirkungen auf Kultur und Wirtschaft des Landes dargestellt worden. Wenn dabei auch die militärische und kriegspolitische Bedeutung Tirols wiederholt erörtert wurde, so fehlte es doch bisher an einer zusammenhängenden Darstellung des tirolischen Kriegswesens, seiner Organisation und seines technischen Apparates. Das vorliegende Buch schließt diese Lücke und führt vor Augen, wie der Tiroler Geschützguss mit Maximilian I. und der Gießerfamilie Löffler zu Weltgeltung aufstieg.

10 **Hundert Jahre Tiroler Verkehrsentwicklung 1858–1958.**

Gedenkschrift anlässlich der Eröffnung der Eisenbahn Kufstein–Innsbruck. Mit 25 Beiträgen.

1961. VIII, 372 S. mit 7 Abb. und 4 Tab., 32 Bildtaf. mit 48 Abb. Brosch. € 25,–/öS 344,–/DM 48,90, Hln. € 28,–/öS 385,–/DM 54,80

Dieses Sammelwerk bietet einen umfassenden Überblick über die Tiroler Verkehrsentwicklung zwischen 1858 und 1958, wobei Franz Egert und Franz Huter in ihren einleitenden Abhandlungen auch die topographisch-räumlichen und die historischen Grundlagen der Verkehrsbildung auf dem Boden Tirols herausstellen. Der Großteil der Beiträge ist den Verkehrsträgern gewidmet, so etwa dem Eisenbahnwesen (Josef Dultinger, Karl Innerebner, Maximilian Schantl), den Seilbahnen und Sessellifte (Robert Hanker, Ferruccio Stedile-Foradori, Karl Hölzl), dem Flugverkehr (Moritz Brenner, Hermann Egger) und dem Straßenbau (Josef Joham, Franz Kranewitter). Zwei Beiträge (Josef Fink, Werner Karolyi) befassen sich mit Fragen des Fremdenverkehrs

11 Georg Zwanowetz, **Das Straßenwesen Tirols seit der Eröffnung der Eisenbahn Innsbruck–Kufstein (1858).**

Dargestellt unter Berücksichtigung der regionalen Bahnbaugeschichte.

1986. 162 S., 32 Bildttaf. mit 46 Abb. Hln. ISBN 37030-0165-8. € 25,–/öS 344,–/DM 48,90

Nahezu jedes Vorhaben in den Bereichen Eisenbahnbau, Straßentrassierung und Fahrbahngestaltung ist heute heftig umstritten, handelt es sich dabei nun um den Ausbau der Unterinntalstrecke, die Neugestaltung der Brennerbahn, die Frage einer modernen Straßenverbindung zwischen Ulm und Mailand, den Bau eines Verschiebebahnhofes im Raum Freienfeld oder das Projekt eines Lokwechselbahnhofs Baumkirchen samt Südumfahrung von Innsbruck. Georg Zwanowetz vermittelt mit seinem Buch eine bessere Kenntnis der Tiroler Verkehrsgeschichte und betont auch die Notwendigkeit eines allgemeinen Umdenkprozesses, damit die anstehenden Verkehrsprobleme wohldurchdachten, großzügig geplanten und umweltschonenden Lösungen zugeführt werden können.

12 Georg Zwanowetz, **Die Anfänge der Tiroler Eisenbahngeschichte.**

Ein Beitrag zur Verkehrs- und Wirtschaftsgeschichte Österreichs in den Jahren 1835 bis 1859.

1962. VIII, 188 S. mit 1 Abb., 1 Kartenbeilage. Hln. € 25–/öS 344,–/DM 48,90

Tirol ist aufgrund seiner Brückenfunktion zwischen Norden und Süden seit Jahrhunderten eine entscheidende Verkehrsbedeutung zugekommen. Auf eine gerechte, dieser Bedeutung entsprechende Berücksichtigung im Eisenbahnbau musste das „Land im Gebirge" allerdings lange warten.
Georg Zwanowetz geht auf die ersten Pläne zum Bau einer Eisenbahn in Tirol (seit 1835) ein und schildert die verschiedenen Hürden, die es zu überwinden galt, ehe in den fünfziger Jahren des 19. Jahrhunderts endlich die geplanten Bahntrassen Innsbruck–Wörgl und Verona–Bozen Wirklichkeit zu werden begannen.

13 Franz Fliri, **Wetterlagenkunde von Tirol.**

Grundzüge der dynamischen Klimatologie eines alpinen Querprofils.

1962. 436 S. mit 126 Abb. und 280 Tab. und Statistiken. Brosch. € 22,–/öS 303,–/DM 43,–, Hln. € 25,–/öS 344,–/DM 48,90

Tirol ist wegen seiner Erstreckung vom nördlichen bis zum südlichen Alpenrand an der Stelle der größten Breitenausdehnung der Alpen gebirgsklimatologisch besonders anziehend. Erscheinungen des Rand- und inneralpinen Klimas sind hier wie kaum anderswo entwickelt. Die vorliegende Arbeit überschreitet die Staatsgrenze durch Tirol und bietet mit wetterlagenklimatologischen Methoden eine Gesamtschau, die die gemeinsamen und trennenden Züge der inneralpinen Landschaften nördlich und südlich des Zentralalpenkamms aufzeigt. Eingehend behandelt der Verfasser geographische Verteilung der Witterung bei den Wetterlagen, Jahresgang des Wetters, Jahreszeiten und Klimaschwankungen sowie die Niederschlagsverhältnisse in den einzelnen Gebieten.

14 CHRISTOPH JENTSCH, **Das Brunecker Becken.**
Bevölkerungs- und wirtschaftsgeographische Untersuchungen im Südtiroler Pustertal.
1962. 182 S. mit 42 Abb. und 44 Tab. Brosch. € 18,–/öS 248,–/DM 35,20, Hln. € 21,–/öS 289,–/ DM 41,10

Bevölkerungsentwicklung, Bevölkerungsverteilung und Bevölkerungsbewegung des Pustertales, das biologische Bild der Bevölkerung in der Gegenwart, die Entwicklung der italienischen Volksgruppe und die Wanderbewegungen stehen im Mittelpunkt des ersten Abschnittes dieser umfassenden Untersuchung. Der zweite Abschnitt ist der Wirtschaft und ihren Grundlagen gewidmet, insbesondere der Verteilung und Verflechtung des Grundbesitzes im Brunecker Becken, den Besitzverhältnissen der landwirtschaftlichen Betriebe, der bäuerlichen Siedlung und Flurverfassung, der Bodennutzung, Grünlandnutzung und Viehwirtschaft, der Almwirtschaft, dem Waldbestand und der Forstwirtschaft, dem Pustertaler Hof, dem Fremdenverkehr und der zentralen Bedeutung Brunecks.

15 ERICH EGG, **Die Glashütten zu Hall und Innsbruck im 16. Jahrhundert.**
1962. 100 S., 32 Bildtaf. mit 75 Abb. Brosch. € 22,–/ öS 303,–/DM 43,–, Hln. € 25,–/öS 344,–/ DM 48,90

Als Faktor im Wirtschafts- und Kulturleben spielt die Glaserzeugung in Tirol nur während eines verhältnismäßig kurzen Zeitraums eine größere Rolle: 1534 wurde die Haller Glashütte gegründet, die rund achtzig Jahre voll in Betrieb blieb, und in die Zeit zwischen 1570 und 1591 fällt die Tätigkeit der Innsbrucker Hofglashütte, die für den persönlichen Bedarf Erzherzog Ferdinands II. arbeitete. Erich Egg schildert Entstehung, Arbeitsweise, wirtschaftliche Entwicklung, Marktverhältnisse und Absatzmöglichkeiten der beiden tirolischen Glashütten und räumt der Beschreibung der erhaltenen Gläser breiten Raum ein.

16 FRANZ HUTER, **Geschichte der Sparkasse der Stadt Innsbruck.**
Das erste heimische Geldinstitut Tirols im Spiegel der politischen und wirtschaftlichen Entwicklung (1822–1958).
1962. 359 S. mit 32 Tab., 11 Tab. im Anhang, 23 Bildtaf. mit 36 Abb. Brosch. € 28,–/öS 385,–/DM 54,80, Hln. € 31,–/ öS 427,–/DM 60,60

140 Jahre Geschichte der Sparkasse der Stadt Innsbruck seit ihrer Gründung im Jahr 1822 werden in diesem Buch behandelt. Schwerpunkte der Darstellung sind, zusammenfassend gesehen, die Wandlung der Sparkasse von einer karitativen Anstalt in den Anfängen zum modernen Geldinstitut, der Einfluss der politischen Entwicklung auf das Sparkassegeschäft und der Anteil der Sparkasse an der Großstadtwerdung Innsbrucks. Der Verfasser stellt den chronologisch gegliederten Abschnitten kurze politische Charakteristiken der behandelten Zeitspanne voraus, gibt Kurzbiographien der Vorsteher und Direktoren der Anstalt und führt die Mitglieder des Sparkassevereins 1822–1960 an.

17 **Aus Wirtschaft und Gesellschaft.**
Festschrift für Universitätsprofessor DDr. Ferdinand Ulmer anläßlich der Vollendung seines 60. Lebensjahres. Besorgt von Franz Aubele. Mit 17 Beiträgen aus wissenschaftlichen und praktischen Arbeitsbereichen der Wirtschaft des alttirolischen Raumes.
1963. 292 S. mit 4 Textabb., 5 Karten und 29 Tab., 6 Bildtaf. mit 10 Abb. Brosch. € 25,–/öS 344,–/DM 48,90, Hln. € 28,–/öS 385,–/ DM 54,80

Neben Abhandlungen über allgemeine sozialwissenschaftliche Themen enthält dieser Sammelband mehrere Beiträge zur gewerblichen Wirtschaft Tirols. So behandelt Franz Egert das Tiroler Sägegewerbe, Georg Zwanowetz geht auf das einstige Hutmacherhandwerk im Puster- und Sextental ein. Mit Weinkultur und Weinwirtschaft in Tirol beschäftigen sich Nikolaus Grass und Friedrich Merzbacher. Unter der bunten Palette von Themen findet sich aber auch Hans Kinzls Beitrag über die Zillertaler in Chile, Ernest Trogers Aufsatz über die Berggemeinde Spiss und Franz Huters Untersuchung zur Glaubwürdigkeit von Reisebeschreibungen am Beispiel der Angaben August Friedrich Kotzebues über Bozen (1805).

18 Waltraud Schönthaler, **Der Fremdenverkehr der Tiroler Landeshauptstadt Innsbruck.**
Eine historisch-ökonomische und soziologische Untersuchung.
1963. 148 S. mit 23 Abb. Brosch. € 18,–/öS 248,–/DM 35,20–, Hln. € 21,–/öS 289,–/DM 41,10

Bereits im Lauf des Mittelalters ist Innsbruck aufgrund seiner Lage zu einer wichtigen Verkehrssiedlung herangewachsen. Aus dem Faktor Verkehr entwickelte sich schließlich unter dem Einfluss der geistigen und wirtschaftlichen Entwicklung der Fremdenverkehr als eine alle Lebensgebiete berührende Daseinsform. Waltraud Schönthaler zeichnet im ersten Abschnitt ihrer Untersuchung seine historische Entwicklung nach und wendet sich in den folgenden Kapiteln ausführlich dem wirtschaftlichen und sozialen Aspekt des Fremdenverkehrs zu.

19 Lois Köll, **Laaser Marmor.**
Gewinnung und Verwertung.
1964. 116 S. mit 10 Textabb. und 5 Kartenskizzen. 16 Bildtaf. mit 31 Abb., 1 Faltkarte. Brosch. € 18,–/ öS 248,–/DM 35,20, Hln. € 21,–/öS 289,–/DM 41,10

Der weiße Marmor von Laas im Vinschgau gehört zu den hochwertigsten Gesteinsvorkommen Tirols. Er eignet sich vorzüglich für Bildhauerarbeiten und ist durch eine Wetterbeständigkeit gekennzeichnet, die sogar der des bekannten Carraramarmors überlegen ist. Mit der Toskana und Griechenland zählt Südtirol gesamteuropäisch gesehen zu den bedeutendsten Fundstätten des weißen Gesteins. Lois Köll hat mit seiner Geschichte der Gewinnung und Verwertung des Laaser Marmors ein für den Wirtschaftshistoriker, den Kunsthistoriker und Tirolensienfreund aufschlussreiches Buch geschrieben.

20 Herbert Schlegel, **Die Tiroler Landes-Hypothekenanstalt.**
Werden, Wirken und wirtschaftliche Entwicklung (1865–1965).
1966. 144 S., 27 Bildtaf. mit 29 Abb. Hln. € 21,–/öS 289,–/ DM 41,10

Die ersten Ansätze zur Gründung einer Bodenkreditanstalt des Landes Tirol gehen auf das Jahr 1865 zurück. Aber es sollten noch mehr als dreißig Jahre vergehen, ehe der Tiroler Landtag die Errichtung einer Landes-Hypothekenanstalt beschloss und für alle Verbindlichkeiten dieser Anstalt die Haftung übernehmen wollte. Und erst 1901, also nach der Jahrhundertwende, konnte die Landes-Hypothekenanstalt ihre Tätigkeit aufnehmen. Der Verfasser schildert den mühsamen Weg bis zur Gründung der Anstalt, ihre ersten Erfolge, ihre Schwierigkeiten in den wirtschaftlichen Krisenjahren der Kriegs- und Zwischenkriegszeit und ihren steilen Aufstieg seit dem Ende des Zweiten Weltkrieges.

(21) Wilhelm Lutz, **Gröden.** Landschaft, Siedlung und Wirtschaft eines Dolomitenhochtales. 1966. Vergriffen.

(22) Josef Ringler, **Tiroler Hafnerkunst.** 1965. Vergriffen.

23 Ernst Attlmayr, **Tiroler Pioniere der Technik.**
35 Lebensbilder.
1968. 100 S., 16 Bildtaf. mit 37 Abb. Hln. € 22,–/öS 303,–/DM 43,–

Nicht nur auf kulturellem Gebiet, auch auf dem der Technik hat Tirol viele bedeutende Leistungen aufzuweisen. Dieses Buch stellt Leben und Werk von 35 Persönlichkeiten aus drei Jahrhunderten vor, die daran Anteil haben: Peter Anich, Josef Duile, Jakob Eisendle, Albert Gasteiger, Anton Geppert, Johann Graßmayr, Alois und Hanns Hörbiger, Blasius Hueber, Karl Innerebner, Hugo Kager, Johann Martin Kink, Franz Kink, Martin Kink, Anton Kirchebner, Alois Kraft, Johann und Josef Kravogl, Robert Lechleitner, Josef Lener, Leonhard Liebener, Hermann Lindner, Josef Madersperger, Johann Josef Menz, Peter Mitterhofer, Alois Negrelli, Otto Nußbaumer, Norbert Pfretzschner, Christian Reithmann, Josef Riehl, Peter Singer, Simon Stampfer, Christian Tschuggmall, Max Valier, Georg Mattäus Vischer und Luis Zuegg.

24 Adelheid Heuberger-Hardorp, **Volkstumsprobleme im Sprachgrenzgebiet des Bozner Unterlandes.**
1969. 205 S. mit 24 Abb. und 33 Tab., 1 Falttaf., 3 Kartenbeilagen. Hln. € 25,–/öS 344,–/DM 48,90

Im Gegensatz zu den übrigen ländlichen Gebieten Südtirols ist im Sprachgrenzgebiet des Unterlandes die italienische Zuwanderung eine sehr alte Erscheinung. Dennoch hat auch hier die Südtiroler Umsiedlung das Bevölkerungsverhältnis durch den verstärkten Anstieg der Zuwanderer aus dem Süden entscheidend verändert. Und auch in der Nachkriegszeit kamen noch viele Italiener ins Unterland, rund die Hälfte der 1956–1958 gemeldeten Zuwanderer. Ihren Altersaufbau, ihr Geschlechterverhältnis und ihr Verhältnis zu den ortsansässigen Italienern untersucht der erste Abschnitt dieser Arbeit. Der zweite geht auf die Familiennamen des Unterlandes als Spiegel der Sprachgrenzverhältnisse ein, auf ihren Aussagewert hinsichtlich der Volksgruppenzugehörigkeit und in bezug auf frühere Wanderbewegungen.

25 Franz Huter, **Herzog Rudolf der Stifter und die Tiroler Städte.**
Festgabe der gewerblichen Wirtschaft Tirols zum 600-Jahr-Jubiläum der Vereinigung Tirols mit Österreich.
1971. 82 S. Hln. und Mappe mit 20 Faksimiletafeln auf 11 Blättern (32x43 cm) und Begleitheft (Urkundentexte, zugleich Transkription der Tafeln. 32 S.) € 28,–/öS 385,–/DM 54,80

Die Erwerbung Tirols im Jahr 1363 gelang Rudolf IV. nicht zuletzt dank der Hilfe der Tiroler Städte, zumal die anderen Stände, mit Ausnahme der Bauern, dem als sehr energisch geltenden Habsburgerherzog eher kritisch gegenüberstanden. Die Städte unterstützten Rudolf erfolgreich gegen seine Konkurrenten im Kampf um Tirol, die Wittelsbacher und die mit ihnen verbündeten Tiroler Adeligen. Nicht weniger als 27 Urkunden des Herzogs für Bozen, Meran, Sterzing, Hall und Innsbruck sind erhalten. Das vorliegende Buch macht sie in einer Faksimile-Ausgabe (mit Transkription) zugänglich und führt so hinein in die Wünsche und Probleme der Zentren gewerblicher Wirtschaft im Spätmittelalter und die gezielten fürstlichen Maßnahmen zur Stärkung städtischer Macht.

26 **Neue Beiträge zur geschichtlichen Landeskunde Tirols.**
Festschrift für Universitätsprofessor Dr. Franz Huter anläßlich der Vollendung seines 70. Lebensjahres. Hg. und redig. von Ernest Troger und Georg Zwanowetz. 2 Bde.
1969. Zus. XVI, 522 S. mit 7 Abb., 4 Karten und 36 Tab. 16 Bildtaf. mit 24 Abb., 9 Kartenbeilagen. Hln. € 42,–/öS 578,–/DM 82,10

Die dreißig Beiträge dieses Doppelbandes berühren Themen der Wirtschaftsgeschichte im weitesten Sinn sowie der Orts- und Flurnamenforschung ebenso wie Verwaltung und Recht, Kunst, Kultur und Geographie. Die Autoren: Hanns Bachmann, Fridolin Dörrer, Erich Egg, Karl Finsterwalder, Franz Fliri, Oswald Gschließer, Herbert Hassinger, Franz-Heinz Hye, Karl Ilg, Hans Kinzl, Harrosor Dr. Franz Huter anläßlich der Heinz Kühnelt, Adolf Leidlmair, Osmund Menghin, Friedrich Metz, Georg Mutschlechner, Wilhelm Neumann, Gerhard Oberkofler, Karl Pivec, Johann Rainer, Franz Hieronymus Riedl, Leo Santifaller, Josef Schramm, Fritz Steinegger, Oswald Trapp, Ferdinand Tremel, Ernest Troger, Adam Wandruszka, Hermann Wiesflecker, Karl Wolfsgruber, Marianne Zörner und Georg Zwanowetz.

27 Hugo Penz, **Das Wipptal.**
Bevölkerung, Siedlung und Wirtschaft der Paßlandschaft am Brenner.
1972. 252 S. mit 45 Abb. und 1 Karte. Hln. € 28,–/öS 385,–/DM 54,80

Mit der Errichtung der Brennergrenze wurde eine Landschaft zweigeteilt, die bis zum Ersten Weltkrieg eine einheitliche Entwicklung aufgewiesen hatte. Seither ist das Wipptal durch die Grenzziehung geprägt. Im Süden hat sich das Bevölkerungsbild, bedingt durch die italienische Zuwanderung seit den zwanziger Jahren, entscheidend verändert. Die zuvor häufigen Heiraten über den Alpenhauptkamm gingen stark zurück, während die Zahl der Mischehen kräftig zunahm. Aber auch in anderen Bereichen, etwa der Land- und Forstwirtschaft, nahm das geteilte Tal eine unterschiedliche Entwicklung. Penz zeigt Gemeinsamkeiten und Unterschiede einer Talschaft auf, deren Entwicklung seit jeher durch ihre Brückenfunktion zwischen Norden und Süden geprägt war.

28 Maria Schmeiss-Kubat, **Das äußere Silltal.**
Landschaft, Siedlung, Bevölkerung und Wirtschaft der Gemeinden Igls, Vill, Patsch, Natters, Mutters und Kreith.
1973. 129 S. mit 24 Abb. und 12 Tab. 4 Bildtaf. mit 8 Abb., 19 Karten im Anhang. Hln. € 25,–/öS 344,–/DM 48,90

Die Entwicklung der Gemeinden am Ausgang des Silltals wird vor allem durch ihre Stadtnähe und den Fremdenverkehr geprägt. In den ehemaligen Bauerndörfern haben die räumliche Nähe zur Großstadt und die günstige Verkehrssituation einen auffallenden Strukturwandel bewirkt. Die Einwohnerzahlen steigen, das Ortsbild verändert sich durch neue Ortsteile, die getrennt vom alten bäuerlichen Zentrum entstehen. Die sozialen und kulturellen Faktoren der Stadtnähe gleichen das Orts- und Bevölkerungsbild einiger Orte bereits dem eines Stadtteils an. Eingehend behandelt die Verfasserin Siedlung, Bevölkerung und Wirtschaft des äußeren Silltals, seine Möglichkeiten und die wachsenden Probleme, die sich ihm stellen.

(29) Josef Ringler, **Die barocke Tafelmalerei in Tirol.** Vergriffen.

30 Peter Anich und Blasius Hueber, **Atlas Tyrolensis 1774.**
1:103.800. Faksimiledruck nach einer Originalausgabe im Besitz des Tiroler Landesarchivs, Innsbruck. Herausgegeben und mit einem Begleitwort versehen von Hans Kinzl.
1974. 23 Blätter (48x64 cm) in Umschlagmappe.
ISBN 3-7030-0023-6. € 62,–/öS 853,–/DM 121,30

Zum ersten Mal erscheint der „Anich-Atlas", das bedeutendste Werk der österreichischen Kartographie vor dem 19. Jahrhundert, im Faksimiledruck. Peter Anich und Blasius Hueber haben in vielen Bereichen der topographischen Aufnahme und der kartographischen Darstellung Pionierarbeit geleistet. Ihre Karte wies als erste das Gelände zwischen den Talzügen nicht mehr als kartographisches Niemandsland aus, sie zeigte erstmals die Vergletscherung eines großen Alpenbereichs mit einer Signatur, in almgeographischer Hinsicht war sie durch die Ausweisung von 1676 Almen Tirols einzigartig, und als erste Verkehrskarte des Landes enthielt sie alle Straßen und Saumwege. Der „Atlas Tyrolensis" mit seinen über 50 Signaturen gilt als Meisterwerk der Kartographie und der Landeskunde Tirols.

31 Valerie Müller, **Karl Theodor von Inama Sternegg.**
Ein Leben für Staat und Wissenschaft. Mit einem Exkurs von Hanns Inama Sternegg: Karl Theodor von Inama-Sternegg im Lichte seiner Briefe.
1976. 112 S., 1 Bildtaf. Hln. ISBN 3-7030-0027-9. € 22,–/ öS 303,–/DM 43,–

Er schrieb die erste deutsche Wirtschaftsgeschichte und hatte an den Fortschritten der administrativen Statistik Altösterreichs bedeutenden Anteil. Karl Theodor von Inama-Sternegg, einem in Bayern ansässigen Zweig der alten Tiroler Familie entstammend, begann seine Laufbahn mit dem Studium der Staatswirtschaft in München, wo er 1865 zum Doktor promoviert wurde und sich zwei Jahre darauf für Nationalökonomie und Verwaltungslehre habilitierte. Von München führte ihn sein Weg an die Universitäten Innsbruck und Prag und von dort an die Spitze der Statistischen Zentralkommission nach Wien. Seine wissenschaftliche Tätigkeit, sein Wirken als Mitglied des Herrenhauses und als praktischer Sozialpolitiker und sein privates Leben beleuchtet dieses Buch.

32 Hans Kinzl (Hg.), **Peter Anich (1723–1766).**
Der erste „Bauernkartograph" von Tirol. Beiträge zur Kenntnis seines Lebenswerkes.
1976. 344 S., 31 Bildtaf. mit 34 Abb. Hln. ISBN 3-7030-0040-6. € 50,–/öS 688,–/DM 97,80

Der Tiroler Bauernkartograph Peter Anich steht im Mittelpunkt dieses Sammelbandes, in dem unter Ausschöpfung aller vorhandenen geschichtlichen Quellen die Entstehung der Hauptwerke des Oberperfußers untersucht und dargestellt wird. Die Forschungsbeiträge von Franz Heinz Hye, Hans Kinzl, Karl Finsterwalder, Josef Fuchs und Harro Heinz Kühnelt beziehen sich auf Geschichte und Inhalt des Atlas Tyrolensis, aber auch auf die Entstehung der großen Globen und der Sonnenuhren Anichs. Alle wesentlichen Angaben über sein und Wirken schildert der von Robert Büchner aus dem Lateinischen übersetzte Nachruf des Anich-Förderers Ignaz von Weinhart.

33 **Erzeugung, Verkehr und Handel in der Geschichte der Alpenländer.**
Festschrift für Univ. Prof. Dr. Herbert Hassinger anläßlich der Vollendung des 65. Lebensjahres. Hg. von FRANZ HUTER und GEORG ZWANOWETZ.
1977. 475 S. mit 17 Abb., 9 Bildtaf. Hln. ISBN 3-7030-0041-4. € 62,–/öS 853,–/DM 121,30

Neben fünfzehn österreichischen Historikern haben zehn namhafte Experten aus Belgien, der Bundesrepublik Deutschland, Frankreich, Italien und der Schweiz Beiträge zu diesem Festband geliefert. Innerhalb des vorgegebenen thematischen Rahmens findet sich daher eine bunte Themenvielfalt. Die Namen der Verfasser: Fulvio Babudieri, Jean-Francois Bergier, Friedrich Blendinger, Ingomar Bog, Philippe Braunstein, Alois Brusatti, Karl Dinklage, Erich Egg, Susanne Gramulla, Franz Huter, Franz-Heinz Hye, Hermann Kellenbenz, Franz Klein-Bruckschwaiger, Hans Kramer, Franz Mathis, Michael Mitterauer, Heinz Moser, Gustav Otruba, Othmar Pickl, Johann Rainer, Ugo Tucci, Charles Verlinden, Marianne Zörner, Wolfgang Zorn und Georg Zwanowetz.

34 OTTO UHLIG, **Die Schwabenkinder aus Tirol und Vorarlberg.**
3. Aufl. 1998. 383 S., 40 Bildtaf. mit 65 Abb., 1 Faltkarte. Hln. ISBN 3-7030-0320-0. € 35,–/öS 482,–/ DM 68,50

Im 19. Jahrhundert wanderten alljährlich Hunderte von Kindern aus Tirol und Vorarlberg zur Arbeit bei oberschwäbischen Bauern – im Märzschnee hin, im Herbst in ihre Heimatorte zurück. Auf dem Kindermarkt in Ravensburg und Friedrichshafen boten sich die kleinen Saisonarbeiter im Frühjahr den Bauern zum Kauf an. Erst 1914 ging die jahrhundertelange Kinderwanderung, die für die Tiroler und Vorarlberger Bevölkerung lebenswichtig gewesen war und dem schwäbischen Raum willkommene Arbeitskräfte beschert hatte, zu Ende. Otto Uhlig hat aus vielen österreichischen und deutschen Archiven Dokumente dieser „Schwabenwanderung“ zusammengetragen und das Schicksal der Kinder zeitlich und räumlich umfassend dargestellt.

35 NIKOLAUS GRASS UND HERMANN HOLZMANN. **Geschichte des Tiroler Metzgerhandwerks und der Fleischversorgung des Landes.**
1982. 408 S. mit 17 Textabb. 16 Bildtaf. mit 32 Abb. Hln. ISBN 3-7030-0085-6. € 39,–/öS 537,–/DM 76,30

Dem Metzgerhandwerk, das mit den Bäckern und Gastwirten zu den ältesten Gewerben zählt, wandte die Lebensmittelpolizei aus sanitätspolizeilichen wie aus fiskalischen Gründen schon früh ihre Aufmerksamkeit zu. Seit dem 13. Jahrhundert wurden Fleischbänke seitens der Landesfürsten oder sonstiger Obrigkeiten an Metzger gegen Zins verliehen, oft nur für die Dauer eines Jahres, worauf erst bei Bewährung eine Wiederverleihung erfolgte. Die Tätigkeit der „Fleischhacker“ war durch strenge Vorschriften, behördliche Fleischbeschau und zahlreiche Höchstpreisverordnungen normiert. Der vorliegenden fundierten Untersuchung ist mit den zahlreichen Abbildungen, Urkunden und Ordnungen des Metzgerhandwerks, die sich weit über ein halbes Jahrtausend erstrecken, eine einmalige historische Dokumentensammlung beigegeben.

36 Erich Egg, **Das Handwerk der Uhr- und Büchsenmacher in Tirol.**
1982. 318 S. mit 164 Abb. Hln. ISBN 3-7030-0111-9. € 28,–/öS 385,–/DM 54,80

Mit dieser reich bebilderten Untersuchung gibt der Verfasser erstmals einen Überblick über zwei Handwerkszweige der Feinmechanik, deren Produkte heute wegen ihrer Technik und ihrer künstlerischen Gestaltung bei Sammlern und Museen sehr gesucht sind: Die Uhrmacherkunst des 16. Jahrhunderts in Innsbruck gehörte zu den bedeutendsten Erscheinungen im deutschen Raum; sie erlebte im 18. Jahrhundert noch einmal eine Nachblüte, ehe sich das Handwerk im 19. Jahrhundert, von den Fabrikserzeugnissen bedrängt, auf Reparaturen und den Handel beschränken mußte. Büchsenmacher gab es ebenfalls seit dem 16. Jahrhundert; sie konzentrierten sich in der Folgezeit auf die Erzeugung der berühmten Tiroler Stutzen, wobei einzelne Meister wesentlichen Anteil an der Entwicklung der Handfeuerwaffen überhaupt hatten.

37 Hugo Penz, **Das Trentino.**
Entwicklung und räumliche Differenzierung der Bevölkerung und Wirtschaft Welschtirols.
1984. 379 S. mit 30 Abb. und 95 Tab. Hln. ISBN 3-7030-0142-9. € 35,–/öS 482,–/DM 68,50

Erst spät wurde der italienische Landesteil Alttirols, das Trentino, vom wirtschaftlichen und sozialen Umbruch erfasst: Die moderne Industrialisierungswelle erreichte das Gebiet erst nach 1960. Ergänzt durch eine Vielzahl informativer Tabellen und Abbildungen zeichnet die Untersuchung von Hugo Penz die wirtschafts- und bevölkerungsgeographische Entwicklung eines einstmals armen und übervölkerten Landes nach, hinter dessen jüngstem Wirtschaftsaufschwung Strukturmängel deutlich zutage treten: die ungünstige Agrarstruktur, der geringe technologische Stand der Industrie und mangelnde Fremdenverkehrsinvestitionen.

38 Marina Demetz, **Hausierhandel, Hausindustrie und Kunstgewerbe im Grödental.**
Vom 18. bis zum beginnenden 20. Jahrhundert.
1987. 247 S., 16 Bildtaf. mit 45 Abb. Hln. ISBN 3-7030-0186-0. € 28,–/öS 385,–/DM 54,80

Seit dem 17. Jahrhundert entwickelte sich in Gröden aus einem typisch ländlichen Gewerbe, wie die Holzbearbeitung es war, eine Hausindustrie, deren Ausmaße dem gesamten Tal ein eigenes Gepräge gaben. Vielen Familien bot die Herstellung von Spielzeug und Kleinschnitzereien eine lebensnotwendige Zusatzbeschäftigung neben der Landwirtschaft. Das hatte zur Folge, dass im Grödental wesentlich weniger Menschen als in den Nachbartälern aus wirtschaftlichen Gründen zur Abwanderung gezwungen waren. Andererseits verlangten die gleichzeitig betriebene landwirtschaftliche Arbeit und die hausindustrielle Tätigkeit dem Heimarbeiter vielfach zwölf bis vierzehn Arbeitsstunden täglich ab und sicherten ihm doch gerade nur das wirtschaftliche Überleben. Marina Demetz hat mit der vorliegenden Untersuchung die erste umfassende Darstellung der Grödner Hausindustrie vom 18. bis zum beginnenden 20. Jahrhundert vorgelegt.

39 Maria Luise Campei-Klapfer, **Die Schwazer Majolika- und Steingutfabrik 1802–1938.**
1989. 223 S. und 24 Bildtaf. mit 50 meist farb. Abb. Hln.
ISBN 3-7030-0203-4. € 28,–/öS 385,–/DM 54,80

Es war ein englischer Techniker, der auf der Suche nach Lagern von Kobalt-Erzen 1801 die Gegend von Schwaz bereiste und oberhalb von Maurach ein Tonerdelager entdeckte. Ein Jahr darauf hatte Schwaz seine Steingutfabrik – gegründet von einem Schwazer, in dessen Familie man das Töpferhandwerk seit Generationen betrieb: Johann Albaneder begann mit fünf Arbeitern; in der Blütezeit des Unternehmens unter der Familie Hussl sollten es fast fünfzehnmal soviele sein. Von Eisenstadt bis nach Vorarlberg und ins Venezianische wurden Steingut und (seit 1882) Majoliken aus Schwaz geliefert. Dieses Buch befasst sich mit der Arbeiterschaft, der Leitung und der Produktion der Fabrik und wendet dem kunstgewerblichen Aspekt besonderes Augenmerk zu.

40 Adolf Lässer, **100 Jahre Fremdenverkehr in Tirol.**
Die Geschichte einer Organisation.
1989. 441 S. und 12 Bildtaf. mit 27 Abb. Hln. ISBN 3-7030-0204-2.
€ 35,–/öS 482,–/DM 68,50

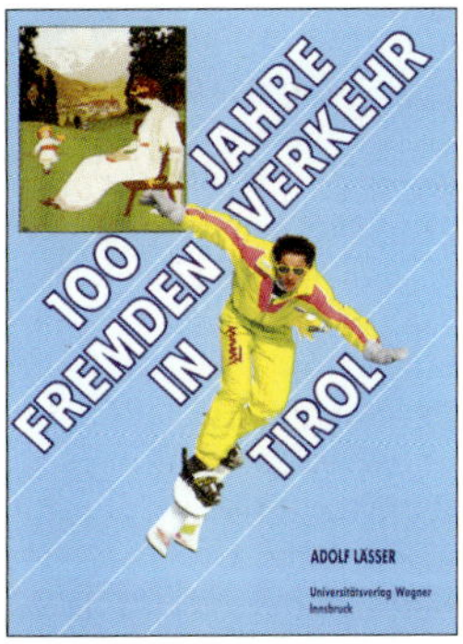


Am 20. Jänner 1889 wurde in Brixen von 94 Verschönerungsvereins-Delegierten die Gründung des „Deutsch-Süd- und Osttiroler Fremdenverkehrsvereines" beschlossen. Wenige Monate später kam es in Innsbruck zur Gründung des „Vereins zur Hebung des Fremdenverkehrs in Nordtirol". Bereits 1890 schlossen sich die beiden Tiroler Regionalverbände zum „Landesverband der vereinigten Kur- und Fremdenverkehrsvereine in Tirol" zusammen, und zwanzig Jahre später wurde vom Tiroler Landtag das erste Landesfremdenverkehrsgesetz der ganzen Monarchie beschlossen. Nach diesem Gesetz fiel der Fremdenverkehr in die Kompetenz der Länder, und das ist bis heute so geblieben.
Adolf Lässer bietet mit seinem Werk erstmals eine zusammenfassende Darstellung des organisierten Fremdenverkehrs in Tirol von seinen Anfängen – die noch Gesamttirol erfassen – bis herauf in die Gegenwart und führt die bedeutendsten Marksteine auf diesem Weg im Originaltext an.

41 Klaus Lugger, **Die gemeinnützige Wohnungswirtschaft in Tirol.**
1989. 162 S., 24 Bildtaf. mit 36 Abb. Hln. ISBN 3-7030-0208-5.
€ 28,–/öS 385,–/DM 54,80

Über 40.000 Miet- und Eigentumswohnungen, Ein- und Zweifamilien- bzw. Reihenhäuser hat die gemeinnützige Wohnungswirtschaft in Tirol errichtet, jede fünfte Wohnung wurde also von einer „Gemeinnützigen" gebaut. Der Gründung des ersten gemeinnützigen Bauträgers in Tirol, der „Baugenossenschaft für Bedienstete der k. k. Österreichischen Staatsbahnen, reg. Gen.m.b.H." 1898 in Landeck folgten in Tirol 46 weitere gemeinnützige Baugenossenschaften und 18 Kapitalgesellschaften. Klaus Luggers Bestandsaufnahme umfasst neben den 15 noch bestehenden Gesellschaften bzw. Genossenschaften alle gemeinnützigen Bauträger, die in Tirol gebaut haben, bietet eine chronologische Auflistung aller geförderten Wohnungen in Tirol seit 1908, eine Aufstellung aller Wohnhäuser gemeinnütziger Bauträger bis 1938 sowie Grafiken und Tabellen über die zahlenmäßige Entwicklung der Bauträger und deren Bau- und Hausverwaltungsbestand.

42 Josef Nussbaumer, **Sozial- und Wirtschaftsgeschichte Tirols 1945–1985.**

Ausgewählte Aspekte.

1992. 231 S. mit 67 Graphiken und 85 Tab. im Text. Hln.

ISBN 3-7030-0237-9. € 28,–/öS 385,–/DM 54,80

Wußten Sie, dass seit Ende des Zweiten Weltkrieges die Landwirtschaft in manchen Gebieten Tirols um über 90 % zurückging?

- dass infolge der enormen Zunahme des Fremdenverkehrs zum Beispiel die Anzahl der Seilbahnen, Schlepp- und Sessellifte von 19 im Jahr 1948 auf 1216 im Jahr 1985 anstieg?
- dass es in Innsbruck in den vierziger Jahren (1946/47) noch 1500 Pferde, Ochsen und Arbeitskühe, aber nicht einmal 20 Zugmaschinen und Traktoren gab?
- dass man noch Ende der fünfziger Jahre einen „unabsehbaren Schaden" für das Land befürchtete, wenn der Transitverkehr nicht durch Tirol rolle?
- dass 1980 allein die Übertragungsverluste an elektrischer Energie in Tirol höher waren als der Gesamtstromverbrauch des Jahres 1947?

Dieses Buch veranschaulicht die gewaltigen wirtschaftlichen und sozialen Veränderungen in Tirol seit 1945.

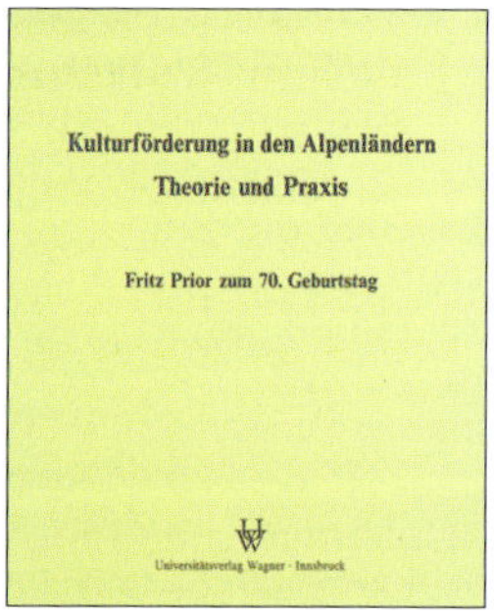


43 **Kulturförderung in den Alpenländern. Theorie und Praxis.**

Fritz Prior zum 70. Geburtstag. Hg. von Clemens-August Andreae und Christian Smekal unter Mitarbeit von Ilse Andreae in Zusammenarbeit mit der Kulturabteilung der Tiroler Landesregierung.

1992. 430 S., 17 Taf. mit 30 Abb. Hln. ISBN 3-7030-0249-2. € 48,–/öS 660,–/DM 93,90

Dieser dem Tiroler Landeskulturreferenten der Jahre 1965–1989 Fritz Prior gewidmete Band befasst sich in einem ersten Teil mit den wissenschaftlichen Grundlagen der Kulturförderung. Der zweite Abschnitt geht dann detailliert auf die Praxis der Kulturförderung ein. Zunächst nehmen Verantwortliche der Kulturabteilungen aller österreichischen Bundesländer, Südtirols und Bayerns dazu Stellung. Dann wird die Kulturförderung durch den Bund aus der Sicht des Finanzministers und der Bundesministerien für Unterricht und Kunst, für Wissenschaft und Forschung und für Auswärtige Angelegenheiten dargelegt. Zuletzt nehmen u. a. die Direktoren verschiedener Bankinstitute, der Tiroler Handels- und Gewerbekammer und der Arbeiterkammer zur Kulturförderung durch Wirtschaft und Gesellschaft Stellung.

44 Roman Spiss, **Saisonwanderer, Schwabenkinder und Landfahrer.**

Die „gute alte Zeit" im Stanzertal.

1993. 256 S. mit 28 Abb., 5 Karten, 3 Taf. Hln.

ISBN 3-7030-0253-0. € 28,–/öS 385,–/DM 54,80

Sie waren vor allem Maurer und Steinmetzen, Zimmerleute und Stuckateure oder Architekten und Baumeister wie Jakob Prandtauer, der Schöpfer des Stiftes Melk und wohl berühmteste Sohn des Tales: Tausende von Stanzertalern haben von der zweiten Hälfte des 17. Jahrhunderts bis 1914 aus wirtschaftlichen Gründen zeitweise oder für immer ihre Heimat verlassen. Aus welchen Orten des Tales kamen diese Menschen, wo fanden sie Arbeit? Wieviele Stanzertaler Buben mußten Sommer für Sommer als „Schwabenkinder" in die Fremde ziehen? Und was berichten die Quellen über die Ärmsten, die „Jenischen", „Karrner" oder „Dörcher", von denen einige Familien im Stanzertal das „Heimatrecht" besaßen? Dieses Buch geht den Schicksalen dieser Menschen nach, ortet die Ursachen und die Folgen der zeitweisen oder permanenten Abwanderung. Das alphabetische Verzeichnis von über zweitausend Namen, vielfach ergänzt durch Lebensdaten, familiäre und berufliche Angaben, führt zahlreiche Stanzertaler auf, die zeitweilig oder länger in der Fremde lebten.

45 MICHAEL MANINFIOR, **Die Wasserversorgungswirtschaft von Innsbruck und Hall in Tirol.**

Entwicklungs- und Strukturanalyse, Zukunftsperspektiven und -erfordernisse sowie ökonomische und ökologische Beurteilung.

1993. 148 S., 32 Bildtaf. Hln. ISBN 3-7030-0260-3. € 28,–/öS 385,–/DM 54,80

Innsbruck und Hall in Tirol werden von vielen anderen Städten um ihr einmaliges, naturgegebenes Trinkwasservorkommen beneidet. Die Natur stellt der Bevölkerung vor den Toren der Stadt tief im Berginnern das ideale Trinkwasser zur Verfügung. Trotzdem galt es in den letzten Jahrzehnten, der stürmischen Entwicklung der Siedlungserweiterungen und den gesteigerten sanitären Ansprüchen durch einen entsprechenden Ausbau der Wasserversorgungsanlagen zu begegnen. Dieses Buch dokumentiert die Entwicklung der Trinkwasserversorgung von Innsbruck und Hall in der Vergangenheit, geht detailliert auf den gegenwärtigen Stand ein und befasst sich mit den Bedarfsprognosen und Zukunftsaussichten in den nächsten Jahrzehnten.

46 HERMANN WOPFNER, **Entstehung und Wesen des tirolischen Volkstums. Bäuerliche Siedlung und Wirtschaft.**

Unveränderter Abdruck aus: Tirol. Land und Natur, Volk und Geschichte, Geistiges Leben. Hg. vom Hauptausschuss des Deutschen und Österreichischen Alpenvereins, Verlag F. Bruckmann AG, München 1933, 139–304. Mit einem Vorwort von *Adolf Leidlmair.*

1994. XVIII, 172 S., 22 Bildtaf. mit 79 Abb. Hln.
ISBN 3-7030-0265-4. € 28,–/öS 385,–/DM 54,80

Diese Volkskunde Tirols hält die bäuerliche Welt fest, die das Land an Inn und Etsch bis um die Mitte des 20. Jahrhunderts prägte: das vielfältige religiöse und weltliche Brauchtum, Verschiedenheiten in Tracht und Kost sowie spezielle Eigenschaften und Fertigkeiten der Menschen in den Tiroler Tälern, aber auch siedlungsgeschichtliche Besonderheiten, Hausformen und Grundstücksgrößen sowie den bäuerlichen Arbeitsalltag im Stall, auf dem Feld, in Wald und Wiese. Hermann Wopfner hat jahrzehntelang planmäßig die Tiroler Täler durchwandert und das Leben der einheimischen Bevölkerung in Wort und Bild festgehalten. Seine volkskundlichen Forschungen sind keineswegs nur für den Volkskundler und Historiker, sondern für jeden heimatkundlich Interessierten ein bunter, lebendiger Einblick ins Volksleben zu Beginn des 20. Jahrhunderts.

47–49 HERMANN WOPFNER, **Bergbauernbuch. Von Arbeit und Leben des Tiroler Bergbauern.**

In drei Bänden hg. von NIKOLAUS GRASS unter Mitarbeit von DIETRICH THALER.

Das Tiroler Bergbauernbuch gilt als Hauptwerk Hermann Wopfners, obwohl es zu seinen Lebzeiten nur zum Teil publiziert worden ist. Die 1951–1960 erstmals erschienenen ersten drei Lieferungen wurden nun als Band 1 neu aufgelegt. Die bisher unveröffentlichten Teile der umfangreichen Arbeit werden in den Bänden 2 und 3 herausgegeben. Damit liegt das Standardwerk zur Geschichte des Tiroler Bergbauerntums komplett vor!

**Band 1: Siedlungs- und Bevölkerungsgeschichte.**
I. Hauptstück: Wie der Tiroler Bauer seine Heimat gewonnen hat – II. Von Teilung der Güter und Übervölkerung – III. Von der Freiheit des Tiroler Bauern und ihren Grundlagen.
1995. Neudruck der 1951–1960 erschienenen ersten drei Lieferungen, XXIV, 739 S., 40 Bildtaf. mit 107 Abb. ISBN 3-7030-0275-1. € 57,–/öS 784,–/DM 111,50

**Band 2: Kultur, Gemeinwesen und Niedergang.**
IV. Volkstum und bäuerliche Kultur – V. Von der „Gemain" und der Gemeinde – VI. Vom Niedergang des Bergbauerntums.
1995. VI, 502 S. 32 Bildtaf. mit 63 Abb. ISBN 3-7030-0276-X. € 57,–/öS 784,–/DM 111,50

**Band 3: Wirtschaftliches Leben.** VII. Wirtschaftsführung und wirtschaftliches Denken des Bauern im Laufe der Jahrhunderte (wirtschaftsgeschichtliche Übersicht) – VIII. Vom Ackerbau in alter und neuer Zeit – IX. Von Viehzucht und Milchwirtschaft in alter und neuer Zeit – X. Von Heimweide und Wiese – XI. Von der Almwirtschaft – XII. Wald und Bergbauer.
1997. XII, 724 S., 44 Bildtaf. mit 87 Abb. ISBN 3-7030-0277-8. € 57,–/öS 784,–/DM 111,50

50 **Die Tiroler Wirtschaft auf der Schwelle zum 21. Jahrhundert.**
150 Jahre Wirtschaftskammer Tirol. Herausgegeben von Adolf Leidlmair, Werner Plunger und Christian Smekal.
2001. 548 S. mit zahlreich Abb. und Tab., 16 farbige Bildtaf., 1 Faltkarte. Ln. ISBN 3-7030-0354. € 42,–/öS 578,–/DM 82,10

Am 13. Jänner 1851 fand die konstituierende Versammlung der Innsbrucker Handels- und Gewerbekammer statt. Anlässlich der 100-Jahr-Feier der Handelskammer 1951 wurde der Beschluss zur Förderung der Drucklegung wissenschaftlicher Arbeiten über den Tiroler Raum gefasst: Damit war das Fundament für die Reihe der „Tiroler Wirtschaftsstudien" gelegt, als deren 50. Band die Festschrift „150 Jahre Wirtschaftskammer Tirol" vorliegt. Sie will nicht nur eine Dokumentation historischer und zeitgeschichtlicher Entwicklungen bieten, sondern auch Visionen für die Zukunft Tirols vorstellen. Die Beiträge der 27 Autoren spiegeln die Dynamik und Vielschichtigkeit der Wirtschaftsentwicklung des Landes wider, beleuchten aber auch das breite Spektrum wirtschafts-, gesellschafts- und kulturpolitischer Aufgaben, das heute von der Tiroler Wirtschaftkammer wahrgenommen wird.

51 Veronika Eberharter, **Regionale Aspekte des Bildermarktes.**
Eine ökonomische Analyse anhand der Werke Bildender Künstler in Nord- und Südtirol.
1996. 120 S. mit 14 Abb. und 22 Tabellen. Hln.
ISBN 3-7030-0303-0. € 28,–/öS 385,–/DM 54,80

Die für den Kunstinteressenten relevanten regionalen Tendenzen des Bildermarktes werden in den wenigsten ökonomischen Analysen berücksichtigt. Im Mittelpunkt des ersten Teiles dieses Buches steht daher die empirische Untersuchung der Marktposition sowie der Möglichkeit von Arbitragevorteilen für druckgraphische Werke einer regionalen Künstlerschaft – Nord- und Südtiroler Künstler des 19. und 20. Jahrhunderts – auf dem deutschen und schweizerischen Auktionsmarkt.
Der zweite Abschnitt befasst sich anhand einer geeigneten Datenbasis mit den theoretisch-statistischen Grundlagen sowie mit der empirischen Tragfähigkeit der wichtigsten in der Literatur verwendeten Berechnungsmethoden zur Preis- und Renditeentwicklung von Kunstwerken.

52 ERICH EGG, **Das Handwerk der Tiroler Zinngießer.**
1998. 240 S. mit 138 Abb. und 104 Zinngießer-Marken. Hln.
ISBN 3-7030-0318-9. € 29,–/öS 399,–/DM 56,70

In der zweiten Hälfte des 14. Jahrhunderts wurden die ersten Zinngießer in den größeren Städten Tirols ansässig. Der Kampf um einen Platz als Meister war aufgrund der starken Konkurrenz nicht immer leicht; so mancher Anwärter erreichte sein Ziel aber über die Heirat einer Meisterwitwe oder Meistertochter. Im 18. Jahrhundert verdrängten Glas, Fayence und Porzellan das Zinngeschirr Zug um Zug. Die schönsten erhaltenen gebliebenen Exponate aus Tiroler Museums- und Privatbesitz werden im vorliegenden Buch vorgestellt. Da die Meister die Ess- und Trinkgefäße mit ihren Marken versehen mussten, um eine genaue Kontrolle der Gesundheitsverträglichkeit der verwendeten Metallmischungen zu ermöglichen, bieten sich der Forschung ausgezeichnete Möglichkeiten zur Zuordnung der Werke.

53 NIKOLAUS G. KOGLER, **Zwischen Freiheit und Knebelung.**
Die Tagespresse Tirols von 1914 bis 1947.
2000. 436 S. mit 10 Graphiken und 4 Tabellen. Hln.
ISBN 3-7030-0346-4. € 57,–/öS 784,–/DM 111,50

Die Geschichte der Tiroler Tagespresse widmet sich dem schwierigen Zeitabschnitt vom Beginn des Ersten Weltkriegs über die Zwischenkriegszeit und den Zweiten Weltkrieg bis in die unmittelbaren Nachkriegsjahre. Es ist zugleich eine Geschichte der Zensur, der Pressekonzentration und so mancher personeller Kontinuitäten über Ständestaat und Nationalsozialismus in die Zeit danach. Der Autor bietet eine Art Handbuch der Tagespresse Tirols: Jede Zeitung wird gesondert nach folgenden Kriterien erschlossen: allgemeine Chronik der Zeitung, Titel, Untertitel, Erscheinungsweise und -ort, Umfang, Format, Satzspiegel, Umbruch, Schriftart, Kopfgestaltung, Illustration, Impressum mit Verlag, Druck, Herausgeber, Chefredakteur, Gesinnung bzw. politische Richtung, Ressortverteilung, Preis, Vertrieb, Inseratanteil, Auflage, Beilagen und Jubiläumsausgaben. Die Südtiroler Tageszeitungen werden für den Zeitraum bis zur Teilung Tirols 1918 detailliert und in der faschistischen Ära im Rahmen eines Überblicks behandelt.

## In Vorbereitung:

54 KLAUS BRANDSTÄTTER, **Die Bürgschaft der Stadt Hall im Mittelalter.**
Die wirtschaftliche und soziale Lage von Hall in Tirol in spätmittelalterlicher Zeit, vorwiegend im 15. Jahrhundert, steht im Mittelpunkt der vorliegenden Untersuchung.
Das Werk erscheint zugleich in der Reihe „Schlern-Schriften“.

UNIVERSITÄTSVERLAG WAGNER • ANDREAS-HOFER-STRASSE 13
A-6010 INNSBRUCK • TEL. 0512/58 77 21 • FAX 0512/58 22 09